JN129401

九州大学韓国研究センター叢書3

朝鮮通信使
易地聘礼交渉の舞台裏

対馬宗家文庫ハングル書簡から読み解く

松原孝俊
岸田文隆 編著

九州大学出版会

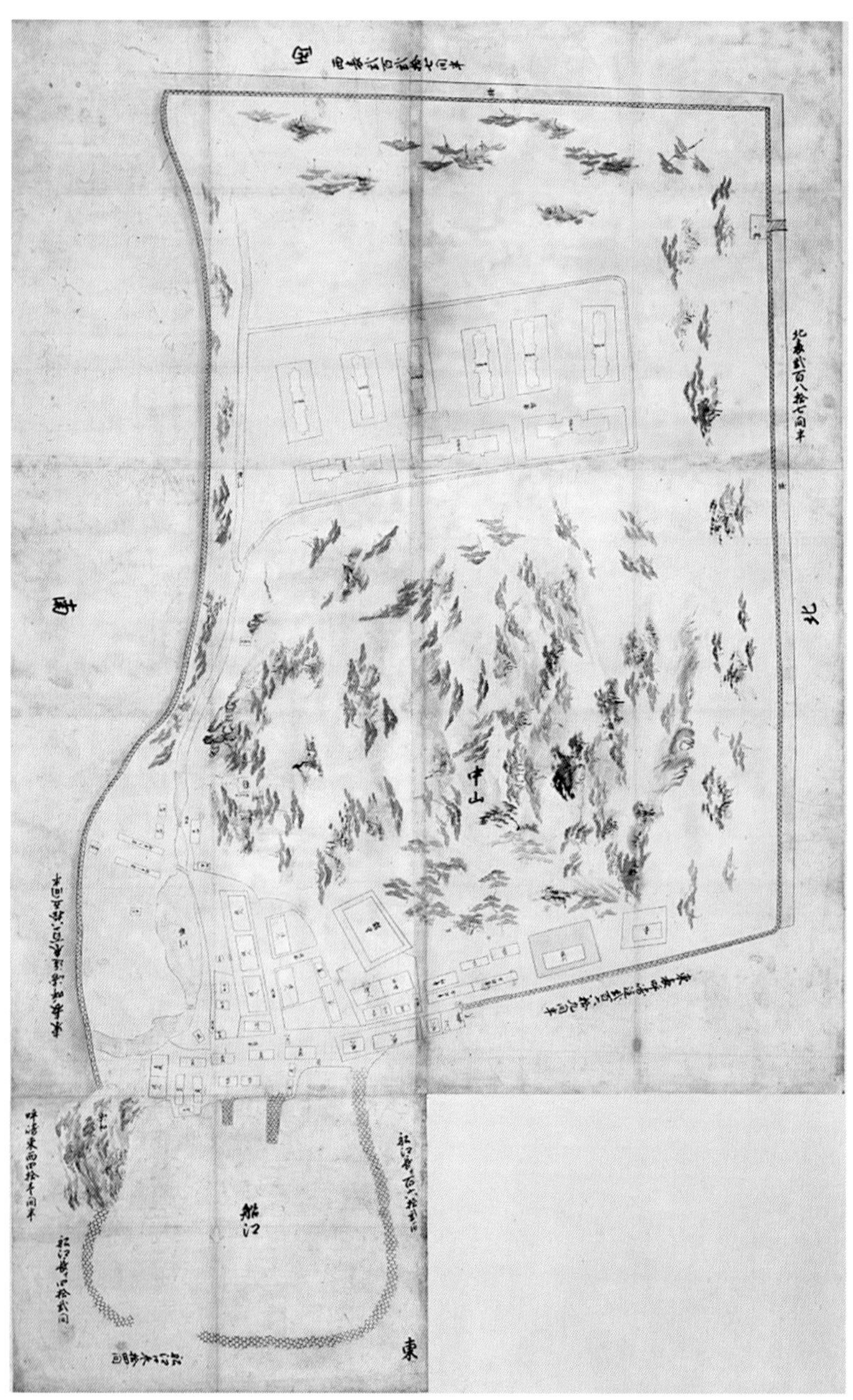

草梁和館絵図

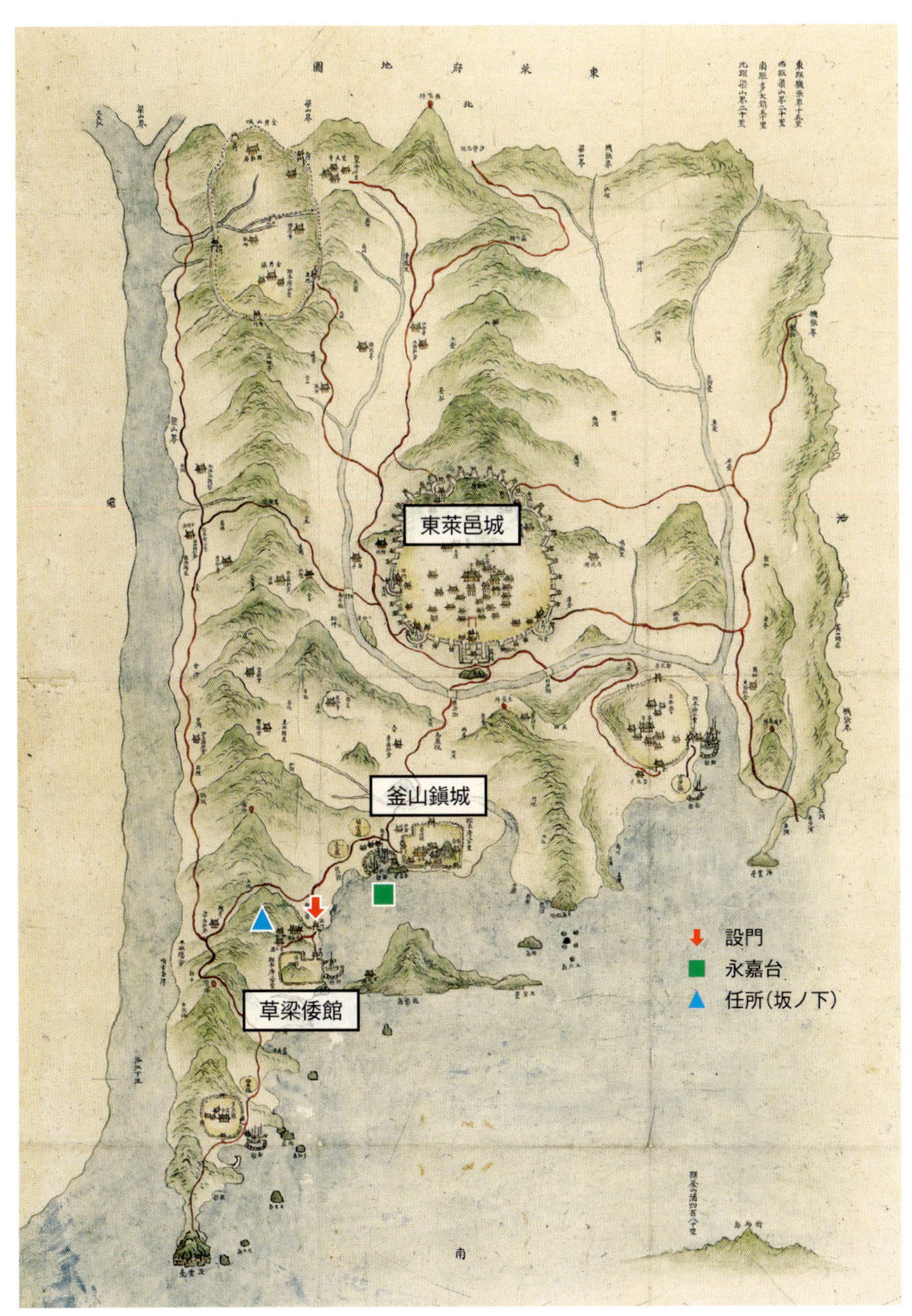

東萊府地図

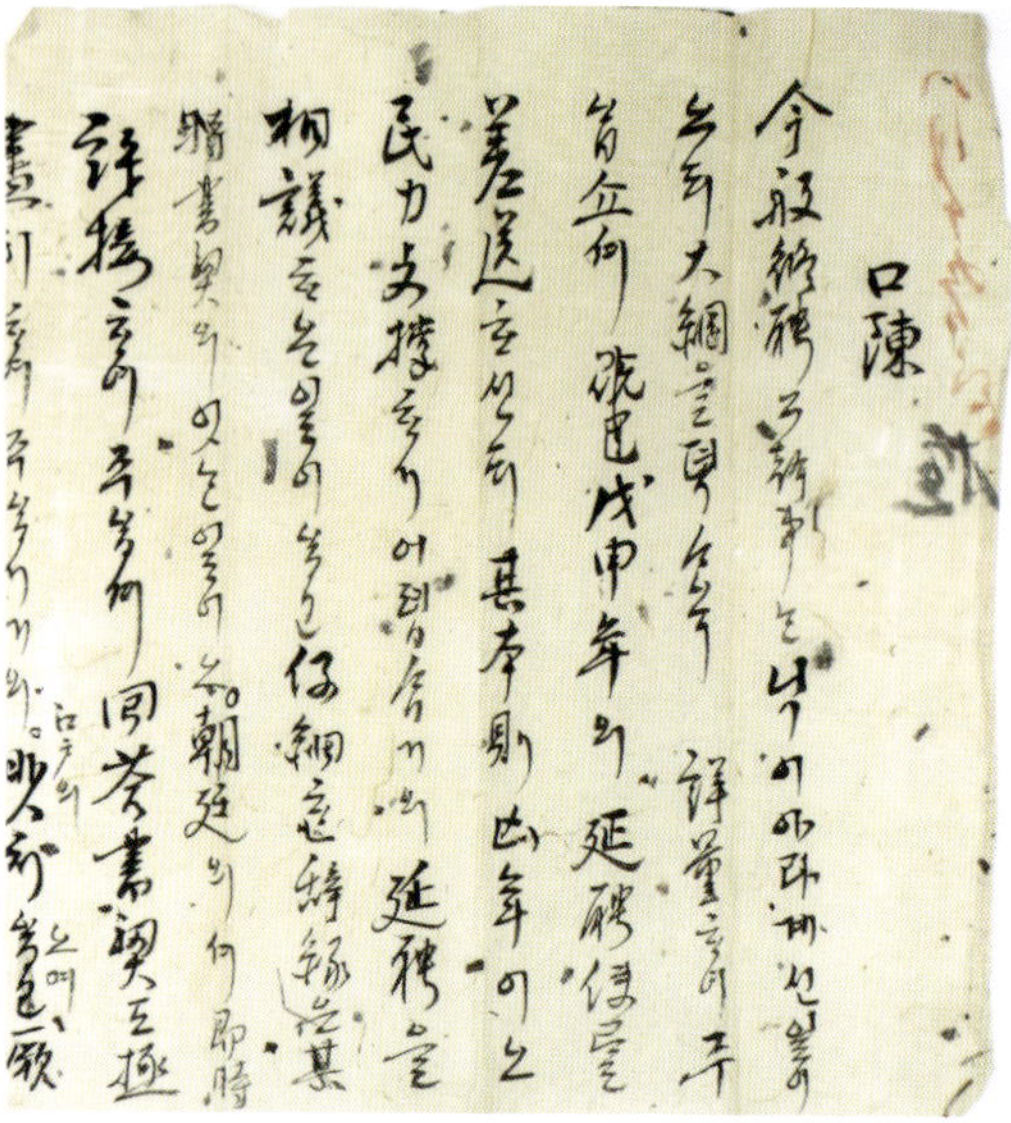

史料 69（1/8）

史料 69
（端裏書き）

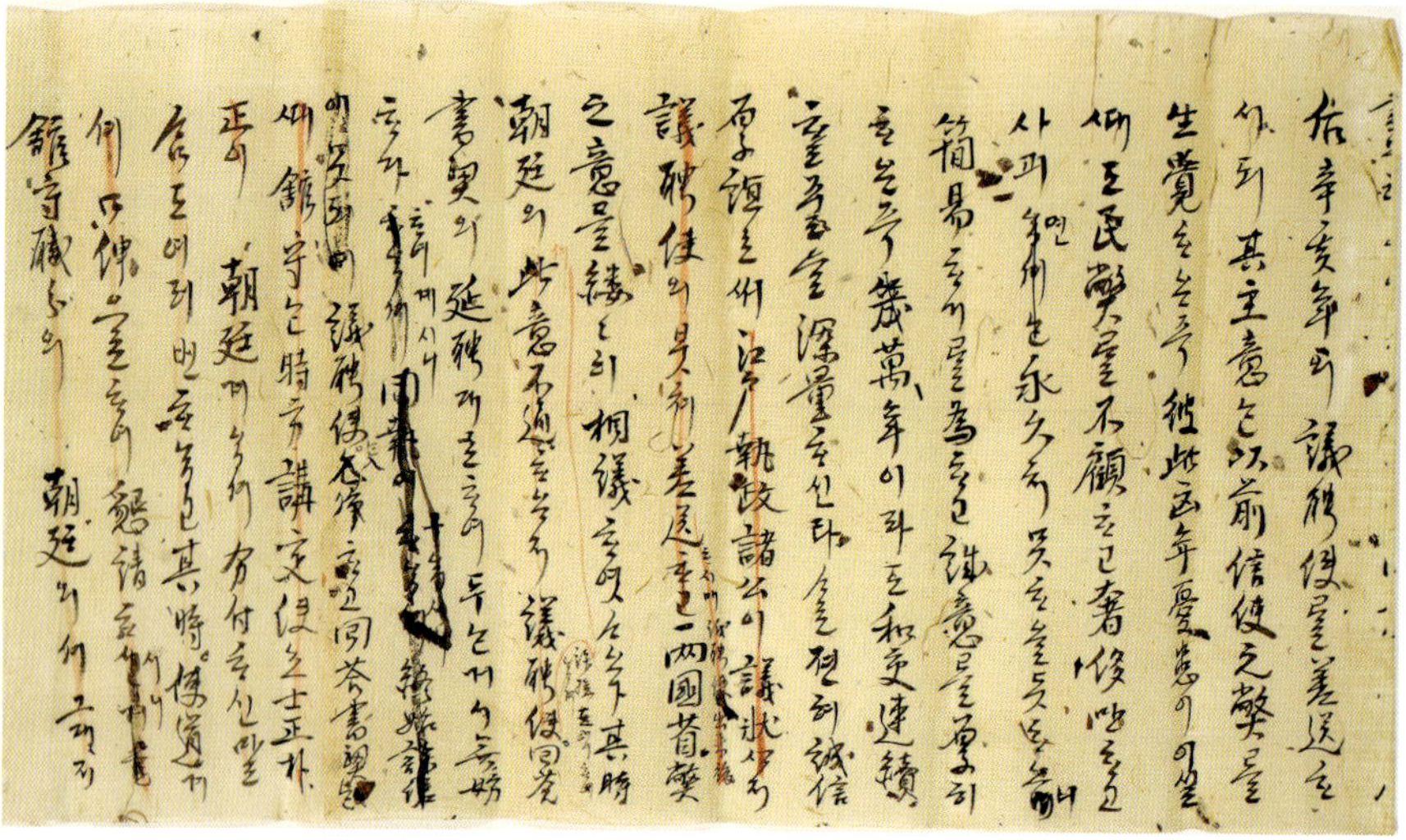

史料 69（2/8）

史料 69（3/8）

史料 69（4/8）

史料 69（5/8）

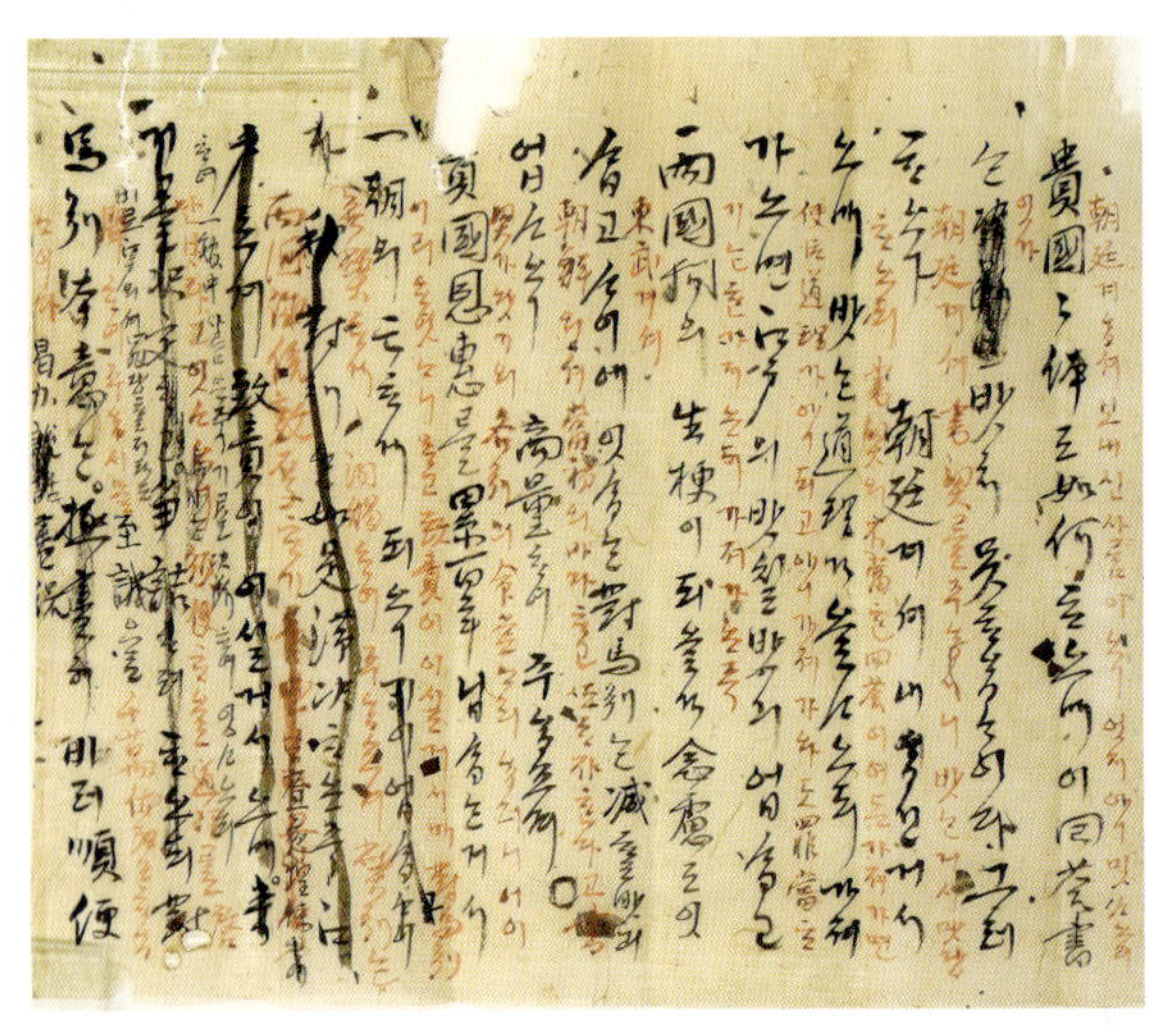

史料 69（6/8）

史料 69（7/8）

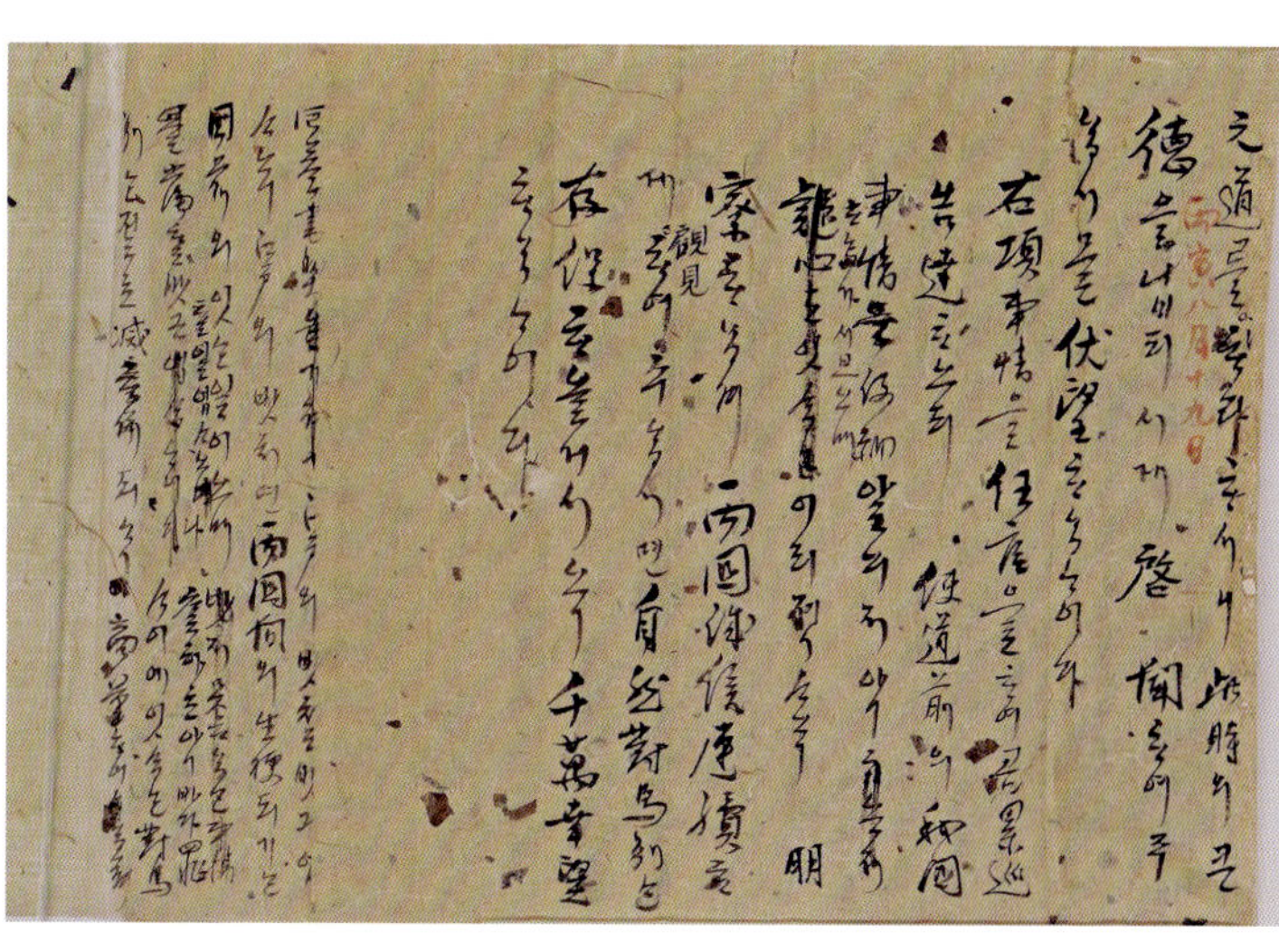

史料 69（8/8）

史料 93 （端裏書き）

史料 93 （1/2）

史料 93 （2/2）

はしがき

「館所蔵のハングル書簡を調査していただけないでしょうか」と切り出したのは、阿比留徳生長崎県立対馬歴史民俗資料館館長（当時）であった。その数、約百通。大半の宛名が対馬藩の朝鮮語通詞小田幾五郎であると言う。その場でとっさに思ったのは、奇縁。そもそも私を対馬研究へと誘ってくださったのが、田川孝三先生と長正統先生であったからである。

「出会いが命」――小田幾五郎に関する専論の嚆矢は田川先生であり、先生が京城帝国大学法文学部ご卒業後に助手としてお仕えしたのが、文化度朝鮮通信使研究の巨編の著者田保橋潔教授の研究室であった。その後田川先生が修史官として勤務なさったのが朝鮮総督府朝鮮史編修会。そこには、対馬藩史料の「信使記録」・「毎日記」・「譯官記録」・「送使記録」などが一九二六（大正十五）年に対馬厳原の万松院から移管されていた。戦後、田川先生は東洋文庫に勤務なさったが、そこで研鑽を積まれたのが長正統先生。時は移り、九州大学文学部朝鮮史講座教授が長先生、集中講義の講師が田川先生、そして第四代講座助手が筆者であった。三人が顔を合わせれば、宗家文書に関する話題が上らないわけはない。朝鮮通信使研究の先達であった三宅英利先生が母校九州大学での史料調査の度に研究室を来訪してくださった。筆者は「門前の小僧習わぬ経を読む」状態にあった。長先生の下命で、岡村繁教授（九州大学文学部中国文学講座）の手で進行中の万松院所蔵漢籍調査に参加したのも、我が眼福であった。

奇縁はさらに続く。九州大学在職中の同僚が対馬出身の佐伯弘次教授であった。佐伯教授の紹介で、面識を得たのが大浦望人司氏であった。姻戚に当たる小田幾五郎資料を家宝とする大浦氏のご自宅において、幾五郎手沢の資料に接し、独特の筆跡を心ゆくまで拝見した。

「やりましょう」と私が即答したのは、当然であった。阿比留館長のご尽力で、二〇一三（平成二十五）年から二カ年計画で長崎県宗家文書朝鮮書簡調査事業委員会が組織され、その委員長に私が推戴される光栄に浴した。その唯一の受諾条件が日韓共同研究であった。日本における中期朝鮮語研究の第一人者岸田文隆教授、韓国における倭館研究の泰斗金東哲教授が委員会への加入を快諾してくださった。総勢、二三名。夢は実現した。委員会は山口華代氏の巧みな手綱さばきでスタートした。

対馬歴史民俗資料館の全面的なバックアップで調査は順調

に進み、「誠信之交」をモットーに日韓共同研究が展開された。その成果は『対馬宗家文庫史料朝鮮訳官発給ハングル書簡調査報告書』（長崎県文化財調査報告書第二一二集、二〇一五年、五三六頁）に仕上がったが、さらに時間をかけてハングル書簡研究を熟成させたいという声が当然に寄せられた。

その願いを聞き入れてくださったのが、中野等九州大学韓国研究センター長であった。氏のご推挙で、センター叢書第三集として本書を上梓できるのも九州大学韓国研究センター運営委員会、長崎県立対馬歴史民俗資料館、九州大学出版会、趙眞璟先生、九州大学大学院比較社会文化研究科小島大輝君・呉先洙君・金裕美君、そして厳しさ増す学術出版環境の下で、本書の刊行を決断して頂いた九州大学出版会の方々をはじめとする多くの人々の支えがあったからである。

「至於易地交聘之挙、寔出両国惇好之義也」

（文化度朝鮮国王国書別幅）

執筆者を代表して　松原孝俊

目次

解題

松原孝俊・山口華代

はじめに

時は、一八一一（文化八）年六月二十五日。対馬藩府中（厳原）の港を出航する船には、第十二回朝鮮通信使一行約三三八名が乗船し、一路、釜山への帰国の途についた。一八一一年三月二十九日に徳川将軍第一一代家斉襲封祝賀を目的として通信正使金履喬・副使李勉求らが来日し、上使小倉藩主小笠原忠固・差添御使龍野藩主脇坂安董との対馬府中での易地聘礼が無事に終了し、釜山に向けて帰国する朝鮮側外交使節であった。この文化度朝鮮通信使をめぐる研究と言えば、

田保橋潔「朝鮮国通信使易地行聘考」『近代日鮮関係の研究』下、朝鮮総督府中枢院、一九四〇年、六三九－八九四頁

の巨編に、ほぼ委曲を尽くした説明がある。田保橋は『朝鮮王朝実録』・『日省録』・『朝鮮通信使謄録』などの朝鮮側編纂資料や、対馬側の『宗氏実録』、徳川幕府の『通航一覧』などの多種多彩な資料をダイナミックに組み立て、その大枠が骨太に活写されているために、後人にもはや落ち穂拾いさえ許さないほどである。しかしながら、日朝間の外交交渉記録に関する限り、朝鮮側の『同文彙考』や日本側の『本邦往復文書』など当時の東アジアの共通言語であった漢文書簡だけが利用可能であったに過ぎず、本書にて紹介するような、日朝外交の「下交渉」を浮き彫りにするハングル書簡など第一次史料の出現が期待されていた。

そもそも江戸時代において対朝鮮外交や貿易などの実務を専担していた対馬藩の各種資料は、日本では長崎県立対馬歴史民俗資料館をはじめとして、九州国立博物館（約一万四千点）、東京大学史料編纂所（約三千点）、慶應義塾図書館（約千点）、東京国立博物館（約百六十点）、国会図書館（約千六

百点）、そして韓国では国史編纂委員会（約二万八千点）に所蔵されていることは周知の通りである。特に対馬藩が位置した厳原の旧宗家文庫（現在は、長崎県立対馬歴史民俗資料館移管）には、およそ八万点にわたる膨大な資料群が保存されてきたために、戦前から日朝関係史研究の基幹史料として高い評価を受けてきた。

戦後しばらく未整理の状態であったが、長崎県立対馬歴史民俗資料館宗家資料は、一九七〇年代に入って資料保全の観点から整理・調査事業が進み、宗家文庫史料冊子物調査（一九七五～一九八九年）を皮切りに、一紙物調査（一九九八～二〇〇二年、二〇〇四～二〇〇八年）、冊子物補充調査（二〇〇七～二〇一一年）、絵図類等調査（二〇〇九～二〇一一年）と資料群ごとに数度にわたる調査事業を実施し、史料全点の全貌が明らかになった（田代和生、二〇一五年など参照）。

宗家文庫の約八万点の中で、ハングル書簡に関して初めて注目したのは、長正統であった。長によると、

「ここに紹介する八通の朝鮮語書簡は、一九六七年夏、筆者が、長崎県下県郡厳原町の宗氏文庫で採訪したものである。」

とある。当時、対馬宗家の古文書は宗家の菩提寺である萬松院山門前にあった木造の倉庫（地元では「御文庫」などと通称）に保管されていた。その史料採訪で、山積みの古文書群の中から長はハングル書簡八通を発掘し、

「倭学訳官書簡よりみた易地行聘交渉」（『史淵』第百五輯、九州大学文学部、一九七八年）

と題して、ハングル書簡の写真をまじえながら全文の翻刻・現代語訳を付して紹介した。これらの書簡はいずれも一八一一（文化八）年のいわゆる対馬易地聘礼交渉のなかで授受されたもので、田保橋潔の前掲書以来の新史料として注目を浴びた。というのも、「いずれも公式な外交交渉の根廻しのための私的な書簡でありなかには一読火中してくれと書いている秘密書簡であったりして、公式な書簡類では知りえない外交の舞台裏をのぞかせてくれる」（長正統、一九七八年、九五頁）からである。長の直言によると、その八通以外の書簡の存在は充分に予想されたものの、宗家文庫の未整理がその実現を妨げたという。

ところで本書収録の資料群は、主に一七九五年から一八〇八年の間に朝鮮と日本の訳官・通詞らが作成した書簡八九通、覚書一四通、口上書や口陳書九通、都合一一二通であると判明した。それを資料の発信者別に分類すれば、朝鮮側訳官が作成したものが九四通であり、日本側通詞が作成したものが一四通、その他漂流民等が作成したものが三通、不明一通である。日本側送受信者の大半が対馬藩朝鮮語大通詞であった小田幾五郎（一七五四—一八三一年）、もしくは小田を含む二～三名の朝鮮語通詞であることを考慮すれば、誰が、なぜ釜山の草梁倭館で本書簡群九四通を保存してきたか、そしてそ

の目的は何かを推測するに、多言を要さないだろう。

一　近世日朝通交の最前線

1　対馬藩の朝鮮語通詞

近世を通じて対馬藩が朝鮮通交に従事したとはいえ、藩士全員が朝鮮語を解していたわけではない。厳格な身分社会を維持した対馬藩において、藩士が医師や通詞、儒学者などの職能集団を形成することはなかっただけに、対馬藩の朝鮮語通詞は商人身分の者（より正確にいえば「六十人」と呼ばれる特権商人）が担当した。その職掌は、倭館において単に外交の現場での通訳担当官にとどまらず、日朝貿易の取引・決済にはじまり、朝鮮・中国を中心とした海外情報の収集などの実務や、後進の朝鮮語通詞の養成にも従事した（松原孝俊・趙眞璟、一九九七年など参照のこと）。

2　日朝通交の最前線――東萊府・任所・草梁倭館――

所は、朝鮮半島南部の釜山。対馬藩が朝鮮半島で活動する拠点の草梁倭館（一六七八年四月完工）は、釜山の龍頭山の山腹にあった。対馬藩士だけでなく日本人の誰一人そして、倭館の内外を隔てる設門（旧釜山府草梁町五七一番地）外へ足を踏み出すことは厳禁であったので、日朝交渉が繰り広げられた外交の現場ともなった。倭館の位置そのものは数次にわたり変遷したが、明治に至り廃館されるまで利用された草梁倭館跡を実見した方々の記憶に基づいて、大正十四年の地図に当てはめた小田省吾によると、

「今此の和館のあった地域を現在の市街に比定すると、北は大庁町東西の通路を限とし、南は南浜町の海岸に接し、西は西町四丁目の道路を限とし、東は呼崎より本町一丁目、二丁目、三丁目に至る道路を限としたのである。」（小田省吾「釜山の和館と設門とに就て」『朝鮮』一二五号、一五三頁）

であったという。今なお諸説あるとはいえ、小田は、「東二百七十八間　北二百八十九間、西二百二十四間　南三百七十三間」の空間であったと推測している。この草梁倭館は高さ六尺の石垣に囲まれていたので、倭館は厳しい朝鮮王朝の法的管理下におかれ、朝鮮人の館内への自由な出入りや女性の入館は禁じられていた。日常の出入りは守門（東）と宴席門（北）であり、宴席門は釜山僉使のみの往来が許された。

倭館内は龍頭山を中心として東館と西館に分かれていた。東館には、対馬からの派遣者に応じて館守家、裁判屋、通詞屋、東向寺、代官屋などが設置された。館守屋には、一六三七（寛永十四）年派遣の内野権兵衛（平成連）を初代とし、約二三〇年後の明治時代第一〇五代深見六郎の時まで、倭館の総責任者である館守が居住して、

「任期は原則として二年で、対馬藩の馬廻（上士）格の者が選ばれている。…（中略）…館内の規約遵守、外交・貿易の円滑運営、朝鮮や中国の情報収集、役人の勤務や報酬管理、渡航者・往来物資・漂流民・船の管理、館内の掃除、建物・外構（石垣）の管理、宴席場の監督、朝鮮側との交換文書（書契・真文・短簡・私信など）の管理、等々」（田代和生、二〇一五年、九頁）

を掌った。裁判屋は、倭館において朝鮮国との交渉事項があったときに対馬から倭館へ派遣される役人（裁判）の臨時の住居である。『交隣提醒』・『誠信堂記』を著した儒者雨森芳洲が裁判として倭館に滞在したように、裁判は朝鮮に常駐するのではなく、両国を往来して折衝と調停にあたる役職であったからである。しかし外交交渉が長期化すれば、自然と倭館に長期滞在することもあった。そして通詞屋とは、三年ごとに対馬から派遣された朝鮮語通詞の居住空間であり、東向寺（書僧倭家）とは臨済宗寺院で、対馬から禅僧が輪番で派遣され、葬祭を司りながら、主に日朝の外交文書（日朝共通言語である漢文、正文）作成・勘案などを担当した（池内敏、二〇一二年）。代官屋には、日朝貿易の取引と交渉、決済、朝鮮側から支給される物品の受領と督促など対馬側の経済的業務を担当した代官が居住した。西館には、東・中・西の三大庁があり、公貿易や私貿易などで来館した宿舎があった（十九世紀初めの倭館の風景は、小川次郎右衛門（号、秋園戯艸）著『愚塵吐想』（厳原町資料館所蔵）参照）。

この倭館滞在者数は流動的であったので、厳密な人数を捕捉できないものの、たとえば一七九〇（寛政二）年の一時期には二七六名であったという（「朝鮮公貿易且身代出入記録」対馬歴史民俗資料館　H①－一〇－三。長野暹・鄭成一、一九九〇年より再引用）。

一方、対馬藩の草梁倭館を管轄していたのは、朝鮮王朝の地方行政機関である東萊府である。長官である東萊府使（東萊都護府使、任期は九〇〇日。任期は瓜満・瓜期・瓜限、任期満了は「瓜遞」と呼称）は地方行政官（従三品堂下官）でありながら対日専門外交交渉官でもあった。その対日外交交渉の命令指示系統は、原則的に国王→礼曹→慶尚観察使→東萊府使であった。倭館側と日本人との日々の外交の最前線に立ったのは、日本語専門の通訳集団の中から選抜され、ソウルから釜山に派遣された倭学訳官であった。その長は訓導（任期は二年半）、次席は別差（任期は一年）である。それだけにソウルの廟堂で決定される訓導や別差人事は、倭館側にとって重大な関心事であったことは論を俟たない。相互の利害関係が絡み合うだけに、諸案件の進捗を左右するからである。なお、朝鮮側の役人である訓導と別差を一括総称して、対馬側では「任官」「両訳」などの職名で呼ぶこともあった（金義煥、一九八三年）。

東萊府の南二五里、草梁倭館の北五里（いずれも朝鮮里）

の辺りの、峠を下った場所に、訓導・別差そして彼らの下に仕える小通事が居住する任所（対馬藩は「坂の下」と呼ぶ）があった。坂ノ下村には誠信堂、日軒（別差庁）、柔遠館などの建築物があった。誠信堂は訓導の、日軒（別差庁）は別差の執務室である（小田幾五郎『草梁話集』、大浦文庫所蔵など参照のこと）。

朝鮮国内とはいえ限られた空間（倭館）でしか活動できなかった対馬藩にとって、訓導・別差のもたらす交渉こそ外交・貿易を進める上で不可欠であった。史料をみていくと朝鮮の訓導・別差と対馬の朝鮮語通詞が頻繁に面会を繰り返す様子が確認できる。訓導・別差が倭館へ出向き（書簡では「下来」「下往」）、時には対馬藩の朝鮮語通詞が任所にまで赴くなど、相互に行き来しながら直接会って話すという方法がとられている。

その事例を一七九五（寛政七、正祖十九）年で列挙すると、次のようになる。

用件：御用掛合

入館：（「訓導朴入館仕、我々大廳ニ而御用掛合相済候上、内外事情之咄仕候内」など）三月二十五日、七月五日、七月十五日、七月二十四日、八月十五日、八月十七日、八月二十三日、八月二十四日、八月二十八日、八月二十九日、九月九日、九月十五日、九月二十一日、九月二十四日、九月二十六日、十月一日、十月二日、十月三日、十月四日、十月十一日、十月十二日、十月十三日、十月十八日、十月十九日、十月二十八日、十一月十三日、十一月十六日、十一月二十四日、十一月二十八日、十二月七日、十二月十三日、十二月十五日、十二月二十八、十二月二十九日（四月から六月は空白）

坂の下：（「御用ニ付、幾五郎坂下江罷越、訓導任所ニ而御用談仕候詞之端ニ申聞候者、当節之御用向存之通ニ相済候ハヽ」など）八月十二日

互いが面談を繰り返し、互いの主張を伝え合うことで交渉の争点がより明確化するとともに、通訳同士の信頼関係醸成や、極秘案件における内密な外交交渉の場などにもつながったものと想像される。しかし、すべての事案にわたって面談の機会を持てるわけではない。簡易な情報伝達や緊急の場合、必ずしも面談を必要としない場合、さらには面談が諸事情で叶わない場合などで、それを補完していたのが書簡であった。

二　ハングル書簡の外形的概要

1　書簡の発給年代

上記したように、解読の対象とした史料総数は、易地聘礼関連のもの九九通（史料1～史料99）、易地聘礼以外の内容のもの、あるいは書簡と認められないもの（藩政記録により

等で綴じられた書簡や糊がはずれ脱落した付札・下札のたぐい）など一三通（参考1～参考13）、あわせて一一二通となる。

書簡の発給年代は一七九五（寛政七・正祖十九）年から一八〇八（文化五・純祖八）年までに集中する。長論文でも明らかにされているように、これら書簡は一八一一（文化八・純祖十一）年に対馬で挙行された通信使の聘礼いわゆる易地聘礼に関連する交渉のさなかに授受されたものである。

易地聘礼そのものが日本側から発案されたために、当初、朝鮮廟堂にはまったく容認されることはなかったが、ソウルから遠く離れた東莱府や草梁倭館周辺では、倭学訳官である訓導・別差と対馬藩とのあいだで密かに交渉が進んでいた。交渉の経緯については研究編の松原論文などに譲るが、こうしたなか倭学訳官から対馬藩あてに送られたのが当該ハングル書簡である。

惜しむらくは、現段階では、朝鮮半島内に対馬側朝鮮語通詞から朝鮮側倭学訳官あてに送られた書簡（ハングルもしくは日本語）が一通も発掘されていないことである。交渉には相手方があるだけに、双方の主張の一端を知る本書簡群の存在だけでも貴重である。

2　書簡の発給者

易地聘礼関連のハングル史料九九通（史料1～史料99）のうち控や草案など写本ではなく、書簡原本と考えられるものは八二通にのぼる（「朝鮮訳官発給ハングル書簡一覧」参照）。このうち史料18（戊午十一月初吉日付景和朴主簿書簡）を除いた八一通すべての書簡料紙には、朝鮮半島で漉かれた紙の特徴がみられる。史料18に朝鮮紙の特徴が認められない理由については不明だが、発給者の印章が捺印され、端裏書きに「午十一月朔日景和下来之書状」とあることから書簡原本とした。書簡八二通を発給者別に分類すると【表一】のとおりである。

連名で発給した書簡もあるため実際の書簡数よりも合計が多くなっているが、いずれも倭学訳官の訓導を務めた者か、あるいは聘礼交渉に専任で当たった講定官に任命された者である。

3　書簡の受給

ハングル書簡の受け取り手として、名前があがっているのは小田幾五郎と牛田善兵衛の二人の朝鮮語通詞である。このうち全期間にわたって名前が確認できるのは小田であり、牛田は単独ではなく小田との連名でしか名前が出てこない。このことから小田が易地聘礼に関する日朝交渉の対馬藩側の窓口であったことがわかる。

研究編に収録した酒井雅代の研究に依拠すると、小田幾五郎は、幼名を五郎八、諱・致久、号・三𦉤。一七五四（宝暦四）年、対馬藩の特権商人「六十人」の家に生まれた。一七六七

【表一】ハングル書簡発給者別一覧

氏名（号）	史料番号	計
朴俊漢（士正）	7・8・9・10・11・12・13・14・15・16	10
朴致倹（景和）	17・18・26・31	4
崔珦　（伯玉）	20・22・23・25・28・40	6
崔国禎（華彦）	21・35・36・37・39	5
玄烒　（陽元）	24・27・29・30・33・38・42・45・46・47・48・49・50・52・53・55・58・59・62・63・64・65・71・73・74・76・77・78・97	29
玄義洵（敬天）	34・43・44・47・48・49・50・51・52・53・54・55・56・57・58・59・60・61・64・65・66・71・72・74・75・76・77・80・81・82・83・84・85・86・87・88・89・91	38
崔昔　（明遠）	77・88・90・92	4
その他	41	1
不明	98・99	2

（明和四）年には倭館で朝鮮詞稽古に励み、一七七四（安永三）年、詞稽古御免札を認められ、藩公認語学生となった。一七七六（安永五）年に五人通詞、専門の通詞身分である「通詞中」の仲間入りを果たした。五人通詞のうち二〜三人は、倭館に滞在して職務を行ったので、幾五郎も一七七八（安永七）年、倭館で裁判御用通詞を務めた。一七七九（安永八）年には稽古通詞に昇進した。一七八九（寛政元）年には本通詞、一七九二（寛政四）年には朝鮮勤番を命じられた。勤番を終えた後も、朝鮮信使来聘交渉のため倭館に勤務しつづけ、「御用」通詞の中心となって活躍した。その功績が認められ、一七九五（寛政七）年には最高位の大通詞にまで昇進した。しかしながら、朝鮮通信使来聘交渉が頓挫すると、幾五郎は「勤方不埒」として倭館で禁足を命じられた。一八〇八（文化五）年大通詞を退役、詞稽古指南役頭となる。一八一一（文化八）年にようやく赦され、文化度の朝鮮信使来聘にかかわったという。

小田幾五郎の生涯をみて、誰しも気付くことは、本書で紹介するハングル書簡の残存年代と小田の経歴との関連性である。異論の余地なく、小田が一七九五（寛政七）年に大通詞に就任し、一八〇八（文化五）年に退任するまでの時期と符合する。偶然に年代が一致したとは考えにくい。小田の手で一括管理されていた倭学訳官らの書簡が釜山草梁倭館に保存されていたと考えて、まったく不自然ではない。小田幾五郎

著『通訳酬酢』には、

「この記録、御用繁の中別冊にして委しく認め置き候らえども、幾五郎御叱りこれあり、大御目付三浦大蔵殿その外御用書物残らず小箱入りの分御取り上げなされ、何方にこれあり候や。後鑑に相なさずしても、この形朝鮮方に残らざる事、爾今気掛かりこれあり」（田代和生、二〇一七年、二九四－二九五頁）

とあり、大御目付三浦大蔵によって関係資料が没収されたことを知るが、その中に、本書収録のハングル書簡が含まれていたと推測しても不自然ではないだろう。

以上のことから、宗家文庫史料のハングル書簡は易地聘礼交渉に関する史料であるという従来の評価にくわえ、対馬藩の朝鮮語大通詞を務めた小田幾五郎が受給した書簡という新たな一面を指摘することができる。

4　書簡の日付――朝鮮暦と和暦

日朝両国では使用する暦が異なる。倭学訳官がしたためるハングル書簡では、朝鮮王朝で通用している朝鮮暦がそのまま記された。一方、書簡を受け取る側の対馬藩では和暦を用いていたので、当然ながら月日に差異が生じることになる。とくに書簡は元号や干支を掲載しない簡便な形式をとる傾向にあるため、日付の違いは誤りや勘違いなどを生じやすく、とくに外交の場面では大きな問題に発展しかねない。

そうした危険を避けるために書簡を受給した朝鮮語通詞は日付表記には細心の注意を払っていたようである。たとえば十月十八日付の士正朴俊漢書簡について、日本語翻訳した和解の末尾に「但、大小之違ニ而内之十七日ニ御座候」すなわち和暦の十月十七日であると付け加えている（史料7の和解、「御用書物扣」一七九五（寛政七）年十月十九日条）。このように書簡を受給した朝鮮語通詞は、上部へ書簡内容を報告するにあたって、朝鮮暦・和暦の換算をしながら交渉を進めていた。

5　料紙――朝鮮紙と和紙

ハングルで書かれた書簡と言えども、必ずしも書簡原本ばかりというわけではない。対馬藩の通詞が筆写したものや加除修正が加えられた草案レベルも存在する。それゆえに書簡が原本か否かを判定する材料の一つは料紙であった。本書で紹介するハングル書簡はすべて楮を原料としていた。当然ながら朝鮮半島で製作された朝鮮紙であり、同じ楮紙でも料紙の風合いなど微妙に和紙とは異なる。朝鮮紙は和紙に比べ、簾（す）の目や糸目の幅の違いや楮繊維の残存状況などその特徴が肉眼で確認しやすい。なお、朝鮮紙の特徴のない楮紙はおそらく日本製の紙だと考えられるが、詳細な調査研究は後日を期したい。

さて、一つ事例を紹介しておきたい。史料20は二枚の料紙からなる書簡である。もともと紙質や大きさが全く異なっていたため、別々の管理番号が付けられており、相互に関連性のない書簡断片であると考えられていた。ところが、書簡群を読み進めるなかで、一連の内容であること、さらには朝鮮語通詞による和解（「御用書物控」）と一致することによって、最終的に二つの史料は連続した同一の書簡であると判断した。

6　印章

書簡原本には印章が捺印されていることが多い。訓導・別差が個人印として使用していたものであり、官名のみしか記されていない書簡の発給者を特定する際の重要な情報源となった。病などで代筆を頼んだ発給者が最後に自身の手紙であることを示すため書簡へ押印したと考えられる事例もあった（史料87）。

7　倭学訳官による日本語の使用

訓導・別差ら倭学訳官の手による書簡の特徴の一つといえるのが日本語の使用である。たとえば史料40の「미앙계（mi-ang-gye）」（土産）あるいは史料20の「도메（do-mye）」（止め）といったように、ハングルで日本語の読みを表現している。二つの事例は単語単位での使用ではあるが、史料16では「쇼계이노고도와（syogyei-no-godowa）」つまり「ショケイノコトワ（書契のことは）」というように本文の一節を日本語読みで表現している。

一方で日本語そのものを表記している箇所もあった。史料20では「カキツケ（書付）」と、さらに本文中の「거즛말」（嘘）という単語への振り仮名「イツワリマトバ」（「マトバ」ではなく「コトバ」の誤りか）が確認できる。

倭学訳官たちが土産や書付といった日本語の単語を日常的に使用していたとも考えられるが、「쇼계이노고도와（syogyei-no-godowa）」など外交交渉の根幹にかかわる文言を意図的に日本語表記化していたことも想定される。解読編（史料20）では、書簡の紛失や盗難などの万が一の際に情報漏えいを防ぐ目的があったことを指摘している。

8　書簡の端裏書き

書簡のなかには端裏部分に墨書による書き込みがある。これは書簡受給者と推定される小田幾五郎の手によるもので、「正月十九日之分／陽元合」（史料27）や「敬天・陽元」（史料58）など書簡を全て開披せず閉じた状態でも、発給日や発給者や書簡内容や受給時の状況が分かるよう書き付けたものである。書簡の年代や日付はもちろん、「訓導・講定官」など役職名のみで個人名が記されない場合の発給者の特定に役立った。

端裏書きからは、ハングル書簡受給後の手続きをうかがわせる情報を読み取ることができる。ハングル書簡は小田幾五郎個人に宛てられたものであっても、受給後は藩の上層部へ提出されるのが決まりだったようである。小田は書簡を受け取ると、すぐさま和解（日本語訳文）とともに倭館館守へ書簡原本を提出した（史料2の端裏書き「本書館守へ差出候扣」、史料5の端裏書き「此本書館守様へ和解共ニ差出」）。

書簡を提出してしまうと小田の手許には何も残らない。そのために書簡を筆写したり、あるいは「御用書物控」と総称される日記形式の記録を作成し、そこに書簡の和解を書き写したりもしている。「御用書物控」といった小田の手控え記録に和解が掲載されていない書簡も数多く存在する。受給したすべての書簡ではなく重要度が高いと判断されたものだけに和解が付けられたものと推測される。提出されたハングル書簡の伝来過程はよく分からない部分も多いが、史料86にみるように「諺文書付入　小田幾五郎」との墨書のある袋の存在から、書簡を一括管理していた形跡がみうけられる。

三　ハングル書簡の内容的概要

第一一回朝鮮通信使派遣から二〇年経過しても、三〇年経過しても、日本から提案した第一二回派遣交渉は暗礁に乗り上げたままで、いたずらに時間が過ぎた。本来であれば、【表二】に認めるように、第八回から第一一回までの朝鮮通信使派遣だけを見ても、いずれも将軍宣下から三年前後で実現していることから判断して、第一二回朝鮮通信使来聘要請に当たっても、これが両国の基本的認識となったはずである。外交儀礼の原則は「前例主義」であるだけに、まず徳川将軍の襲封を通告する大慶参判使（関白承襲告慶差倭）が倭館に派遣され、そして修聘参判使（通信使請來差倭）を送り、通信使の派遣を朝鮮側に求め、迎聘参判使（通信使護行差倭）が通信使を出迎えるために釜山へ派遣された。迎聘参判使は朝鮮通信使一行とともに対馬の府中（厳原）に向かった。その後、朝鮮通信使を釜山に送る使者は通信使護還差倭と言う。

したがって

一七八六（天明六）年八月八日：将軍家治薨去

一七八七（天明七）年三月：告訃大差使を倭館に派遣

一七八七（天明七）年四月十五日に家斉が将軍職就任

一七八七（天明七）年七月：告慶大差使　正官平田隼人、倭館に派遣

一七八七（天明七）年十二月二十五日：朝鮮国から渡海訳官　堂上訳官　李命和ら一行六六名が対馬に到着

とは、通常の外交日程を踏襲したものである。一七八八（天明八）年三月二十日に、幕閣より対馬藩に対して、

「朝鮮人来朝之儀相伺、可為先格之通候、時期之儀者追而可相伺旨、於御白書院　縁頬、老中列座周防守申渡之」

との下命があったのも、当然である。

しかしながら、一七八八（天明八）年五月に至り、徳川幕

【表二】

回数	将軍宣下日	西　暦	将軍名	目　的
第八回	一七〇九年 六月八日宣下	一七一一（正徳元）年 五月十五日ソウル出発	徳川家宣	家宣襲封祝賀
第九回	一七一六年 七月十八日宣下	一七一九（享保四）年 四月一日ソウル出発	徳川吉宗	吉宗襲封祝賀
第一〇回	一七四五年 十一月二日宣下	一七四八（寛延元）年 十一月二十八日ソウル出発	徳川家重	家重襲封祝賀
第一一回	一七六〇年 二月四日宣下	一七六三（宝暦十三）年 八月三日ソウル出発	徳川家治	家治襲封祝賀

府行政機関の最上位に位置する老中首座（一七八七（天明七）年六月十九日就任）として「寛政の改革」を遂行中であった松平定信は、

「卯年以来、凶事打続、下々困窮、宿駅致衰微、諸大名共も不如意之輩多き事に候間」

と判断し、接待の冗費を縮小したいとする財政的理由によって、参府してきた対馬藩上席家老古川図書を召見し、定信は同年五月十六日に「通信使来聘延期」を正式に告知した。その幕府の命を受けて、同年十月に対馬藩は倭館に「延聘参判使（通信使請退大差使）」として正官古川図書を派遣した。朝鮮王朝内部でも、この「規外差倭斥退」論も台頭したものの、一七八九（寛政元）年二月十五日の朝鮮国王正祖の下教によって、徳川幕府の提案に同意し、同年三月七日に来聘延期の合意を東莱府使金履禧（在任：一七八八年十月－一七九一年二月）は古川図書に通告した。

その後、松平定信は矢継ぎ早に「易地行聘」策（朝鮮通信使の対馬での聘礼）を立案し、一七九一（寛政三）年五月三日に対馬藩江戸家老大森繁右衛門に下命した。

それを受けて、同年七月二十一日に大森は対馬に帰藩するやいなや、朝鮮側に幕府の易地行聘策を伝達するために、「議聘参判使（通信使議定大差使）」として正官平田隼人を派遣した。しかしながら朝鮮国側にすれば、朝鮮通信使派遣の前例と異なる徳川幕府提案に対して、近畿南人（党派の一つ）

の領袖であった議政府左議政蔡済恭らは「斥退」の方針を立て、同年十二月に正官平田隼人に通知したものの、平田隼人らはそれを承諾して、倭館を離れるわけにいかず、そのまま滞留し始めた。

いわば「前例」（三年以内に、江戸に朝鮮通信使来聘などを金科玉条の如くに考える立場からすれば、前任者らが連綿と続けてきた前例とは異なる路線、つまり「例外」（易地行聘）の提案に同調することはありえなかった。ましてや対馬藩内に「せめぎ合い」や「きしみ」が生じ、宿敵が存在したならば、なおさらである。事実、対馬藩の家老職には、世襲の名族であった杉村家と鷹匠から抜擢された新興の大森家の対立が顕著であっただけに、易地行聘反対派の杉村家と易地行聘推進派の大森家という構図が発生した。この対馬藩内を二分した政治的混乱も、易地行聘をめぐる日朝間の外交交渉の混乱の輪を広げた。ましてや松平定信にとって政敵であった田沼意次と懇意の杉村派に対する反発は強く、その逆に大森派を優遇した。

いわば対馬藩内において膠着状態に陥った易地行聘交渉であっただけに、その推進派の頭目である大森繁右衛門自身が、一七九三（寛政五）年七月に、将軍世子誕生を通知する「告慶大差使」正官として渡朝し、時の東萊府使尹弼秉らと交渉を開始し、易地行聘交渉に従事したまま滞在約二年に及ぶ平田隼人を加勢した。しかしながら、一七九四（寛政六）年八月二十七日に、その易地行聘策拒否の回答書である礼曹回答書契が倭館駐在の大森に届いた。その回答書契受理を巡っても、倭館で一悶着が起こったために、大森らは急ぎ江戸に上申して、回答書契受理の可否を幕閣に問い合わせた。一七九三（寛政五）年七月二十三日、寛政の改革を六年間にわたって主導してきた松平定信が老中職を解任されたものの、その後任が定信の「刎頸の交」をなした老中松平信明であったので、信明の裁可を経て、一七九五（寛政七）年一月に倭館で書契を受理し、三月に江戸に送附した。

家斉祝賀のための朝鮮通信使派遣に関しては、大原則として決定済み（一七九一（寛政三）年五月三日付け）の易地行聘策であるだけに、大森繁右衛門らにとって対朝鮮国外交交渉を停止するわけにいかず、数々の下交渉を重ねていたと思われるが、倭館館守戸田頼母と訓導朴俊漢との交渉の成果であっただろうか、一七九五（寛政七）年十月に至り、突如として易地行聘策に同意する布石と思われる東萊府使尹長烈（在任：一七九五年三月－一七九六年十二月）の単簡が届く。突破口を開きたい対馬藩にとって、致賀兼問慰弔渡海訳官として堂上訳官朴俊漢の対馬来訪（一七九六（寛政八）年八月二十九日－同年十二月十三日）で、易地行聘と省弊条件をめぐる下交渉が大いに進展したという。ここで考慮すべきは、後日、朝鮮側が事実認定をし、告訴したことであるが、対馬藩が堂上訳官朴俊漢に対して銅鏡二百斤を「受賂売国」（『辺例集要』巻

十四、雑犯）として渡したかどうか、である。それだけに一七九七年九月付け、三項目の省弊条件を含む易地行聘を受諾した東莱府使鄭尚愚の書契・別陳が、朴俊漢らの偽造文書であるとして、田保橋潔を含めて日韓での通説は、長正統が要言するように、

「この文書は文案を対馬側が示し、それによって朴俊漢が偽造したもので、後に朝鮮側で第一の奸訳偽造書契と称するものである。」（長正統、一九七八年、一〇七頁）

と推定している。

さて、一七九八（寛政十）年五月十七日、幕府が対馬藩に対して正式に易地行聘交渉再開を命じたので、同年八月に対馬藩は倭館において講定訳官朴俊漢に通告した。これを受けて、同年十一月一日付けの礼曹参議尹行先、東莱府使金達淳（在任：一七九八年六月から一七九九年五月）の書契が、同十二月十九日に倭学訓導朴致倹から倭館館守戸田頼母に渡された。この書契は、同じく、

「この協定もまた対馬と朴俊漢が捏造したものであった。礼曹参議および東秦府使の文書は、対馬側で文案を示し、朴俊漢が偽造したもので、のちに朝鮮側が第二の奸訳偽造書契と称するものである」（長正統、一九七八年、一〇九頁）

とする説が、日韓で支配的である。この第二の奸訳偽造書契が発覚したとして、一八〇五（文化二）年九月六日に釜山草梁において「受賄売国罪人」の容疑で崔珊・崔国禎・朴潤漢・金漢謨を処刑した。

これらの通説が正鵠を射ているかどうかは、本書で紹介するハングル書簡を以て、充分に再考の余地があるとして、その断定を留保したい。

ところで、本書が紹介する書簡には、新しい記述を認めることができる。たとえば、次の通りである。

「史料五

先般の議聘の一事は、ソウルの官衙の仔細に／ご存知のことなので、このたび私が訓導に当たって（ソウルから下来の時に／朝廷の大臣方におかれて秘密に仰せ付けられたことには、／議聘使が帰国した時に、（通信使来聘の）延期の意を以て回答は／するのだけれども、君の任期中にもしかして信使の話があったら／省弊の道を周旋してみろ。」

などの文面である。既往の研究によって、ほぼ定説化している「対馬藩の贈賄によって発生した、倭学訳官朴俊漢偽造書契事件」を容認すれば、上記の史料も再検討の俎上に上らないが、仮に再検証してみたいという立場から考察するならば、いかに定説を崩すかという機会ともなろう。なぜならば、上掲した史料は、釜山において最前線の朝鮮側訳官が「ソウルとの密接な報告・連絡・相談」を仰いだ上で、ソウルの廟堂の確かな指示・命令を受けて、日本側と外交折衝を行ったこ

とを暗示するからである。

これも本書簡群の存在から判明したことであるが、倭館在住の日本人は倭館外に自由に外出できないだけに、ソウルに「飛脚」(「都表華彦方へ急之飛脚を差立候様」)を送り、ソウルの人士との間で書簡を授受していた。したがって、倭館館守であった戸田頼母らがソウルの廟堂との接触で裏取りしていたと想像しても、決して無駄ではないだろう。

ハングル書簡の性格からして、本来であれば、いずれの書簡も後世に伝来されることもなく廃棄されるはずのものである。したがって、その水面下の交渉においてもなお、双方が欺し合いをしていると知りつつ、書簡の中で「ウソで固めた事実」を文字化していたと理解すべきであろうか。いずれにせよ後考を俟ちたい。

おわりにかえて

宗家文庫史料ハングル書簡が十八世紀末から十九世紀初頭にかけての日朝最大の外交問題であった易地聘礼交渉に関する第一級史料であることは、もはや再言するまでもないだろう。易地聘礼関連のハングル書簡だけでも九九通が伝存しており、しかもそれらは日朝外交の現場に立つ実務担当者が「蜜(密)談」(易地聘礼)交渉のなかでやりとりされた、いわば生きた史料である。

『朝鮮王朝実録』や対馬宗家文書などに載録された近世日朝関係史研究の基礎資料の多くは、朝鮮廟堂ないしは対馬藩がまとめた公式記録である。膨大な情報のなかから組織にとって必要な情報のみが取捨選択された後、統治者の利益に沿って編纂されただけに、水面下の外交交渉ごとや個人の私的感情などが記載されることは多くない。一方のハングル書簡は両国の実務担当者間のやりとりであり、個人の判断で作成された便宜的なメモであると考えて良く、国家間の合意または一方的意思表示を記載した公的文書ではありえない。本来であれば、小田幾五郎が後任者へ引き継ぐべき文書であるものの、朝鮮通信使交渉の環境が激変したために、その必要はなかった。当該メモの利用・保存・廃棄については、そのいずれの過程においても対馬藩としての関与は何ら存在せず、専ら幾五郎個人の便宜的判断に委ねられていたにちがいない。

従来でも日朝交渉のなかで朝鮮語通詞、倭学訳官の果たす役割の重要性は指摘されていた。しかし彼らの活動の実態をここまで詳しく示した史料はほかにない。両者の関係性を読み解くことのできる類例をあげておきたい。

対馬藩と倭学訳官とのあいだには経済的に強いつながりがあった。日朝通交の貿易品を検証した田代和生氏が明らかにしているように、対馬藩では訓導・別差をはじめ関係のある朝鮮の役人に対して「遣い物」と称し米三二石・公木(木綿)二〇束・大豆二〇俵のほか水牛角三五本・丹木一〇六五斤などを渡す慣例があった。貿易事務を円滑に遂行することを目的としたものと田代氏は説明する（田代和生、二〇〇七年）。毎年支出される「遣い物」を賄賂と位置づけることは早計に過ぎるが、易地聘礼交渉時にはいつも以上に金銭が動いたと予想される。

対日交渉にたずさわる倭学訳官は役得として経済的利益を得る立場にあったが、その一方で対応を間違えれば処罰の対象にもなった。易地聘礼交渉のなかでも倭学訳官が数多く処罰されているが、一八〇三年に礼単参の未支給問題で流配された崔珦が送ったと考えられる書簡が伝存している（史料40）。書簡の形態が、一二枚に裁断された細長い紙片に書簡文面が記載されているという特徴的なものである。紙片には「一」から「十二」と墨書があり、順番通りに並べることで一つの書簡となる。紙片にはよくみると細かいシワがはいっている。本来は禁止されていたはずの罪人崔珦からの書簡を、秘匿して持ち出す際に紙片をより合わせ「こより」状態にしたものではないかと推測される。発覚すればさらなる罰をも受けかねない中でも、なお倭館の小田幾五郎との通信を試みたのである。まさに日朝交渉の実務担当者としての緊迫した状況を伝える史料である。

また書簡は外交交渉に関する内容ばかりではない。時には互いの体調を気にかけ、時には日本の「味噌」の融通を願うとともに朝鮮産の「明太子」や「粉」を贈答するといったものもみえる（史料48）。ハングル書簡からは、国や立場を超え、同じ外交問題に取り組む者同士としての信頼関係や互いへの尊敬の念が読み取れる。それだけに、小田幾五郎と朴俊漢らが両国を騙し、調査をすれば、すぐに事実関係が判明する偽造事件を引き起こしたとはにわかに信じられない思いである。

それと同時に、ハングル書簡を受け取り自由自在に駆使していた対馬藩の朝鮮語通詞の言語運用能力にあらためて驚かされる。おしむらくは朝鮮語通詞がどのような返書を送っていたかまで解明できず、両者の史料の突き合わせによる真相究明の道は閉ざされたままである。この課題に応えるためには、両国に於いて新たな史料の発掘や、膨大な宗家文書を丹念に読み説く作業が必要となってくるが、本書がその基礎作業の一助となれば望外の幸いである。

参考

ちなみに第一二回朝鮮通信使は次のように実現した。時系列に整理してみたい。

＊一八〇五（文化二）年十一月二十一日：通信使請来大差使（正官古川図書）が館に到着。

＊一八〇六（文化三）年五月十三日：東莱府使呉翰源・接慰官徐能輔が倭館宴享大庁にて、通信使請来大差使の下船宴を挙行し、礼曹宛ての書契を受領。

＊一八〇六（文化三）年六月十一日：礼曹回答書契が倭館に到着するも、通信使請来大差使（正官古川図書）は受領せず。

＊一八〇七（文化四）年八月二十五日：通信幹事裁判重松此面、倭館に到着。
＊一八〇七（文化四）年十月：重松此面、訓導玄義洵の短簡を倭館より江戸に急送。
＊一八〇七（文化四）年一一月二十日：訓導玄義洵の短簡が対馬藩江戸邸に到着し、幕閣へ提出。
＊一八〇八（文化五）年四月十四日：修聘講事参判使（通信使公幹講事大差使）大浦兵左衛門が釜山草梁倭館に到着。
＊一八〇八（文化五）年六月二十七日：修聘講事参判使（通信使公幹講事大差使）正使として小島宇左衛門が大差書契を持参し、釜山草梁倭館に到着。
＊一八〇八（文化五）年六月二十九日：東莱府使は大差書契をソウルの備辺司へ送達。
＊一八〇八（文化五）年閏六月四日：接慰官徐長輔が修聘講事参判使（通信使公幹講事大差使）大浦兵左衛門に対する下船宴を説行。
＊一八〇八（文化五）年七月十一日、訓導玄義洵作成の修聘講事参判使に対する礼曹回答書契を大浦兵左衛門に示達。
＊一八〇八（文化五）年八月二十七日、修正回答書契を大浦兵左衛門に示達するも、「易地行聘」に言及しないので、受領を拒否。
＊一八〇八（文化五）年九月十一日：修聘講事参判使（通信使公幹講事大差使）正使小島宇左衛門が講事大差使回答書契を持参して、倭館を出発し、江戸へ。
＊一八〇八（文化五）年十月十六日：講事大差使回答書契を幕閣へ提出。
＊一八〇八（文化五）年十二月：修聘講事参判使（通信使公幹講事大差使）大浦兵左衛門が回答書契を受領して、対馬に帰国。
＊一八〇八（文化五）年十二月四日：朝鮮渡海訳官との幕府側交渉担当者として幕府目付遠山左衛門（景晋）発令。景晋は江戸から対馬へ派遣される。
＊一八〇九（文化六）年二月二十四日：対馬島主還島問慰堂上訳官として玄義洵らが任命され、訳官護迎裁判重松此面らと共に一八〇九年六月二十七日に釜山を出発し、七月五日に対馬府中に到着。同月七日に茶礼を実施し、藩主に対して礼曹書契を提出。
＊一八〇九（文化六）年七月十一日：対馬島主還島問慰堂上訳官として玄義洵らが目付遠山左衛門（景晋）と対面し、易地聘礼が幕府の「易地通使事、自東武府意」であると確認す。
＊一八〇九（文化六）年七月十九日から七月二十七日：渡海訳官護迎裁判重松此面と対馬島主還島問慰堂上訳官玄義洵らとが通信使節目講定を商議し、七月二十七日に両者が合意に至る。

「　覚
一　両国国書奉安行礼時。彼此一同磨錬
一　朝鮮国聘使、以三使磨錬
一　上上官亦以三員磨錬
一　儲君前別幅人参、限参觔磨錬
一　信使一行人員、無過三百五十人
一　他余一依節目施行」（一八〇九（文化六）年七月、渡

海堂上官　啓天　玄同知ら三名）

＊一八〇九（文化六）年十月七日：対馬島主還島問慰堂上訳官玄義洵らが対馬府中を出航し、釜山へ向かう。

＊一八一〇（文化七）年正月十四日：右議政金思穆は「蓋信使易地之請、已過十之久、而朝廷之至今不許、非但約条之不可軽改、其所謂江戸之意」と確認したと純祖に報告。易地聘礼が正式に廟堂で承認された。

＊一八一〇（文化七）年六月十八日、通信使護行大差使正官氏江左織ら対馬府中から釜山倭館へ出航。

＊一八一〇（文化七）年九月：倭館に在留中の渡海訳官護迎裁判重松此面と講定訳官玄義洵らの間で、信行節目講定が最終合意に達し、さらに同年十一月三日、純祖の裁可を得る。「易地通信、今始為之、要有約条永遵無違事」が本旨。人数は、旧五八〇人から新三二八人へと変更。

＊一八一一（文化八）年正月十日：正使金履喬ら通信使リストが確定。

＊一八一一（文化八）年三月一日：通信使一行、釜山港を出発し、同月三月二十九日、対馬府中に到着。

＊一八一一（文化八）年五月二十二日：朝鮮国国書授受。

＊一八一一（文化八）年五月二十六日：両国正使の饗宴。

＊一八一一（文化八）年六月十九日：幕府正使小笠原忠固ら離島。

＊一八一一（文化八）年六月二十五日：朝鮮国正使金履喬ら対馬府中を出発し、釜山に文化八年七月二日到着。同年七月二十七日に純祖に日本国書回礼別幅を上程す。

参考文献

池内敏「以酊庵輪番制と東向寺輪番制」（『九州史学』一六三号、二〇一二年、四－二二頁

糟谷憲一「なぜ朝鮮通信使は廃止されたか―朝鮮史料を中心に」『歴史評論』三五五、一九七九年、八－二三頁

川端千恵「対馬藩朝鮮語通詞の朝鮮認識―大通詞小田幾五郎を中心に―」『文化交渉』二〇一三年、三〇九－三二七頁

金義煥「釜山倭館の職官構成とその機能について―李朝の対日政策の一理解のために―」『朝鮮学報』一〇八集、一九八三年

田川孝三「對馬通詞小田幾五郎と其の著書」（『書物同好會冊子』第一一号、書物同好會、一九四〇年、『書物同好会会報附冊子』復刻版、龍渓書舎、一九七八年）

田保橋潔「朝鮮国通信使易地行聘考」（『近代日鮮関係の研究』下巻、朝鮮総督府中枢院、一九四〇年）

田代和生「対馬藩の朝鮮語通詞」『史学』（六〇）第四号、一九九二年、五九－九〇頁

田代和生『日朝交易と対馬藩』創文社、二〇〇七年

田代和生『新・倭館―鎖国時代の日本人町』ゆまに書房、二〇一一年

田代和生「解説―国立国会図書館所蔵「宗家文書」目録」『参考書誌研究』第七六号、二〇一五年、四－一六頁

田代和生『通訳酬酢』ゆまに書房、二〇一七年

長野暹・鄭成一「一八世紀末対馬藩財政における朝鮮貿易の地位―寛政二年（一七九〇）対馬藩の朝鮮公貿易史料を中心として」『佐賀大学経済学論集』二二巻六号、一九九〇年、九九－一四一頁

松原孝俊・趙眞璟「雨森芳洲と対馬藩「韓語司」での教育評価について」『言語科学』三二、一九九七年、一〇二－一二二頁

松原孝俊・趙眞璟「雨森芳洲と対馬藩「韓語司」における学校運営をめぐって」『比較社会文化（九州大学大学院比較社会文化研究科紀要）』三、一九九七年、一四九－一五九頁

箕輪吉次「小田幾五郎『草梁話集』について」『日語日文学研究』第七一輯二巻、二〇〇九年、一一一－一二九頁

箕輪吉次「小田幾五郎『通訳酬酢』小考―朝鮮聶肩と日本聶肩―」『日語日文学研究』第七四輯二巻、二〇一〇年、二四一－二六七頁
箕輪吉次「小倉文庫本『北京路程記』について」『日語日文学研究』第七五輯二巻、二〇一〇年、四三－六二頁
三宅英利『近世日朝関係史の研究』文献出版、一九八六年
李元植「朝鮮通信使に随行した倭学訳官について―捷解新語の成立時期に関する確証を中心に―」『朝鮮学報』一一一集、一九八四年、五三－一一七頁
허지은『近世쓰시마朝鮮語通詞의情報収集과流通』西江大学校博士号提出論文、二〇〇七年、二一九頁
허지은「쓰시마朝鮮語通詞연구의동향과과제」『祥明史學』第一三・一四合輯、二〇〇八年、一〇七－一二三頁
허지은「쓰시마朝鮮語通詞오다이쿠고로〔小田幾五郎〕의생애와 대외인식―『通譯酬酢』을중심으로―」『동북아역사논총』三〇호、二〇一〇年、三一五－三五〇頁

追記：小田幾五郎の生年をめぐる本書の立場

小田幾五郎の生年をめぐる先学の研究には、宝暦四（一七五四）年・宝暦五（一七五五）年・宝暦六（一七五六）年の三説がある。

例えば、小田幾五郎著『通訳酬酢』（韓国国史編纂委員会所蔵）の序文では「天保二辛卯清月」「齢七拾七歳」と記され、跋文には「七拾六歳之秋」とある。したがって、天保二（一八三一）年「清月」（八月）は、十一月の誕生日（小田幾五郎『象胥紀聞』、鈴木棠三編、村田書店、一九七九年、鈴木棠三氏の解題による）を迎える前であるから、生年が

（1）宝暦四（一七五四）年の場合、数え年七十八（満七十六）歳
（2）宝暦五（一七五五）年の場合、数え年七十七（満七十五）歳
（3）宝暦六（一七五六）年の場合、数え年七十六（満七十四）歳

となる。したがって、彼の著『通訳酬酢』の「七十六歳・七十七歳」という記述だけからでは、幾五郎の出生年は宝暦四年説・宝暦五年説・宝暦六年説のいずれとも決しがたい。

一方、「朝鮮方御役人衆より内々御尋ニ付申出」（韓国国史編纂委員会所蔵）には、「文政十丁亥年　同人（小田幾五郎）年七拾四歳」とある。文政十（一八二七）年に数え年七十四歳であることから逆算すると、宝暦四（一七五四）年の生まれとなる。

以上の点から、本書では、暫定的に宝暦四（一七五四）年説に依拠することとし、向後、小田幾五郎研究の進展を俟ちたい。

（酒井雅代）

朝鮮訳官発給書簡一覧

史料番号	表題	西暦	年月日	発給（発信者）	受給（受信者）	形態	員数	紙数	法量	料紙	備考	宗家文庫一紙物管理番号
史料1	覚	(1795)	9月	訓導士正朴正・景和朴主簿	小田幾五郎・吉松右助	継紙	1通	9紙	24.8×221.0	楮紙	（端裏書）「乙卯年九月廿一日／士正ゟ諺文ニて差出候事」	815-6-6
史料2	覚（草案）	(1795)	乙卯9月21日	訓導士正朴正・景和朴主簿	小田幾五郎・吉松右助	継紙	1通	4紙	24.1×65.3	楮紙	（端裏書）「乙卯起り本書館守へ差出し扣」	1689
史料3	［覚］（草案）	1795	乙卯9月24日	訓導士正朴正	小田幾五郎	継紙	1通	4紙	24.4×87.5	楮紙		815-6-7
史料4	覚（草案）	1795	乙卯9月	訓導士正朴正・景和朴主簿	小田幾五郎・吉松右助	継紙	1通	3紙	24.1×83.0	楮紙	（端裏書）「乙卯九月諺文書付之写し」	815-6-13
史料5	覚（草案）	(1795)	9月	訓導士正朴正	小田幾五郎	継紙	1通	2紙	24.1×42.9	楮紙	（端裏書）「士正方ゟ／此本書館守様へ和解共ニ差出」	1123-157
史料6	覚（草案）	(1795)	9月日	訓導士正朴正	小田幾五郎	継紙	1通	3紙	24.7×97.1	楮紙	（端裏書）「乙卯起り之分本書館守様へ有之」	1692
史料7	書簡	(1795)	10月18日	士正	幾五郎	切紙	1通	3紙	24.3×49.1	楮紙（朝鮮紙）		41-6
史料8	書簡	1796	丙辰6月28日	士正朴僉知（印）	小田幾五郎	継紙	1通	2紙	28.9×69.6	楮紙（朝鮮紙）	（端裏書）「士正」	1123-139
史料9	書簡	1796	丙辰6月29日	士正朴僉知（印）	幾五郎	切紙	1通	2紙	28.7×28.2	楮紙（朝鮮紙）		41-13
史料10	書簡	1796	丙辰7月23日	士正朴僉知（印）	小田幾五郎	切紙	1通	1紙	23.0×37.3	楮紙（朝鮮紙）		41-3
史料11	書簡	1797	丁巳4月11日	士正朴僉知（印）	小田幾五郎	継紙	1通	3紙	25.2×91.9	楮紙（朝鮮紙）		41-1
史料12	書簡	1797	丁巳閏6月28日	士正朴僉知（印）		切紙	1通	1紙	25.1×47.6	楮紙（朝鮮紙）	（端裏書）「士正分」	1123-143
史料13	書簡	1798	戊午5月初5日	士正朴僉知（印）	大通官	切紙	1通	1紙	20.0×36.8	楮紙（朝鮮紙）	（端裏書）「士正之分」	54-4-3
史料14	書簡	(1798)	5月24日	士正朴僉知（印）	大通官	継紙	1通	2紙	24.5×28.0	楮紙（朝鮮紙）		54-4-2
史料15	書簡	1798	戊午7月22日	士正朴僉知（印）	小田幾五郎	継紙	1通	2紙	25.0×32.2	楮紙（朝鮮紙）		54-4-4
史料16	書簡	1798	戊午11月19日	士正朴僉知（印）	小田幾五郎	継紙	1通	2紙	26.4×47.8	楮紙（朝鮮紙）	（端裏書）「士正分」	54-4-1
史料17	書簡	(1798)	30日	訓導（印）		切紙	1通	1紙	21.1×37.4	楮紙（朝鮮紙）		41-17
史料18	書簡	1798	戊午11月初吉日	景和朴主簿（印）	小田幾五郎	切紙	1通	1紙	16.7×42.3	楮紙	（端裏書）「午十二月朔日景和下来之書状」	54-5-2

史料番号	表題	西暦	年月日	発給（発信者）	受給（受信者）	形態	員数	紙数	法量	料紙	備考	宗家文庫一紙物管理番号
史料19	書簡（控）	1800	庚申9月初10日	訓導印	大通官・吉松右助	継紙	1通	2紙	15.9×42.2	楮紙	包紙(1046-11-52-2-1)あり、(包紙)「別段極密書」、袖に墨書「本書館守ニ有之」	1046-11-52-2-1 1046-11-52-2-2
史料20	書簡	1800	申10月24日	伯玉崔僉正（印）	大通官	切紙	1通	2紙	（1紙）24.7×48.7、（2紙）25.4×54.7	楮紙（朝鮮紙）		1123-159 1123-161
史料21	書簡	1800	庚申10月24日	華彦崔僉知（印）	（小田幾五郎）	切紙	1通	1紙	24.8×42.4	楮紙（朝鮮紙）	封筒（1123-151-1）あり、（封筒）「小田幾五郎公前入納」「省封」、「都来状華」は異筆、封筒に2箇所ある封印影は崔珊のもの、受給情報は封筒より採録	1123-151-1 1123-151-2
史料22	書簡	1801	辛酉3月初7日	訓導（印）	（大通官）	切紙	1通	1紙	22.4×39.3	楮紙（朝鮮紙）	封紙(41-12-1)あり、(封紙)「大通官公前入納」「謹封」、包紙に封印あり、封印の印影は誰のものか不明、受給情報は包紙より採録	41-12-1 41-12-2
史料23	書簡	1802	壬戌11月23日	永好堂主人	大通官	切紙	1通	1紙	23.6×28.3	楮紙（朝鮮紙）	（端裏書）「用之分」	821-3
史料24	書簡	1802	壬戌12月22日	陽元玄判官（印）	大通官	継紙	1通	2紙	23.2×25.5	楮紙（朝鮮紙）		54-2-5
史料25	書簡	（1803）	12朝	永好堂	三伝語官	切紙	1通	1紙	23.5×25.6	楮紙（朝鮮紙）	（端裏書）「正月十三日達伯」	1123-146
史料26	書簡	1803	癸亥2月初6日	景和朴僉知（印）		切紙	1通	1紙	33.5×45.6	楮紙（朝鮮紙）	（端裏書）「景和朴僉知下来方不審及遅滞候ニ付／態々賃銀を呉れ別飛脚内々遣し／都ゟ返書相達候事」	1123-154
史料27	書簡	1803	癸亥2月18日	陽元玄判官（印）	小田幾五郎・牛田善兵衛	継紙	1通	2紙	23.6×38.3	楮紙（朝鮮紙）	（端裏書）「正月十九日之分／陽元ゟ」	54-2-8
史料28	書簡	1803	癸亥2月24日	伯玉崔同知	小田幾五郎	切紙	1通	1紙	21.2×46.0	楮紙（朝鮮紙）	（端裏書）「伯状公私之事」	1123-145
史料29	書簡	1803	癸亥2月26日	陽元玄判官（印）	小田幾五郎・牛田善兵衛	切紙	1通	1紙	23.3×28.9	楮紙（朝鮮紙）	（端裏書）「閏正月廿六日達陽元ゟ」	54-2-4
史料30	書簡	1803	亥12月27日	陽元玄判官（印）		切紙	1通	1紙	28.1×27.6	楮紙（朝鮮紙）		41-8
史料31	書簡	1803	癸亥2月28日	景和朴僉知（印）	小田幾五郎	切紙	1通	1紙	27.5×22.2	楮紙（朝鮮紙）	（端裏書）「景和返事」	41-16

史料番号	表題	西暦	年月日	発給（発信者）	受給（受信者）	形態	員数	紙数	法量	料紙	備考	宗家文庫一紙物管理番号
史料32	覚（控）	(1803)	年月			切紙	1通	1紙	25.2×12.4	楮紙		42-19
史料33	書簡	1804	甲子4月26日	訓導（印）	小田幾五郎・牛田善兵衛	継紙	1通	2紙	23.4×37.6	楮紙（朝鮮紙）	（端裏書）「陽元」	54-2-7
史料34	書簡	(1804)	（甲子）5月18日	玄判官敬天（印）	小田幾五郎	切紙	1通	1紙	23.2×17.5	楮紙（朝鮮紙）		41-18
史料35	書簡	1804	甲子7月初3日	華彦崔僉知（印）		切紙	1通	1紙	22.4×41.5	楮紙（朝鮮紙）	（端裏書）「華分藍董官ニ付無拠相願／其侭罷登候書状」	1123-150
史料36	書簡	1804	甲子11月18日	華彦崔同知（印）	小田幾五郎	継紙	1通	2紙	24.5×38.7	楮紙（朝鮮紙）	（端裏書）「華／取替之断」	1123-156
史料37	書簡	1805	乙丑2月13日	華彦崔同知（印）	小田幾五郎・牛田善兵衛	切紙	1通	1紙	22.3×32.3	楮紙（朝鮮紙）		41-20
史料38	書簡	1805	乙丑3月16日	訓導	小田幾五郎・牛田善兵衛	継紙	1通	2紙	22.9×37.2	楮紙（朝鮮紙）		48-13
史料39	書簡	(1805)	（乙丑）3月16日	華彦（印）		切紙	1通	1紙	21.2×41.2	楮紙（朝鮮紙）	封筒（48-16-1）あり、（封筒）「両公前回上」	48-16-1 48-16-2
史料40	書簡	1805	乙丑6月22日	無名氏	小田幾五郎	継紙	1通	1紙	24.2×32.4	楮紙（朝鮮紙）	書簡文面は「一」から「十二」と墨書のある12枚に裁断された細長い紙片に書かれており、それを順番通りに並べ1枚の台紙に貼り付ける	61
史料41	書簡	1805	乙丑9月20日	賑恤廳別将朴聖奎（印）・李禆将	内田茂右衛門	切紙	1通	1紙	37.5×46.7	楮紙（朝鮮紙）	書簡の袖にも印あり	1123-158
史料42	書簡	1805	乙丑12月初4日	訓導（印）	伝語官	継紙	1通	2紙	22.7×48.8	楮紙（朝鮮紙）		48-6
史料43	書簡	1806	丙寅2月初2日	講定官	両伝語官	切紙	1通	1紙	23.7×13.7	楮紙（朝鮮紙）		48-8
史料44	書簡	1806	丙寅2月21日	敬天玄同知（印）	伝語官	継紙	1通	2紙	27.9×23.1	楮紙（朝鮮紙）		48-12
史料45	書簡	1806	丙寅2月21日	訓導	小田幾五郎・牛田善兵衛	切紙	1通	1紙	23.7×25.7	楮紙（朝鮮紙）		48-2
史料46	書簡	(1806)	3月初2日	訓導	伝語官	切紙	1通	1紙	23.4×16.7	楮紙（朝鮮紙）		48-7
史料47	書簡	1806	丙寅3月初4日	講定官・訓導		継紙	1通	2紙	23.4×30.0	楮紙（朝鮮紙）		48-14
史料48	書簡	1806	丙寅3月初5日	講定官・訓導	小田幾五郎・牛田善兵衛	継紙	1通	2紙	23.5×38.5	楮紙（朝鮮紙）		48-15

史料番号	表題	西暦	年月日	発給（発信者）	受給（受信者）	形態	員数	紙数	法量	料紙	備考	宗家文庫一紙物管理番号
史料49	書簡	1806	丙寅3月初6日	敬天玄同知・陽元玄判官	小田幾五郎・牛田善兵衛	継紙	1通	2紙	27.9×38.7	楮紙（朝鮮紙）		48-5
史料50	書簡	1806	丙寅3月14日	敬天玄同知・陽元玄判官	小田幾五郎・牛田善兵衛	継紙	1通	2紙	27.9×48.8	楮紙（朝鮮紙）		48-3
史料51	書簡	(1806)	3月17日	敬天玄同知	小田幾五郎・牛田善兵衛	継紙	1通	2紙	27.7×50.5	楮紙（朝鮮紙）		48-4
史料52	書簡	1806	丙寅3月17日	講定官・訓導	両伝語	継紙	1通	2紙	23.7×17.6	楮紙（朝鮮紙）		48-9
史料53	書簡	1806	丙寅3月23日	敬天玄同知・陽元玄判官	小田幾五郎・牛田善兵衛	継紙	1通	2紙	23.4×44.4	楮紙（朝鮮紙）		48-1
史料54	書簡	(1806)	3月24日	玄同知	小田幾五郎・牛田善兵衛	切紙	1通	1紙	27.7×20.9	楮紙（朝鮮紙）		48-10
史料55	書簡	(1806)	3月27日	講定官・訓導	両公	切紙	1通	1紙	20.0×31.0	楮紙（朝鮮紙）		54-2-3
史料56	書簡	(1806)	丙3月28日	敬天玄同知	両公	切紙	1通	1紙	27.8×29.9	楮紙（朝鮮紙）		41-2
史料57	書簡	(1806)	丙3月28日	敬天玄同知	両公	切紙	1通	1紙	22.0×40.3	楮紙（朝鮮紙）		41-10
史料58	書簡	(1806)	4月初1日	講定官・訓導		継紙	1通	2紙	27.7×28.2	楮紙（朝鮮紙）	(端裏書)「敬天陽元」	54-2-6
史料59	書簡	(1806)	4月初1日	講定官・訓導		継紙	1通	2紙	29.4×37.7	楮紙（朝鮮紙）		41-19
史料60	書簡	(1806)	4月初4	敬天玄同知	両公	切紙	1通	1紙	27.7×31.0	楮紙（朝鮮紙）	包紙(41-28)あり、(包紙)「両公前回納」	41-28 41-5
史料61	書簡	(1806)	4月初4	敬天玄同知	両公	継紙	1通	2紙	27.7×40.7	楮紙（朝鮮紙）		54-2-2
史料62	書簡	(1806)	初4日	訓導		切紙	1通	1紙	22.1×40.5	楮紙（朝鮮紙）		54-2-1
史料63	書簡	1806	丙寅4月14日	訓導	小田幾五郎	切紙	1通	1紙	29.1×28.5	楮紙（朝鮮紙）		48-11
史料64	書簡	1806	丙寅4月21日	講定官・訓導	伝語官	切紙	1通	1紙	29.2×17.9	楮紙（朝鮮紙）	(こより)「接慰官下来方往復書状也」	54-5-1
史料65	書簡	1806	丙寅4月25日	講定官・訓導	小田幾五郎・牛田善兵衛	切紙	1通	1紙	29.2×29.2	楮紙（朝鮮紙）		54-5-4
史料66	書簡	1806	丙寅4月28日	講定官	小田幾五郎	切紙	1通	1紙	29.2×20.3	楮紙（朝鮮紙）		54-5-3
史料67	［伸言］(控)	1806	丙寅6月			継紙	1通	4紙	30.7×167.2	楮紙	(端裏書)「寅六月御掛合」	1691

史料番号	表題	西暦	年月日	発給（発信者）	受給（受信者）	形態	員数	紙数	法量	料紙	備考	宗家文庫一紙物管理番号
史料68	［伸言］（控）	（1806）				継紙	1通	12紙	24.2×303.2	楮紙	（端裏書、朱書）「初発書立之分」	54-1-7
史料69	口陳（控）	1806	丙寅8月19日			継紙	1通	10紙	24.1×284.0	楮紙	（端裏書）「控」、（端裏書、朱書）「八月十九日之分」、管理番号823-28・819-14は一連の文書	823-28 819-14
史料70	口陳（草案）	（1806）				継紙	1通	8紙	24.9×251.6	楮紙	（封筒裏面書き）「真文扣、書付入、小田幾五郎」、朱書きで加筆修正	1684
史料71	書簡	1806	丙寅10月初8日	講定官・訓導	小田・牛田	切紙	1通	1紙	24.3×31.3	楮紙（朝鮮紙）		54-3-6
史料72	書簡	（1806）	11月初7日	講定官	小田・牛田	継紙	1通	2紙	25.8×37.5	楮紙（朝鮮紙）		815-8-9
史料73	書簡	1806	丙寅至月21日	訓導	小田・牛田	切紙	1通	1紙	26.0×28.0	楮紙（朝鮮紙）		54-3-7
史料74	書簡	（1806）	至月24日	講定官・訓導	両伝語官	切紙	1通	1紙	28.8×12.3	楮紙（朝鮮紙）		54-3-5
史料75	書簡	1806	丙寅11月30日	玄同知	両伝語官	継紙	1通	2紙	25.7×14.6	楮紙（朝鮮紙）	包紙（54-3-1）あり、（包紙）「小田大通官公前入納」、（こより）「寅十月ゟ十二月迄之分」	54-3-1 54-3-2
史料76	書簡	1806	丙寅12月初5日	講定官・訓導	両伝語官	切紙	1通	1紙	25.7×24.8	楮紙（朝鮮紙）		54-3-8
史料77	書簡	1806	丙寅12月初7日	講定官・訓導・別差	両伝語官	継紙	1通	2紙	25.0×29.7	楮紙（朝鮮紙）		54-3-4
史料78	書簡	1806	丙寅12月18日	陽元玄判官（印）	小田幾五郎	継紙	1通	2紙	23.0×52.6	楮紙（朝鮮紙）		54-3-3
史料79	伸言（草案）	（1807）				継紙	1通	4紙	24.3×103.8	楮紙	（端裏書）「下書／都船主様ゟ心得ニいたし居候様ニと」	1688
史料80	書簡	1807	丁卯正月27日	訓導	小田幾五郎	継紙	1通	2紙	22.5×18.0	楮紙（朝鮮紙）		815-8-10
史料81	書簡	1807	丁卯元月29日	講定官	両大通官	切紙	1通	2紙	22.3×19.7	楮紙（朝鮮紙）		41-9
史料82	書簡	1807	丁卯正月29日	訓導	両大通官	継紙	1通	2紙	22.5×32.0	楮紙（朝鮮紙）		815-8-8
史料83	書簡	1807	丁卯元月晦日	講定官	両大通官	継紙	1通	2紙	22.4×29.4	楮紙（朝鮮紙）		815-8-6
史料84	書簡	1807	丁卯正月30日	訓導	両大通官	継紙	1通	2紙	22.5×24.7	楮紙（朝鮮紙）		815-8-7
史料85	書簡	1807	丁卯2月初9日	講定官	両大通官	継紙	1通	2紙	22.5×22.8	楮紙（朝鮮紙）		815-8-5

史料番号	表題	西暦	年月日	発給（発信者）	受給（受信者）	形態	員数	紙数	法量	料紙	備考	宗家文庫一紙物管理番号
史料86	書簡	1807	丁卯2月15日朝	講定官（印）	両公	切紙	1通	1紙	22.5×20.0	楮紙（朝鮮紙）	815-8-3～8-10袋・紙縒にて一括、（袋815-8-1）「諺文書付入小田幾五郎」、（紙縒815-8-2）「卯正月ゟ」	815-8-3
史料87	書簡	1807	丁卯2月15日	講定官（印）	両公	継紙	1通	2紙	22.5×30.7	楮紙（朝鮮紙）		815-8-4
史料88	書簡	1807	丁卯5月初1日	訓別		継紙	1通	2紙	26.0×34.4	楮紙（朝鮮紙）	（端裏書）「敬天明遠」	1123-155
史料89	書簡	1807	丁卯5月初1日	訓導	両大通官	切紙	1通	1紙	26.1×25.1	楮紙（朝鮮紙）	（端裏書）「外状」「当時入用無之分」	41-7
史料90	書簡	1807	丁卯5月21日	別差		切紙	1通	1紙	19.5×31.5	楮紙（朝鮮紙）		41-21
史料91	書簡	（1807）	6月初1日	訓導	両公	切紙	1通	2紙	17.5×36.3	楮紙（朝鮮紙）		41-14
史料92	書簡	（1807）		別差		切紙	1通	1紙	24.5×16.6	楮紙（朝鮮紙）	（端裏書）「明遠」	1123-140
史料93	［伸言］（草案）	（1807）				継紙	1通	3紙	25.2×72.4	楮紙	（端裏書）「六月十三日御掛合」	1687
史料94	［伸言］（草案）	（1807）				継紙	1通	4紙	28.0×110.8	楮紙	（端裏書）「御掛合之節諺文ニて任官へ為御見被成候筈之下書」	1685
史料95	書簡（控）	（1808）	2月22日	訓導	久光市次郎	切紙	1通	1紙	25.1×18.5	楮紙		812-19-3
史料96	書簡（控）	1808	辰2月22日	訓導	小田	継紙	1通	2紙	25.3×49.5	楮紙	（端裏書）「辰二月廿二日夕達候事」	812-19-4
史料97	書簡	年代不明	2月16日	訓導	（大通官）	切紙	1通	1紙	22.3×20.2	楮紙（朝鮮紙）	結び封にして墨書「大通官公」あり	48-17
史料98	書簡	年代不明				切紙	1通	1紙	26.4×35.1	楮紙（朝鮮紙）		1123-162
史料99	書簡	年代不明		別差		切紙	1通	1紙	20.5×26.0	楮紙（朝鮮紙）		41-15
参考1	覚	1760	庚辰4月17日	訓導崔僉正（印）・別差李僉正（印）	裁判（吉村橘左衛門）	継紙	1通	2紙	36.3×163.6	楮紙（朝鮮紙）		1096-6
参考2	覚（控）	1760	庚辰4月17日	訓導崔僉正・別差李僉正	裁判（吉村橘左衛門）	継紙	1通	4紙	27.9×138.0	楮紙	管理番号1096-6の控	1123-152
参考3	書簡	1761	辛巳2月初7日	来儀崔判官（印）		切紙	1通	1紙	34.8×52.5	楮紙（朝鮮紙）		995-33

史料番号	表題	西暦	年月日	発給（発信者）	受給（受信者）	形態	員数	紙数	法量	料紙	備考	宗家文庫一紙物管理番号
参考4	書簡	1802	壬戌9月初3日	訓導（印）	（大通官）	切紙	1通	1紙	29.3×42.0	楮紙（朝鮮紙）	宗家文書・記録類３・朝鮮関係・B16の挿入文書、封筒あり、（封筒）「大通官公前即納謹封」、封印あり	挿入文書1
参考5	書簡	1803	癸亥4月初2日	訓導（印）	小田幾五郎	切紙	1通	1紙	29.3×17.4	楮紙（朝鮮紙）	宗家文書・記録類３・朝鮮関係・B55の挿入文書（元こよりにて綴じ込み）	挿入文書2
参考6	［覚］	（1803）				切紙	1通	1紙	25.3×5.0	楮紙	宗家文書・記録類３・朝鮮関係・B7の挿入文書、元付紙か	挿入文書3
参考7	覚	1803	癸亥6月初7日	三伝語官		継紙	1通	2紙	24.3×49.2	楮紙	宗家文書・記録類３・朝鮮関係・B7の挿入文書	挿入文書4
参考8	覚	1803	癸亥6月日	三伝語官		切紙	1通	1紙	25.2×25.0	楮紙	宗家文書・記録類３・朝鮮関係・B7の挿入文書	挿入文書5
参考9	［覚］	（1803）				切紙	1通	1紙	25.1×7.9	楮紙	宗家文書・記録類３・朝鮮関係・B7の挿入文書、元付紙か	挿入文書6
参考10	覚	（1803）	年月			切紙	1通	1紙	25.0×14.0	楮紙	宗家文書・記録類３・朝鮮関係・B7の挿入文書	挿入文書7
参考11	書簡（控）	1818	（文政元年5月19日）	（朝鮮語通詞広瀬与市）	（渡海訳官玄義温）	継紙	1通	2紙	39.7×106.3	楮紙		998-6
参考12	［口上書］	1823				切紙	1通	1紙	25.2×34.5	楮紙	包紙あり、844-9-2～3包紙一括、（包紙）「漂民死躯居棺ニ而送来付於長崎漂民ゟ断書差出和解共」	844-9-1 844-9-3
参考13	［願］	1831	辛卯5月日	朝鮮国全羅道海南6名	伝語官	切紙	1通	1紙	24.0×16.0	楮紙	包紙あり、989-48-2の和解とともに包紙（989-48-1）一括	989-48-1 989-48-3

史料編

凡例

一、ハングル書簡類には史料番号を付し、一通ごとに史料概要・写真・翻刻・現代語訳・語釈・和解（わげ）・参考情報をつけた。史料1～史料99の九九通と参考1～参考13の一三通のあわせて一一二通となる。

二、史料概要では、書簡内容の概略、その授受された時代背景や発給者・受給者間の関係性、そのほかの書簡との関係性を示した。

三、翻刻は、以下の原則にしたがった。

1　原史料には分かち書きが施されていないが、読解の便のため、現行正書法による分かち書きを施した。

2　原史料には、紙面が不足した場合に周囲の余白や行間に記入したものがあるが、そのまま翻字することはせず、原史料の筆者が記入した順番に従って配列した。

3　原史料で改行がなされている部分は、「／」で示した。

4　敬意や謙譲の意を表す書法が施された語句の初めに、以下の記号を付した。

【擡】：敬意を表すため擡頭（擡頭法）が施されたもの

【移】：敬意を表すため平出（移行法）が施されたもの

【隔】：敬意を表すため闕字（隔間法）が施されたもの

【右】：謙譲の意を表すため右側に書いたり、小さく書かれたもの

5　あとから加筆された部分は、〈　〉内に示した。

6　塗抹してあるものには、傍線を引いた。また、二度にわたり塗抹してあるものには二重傍線を引いた。

7　塗抹部分に対して加えられた修正部分は、塗抹を示す傍線の直後に挿入した［　］内に示した。

8　誤記あるいは特殊な表記には、文字の右下に「＊」印を付し、一般的な表記を史料本文の末尾に示した。なお、誤記あるいは特殊な表記が複数におよぶ場合には「＊1」・「＊2」のように通番を付した。

9　虫損等によって判読に疑いの存するものは、（　）内に示した。

10　虫損等によって判読不能の部分は、「■」で示した。

11　踊り字は「〃」で示した。

12　押印については、以下のとおりとした。

【印】：実際に印が押されているもの

印　：写しなどにおいて、手書きで「印」と書いてあるもの

四、和解は、書簡を受給した対馬藩の朝鮮語通詞が日本語訳したもので、同時代における翻訳ないし解釈を示すものとして掲載した。

五、参考情報は、書簡の年代や発給者などの比定の根拠や史料概要では示すことのできなかった関連史料などを記載した。

史料１

【史料概要】 一七九五（寛政七）年三月に、対馬藩を経由して朝鮮国から「易地聘礼拒否」の書契正本が幕府に届いた。同年五月に、老中首座松平伊豆守（信明）は通信使来聘の当分延期を決定するものの、その一方で、同年三月に朝鮮側の新任訓導である朴俊漢が倭館に着任した後、釜山では、易地聘礼（「御内蜜之咄」「御用書物扣覚」寛政七年七月二十四日条など）が密かに検討されたようである。本覚書では、朝鮮側、しかも「朝廷の大臣」が具体的な「省弊之事」を提案し（「今番、省弊の事を言い出しますのは」）、対馬側の検討を要望している。本書の漢文部分（「省弊之大概書」）こそ、両者の基本的な合意事項である。本覚書の正文は**史料６**のあとに関連史料として掲載した。

【写真】

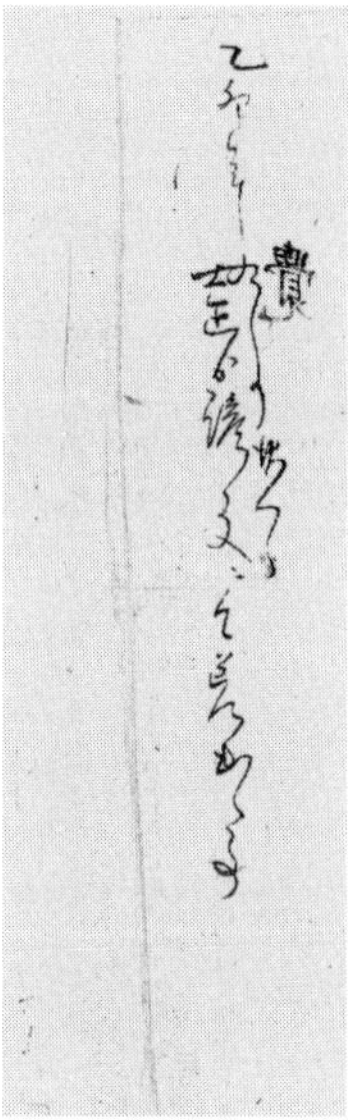

史料１
（端裏書き）

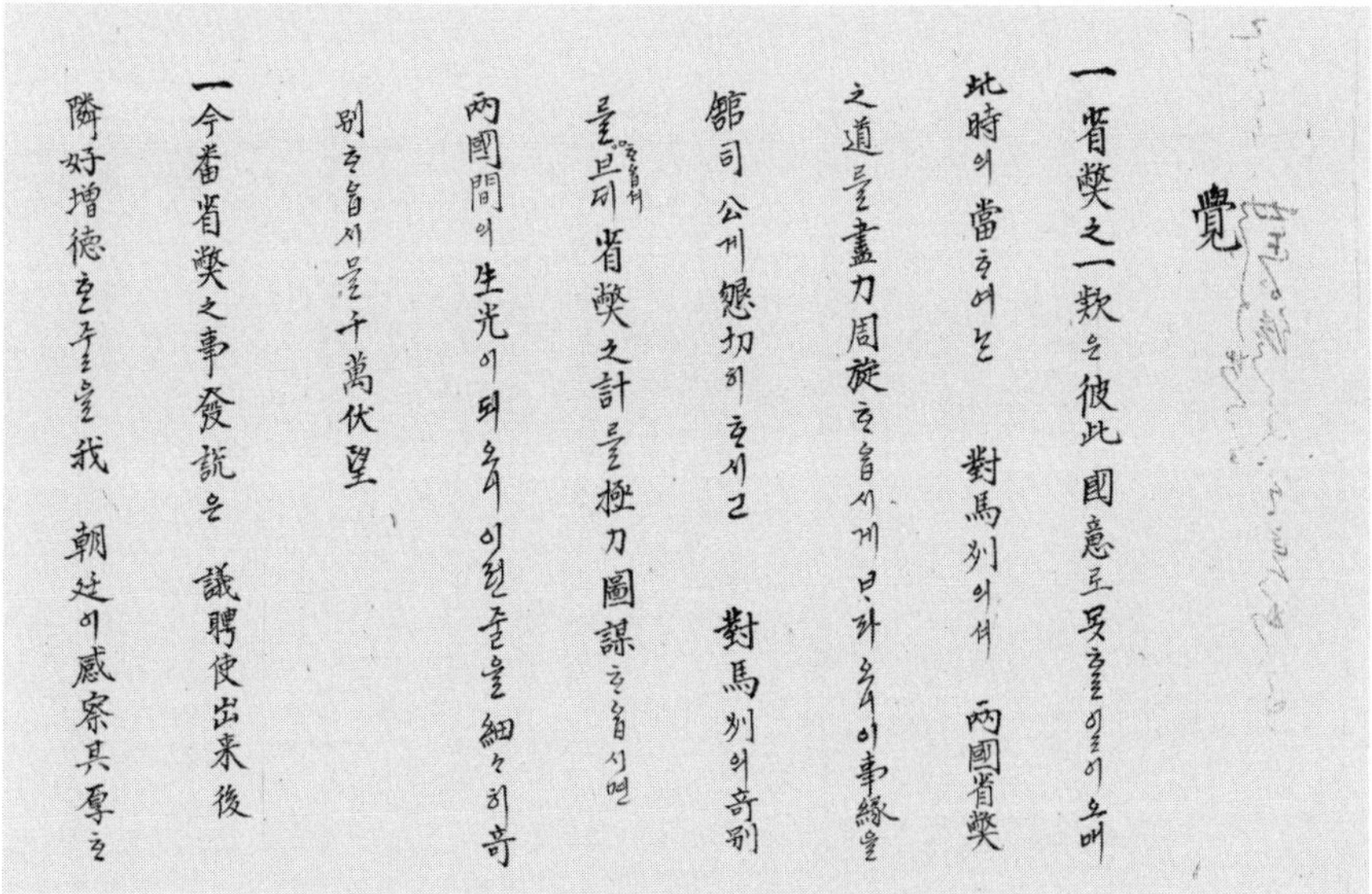

覺
一 省弊之一欵은 彼此 國意로 못ᄒᆞ올 일이 오매
此時의 當ᄒᆞ여도 對馬州의셔 兩國省弊
之道를 盡力周旋ᄒᆞ옵시게 ᄇᆞ라오며 事緣을
館司 公게 懇切히 ᄒᆞ시고 對馬州의 奇別
을 드ᄅᆡ 省弊之計를 極力圖謀ᄒᆞ옵시면
兩國間의 生光이 되올 일인 줄을 細々히 奇
別ᄒᆞ옵시믈 千萬伏望
一 今番省弊之事發說은 議聘使出來後
隣好增德ᄒᆞᆫ 주를 我 朝廷이 感察其厚ᄒᆞ

史料１（1/6）

시매 今番 士正 朴正下来時에 朝廷大臣이 秘
密이 付托ᄒᆞ션 일이 잇ᄉᆞᆸ기로 此意를 詳量
ᄒᆞᆸ셔 對馬州에셔 周旋ᄒᆞᆸ시믈 ᄇᆞ라ᄋᆞᆸ
一 近来 我 國人蔘이 絶乏ᄒᆞ여 百斤을 十年ᄒᆞ여
鳩聚ᄒᆞᆫ 길이 업셔 朝廷께셔도 진져이 念慮
가 測量업ᄉᆞ오매 此當時ᄒᆞ여 省弊之計를ᄒᆞ셔
近三十斤을 禮弊之物을 彌縫ᄒᆞ여 주ᄋᆞᆸ시면
我 國도 有益ᄒᆞᆸ고 成事ᄒᆞ오려니와 蔘을
依例히 ᄒᆞ라 ᄒᆞᆸ시면 宗로 信使를 請ᄒᆞ셔도
五六年間은 쟝만치 못ᄒᆞᆸ고 此近三十斤이라도
一 年間의 모흴 줄 모로오ᄂᆡ 이만ᄒᆞ오면 되오려니와

史料 1（2/6）

果然 蔘이 絶種ᄒᆞ매 省弊 일도 蔘苟且ᄒᆞᆫ타
ᄉᆞ로 僕等이 如是酬酢도 ᄒᆞ오며 ᄯᅩᄒᆞᆫ 朝廷
意向의 信使所聞이 나거든 僕等의 防塞ᄒᆞ여
두라 ᄒᆞᆸ션 일이 잇ᄉᆞ오니 이도 蔘貨絶種ᄒᆞᆫ
말로셔 나ᄂᆞᆫ 일이오매 其時 朴正 稟告ᄒᆞᆸ기ᄂᆞᆫ
日本셔ᄂᆞᆫ 江界 好品만 貴히 너기ᄋᆞᆸ고 다ᄅᆞᆫ 蔘은
貴ᄒᆞᆫ 줄 모로ᄋᆞᆸᄂᆞ이다 ᄒᆞ니 朝廷도 切痛ᄒᆞᆫ
줄 아ᄋᆞᆸ시매 此時를 일치 마ᄋᆞᆸ시고 이런 속을
館司 尊公 前게 告達ᄒᆞ셔 믈 밋ᄉᆞ오며
一 今番 江戸 奉行ᄒᆞᆸ시면
東武께셔 바로 信使를 依例대로 ᄒᆞᆸ 通告ᄒᆞ셔

史料 1（3/6）

對馬州도 그 뜻으로 舉行ᄒᆞᄋᆞᆸ시면 修聘使
出來後 僕等이 周旋ᄒᆞ올거시오매 이대로 ᄒᆞ
소셔
一江戸奇別出來則 士正 朴正이 雖任中이라도
上京ᄒᆞ고 成事周旋事
江戸意向成不成間의 幾五郎 出來ᄒᆞ고
事情을 通ᄒᆞ게 ᄒᆞᆸ
一修聘使出來後 僕等 差備로 當ᄒᆞ여 爲搆定
事
今番修聘使暫間滯留事
一江戸奇別出來則凡事經速爲舉行又此事
周旋則勿加他人衆議則辛
一館司公及幾五郎入歸則真文官之華
出來而秘密爲相議事

史料１（4/6）

一明年北京昂位我國 世子冊封ᄒᆞ시니國中
民弊不輕ᄒᆞ오매 此時失期를 말고省弊之事
一僕等在下府時의 此事勿施ᄒᆞ시면 兩國間
省弊之事ᄂᆞᆫ永々不成ᄒᆞ매不失機會事
一東萊 使道ᄭᅴ 此意를密稟ᄒᆞᄋᆞᆸ더니 朝廷
意向도그러ᄒᆞ매 僕등의 兩國省弊를便宜로
ᄒᆞ라 ᄒᆞ신일도 잇ᄉᆞᆸ고 또ᄂᆞᆫ 요ᄉᆞ이 議聘事로
江戸일도順便이되여시니 兩國和好之意ᄂᆞᆫ
가지록盛ᄒᆞ매 此時의 周旋을極盡히ᄒᆞ라
ᄒᆞ시매 館司尊公게 細々告達ᄒᆞ시고 歸順
使之地千萬幸甚
九月 日 訓導士正 朴 正
景和 朴主簿
小田幾五郎
吉松右助 兩公

史料１（5/6）

省弊之大槩書
一國書授受官員自
東武出来而要一員差定事
一信使接待之地對馬州又筑前州無害事
一兩使臣入送事　及使行在貴州無滯留事
一船数四隻入送事
一人数自二百至三百定事
一禮弊物人參以近三十斤作定事
一前後係関使者禮單參減折半事
一修聘使出来後凡事構定事
公私禮物亦是構定而可減事
馬鷹右上同

史料１（6/6）

【翻刻】
（端裏書き）　乙卯年九月廿一日／士正ら諺文ニて差出候
事

覺
一省弊之一款은 彼此 國意로 못홀 일이오매／ 此時의
當ᄒᆞ여는 〖隔〗對馬州의셔 〖隔〗兩國省弊／之道를
盡力周旋 ᄒᆞᄋᆸ시게 ᄇᆞ라오니 이 事緣을／ 館司公게
懇切히 ᄒᆞ시고 〖隔〗對馬州의 奇別／를 〈ᄒᆞᄋᆸ셔〉
ᄇᆞᄃᆡ 省弊之計를 極力圖謀ᄒᆞᄋᆸ시면 〖隔〗／兩國
間의 生光이 되오니 이런 줄을 細〃히 奇／別ᄒᆞᄋᆸ
시믈 千萬伏望
一今番 省弊之事 發說은 〖隔〗議聘使 出來後／ 隣好
增德ᄒᆞᆫ 줄을 我 〖隔〗朝廷이 感察 其厚ᄒᆞ／시매 今
番 〖右〗士正 朴正 下來時의 〖隔〗朝廷 大臣이 秘／
蜜*1이 付托*2ᄒᆞ신 일이 잇ᄉᆞᆸ기로 此意를 詳量
／ᄒᆞᄋᆸ셔 〖隔〗對馬州의셔 周旋ᄒᆞᄋᆸ시믈 ᄇᆞ라ᄋᆸ
一近來我 〖隔〗國人蔘이 絶乏ᄒᆞ여 百斤을 十年 ᄒᆞ여／
鳩聚홀 길이 업서 〖隔〗朝廷계셔도 젼혀 이 念慮／
가 測量 업ᄉᆞ오매 此當時ᄒᆞ여 省弊之計를 ᄒᆞ셔／
近三十斤으로 禮弊*3之物을 彌縫ᄒᆞ여 주ᄋᆸ시면／
我 〖隔〗國도 有益ᄒᆞᄋᆸ고 成事ᄒᆞ오려니와 蔘을／依
例히 ᄒᆞ라 ᄒᆞᄋᆸ시면 實로 信使를 請ᄒᆞ셔도／ 五六
年間은 쟝만치 못ᄒᆞᄋᆸ고 此近三十斤이라도／ 一年
間의 모힐 줄 모로오나 이만ᄒᆞ오면 되오려니와／
果然 蔘이 絶種ᄒᆞ매 省弊 일도 蔘 苟且ᄒᆞᆫ 타／ᄉᆞ로
〖右〗僕等이 如是 酬酢도 ᄒᆞ오며 ᄯᅩᄒᆞᆫ 〖隔〗朝廷

『移』／意向의 信使 所聞이 나거든 『右』僕等의 防基*4ᄒᆞ여／두라 ᄒᆞ옵신 일이 잇ᄉᆞ오나 이도 蔘貨絶種ᄒᆞᆫ／말로서 나는 일이오매 其時 朴正 禀告ᄒᆞ옵기는／日本셔는 江界 好品만 貴히 너기옵고 다른 蔘은／貴ᄒᆞᆫ 줄 모로옵ᄂᆞ이다 ᄒᆞ니 『隔』朝廷도切痛ᄒᆞᆫ／줄 아옵시매 此時를 일치 마옵시고 이런속을／館司 尊公 前게 告達ᄒᆞ시믈 밋ᄉᆞ오며

一 今番 『隔』江戸 『隔』挙行ᄒᆞ옵시면 『移』／東武겨셔바로 信使를 依例대로 ᄒᆞ옵 通告ᄒᆞ셔／對馬州도그 뜻으로 挙行ᄒᆞ옵시면 『隔』修聘使／出來後『右』僕等이 周旋ᄒᆞ올 거시오니 이대로 ᄒᆞ／쇼셔

一 江戸 奇別 出來則 『右』士正 朴正이 雖任中이라도／上京ᄒᆞ고 成事周旋事 『移』／江戸 意向 成不成間의幾五郎 出來ᄒᆞ고／事情을 通ᄒᆞ게 ᄒᆞ옵

一 修聘使 出來後 『右』僕等 差備로 當ᄒᆞ여 爲搆*5定／事／今番 修聘使 暫間 滞留事

一 江戸 奇別 出來則 凡事經*6速爲挙行 又 此事／周旋則 勿加他人衆議則幸

一 館司公 及 幾五郎入帰則 真文官之輩／出來 而秘蜜*1爲相議事

一 明年北京卽位我 『隔』國 『隔』世子冊封ᄒᆞ시니 國中／民弊 不軽ᄒᆞ오매 此時 失期를 말고 省弊之事

一 『右』僕等 在下府時의 此事勿施ᄒᆞ시면 『隔』兩國間／省弊之事는 永〃不成ᄒᆞ매 不失機會事

一 東萊 『隔』使道씌 此意를 蜜*1稟ᄒᆞ옵더니 『隔』朝廷／意向도 그러ᄒᆞ매 僕ᄃᆞ려 『隔』兩國省弊를 便宜로／ᄒᆞ라 ᄒᆞ신 일도 잇습고 또는 요ᄉᆞ이 『隔』議聘事로／江戸일도 順便이 되여시니 『隔』兩國和好之意는／가지록 盛ᄒᆞ매 此時의 周旋을 極盡히ᄒᆞ라／ᄒᆞ시매 『隔』館司尊公게 細〃告達ᄒᆞ시고 帰順／便之地千萬幸甚

九月 日 訓導 『右』士正 朴正 ／『右』景和 朴主簿

小田幾五郎 ／吉松右助 兩公

省弊之大概書

一 國書授受官員自 『移』／東武出來 而要一員差定事

一 信使接待之地 對馬州又筑寸前州無害事

一 兩使臣入送事 及使行在貴州無滞留事

一 船數四隻入送事

一 人數自二百至三百定事

一 禮弊*3物人蔘以近三十斤作定事

一 前後係關使者禮單蔘減折半事

一 修聘使出來後凡事搆*5定事／公私禮物亦是搆*5定而可減事／馬鷹右上同

*1：密　*2：託　*3：幣　*4：塞　*5：講　*6：從

【現代語訳】

（端裏書き）乙卯年九月二十一日　士正より諺文で差し出したもの

覚[1]

一　省弊の一件は、双方とも国の意で（勝手に）できないことなのでこの時に当たっては、対馬から両国省弊の道を尽力周旋なさるよう、願い奉り、このわけを倭館館守様[2]に懇ろにおっしゃって、対馬に手紙をお送りになって、なにとぞ省弊の計を極力おはかりくだされば、両国間の見目になりますので、このようなことを仔細におたよりなさることをなにとぞ伏してお願い申し上げます。

一　今番、省弊の事を言い出しますのは、議聘使[3]が出来した後隣好の徳の増したことを我が朝廷が感察すること、その厚きにより、今番、士正朴正[4]の下来時に、朝廷の大臣が秘密に付託なさったことがありますので、この意をご詳量なさって対馬よりご周旋なさることをお願いいたします。

一　近来、我国の人蔘が絶乏して百斤を十年かかっても取り集めることができないので、朝廷におかれても専らこの心配が計りしれませんので、この時に当たって、省弊の計をおこなわれて約三十斤に礼幣の物を取り繕ってくだされば、我が国も有益であり、成事するでしょうが、蔘を例に依っておこなえとおっしゃるならば、実に信使を請行なさっても五六年間は準備できませんし、この約三十斤でも一年間で集めることができないのですが、これだけならばできるでしょうが、まことに人蔘が絶種なので、省弊のことも人蔘が差し支えるせいで、私たちがこのようにやりとりもし、また朝廷の意向にて、「信使のうわさがあれば私たちに防いでおけ」とおっしゃったことがありますが、これも蔘貨絶種の話として生じたことですので、その時、朴正が申し上げましたことには、日本では江界[5]の好品ばかりを貴び、他の人蔘は貴いことを知らないのですと申しますと、朝廷も切痛なるわけをおわかりになりましたので、この時を失わず、このようなわけを倭館館守様に告達なさるようお願いいたし、

一　今番、江戸にて挙行なさるならば東武[6]におかれて直ちに信使を例のとおりにおこなうことを通告なさり対馬もその意にて挙行なさるならば、修聘使[7]出来の後、私たちが周旋するだろうから、このとおりにしてください。

一　江戸の手紙が出来すれば、士正朴正が在任中と雖も上京し、成事周旋の事

江戸の意向の成不成に関わらず、幾五郎が出来し事情を通じせしめる事

一　修聘使の出来の後、私たちが差備に当たって講定をなす事

今番の修聘使はしばらく滞留の事

一　江戸の手紙が出来すれば、すべての事を速やかに挙行し、また、この事の周旋は、他人を衆議に加えなければ幸いである。

一　倭館館守様および幾五郎が帰国すれば、真文官(8)の輩が出来するけれども、秘密に相議をなす事

一　明年、北京即位にて、我国の世子(9)を冊封なさるので、国中の民弊軽からざるにより、この時期を失わず、省弊の事

一　私たちが東萊府に下来している時にこの事をおこなわなければ、両国間省弊の事は永久に成らないので、機会を失わないこと(10)

一　東萊府使(11)にこの意を密かに申し上げたところ、朝廷の意向もそのようであるので、私に両国省弊の便宜をはかれとおっしゃったこともあり、また、近頃議聘の事で江戸のことも順調になったので、両国和好の意は幾久しく盛んにして、この時の周旋を肝煎れと仰せになるので、（倭館）館守様に仔細に告達なさり、順調に成立に帰すれば、まことに幸甚に存じます。

　　九月　日　　訓導(12)　士正朴正・景和朴主簿(13)

　小田幾五郎・吉松右助　ご両名様

　省弊の大概書

一　国書授受の官員は東武より出来するのであるが、一員派遣することを要する事

一　信使接待の地は対馬州または筑前州でかまわない事

一　二人の使臣入送の事(14)。また、使行は貴州において滞留しない事

一　船数四隻入送の事

一　人数は二百より三百に定める事

一　礼幣物の人蔘は、約三十斤を以て作定の事

一　前後関わりの使者の礼単蔘(15)は、半分を減ずる事

一　修聘使出来の後すべての事を講定の事

　　公私の礼物もまた講定するのであるが、減ずべき事

　　馬・鷹も右に同じ

【語釈】

（1）　内容を忘れないように書き留めておくこと、また、その文書を指す。覚書。備忘のために書き留めていたものが、次第に第三者に伝える書簡のような機能をも持つようになり、前近代の日本社会において身分を問わず広く活用された。

（2）　原文は「館司公」。倭館を統括する行政責任者である館守。この時期の館守は三度目の就任となった戸田頼母であった。このあと戸田は一七九五（寛政七／乙卯）年十月に帰国し、翌八年に四度目の館守に任命され倭館へ着任した（長一九六八年）（田代二〇一一年）。

（3）　議聘参判使（「通信使議定大差使」）のこと。本史料では、一七九一（寛政三／辛亥）年十二月に派遣された正官平田隼人（平暢常）。

（4）　朴俊漢。朝鮮後期の倭学（日本語）訳官。字は士正、本貫は密陽。一七三〇年生まれ。一七六二（英祖三十八）年式年試、訳科

（倭学）に合格。釜山の訓導として一七九五（寛政七／乙卯）年三月二十一日東萊に到任した（「倭館館守日記」）。

(5) 平安道江界府。一七六四年の宝暦度朝鮮通信使では、正祖は江界府に対して礼単蔘二百斤準賀を命じた。

(6) 江戸幕府。

(7) 修聘使とは、将軍襲職慶賀などのため朝鮮通信使の派遣を公式に要請する対馬藩の使節。朝鮮王朝では「通信使請来差倭」。倭館において修聘使が朝鮮側の訳官らと協議をして、通信使の人員数、旅行中の諸事を決定した「講定節目」を策定する。文化度朝鮮通信使の講定節目は、「辺例集要」巻一八信使、「増正交隣志」巻五信行各年例。

(8) 対馬藩の真文役。漢文は真文、ハングルは諺文と呼称した。朝鮮との間で漢文の公的文書の作成や、往来する公的文書の読解を担当した。倭館には外交文書を担当する東向寺僧がいたが、このほか館守や裁判などが作成する真文のために別の真文役を置いた。

(9) 朝鮮第二二代国王である正祖は、一七八二年に長男（文孝世子）を授かったものの、一七八六年に五歳で夭折した。正祖の次男である純祖は一七九〇年に生まれた。誕生してまもなく世子冊封の議論が起こるも、七・八歳で王世子に冊封された正祖と第一九代王粛宗の前例を挙げて世子の冊封を後回しにした。世子冊封の議論はその後も続き、中国（乾隆帝）でも朝鮮の世子冊封についていくども論じられていたので、世子冊封の議論が過熱した。一七九五年末に中国の年号が嘉慶に変更され、中国の勅使が来るとして、勅使の接応に必要な財政の捻出について廟堂で議論が交わされた（「正祖実録」正祖十九年十一月六日参照）。したがって、本史料の背景には、一七九六年に嘉慶帝即位祝賀に派遣される朝鮮国勅使、朝鮮世子の冊封を清に奏請する使臣団派遣など多額の国費が必要になるという予測が織り込まれている。

(10) 前註にあるように、朝鮮王朝では「明年（一七九六年）」に多額の経費を要する国家的行事が多いので、この機会を利用して通信使派遣経費を節約する「省弊」の問題が再び議論されるべきという意味。

(11) 当時の東萊府使は尹長烈（在任一七九五年三月－一七九六年十二月。一七四三年生まれ。字は祥甫、本貫は海平）。

(12) 訓導は朝鮮王朝時代正九品の京官職。任期は九〇〇日（三〇ヶ月）。朝鮮初期には倭寇に備えるため、各道・各県に訓導一名ずつを配置し、朝鮮前期には従九品の倭学訓導を釜山浦・薺浦倭館に一名ずつ置き、朝鮮後期には釜山浦の倭館に一名を置いた。訓導と別差とを「訓別」または「両訳」「両任」と称す。

(13) 朴致倹。朝鮮後期の倭学訳官。字は景和、本貫は寧海。一七五二（英祖二十八）年生まれ。父は朴春大。一七七七（正祖元）年増広試の時、訳科（倭学）に合格した。

(14) 第一一回目までの通信使は正使・副使・従事官のいわゆる「三使」を中心に使節編成されていたので、経費削減のため一名を除いた「両使」で構成すること。

(15) 「万機要覧」（財用編公貿）によれば、朝鮮が対馬から派遣される年例送使や各種差倭に支給する人蔘を「単蔘」、朝鮮が日本に通信使を派遣するときに礼物として持っていく人蔘を「信蔘」というとある（「年例入送使倭及大小別差倭入給之礼単蔘謂之単蔘」「宣廟朝許和後至光海丁巳始遣通信使於日本伊後遣使凡爲十度而礼物中人蔘一種毎當信使之時必先期分定於山蔘處此所謂信蔘」）。なお、礼単参に関しては、鄭成一（一九九三年）を参照のこと。

【参考情報】

一七九五（寛政七／乙卯）年九月二十一日から同月二十四日ごろまでの数日間に発信された覚書（**史料1**から**史料6**および関連史料）が残されている。その関係性をまとめれば次のとおりである。

史料1　乙卯九月二十一日
史料2　乙卯九月二十一日付　覚（草案）…**史料1**の前半部
史料3　乙卯九月二十四日付　覚（草案）
関連史料　乙卯九月二十四日付　覚（正文）　宗家文庫史料一紙物1123-160
史料4　**史料1**の後半部
史料5　九月二十四日頃か…（内容は**史料6**とほぼ同一）
史料6　九月二十四日頃か

史料1は、**史料2**及び**史料4**を接合し推敲を加えたもので、最終的な漢文の正文である関連史料（一紙物1123-160）のもとになった朝鮮語の覚書である。

上記の一連の史料から判明するのは、朝鮮側が江戸幕府提案の易地聘礼に応諾する可能性を示唆していることである。むしろ、その信憑性は今後の課題としても、「今番、士正朴正の下来時に、朝廷の大臣が秘密に付託なさったこと」とか、「東莱府使にこの意を密かに申し上げたところ、朝廷の意向もそのようであるので、私に両国省弊の便宜をはかれと」とあるように、朝鮮側の廟堂からの秘密の指示とも取れる文言さえ見えることに注目しておきたい。それだけに、対馬藩通詞小田幾五郎と朝鮮国訓導朴俊漢（士正）は綿密な打合せをしたと推測される。それを踏まえて、一七九五（寛政七）年九月二十四日頃に朝鮮国訓導から対馬藩通詞小田幾五郎宛に覚書が送られ、合意に達した「省弊之大概書」（基本的な枠組み）八箇条は漢文で成文化され、朝鮮側訳官二名の押印もある（関連史料として**史料6**のあとに全文掲載。「御用書物扣覚」寛政七年九月二十六日条にもその写が収められている）。「この意を倭館守様とあなた様にだけ言いますので、どうか他人には知られないようにしてください」と朝鮮国訓導は秘密漏洩を極度に恐れる。

そうした交渉過程を踏まえて、朴俊漢から本覚書（**史料1**）が届き、①易地聘礼は対馬側の提案とすること。②内密に朝廷から易地聘礼応諾の暗示を得たこと。③礼聘物人蔘は一〇〇斤から三〇斤とすること。④清国嘉慶帝即位にあたり朝鮮国勅使派遣に多額の費用を要するので、易地聘礼交渉の絶好の時期であること、などとある。

ちなみに、易地聘礼の地として、対馬だけではなく、博多も候補地として朝鮮側が提案していたことは興味深い（「信使接待の地は対馬州または筑前州でかまわない事」）。筑前国で易地聘礼が実施されることは、対馬藩にとって、何としても阻止しなければならないのは言うまでもない。財政が危機的状況下にあった対馬藩だからこそ、朝鮮通信使迎接を名目とする江戸幕府からの財政援助こそ、その窮余の一策であったからである。

なお、易地聘礼交渉に於いて、朝鮮側の窓口となった倭学訓導朴俊漢に関して、その交渉相手であった倭館館守戸田頼母の観察によると、次のとおりである。
士正は、六十九歳ニ而、去ル未年正月六日ニ被致病死候、然るに終り之訓導勤は、六十七八之間ニ而候、（中略）、扨又、御用隙ニハ、夕方、毎々、伏兵廻り有之、番人之精惰を糺され候、ケ様之事前後終ニ見聞不申、兎角衆ニ勝れ候精勤之人にて、唯、長命之無キ事を公私之不幸と存候（「贅言試集」：一四丁裏）

史料2

【史料概要】史料1参照のこと

【写真】

史料2
（端裏書き）

史料2（1/3）

史料2（2/3）

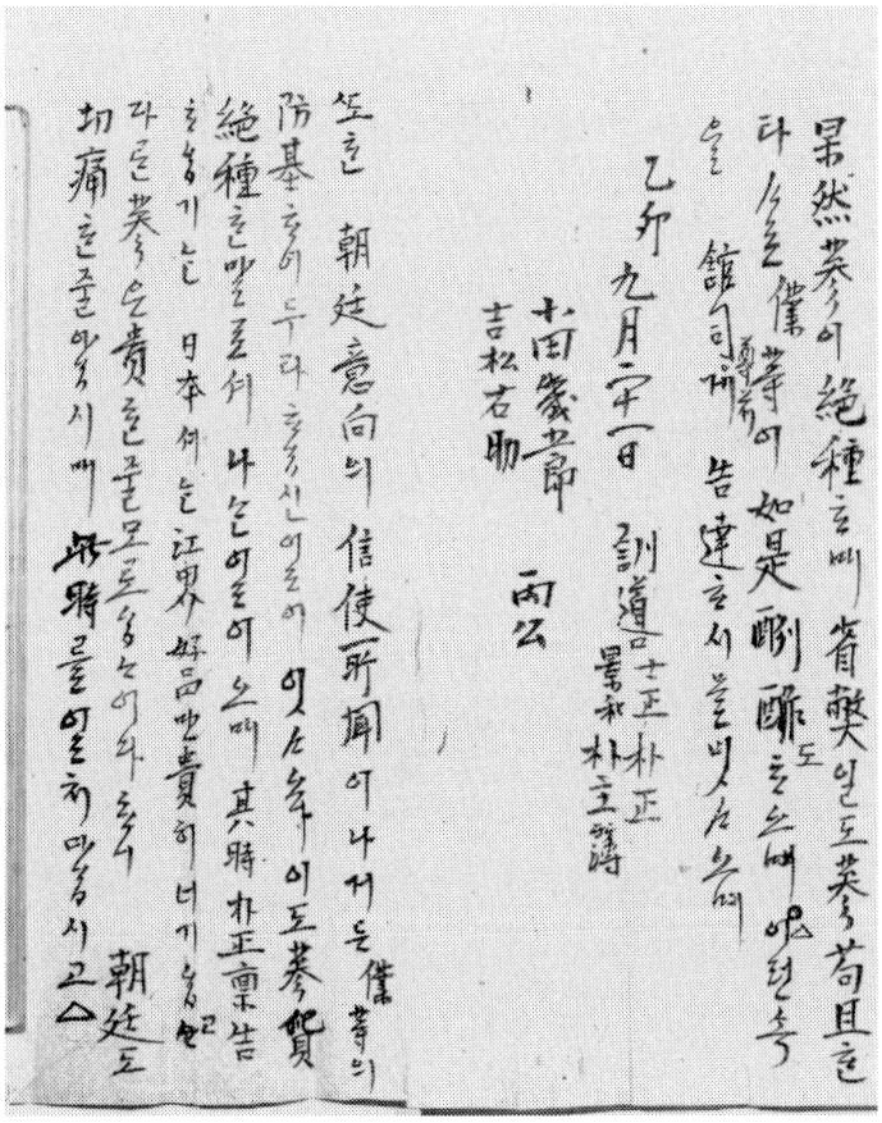

史料2（3/3）

【翻刻】

（端裏書き）乙卯起り 本書館守へ差出し 扣

覺

一 省弊之一款은 彼此 國意로 못ᄒᆞᆯ 일이／오매 此時의
當ᄒᆞ여ᄂᆞᆫ 〖隔〗對馬州의셔 〖移〗／兩國省弊之道
를 盡力周旋ᄒᆞ옵시게 ／ᄇᆞ라오니 이 事緣을 〖隔〗
館司尊公게 ／懇切히 ᄒᆞ시고 〖隔〗對馬州의 奇別
를 ᄒᆞ옵셔 ／ᄇᆞ듸 省弊之計를 極力圖謀ᄒᆞ옵시면
〖移〗／兩國間의 生光이 되오니 이런 줄을 細〃히
／奇別ᄒᆞ옵시믈 千萬伏望

一 今番 省弊之事 發說은 〖隔〗議聘使 出／來後
〖隔〗隣好 增德ᄒᆞᆫ 줄을 我 〖隔〗朝廷이 ／感察其
厚ᄒᆞ시매 今番 〖右〗士正 朴正 下來時의 〖移〗／
朝廷 大臣이 秘蜜[1]이 付托[2]ᄒᆞ신 일이 잇숩기로
／此意를 〖隔〗詳量ᄒᆞ옵셔 〖隔〗對馬州의셔 ／周
旋ᄒᆞ옵시믈 ᄇᆞ라옵

一 近來我 〖隔〗國人蔘이 아조 絶種[之]ᄒᆞ여 百斤을
／鳩聚ᄒᆞ려 ᄒᆞ여도 十年ᄒᆞ여 鳩聚ᄒᆞᆯ 길이 ／업서
〖隔〗朝廷겨셔도 젼혀 이 念慮가 測／量업ᄉᆞ오매
此當時ᄒᆞ여 省弊之計／를 ᄒᆞ셔 近三十斤으로 禮弊
[3]之物을 彌／縫ᄒᆞ여 주옵시면 我 〖隔〗國도 有益
ᄒᆞ옵고 成／事ᄒᆞ오려니와 蔘을 依例히 ᄒᆞ라 ᄒᆞ옵시
면 ／實로 信使를 請ᄒᆞ셔도 五六年間은 장／만치
못ᄒᆞ옵고 此近三十斤이라도 一年間의 ／모힐 줄 모
로오나 이만ᄒᆞ오면 되오려니와 ／果然 蔘이 絶種ᄒᆞ
매 省弊 일도 蔘 苟且ᄒᆞᆫ ／타ᄉᆞ로 〖右〗僕等이 如
是 酬酢〈도〉 ᄒᆞ오며 ○△이런 속／을 〖隔〗館司
○〈尊前〉게 告達ᄒᆞ시믈 밋ᄉᆞ오며

乙卯 九月二十一日 訓導 〖右〗士正 朴正 ／
〖右〗景和 朴主簿
小田幾五郎 ／吉松右助 兩公

또ᄒᆞᆫ 〖隔〗朝廷 意向의 信使 所聞이 나거든 〖右〗僕
等의 ／防基[4]ᄒᆞ여 두라 ᄒᆞ옵신 일이 잇ᄉᆞ오나 이도

蔘貨 ／絶種ᄒᆞᆫ 말로셔 나는 일이오매 其時 朴正 稟告／ᄒᆞ옵기는 〖隔〗日本셔는 江界 好品만 貴히 너기옵ᄂᆡ[고] ／다른 蔘은 貴ᄒᆞᆫ 줄 모로옵ᄂᆞ이다 ᄒᆞ니

〖隔〗朝廷도 ／切痛ᄒᆞᆫ 줄 아옵시매 此時를 일치 마옵시고△

＊1：密　＊2：託　＊3：幣　＊4：塞

【現代語訳】

（端裏書き）乙卯起り、本書は館守のもとへ差し出したものの控

一　省弊の一件は、双方とも国の意で（勝手に）できないことなのでこの時に当たっては、対馬州から両国省弊の道を尽力周旋なさるよう、願い奉りますので、このわけを館守様に懇ろにおっしゃって、対馬州に手紙をお送りになって、なにとぞ省弊の計を極力お謀りくださいますれば、両国間の見目になりますので、このようなことを仔細におたよりなさることをなにとぞ伏してお願い申し上げます。

一　今番、省弊の事を言い出しますのは、議聘使が出来した後、隣好の徳の増したことを我が朝廷が感察すること、その厚きにより、今番、士正朴正の下来時に、朝廷の大臣が秘密に付託なさったことがありますので、この意をご詳量なさって、対馬州よりご周旋なさることをお願いいたします。

一　近来、我が国の人蔘がまったく絶乏にして、百斤を取り集めようとしても十年かかって取り集めることができなくて、朝廷におかせられても専らこの心配が計りしれませんので、この時に当たって、省弊の計をおこなわれて約三十斤に礼幣の物を取り繕ってくだされば、我が国も有益であり、成事するでしょうが、蔘を例に依っておこなえとおっしゃるならば、実に信使を請行なさっても五六年間は準備できませんし、この約三十斤でも一年間で集めることができないのですが、これだけならばできるでしょうが、まことに人蔘が絶種なので、省弊のことも人蔘が差し支えるせいで、私たちがこのようにやりとりもし、[1]△このようなわけを館守様の御前に告達なさるようお願いいたし、

乙卯九月二十一日　訓導士正朴正／景和朴主簿
　小田幾五郎／吉松右助　ご両名様

また、朝廷の意向で信使のうわさがあれば、私たちに防いでおけとおっしゃったことがありますが、これも蔘貨絶種の話として生じたことですので、その時、朴正が申し上げましたことには、日本では江界の好品ばかりを貴び、他の人蔘は貴いことを知らないのですと申しますと、

朝廷も切痛なるわけをおわかりになりましたので、この時を失わず、△(2)

【語釈】

（1）△は挿入箇所を示す。この部分に語釈（2）の末尾の文章が挿入される。

（2）この△印までの末尾の文章が語釈（1）の△の部分に挿入される。

【参考情報】史料1参照のこと

史料3

【史料概要】史料1参照のこと

【写真】

近来議聘之事로往復書契되여습더니
貴國至
朝廷 主意는隣好厚誼를為重하시고
回答辭緣을 恕量容納하옵셔 其厚

史料３（1/3）

意를再違하옵셔。때 至於我 國하여도
解念感徳하여 念之重之하신則 兩國交
隣이年久連續하오매 彼此皆弊를為
重을자아서면 大禮節은이 年久癈（有欠）絶하면
隣好之間의 亦是不安하오매 此意를推
量하옵소 禮弊之物은 如前依例하고
接待之地를 移約停當하오면 大抵
有蓋（益）는有
貴國하옵고 至於我 國하와도 無益하오매
當此時하여 約条를新定하고 自此後
江戸應接을停止하고 對馬州셔지入送
信使하고 禮聘等物도以此計減하고
約条를改定하면 或有相議를마하옵
兩國之弊를彼此議減하옵면 如前例
三使臣을入送하면 大端有弊하오매 正使
從事二臣을定하거나 正副使二臣을定

史料３（2/3）

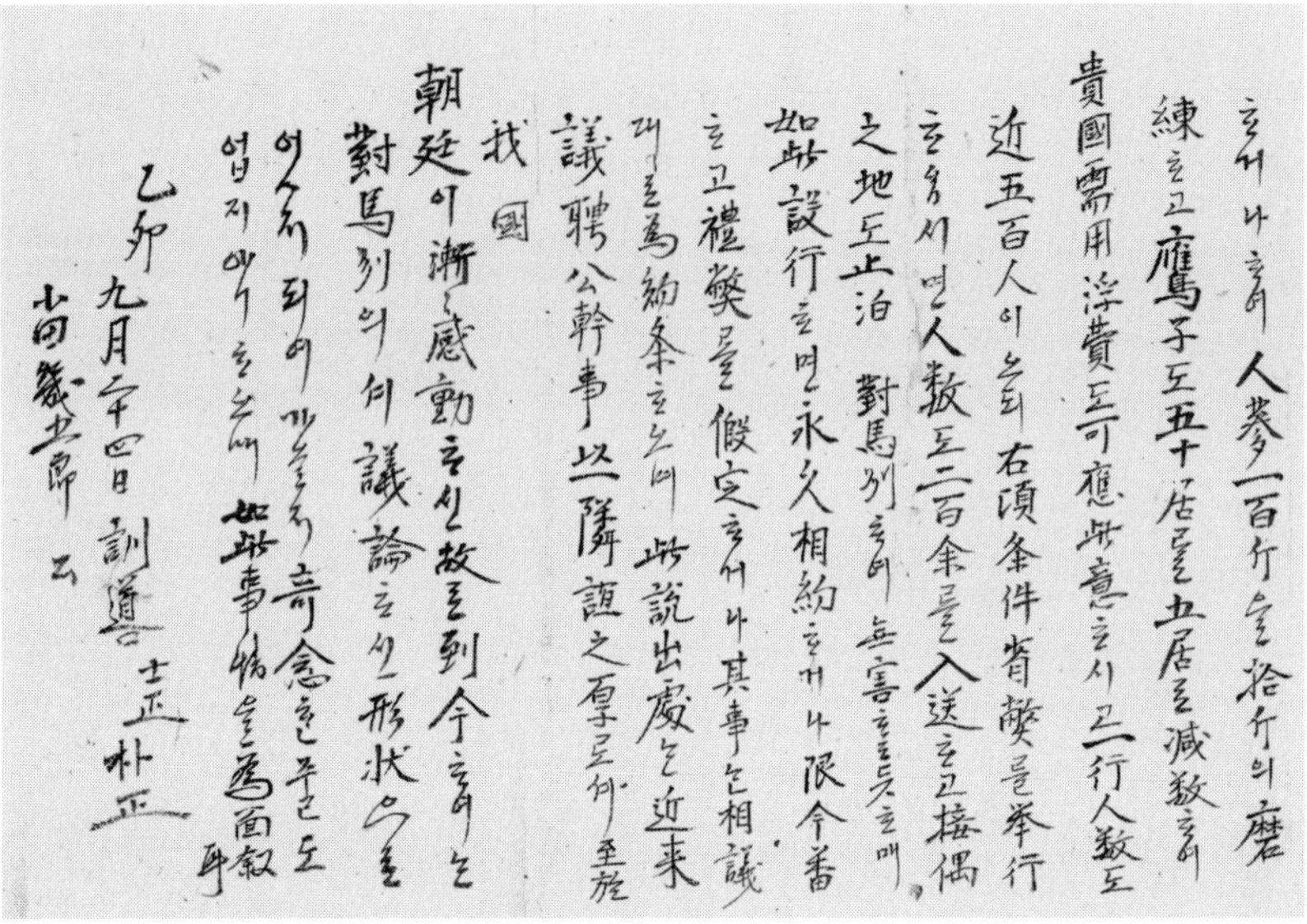

史料 3（3/3）

【翻刻】

近來 議聘之事로 往復書契 되엿숩ᄂᆞᆫᄃᆡ ／〘擡〙貴國至
／〘擡〙朝廷 〘隔〙主意ᄂᆞᆫ 隣好厚誼를 爲重ᄒᆞ시고 ／
回答辭緣을 〘隔〙恕量容納ᄒᆞ옵셔 其厚／意를 再達ᄒᆞ
옵시○〈매〉 至於我〘隔〙國ᄒᆞ여도 ／解念感徳ᄒᆞ셔
念之重之ᄒᆞ신則 〘隔〙兩國交／隣이 年久連續ᄒᆞ오매
彼此省弊를 爲／重ᄒᆞᆯ 쟉시면 大禮節은[이] 年久頓絶
[有欠]ᄒᆞ면 ／隣好之間의 亦是 不安ᄒᆞ오매 此意를 推
／量ᄒᆞ온즉 禮弊*1之物은 如前 依例ᄒᆞ고 ／接待之地를
移約停當ᄒᆞ오면 大抵 ／有益은 有／〘擡〙貴國ᄒᆞ옵고
至於我〘隔〙國ᄒᆞ와ᄂᆞᆫ 無益ᄒᆞ오매 ／當此時ᄒᆞ여 約條
를 新定ᄒᆞ고 自此後 ／〘擡〙江戶 應接을 停止ᄒᆞ고
〘隔〙對馬州셔지 入送／信使ᄒᆞ고 禮聘等物도 以此計
減ᄒᆞ고 ／約條를 改定ᄒᆞ면 或有相議ᄒᆞᆯ가 ᄒᆞ오며 ／兩
國之弊를 彼此議減ᄒᆞ오면 如前例 ／三使臣을 入送ᄒᆞ면
大端有弊ᄒᆞ매 正使／從事二臣을 定ᄒᆞ거나 正副使二臣
을 定／ᄒᆞ거나 ᄒᆞ여 人蔘一百斤을 拾斤의 磨／練ᄒᆞ고
鷹子도 五十居를 五居로 減數ᄒᆞ여 ／〘擡〙貴國需用浮
費도 可應此意ᄒᆞ시고 一行人數도 ／近五百人이오되 右
項條件省弊를 挙行／ᄒᆞ옵시면 人數도 二百餘를 入送ᄒᆞ
고 接偶／之地도 止泊〘隔〙對馬州ᄒᆞ여 無害ᄒᆞᆯ ᄃᆞᆺᄒᆞ매
／如此設行ᄒᆞ면 永久相約ᄒᆞ거나 限今番／ᄒᆞ고 禮弊*1
를 假定ᄒᆞ거나 其事ᄂᆞᆫ 相議／대로 爲約條ᄒᆞ오며 此說

出處ᄂᆞᆫ　近來／議聘公幹事　以一隣誼之厚로서　至於／我〔隔〕國／〔擡〕朝廷이　漸〃感動ᄒᆞ신　故로　到今ᄒᆞ여ᄂᆞᆫ／對馬州의셔　議論ᄒᆞ신　形狀으로　／엇지　되여　가올지　奇念ᄒᆞᆫ　줄도　／업지　아니　ᄒᆞ오매　如此事情을　爲面叙耳

乙卯　九月二十四日　訓導　〔右〕士正　朴正

小田幾五郎　公

＊1：幣

【現代語訳】

近来、議聘の事[1]で往復書契になりましたが、貴国（日本）が（朝鮮の）朝廷に達せられた主意は、隣好厚誼を重んじられ、回答の内容を推し量って許諾容納なさり、その厚意を再達なさったものにして、我国に至ってもその意を理解し徳を感じてよく考えてみると、両国交隣[2]が年久しく連続するので彼此の省弊を重んじるのであれば、大礼節が年久しく欠けることになれば隣好の間にやはり安からざることなので、この意を推量すれば、礼弊の物は前の如く例に依り、接待の地は約定を変更して整えれば[3]、そもそも有益は貴国にあり、我国に至っては無益なので、この時に当たって約条を新定し、これより後は江戸応接を停止し、対馬州まで信使を送り、礼聘等の物もこの計を以て減じ約条を改定すれば、あるいは相議することがあろうかと存じます。両国の弊を双方議論して減ずるのであれば、前例の如く三使臣を入送すればたいへん有弊なので、正使従事二臣を定めるなり、正副使二臣を定めるなりし、人蔘百斤を十斤にととのえ、鷹子も五十居を五居に減数して貴国需用の浮費もこの意に応ずべくなさり、一行人数も約五百人が右項の条件の省弊を挙行なさるならば、人数も二百余を入送し、接偶の地も対馬州に止泊してもかまわないようであるので、この如く設行すれば、永久に相約するなり、今番に限って礼弊を仮に定めるなり、その事は相議次第に約条となします。この説の出処は、近来議聘公幹の事で一に隣誼の厚として我国の朝廷がだんだん感動なさった故で、今に至っては対馬州からご議論になった形でどのようになっていくのか、気がかりもなくはありませんので、この如き事情はお目にかかってお話するのみです。

乙卯九月二十四日　訓導　士正朴正

小田幾五郎様

【語釈】

（1）通信使の議定のこと。史料1の（3）を参照のこと。

（2）日朝の通訳同士では、本書所収の諸史料に見られるとおり、「隣好厚誼」、「両国交隣」、「隣国誠信之交」、「交隣之道」、「両国和交」、「隣誼之厚」、「隣好増徳」などの漢語で、日朝間の平和と友好・繁栄の継続と発展を表現した。

（3）原文は「停當ᄒᆞ오면」。「停當」について、朝鮮総督府『朝鮮語

辞典』に「事理に合ふこと」とある如く、既存の朝鮮語の辞典類には「正当である」という語釈しか掲げていないが、ここでの文脈に合わない。朝鮮司訳院刊行の倭学書「捷解新語」改修本（一七四八年）巻四：二一ｂに、日本語「きわめねは」を「停當치몯호면」と朝訳した例が見え、同じく朝鮮司訳院倭学書の「倭語類解」巻下：四六ｂにも、「停當」に日本語「기와메루」すなわち「きわめる」を当てた例が見られる。日本側の資料としては、十八世紀初から中葉に対馬で編纂されたと推測される「朝鮮語訳」巻一：三一ｂに、朝鮮語「停當ハヤツスブコニワ」を「相済ましたれ共」と和訳した例が見える。これらの用例から、「停當」が「決める、済ませる、整える」等の意で使用されたことが確認できるので、ここでは「整えれば」と和訳した。なお、漢語の辞典類には「停当」につき「よく整う、完成する、できあがる」という訳語を掲げるものもあり（吉林大学漢日辞典編集部『漢日辞典』）、ここでの用法に通じるものがある。

【参考情報】史料1参照のこと

史料4

【史料概要】史料1参照のこと

【写真】

史料4
（端裏書き）

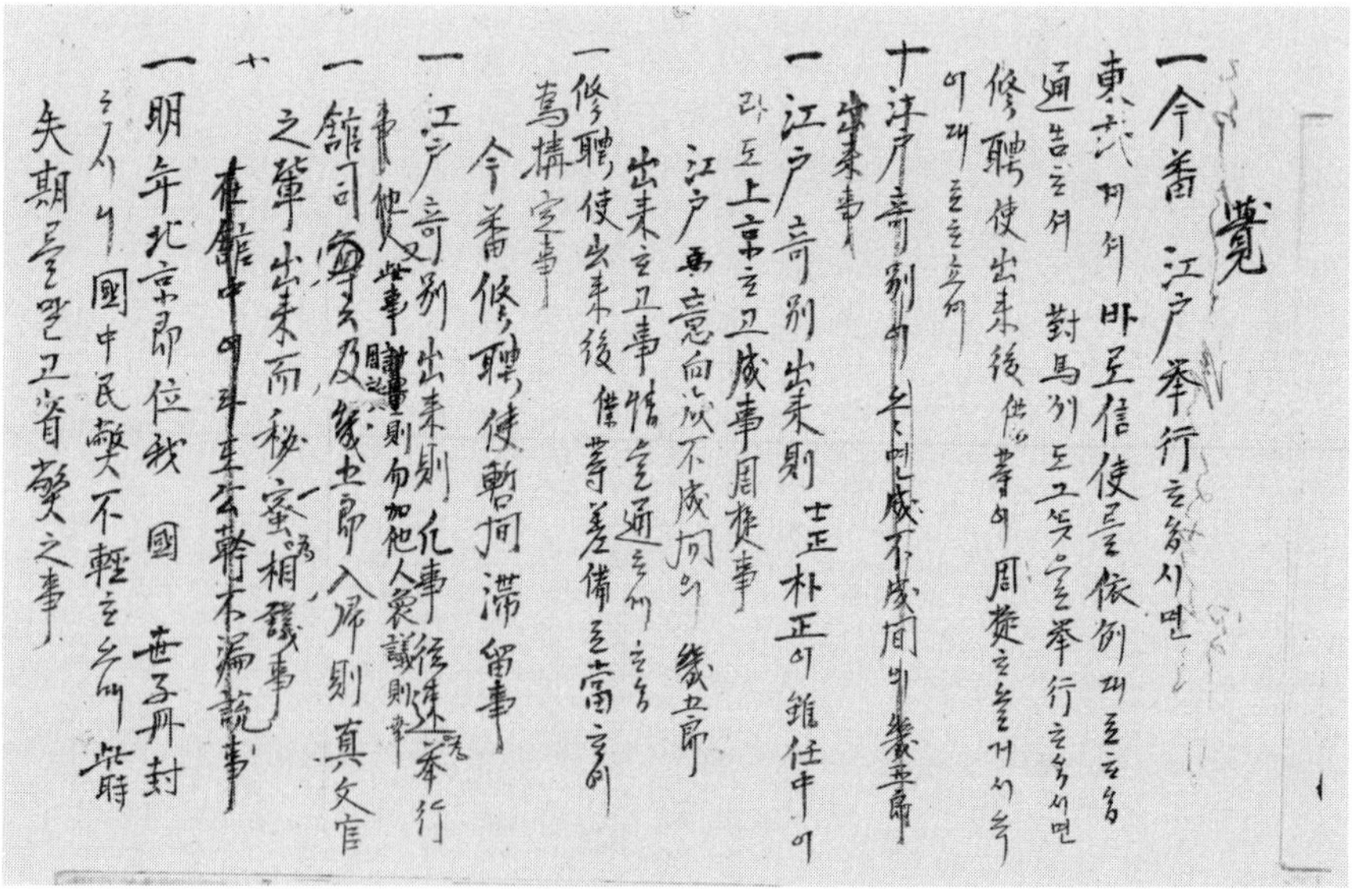

史料4（1/3）

史料4（2/3）

史料4（3/3）

【翻刻】

（端裏書き）乙卯九月諺文書付之写し

覺

一　今番　〖隔〗 江戸　挙行ᄒᆞ옵시면　〖移〗 ／東武겨셔
바로　信使를　依例대로　ᄒᆞ옵／通告ᄒᆞ셔　〖隔〗 對馬
州도　그　뜻으로　挙行ᄒᆞ옵시면　／修聘使出來後
〖右〗 僕等이　周旋ᄒᆞ올　거시오니　／이대로　ᄒᆞ쇼셔

一　江戸　奇別이　오〃면　成不成間의　幾五郎／出來事

一　江戸　奇別　出來則　〖右〗 士正　朴正이　雖任中이／라
도　上京ᄒᆞ고　成事周旋事
江戸　意向　成不成間의　幾五郎／出來ᄒᆞ고　事情을　通
ᄒᆞ게　ᄒᆞ옵

一　修聘使　出來後　〖右〗 僕等　差備로　當ᄒᆞ여　／爲搆[*1]
定事
今番修聘使　暫間滯留事

一　江戸　奇別　出來則　凡事従速〇〈爲〉挙行／事　他人

又此事 謝量［周（旋）］則 勿加他人衆議則幸

一 館司尊公 及 幾五郎入帰則 真文官／之輩出來 而秘蜜*2○〈爲〉相議事

一 在館中이라도 公幹不漏説事

一 明年北京卽位我 〖隔〗國 〖隔〗世子冊封／ᄒᆞ시니國中 民弊 不輕ᄒᆞ오매 此時／失期를 말고 省弊之事

一 〖右〗僕等 在下府時의 此事勿施ᄒᆞ시면 ／兩國間省弊之事ᄂᆞᆫ 永〃不成ᄒᆞ매 不／失機會事

一 東萊 〖隔〗使道끠 此意를 蜜*2稟ᄒᆞ옵더니 〖移〗／朝廷 意向도 그러ᄒᆞ매 〖右〗僕ᄃᆞ려 〖隔〗兩國省弊／를 便宜로 ᄒᆞ라 ᄒᆞ신 일도 잇ᄉᆞᆸ고 또ᄂᆞᆫ ／요ᄉᆞ이 議聘事로 〖隔〗江戸일도 順便이 ／되여 書簡시니 〖隔〗兩國和好之意ᄂᆞᆫ 가지／록 盛ᄒᆞ매 此時의 周旋을 極盡히 ᄒᆞ라 ／ᄒᆞ시매 이런 말ᄉᆞᆷ을［고■］［매］〖隔〗館司公과［尊公게］圖謀／를 잘 ᄒᆞ라ᄒᆞ신 일이 잇 細〃告達ᄒᆞ시고 ／帰順便之地千萬幸甚

九月 日 訓導 〖右〗士正 朴正 ／〖右〗景和 朴主簿

小田幾五郎 ／吉松右助 兩公

省弊之大概書

一 國書授受官員自 〖移〗／東武出來 而要一員差定事

一 信使接待之地 對馬州又築*3前州／無害事

一 兩使臣入送事 及使行在貴州無滯留事

一 船數四隻入送事

一 人數二百至三百定事［自以二百餘員入送之事］

一 禮弊*4物人蔘以近三十斤作定事

一 前後係關使者禮單蔘減折半事

一 修聘使出來後凡事搆*1定事

公私禮物○〈馬鷹〉亦是搆*1定 而可減事 ／馬鷹

右［上］同

*1：講　*2：密　*3：筑　*4：幣

【現代語訳】

（端裏書き）乙卯九月、諺文書付(1)の写し

覚

一 今番、江戸にて挙行なさるならば東武におかれて直ちに信使を例のとおりにおこなうことを通告なさり、対馬もその意にて挙行なさるならば、修聘使出来の後、私たちが周旋するだろうから、このとおりにしてください。

一 江戸の手紙が出来すれば、士正朴正が在任中と雖も上京し、成事周旋の事

江戸の意向の成不成に関わらず、幾五郎が出来し、事情を通じせしめる事

一　修聘使の出来の後、私たちが差備に当たって講定をなす事

一　今番の修聘使はしばらく滞留の事

一　江戸の手紙が出来すれば、すべての事を速やかに挙行し、また、この事の周旋は、他人を衆議に加えなければ幸いである。

一　倭館館守様および幾五郎が帰国すれば、真文官の輩が出来するけれども、秘密に相議をなす事

一　明年、北京即位にて、我国の世子を冊封なさるので、国中の民弊軽からざるにより、この時期を失わず、省弊の事

一　私たちが東萊府に下来している時にこの事をおこなわなければ、両国間の省弊の事は永久に成らないので、機会を失わないこと。

一　東萊府使にこの意を密かに申し上げたところ、朝廷の意向もそのようであるので、私に両国省弊の便宜をはかれとおっしゃったこともあり、また、近頃議聘の事で、江戸のことも順調になったので、両国和好の意は幾久しく盛んにして、この時の周旋を肝煎れと仰せになるので、（倭館）館守様に仔細に告達なさり、順調に成立に帰すれば、まことに幸甚に存じます。

九月　日　訓導　士正朴正／景和朴主簿

小田幾五郎／吉松右助　ご両名様

省弊の大概書

一　国書授受の官員は東武（江戸幕府）より出来するのであるが、一員派遣することを要する事

一　信使接待の地は対馬州または筑前州でかまわない事

一　両使臣入送の事

一　船数四隻入送の事

一　人数は二百余員入送の事

一　礼幣物の人蔘は、約三十斤を以て作定の事

一　前後関わりの使者の礼単蔘は、半分を減ずる事

一　修聘使出来の後すべての事を講定の事

公私の礼物、馬・鷹もまた講定するのであるが、減ずべき事

【語釈】

（1）　文字などをちょっと書きしるすこと、または書きしるしたもの。そのほか金銭貸借など証拠となるような勘定書や証明書など。表題には「覚」とありながら端裏書きで「諺文書付」としていることからみても、同時代人でも覚と書付とのあいだに明確な意味の違いを認識していたわけではない。覚の意味は史料1の（1）参照。

【参考情報】 史料1参照のこと

史料5

【史料概要】史料1参照のこと

【写真】

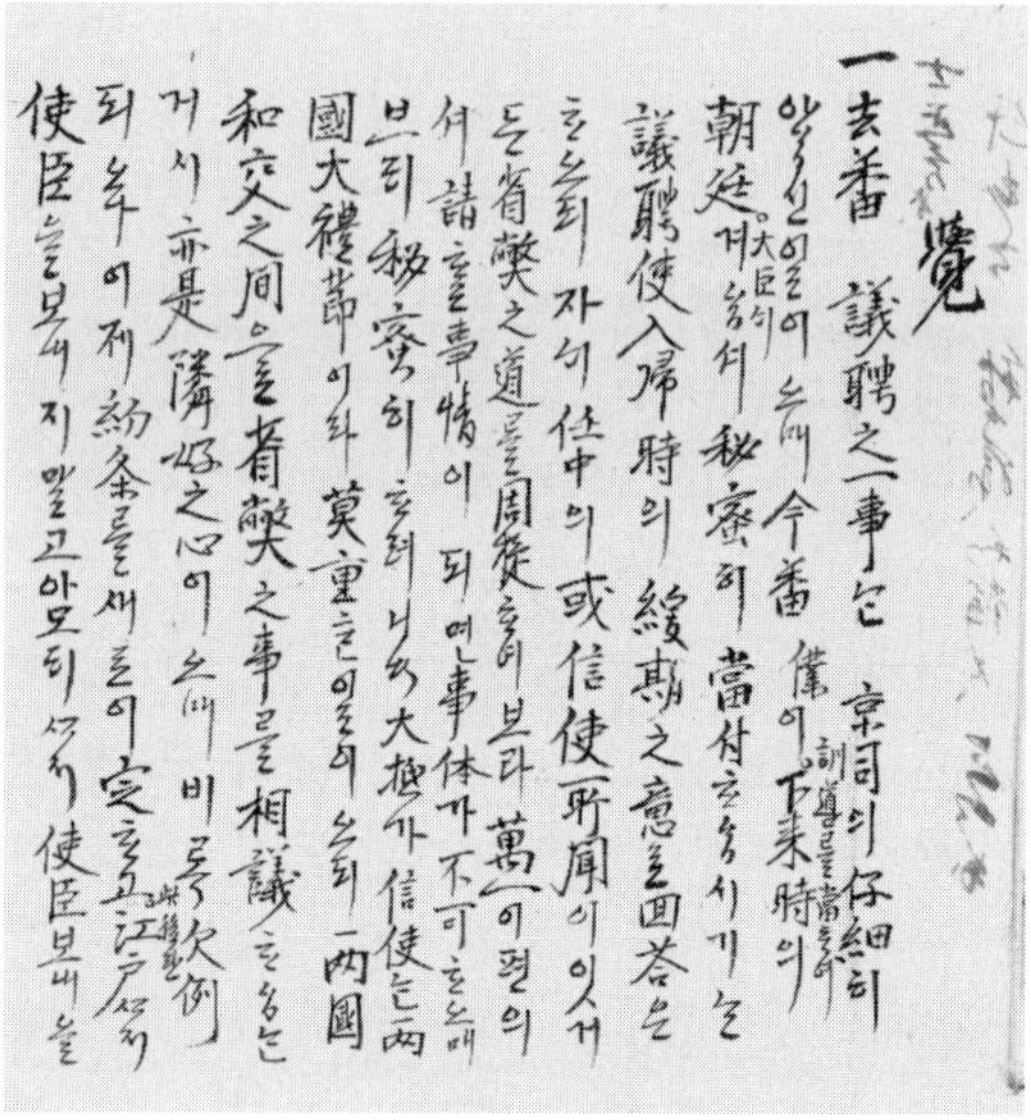

史料5（1/2）

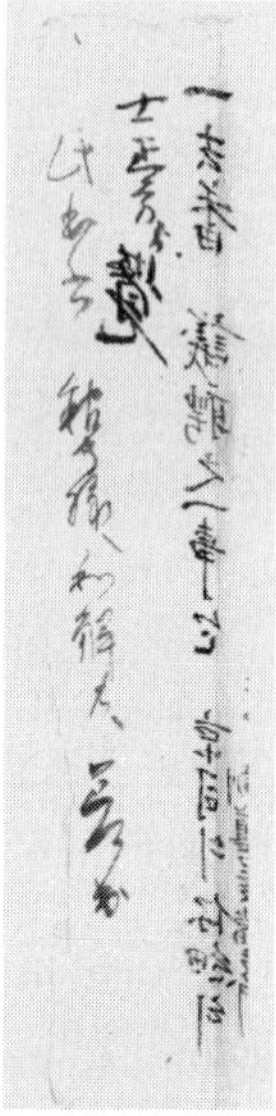

史料5
（端裏書き）

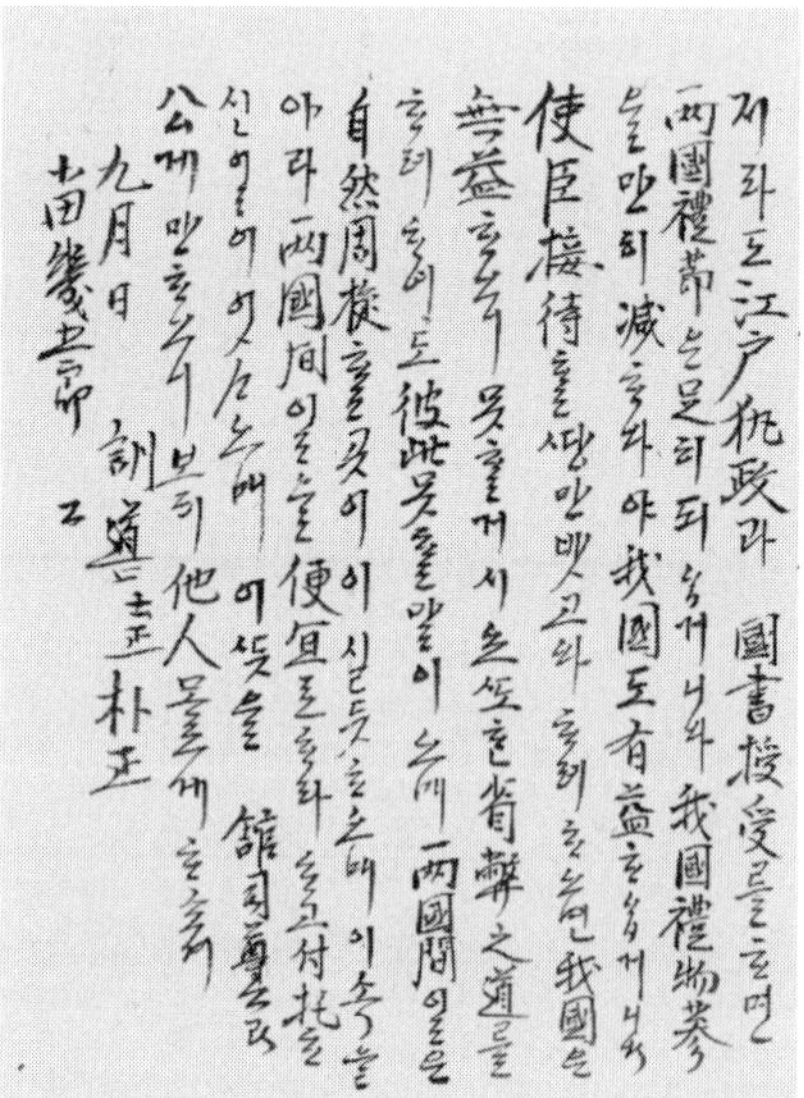

史料5（2/2）

【翻刻】

（端裏書き）士正方ゟ／此本書 館守様へ和解共ニ差出

覺

一　去番　〖隔〗議聘之一事ᄂᆞᆫ　〖隔〗京司의 仔細히　／
아ᄋᆞᆸ신 일이오매 今番　〖右〗僕이 ○〈訓導를 當ᄒᆞ
여〉 下來時의　〖移〗／朝廷 ○〈大臣ᄂᆡ〉겨ᄋᆞᆸ셔
秘蜜＊1히 當付ᄒᆞᄋᆞᆸ시기ᄂᆞᆫ ／議聘使 入歸 時의 緩
期之意로 回答은 ／ᄒᆞ오되 자ᄂᆡ 任中의 或 信使 所
聞이 잇거／든 省弊之道를 周旋ᄒᆞ여 보라 萬一 이
편의／셔 請ᄒᆞᆯ 事情이 되면 事體가 不可ᄒᆞ오매 ／
브ᄃᆡ 秘蜜＊1히 ᄒᆞ려니와 大抵가 信使ᄂᆞᆫ 兩／國大

禮節이라 莫重ᄒᆞᆫ 일이오되 兩國/和交之間으로 省弊之事를 相議ᄒᆞ읍ᄂᆞᆫ /거시 亦是 隣好之心이오매 비록 欠例/되오나 이제 約條를 새로이 定ᄒᆞ고 ○〈此後란〉 江戶ᄭᆞ지 /使臣을 보내지 말고 아모ᄃᆡᄭᆞ지 使臣 보내올 /지라도 江戶 執政과 〖隔〗國書 授受를 ᄒᆞ면 /兩國 禮節은 足히 되읍거니와 我國 禮物 蔘/을 만히 減ᄒᆞ와야 我國도 有益ᄒᆞ읍거니와 /使臣 接待ᄒᆞᆯ ᄯᅡᆼ만 밧고와 ᄒᆞ려 ᄒᆞ오면 我國은 / 無益ᄒᆞ오니 못ᄒᆞᆯ 거시요 ᄯᅩᄒᆞᆫ 省弊之道를 /ᄒᆞ려 ᄒᆞ여도 彼此 못ᄒᆞᆯ 말이오매 兩國間 일은 /自然 周旋ᄒᆞᆯ 곳이 이실 듯ᄒᆞ오매 이 속을 /아라 兩國間 일을 便宜로 ᄒᆞ라 ᄒᆞ고 付托*2ᄒᆞ/신 일이 잇ᄉᆞ오매 이 ᄯᅳᆺ을 〖隔〗 舘司 尊公과 /公게만 ᄒᆞ오니 브ᄃᆡ 他人 모로게 ᄒᆞ쇼셔

九月 日 訓導 〖右〗 士正 朴正

小田幾五郎　公

＊1：密　＊2：託

【現代語訳】

（端裏書き）士正方よりこの本書は館守様へ和解とともに差し出す

覚

一　先般の議聘の一事は、ソウルの官衙[1]の仔細にご存知のことなので、このたび私が訓導に当たって（ソウルから）下来の時に朝廷の大臣方におかれて秘密に仰せ付けられたことには、「議聘使[2]が帰国した時に、（通信使派遣の）延期の意[3]を以て回答はするのだけれども、君の任期中にもしかして信使の話があったら省弊の道を周旋してみろ。もしもこちら（朝鮮側）からお願いする形になったら、事体はだめになるので何としても秘密にとりおこなうのだけれども、そもそも信使は両国の大礼節にしてたいへん重いことであるが、両国和交の間にて省弊の事を相議するのは、やはり隣好の心なので、たとえ前例はないといっても、今約条を新たに定めて、この後は江戸まで使臣を送らずに、どこどこまで使臣を送ることになったとしても、江戸の執政と国書の授受をすれば両国礼節は十分になるのだが、我国の礼物の人蔘をたくさん減じてこそ我国も有益なのだが、使臣を接待する地だけ変えようとすれば、我国は無益なのでだめだろう。また、省弊の道をおこなおうとしても、双方とも（公然とは）言えないことなので、両国間のことはおのずから周旋すべきところがあるだろうから、このわけを心得て両国間のことを便宜にせよ。」と付託なさったことがございますので、この意を倭館館守様とご貴殿にだけ言いますので、どうか他人には知られないようにしてください。

九月日　　訓導　士正朴正

小田幾五郎様

【語釈】

（1）原文では「京司」。ソウルにあった各官庁の総称。京司は「京各司」の略であり、「各司」とも称する。なお本書では、朝鮮王朝の都の呼称を「ソウル」（都の意味）に統一している。

（2）史料1の（3）参照。

（3）原文では「緩期之意」。ここでは朝鮮通信使の派遣日程を延期することを意味する。

【参考情報】史料1参照のこと。ただし、本覚書で注目すべきは、「朝廷の大臣方におかれて秘密に仰せ付けられたこと」であり、「議聘使が帰国した時に、（通信使派遣の）延期の意を以て回答はするのだけれども、君の任期中にもしかして信使の話があったら省弊の道を周旋してみろ」という部分である。後年に大きく政治問題化する倭学訓導の「欺瞞工作」（長正統一九七八年）なのか、それとも廟堂の下命を受けた外交交渉であったのかを考えるときの重要な資料の一つだからである。

史料6

【史料概要】史料1参照のこと

【写真】

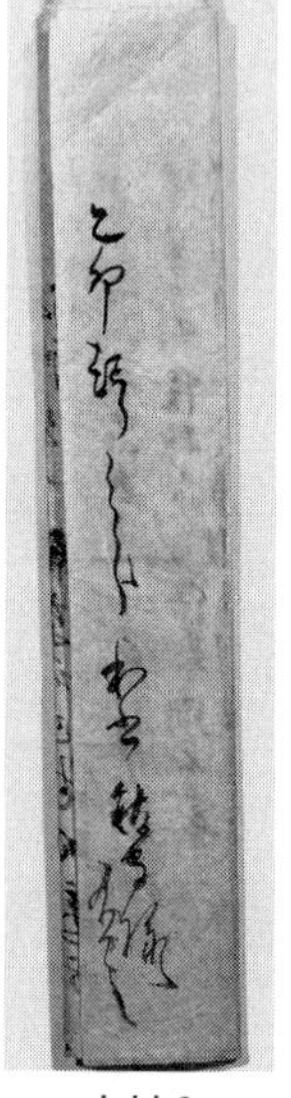

史料6
（端裏書き）

史料6（1/3）

史料6（2/3）

史料6（3/3）

【翻刻】

（端裏書き）乙卯起り之分 本書館守様へ有之

覺

一　去番　〚隔〛議聘之一事ᄂᆞᆫ　〚隔〛京司의 仔細히　／
아ᄋᆞᆸ신 일이오매 今番　〚右〛僕이 訓導를 當ᄒᆞ여
／下來時의　〚隔〛朝廷 大臣ᄂᆡ겨ᄋᆞᆸ셔 秘蜜*1히 當
付／ᄒᆞᄋᆞᆸ시기ᄂᆞᆫ　〚隔〛議聘使 入帰時의 緩期之意로
／回答은 ᄒᆞ오되 자ᄂᆡ 任中의 或 信使 所聞이 ／잇
거든 省弊之道를 周旋ᄒᆞ여 보라 萬一 이편의／셔

請ᄒᆞᆯ 事情이 되면 事體가 不可ᄒᆞ오매 브ᄃᆡ ／秘蜜
[*1]히 ᄒᆞ려니와 大抵가 信使ᄂᆞᆫ 兩國大禮節／이라
莫重ᄒᆞᆫ 일이오되 兩國 和交之間으로 ／省弊之事를
相議ᄒᆞ옵ᄂᆞᆫ 거시 亦是 隣好／之心이오매 비록 欠例
되오나 이제 約條를 새로／이 定ᄒᆞ고 此後란
〖隔〗江戸ᄭᆞ지 使臣을 보내지 말고 ／아모ᄃᆡᄭᆞ지
使臣 보내올지라도 〖隔〗江戸 執政과 ／國書 授受
를 ᄒᆞ면 〖隔〗兩國 禮節은 足히 되옵거／니와
〖隔〗我國 禮物 蔘을 만히 減ᄒᆞ와야 〖隔〗我國도
／有益ᄒᆞ옵거니와 〖隔〗使臣 接待ᄒᆞᆯ 쌍만 밧고와
／ᄒᆞ려 ᄒᆞ오면 我國은 無益ᄒᆞ오니 못ᄒᆞᆯ 거시요 ／
ᄯᅩᄒᆞᆫ 省弊之道를 ᄒᆞ려 ᄒᆞ여도 彼此 못ᄒᆞᆯ 말이／오
매 〖隔〗兩國間 일은 自然 周旋ᄒᆞᆯ 곳이 이실 듯／
ᄒᆞ오매 이 속을 아라 〖隔〗兩國間 일을 便宜로 ／
ᄒᆞ라 ᄒᆞ고 付托[*2]ᄒᆞ신 일이 잇ᄉᆞ오매 이 뜻을
〖移〗／館司 尊公과 〖隔〗公게만 ᄒᆞ오니 브ᄃᆡ 他
人 모로게 ᄒᆞ／쇼셔

九月 日 訓導 〖右〗 士正 朴正

小田幾五郎　公

議聘事　朝[京]司已爲洞悉而／僕下來時信行永爲
緩期則不害兩國／除弊大禮不可廢則　彼此省弊之意／善
爲[各別] 周旋爲有所分付

*1：密　*2：託

【現代語訳】

（端裏書き）乙卯起りの分、本書は館守様のもとに有り

覚

一　先般の議聘の一事は、ソウルの官衙の仔細にご存知のことなので、このたび私が訓導に当たって（ソウルから）下来の時に、朝廷の大臣方におかれて秘密に仰せ付けられたことには、「議聘使が帰国した時に、（通信使来聘の）延期の意を以て回答はするのだけれども、君の任期中にもしかして信使の話があったら省幣の道を周旋してみろ。もしもこちら（朝鮮側）からお願いする形になったら、事体はだめになるので、何としても秘密にとりおこなうのだけれども、そもそも信使は両国の大礼節にしてたいへん重いことであるが、両国和交の間にて省幣の事を相議するのは、やはり隣好の心なので、たとえ前例はないといっても、今約条を新たに定めて、この後は江戸まで使臣を送らずに、どこどこまで使臣を送ることになったとしても、江戸の執政と国書の授受をすれば、両国礼節は十分になるのだが、我国の礼物の人蔘をたくさん減じてこそ我国も有益なのだが、使臣を接待する地だけ変えようとすれば、我国は無益なのでだめだろう。また、省幣の道をおこなおうとしても、双方とも（公然とは）言

えないことなので、両国間のことはおのずから周旋すべきところがあるだろうから、このわけを心得て両国間のことを便宜にせよ。」と付託なさったことがございますので、この意を倭館館守様とご貴殿にだけ言いますので、どうか他人には知られないようにしてください。

九月日　　訓導　士正朴正

小田幾五郎様

（史料冒頭の追て書）

議聘の事は、ソウルの官衙はすでにご存知で、私が下来する時に、「通信使を永らく延期することは両国除弊のことを妨害しようというものではない。大礼は廃止することはできないので、双方省弊の意を以て格別に周旋せよ。」と言付けられた。

【語釈・参考情報】

史料5を参照のこと。本書簡で注目されるのは、追伸にある「議聘事　朝京司已爲洞悉、而僕下来時、信行永爲緩期則、不害兩國除弊、大禮不可廢則、彼此省弊之意善爲各別周旋爲有所分付」（文中抹消は「〃」を付した）である。本部分は、朝鮮側の実務担当者が常用する吏読で書かれており、対馬藩朝鮮語通詞も吏読に精通していたと考えて良い。小田管作の「象胥紀聞拾遺」に、その吏読理解の一覧を見ることが出来る。

《関連史料》対馬宗家文庫史料一紙物1123-160

【史料概要】史料1参照のこと。本覚書では、①幕府の使者は一員の減、②易地は対馬もしくは筑前とすること、③朝鮮側の船は四隻、④朝鮮側からの一行は約二〇〇名、⑤礼単の人参は三〇斤、⑥公私礼物の削減などの取り決めを箇条書きの漢文で作成し、朝鮮側と倭館側の合意事項と定めた。

【本文】

覚

一　省弊一款不可以公體相議而惟在於　貴州極力周旋之道此意細々通報千萬幸望

一　省弊之事議聘使出来後　朝廷已察其厚意任官下来時有所分付事

一　近来我國蔘政絶貴而限十年鳩聚百斤辨備萬無其路　廟堂之軫念専在於蔘弊信行容入之数不過三十斤然後限数年可以経紀莫重禮幣亦従以彌縫而若依例爲之則雖過七八年信行治送其勢未由耳

一　信使一従　東武命令只有依例請来則信行接待之地以　貴州爲之事僕等各別周旋事

一　信使之期　公等出来後可知其完定與否僕雖在任中即爲上京省弊事一々告達于　朝廷而修聘使出来後僕當爲差備凡事講定而毋或違律事

一　僕在任時凡事相議而不失機會事
一　如此事狀東萊令監前已爲稟告而亦承　朝廷旨教有所分付耳
右項条件并亦爲詳陳於　舘司尊公轉報　貴州事　兩公周旋千萬幸甚
乙卯九月二十四日
訓導　士正　朴　正【印】・景和　朴主簿【印】
小田幾五郎・吉松右助　兩公前

省弊大槩
一　國書授受官員自　東武出来而要一員差定事
一　信使接待之地以対馬州爲之而或築前州爲之事
一　兩使臣入送之事　及使行在　貴州無滞留事
一　船隻四隻入送事
一　一行人員二百餘定之事
一　禮幣中人蔘以近三十斤作定事
一　信使係関前後使者禮単蔘減半酌定事
一　修聘使出来後凡事詳爲構定事
一　公私禮物減定而鷹馬亦爲除減事

【参考情報】

本覚書の存在によって、一七九五（寛政七）年に朝鮮国訓導と倭館側との間で易地聘礼をめぐる合意を知ることができるが、それが公表されるのは、本覚書が発送された翌月の寛政七年十月であった（東萊府使尹長烈の短簡）。本覚書には、朴俊漢（士正）・朴致倹（景和）の印が捺印されている。

なお、「御用書物扣覚」寛政七年九月二十六日条には、**史料1〜史料6**および関連史料に関する記述をみることができる。

「訓導入館仕候付幾五郎・右介対面仕、当話之後訓導申聞候者、一昨日廿四日之書付ニ而下地者聢与相成、東之事御順便ニ相成候ハ、申合之手数ニ至り可申、修聘使御渡早速構定ニ相成候付、則修聘使ゟ何事も御省弊筋御斗不被下而者被相成儀ニ候与申候付、幾五郎ゟ相答申候者、修聘使御渡被成候時接慰官間も無く御下り有之而、茶礼ニ相成申上者御日限も有之、構定之義其前大槩相知不申而者右之御斗も相成り申間敷与申向候処、訓導ゟ如何様尤之心付ニ候、東之御左右御順便ニ相成候節貴様渡有之、舘守様ゟも表向御達ニ相成候訳を以拙者致上京、朝廷向を夫々ニ致し罷下候上ニ而修聘之先問被差渡、修聘御渡之砌早速省弊之筋御談可申上、是則構定ニ相成候間接慰官下り方者府使ゟ啓聞被差立候迄都無之様ニ可致候、御双方共ニ朝意を以修聘構定致し候得者、両国表立候事無之、修聘者文字之意ニ候間、省弊之義茂此修聘之旨ニ籠り居候間、前々構定之体者居り諸事相減し候与云斗之事ニ候与申聞候故、我々ゟ申候者　両国大礼節之体前々ニ違候形ニ至り候を御書契之御取遣り無之相済可申哉、其意者上ニ有候得共、相察候ニ、公体ニ移候、際立不申修聘使様与御自分様与構定被成候形而已ニ而何連相済申間敷与申候処、訓導ゟ相答申候者、修聘使者　貴州朝廷之御意向を以御談被成、拙者者我朝廷之意向を以修聘筋を御談申候得者則構定ニ相成候、併し大礼節之体大ニ違候故公体之際立不申段是又否不相成義ニ付、

対州ゟ東萊府使へ省弊之儀御談ニ相成候而も不苦、尤其御書茂別送使を以被差越候而者響不宜候故、館守方へ御使を以被差越候ものなら者可然事ニ候与申聞候

一　訓導相咄申候者、此事順成ニ至候ハヽ、六拾余州之大守方ゟ御礼筋可有之御国中賑可申、
　殿様御豊ニ被遊御座候を致念願候与実ニ入候体ニ而申聞候

一　右介ゟ　訓導へ相咄申候者、昨今御内蜜被下候、私前後者存不申候得共、段々之御咄ニ付都表者弥御咄之通順熟ニ至可申候哉与申候処、訓導ゟ相答申候者、夫等之事者不及尋三議政何連も懇ニ被申呉、左議政者中ニも内證事之咄迄も致し被呉、其外備局宰相四、五人も懇致し被呉、此備局宰相与申者首尾能宰相勤被相済、右様之重事決断表向相極候上又此人達評議ニ而事極候、其外重職之人も有之、存なからも常々心届不申候得共、議政之懇ニ付又懇ニ預候人も有之候、兎角音物等之断間も有之候得者疎遠ニ相成候与相咄申候、夫ゟ差合も出来今日体之咄ニ而相済申候

近来議聘事往復書契　貴國朝廷既爲恕量容納我
朝廷亦爲鮮念其德意而信行大禮一向緩期則其在交好之道終涉未安凡禮幣之物依例爲之而接待之地移改停當則其間省幣惟在於　貴國而在我實無所減此後則信行接待止於　貴州而禮聘等物相議除減事更定訳条則
両國省幣彼此大幸三使臣只以正副使定之而其他一行人員之数亦爲従減大捴爲貳百餘人至於人蔘百斤減爲十斤磨錬鷹子五十首以五首定之其他物種并爲従減而爲之　貴國元用所浮費亦依此例計減好矣信行接待之處止泊於　貴州事限今番爲之而或日後永爲約条定或亦惟無防専在於　貴州之指一帰定耳如此酬酢議聘公幹以後出於隣誼之厚　朝廷漸生深感之意故有所秘蜜分付如此面叙其裏曲而未知　貴州意向軆此帰一也

乙夘九月二十四日　　訓導　士正　朴正

小田幾五郎　公前

覺

一　議聘事　京司已爲洞悉而僕今春下来時有所分付信行永々緩期則不害爲兩國際弊之事而莫重禮節

不可仍爲廢之或有從近請之則以省弊之道各別周旋之意申々爲教矣省弊一節相議之事係亦是交隣之好意也信行接待之地一従　貴州之指揮而江戸執政一員迎来接待所國書授受亦爲禮節而　貴國省弊在其中至於我國や別無所減接待之地既欲改定則我國蔘弊亦爲大減然後庶可有相議之道此意幸須従容稟告於　館司尊公以爲周旋而勿使他人知之也

乙夘九月二十四日　　　訓導　士正　朴正

小田幾五郎　公前

覺

一　省弊一款不可以公體相議而惟　在於　貴州極力周旋之道此意細々通報千萬幸望

一　省弊之事議聘使出来後　朝廷已察其厚意任官下来時有所分付事

一　近来我國蔘政絶貴而限十年鳩聚百斤辨備萬無其路　庙堂之軫念専在於蔘弊信行容入之数不過參十斤然後限数年可以經紀莫重禮幣亦従以彌縫而若依例爲之則雖過七八年信行治送其勢未由耳

一　信使一従　東武命令只有依例請来則信行接待之地以　貴州爲之事僕等各別周旋事

一　信使之期完定公等出来後可知其完定與否雖在任中即爲上京省弊之事一々告達耳朝廷而修聘使出来後僕當爲差備凡事講定而毋或違繾事

一　僕在任時凡事相議而不失機會事

一　如此事狀東萊令監前已爲稟告而亦派朝廷旨教有所分付

右項条件并亦爲詳陳於　舘司尊公轉報於　貴州事兩公周旋千萬幸甚

乙卯九月二十四日

訓導　士正　朴　正・景和　朴主簿

小田幾五郎・吉松右助　兩公前

省幣之大槩書

一　國書授受官員自東武出来而要一員差定事

一　信使接待之地以対馬州爲之而或筑前州爲之事

一　兩使臣入送之事　及使行在　貴州無滞留事

一　船数四隻入送事

一　一行人員二百餘定之事

一　禮幣中人蔘以近三十斤作定事

一　信使係関前後使者禮単蔘減半酌定事

一　修聘使出来後凡事詳爲構定事

一　公私禮物減定而鷹馬亦爲除減事

史料7

【史料概要】 史料1にあるとおり、両国政府の決定とは異なり、易地聘礼交渉はいったん頓挫するものの、一七九五（寛政七）年三月に朝鮮側の新任訓導である朴俊漢が倭館に着任した後、釜山では、易地聘礼（「御内蜜之咄」〔「御用書物扣覚」寛政七年七月二十四日条など〕）が積極的に検討された。本書簡では、朝鮮側からの働きかけとして、その具体的な「省弊之事」を取り扱う対馬藩側の窓口は、倭館館守として外交交渉能力に優れ、老練な戸田頼母（旧館守）が「修聘使」として、担当してほしいと提案する内容となっている。

【写真】

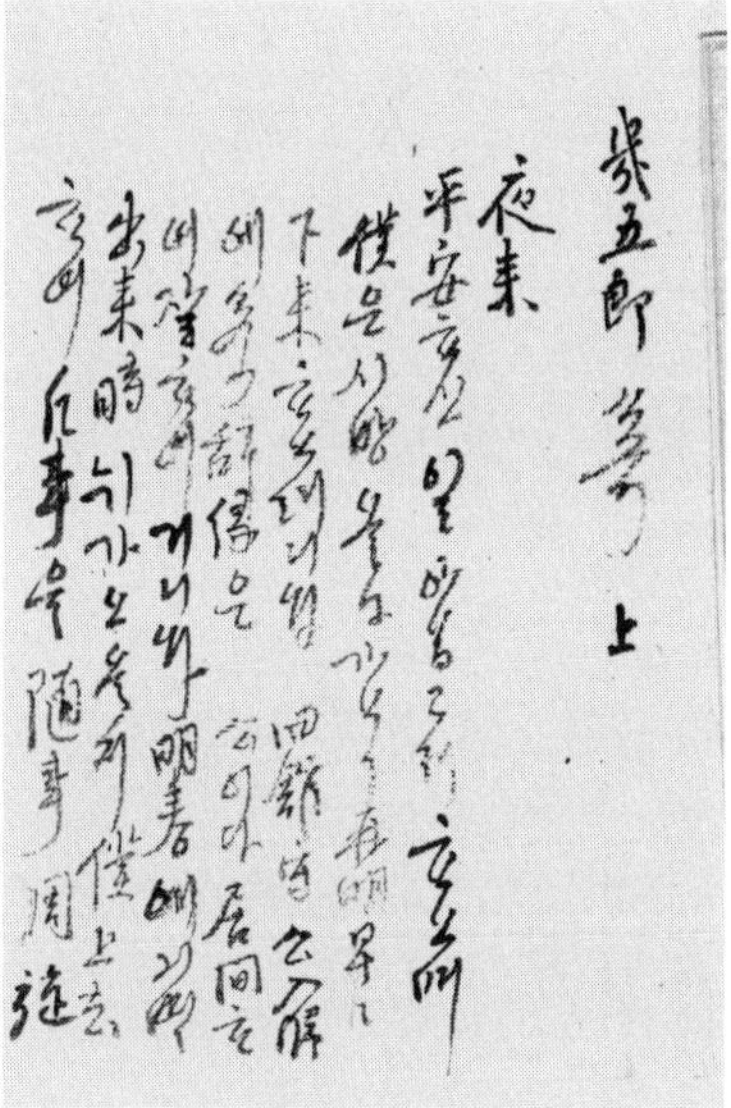

史料7（1/2）

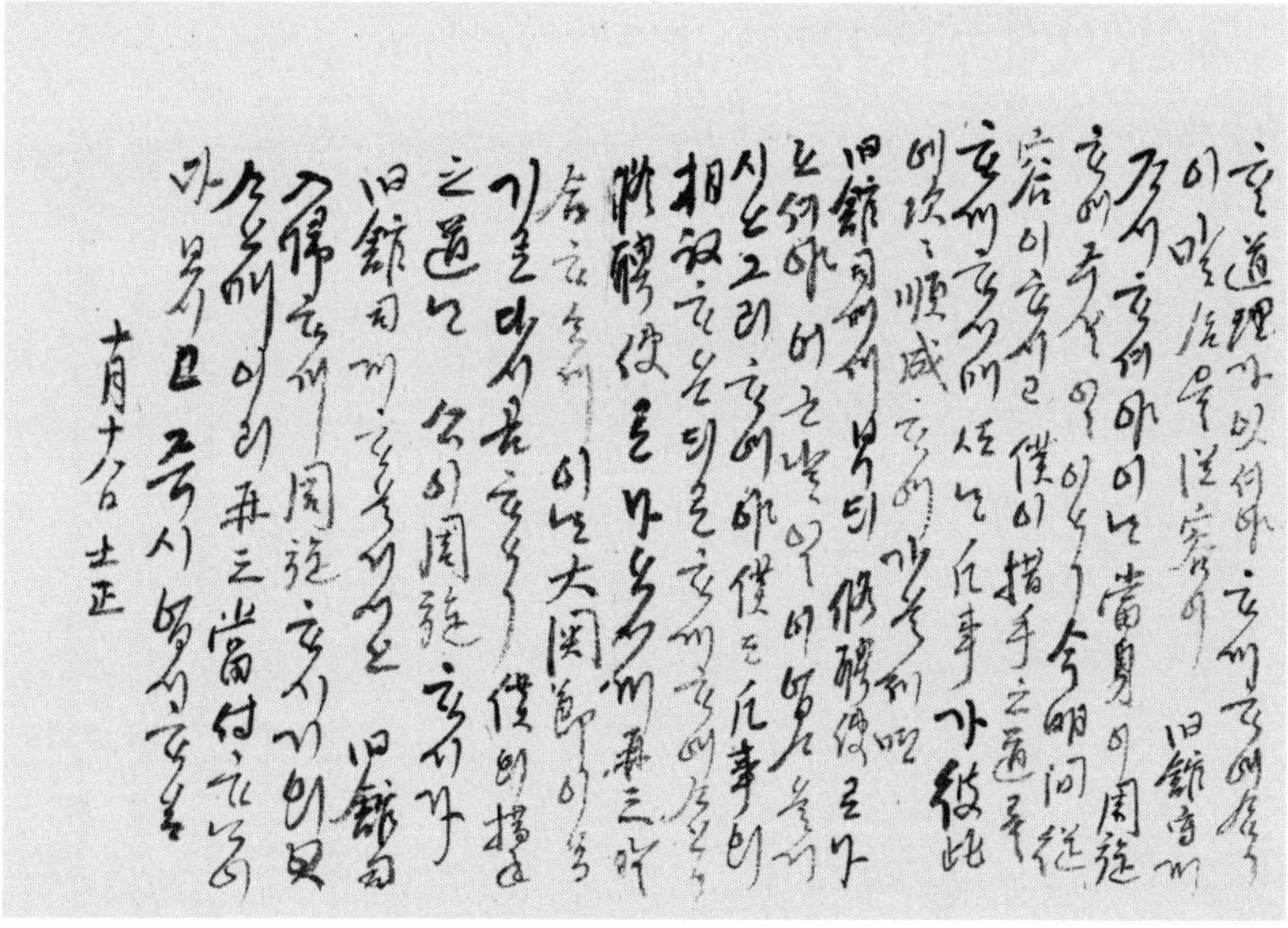

史料7（2/2）

【翻刻】

幾五郎 公 前 上

夜來 〖移〗 ／平安ᄒᆞ신 일 아옵고져 ᄒᆞ오며 ／僕은 시방 올나가오니 再明早〃 ／下來ᄒᆞ오려니와 〖隔〗 舊館守公 入歸／에 多少辭緣은 〖隔〗 公이 다 居間ᄒᆞ／여 잘 ᄒᆞ여거니와 明春에 긔별 ／出來 時 뉘가 오올지 僕 上去／ᄒᆞ여 凡事을 随事 周旋／ᄒᆞᆯ 道理가 잇셔야 ᄒᆞ게 ᄒᆞ여ᄉᆞ오니 ／이 말ᄉᆞᆷ을 從容이 〖隔〗 舊館守게 ／ᄌᆞ시 ᄒᆞ셔야 이ᄂᆞᆫ 當身이 周旋／ᄒᆞ여 주실 일이오니 今明間 從／容이 ᄒᆞ시고 僕이 措手之道를 ／ᄒᆞ게 ᄒᆞ시며 ᄯᅩᄂᆞᆫ 凡事가 彼此／에 次〃 順成ᄒᆞ여 가올 제면 〖移〗 ／舊舘司겨셔 부듸 修聘使로 나／오셔야 어근날 일이 업ᄉᆞ올 거／시오 그리ᄒᆞ여야 僕도 凡事의 ／相議ᄒᆞ온 듸로 ᄒᆞ게 ᄒᆞ여ᄉᆞ오니 ／修聘使로 나오시게 再三 말／ᄉᆞᆷᄒᆞ쇼셔 이ᄂᆞᆫ 大關節이옵／기로 다시곰 ᄒᆞ오니 僕의 措手／之道ᄂᆞᆫ 〖隔〗 公이 周旋ᄒᆞ시다 ／舊舘司게 ᄒᆞ올 거시오 〖隔〗 舊舘司 ／入歸ᄒᆞ셔 周旋ᄒᆞ시기의 잇／ᄉᆞ오매 이리 再三 當付ᄒᆞᄂᆞ이／다 보시고 즉시 업시 ᄒᆞ옵

十月 十八日 士正

【現代語訳】

幾五郎様

夜来ご平安の段、お伺い申し上げます。私は今ちょうど（東萊へ）上りますが、あさって早々に（倭館へ）下来するでしょうが、旧館守様[1]ご帰国につき、あれこれの内容はご貴殿がすべて間に立ってちゃんとお話になりましたけれども、明春に（江戸幕府からの）手紙が出来の時、だれが来るのでしょうか、私が（ソウルへ）上って、すべてのことを随事周旋することができなければならないでしょうが、このことをゆるりと旧館守にくわしくおっしゃってこそ、これはあの方（旧館守）が周旋してくださることなので、今日明日の間にゆるりとお話になり、私が手段を講じることができるようになさり、また、すべてのことが双方で次第に順調になっていく頃合いになれば旧館守がぜひとも修聘使として出来なさってこそ、食い違うことがなくなるでしょうし、そうしてこそ私もすべてのことについて相議したとおりにできるでしょうから、修聘使として出来なさるよう、再三おっしゃってください。これはたいへん大事なことですので再び申しますが、私の手段を講じることができるかどうかは、ご貴殿がご周旋なさって旧館守に申されることと、旧館守が帰国なさって周旋なさることに（かかって）いますので、このように再三お願いいたします。ご覧になってすぐに消去してください。

十月十八日　　士正

【語釈】

（1）一七九五（寛政七／乙卯）年十月まで館守を務めた戸田頼母のこと。戸田は新館守の樋口左近と交替したので「旧館守」と表記された。ちなみに、戸田の館守在任は、次の通りである（長一九六八年）（田代二〇一一年）。

初任：一七七九（安永八）年三月十七日から一七八一（天明元）年六月十六日
再任：一七八七（天明七）年四月二十二日から一七九〇（寛政二）年五月三日
三任：一七九三（寛政五）年四月十八日から一七九五（寛政七）年十月八日
四任：一七九六（寛政八）年三月二十四日から一八〇〇（寛政十二）年十二月九日

館守に関しては、雨森芳洲の説明によると、「在前館中主管ノ人ナシ、柳川調興カ敗後、光雲院公（宗義成）書ヲ禮曹ニ贈リ、寛永十四年（一六三七年）丁丑始テ館主ヲ置キ内野権兵衛ヲ任ス、正官一人、伴人三人、二周年ニ交逓ス、宴供等第一船ニ同シ」（「和交覚書」〔『続芳洲外交関係資料集』二四一頁〕）とある。

【和解】

「御用書物扣覚」一七九五（寛政七）年十月十九日条

訓導ゟ諺文状之和解

幾五郎　公前　上

夜来

御平安之段承度存候、拙者儀罷登候ニ付明後早々下来可致、旧館司公御入帰ニ付、多少之辞縁者　公居間被致宜候得共、明春御左右到来之時誰人御渡被成候哉、拙者罷登候而、凡事随事周旋致候道理有之度、此言を従容と旧館司公江細ニ可被仰上候、是者旧館守様御周旋被成下事故今明日内緩りと被申上、拙者措手之道を被致度存候、凡事彼此共ニ順成ニ相成候時旧館守様必修聘使ニ御渡被成度[1]こそ相變候事も無之候、左様候へ者拙者凡事御相談之通ニ致度御座候ニ付、修聘使ニ而御渡被成候様再三可被仰上候、是者大関節之義故返々申遣候ニ付、拙者措手之道者公之周旋ゟ　旧館守様ニ有之、御入帰之上ニ有之候間、此段再三申述候、御覧後即時御焼失、

十月十八日　士正

但、大小之違ニ而内之十七日ニ御座候

（1）朱にて抹消、「候而」と訂正。

【参考情報】

本書簡の発信日は、該当の和解を踏まえて、朝鮮暦の乙卯年十月十八日（西暦一七九五年十一月二十九日、和暦の寛政七年十月十七日）と考えるのが自然である。本書簡を発信するだけではなく、訓導朴俊漢は翌々日（和暦の寛政七年）十月十九日に倭館を訪問し、小田幾五郎に対して「旧館守」（戸田頼母）に本書簡を必ず伝達してほしいと要求している。

なお、本書簡で注目すべきは、「私が手段を講じることができるようになさり」であり、「私もすべてのことについて

相議したとおりにできる」の箇所である。当然ながら、その含意は、「易地聘礼交渉の推進」を図るために、倭館側の交渉相手として、「修聘使」役・古館守（戸田頼母）の着任を要望する内容となっている。それゆえに、小田幾五郎を媒介とした「朴俊漢の戸田頼母」ラインによる交渉が活発化していく前兆とみるべきである。

史料8

【史料概要】渡海訳官に任命された朴俊漢（士正）が対馬に行く（一七九六年八月二十九日対馬府中着、十一月九日府中出帆、十二月十三日釜山帰着）前に、対馬藩通詞小田幾五郎宛に送った書簡。釜山在地の日本語小通詞に与えるべき千両の支払いに困りはてていた訓導朴俊漢が、同僚の監董訳官である「猷性金徽重」に公木（公課として徴収される木綿）銭の借用を願い出た。しかし拒絶されたので、朴俊漢は小田幾五郎に対して倭館館守から十称鉄の借用方を依頼したというのが、本書簡の主意である。

【写真】

史料8
（端裏書き）

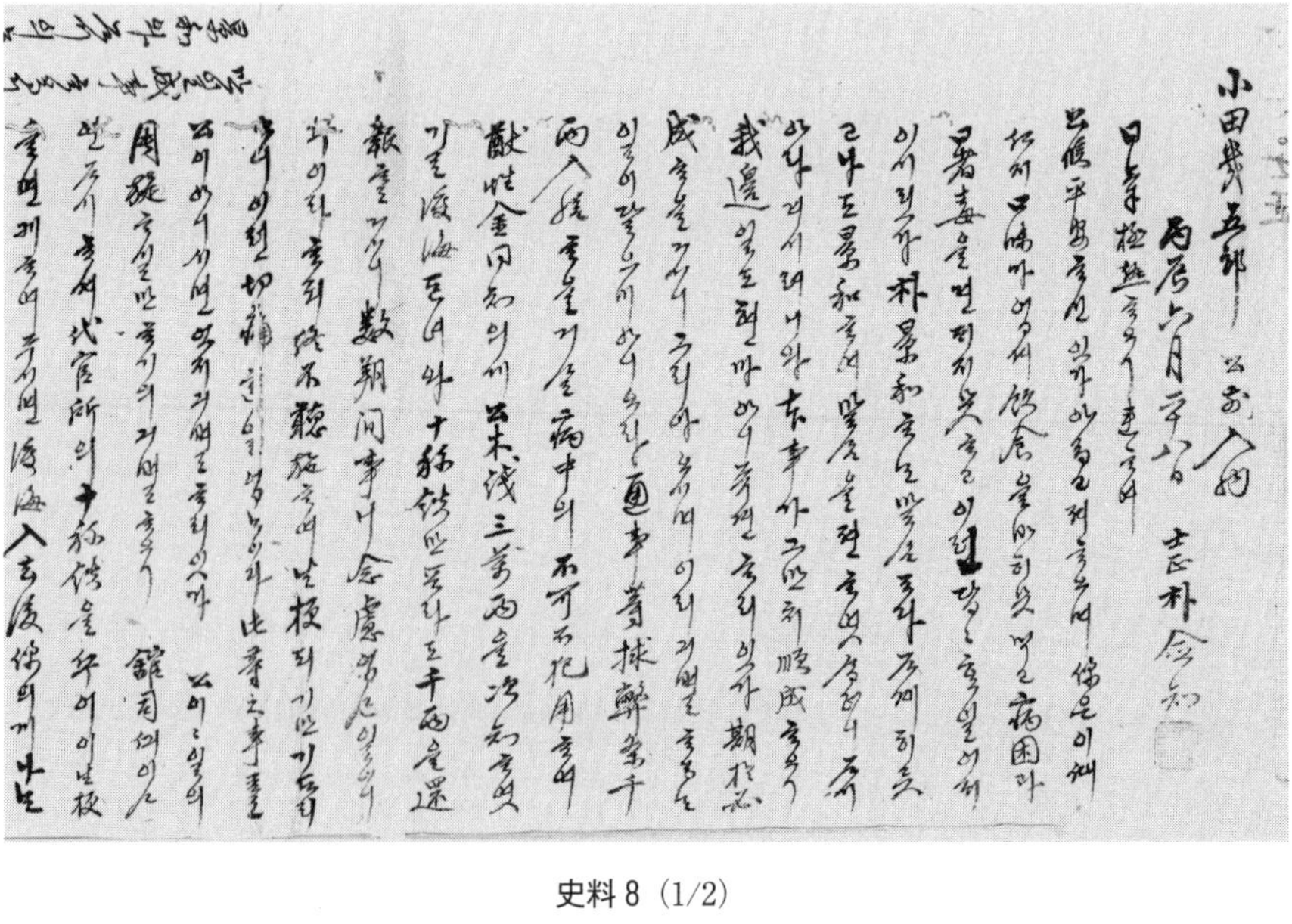

史料8（1/2）

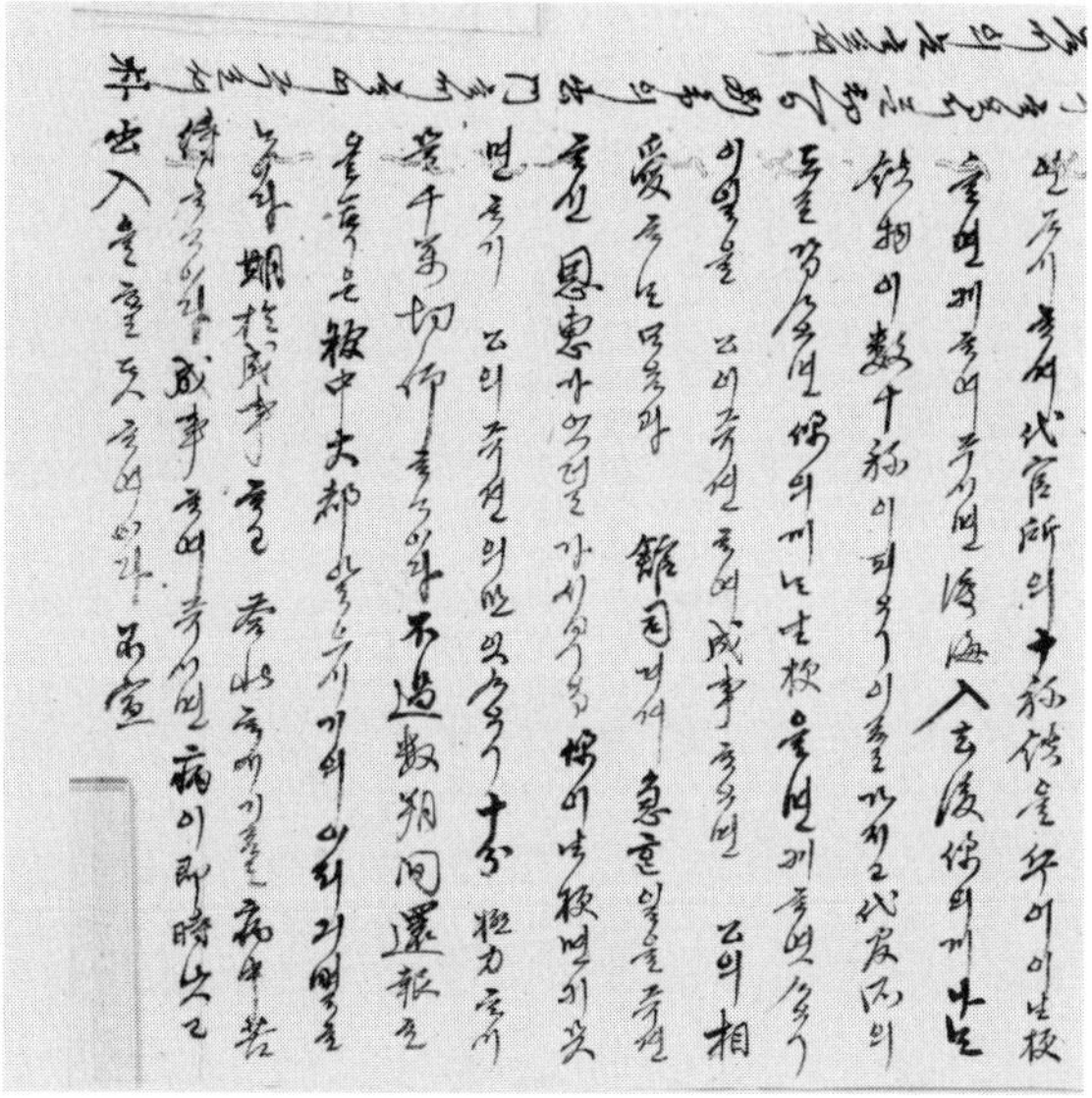

史料8 (2/2)

【翻刻】

(端裏書き) 士正
小田幾五郎 公 前 入納
日氣 極熱ᄒᆞ오니 連ᄒᆞ여 ／ 〔擡〕 公候 平安ᄒᆞ신잇가
아ᄋᆸ고져 ᄒᆞ오며 〔右〕 僕은 이재／ᄉᆞᆺ지 口味가 업셔
飮食을 바히 못 먹고 病困과 ／暑毒을 견ᄃᆡ지 못ᄒᆞ고
이런 답〃ᄒᆞᆫ 일 어ᄃᆡ ／이시릿가 朴景和 ᄒᆞᄂᆞᆫ 말ᄉᆞᆷ도
다 ᄌᆞ세히 듯／고 나도 景和 ᄒᆞ여 말ᄉᆞᆷ을 젼ᄒᆞ엿ᄉᆞᆸ더
니 ᄌᆞ시 ／아라 겨시려니와 本事가 그만치 順成ᄒᆞ오니
／我邊 일도 현마 아니 쥬션ᄒᆞ리잇가 期於必／成ᄒᆞ올
거시니 그리 아오시며 이리 긔별ᄒᆞᄋᆸᄂᆞᆫ ／일이 달으미
아니오라 通事 等 捄弊條 千／兩入給ᄒᆞ올 거ᄉᆞᆯ 病中의
不可不 犯用ᄒᆞ여 ／猷性 金同知의게 公木錢 三萬兩을
次知ᄒᆞ엿／기로 渡海 ᄃᆞᆫ녀와 十称鐵만 ᄑᆞ라도 千兩을
還／報ᄒᆞᆯ 거시니 數朔間事니 念慮 업ᄉᆞᆫ 일이니 ／(ᄉᆞ)
이라 ᄒᆞ되 終不聽施ᄒᆞ여 生梗되기만 기ᄃᆞ리／오니 이
런 切痛ᄒᆞᆫ 일 업ᄂᆞ이다 此等之事를 ／公이 아니시면
엇지 긔별ᄒᆞ리잇가 〔隔〕 公이 〃 일의 ／周旋ᄒᆞ실 만
ᄒᆞ기의 긔별ᄒᆞ오니 〔隔〕 館司끠 이 ᄉᆞ／연 ᄌᆞ시 ᄒᆞ셔
代官所의 十称鐵을 ᄉᆞ어 이 生梗／을 면케 ᄒᆞ여 주시
면 渡海 入去 後 僕의게 나ᄂᆞᆫ ／鐵物이 數十称이 되오
니 이를 가지고 代官所의 ／도로 갑ᄉᆞ오면 僕의게는
生梗을 면케 ᄒᆞ엿ᄉᆞ오니 ／이 일을 〔隔〕 公이 쥬션ᄒᆞ
여 成事ᄒᆞ오면 〔隔〕 公의 相／愛ᄒᆞᄂᆞᆫ ᄆᆞᄋᆞᆷ과 〔隔〕
館司겨셔 急ᄒᆞᆫ 일을 쥬션／ᄒᆞ신 恩惠가 엇덜가 시부ᄋᆸ
僕이 生梗 면키 못 ／면ᄒᆞ기 〔隔〕 公의 쥬션의만 잇
ᄉᆞ오니 十分 〔隔〕 極力ᄒᆞ시／믈 千萬切仰ᄒᆞᄂᆞ이다 不
過數朔間還報ᄒᆞ／올 특은 館中 大都 알으시기의 이리
긔별ᄒᆞ／ᄂᆞ이다 期於成事ᄒᆞ고 〔隔〕 答狀ᄒᆞ시기를 病
中 苦／待ᄒᆞᄂᆞ이다 成事ᄒᆞ여 쥬시면 病이 卽時 낫고

／出入을 ᄒᆞᆯ ᄃᆞᆺᄒᆞ여이다 不宣
만일 成事ᄒᆞ옵거든 初一日 別市의 出門ᄒᆞ게 ᄒᆞ여 주쇼셔 朴／景和와 ᄌᆞ시 의논ᄒᆞ쇼셔

丙辰 六月 二十八日 士正 朴僉知 〖印〗

【現代語訳】

（端裏書き）士正
小田幾五郎様

気候が極めて暑いですが、お変わりなくご貴殿ご平安の段、お伺い申し上げます。私は今まで食欲がなくて食べ物を全く食べられず、病困と暑毒に耐えられず、こんな憂鬱なことがどこにありましょうか。朴景和①の言う話もみな詳しく聞き、私も景和をして話を伝えましたので、詳しくご存知でいらっしゃるでしょうが、本事があれほどにまで順調に成りつつありますので、我が方のこともまさか周旋しないことがありましょうか。必成を期しますので左様お心得ください。このようにお便りするのはほかでもなく、通事等の捄弊条②の千両を支給すべきところを、病中にやむを得ず使ってしまい、猷性金同知③が公木銭④の三万両をうけもっているので⑤、彼に「渡海訳官⑥に行って来て十称鉄ばかり売っても千両を返すことができるから⑦、数か月の間の事なので心配ないことだから貸してくれ」と言っても、終に聞き入れてくれなくて、もめごとになることを待ってばかりいるので、こんな切痛なることはありません。これらのことをご貴殿でなければどうしてお便りするでしょうか。ご貴殿がこのことの周旋をなさることができになるので、おたよりしますので、館守にこのわけを詳しくおっしゃって、代官所⑧に十称鉄を借りてこのもめごとを免れさせてくだされば、渡海訳官に行って来たあと、私のところに残る鉄物⑨が数十称になりますので、これをもって代官所に返せば、私にとってはもめごとを免れるでしょうから、このことをご貴殿が周旋して成事すれば、ご貴殿の相愛するお心と館守におかれて急なることを周旋なさった恩恵がいかほどかと存じます。私がもめごとを免れるか免れないかは、ご貴殿の周旋にのみかかっておりますので、大いにお骨折りの段、なにとぞ切にお願い申し上げます。たった数か月間で返すというわけは、館中の皆様がご存知ですので、このようにお便りいたします。成事を期して、お返事の段、病中、待ち望んでおります。成事してくだされば、病は直ちに治り（倭館に）出入できるでしょう。まずは

（書簡上部・追て書）
もしも成事しましたら、初一日の別市⑩のときに出門するようにしてください。朴景和と詳しくご相談ください。

丙辰六月二十八日　　士正朴僉知（印）

【語釈】

（1）本書簡が執筆された六月時点では、朴致倹（景和）は仮訓導で

あった。訓導であった朴俊漢（士正）が渡海訳官に任命され対馬に渡航することとなったので、その代理として朴致倹は仮訓導に任じられた（「典客司日記」正祖二十年（一七九六）六月二十一日、七月五日、七月二十二日）。

（2）「捄弊」とは弊害を矯正すること。釜山在地の小通事たちは、ソウルの司訳院ではなく、東萊府の在地民の中から選抜し養成した。彼ら下級通事は訓導と別差を補佐し、倭館に関連する諸種の業務を担当した。本書簡の「通事等の捄弊条の千両」とは、具体的に何を指すのか判然としないが、一案として朝鮮政府が小通事たちに支給する救済金とみる見方がある。その一方で、対馬藩は倭館貿易を円滑に運営するために、小通事、担当衙前、倉庫番から訓導と別差、ソウル官庁の衙前に至るまで多額の「遣い物」（活動資金か？）を与えていたことを勘案すれば、対馬藩が朝鮮の小通事に支給する金銭ではないかとも考えられる。対馬藩は、小通事を優遇し、土地を用意するための通事拝領銀を与えるほどであった（梁興淑二〇〇九年：二〇四－二〇五頁）。本書簡では、訓導がお金を使い果たしてしまったので、それを補塡してほしいと、倭館に協力を求めているとも考えられる。後考を俟つ。

（3）倭学訳官の金徽重。字は猷性、本貫は三陟。一七五〇年生まれ。一七七四年（英祖五十）式年試の時、訳科（倭学）に合格。金徽重は一七九五（寛政七／乙卯）年十二月に倭館の監董訳官として派遣された。新任の監董訳官は倭館の日本人に人参を含む礼単雑物、つまり私礼単を与える慣習があったという（「典客司日記」一七九五（寛政七／乙卯正祖十九）年十二月二日）。

（4）公課として徴収される木綿。雨森芳洲は「公木（もめん）」と振り仮名を付す（「和交覚書」（『続芳洲外交関係資料集』二一八頁））。

（5）監董訳官は倭館修理費などの負担も課されていたので、訳官たちは東萊府にある公作米、公木の売却か、あるいは地域による価格差などで収益を上げ、工事費に充当した。この倭館修理は、正祖二十年三月に命じられた（「正祖実録」二十年三月己未条、及び「承政院日記」嘉慶元年三月十三日条）。

（6）渡海訳官は、朝鮮では「問慰行」、日本側では「訳官使」。問慰行は、対馬藩主宗氏が参勤交代を終えて江戸から対馬へ帰国するときに、問慰の任務を持つ外交使節であり、その正使は訳官であるので、問慰訳官使と呼ぶ。しかし朝鮮後期の各種史料では、問慰行または渡海訳官と記述する。

（7）問慰行は朝鮮前期から派遣されているが、朝鮮後期（十七世紀以降）に派遣された回数は累計で五〇回以上に達する。問慰行は倭学訳官にとって利益を得る機会であった。訳官が渡海するたびに、対馬藩では一定額の贈答品を与えたばかりではなく、問慰行の任務に応じて、規定外の贈答品をさらに差し出した。田代和生によると、一七一五（享保元）年に対馬藩は訳官崔尚㠍に銅千斤を「褒美」として贈呈したこともあるという（田代一九九九年：一五五－一五七頁）。この書簡でも、借金返済方法として渡海訳官、つまり問慰行の、いわば「役得」に言及しているのは興味深い。

（8）代官は日朝貿易の取引と交渉、決済、朝鮮側から支給される物品の受領と督促など倭館で行われている経済的業務を担当する者。したがって、彼らの活動は、対馬の藩財政に直接影響を与えるほど重要だった。代官は、一六一一（慶長十六／光海君三）年、倭館での売買を専管するために三人が派遣されたことをその始めとする（田代一九八一年：一八九－一九〇頁）。

（9）本文にある「鉄」とは、銅鉄のことである。称は百斤であるので、鉄十称とは銅鉄千斤にあたる。

（10）倭館では毎月三・八・十三・十八・二十三・二十八日の六回、日朝間で貿易が行われた。国家間の公貿易ではなく、交易品と交易量（取引量）に大きな制限がない私貿易、開市貿易が行われた。従って貿易交渉をする場所を開市大庁と呼んだ。ところが、日本側の要求があるか、貿易品が停滞しているか、荒れ模様の天候のため開市が予定どおり開かれない場合は、別の開市を開いて、「別開市」「別市」「代市」と呼んだ（金東哲二〇一二年：二二七－二二八頁)。

【参考情報】

「辺例集要」巻一一館宇条によると、倭館東大庁の東行廊八五間を重修する役が金徽重であった。工事期間は一七九六年十一月六日から一七九七年五月三十日であった。朴俊漢からの借金の申し入れは、その工事費を念頭に置いたものであったのではないかと推測される。

また、一七九三(寛政五)年六月二十四日に将軍家斉の世子竹千代が逝去したために、同年九月に家慶(敏次郎)が世子と定まった。前例に従って、対馬藩は、寛政六年二月に告訃差使(関白嗣子身死告訃差使、正官は原熊之丞(藤昌房))、寛政七年五月に立儲告慶大差使(健儲参判使・関白立儲告慶大差、正官は樋口美濃(平暢明))を派遣した。是に先立ち、対馬藩主第一二代の宗義功が家督を継いだので、寛政三年五月に島主還島告知差使(正官は龍田六左衛門(藤則定))を派遣していた。そこで寛政八年八月に、堂上訳官朴俊漢は弔慰(世子逝去)・致賀(立儲)・問慰(島主還島)を兼ねる渡海訳官として対馬に向かった。八月二十九日に対馬国府中に到着、九月六日に藩主宗義功に接見した。同年十一月九日に護迎裁判黒木勝見と共に府中を出発し、十二月十三日に釜山に到着した。

対馬藩から朝鮮の渡海訳官に対する贈与が慣例であったので、それを見込んで朴俊漢は対馬藩からの前借り金を要請し、それで通事等捄弊の返済金に当てたいと願ったようである。しかしながら釜山の小通詞などへの支払いに困りはてていた朴俊漢が小田幾五郎に対して借金(「十称鉄」)を申し入れたものの、次にあげる**史料9**によれば、幾五郎にも断られたようである。

史料9

【史料概要】 本書簡の前日に発信された**史料8**とセットで読解すべきもの。朴俊漢が願い出た借用金(「通詞等救弊条千両」)の調達がうまくいかなかったという小田幾五郎の回答に対する返信である。

【写真】

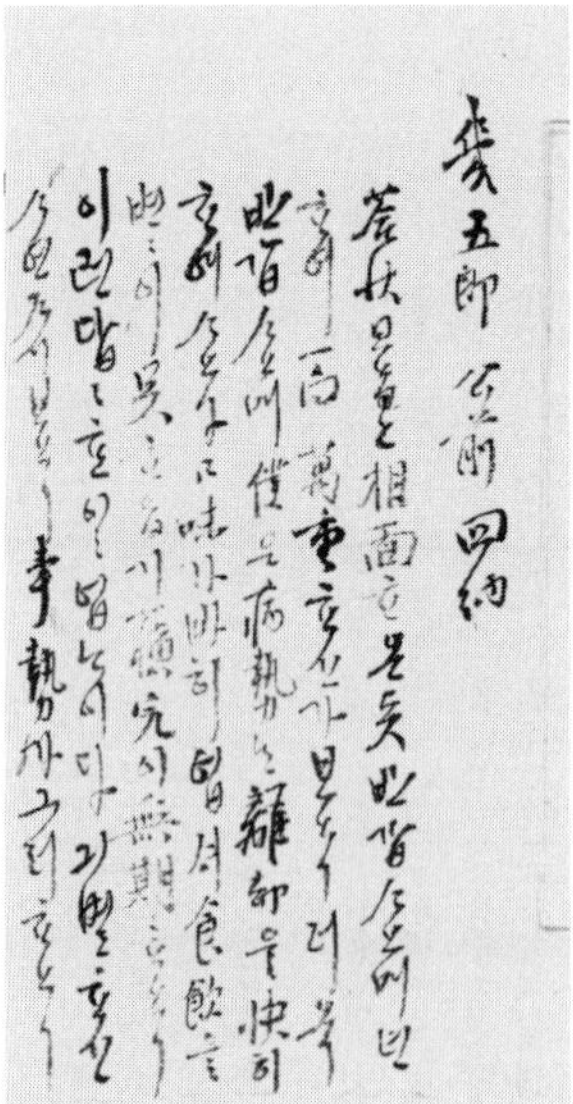

史料9 (1/2)

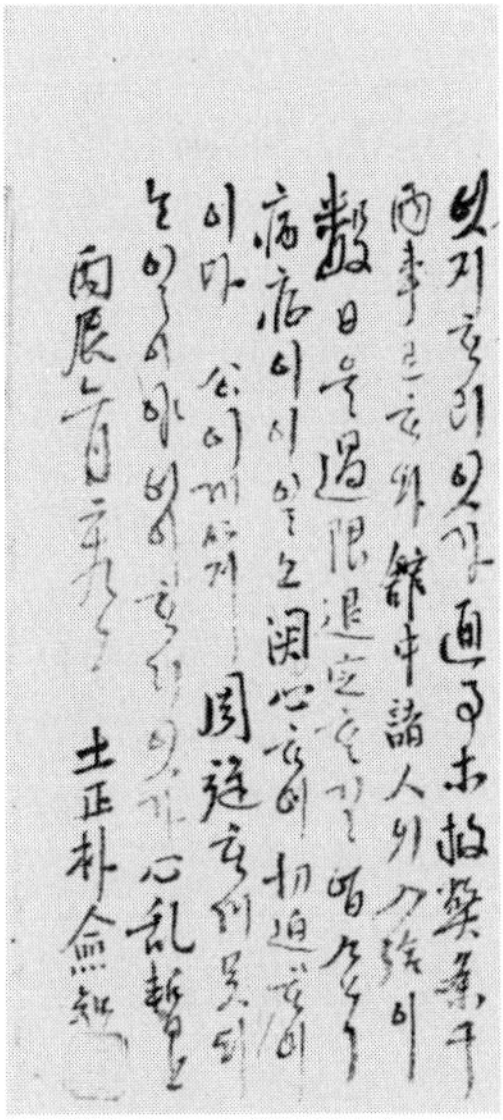

史料9（2/2）

【翻刻】

幾五郎 公 前 回納

答狀 보옵고 相面ᄒᆞ온 듯 반갑ᄉᆞ오며 년/ᄒᆞ여 一向
〖隔〗萬重ᄒᆞ신가 보오니 더옥 /반갑ᄉᆞ오며 僕은 病
勢ᄂᆞᆫ 離却을 快히 /ᄒᆞ여ᄉᆞ오나 口味가 바히 업셔 食
飮을 /변〃이 못ᄒᆞ옵기 蘇完이 無期ᄒᆞ오니 /이런
답〃ᄒᆞᆫ 일 업ᄂᆞ이다 긔별ᄒᆞ신 /ᄉᆞ연 ᄌᆞ시 보오니 事
勢가 그러ᄒᆞ오니 /엇지 ᄒᆞ리잇가 通事等捄弊條 千/
兩事로 ᄒᆞ와 舘中 諸人의 入給이 /數日을 過限退定ᄒᆞᆯ
길 업ᄉᆞ오니 /病症이 이 일노 關心ᄒᆞ여 切迫ᄒᆞ여/이
다 〖隔〗公이 게ᄉᆞ지 周旋ᄒᆞ셔 못 되/ᄂᆞᆫ 일이야 어
이 ᄒᆞ리잇가 心亂 暫上

丙辰 六月 二十九日 士正 朴僉知 〖印〗

【現代語訳】

幾五郎様の御前に拝復

お返事を拝見しお目にかかったようにうれしく存じます。お変わりなくますますご壮健の段、なおさらうれしく存じます。私は、病勢は快復いたしましたが、食欲が全くなくて食べ物をちゃんと食べることができず、治るのがいつになるのかわかりませんので、このような憂鬱なことはありません。お便りくださった内容を詳しく読みますと、事勢がさようであればどういたしましょうか。通事等の捄弊条[1]の千両のことで（倭館）館中の諸人の支給が数日期限を過ぎたり期限を延ばしたりすることができませんので、病症がこのことで心にかかって切迫しております。ご貴殿がそこまでご周旋になってうまくいかないことはどうしようもございません。心乱のままにまずは

丙辰[2]六月二十九日　士正朴僉知（印）

【語釈】

（1）史料8の（2）参考のこと。

（2）一七九六（寛政八）年。

【参考情報】本書簡に見る「通事等の捄弊条の千両」とは、小通事たちに誰が準備したお金であるかによって、その理解は大きく異なる。

史料10

【史料概要】旧訓導朴俊漢（士正）が小田幾五郎に送った書簡。朴致倹（景和）が二・三日治療してから倭館へ行くので、七月二十六日頃に倭館館守（戸田頼母）と朴致倹（景和）との面談が実現するよう周旋してほしい。面談の日取りが確定すれば東莱府に上申するよう新訓導（崔国禎）に要請してほしい、また、対馬藩派遣の飛船が慶尚左道に漂着したそうであるが、何か対馬藩からの連絡があれば、朴致倹（景和）に伝えてほしいという内容である。

【写真】

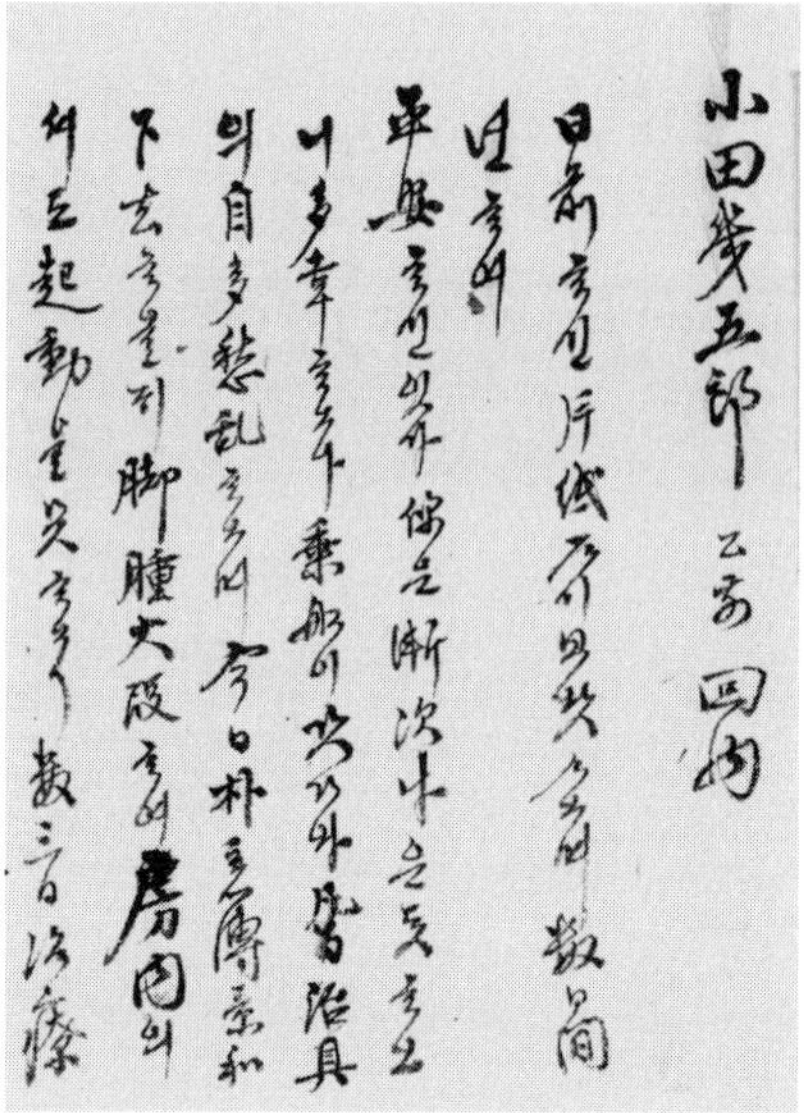

史料10（1/2）

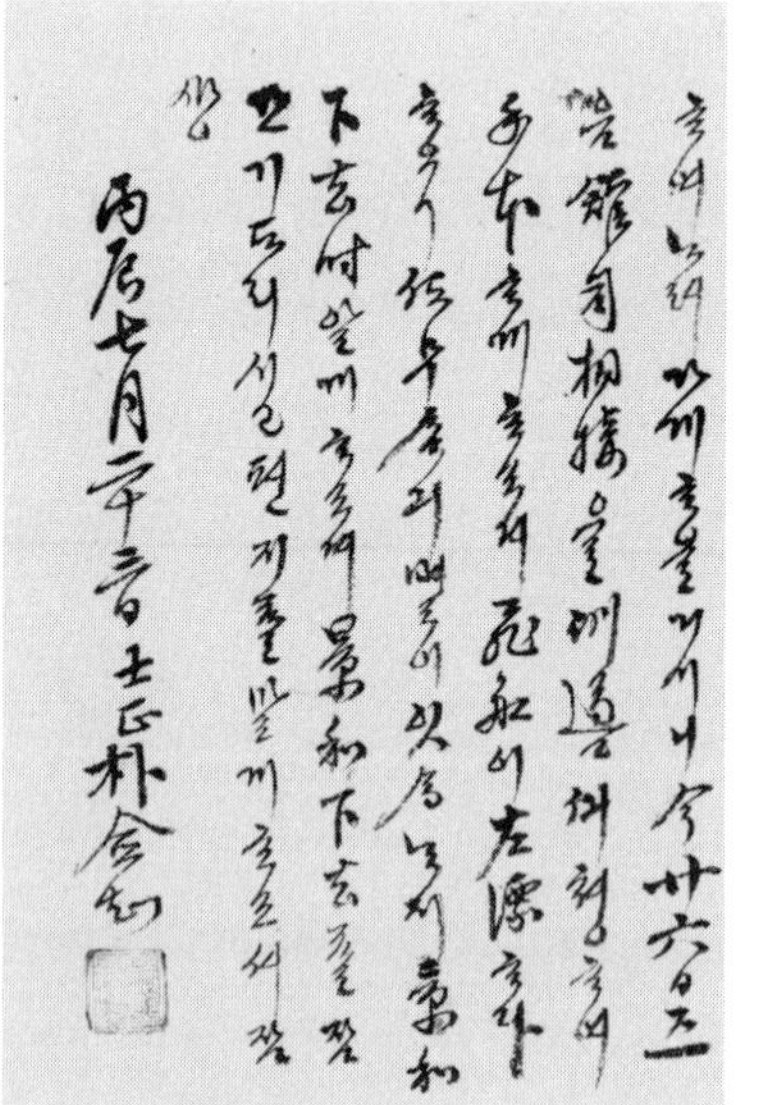

史料10（2/2）

【翻刻】

小田幾五郎 公 前 回納
日前 ᄒᆞ신 片紙 ᄌᆞ시 보왓ᄉᆞ오며 數日間 ／년ᄒᆞ여 ／
〔擡〕平安ᄒᆞ신잇가 僕은 漸次 나은 ᄃᆞᆺᄒᆞ오／니 多幸
ᄒᆞ오나 乘船이 갓가와 凡百治具／의 自多愁亂ᄒᆞ오며
今日 朴主簿 景和 ／下去ᄒᆞ올ᄃᆡ 脚腫 大段ᄒᆞ여 房内의
／셔도 起動을 못ᄒᆞ오니 數三日 治療／ᄒᆞ여 ᄂᆞ려가게
ᄒᆞ올 거시니 今 廿六日 ᄌᆞ／음 舘司 相接으로 訓導씌
청ᄒᆞ여 ／手本ᄒᆞ게 ᄒᆞ쇼셔 飛船이 左漂ᄒᆞ다 ／ᄒᆞ오니
또 무슴 긔별이 잇ᄉᆞᆸᄂᆞᆫ지 景和 ／下去 時 알게 ᄒᆞ쇼셔
景和 下去를 잠／간 기ᄃᆞ리시고 편지를 말게 ᄒᆞ쇼셔
잠／샹

丙辰 七月 二十三日 〖右〗 士正 朴僉知 〖印〗

【現代語訳】

小田幾五郎様の御前に拝復

先日のお手紙委細拝見いたしました。この数日の間ひきつづきお元気でいらっしゃいますか。私は次第に治ってきたようですので幸いですが、乗船が近く[1]、あらゆることの準備のためにおのずから愁いが多くなります。今日朴主簿景和が（倭館へ）行くべきところ、脚の腫れがひどく部屋の中でも動けませんので、二・三日治療してから行く予定です。今度の二十六日ころの館守との相接（対面）を訓導[2]にお願いして手本[3]するようにしてください。飛船[4]が左道に漂着した[5]そうですので、また、何か便りがあるのか、景和が倭館に行ったときにお知らせください。景和が行くのをしばらくお待ちくださり、手紙はお出しにならないようにしてください。まずは

丙辰[6]七月二十三日　士正朴僉知（印）

【語釈】

（1）訳官使として対馬へむかう乗船の日が近づいている、との意。朴俊漢は訳官使として一七九六（寛政八／丙辰）年八月二十九日に対馬府中へ到着、十一月九日には府中を出帆し帰国の途につき十二月十三日に釜山へ帰着した。

（2）このときの訓導は崔国禎（華彦）。「倭館館守日記」一七九六（寛政八）年七月十七日条には、「訓導士正朴僉知・仮訓導景和朴主簿致対面度旨通詞を以申入候付（中略）士正ゟ申聞候ハ、私代り華彦崔僉正被申付、来る十九日訓導役致交代候」とあり、また、同二十日条には、「新訓導昨日到任ニ付通詞中を以別差ゟ性名書差出、左ニ記之、覚、一、訓導華彦崔僉正昨日到任事、丙辰七月二十日、別差汝久趙主簿、館司尊公」とあって、一七九六（寛政八／丙辰）年七月十九日に朴俊漢（士正）の後任の新訓導として崔国禎（華彦）が到任したことが確認される。

（3）公事について上司あるいは関係部署に報告する文書。東莱府では、主に訳官たちが東莱府使に倭館のことを報告するときに作成した。

（4）緊急の書簡や人の往来などに用いる小型船。「増正交隣志」（巻二、飛船）には七、八人乗の小船で、渡航証明書である路引（飛船吹嘘）の持参が必要であると規定されている。ほかの使送船とことなり渡航時に接待は受けないが、派遣回数には制限がなかった。田代和生氏は、一七〇七（宝永四）年に倭館へ入港した飛船のほぼ半数が「御銀飛船」と称して私貿易品である丁銀の運搬に援用されていたことを明らかにしている（田代一九八一年：二〇七頁）。

（5）原文は「左漂」。東莱を中心として、慶尚左道方向（機張・蔚山など）に漂流することを左漂といい、慶尚右道方向（巨済など）に漂流することを右漂と称した。

（6）一七九六（寛政八）年。

【参考情報】

本書簡にある景和朴主簿の「二十六日ころの館守との相接」は、実際には一七九六（寛政八）年七月二十六日には実現せず、二日後の七月二十八日に実現した。すなわち、「御用書物扣覚」一七九六（寛政八）年七月二十八日条には次のようにある。

「七月廿八日
景和朴主簿東萊ゟ下来直ニ入館いたし、館守様へ府使ゟ之使として被差下候、御差支無御座候ハ、罷上り度よし申聞候間、幾五郎ゟ相答申候者、館守様ニ茂先日ゟ御痛御不揃ヶニ付、御対面者如何ニ而可有御座候哉、併府使ゟ御使として御下被成候故、其段可申上と申し、御窺申上候処、押而御対面可被遊候間、同道仕候様ニと之御事ニ付、幾五郎・右介・景和同道罷上り候処、頓て御出席被遊候得者、景和ゟ幾五郎を以申上候者、府使より被申遣候者、先般修聘使ニ付御相談申遣候所、此後者日本朝廷江難被仰上御事情ニ付、態々御使を以被仰達趣御返答被仰下候ニ付、先日已来御応答茂相済置、然処　大君御代替りゟ既ニ十ヶ年をも被越候迄、使聘之御遣り取り茂無御座而者、御隣交之間不相済事ニ付、短簡を以御扱方之儀御頼申遣候、宜御周旋被下度希存候、尤士正朴僉知同然ニ可罷上之旨、府使ゟ被申付候得共、士正ニ者今以病躰不快ニ付、私壱人罷出候由申上、短簡差出候間、館守様一ト通り御被見被遊候而被仰向候者、御隣交之間多年使聘之御遣り取り無御座候而者不相済儀と被思居召候由ニ而、短簡を以又々被仰聞候趣致承知候、先以御書面之趣事品茂重く候得共、当役之拙者なから、当席ニ御即答も難致候、先短簡御預申置得と加思慮を候上、此方ゟ御報ニ可及間、宜敷府使へ者可被申出置候与御返答被仰達候得者、景和ゟ兎角宜様御周旋被成下候様ニ与再応申上候得者、館守様ゟ被仰入候者、昨今御使も被差渡末タ其人帰国茂無之内押返し右躰之儀、国元申越候処者如何可有之哉と候得共、当勤ニ罷■候而者両国間御用筋扱間敷と申事者難成、殊ニ更府使ゟ之御頼筋故、何連加思慮候様可致、先左様心得可被置と御返答被遊候、館守様へも御病中景和も腫物相煩苦痛強ク、頓而御暇申上候、
右之通ニ御座候間、書載仕奉入御内覧候、以上、
七月廿八日　　両名」

史料11

【史料概要】前年の一七九六年に対馬から渡海訳官が帰国後（十二月十三日釜山着）、ソウルにて易地聘礼実現のための廟堂における各種の工作をおこなっていた途中に（「朝廷の議論が決着しないのをようやくようやくよしなに告達したのですが」）、倭館にいる小田幾五郎に送ったと推定される。「朝廷に申し上げましたところ、はなはだ重く、かつ大いなる礼節のことを易地するというのは一体全体いかなることかとおっしゃられ」とあるように、その当時、廟堂では未だ易地聘礼に関する定見がなかったとも考えられる。

【写真】

史料 11（1/3）

史料 11（2/3）

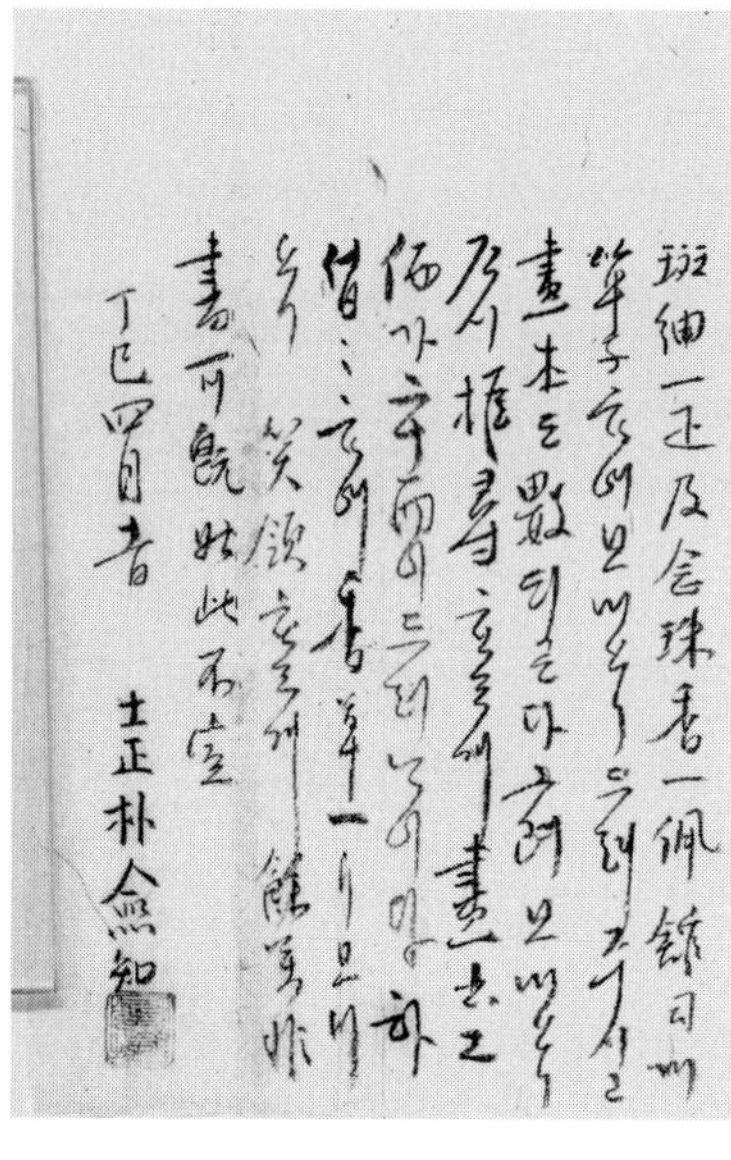

史料11（3/3）

【翻刻】

小田幾五郎 公 前 入納
奉別已久ᄒᆞ오니 섭〃ᄒᆞ온 ᄆᆞ/ᄋᆞᆷ이 一般이오며 此時
淸/和의 /〘擡〙公候 連爲 平安ᄒᆞ오시니잇가 /아ᄋᆞᆸ
고져 ᄒᆞ오며 僕은 歸/栖 後 別無事故ᄒᆞ오나 自然 /
汨〃ᄒᆞ오니 민망ᄒᆞ오며 이리 /ᄀᆡ별ᄒᆞᄋᆞᆸᄂᆞᆫ 일이 다른
일/이 아니오라 相議ᄒᆞᄋᆞᆸ든 일/이온ᄃᆡ 도라오온 후
ᄌᆞ시 /두로 엿ᄌᆞ온 즉 莫重且大/之禮節間事를 易地
ᄒᆞᄂᆞᆫ /거시 終是 如何ᄒᆞᆫ 일이라 /ᄒᆞ셔 〘隔〙公議가
歸一치 못ᄒᆞ/ᄋᆞᆸᄂᆞᆫ 거슬 겨요〃 善爲告達/ᄒᆞ여ᄉᆞ오되
除弊一節이 彼/此 相議ᄒᆞ온 斤數의셔 一二/斤이라도
더ᄒᆞ오면 本事의도 /못 되올 ᄲᅮᆫ더러 僕의 일이 /虛
謊ᄒᆞᆫ ᄃᆡ 도라가오면 므ᄉᆞᆷ 罪/責이 되올 줄도 모로ᄋᆞᆸ
고 其外 /ᄯᅩ 難處ᄒᆞᆫ 事段이 잇ᄉᆞᆸᄂᆞᆫ /일이 信行 請來
大差 出來/後 易地ᄒᆞ쟈ᄂᆞᆫ 文跡이 잇셔/야 ᄒᆞᆯ 일이라
ᄒᆞ시고 僕의 所/達之一言으로ᄂᆞᆫ 取信치 못ᄒᆞ/리라
ᄒᆞ시니 그 分付가 果然 /至當ᄒᆞ시오니 末杪ᄂᆞᆫ 念慮
/업시 되오려니와 蔘斤 數爻/도 相議ᄒᆞ온 ᄃᆡ로 ᄒᆞᆯ
일이ᄋᆞᆸ/고 ᄯᅩᄂᆞᆫ 請來使 出來ᄒᆞ온 후 /文跡이 잇ᄉᆞ온
後 出場이 되올 /거시니 그리 아오시고 〘隔〙舘司의
도 /이 ᄉᆞ연을 갓초 ᄒᆞ오셔 彼此 /違律之患이 업게
ᄒᆞ쇼셔 /셔울셔ᄂᆞᆫ 내가 잇셔야 始終을 /周旋ᄒᆞ게 ᄒᆞ
엿ᄉᆞᆸ기로 ᄶᅥ나지 /못ᄒᆞ게 되ᄋᆞᆸ기로 仲禮 金主/簿를
裁判 差備로 보내ᄋᆞᆸ/기ᄂᆞᆫ 僕이 가나 ᄒᆞᆫ가지오니 /公
도 그리 아오시고 조곰도 歇後/이 아지 마오시고 大
小事를 僕과 /〈갓〉치 아르시고 從容 相議ᄒᆞ쇼셔 /
이리 ᄀᆡ별ᄒᆞᄋᆞᆸᄂᆞᆫ 일을 舘中 /舘外 부ᄃᆡ〃 煩說치 마
오쇼셔 /斑紬 一疋 及 念珠香 一佩 〘隔〙舘司게 /
單子ᄒᆞ여 보내오니 드려 주시고 /畫本도 數ᄃᆡ로 다
그려 보내오니 /ᄌᆞ시 推尋ᄒᆞ쇼셔 畫書工/價가 二十
兩이 드러ᄂᆞ이다 하 /섭〃ᄒᆞ여 香草 一斤 보내/오니
笑領ᄒᆞ쇼셔 餘萬非/書可旣 姑此不宣
丁巳 四月 十一日 〘右〙士正 朴僉知 〘印〙

【現代語訳】

小田幾五郎様の御前に拝復

別れを奉り既に久しくしてさびしい気持ちは双方同然ですが、この時清和にしてご貴殿お変わりなくお元気でございましょうか知りたく存じます。私は帰郷の後特段変わりないですが、自然と忙しく面倒なことです。このようにお便りしますのは、ほかでもなく、ご相談いたしておりましたことでございますが、帰郷した後、くわしくあまねく（朝廷に）申し上げましたところ、はなはだ重く、かつ大いなる礼節(1)のことを易地するというのは一体全体いかなることかとおっしゃられ、朝廷の議論が決着しないのをようやくようやくよしなに告達したのですが、除弊(2)の一節が双方相議した斤数から一二斤たりとも増えれば本事（易地）にもだめになるのみならず、私のことがとんでもないところに帰すことになれば、罪責になるやも知れません。そのほかまた困ったことがあるのは、信行請来大差の出来後、易地しようという文跡があらねばならないはずだとおっしゃり、私の伝える一言では信用できないとおっしゃいます。その言い付けがまことにごもっともです。最終的には心配のないようになるでしょうけれども、人蔘の斤数も相議したとおりにすべきであり、また、請来使の出来後に文跡があった後に決済になるでしょうから、そのようにお心得くださり、館守にもこの事情をことごとくおっしゃって、双方違律のうれいがないようにしてください。ソウルでは私がいなければ始終を周旋できないでしょうから、離れることができなくなりましたので、仲礼金主簿(3)を裁判の差備として送りますが、このことは、私が行くのと同じことですのでご貴殿もそのようにお心得くださり、すこしもおろそかに思われず、大小の事を私と同様に思し召して、ごゆるりと相議ください。このように便りをすることを館中館外になにとぞなにとぞ他言なさいませぬように。斑紬一疋(4)および念珠香一佩を館守様へ書き付けしてお送りしますので、さしあげてください。画本も数のとおりにみな描いて送りますのでご査収ください(5)。画書の工価が二十両がかかります。あまりにもさびしいので、たばこ一斤を送りますのでご笑領ください。申し上げるべきことはその他いろいろございますけれども書きつくせませんので、これにて終わります。まずは

丁巳(6)四月十一日　　士正朴僉知（印）

【語釈】

（1）原文では「莫重且大之礼節」。朝鮮通信使のことを指す。

（2）通信使派遣の費用削減のことを指す。

（3）「仲礼金主簿」については、不詳。「裁判の差備」とは、対馬藩から裁判が倭館へ来着したときに派遣される訳官をさす。朝鮮後期、対馬から差倭（外交使節）が来訪すると、朝鮮側では差倭を接遇し、外交交渉するための接慰官を派遣した。接慰官はまた差倭に対する宴享も主管した（「大差倭出来即差遣京接慰官、尋常差倭即、以守令中文官、差接慰官」「大典会通」）。接慰官と一緒に来るのが差備訳官と出使訳官である。差倭も大差倭と小差倭に

区分され、大差倭の接遇には、ソウルから五品以上の官吏である京接慰官と堂上差備訳官一人、堂下差備訳官一人、出使訳官一人が派遣された。小差倭と裁判訳官の場合には、出使訳官あるいは差備訳官一人が派遣された（「春官志」では郷接慰官の場合、差備訳官なしに出使訳官一人が派遣されるとするが、「増正交隣志」には礼単を持って来る出使訳官の仕事を差備訳官がそのまま担当したとする）。差備訳官は日朝双方を往来しながら、外交交渉の窓口となる業務を主管する訳官であり、差倭が持参した書契について、朝鮮側からの回答書契と回賜礼単の業務も主管した（「春官志」巻三、接慰官）。したがって、裁判が来れば出使訳官も派遣されなければならないのだが、ここでは差備訳官が担当したようである。この時、倭館にいた裁判は一七九五（寛政七）年十月に着任した黒木勝見（源調直）で訳官使を迎送するために派遣された。裁判名簿は（長一九六八年）参照のこと。なお、「訳官記録　九（訳官迎送記録　黒木勝美）」の一七九七（寛政九）年五月三日条には、「拙者差備官下来之段、任官ゟ小田松次郎を以姓名書差出、左ニ記、覚、一、差備官仲礼金主簿今日下来事、丁巳五月初三日、訓導華彦崔僉正・別差汝久趙主簿、裁判尊公」とあり、仲礼金主簿が裁判黒木勝美に対する差備官として一七九七年五月三日に下来した事実を確認することができる。

（4）絹と木綿の混紡。縦糸は絹糸、横糸は絹糸と木綿糸を二つより合わせて織った反物。

（5）近世日本への朝鮮画の流入経路には、朝鮮通信使に同行した朝鮮画家たちが描いた品（即席品）、通信使派遣の時に朝鮮側が贈物として持参した品（賚去品）、倭館における交易を介して渡った品（求貿品）などがある（洪善杓二〇〇五年：一二五頁）。求貿品とは、倭館から正式に「求貿」の手続きを通じて要請し、朝鮮側から代価とひきかえに受け取ったものである。

（6）一七九七（寛政九）年。

【和解】

「御用書物扣覚」一七九七（寛政九）年四月十六日条

　四月十一日之書状士正方ゟ幾五郎方へ同廿九日相達候

　諺文状之和解

奉別已久清和之時分
公候平安之段承度御坐候、下拙義帰栖後無事故罷有候へ共
自然与取紛候事ニ御坐候、ケ様御左右申進候儀別事ハ無御
坐、御用之儀帰国後委細方々江申上候処、莫重且大礼節之
事を易地致し候事如何鋪とて公議不致帰一を漸宜キ様致告
達候處、除弊之一節最初申上候斤数ゟ一・二斤ニ而も相増
候而者私之事疎忽之地ニ至り可申も難斗、其外手入事茂御
坐候者信行請来之大差使御渡之上易地ニ可被成との文跡有
之而社相済可申段被申聞、私所達之一言ニ而ハ信用難致由
被申付、是ハ左も可有之儀哉と存候、末杪（サキ〃）ハ心遣も無之候
得共、人蔘斤数之事相談通りニ至り候事も大差使御渡り之
上文跡有之候上ニ而出場（キワメ）ニ至り可申候間、左様思召可被下
候、館守公ニも此趣一々被仰上彼此違繿之患無之様被成
度候、都表ニ者下拙罷在候而社始終之致周旋候事故難罷下
御坐候ニ付、仲礼金主簿を裁判差備官ニ遣し候者、私之罷
下候も同前之儀ニ候間其元様ニも左様御心得被下、少しも
歇後（ヲロソカニ）思召不被下候而大小之事を下拙同様ニ御心得被下緩々
御談し可被下候、右様申進候事館中館外共心煩敷無之様ニ
と存候、申進度事、数多有之候やとも何角取紛早々如是御

坐候、不宣、
丁巳四月十一日　　士正朴僉知印

史料12

【史料概要】本書簡の書かれた朝鮮暦の丁巳閏六月二十八日は、西暦の一七九七年八月二十日、和暦の寛政九年七月二十八日に当たる。この書簡は、朴俊漢が対馬に一時帰国する小田に送ったものと考えられる。

【写真】

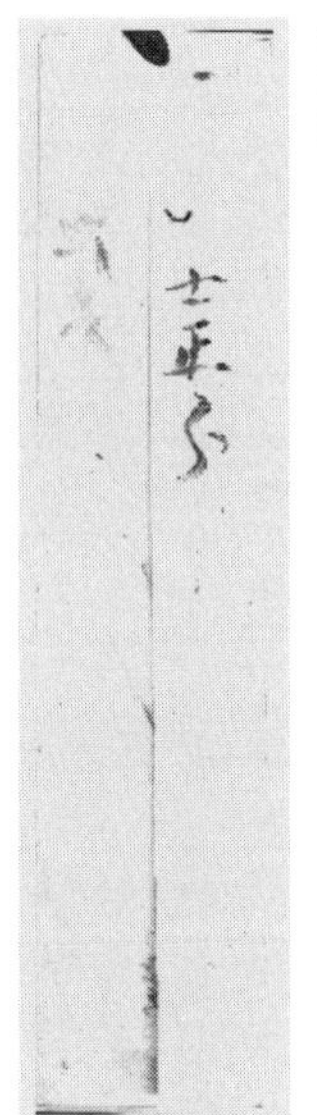
史料12（端裏書き）

史料12（1/2）

史料12（2/2）

【翻刻】

（端裏書き）士正分

夜來 ／ 〔擡〕 平安ᄒᆞ오신 일 아옵고져 ᄒᆞ오며 僕은 ／
昨晩의 冒炎 上來ᄒᆞ여 腰痛이 더／ᄒᆞᆫ ᄃᆞᆺᄒᆞ오니 민망ᄒᆞ
오며 多少 辭／緣은 面敍ᄒᆞ엿ᄉᆞᆸ거니와 凡事／를 各別
周旋 順成ᄒᆞ셔 從近還／來ᄒᆞ시믈 千萬 企待 〃〃ᄒᆞᄂᆞ

이다 ／하 섭〃ᄒᆞ여 別 淸心元 參丸 보내／오니 行中
의 治暑緊材오믹 자시／게 ᄒᆞ오쇼셔 三處 所送 單子
보내오／니 照數ᄒᆞ여 잘 傳ᄒᆞ여 주오쇼셔 ／平安이 中
歸ᄒᆞ시고 平安이 還來／ᄒᆞ시믈 다시곰 ᄇᆞ라ᄂᆞ이다
丁巳 閏六月 二十八日 〖右〗 士正 朴僉知 〖印〗
藥果 十立 보내오니 도라가와 ᄋᆞᄒᆞ드리／나 주게 ᄒᆞ오
쇼셔

【現代語訳】

（端裏書き）士正分

夜来ご平安の段、お伺い申し上げます。私は昨晩に暑さのなかを（東莱へ）上って来て腰痛がひどくなったようで困っております。かれこれのわけはお目にかかって申し上げましたけれども、すべての事を格別に周旋して順調に成しとげられ、近いうちに（対馬より倭館へ）戻って来られることを千万お待ち申し上げます。[(1)]あまりの名残り惜しさにとくに清心元[(2)]三丸をお送りします。旅行中の治暑の緊材ですので、お召し上がりになってください。三処[(3)]に送る書付を送りますので数どおりにきちんとお渡しください。ご平安に一時帰国なさり、（その後倭館へ）ご平安に戻って来られることを重ね重ね願い奉ります。

丁巳閏六月二十八日　　士正朴僉知（印）

薬果[(4)]を十枚お送りしますので、お帰りになって子供たちにでもあげてください。

【語釈】

（1）本書簡の宛先が明記されていない。

（2）朝鮮の医書「東医宝鑑」によれば、「麝香」「牛黄」「蒲黄」など数十種の生薬を配合して作るとある。どうき、手足のしびれ、肩のこり、のぼせ、耳なり、めまいなどの緩和に薬効があるという。

（3）「御用書物扣覚」一七九七（寛政九）年七月二十七日条には、朴俊漢（士正）が一時帰国する小田幾五郎に託した「呈書」が書写されている（【参考情報】に全文掲載）。幾五郎が付したであろう表題には「御支配御三人様江入御内覧呉候様申聞候書付」とあり、この書簡にいう「三処」とは「御支配（対馬府中にいる藩家老）御三人」を指すか。ちなみに、一七九七（寛政九）年七月当時の藩家老は、平田隼人・小野六郎右衛門・田嶋監物。

（4）小麦粉を蜂蜜と油でこねて型抜きしたものを、油で揚げた菓子の一種。

【参考情報】

本書簡では、宛名が不明であるものの、前後の事情から推測して朴俊漢（士正）が書簡を送った相手として小田幾五郎を想定して良いだろう。小田は一七九七（寛政九）年七月末に対馬に一時帰国し、八月八日には再び倭館へ帰館している（「御用書物扣覚」寛政九年七月二十七日条、「館守日記」同年八月八日条）。

語釈（3）に言及した朴俊漢が一時帰国する幾五郎へ託し

た「書付」については、次のとおり。なお、朴俊漢は、対馬の藩家老宛の呈書とは別に大森繁右衛門宛の書付も幾五郎へ預けている。

御支配御三人様江入御内覧呉候様申聞候書付

呈書

一　信使入去／江戸執政使者亦爲監臨時出来迎接而／國書使臣傳授於　執政則　執政祇受入送／江戸而東武答書下来後　執政傳授於使臣則使臣抵受／即爲竣事回帆耳

一　信行人蔘都数三十三斤　朝廷已爲聞悉矣如或／一斤加数則但任使者罪責本事快定後此兩件／事成送可憑文跡俾無朝廷疑慮之地千萬／恃仰　此兩件　惟望／僉照

丁巳／七月　日　　士正／朴僉知

左之別録館守様江入御密覧御覧不被成躰ニ候事

別録

一　各年送使別幅中未収人蔘数多實難了畢之事状／想必諒之矣、限三十斤　黙會發賣則事甚周便／可易了當另念俯施千萬至仰

丁巳七月　日

士正朴僉知

大森繁右衛門　尊公

史料13

【史料概要】 東萊府に帰着した朴俊漢が倭館の「大通官」宛の書簡。戊午年は一七九八（寛政十）年にあたる。昨夜（五月四日付）の書簡では、釜山に対馬船が来港したようだが、最新情報があったならば、すぐに入手してほしいという依頼文。

【写真】

史料13（端裏書き）

史料13（1/2）

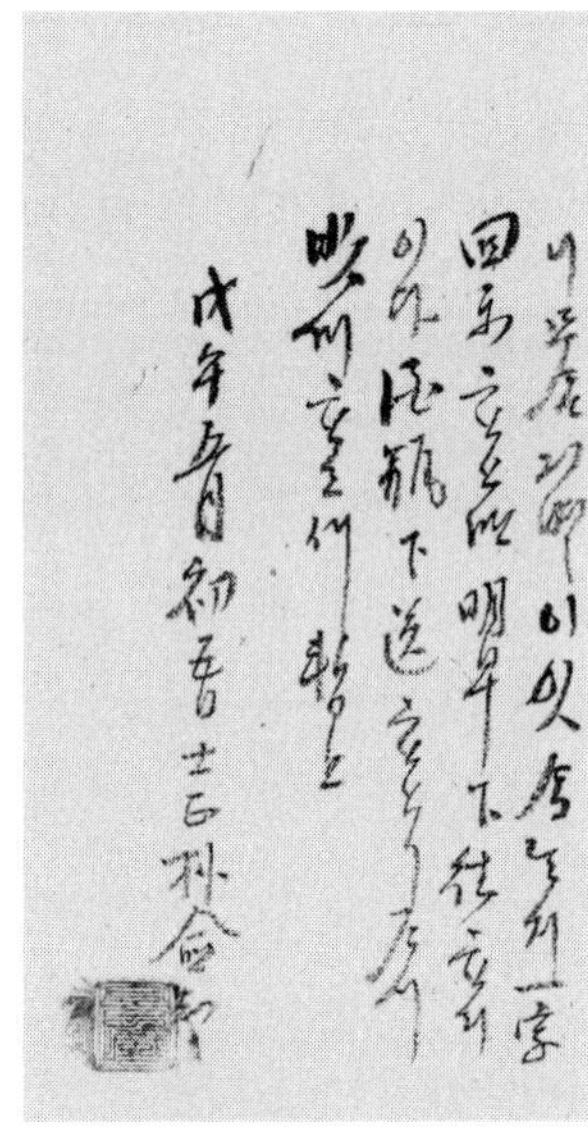

史料 13（2/2）

【翻刻】

（端裏書き）士正之分
大通官 任案 入納
數日來 ／〖擡〗公候 連爲 平安ᄒᆞ신 일 아옵고져 ／ᄒᆞ
오며 僕은 昨日 無事ᄒᆞ오니 ／多幸ᄒᆞ오며 昨晩의 소문
／듯ᄌᆞ오니 船便 出來ᄒᆞ다 ᄒᆞ오니 ／반가온 긔별이 잇
습ᄂᆞᆫ지 어ᄌᆡ ／잠간 기ᄃᆞ리고 왓습더면 즉시 ／아올
거슬 上來ᄒᆞ와 아라ᄉᆞ오／니 무슴 긔별이 잇습ᄂᆞᆫ지 一
字 ／回示ᄒᆞ오면 明早 下往ᄒᆞ리／이다 酒瓶 下送ᄒᆞ오
니 ᄌᆞ시 ／밧게 ᄒᆞ쇼셔 暫上
　戊午 五月 初五日 〖右〗士正 朴僉知〖印〗

【現代語訳】

（端裏書き）士正の分

大通官様[1]へ入納

数日来ご貴殿お変わりなくご平安の段、お伺い申し上げます。私は昨日無事にて幸いです。昨晩のたよりを承りますと船便が出来したとのことうれしい知らせがあるのか、昨日しばらく（倭館で）待ってから（東萊へ）帰ったならばすぐにわかったものを、（東萊へ）上って来てから知りましたので、何の知らせがあったのか、簡単にお返事くだされば、明日早くに（倭館へ）下って行きます。酒瓶を送りますので、よろしくお受け取りください。まずは

戊午五月初五日　士正朴僉知（印）

【語釈】

（1）対馬藩の大通詞のこと。ここでは、小田幾五郎を指す。一七九八（寛政十／戊午）年二月晦日、倭館勤番大通詞を小田幾五郎から小田常四郎に交代させることが決定されたが、後任の小田常四郎が倭館に到着する同年五月二十三日までは、前任の小田幾五郎が倭館勤番大通詞を務めていた（「通詞被召仕方・漂民迎送賄・町代官・御免札」）。史料14の【参考情報】を参照のこと。

【参考情報】

「御用書物控覚」一七九八（寛政十）年五月十一日条では、朴俊漢（士正）の代理として別差の朴致俟（景和）が館守より「御用有之」との報をうけて倭館に入館した。書簡では、対馬からの船便到着にともない「うれしい知らせ」を聞くた

めにすぐにでも倭館へ下るとしていながらも体調を崩した（「士正儀昨日ゟ少々風邪」）ようである。代理の朴致倹は館守から次の内容を伝えられた。

館守様ゟ　江戸表御奉行ゟ三月八日之書状御国江御達被成、御用向御順路之御模様ニ有之未御許諾ニ至り不申候得共、近々御左右到来可致与の儀ニ而、御国ニも右御左右御待被成候間此趣相達候間府使へ可被申出候、

江戸もしくは対馬藩からの「易地聘礼」に関する情報に一喜一憂する朴俊漢の姿を窺うことができる。

史料14

【史料概要】 一七九八（寛政十）年五月に倭館に着任した勤番交代要員である小田常四郎が易地聘礼に関する朗報をもたらしたかどうかを、朴俊漢から大通官（小田幾五郎）に問いあわせる書簡であるが、その眼目は、「うれしい知らせ」、「順成の好消息」（易地聘礼に関する朗報）を持ち焦がれる朴俊漢の心情である。

【写真】

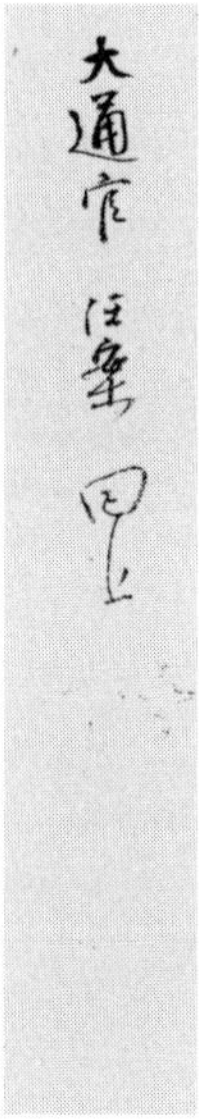

史料 14
(1/2)

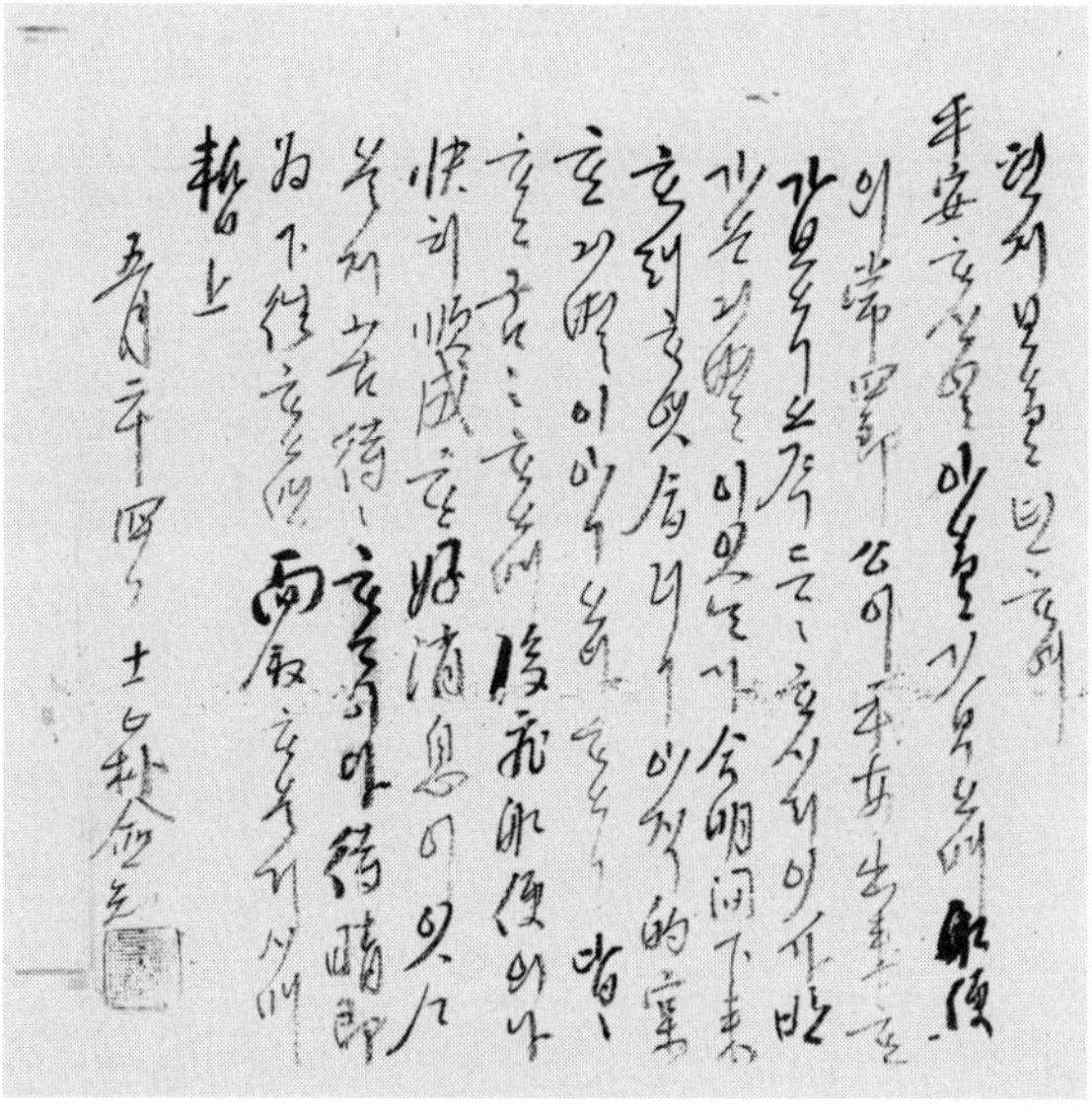

史料 14（2/2）

【翻刻】

大通官　任案　回上
편지 보옵고 년ᄒᆞ여 ／〔擡〕平安ᄒᆞ신 일 아옵고 깃부
오며 船便／의 常四郎 公이 平安 出來ᄒᆞᆫ／가 보오니
오죽 든〃ᄒᆞ시리잇가 반／가온 긔별이 잇ᄂᆞᆫ가 今明間
下來／ᄒᆞ려 ᄒᆞ엿ᄉᆞᆸ더니 아직 的實／ᄒᆞᆫ 긔별이 아니 오
다 ᄒᆞ오니 답〃／ᄒᆞ고 굼〃ᄒᆞ오며 後 飛船 便의나 ／

快히 順成ᄒᆞᆫ 好消息이 잇ᄉᆞ/올지 苦待〃ᄒᆞᄂᆞ이다 待
晴 卽/爲下往ᄒᆞ오면 面敍ᄒᆞ올 거시매 /暫上
　五月 二十四日 〘右〙 士正 朴僉知 〘印〙

【現代語訳】

大通官様へ拝復

お手紙を拝見し、お変わりなくご平安の段存じあげ、賀し奉ります。船便にて常四郎様[1]がご平安に出来なさったかと存じますが、さぞかしお心強いことでございましょう。うれしい知らせはございましょうか。今日明日の間に（倭館へ）下来いたそうかと存じましたところ、まだはっきりした知らせは来ていないとのことですので、もどかしく気掛かりでございます。後の飛船便にでもすっきりと順成の好消息があるのやら、待ち遠しく存じます。晴れるのを待ってただちに（倭館へ）下って行けば、お目にかかってお話するつもりですので、まずは

　五月二十四日[2]　　士正朴僉知（印）

【語釈】

（1）　小田常四郎。一七五七（宝暦七）年に五人通詞に、一七七四（安永三）年に大通詞に任命された（「通詞被召仕方・漂民迎送賄・町代官・御免札」の一八〇〇（寛政十二）年八月二日条）。

（2）　一七九八（寛政十／戊午）年。【参考情報】参照のこと。

【参考情報】

この史料14には年代が明記されていないが、一七九八（寛政十／戊午）年であろう。「倭館館守日記」寛政十年五月二十三日条に、

> 今早朝下の口より大船二艘相見候段（中略）勤番代り大通詞小田常四郎乗組無異義館着（中略）勤番大通詞小田幾五郎為代大通詞小田常四郎被差渡候付、乗り船御改相済候は丶新古交代可致旨連名の以手紙相届、

とあり、寛政十年五月二十三日に小田常四郎が勤番交代のため倭館に到着したことが知られる。本書簡の「船便にて常四郎様がご無事に到着なさったと拝察しますが」と符合するので、本書簡の作成年代は一七九八（寛政十／戊午）年と考えられる。

「御用書物扣覚」寛政十年五月二十八日条に、朴俊漢（士正）が江戸表からの便りを待ちわびている様子が記述されており、この書簡の内容に合致する。

史料15

【史料概要】ソウルからの催促で上京を求められているにもかかわらず、対馬からの知らせを待ち続けている東莱府在勤の朴俊漢は、天候不順で対馬からの船便の到着が遅れていることが気がかりでたまらない。そこで小田幾五郎に対して、

対馬藩の回答が届き次第、すぐに倭館で館守との面談を設定してほしいという依頼の書簡。

【写真】

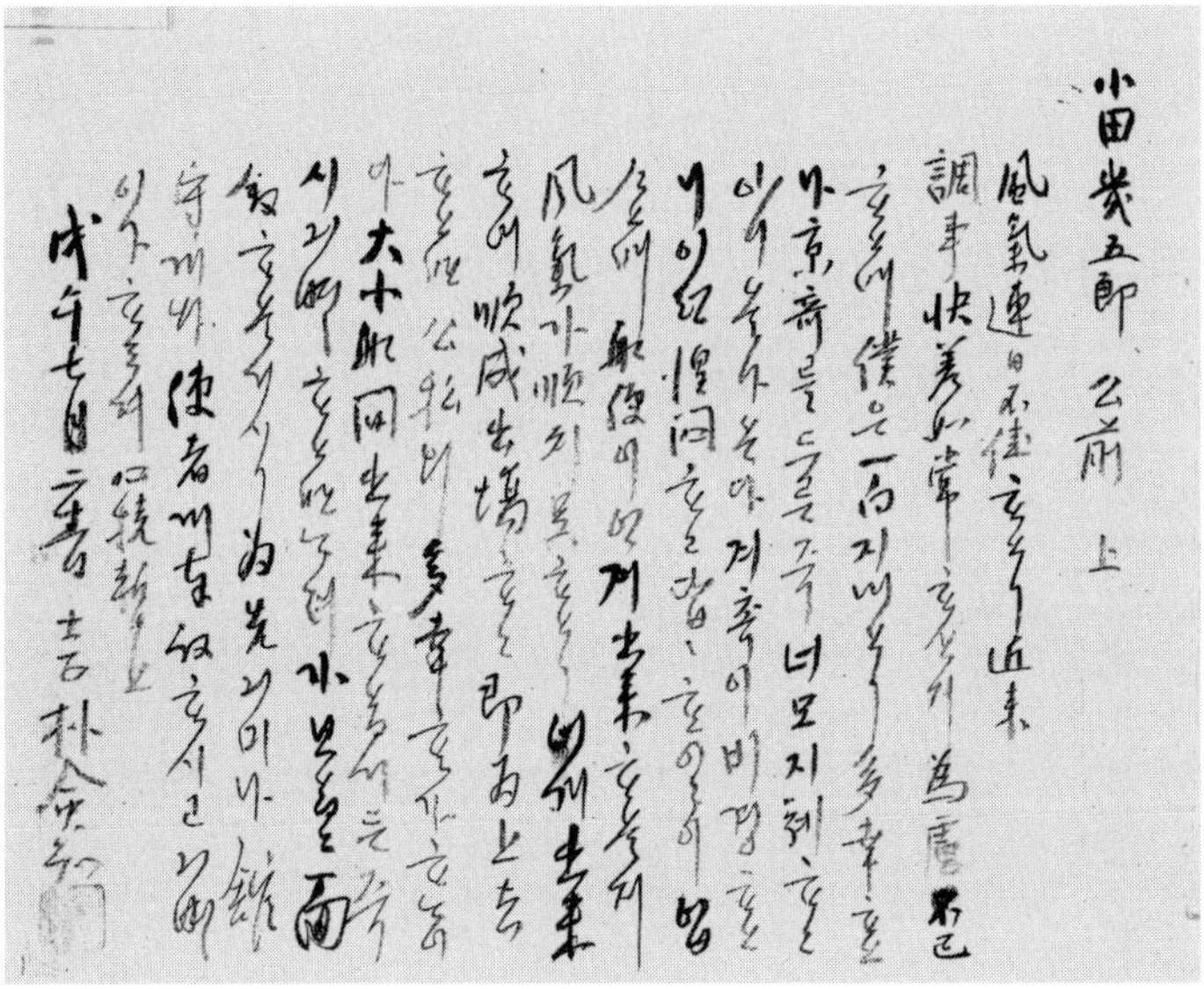

史料 15

【翻刻】

小田幾五郎 公 前 上
風氣 連日 不佳ᄒᆞ오니 近來 〔移〕／調事 快差 如常ᄒᆞ
신지 爲慮不已／ᄒᆞ오며 僕은 一向 지내오니 多幸ᄒᆞ오
／나 京奇를 드른즉 너모 지체ᄒᆞ고 ／아니 올나 온다
ᄌᆡ촉이 비경ᄒᆞ오／니 이런 惶悶ᄒᆞ고 답〃ᄒᆞᆫ 일이 업／
ᄉᆞ오매 船便이 언ᄌᆡ 出來ᄒᆞ올지 ／風氣가 順치 못ᄒᆞ오
니 어셔 出來／ᄒᆞ여 順成出場ᄒᆞ고 卽爲上去／ᄒᆞ오면
公私의 多幸ᄒᆞᆫ가 ᄒᆞᄂᆞ이／다 大小船間 出來ᄒᆞ옵거든
즉／시 긔별ᄒᆞ오면 ᄂᆞ려가 보옵고 面／敍ᄒᆞ올 거시니
爲先 긔미나 舘／守게와 使者게 奉議ᄒᆞ시고 긔별／이
나 ᄒᆞ쇼셔 心撓 暫上
　戊午 七月 二十二日 〔右〕 士正 朴儉知 〔印〕

【現代語訳】

小田幾五郎様へ啓上
気候が連日よろしくございませんが、近ごろご健康ご快復なさり、お変わりございませんか、念じてやみません。私は変わりなく過ごしておりますので幸いに存じます。ソウルからの知らせを聞きましたところ、「あまりにも遅滞してソウルに上ってこない」とて、催促が軽からず、このような当惑した困ったことはないところに、船便がいつ出来するやら気候が順和でありません。出来して順成に決済し、ただちに（ソウルに）上って行けたならば、公私に幸いに存じます。大小船を問わず出来いたしましたら、直ちにお知らせくだされば、（倭館へ）下って行ってみまして、お目にかかってお話いたしますので、まずは機微なりとも館守様や使者様へご相談さり、お便りなりともしてください。心乱れるままにまずは

戊午七月二十二日　　士正朴僉知（印）

【参考情報】

「御用書物扣覚」一七九八（寛政十／戊午）年七月十二日条には、

士正下来入館有之、昨日ハ手紙ニ而大概者聞候へとも御左右之模様如何ニ候哉、一昨日船も参候処、東萊ニ居候而も不安堵罷下候与申聞候間、飛船順待無相違此度者何との御左右可有之候、是迄此後ニハと相咄候へとも、此度ハ余り違申間敷候与申残候事、

士正下来訓導同前　館司様へ罷出御左右延引彼是心遣之段申上候事

とあるように、この頃、朴俊漢の心境は「御左右之模様如何ニ候哉一昨日船も参候処、東萊ニ居候而も不安堵罷下候」とあり、居ても立ってもいられない様子である。

対馬からの船便で待ち受けていたのは、同書八月四日条に、

飛船廻着御使中川要介殿着有之

〃景和朴主簿上京ニ付為御暇乞　館守へ罷上御左右も到来ニ付、都表ハ待兼被申候間何連出立仕候、殊更昨日迄ハ何之模様も相知不申候間荷物先立迄も仕候、御用向士正承り追而上京も可致、其前之事情先申入候様可仕候、十一月ニ者罷下り可申段申上候事

景和上京ニ付手覚書付相渡ス

とあるように、御使中川要介であった。中川要介が持参したのは、

戊午八月四日着中川要介殿御持渡之分、則館守様ゟ御渡し置之品、

御令文和解

先達而議聘之儀委細縷々申達候処、彼国其節者聞請不申一筋ニ旧例之通ニ取行候を道理といたし候、是又鄰誼之間押而難申筋ニ候得者、此方ニ茂令許容議聘之談しを相止メ延聘之俀ニ而先取済置候、然るに此度打替り易地之儀及頼談候段頗ル不審ニ候、乍然其原ク処省費之筋ニ候得者、丁度此方最前申掛簡易之道与同然之議ニ有之候、三ヶ條申聞候趣是亦可任其意候、其方此意を引請双方之間宜相計■事、全備ニ至候様可申談候、此段申達候

であった。

八月五日から九日まで連日、朴俊漢は倭館にて中川要介や館守などと易地聘礼問題を議論する。

史料16

【史料概要】一七九八（寛政十）年八月に易地聘礼交渉を再開したいという東萊府使に対する対馬藩の書契などを講定訳官朴俊漢に提示し、朝鮮側の回答を待ち続けたが、その回答が届かず、倭館館守戸田頼母らの督促を受けての書簡内容である。朴俊漢自身はソウルにいて、しかも風邪をこじらせており、釜山に行くことはできないので、新訓導の朴致倹（景和）に詳細をたずねてほしい。朝鮮側の礼曹参議書契は自分の息子に託して、釜山に向かわせるので、それまで待ってほしいという依頼の書簡。日朝双方の重要な関心事である「書契」をわざわざ「쇼계이노고도와」（書契の事は）と日本語で記述している点が興味深い。想像するに、日本語で記すことで、途中で書簡が盗み見もしくは紛失したとしても、その意味を解する者がごく僅かであるだけに、情報漏洩防止の一種であったにちがいない。

【写真】

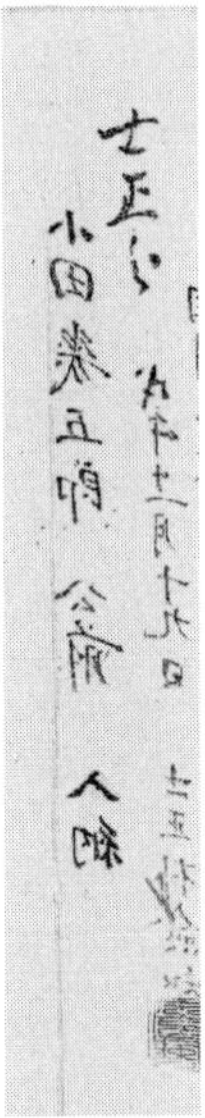

史料16
（端裏書き）

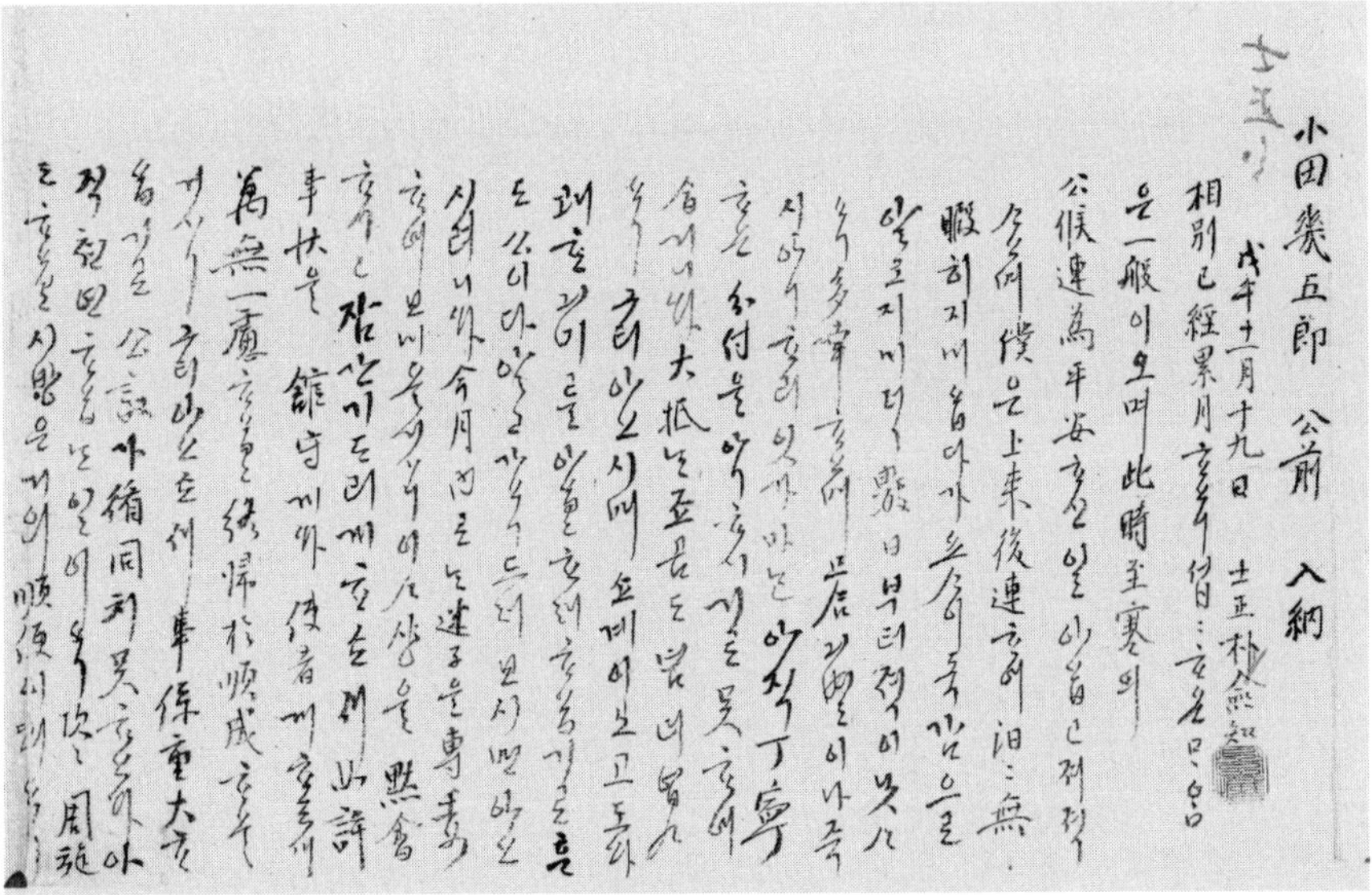

史料16（1/2）

史料16
(2/2)

【翻刻】

（端裏書き）士正分

小田幾五郎 公 前 入納

相別已經累月ᄒᆞ오니 섭〃ᄒᆞ온 ᄆᆞᄋᆞᆷ／은 一般이오며 此時 至寒의 ／〖擡〗公候 連爲 平安ᄒᆞ신 일 아ᄋᆞᆸ고져 젹／ᄉᆞ오며 〖右〗僕은 上來 後 連ᄒᆞ여 汨〃無／暇히 지내ᄋᆞᆸ다가 요ᄉᆞ이 독감으로 ／알코 지내더니 數日부터 젹이 낫ᄉᆞ／오니 多幸ᄒᆞ오며 므ᄉᆞᆷ 긔별이나 즉／시 아니 ᄒᆞ리잇가마ᄂᆞᆫ 아직 丁寧／ᄒᆞ온 〖隔〗分付을 아니 ᄒᆞ시기로 못ᄒᆞ여／ᄉᆞᆸ거니와 大抵ᄂᆞᆫ 죠곰도 념녀 업ᄉᆞ／오니 그리 아오시며 쇼계이노고도와 ／쾌ᄒᆞᆫ 긔미를 아ᄋᆞᆸ고 ᄒᆞ려 ᄒᆞᄋᆞᆸ기로 훈／도 公이 다 알고 가오니 드러 보시면 아오／시려니와 今月 內로ᄂᆞᆫ 迷子을 專委／ᄒᆞ여 보내올 거시니 이 ᄉᆞ샹을 黙會／ᄒᆞ시고 잠간 기ᄃᆞ리게 ᄒᆞ쇼셔 如許／事狀을 〖隔〗館守게와 〖隔〗使者게 ᄒᆞ쇼셔 ／萬無一慮ᄒᆞᄋᆞᆸ고 終歸於順成ᄒᆞ올 ／거시니 그리 아오쇼셔 事係重大ᄒᆞ／ᄋᆞᆸ기로 〖隔〗公議가 循同치 못ᄒᆞ오와 아／직 쳔연ᄒᆞᄋᆞᆸᄂᆞᆫ 일이오니 次〃周旋／도 ᄒᆞᄋᆞᆸ고 시방은 거의 順便이 되오니 ／그리 아오쇼셔 此外多少ᄂᆞᆫ 都在於訓／導面悉 姑此不多及

戊午　十一月　十九日　〖右〗士正　朴僉知

〖印〗

【現代語訳】

（端裏書き）士正分

小田幾五郎様入納

相別れてすでに数か月が経ちましたが、さびしい気持ちは（双方）同然でございます。近頃至寒の候ご貴殿お変わりなく平安の段、お伺い申し上げます。私は（ソウルに）上って来た後、引き続き忙しく暇なく過ごしておりましたが、最近ひどい風邪を患い過ごしておりましたが、数日前より少し治りましたので、幸いに存じます。何の知らせでもすぐにいたさないはずはございませんけれども、まだ、（朝廷が）確たる仰せ付けをなさっておられませんので、（お知らせ）することができませんでしたが、大筋は少しも心配ございませんので、左様お心得ください。「書契の事は[1]」すっきりとした機微を確認してから（お知らせ）しようと思いますので、訓導様がすべて心得て（釜山へ）お行きになりますので、お聞きになればおわかりになられるでしょうが、今月内には私の息子に専ら委ねて送りましょうから、この事の実情を暗黙のうちに会得なさり、しばらくの間お待ちください。このような事の実情を館守様と使者様へ申し上げてください。万に一も心配はありませんし、終には順成に帰するでしょうから左様お心得ください。事が重大に係わるため公議が一致しないのでしばらく延引に及ぶことですので、追々周旋もいたし、ただいまはほとんど順調になりましたので左様お心得ください。このほかのあれこれのことはすべて訓導にお会いになったときに尽くしますので、これにて終わり、多くには及びません。

戊午十一月十九日　　士正朴僉知（印）

【語釈】

（1）この部分、原文では「쇼계이노고도와」と書かれているが、これは、日本語の発音「ショケイノコトワ（書契の事は）」をハングルで表記したものである。

【和解】

本書簡の和解は、国史編纂委員会対馬島宗家文書の古文書5399（MF991）、宗家文庫史料一紙物1147-39-1～2、同じく「御用書物扣覚」一七九八（寛政十）年十二月三日条にある。ここでは「御用書物扣覚」所収の和解をあげた。

書状之和解

戊午十一月十九日　　士正朴僉知印

相別已経累月御残多キ心者双方御同然ニ御座候、此時至寒ニ　公候連為平安之儀承度致書載候、僕上来後連而汨々無暇ニ相暮罷至候処、近此瘧病を散々相煩候処、漸ク数日前ゟ少々宛快方ニ御座候間御気遣被下間鋪候、都度々々御左右申遣度存候得共、未夕丁寧之分付無之候処細々不申遣候得共、大抵御用向少しも気遣無御座候間左様御心得可被下候、書契之事もすつバ※りと済切候上、手筋之通送り下しニ相成可申候、委細者訓導能々存居、此度下来ニ付御聞可被成下候、今月中ニ者相極り候ニ付、迷子をも差下し委鋪可申伸候間、暫時御待可被成候、如許事情を館司公・御使之御方へも御申可被下候、萬無一慮して終帰於順成候間左様思召可被下候事、係重大候故、公議循同不致所ゟ及延引候得共、追々周旋茂いたし漸昨今順便ニ相成候故左様思召可被下候、此外多少之事都在於訓導面悉如此、不多及、

右之通ニ御座候、以上、

十二月三日　　小田幾五郎・吉松右介

※原文では「ハ」に三濁点が振られている。現代の半濁点「パ」に当たるものを対馬の朝鮮語学書でこのように三濁点を振る習慣がある。

【参考情報】

和解の包紙（宗家文庫史料一紙物1147-39-1）の上ワ書に、「上　戊午十一月晦日景和便士正方より幾五郎方へ遣候状和解　本書は戊午十二月十九日御内状に封込差上」とある。そして「御用書物扣覚」一七九八（寛政十）年十二月三日条には、小田幾五郎が坂の下へ出向いたところ、新訓導の朴致倹（景和）が「士正ゟ之書状是に候迚、巾着ゟ取出し候付」として、小田幾五郎に本書簡を取り出したともある。

開市入来ニ付、幾五郎壱人坂ノ下へ罷越新訓導景和へ致対面当話相済候上、古訓導ハ入館ニ付景和と差向ニ相成景和ゟ相咄し候者、古訓導へも相咄申候通御用向順成に相成大悦之至ニ候、士正茂右ニ付昼夜暇無く諸方廻勤ニ候処瘧疾相煩、此間者漸快方ニ相成候得共未出勤無之、今ニ而ハ少しも気遣無御坐候、則士正ゟ之書状是ニ候迚、巾着ゟ取出し候付、披見畢り、書契は如何ニ候哉と相尋候処、景和ゟ拙者下来も見合居候得共段々間延に相成、此元事情も如何哉と存、士正と相談致下来候、書契は当月十七八日無相違下来之筈ニ御坐候と申候付、幾五郎より右御書契専一之儀ニ候を、此度御持下無之と申儀　館守公・御使方へ難申出御坐候、其訳は江戸表ニ繁右衛門公被成御逗留御書契御待被成候と相聞、江戸表ゟ之御使対州ニ御待有之、御国ニ茂此一事御太切に思召候処段々延引ニ至候而者　公儀向如何哉と奉怖候、既ニ御使之御上船も御心配被成御自分之御下り館守様も専御待被成候処、御書契御持下無之とハ心痛の至ニ候と申候処、景和ゟ今少し之事ニ候、既ニ順成に相成候得は士臺之心遣無之、出来方計りニ候、乍併是も御含筋有之思召ニ叶候様文意等茂不致出来而者無其詮、依之色々手入も有之、手之不届筋もあり内外の心遣一口ニ難申、緩々相咄し可申候、拙者訓導勤に付一方之手段ニ相成候儀も有之候、此等之事此中ニ相咄し候儀ニ無之、御口外被下間鋪候、御書契は当月十七八日下来ハ違不申候、此儀少しも氣遣被申間鋪候と繰返し申聞、何れ明日ハ致入館尚亦委相咄し可申と申聞候事

市入来居候付、久敷居候而も繁雑ニ有之、幾五郎罷帰、館守様御使方へ右之趣申上候事

小田幾五郎が新訓導朴景和に対して強く迫っているのは、朝鮮側からの回答書契である。

ここで、この事態に至った経緯を説明しておきたい。一一年前の一七八八（天明八）年から開始された日本側からの朝鮮通信使来聘延期交渉は、半年にわたる交渉の末に朝鮮国王正祖の英断によって、一七八九（寛政元）年三月七日に、東莱府金履禧より対馬藩派遣の通信使請退大差使正官古川図書に対して、礼曹参判金魯淳の回答書契が渡されたことで、日朝両国間で正式に通信使来聘の延期が合意に達した。しかしながら、時の老中筆頭松平定信は、寛政三年五月に至り、対馬にて通信使聘礼を行う交渉をせよと対馬藩に命じ、通信使議定大差使書契・大差使口上覚漢訳・令対馬守書草・議朝鮮聘使邀諸対馬竣礼事状を対馬藩に下付した。寛政三年十二月、通信使議定大差使正官平田隼人（平暢常）ら一行が釜山倭館に到着し、館守小川縫殿助（橘徳久）と共に倭学訓導金徳淵・別差崔国禎に対して書契を示し、易地聘礼を提案した。東莱府使柳烔を経て、ソウルの備辺司へと上申された礼曹宛書契を検討した朝鮮国朝廷は、両国の外交的前例にない「通信使

議定大差使」の派遣を拒否し、書契さえも受理しなかった。

膠着状態に陥った易地聘礼交渉は、対馬藩家老大森繁右衛門（橘功久）自らが打開を模索するために、寛政五年七月に将軍家斉の世子竹千代生誕の告慶大差使として釜山に渡った。さっそく倭学訓導金徳淳・別差崔昌謙との談判に入り、大森は朝鮮側に対して易地聘礼の利の大きさを説明するけれども、朝鮮側はかたくなに拒否するばかりであった。万策尽きた大森や平田らは、寛政五年十二月に将来した書契などの受理のみを要望し、倭学訓導らに書付を渡すのであったが、それさえも東萊府使尹弼秉は拒絶し、一方的に対馬への帰国を要求した。またしても交渉は暗礁に乗り上げたが、再三再四の対馬藩側の説得に、やむなく寛政六年七月に東萊府使尹弼秉は通信使議定大差使正官平田隼人持参の礼曹宛書契をソウルに送達した。易地聘礼の拒否は朝鮮国の規定方針であったので、朝鮮国は易地聘礼拒否の回答書契を作成し、それを通信使議定大差使正官平田隼人に交付した。寛政七年二月、平田らは三年三ヶ月に及ぶ倭館での交渉を終えて、礼曹参判及び礼曹参議の回答書契二通を持参して対馬に帰島した。その書契正文を受領した幕府の筆頭老中松平信明（伊豆守）が寛政七年五月に「下対馬州礼謄文」を下付したので、同年六月に対馬藩は幹事裁判河内徳左衛門（橘政養）を倭館に派遣して、東萊府使尹長烈に伝達した。

ところが、ほぼ同一時期の同年三月に倭館では、新任の倭学訓導朴俊漢から、易地聘礼交渉再開の可能性を示唆する朝鮮国の内意（「御用書物扣覚」一七九五（寛政七）年三月二十五日条）が伝えられ、同年七月には、具体的にその省弊の条件さえ、倭館側に伝達されていた。「御用書物扣覚」一七九五（寛政七）年七月十五日条には、

議聘之筋ニ取計、或者三使差越候を正副使・正従使とか両使を以御祝詞申上、扨又人参も百斤ならば拾斤ニ致し、鷹も五拾居ならは五居ニ致、日本向ニ茂諸事是ニ応し、御計被成下、接偶之地茂大坂表か筑前内か対州ニ而も、可然候間

とある。そのころ、毎日のように倭学訓導朴俊漢は対馬藩通詞小田幾五郎と面会していたが、

一　訓導下来入館仕幾五郎へ申聞候者、一昨十七日致上府早東府使へ罷上候処、府使ゟ竊被申聞候者、旧館司帰国ニ付一書送度蜜々上府方申越たる事ニ候、其方持下直渡いたし候様被申含候間、貴様ゟ右之意を以差上可被下候、尤何角御挨拶向等者何連御対面之上可申上候与申聞候付、私ゟ則差上申候、

右之通訓導相咄申候ニ付掛合之条々書載仕奉入御内覧候、以上

十月十九日　小田幾五郎／吉松右介（「御用書物扣覚」一七九五（寛政七）年十月十九日条）

とある書状が、次の通りである。寛政七年ゟ「御用真文控」

および「浄元院公実録」巻上には、

時維孟冬、旅候増衛。慰俵交摯、上船宴病未得設行、竟失奉別、悵懐何極、任官之有所仰陳、想已聞、悉彼此省弊、誠信間美事、帰州之日、另加周旋、即賜順成。則幸甚、不備

乙卯十月日　東萊府使　尹長烈

館司公

とある。先に記したように、寛政八年八月に致賀兼問慰弔慰渡海訳官の一人として堂上訳官朴俊漢は、その二ヶ月間の対馬滞在中、対馬藩の家老大森繁右衛門らと協議を重ねて、省弊の条件整備に努めた。帰国後、朴俊漢は朝鮮国側の意見調節に努めた後、寛政九年春に講定訳官として東萊府に着任するやいなや、倭館古館守であった戸田頼母との易地聘礼交渉に取り組んだ。結果的に同年九月に東萊府使鄭尚愚名義の書契が対馬藩に伝達されたが、この文書は、①通信使一行は対馬で聘礼を挙行すること、②通信使の三員（正使・副使・従事官）の内で、副使・従事官のいずれかを一名にすること、③通信使礼単蔘を減額することなどの合意を記したものであった。これを江戸に送付するや、寛政十年五月、幕府は対馬藩に対して正式に易地聘礼交渉に着手せよと下命した。その命を受けて、寛政十年八月に倭館館守戸田頼母は東萊府使に対する回答書契などを講定訳官朴俊漢に提示し、朝鮮側の回答を待つこととなった。

本書簡は、寛政十年八月に始まった日朝間の易地聘礼交渉の背景を知る史料の一つである。

史料17

【史料概要】新任の倭学訓導（景和朴致倹）が東萊府に着任したが、引き継ぎもままならないので、よく協議をしていない。前任の訓導である自分は明後日に倭館に行くと伝える内容である。

【写真】

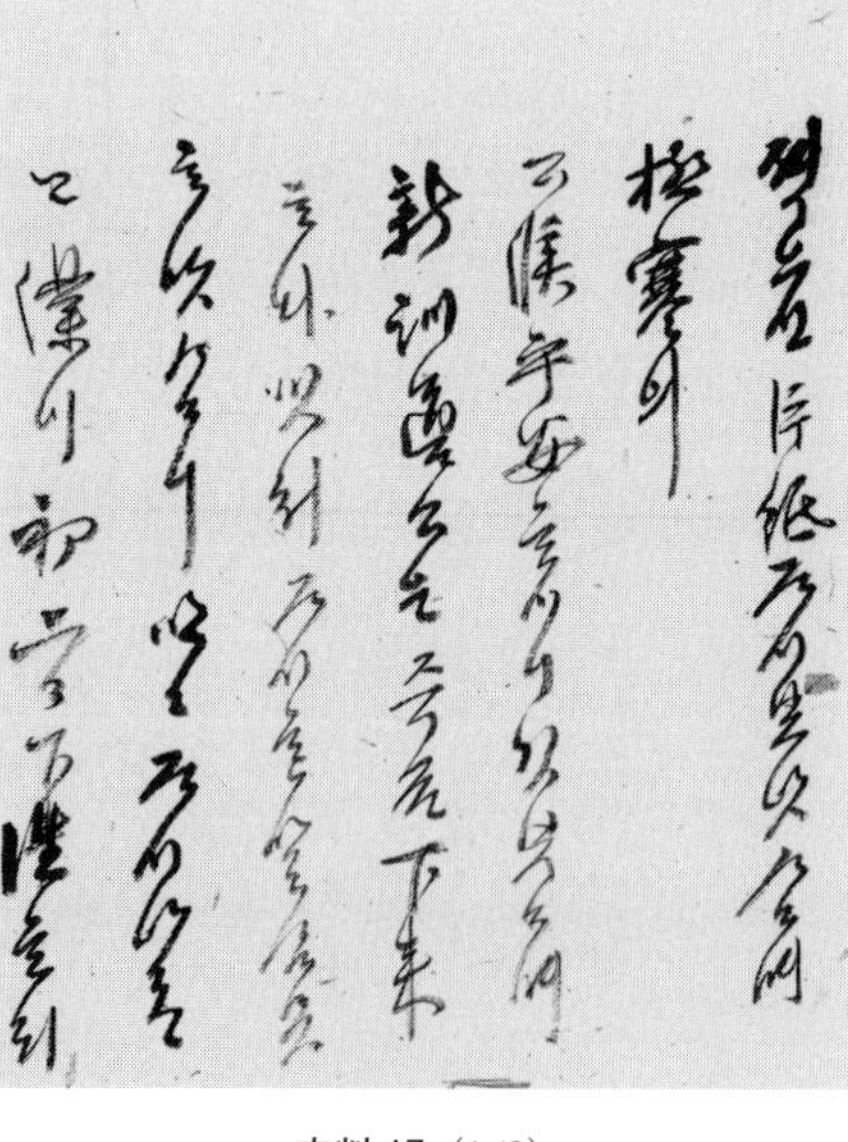

史料17（1/2）

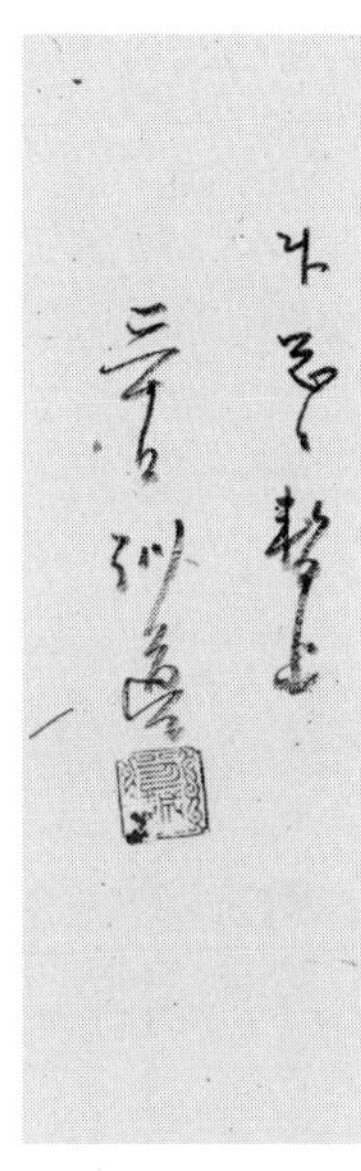

史料 17（2/2）

【翻刻】

젹으신 片紙 ᄌᆞ시 보앗ᄉᆞ오며 ／極寒의 〘移〙／公候平安ᄒᆞ시니 깃부오며 ／新訓導 公은 즉금 下來／ᄒᆞ와 밋처 ᄌᆞ시ᄒᆞᆫ 말ᄉᆞᆷ 못 ／ᄒᆞ얏ᄉᆞ오니 明日 ᄌᆞ시 아ᄋᆞᆸ／고 僕이 初二日 下往ᄒᆞ리／다 悤〃 暫上

三十日　訓導　〘印〙

【現代語訳】

お書きになったお手紙委細拝見いたしました。極寒にご貴殿ご平安の段、珍重に存じます。新訓導様（景和朴致倹）は唯今（東萊へ）下来して、まだ委しいお話はできておりませんので、明日委しく調べて（お聞きして）私は（十二月）初二日に（倭館へ）下って行きます。怱々なるままにまずは

三十日　　訓導（印）

【参考情報】

本書簡は、次の史料18と対応させて理解すべきであろう。

新訓導の下来を話題としており、新旧訓導の交代期に書かれたに違いない。文中に「極寒」とあり、発信の季節は冬であろう。

ところで、書簡に押印された印鑑は、史料21と一致するので、本書簡の発信者は崔国禎（華彦）であると見て誤りはない。崔国禎から朴致倹（景和）に訓導を交代したのは「倭館館守日記」によれば一七九八（寛政十／戊午）年十二月三日のことであり、しかも古訓導崔国禎が倭館に「初二日」に行くという本書簡の記事は、「御用書物扣覚」寛政十年十二月二日条の「十二月二日　古訓導下来入館今日交代ニ相極候段相咄候事」と合致するので、本書簡の発信日は、寛政十年十一月三十日と定めて無理はない。加えて、新訓導朴致倹が東萊へ下来したのはこの年の十一月末日であることとも符合する（史料18参照のこと）。

史料18

【史料概要】本書簡は、新任の倭学訓導朴致倹（景和）が東萊府に到着し、旧知の館守戸田頼母や小田幾五郎などへ送った着任の挨拶状である。

【写真】

史料18（1/2）

史料18
（端裏書き）

史料18（2/2）

【翻刻】

（端裏書き）午十二月朔日景和下来之書状

小田幾五郎 公 前 入納

下來 後 듯ᄌ오니 ／ 〔擡〕公候 平安ᄒ시고 ／ 〔擡〕

舘司겨셔도 평안ᄒ시다 ᄒ／오니 欣喜不已ᄒ오며 僕은

／上京 後 汨沒ᄒᆞ읍다가 去月／二十日 發行ᄒᆞ와 昨夕의 無／事이 入來ᄒᆞ오니 私幸이오／나 朴僉知 令監계셔 골몰ᄒᆞ／시다가 病患이 나와 大段ᄒᆞ／시더니 僕 써날 째의 젹이 ／나으시나 出入은 밋ᄎᆞ 못ᄒᆞ여 ／겨시니 그 ᄉᆞ이 出入이 되엿실 ／ᄃᆞᆺᄒᆞ오며 片紙도 왓습거니／와 僕이 數三日間 到任을 ／ᄒᆞ려 ᄒᆞ오니 相面 後ᄒᆞ올 말／ᄉᆞᆷ도 만ᄉᆞ오매 大綱 奇別ᄒᆞ／오며 餘在相面이오매 暫上

戊午 至月 初吉日 景和 朴主簿 〖印〗

【現代語訳】

（端裏書き）午十二月朔日、景和下来の書状

小田幾五郎様入納

（ソウルから東莱へ）下来の後に承りましたが、ご貴殿ご平安にあらせられ館守様もご平安の段、欣喜してやみません。私は上京の後、忙しくしておりましたが、去月二十日に（ソウルを）出発して昨夕に無事に（東莱へ）入来いたしましたので、幸いですが、朴僉知令監（朴俊漢（士正）のこと）におかれてはお忙しくしておられているうちに病気になられ、たいへんでしたところ、私が出発する時に少しよくなられたのですが、出入はおできにならないでいらっしゃいます。その後に、出入がおできになられるようになられたようで、手紙も送ってきましたけれども、私が二・三日のうちに（倭館の下の任所へ）到任をしようといたしますので、お目にかかった後、お話すべきことも多くございますので、あらましのみお便りし余りはお目にかかってお話いたします。まずは

戊午　至月初吉日　　景和朴主簿（印）

【参考情報】

この書簡の末尾には「至月初吉日」（至月は十一月）となっているが、以下の点から、実際は十二月一日の書状と見られる。

まず、この書簡の端裏書きには「午十二月朔日」とある。また、「御用書物扣覚」の一七九八（寛政十）年十二月一日の条に、「小田幾五郎坂ノ下へ罷越、古訓導（崔華彦のこと：引用者）ゟ書状来り、昨日景和下来之段申来候事」とあって、朴景和が東莱へ下来したのが、一七九八（寛政十）年十二月一日の前日の十一月末日であることが知られるが、本書簡中に「昨夕に無事に（東莱へ）入来いたしましたので」とあり、東莱へ下来した翌日に書かれた書簡であるとわかるので、一七九八（寛政十／戊午）年十二月一日に書かれたものと考えられる。

なお、同「御用書物扣覚」の一七九八（寛政十）年十二月二日の条には、「古訓導下来入館、今日交代ニ相極候段、相咄候事」とあり、また、十二月三日の条には、「開市入来ニ付、幾五郎壱人坂ノ下へ罷越、新訓導景和へ致対面、当話相済候

上」とあって、朴景和が、この書簡の約束どおり、數三日間（二・三日のうち）の一七九八（寛政十）年十二月三日に到任をはたし、坂の下へやってきて小田幾五郎と対面したことを知ることができる。

なお、本書簡の背景には、単なる着任の挨拶状ではなく、新任倭学訓導朴致倹（景和）がソウルから持参したはずの、易地聘礼に同意する朝鮮側の書契の有無が含意されている。「お目にかかった後、お話すべきことも多くございますので」とは、それを今か今かと待ち受ける倭館館守戸田頼母らに対する暗示があると見てよい。事実、十二月三日の協議では朴致倹は幾五郎へ「書契者当月十七・八日無相違下来之筈ニ御座候」（前掲十二月三日条）と回答する。それこそが礼曹参議尹行元の書契であり、東萊府使金達淳の書契であり、別陳であった。別陳には、

一　聘止對州、互相酌量、来頭無背約、亦是誠信中尚節倹之大本、隣誼之至善也

一　以三使臣爲二使、則當以正副、品階亦如前軌也、総計人数船数等節、講定前難伸其數。然而兩三年内、計之可告其実状。

一　蔘貨限三十三斤、幸得容納、感謝不已、其余儀物准減之事。亦是両三年内、計之可爲相議、而欲厭間不蓄念之諭、兩國和好之誼、尤極感謝事、事蒙順成則幸甚

戊午年　十一月　日　東萊府使　金達淳

（寛政七年分「御用真文控」、「浄元院公実録」）

とあり、対馬における易地聘礼に日朝両国が合意したことを示す。ただし、この別陳を記述する「浄元院公実録」には、「按是書、亦我人所草示、彼因而為之者也」との注記に注意を払いたい。

史料19

【史料概要】本書簡では、陶山弥七郎が旧別差・崔珦（伯玉）に話した内容が問題化したものの、ソウルにいた崔国楨（華彦）の懸命な工作で表面化せず、穏便に処理できたことを報じたもの。追伸では、その旧別差（崔珦）が易地聘礼を促進する朴致倹・崔国楨らのグループの一員となったことも伝えている。

【写真】

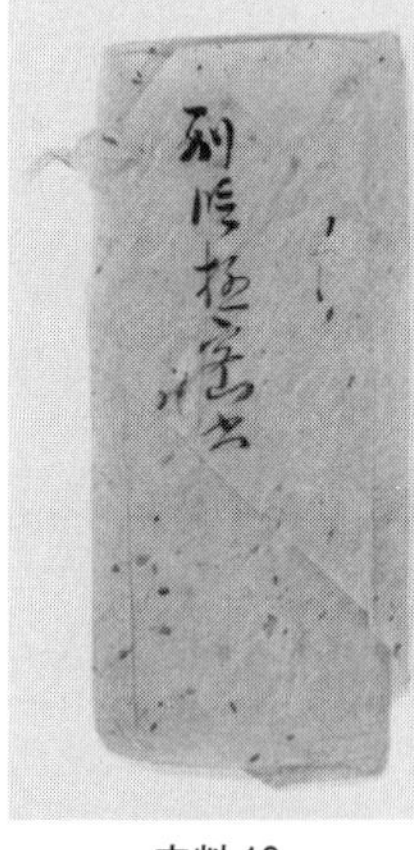

史料19
（包紙）

史料 19（1/2）

史料 19（2/2）

【翻刻】

（袖書）本書館守ニ有之

大通官 ／吉松右助 両公 前 回納

手札 밧ᄌᆞ와 보오니 連ᄒᆞ여 ／〔擡〕公候平安ᄒᆞ오신

일 아옵고 깃브오며 ／〔右〕僕은 如昨ᄒᆞ오니 幸이오

며 ／긔별ᄒᆞ오신 ᄉᆞ연은 ᄌᆞ시 ／보왓ᄉᆞ오나 거번의 弥

七／公이 舊別差公게 ᄒᆞ오신 ／말ᄉᆞᆷ을 ᄌᆞ시 뭇ᄌᆞ온즉

／과연 놀나온 일이옵／더니 華彦公 在京ᄒᆞ／여 無弊

이 ᄒᆞ엿ᄉᆞ오니 ／多幸ᄒᆞᄋᆞᆸ거니와 이 後는 ／그런 말ᄉᆞᆷ
이 나지 아니ᄒᆞ／게 조심ᄒᆞ오쇼셔 來日 ／下往ᄒᆞ오와
말ᄉᆞᆷᄒᆞ올 ／거시ᄆᆡ 暫上
庚申 九月 初十日 訓導 印
追白 舊別差公도 이제ᄂᆞᆫ ／그 公幹의 參摂ᄒᆞ는 사ᄅᆞᆷ／
이오ᄆᆡ 館中 말ᄉᆞᆷ이 밧／긔 나올가 념녀ᄒᆞ오ᄆᆡ ／관계
치 아니ᄒᆞ오니 此後／의 나가는 사ᄅᆞᆷ의게나 ／말이 나
지 아니ᄒᆞᄋᆞᆸ게 ／조심ᄒᆞ오쇼셔

【現代語訳】

（袖部分に墨書）原本の書状は館守のもとにあり

大通官(1)／吉松右助(2)ご両名様の御前へ拝復

お手紙拝見いたしまして、相変わりませずご貴殿ご平安の段存じ上げ、珍重に存じます。私は変わりなく幸いでございます。お便りなさった内容は委細読みましたが、この前、弥七様(3)が旧別差様（崔瑀(4)）におっしゃったお話をくわしくたずねましたところ、まことに驚くべきことでございましたが、華彦様(5)が都に在って弊害のないようになさいましたので幸いでございますけれども、この後はそのようなお話が出ないようにご用心なされませ。明日（倭館へ）下って行って、お話するつもりですので、まずは

庚申(6)九月初十日　訓導(7)　印

追伸　旧別差様も今ではその御用に関わる人ですので(8)、館中の話が外向き（朝鮮側）に出るか（もれるか）、心配しましたが、大丈夫でした。この後は出ていく（任を離れる）人にでも話が出ない（もれない）ように注意してください。

【語釈】

（1）大通詞・小田幾五郎のこと。

（2）吉松右助（忠五郎・与左衛門）。対馬藩の朝鮮語通詞。大通詞吉松清右衛門の子。「通詞被召仕方・漂民迎送賄・町代官・御免札」によれば、一七八〇（安永九）年詞稽古御免札、一七八九（寛政一）年五人通詞、一七九六（寛政八）年稽古通詞、一八〇六（文化三）年本通詞、一八一七（文化十四）年病気により依願退職。

（3）陶山弥七郎をさす。対馬藩の朝鮮語通詞。「通詞被召仕方・漂民迎送賄・町代官・御免札」によれば、一七八七（天明七）年詞稽古御免札、一七九四（寛政六）年五人通詞、一七九九（寛政十一）年には吉賀主膳の名代古河又三郎裁判役の御用引切通弁に任命された。本書簡の一八〇〇（寛政十二）年当時もその用務で倭館に滞在していたが、本書簡にあるように、聘礼易地の件について旧別差（崔瑀）に不埒の筋を言い含めた咎によって、同年九月十七日対馬へ帰された（「上船帰国誓旨面謁」）。【参考情報】に示したごとく、「文化信使記録」江戸書留慶応本によれば、陶山弥七郎はその後ほどなく死去したとのことであるが、「通詞被召仕方・漂民迎送賄・町代官・御免札」には、一八〇二（享和二）年十二月十六日条にも名前が見えるから、その頃までは存命していたものと見られる。

（4）別差は、まだ訓導を務めていない教誨や、訳科に合格し将来性のある聡敏の中から任命される。司訳院内では教誨一〇名・聡敏一五名がいた。別差が東莱府と倭館で勤務する任期は一年である。

一六二三年、領議政の李元翼が日本語に巧みな者が不足しているという建議をすることにより、倭館に派遣して日本語を熟達させるために送ったのが別差の始まりである。訓導と共に「辺情」（辺境の情勢）を担当する。訳官らの辺情担当業務には、倭館関連の業務、日本関連の様々な業務、漂流民発生時の問情などがあった。この中で倭館関連の業務は、日本人の倭館出入り、開市大庁での密貿易の監察、倭館と東莱府間の連絡業務、小通事の管理など、多様であった（『増正交隣志』巻三、任官等参照）。

(5) 華彦は崔国楨のことで朝鮮後期の倭学訳官。字は華彦。本貫は慶州。一七五五年生まれ。一七七七（正祖元）年式年試の時、雑科のうちの訳科（倭学）に合格した。朴致倹の直前に訓導を務めた。

(6) 庚申は一八〇〇（寛政十二）年。純祖即位年。

(7) この書簡を書いた訓導は朴致倹である。一七五二年生まれ。一七七七（正祖元）年増広試の時、雑科のうちの訳科（倭学）に合格した。字は景和、本貫は寧海である。

(8) 手紙で言及されている崔国禎（前任訓導、華彦）と崔珦（前任別差）は、朴俊漢と朴致倹に引き続き、易地聘礼を推進した訳官である。

【和解】

「文化信使記録」江戸書留二十六（慶応宗家）一八〇八（文化五）年四月二十二日条

御状相達致拝見候、弥御平安之由珍重存候、私ニ茂別而
相変候儀無御座多幸之至候、被仰下候趣　委細致承知、
頃日弥七公ゟ古別差公江御咄被成候儀を委々致尋問候処、
誠ニ驚入たる次第ニ御座候、華彦公都表ニをゐて無何事
被取済候付、多幸ニ御座候得共此後者右様之御咄無之様
御慎被成度存候、明日罷下御面話可申候、
　庚申九月十日　　訓導
追白、古別差公ニ茂只今其御用掛ニ而御座候、館中之事
外江相知可申歟と気遣罷在候、此節之儀者不差支候得共、
此後者他人江事之不洩様御慎被成度存候

【参考情報】

本書簡の袖の部分に「本書館守に有之」また発信者に「訓導　印」とあるので、本書簡は原本ではなく写しである。

発信人は「訓導」とある。「倭館館守日記」寛政十二年八月二十七日条に掲載されている庚申八月二十六日付の覚（新別差である義源洪僉正の到来を知らせるもの）は、訓導景和朴主簿・別差伯玉崔僉正の二人の名義で出されていて、このときの倭学訓導は朴致倹（景和）であったことがわかる。

本書簡は、一八〇〇（寛政十二／庚申）年九月十日に訓導朴致倹（景和）が小田幾五郎と吉松右助に送ったものであるが、弥七なる人物が旧別差の崔珦（伯玉）に漏らしてはならない話をしたという内容である。ここで問題となるのは、

① その話をした弥七という人物は何者であり、
② 弥七が旧別差の崔珦（伯玉）に漏らした話がいかなる内容であったか

ということである。かかる情報は本書簡には盛られていないが、「御用書物控」と「朝鮮通信使記録」を繙けば、関連記

事を発見することができる。

「御用書物控」一八〇〇（寛政十二）年五月九日条には、以下のごとく、（弥七が）旧別差の崔珦（伯玉）に漏らした話に関連した記事がある。

「訓導ゟ別而御使へ御咄申候は、右御用筋是迄何事も内々ゟ洩れ候儀無御坐候処、此四五日前、別差ゟ申聞候品有之、誠に以太切ニ御座候、委細者両人へ相咄し可申との趣申出候事、御使御退座之上、幾五郎・右介へ密々相咄候者、別差ゟ拙者へ申候者、去比、士正取次ニ而御書契を以　対州切ニ而信使相済可申段被申越、其御書契御取帰り之御使ハ府■■、早速死去為有之由ニ而、其後御左右無之との儀、右御用如何相成候哉と相尋、誠に以致当惑候、拙者ゟ申候者、御書契と言事者如何之儀共ニ候哉、拙者も士正存生之時■■御用承居候得共、全躰存し不申、士正取次被差向候時、表向其通りニ相成可申事共不存、夫ハ委敷訳不知噂ニ候とさわらす申置候、尤其人物相尋度存候処、夫を詰候得者、却而不宜態と大様ニ申置候、此御用委く相出に不及、表向打出ニ不相成前、此等之噂はつと致候而者、朝廷之内意相知、拘り之宰相達初不首尾ニ相成、本事之疵を求め候■■ニ御坐候、殊更当別差者近々交代前都表ニ登り候上、右様之噂も可致哉、物知顔を致候事を好■■質ニ御坐候得者、誠ニ不安存候段相咄候付、別差へ相咄候人物者御推量無之哉と申見候処、訓導ゟ別差同気仮伝言官内ゟ為出かと被存候、尤此前御使御病死■■相咄し候人者存居候、近来別差と別懇之人も一両人有之候間、其口共ニ而可有之哉と存候、以来之処、堅御示し有之度段、細々申聞候事」

なお、本書簡の内容は、後日、対馬藩江戸屋敷に駐留していた中川奥右衛門より幕閣脇坂中務大輔にまで報告されることとなった。すなわち、「文化信使記録」江戸書留、慶応冊子番号二五、一八〇七（文化四）年十二月二十二日、二十三日、二十五日、二十七日、同慶応冊子番号二六、一八〇八（文化五）年四月二十二日の条には、以下のごとく、幕府への報告の顛末と本書簡の写し、およびその和解が収められている。

一八〇七（文化四）年十二月二十二日の条

「脇坂様又々繁右衛門御逢ニ而、先般幾度格左衛門林大学頭逢候節、聘礼易地之儀に付、朝鮮人え不埒之筋申込候者有之、名前等も申聞候得共、其時分是と入用も無之候付、大学頭相覚不申、只今ニ而者不書留置段、口惜存候由ニ候、左様之心当りも有之候哉、考ニも相成事故、取調申上候様と之御事被仰達」

一八〇七（文化四）年十二月二十三日の条

「扨又昨日幾度格左衛門林大学頭様え申上置候と之趣ニ而御尋被成候儀ニ至、是又左之書面相調何レも繁右衛門持参寺社役を以差上、（中略）先般幾度格左衛門儀、

林大学頭様御目通被仰付候節、聘礼易地之儀に付、朝鮮人え不埒之筋申込候者有之趣申上候処、其名前等御覚不被遊、左様之者有之事ニ候哉、御考ニも相成候御事故、申上候様と之御旨　奉畏候、格左衛門申上置候者、私心当り外之者も可有御座哉、其程者難計奉存候得共、其時分通詞陶山弥七郎と申者、朝鮮人え易地之儀者対州之者ゟ申立候而、功と可仕意を以為仕事之由、申込候段を、朝鮮人御用ニ掛置候通詞之者え内密相咄候を、中川奥右衛門と申者承り、通詞ニ申付、朝鮮人ゟ為書付相請取、弥七郎儀者国許え差置、様子相考候得共、其時分御用向ニ相障候振も無御座候付、先国許役人当時弥七郎糺方見合居候内、相果候と相聞、只今ニ至、残念奉存罷在候、此段御尋ニ付、奉申上候、以上

十二月廿三日　　大森繁右衛門」

一八〇七（文化四）年十二月二十五日の条

「昨夜脇坂中務大輔様寺社役中ゟ御留守居方え今九ツ半時中川奥右衛門同道罷出候様申来候付、柴田左仲同道、昼時参上候処、御座え被召通、此書付者繁右衛門ゟ差出候と有之、段々御談被掛候処、此書面其方存知居候哉と之御事ニ付、粗繁右衛門申聞セ奉存罷在候段申上候得ハ、左様候ハヽ、申ニ不及、此弥七郎と申者、朝鮮人え申込候義者、如何之手筋ニ而申込、其許ニ者とふして其儀承り候哉と之御事ニ付、私儀先年朝鮮表え相詰罷在候時分、其時之訓導景和と申朝鮮人此御用向取扱候者ニ而、通詞小田幾五郎と申者え　ケ様〃〃之訳ニ候段、内密相咄候を、幾五郎私え密ニ申聞驚入候次第ニ付、此儀者至而大切之事ニ候間、訓導申聞候通を、景和え自筆ニ而書付させ、印章をも取、密ニ差出候様相達、則朝鮮人常ニ相用候諺文ニ而認有之候を入手仕、直ニ其段国許家老共え極密申越、繁右衛門方えも申越置候儀ニ御座候段、申上候得者、訓導と申ハとふ申役目ニ候哉との御事ニ付、御通交ニ付内チ外之駈引を相働候役目之朝鮮人ニ候段、申上候処、諺文とハ如何之書体ニ候哉と有之候付、是ハ日本ニ而申かな之如きものニ而、凡字数定り有之、言葉遣ニ依、其字を合セ読候而、通用仕候と相聞候段、申上候得者、扨其景和者今程居候哉と之御事ニ付、此者ハ其砌頓相果候と申上候得者、其景和ハ士正等と同時之者ニ而朝鮮ニ而も用達候者ニ而ハ無之哉と之御事ニ付、御意之通此者存生罷在候得者、此節御用辺ニ取、大ニ宜御座候段、申上候処、成程左様じやなと有之、扨是者枝葉之論ニ渡り候、彼弥七郎と申者ハ今程居候ハす哉と之御事ニ付、此者儀者頃年相果申候と申上候得者、右不埒之儀を申入候者、朝鮮ニ而其節糺者不致候哉、又対州ニ而も其糺もなく打過候者ちと其節大様成ル様、相見

候と之御事ニ付、御尤之御儀奉恐入候、乍去、其時分ハ右御用筋議聘之筋ニ而、日本朝鮮共いまた御打出ニ不相成、専御内密之御掛合セ中ニ而、右弥七郎失言ニ而何そ是と御用辺ニ相障候振も其節無御座事故、相糺候儀者何時も相成候儀と奉存、依之如右朝鮮人ゟ申たる通りを書付させ為取置候儀ニ御座候段、申上候得者、如何様と被仰、扨其朝鮮人ゟ書付ニ而請取居候書面之趣ハ覚居候哉と之御事ニ付、年久敷義ニ而中うニ者相覚不申段、御答仕候得者、大意如何様之儀を、弥七郎と申者者朝鮮人え為相咄と承候哉と之御事ニ付、先年省弊易地之儀ニ付、朝鮮より日本え来候礼曹之書等取帰候御使者帰国無程相果、其節礼曹之書も如何成行候哉不相知、扨又易地之儀者対州之者申立候而、功とも可仕意を以為仕、等之事をも申込候様ニ、粗承知仕罷在候段、申候処、夫者甚之不埒ニ候、然者其書面者其許持居候哉と之御事ニ付、爰許え者持越居不申候と申上候得者、夫者とふそ急ニ申遣早々取寄候而可被差出と之御事ニ付、奉畏候、早便申遣、相違次第可差上段、申上候処、此節奸訳之事有之段相聞候、右奸訳と申ハ頃日も繁右衛門え相尋候得者、アレハ朝鮮人之方之事ニ候段、申聞候、然ニ右弥七郎如キ者も外ニ候而、此方よりも何そ奸訳を致し居候時、夫を此方ニ而者糺もなく向ウ而已其糺有之と申候而者、日本ニ取甚不相済事ニ而候、アノ奸訳と申ス者其許ニ者弥朝鮮人之儀と被考候哉、如何存ル哉と之御事ニ付、乍恐御尤ニ奉存候、丁度繁右衛門申上候通、此節朝鮮人ゟ申聞候処者先年刑候彼方之判事ニ当り候義と相考申候、乍去右弥七郎如キ者も又外ニ有之候而、密ニ何そ彼地ニおゐて朝鮮人え申込居候共ニ者有御座間敷哉、其段者其事顕れ不申内者何分相知不申儀ニ而、只今ニ而も亦為何異存之者有之、如何成ル巧を相施し居可申も、其段者難相測儀ニ奉存候と申上候得者、左様〃〃そこか至而大切成ル処、此方ハ正敷て向ウ而已奸訳と振掛候様ニ而者御通交之義理合も不相済、若も此方ニ奸訳之者も候時者其者を相糺候て、ケ様〃〃ニ付、此方ニ而不埒いたし居候者有之候付、ケ様ニ罰し候と、朝鮮え不申掛候而者不相叶事、其処を心遣致ス事ニ候、それは其方ニも此節之奸訳と申ス者朝鮮人耳之儀と考ル歟との御事ニ付、此節彼方ゟ申聞候奸訳と申ハ、右之通ニ相見候得共、前ニも奉申上候通、尓今して又不埒之者此方ニ有之間敷と者難申上、此儀者其事顕発不申内者不及是非義と奉存、其段者乍恐御分明被遊可被成下候と申上候得者、成程夫者左様ニ而候と有之、（中略）其朝鮮人之書付者早々取寄差出候得、扨又今日其許と致応対候趣ハ書付封書ニして此方え直々可被差出、格別急キ候ニも不及、一両日中ニ而宜と之御事ニ付、奉畏候、書面ニ仕候而者御前ニ而申上候通ニハ認兼、少々てには等も違可申、其段ハ御免許被仰付被成下候様、申上候処、夫ニ而宜と之儀、被仰達、退出仕」

一八〇七（文化四）年十二月二十七日の条

「一昨廿五日脇坂様中川奥右衛門御逢ニ而申上候趣、書付、封書いたし、差出候様、同人え被仰達候付、今日左之趣封書ニ仕立、御留守居助役小嶋宇左衛門同道御同所え致持参、寺社役懸合、差出候処、御落手被成候と之御事ニ而、罷帰

乍恐申上候

一昨廿五日奉申上候趣、書調申上候様と之御達ニ付、別帳ニ相調、乍恐
御覧ニ奉差上候、以上

十二月廿七日　御名内

中川奥右衛門

奉申上候

陶山弥七郎と申通弁之者朝鮮人え申込候品有之由、私儀先年朝鮮表え相詰罷在候時分、其時之訓導相勤居候景和と申朝鮮人ゟ通詞小田幾五郎え相咄候次第、同人ゟ私え内密申聞驚入候次第ニ付、此儀者至而大切之事■候間、訓導申聞候通を景和え自筆ニ而書付させ印章をも取り、密ニ差出候様相達、則朝鮮人常ニ相用候諺文ニ而認有之を入手仕、直ニ其段国許家老共え極内々申越し、繁右衛門方えも申越置候儀ニ御座候

但右訓導と申者御通交ニ付内外之駈引を相働候役目之朝鮮人ニ而御座候、諺文と申者、日本ニ而申かな之如きものニ而、凡字数之定り有之、言葉遣ニ依、其字を合セ読候而、通用仕候、扨又右景和儀者無程相頓果申候、存生ニも候得者、士正同時之者ニ而此節御用辺ニ取、大ニ訳宜御座候得共、口惜キ儀ニ奉存候、扨又右不埒之儀を申入候を其節朝鮮ニ而其糺もなく対州ニ而も其糺なく打過候者大様とも被為思召候由、御尤之御儀奉恐入候、其時分者、右　御用筋議聘之筋ニ而、日本朝鮮共未御打出ニ不相成、専御内密之御掛合セ中ニ而、殊右弥七郎失言ニ而其節是と御用辺ニ相障候振も無御座候得者、相糺候儀者何時も出来候事と奉存、右之如く朝鮮人ゟ申たる通を書付させ為取置候儀ニ御座候処、弥七郎儀も其後相果残念奉存候

一　右朝鮮人ゟ書付候而請取居候書面之趣覚居候哉と被遊御尋候得共、年久敷義ニ而相覚不申、其時分通詞之者より申聞候趣者、先年省弊易地之儀ニ付、朝鮮より日本え来候礼曹之書等取帰候御使者帰国無程相果、右之書簡等如何成行候哉不相知、扨又易地之儀者対州之者申立、功とも可仕意を以為仕、等之事をも申込候様ニ、朝鮮人ゟ通詞え相咄候段を承知仕罷在候

一　右景和より書付小田幾五郎と申通詞え差出候書面、私朝鮮ゟ取帰所持仕居候を早々取寄、差上候様と之御事奉畏、早々国許え申遣、到来次第差上候様、可仕候

（中略）

右之趣乍恐書調奉申上候、以上

十二月廿七日

御名内

中川奥右衛門　」

一八〇八（文化五）年四月二十二日の条

「来聘御用御寄会日ニ付、繁右衛門、且御勘定奉行山下覚次郎、御留守居柴田左仲同道ニ而、脇坂様え罷出

（中略）

旧臘廿五日、脇坂中務大輔様ゟ中川奥右衛門御呼出有之、御逢之上御達し被為置候陶山弥七郎事ニ付、任官之者より之諺文書付、此節御国より出来いたし候付、奥右衛門ゟ、左之添書を以、今日脇坂様え持参いたし差上、尤奥右衛門儀、すかと持参ニも難取計、及評議候ニ付、途中迄罷越し、相控居、寺社役西村郡左衛門え繁右衛門儀面会いたし、申伸候者、先達而中川奥右衛門と申者え御直達被為置候任官より之諺文、国許ゟ相達候付、可差上之処、すかと罷上候様ニも仕兼、途中迄罷越、相扣居候、差上方如何相心得可然哉之段、懸合候処、其趣被申上、奥右衛門持参ニ不及、繁右衛門取次差上候様と之儀ニ付、則右書付、取寄、猪左衛門を以差上、御落手被成候と之御返答有之、尤奥右衛門儀、近日御逢被成候儀も可有之、今日御寄会ニ付、御取紛故、重而可被仰遣と之御事をも被仰達

乍恐奉申上候

先年、陶山弥七郎と申者、朝鮮人え申込候品有之、其趣訓導ゟ通詞共え内密相咄候付、弥七郎為申ニ相違無之趣、訓導相認、通詞共相請取候書付、私所持仕居候を取寄、差上候様、先達被為　仰付置、早速国許え申遣置候処、此節、右書付出来仕候付、粗末之乍書面、其侭差上之申候、尤和解相添奉入　御覧候、弥七郎朝鮮人え申込候趣者、先頃書付を以、奉申上候通之儀ニ御座候処、先般　御目通之節、奉申上候通、年隔り候儀ニ而、書意聢と相覚不申、此節披見仕候得者、弥七郎ゟ其時之別差え為申ニ相違無御座候、併其為申込一々者書載無御座候得共、為申込其訳者、則先般書付を以、申上候通之儀ニ御座候、弥七郎と申者申込候ニ者相違無御座段者、右之書面ニ而乍恐　御分明被成下候様、奉願候、旧年御答申上候節、其所聢と無御座段、奉恐入候、何分御憐覧之程を奉拝願候、以上

四月二十二日　　御名内　中川奥右衛門

大通官
右助　公前　回納

手札밧ᄌᆞ와　보오니　連ᄒᆞ와
公候 平安ᄒᆞ오신 일 아옵고 깃부오며　僕은 如昨ᄒᆞ오
니 幸이오며　긔별ᄒᆞ오신 ᄉᆞ연은 ᄌᆞ시　보왓
ᄉᆞ오나 거번의 弥七公이 旧別差公게 ᄒᆞ오신　말ᄉᆞᆷ
을 ᄌᆞ시 뭇ᄌᆞ온즉　과연 놀나온 일이옵더니
華彦公 在京ᄒᆞ여 無弊이 ᄒᆞ엿ᄉᆞ오니　多幸ᄒᆞᄋᆞ
ㅂ거니와 이 後은 그런 말ᄉᆞᆷ이 나지 아니ᄒᆞ게 조
심ᄒᆞ오쇼셔 来日　下往ᄒᆞ오와 말ᄉᆞᆷᄒᆞ올　거
시매 暫上

　庚申 九月 初十日　　　訓導

追白 旧別差도 이제ᄂᆞᆫ 그 公幹의 参摂ᄒᆞ온 사ᄅᆞ
ㅁ이오매 館中 말이 밧긔 나올가 념녀ᄒᆞ오매 관
계치 아니ᄒᆞ오니 此後의나 달은 사ᄅᆞᆷ의게 말이
나지 아니ᄒᆞ옵게 조심ᄒᆞ오쇼셔

（註：このハングル書簡の写しの部分は、ハングルを知らない者が書き写したものと推定され、相当くずれており、判読不能の部分もある。また、本書簡とは若干表記や語句の異なる部分もある。）

（以下、和解が掲載されているが、上掲のため、省略）」

これらの諸史料により、

① 旧別差の崔珦（伯玉）に漏らしてはならない話をした「弥七公」なる人物とは、朝鮮語通詞の「陶山弥七郎」であること

② 彼が旧別差の崔珦（伯玉）に漏らした話とは、「書契を対馬へ持ち帰った使者が対馬に帰藩後すぐに病死し、その後その書契等がどうなったかわからない」との内容であったこと

が知られる。

なお、「易地行聘を承諾するという朝鮮礼曹の書契を対馬へ持ち帰った使者」とは御使の中川要助のことである。「倭館館守日記」一七九八（寛政十）年十二月二十一日には、

「御使中川要助義、病気少々快方ニ付、今日乗船申渡、為名代中川奥右衛門罷出候付、礼曹東萊⺅之謝書一箱つゝ、其外御内用状等相渡」

とあり、このとき礼曹の書簡を持ち帰った使者が中川要助であったこと、一七九八（寛政十）年十二月二十一日に釜山倭館から日本へ帰国したことが確認される。

本書簡の追伸には「旧別差様も今ではその御用に関わる人ですので」とあり、旧別差の崔珦（伯玉）は、この書簡の日付の庚申（一八〇〇年）九月十日の少し前に易地聘礼交渉の仲間に加わっていたと想定される。「御内密書物控」寛政十二年八月二十四日条には、

「訓導東萊⺅下来直ニ入館仕、幾五郎居所へ参申聞候者、御用便り段々相延恐怖至極ニ存候、併近々之内御左右も可有之哉与夫而已相待居候、最早拙者訓導勤者、来三・四月迄ニ候得者、間もなく彼是心遣ニ

候、然処当別差近々及交代上京ニ可至、就夫兼而も心入茂違候哉と相見、既ニ近比迄も様々心遣いたし候様之義、各ニも御存之通ニ候得共、拙者是迄実意を以致出會諸般懇切致介抱候ニ付而者、昨今者拙者心底をも致感候哉と相見、一旦之心得恥入候、機しも顕連却而近比ハ其身も実意を以拙者へ出合候、元来発才ニ有之善ニも早く移り悪ニも早く傾キ候気質ニ候得者、一ヶ年中之勤ニ而日本向御時躰も少々ハ致合点、昨今者出立を替候而別差勤をも不欠御用身ニ引請候躰ニ而、拙者言ニ随ひ何事茂無割申聞候、此前御用勤度口気時々相顕レ候得共、莫大之御用容易ニ難相談、其節々品能相しらひ置候故、前後之事共考候処、御用ニ立させか度所ゟ、畢竟ハ事情披り見たる事哉与相聞候、就夫誠ニ恥敷事ニ候得共、今判事中内御用ニ可立者堂上・堂下共ニ無之、右御用華彦・拙者両人ニ而も何連相済不申、さらバとて外ニ相加へ談し候程之人物差当無之候、貴様与拙者との間繕候事茂無御座、打明心底をも相咄見候、右之通故此別差御用ニ差加へ候ハヽ、可然存候、無恕在被仰聞可被下候、是偏ニ御用向太切ニ存知候処ゟ同官中之事迄致内評候与申聞候ニ付、私ゟ相答申候者、御左右相待候者御同然之事御用太切ニ思召、御両人ニ而御不足有之筈ニ候、当別差公之事委御咄被成、私ニも此間諸勤向相考候処、一ケ年ニ茂相成候ニ付、一寸日本向ニ茂為被馴哉与見請候、御同官中之儀御懇話有之、此人如何ニ候哉与御談し申程之人先ハ心附無之、当別差公之儀ハ其元様たに差支無之候ハヽ、内々御障り被遊候儀茂面り有御座間敷与致恐察候、併館司様・御使公へ御内意仕見可申与申候処、訓導ゟ亦々申候者、実外ニ人無之当別差上京ニ茂臨、殊更拙者代り訓導も可相勤模様ニ候間、右之通致了簡候事故、御内意申上呉候様申聞候、言下ニ別差入来仕訓導見掛幾五郎方へ参り当話済や不済、訓導ゟ別差事御用ニ相加へ如何可有之哉与新ニ申聞候故、如何様可然事ニ被存候、併館司様御使公へ右介相談、御内意可申上与申候ニ付、訓導ゟ右介相招キ御両所ゟ宜敷御内意被下候様委申候、別差身分無御障思召候ハヽ、府使へハ勿論都表華彦方へも申越、其筋ニ被申入候様可致候間申聞、先安心社候躰ニ而後方可致対面与申聞罷帰り申候、

右之通別差相咄候故書載仕、奉入御用控候、

以上、

八月廿四日

小田幾五郎　　吉松右介」

とあり、「御用ニ相加へ如何可有之哉」として、訓導の朴致倹（景和）より、別差の崔珂（伯玉）を易地聘礼交渉グルー

プに加えることについて小田幾五郎に打診し、館守ならびに御使に「内意」申し上げるよう要請している。

また、同書同年九月十一日の条には、

「訓導ゟ亦々申候者、右御用士正引続私華彦承り居候得共、若も病気彼是之節甚以心遣ニ有之、御用太切ニ存候所ゟ比日別差事両人へ相咄候ニ付御承知可被下候、近来前方と違心入共宜見請、殊更同官中右御用可勤程之人面り無之、年輩等も段々宜相成候間、同前相勤度段相咄候処、御聞宜キ模様ニ而大ニ仕合申候、何連近日内同道仕緩々と可申上との趣相述、饗応相済罷帰り候事」

とあり、また、同書同年九月晦日の条には、

「　　九月晦日

旧別差伯玉崔僉正下来、館司様為御暇乞何角御礼申上候事、伯玉ゟ私儀不省之身分重大之御用掛ニ相加り、誠ニ誠心を尽し相働キ可申段呉々申上、比日右御挨拶ニ罷上候得共、尚又出立ニ臨是等之儀御咄申上罷登候上、華彦相談し御順便相尽し可申候、且比日訓導心附之品有之、都表へ飛脚差立候日積凡今明日相達候筈ニ御座候付、府使へ申出下他委両人ゟ相咄申候間、二日ニ者訓導下来持参可仕段申上候事、

館司様ゟ右ニ応シ御返答有之」

とあり、「伯玉ゟ私儀不省之身分重大之御用掛ニ相加り、誠ニ誠心を尽し相働キ可申」と告げたように、崔瑚自身が「重大之御用掛」グループに参加し、今後は易地聘礼に積極的に運動すると宣言している。

史料20

【史料概要】

ソウルにいる崔瑚（伯玉）からの依頼文。ソウルにおける人事情報（「京中議論」）では、次の訓導に倭学訳官金徽重に任命されそうである。易地聘礼（「両国間公幹」）を順調に進めるために、彼の任命を阻止しなくてはならない。ついては、倭館側からも金徽重の人事に反対（「도메〔トメ〕」）すると朝鮮側の両任（訓導と別差）と差備官に対して明言してほしい。もし、それが実現できたならば、訓導には私、崔瑚が任命されるはずだから、そうすれば易地聘礼交渉も順調に進むはずだという内容の文面。

書簡は二紙からなる。『対馬宗家文庫史料一紙物目録』ではそれぞれに管理番号を与え別個の史料としていたが、内容から一連の書簡であると判断した（詳しくは【参考情報】）。なお、書簡一紙目は長正統氏が「三、小田幾五郎宛崔瑚書簡」として紹介したものである（長一九七八年）。

【写真】

史料 20（1/2）1 紙目オモテ

史料 20（1/2）1 紙目ウラ

史料 20（2/2）1 紙目オモテ

史料 20（1/2）2 紙目

史料 20（2/2）1 紙目ウラ

史料 20（2/2）2 紙目

【翻刻】

大通官 公 前上

申 十月二十四日 伯玉 崔僉正 〖印〗

逐日 相面ᄒᆞ옵다가 遠別千里ᄒᆞ오니 悵戀之心이 ／與日
俱深ᄒᆞ오며 此時 初沍에 ／〖擡〗公 旅履平安ᄒᆞ오심
모로와 馳慮無窮ᄒᆞ오／며 僕은 無事入京ᄒᆞ여 구실에

汨沒ᄒᆞ옵/ᄂᆞᆫ 즁 路毒으로 알ᄉᆞ오니 私悶이오며 華彦
/슈監게 편지ᄂᆞᆫ ᄌᆞ시 젼ᄒᆞ엿ᄂᆞ이다 〖隔〗 舘/司公게
셔도 평안ᄒᆞ오시고 勝吉이도 잘 잇/ᄉᆞᆸᄂᆞᆫ잇가 東奇ᄂᆞᆫ
아직 무ᄉᆞᆷ 消息이 업ᄂᆞᆫ가 /시보 〈오〉 니 답〃ᄒᆞ온 즁
이 일 周旋ᄒᆞ올 根本이 /訓導에 잇ᄉᆞᆸᄂᆞᆫᄃᆡ 京中 議論
을 듯ᄌᆞ오/니 猷性 金同知로 〈訓導를〉 식일 눈치가
만ᄉᆞ오니 그/리 되오면 公幹은 어ᄂᆡ 지경 될지 모로
오/니 엇지ᄒᆞ면 좃ᄉᆞ올지 〖右〗 僕과 相議ᄒᆞ던 進/
賀使 先問 出來 後 發言ᄒᆞ쟈 ᄒᆞ시던 일을 /景和公이
應當 ᄎᆞᆷ아 못 ᄒᆞ시ᄂᆞᆫ 마ᄋᆞᆷ이 계셔 /아직 말과져 ᄒᆞ시
기 괴이치 아니ᄒᆞ되 이 /ᄯᆡ를 바리고ᄂᆞᆫ 다시 執言ᄒᆞᆯ
말이 업ᄉᆞ오/니 〖隔〗 公도 爲 〖隔〗 國 幹事ᄒᆞ시ᄂᆞᆫ
터이오ᄆᆡ 〖移〗 /舘司公과 使者公게 深議ᄒᆞ오셔 先問
/은 나오나 아니 나오나 十一月 望念間에 /兩任과
差備官을 다 〖隔〗 舘司 宅上에 /請ᄒᆞ고 〖隔〗 舘司
公이 出言ᄒᆞ시기를 本州셔 奉/行네와 勘定所에셔 편
지가 와ᄉᆞᆸᄂᆞᆫᄃᆡ 奉/行네 말ᄉᆞᆷ은 年前 大差使 相接時
敬待치 /아니ᄒᆞ신 일노 다시 大差使 〈差備官은〉 못
하실 줄노 긔/별ᄒᆞ여ᄉᆞ오며 勘定所에셔ᄂᆞᆫ 말ᄉᆞᆷ이 慾
/心 만코 거즛말 〈イツワリコトバ〉 ᄒᆞᄂᆞᆫ 사ᄅᆞᆷ이니 舘
中 사ᄅᆞᆷ이 /相面치 말나 긔별 와시니 이 ᄉᆞ연을 밧비
廳/中에 긔별ᄒᆞ라 ᄒᆞ시면 任官네가 응당 〖移〗 /公
다려 奉行네가 노 〈怒〉 의여 ᄒᆞ기ᄂᆞᆫ 괴이치 아니커/
니와 욕심 만코 거즛말ᄒᆞᆫ다 말은 엇지ᄒᆞᆫ 말인고 ᄒᆞ/
고 무를 거시니 그ᄂᆞᆫ 上年 木代物에 잡거슬 만/히 너
코 ᄯᅩ 未收單物을 四月 內로 ᄯᅩ 二十斤만 /丁寧 下送
ᄒᆞ마 ᄒᆞ고 失期ᄒᆞᆫ 일인가 보다 /그리 ᄃᆡ답ᄒᆞ오쇼셔
猷性公을 〖隔〗 日本사/ᄅᆞᆷ이 對面을 아니 ᄒᆞᆫ 후야 兩
國間 大公/幹이 順成ᄒᆞ올 거시니 깁히 의논들 ᄒᆞ시/
고 이리 도메 〈トメ〉 ᄒᆞ신 후ᄂᆞᆫ 僕의 訓導ᄒᆞ기/ᄂᆞᆫ 無
慮〃ᄒᆞ오니 이 〖隔〗 周旋만 착실이 ᄒᆞ오/시되 즉금
도 華彦公과 同席修札ᄒᆞ옵/거니와 僕의 이 긔별ᄃᆡ로
周旋 못 되오면 /우리 힘으로ᄂᆞᆫ 公幹等事에 다시 엇
지ᄒᆞ쟈 /계교를 부릴 길이 업ᄉᆞ오니 부ᄃᆡ 私情/을
도라보지 말고 來頭 나라 일을 深念/ᄒᆞ오쇼셔 僕이
上京 後 〖隔〗 廟堂에도 의논ᄒᆞ온

일 만ᄉᆞᆸ고 監董事도 착실이 周旋ᄒᆞ엿ᄉᆞ오/니 〖隔〗
因山과 敕行 後야 결단 나올 거시니 自/然이 明年|
[春]이야 快斷이 되올 듯ᄒᆞ오니 이 ᄉᆞ연 /舘司公게
ᄒᆞ오쇼셔 猷性公 도메 말ᄉᆞᆷ을 景和/公게 긔별ᄒᆞ고 시
브되 편지로 긔별ᄒᆞ엿다/가 혹시 他人의 掛目도 념녀
되옵고|기로 景/和公게 ᄒᆞᄂᆞᆫ 편지에ᄂᆞᆫ 猷性公이 訓導
ᄒᆞᆯ 듯/ᄒᆞ다 말만 긔별ᄒᆞ옵고 도메 말ᄉᆞᆷ은 아니ᄒᆞ/여
시니 〖隔〗 公만 이런 ᄉᆞ졍을 짐작ᄒᆞ시고 景/和公이
혹시 아직 도메를 말과져 ᄒᆞ시ᄂᆞᆫ /의논이 계셔도 私

情을 못 볼 줄노 ᄌᆞ시 엿줍/고 그ᄃᆡ로 周旋ᄒᆞ오쇼셔 〚隔〛 舘司公 求請은 下/去時에 가지고 가리이다 부ᄃᆡ 舘中에 말을 /죠심ᄒᆞ게 신칙들 ᄒᆞ시고 此札도 即時 燒火/ᄒᆞ오쇼셔 明春에 〈未收〉 單物以錢代入事도 ユ カ/キツケ를 僉中에 뵈오니 僕을 잘 周旋ᄒᆞ/라ᄒᆞ고 僉中 カキツケ를 수이 ᄒᆞ여 景和公게/로 下送ᄒᆞ올 거시니 覺標 下送ᄒᆞ거든 〚移〛 /舘司公과 商議ᄒᆞ오셔 速成ᄒᆞ게 往復/ᄒᆞ여 주오쇼셔 〚隔〛 公의게도 크게 賞格이 이/슬 거시니 그리 아오쇼셔 屢〃이 아니ᄒᆞ여도 깁/히 아오실 일이여니와 僕의 긔별ᄃᆡ로 못되/오면 公幹은 어ᄂᆡ 지경 될지 모로오니 千/萬番 熟議ᄒᆞ오쇼셔 十一月 晦間 ᄌᆞ음 이 消/息 오기를 苦待〃ᄒᆞ게ᄂᆞ이다 이 편지 答狀/은 마오쇼셔 或慮遺漏ᄒᆞᄂᆞ이다 唐烟竹 一/箇 別條로 만든 것 어더기로 보ᄂᆡ오니 僕이 /生覺나거든 보오쇼셔 悤〃 暫上

計

【現代語訳】

大通官様の御前に

申[1] 十月二十四日 伯玉崔僉正[2] (印)

毎日お目にかかっておりましたが、遠別千里となれば、悲しく恋しい心が日増しに深まり、この初氷の時節にご貴殿旅履ご平安のことを存じあげず、思いを馳せることきわまりありません。私は、無事入京して、職務に忙しくしております。(崔)華彦様にお手紙のことは詳しくお伝えいたしました。館守(戸田頼母)様もご平安で、(小田)勝吉[3]も元気でおりましょうか。東武(江戸)からのたよりはまだ何の消息もないようですので、もどかしく存じます。このことを周旋する根本が訓導にあるのですが、京中の議論を聞きますに、猷性金同知[4]をもって訓導をさせるという気配がつよいので、そうなっては、(両国間の)御用はどのような状況になるやもしれず、どうすればよろしいでしょうか。私と相談しておりました、進賀使[5]の先問[6]の出来の後に言いだそうとおっしゃっておられたことを、(朴)景和様は、当然、口に出すことができない気持ちがおありで、しばらくは(口に出すのは)やめておこうとなさるのは不思議ではありませんが、このときをのがしては、ふたたび切りだすことばがありません。ご貴殿も国のため御用をされるはずゆえ、館守様と使者様[8]に深く相談されて、(対馬から)先問使が来ようが来まいが、十一月十五日から二十日の間に両任[9]と差備官[10]をみな館守のお宅に招き、館守様が次のように申してください。すなわち、「本州(対馬)から奉行方[11]と勘定所[12]から手紙が参りましたが、奉行方の言によれば「以前大差使相接のときに(金猷性様が大差使を)敬待なさらなかったことにより[13]、ふたたび(金猷性様が)大差使の差備官をなさることはできない」とて、手紙がありましたし、勘定所からの言には「（金猷性様は）欲が深く、うそをつく人であるから、（倭館）館中の（日本）人は会うことなかれ」とて、通知がきましたので、このわけを急ぎ官衙[14]に申しおくってください」と（館守様が）おっしゃれば、任官[15]らはきっとご貴殿に対して「奉行方が怒るのは不思議でないにしても（金猷性が）欲が深くうそをつくというのはどういうことか」とたずねるでしょうから、「それは、先年の公木（木綿）の代物に雑物を多く入れ、また未収の礼単蔘を四月内にまた二十斤ばかり確かに下送すると言っておきながら、期を失したことらしいです」と、そのようにお答えなさい。（かくして）猷性様を日本人が対面しないでこそ、両国間の大なる御用が順調に成功するでしょうから、よくよく相談なさってください。このように「トメ」[16]なさった後には、私が訓導になることは間違いございません。それ故、この周旋だけは着実になされませ[17]。いまも（崔）華彦様と同席してお手紙を書いているのですが、私のこの手紙のとおりに周旋することができなければわれわれの力では（両国間の）御用等のことについて、どのようにしてもふたたび計巧をなすすべがないので、なにとぞ私情をかえりみず、将来の国のことを深くお考えなさいませ。私が上京後、廟堂（備辺司）にも相談した

ことが多く、監董の事[18]も着実に周旋しましたので、因山（国葬[19]）と敕行[20]の後でなければ決定しないでしょうし、自然と明春にならなければすっきりと決まらないようですので、このわけを館守様におっしゃってください。（金）猷性様の「トメ」の話は（朴）景和様にお知らせしたいのですが、手紙で知らせてもしかして他人の目に触れることも心配されますので、（朴）景和様に送る手紙には、（金）猷性様が訓導をなさりそうだという話だけお知らせし、「トメ」の話はいたしませんでしたので、ご貴殿おひとりでこのような事情をご明察のうえ（朴）景和様がもしかして「とりあえずトメはやめておこう」とおっしゃる議論があっても私情をさしはさむことができないわけをくわしく申し上げてそのとおりにご周旋くださ い。館守様のご注文の品は、（倭館へ）下って行く時に持って参ります。なにとぞ（倭館）館中に言葉をつつしむように言いつけてくださり、この手紙も即時に火に焼いてください。明春に未収単物[21]を銭を以て代入する事もその「カキツケ」[22]を皆様方にお見せしましたところ、私によろしく周旋せよとのことで、皆様の「カキツケ」を滞りなくして（朴）景和様へ下送しますので、覚標[23]が下送されたら館守様と商議なさって速成するようにやりとりしてください。ご貴殿にも大いにご褒美がありましょうからさようお含みおきください。縷々申し上げずとも深くお心得のことですが、私のお知らせしたとおりにならなければ御用はいかなる状況になるやも知れませんので、よくよくご熟議ください。十一月のみそかころ、この連絡がくるのをお待ちしております。この手紙へのお返事はなさらないでください。もしかして漏れるのではないかと

心配です。唐の煙管一箇特別に作ったものを手に入れましたのでお送りします。私のことを思い出したらごらんになってください。怱々なるままにまずは。以上(24)

【語釈】

（1）申は「庚申年」を意味し、一八〇〇年である。

（2）崔珊。朝鮮後期の倭学訳官。一七六〇年生まれ。一七九五（寛政七／乙卯）年式年試の時雑科のうちの訳科（倭学）に合格した。字は伯玉、本貫は清州である。東萊府にきて別差職を務めて八月には洪達洛と交代してソウルに帰った。「僉正」とは司訳院の職制で従四品に該当するのであるが、六ヶ月ごとに交代する逓児職である。

（3）小田勝吉（伍作・管作）。対馬藩の朝鮮語通詞。大通詞小田幾五郎の子。「通詞被召仕方・漂民迎送賄・町代官・御免札」によれば、一八〇〇（寛政十二）年詞稽古御免札、一八〇三（享和三）年五人通詞、一八一一（文化八）年稽古通詞、一八一八（文政元）年本通詞。「象胥紀聞拾遺」の著者。

（4）原文「東奇」。東からの「奇別」（韓国語で連絡・便りの意味）という造語か。聘礼地を変える易地通信と関連して、幕府の指示を待っていたので「東武」（公儀・江戸幕府を指す）の奇別、すなわち江戸幕府からの連絡のことをさすと考えられる。

（5）猷性金同知は金徽重のこと。**史料8**の（3）参照。**史料8**の手紙からも分かるように、金徽重は、易地聘礼を推進する朴俊漢らのグループと不仲の訳官であった。一七九六年、朴俊漢が通事等捄弊条銭を私的に流用した時に、金徽重が管理する公木銭の借用方を申し入れたが、金徽重は拒否した。これらのことから、二人の関係は必ずしも良好ではなかったと推察できる。

（6）進賀使（進賀差倭）とは純祖即位を祝うために派遣された使節で、倭館には一八〇一（享和元）年二月二十六日から六月六日まで滞在した。使者は杉村主悦であった（「惣目録」）。

（7）先文、先問。先文頭倭を指す。差倭（対馬からの外交使節）は大差倭と小差倭に分けられるが、大差倭が来るときは、差倭より先に先文頭倭が朝鮮に来た。先文頭倭は大差倭が来ることを事前に通知するもので、その後朝鮮側から京接慰官の派遣と礼単の準備をおこなった（「増正交隣志」巻二、差倭「大差倭出来時、例有先文頭倭、頭倭処米三石・大口魚五尾題給」）。

（8）「使者公」とは、御使の中川奥右衛門を指す。**史料26**の（5）を参照。

（9）朝鮮側の訳官である訓導と別差を称する。

（10）対馬から差倭が来ると、朝鮮では、大差倭の場合は京接慰官を、小差倭の場合は郷接慰官を倭館に派遣した。接慰官が派遣されると差備訳官として堂上訳官が一名、堂下訳官一名、出使訳官一名を倭館へ送った。差備訳官は倭館と東萊府を往来しながら中間で要務を伝える事を主管する（金東哲二〇〇〇年）。

（11）対馬藩の家臣団のうち最高の地位にある年寄中すなわち藩家老を指す。藩主を補佐し、藩の政治・経済の運営にあたった。

（12）藩財政を管掌する勘定奉行所を指す。対馬藩では複数の御馬廻（上級家臣）が勘定奉行として財政業務にあたった。

（13）金徽重は一七九三年六月に関白生子告慶大差倭、一七九五年六月に関白立儲告慶大差倭が来たときに堂上差備訳官として倭館に派遣されたことがある（「典客司日記」第四〇、正祖十七年六月二十五日、第四二、正祖十九年六月二日）。

（14）原文「庁中」。官衙、すなわち役所の意味。ここではソウルの中央官衙の司訳院を指す。

（15）朝鮮の訳官である訓導・別差・差備官を表す。

（16）この部分、原文では「도메」と書かれているが、これは、日本語の発音「トメ（止め）」をハングルで表記したものである。ここでは、金猷性が訓導になるのを止めることを意味するものと見

られる。

(17) 手紙を書いた崔珦は、本人の意図どおり一八〇一年三月に訓導になった。

(18) 倭館の建物などの修理、工事を意味する。倭館の建物は、東萊府使が訓導、別差、監官を倭館に送り定期点検するようになっていた。このとき、朽ちたり補修するところがあれば修理工事に入った。この時の修理工事を監督するために監董訳官が派遣された。倭館は海辺にあるため建物の補修が必要であった。二五年の間に東・西館の両方を修理したが、これを大監董と称した。また火災で焼失したり、改建の後一定の時間が過ぎて老朽化した場合にも建物を修理したが、これを小監董と称した。本書簡（**史料20**）で引き続き言及されている猷性金徽重は、一七九五年十二月に監董訳官に任命された。

(19) 正祖の葬儀を意味する。

(20) 純祖の即位と関連して、清皇帝の勅命を伝達する勅使行列を意味する。

(21) 礼単品物。

(22) 原文では平仮名で「カキツケ」と記載されている。すなわち、「書付」のこと。「書付」については**史料4**の（1）参照。ここでは金銭貸借など証拠となるような勘定書や証明書の意味で用いられていると考えられる。

(23) 「標」は証書、証文の意。「覚標」とは覚書、書付を意味するものと見られる。**史料1**の（1）参照。

(24) 原文では「計」。目録や覚書などの末尾に「計」あるいは「際」と記入された史料が散見されるが、「以上」の意を示すものと見られる。

【和解】

「御内密書物控」一八〇〇（寛政十二）年十月三日条

伯玉崔僉正ゟ小田幾五郎方へ態々飛脚を以送り越候書状之和解

　大通官　公前　上

　申十月二十四日　伯玉崔僉正　印

　此時初洹

公旅履平安を不存馳慮無窮ニ候、僕無事致入京勤ニ取込居候、華彦も無事ニ御坐候、館司公・使者公御平安と相察候、当節いまた何之御消息無之候哉、此事周旋之根本訓導第一ニ候処、都表同官中議論を承り候得者、猷姓金同知訓導ニ成り候模様ニ候、左候得ハ御用之害ニ相成候、僕と景和公と相談候者、進賀使先問使渡之節発言可致と申置候ニ付、景和公ハ実者難致可被存候得共、此時を失重而執言可致図も無之、公も為　国幹事を被致候場故、館司公と使者公へ委被仰上候而、先問使御渡り有之共無之とも十一月望念間ニ両任官と差備官を皆　館司之御宅ニ御招キ被成、館司公ゟ御言を以本州奉行之御方と御勘定所ゟ書状相達し候ハ、奉行之御方ゟ被仰越候ハ、猷姓儀年前大差使相接時不敬之儀有之、重而大差使差備官ハ御成り不被成段被仰越、勘定所ゟハ私慾を専ニ致し偽りケ間敷人ニ付、館中之役々相面不致様ニ被仰越候ニ付、此訳急々庁中ニ申越候得と被仰候ハヽ、任官ゟ定而　公ニ可申
■御座候、御怒被成候ハ御筋之儀ニ候得共、私慾多く■申候
ニハ、如何之訳ニ候哉と尋可申、其儀ハ去年木代物ニ雑物を餘計ニ加へ、又未収単物を四月内ニ弐拾斤丁寧に下送可致と申、期被失候事有之様ニ相聞候と御答可被下候、猷姓公を

日本人御対面不被成候て社、　両国間之公幹順便ニ相成候間、深御議論被成候而御止メ被成候得ハ、僕訓導ニ相成候ハ無慮（イトヤスク）ニ候ニ付、此周旋而巳慥ニ被成下度候、只今華彦公と同席ニ御用を相成し居候、僕申遣候様御周旋ニ至り不申候得者、我々力を以公幹之事速ニ相成候道無之候ニ付、必私情を不被顧、来頭御用を深々被思召■■候、僕上京後　廟堂ニ申出候事も多有之候、監董官事も委申出置候、因山勅行後ニ決断可有之、自然と明春快断ニ可相成候間、此訳　館司公へ被仰上可被下候、猷姓館門御止メ之儀景和へ可申越候得共、書状ニ而ハ如何鋪、若他人之掛目ニ相成候而者気掛ニ有之、景和方へ之書状ニ者、猷姓訓導ニ可相成との言計申遣、止め事ハ不申遣候、公計へ此段申越候間、　御察し被下候而、景和若止事先見合候様相議有之候而も、私情を御覧不被成段、無理ニ被仰此通御周旋可被下候、景和当任ニ而先輩ニ当候事故、此段御察し可被下候、僕申越候通不相成候而者、公幹ニ如何妨可生難計候間、千萬番熟議被成可被下候、十一月晦日比此左右到来を致苦待候、此状者不及御返答候、萬一可相漏哉と致気遣候、以上、

十月九日　　小田幾五郎・牛田善兵衛

【参考情報】

本書簡は二紙からなる。一紙目は裏表ともに本文が書かれ、すでに長正統氏が紹介している。長氏は後半部分が欠失しているとするが、後半二紙目（宗家文庫史料一紙物1123-161）を特定した。一紙目と二紙目は紙質や大きさが全く異なっている。紙質の異なる料紙を同一の書簡に使用するかについて議論があったが、書簡の内容や和解から連続したものと判断した。ちなみに二枚の料紙をつなぐ糊の痕跡は確認できない。書簡原文にくらべ、和解の後半部分は分量が少ない。これは書簡二紙目の「館守様のご注文の品は、下って行く時に持って参ります（中略）ご貴殿にも大いにご褒美がありましょうからさようお含みおきください。」までが和解では翻訳されていないからである。小田幾五郎に宛てた内容であるため意図的に排除したのだろうか。

本書簡は、次期訓導に金徽重（猷性）がなることを阻止するように倭館から働きかけることを求める崔瑚の依頼文であるが、次にあげる**史料21**の崔国禎（華彦）が小田幾五郎へ送った書簡でも、同一の内容である。

本書簡および**史料21**の要請を受けて、倭館側は金徽重（猷性）排除の動きかけを開始しかけたようである。「倭館館守日記」一八〇〇（寛政十二）年十二月十日の条には、

猷性金同知義不心得之儀数々有之候付、陳賀使差備官等ニ差当テ無之様、都表同官中方え可申登置旨、尤モ余之処ハ追々可相達旨、任官え申遣置候様、勤番通詞中え申渡候処、早速相達、奉畏候旨、任官ゟ之返答申出ル

とある。

しかし、結果的には、倭館からの側面支援は不要であった。下記のように、金猷性が死亡したからである。

猷姓大病之段申来、間も無く病死之趣申来候事訓導御届申上、今ニ而ハ御用筋我々仲間中ニ気掛無之、御用機ニハ宜致大慶候、併同官中私情気毒ニ候と申聞、此砌古館司頼母公〻館門御止被成候との儀訓導懸り居候得共、右之形りニ付無何事相済候事、（「御内密書物控」寛政十二年（十二月）十七日条）

史料21

【史料概要】 ソウルにいる崔国禎（華彦）からの依頼文。ソウルにおける下馬評では、次の訓導に倭学訳官金徽重が任命されそうである。易地聘礼（「兩國大事」）を順調に進めるために、彼の任命を阻止しなくてはならない。ついては、崔珊（伯玉）の書簡通りに、倭館側からも金徽重の任命に反対すると言う意思を朝鮮側に対して明言してほしい。もし、その阻止ができたならば、訓導には崔珊が任命されるはずだから、易地聘礼交渉も順調に進むはずだとする内容である。なお、本書簡は長正統氏が「二、小田幾五郎宛崔国禎書簡」として紹介したものである（長一九七八年）。

【写真】

史料21
（包紙上書）

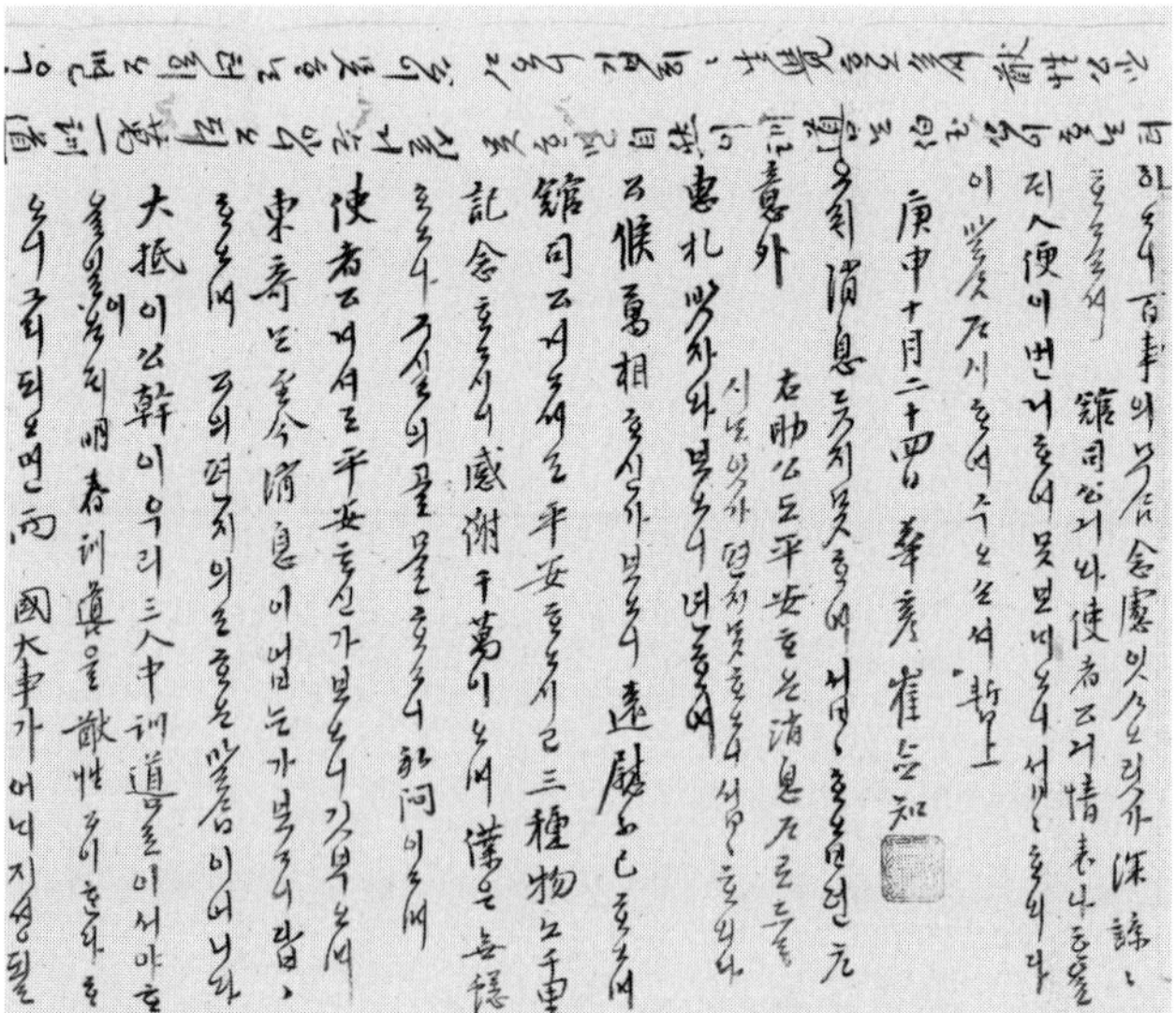

史料21（1/2）

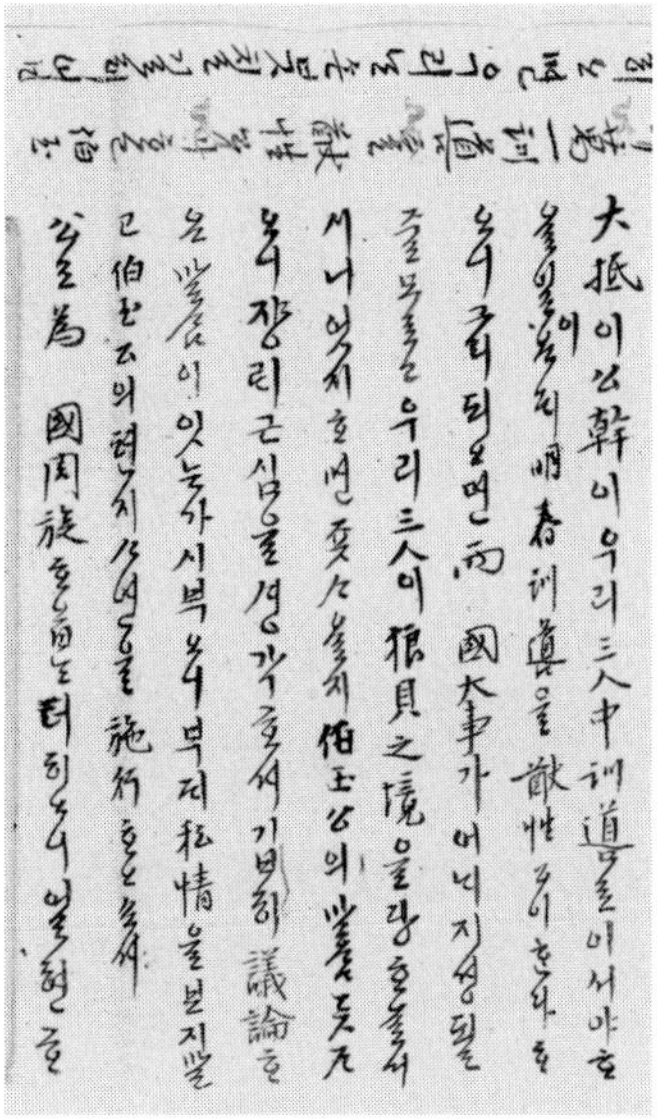

史料21 (2/2)

【翻刻】

（包紙上書） 小田幾五郎 公 前 入納 ／〖印〗 省封
〖印〗 ／（異筆）都来状 華

오리 消息 듯지 못ᄒᆞ여 섭〃ᄒᆞ옵던 ᄎᆞ ／意外 〖移〗
／惠札 밧자와 보오니 년ᄒᆞ여 〖移〗 ／公候萬相ᄒᆞ신가
보오니 遠慰不已ᄒᆞ오며 ／館司公겨오서도 平安ᄒᆞ오시
고 三種物노 千里／記念ᄒᆞ오시니 感謝千萬이오며 僕은
無恙／ᄒᆞ오나 구실의 골몰ᄒᆞ오니 私悶이오며 〖移〗 ／
使者公겨셔도 平安ᄒᆞ신가 보오니 깃부오며 ／東奇는
至今 消息이 업는가 보오니 답〃／ᄒᆞ오며 〖隔〗 公의
편지의도 ᄒᆞ온 말ᄉᆞᆷ이어니와 ／大抵 이 公幹이 우리
三人 中 訓導로 이서야 ᄒᆞ／올 일〈이〉 온ᄃᆡ 明春 訓
導을 献性公이 ᄒᆞᆫ다 ᄒᆞ／오니 그리 되오면 兩 〖隔〗 國
大事가 어ᄂᆡ 지경 될 ／줄 모로고 우리 三人이 狼貝*1
之境을 당ᄒᆞ올 거／시니 엇지ᄒᆞ면 좃ᄉᆞ올지 伯玉公의
말ᄉᆞᆷ 듯ᄌᆞ／오니 쟝ᄅᆡ 근심을 ᄉᆡᆼ각ᄒᆞ셔 깁히 議論ᄒᆞ／
온 말ᄉᆞᆷ이 잇는가 시부오니 부ᄃᆡ 私情을 보지 말／고
伯玉公의 편지 ᄉᆞ연을 施行ᄒᆞ오쇼셔 〖移〗 ／公도 爲
〖隔〗 國 周旋ᄒᆞ옵는 터히오니 얼현ᄒᆞ／실 거슨 아니
오되 萬一 訓導를 献性公이 ᄒᆞ고 伯玉／公이 못 ᄒᆞ는
터히오면 우리는 손 붓칠 길히 업／ᄉᆞ오니 깁히〃 生
覺ᄒᆞ오쇼셔 献性公만 ／못 ᄒᆞ면 自然이 訓導는 伯玉公
이 ᄒᆞ는 터／히오니 百事의 무ᄉᆞᆷ 念慮 잇ᄉᆞ오릿가 深
諒〃／ᄒᆞ오쇼셔 〖隔〗 館司公긔와 使者公긔 情表나 ᄒᆞ
올／ᄃᆡ 人便이 번거ᄒᆞ여 못 보ᄂᆡ오니 섭〃ᄒᆞ외다 ／이
말ᄉᆞᆷ ᄌᆞ시 ᄒᆞ여 주오쇼셔 暫上

庚申 十月 二十四日 華彦 崔僉知 〖印〗

右助公도 平安ᄒᆞ온 消息 ᄌᆞ로 드ᄅᆞ／시는잇가
편지 못 ᄒᆞ오니 섭〃ᄒᆞ외다

＊1：狽

【現代語訳】

（封紙上ワ書）（印） 小田幾五郎様の御前へ 入納省封（印）
／都からの来状 華(1)

久しく消息を聞くことができず、さびしくしておりましたところ、思いがけずもお手紙を拝受し拝見しますに、お変わりなくご貴殿ご機嫌うるわしくあらせられるご様子にて、遠慰やみません。館守様もご平安にあらせられ、三種の品物にて、千里記念の段、感謝千万にございます。私は恙なくすごしておりますが、職務に忙しく、もどかしく存じます。使者様もご平安であられるご様子、珍重に存じます。東武（江戸）からのたよりは、今まで消息がないようす、もどかしく存じます。ご貴殿のお手紙にも言われるところですが、そもそもこの御用というのは、われわれ三人の中の者が訓導になっていなければならないことなのですが、明春の訓導は（金）猷性様がなさるということですので、そのようになれば、両国の大事がどのような事態になるやも知れず、われわれ三人がたいへん困ったことになりましょうから、どうすればよいでしょうか。（崔）伯玉様のお話をうかがいますと、（崔伯玉様のお手紙には）将来の困難をおもんばかり十分に議論をつくしたお言葉があるようですので、どうか私情をはさまないで、（崔）伯玉様のお手紙の内容を施行してください。ご貴殿もお国のために周旋なさるはずですので、おろそかにはなさらないでしょうが、万一、訓導を（金）猷性様がなさり、（崔）伯玉様がなれない場合には、われわれは手のつけようもないので、深く深くお考えください。（金）猷性様さえならなければ、自然に訓導は（崔）伯玉様がなるはずですので、万事に何の気遣いがありましょうか。深く深く諒察してください。館守様へと使者様へ贈りものでもすべきところですが、人便[2]がわずらわしく送ることができず残念です。この言葉を仔細にお伝えください。まずは

庚申[3]十月二十四日　　華彦崔僉知（印）

（吉松）右助様もご無事である消息をしばしばお聞きになられますでしょうか。手紙を差し上げることができず、残念でございます。

【語釈】

（1）このうち「都来状　華」の部分は異筆。「華」とは崔国禎（華彦）のこと。

（2）人を遣わして手紙を送ること。人づて。

（3）一八〇〇（寛政十二）年。

【和解】

「御内密書物控」寛政十二年十月三日条

華彦崔僉知方ゟ小田幾五郎へ別飛脚を以申越候書状之和解、

庚申十月二十四日　　華彦崔僉知　印

久敷消息無之候処、

公候萬相之由承り遠慰不已候、館司公御平安ニ被成御坐使者公ニも御平安之由珍重存候、僕無蟋勤ニ取込居候、東奇ハ今ニ至り御消息無之様ニ相聞如何哉と致懸念候、公へ書状差越候言者大抵公幹ニ付、我々三人中ニ訓導相勤候而社、

速ニ相成可申処、明春訓導を猷姓公ニ相成候と申候故、左様候得者両　国大事如何遅滞御手入ニ可相成も難計、我々三人狼狽之境ニ至り候間、何と致し候得者、宜く御坐候哉、伯玉公之咄を承候へ者、先々之事心を寄セ致了簡候而、深く議論を申遣候訳有之、必私情を御覧不被成而、伯玉公書状之通之訳を御取行可被成候、　公ニも為国周旋被成候義故、疎ニ不被成段ハ相察候得共、萬一訓導勤猷姓ニ相成伯玉ニ不相成ものニ候得者、我々者手を束ね候と申義ニ至ニ〻、深々御了簡可被成候、猷姓さへ不相成候得者、自然と訓導ハ伯玉ニ相成候義故、百事何之念慮無之候、深く諒々可被下候、　館司公使者公へ此段宜敷被仰上可被下、以上、

十月九日　　小田・牛田

【参考情報】 本書簡は、**史料20**の崔珦書簡と同一日に崔国禎が小田幾五郎などに宛てて送ったものである。**史料20**参照のこと。なお、倭館側としては、倭館からソウルまで「日本館ヨリ都迄之道程十二日之程也、都ヨリ本唐之境迄十五日之程ニて候事」（松原新右衛門「朝鮮物語」）と理解していたようである。

史料22

【史料概要】 倭学訓導から倭館の大通官宛の書簡。ソウルからの便りでは易地聘礼をめぐる動きは順調に推移しているのでご心配ないように。むしろ気がかりなのは、易地聘礼をめぐる噂ばかりではなく、倭館での出来事も館外に漏れ聞こえてくること。情報の厳正な管理と緊張感をもってほしいと依頼する書簡。

【写真】

史料22
（包紙上書）

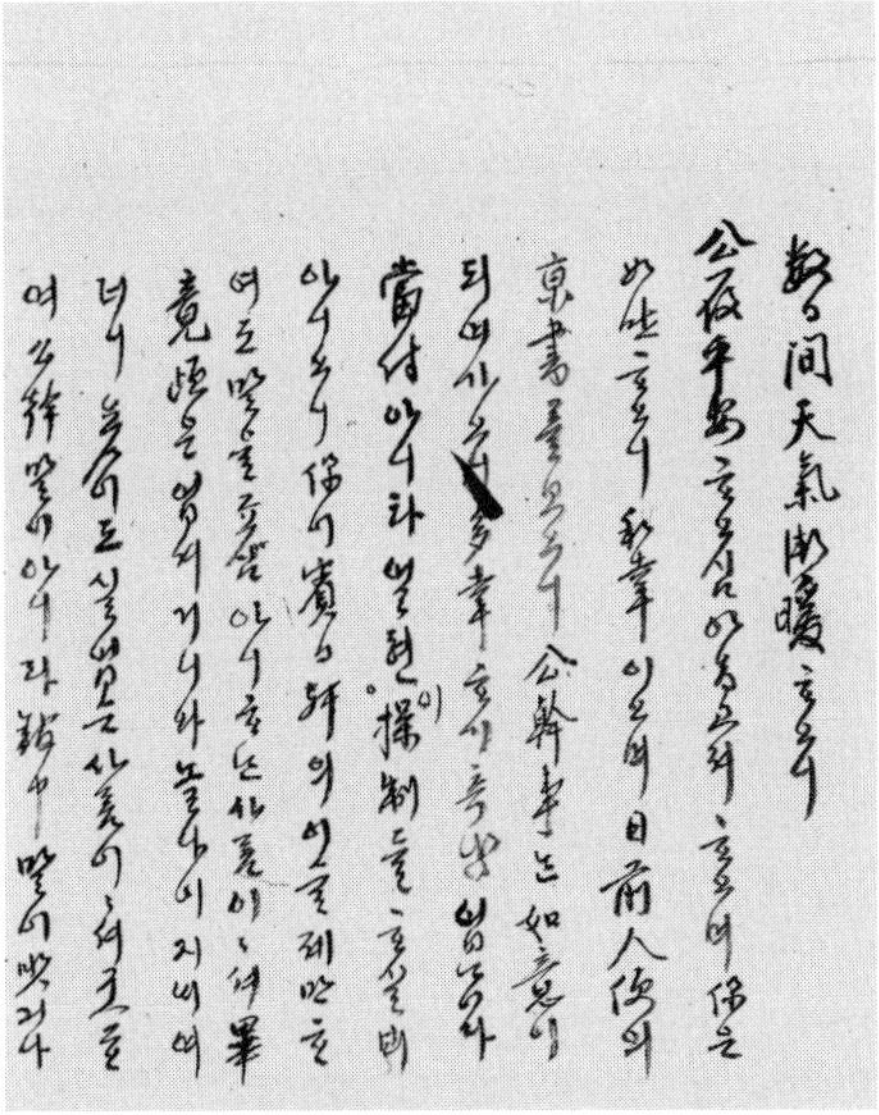

史料22（1/2）

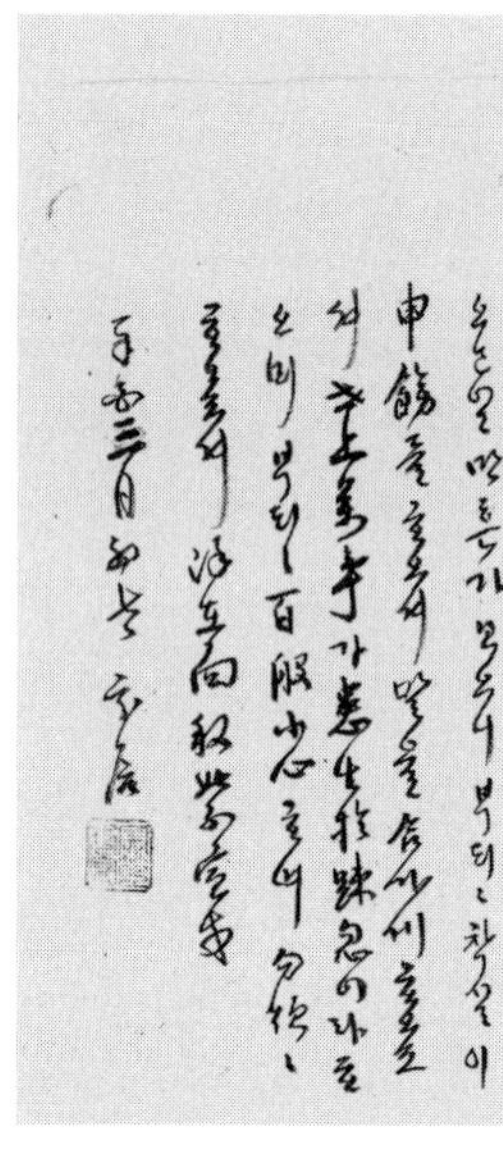

史料22（2/2）

【翻刻】

（包紙上書）大通官 公 前 入納 ／〖印〗 謹封
數日間 天氣 漸暖ᄒᆞ오니 ／〖擡〗公履 平安ᄒᆞ오심 아옵고져 ᄒᆞ오며 〖右〗僕은 ／如昨ᄒᆞ오니 私幸이오며 日前 人便의 ／京書를 보오니 公幹事ᄂᆞᆫ 如意이 ／되여가오니 多幸ᄒᆞ기 측냥 업ᄂᆞ이다 ／當付 아니타 얼현〈이〉操制들 ᄒᆞ실 빈 ／아니오니 〖右〗僕이 賓日軒의 이슬 제만 ᄒᆞ／여도 말을 죠심 아니ᄒᆞᄂᆞᆫ 사름이 〃셔 畢／竟 頃은 업셔거니와 놀나이 지닉여／더니 요ᄉᆞ이도 실업슨 사름이 〃셔 굿ᄒᆞ／여 公幹 말이 아니라 舘中 말이 밧긔 나／오ᄂᆞᆫ 일 만흔가 보오니 부듸 〃 착실이 ／申飭들 ᄒᆞ오셔 말을 숨가게 ᄒᆞ오쇼／셔 世上萬事가 患生於疎忽이라 ᄒᆞ／오미 부듸〃 百般 小心ᄒᆞ여 勿煩〃 ／ᄒᆞ오쇼셔 餘在面敍 姑不宣式
辛酉 三月 初七日 訓導 〖印〗

【現代語訳】

（封紙上ワ書）（印）大通官様の御前へ　入納　謹封
数日間、天気がだんだん暖かになってまいりましたが、ご貴殿ご平安の段、お伺い申し上げます。私は相変わりませず、幸いに存じます。先日、人便のソウルからのたよりを見ましたところ、御用の事は望みどおりになりゆきつつありますので、幸いなことこのうえございません。お願い申し上げずとも、おろそかに統制なさることではございませんけれども、私が賓日軒[1]にいるときにしても言葉を注意しない人がいて、結果的に問題はなかったのですが、驚いた次第です。近頃も、いいかげんな人がいて、とくに御用の話ではなくとも、館中の話が外向き（朝鮮側）に（もれ）出ることが多いように思いますので、どうかどうか、しかと言いつけられて、言葉を慎ませてください。世の中万事、患いは疎忽より生ずると言いますので、どうかどうか、万事に注意なさり、問題が起こらないようにしてください。その他のことはお目にかかって話しますので、これで終わります。
辛酉三月初七日　　訓導（印[2]）

【語釈】

（1）賓日軒は倭学訳官である別差の執務所を兼ねた居住空間である。「賓日軒（別差所在）内舎（九間）行廊（六間）中門（一間）大門（一間）」（『増正交隣志』）。倭館の北にあたる草梁には、訓導の執務所兼居住空間である誠信堂、別差の賓日軒、出使訳官の柔遠館、小通事の通事庁などがあった。一七二七年に玄徳潤が誠信堂と共に賓日軒を建築した（「東莱府誌」）。

（2）　参考情報に示したごとく、この書簡の発信日の一八〇一（享和元／辛酉）年三月七日の段階では、訓導は朴致倹であるが、印影は崔珦のものである。参考情報を参照のこと。

【参考情報】

語釈の（2）に述べたとおり、一八〇一（享和元／辛酉）年三月初めの訓導は朴致倹であった。しかしながら、末尾に押されている印が、**史料20**と一致するので、発信者は崔珦（伯玉）だと考えられる。「倭館館守日記」享和元年三月七日条や三月十五日条でも崔珦はまだ正式の訓導ではなく仮訓導にすぎなかった。「倭館館守日記」の同年三月二十四日の条には、「新訓導伯玉崔僉正ニ勤番大通詞小田幾五郎・同稽古通詞吉松右助相附入来ニ付、書役差出置、見合、拙者出席之処、伯玉ゟ幾五郎を以、私儀景和朴主簿為代訓導役被申付、今日到任仕候付、為御届、伺出仕候」とあるから、崔珦（伯玉）が正式に訓導になったのは、一八〇一（享和元／辛酉）年三月二十四日のことである。

史料23

【史料概要】風邪やら腰痛等の病気に苦しむ「永好堂主人」（崔珦（伯玉））が、東莱附使の口伸（口上書）を倭館の大通官（小田幾五郎）に送付するときに添付した書簡。

【写真】

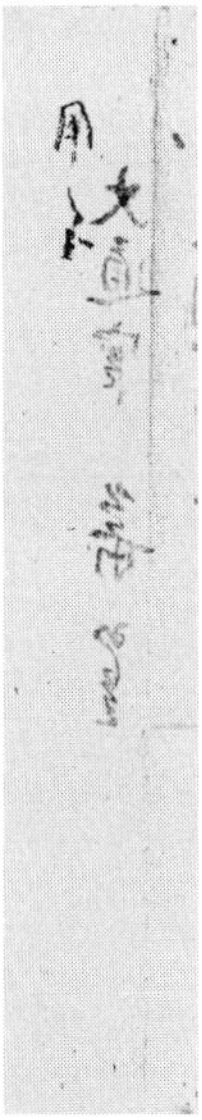

史料23
（端裏書き）

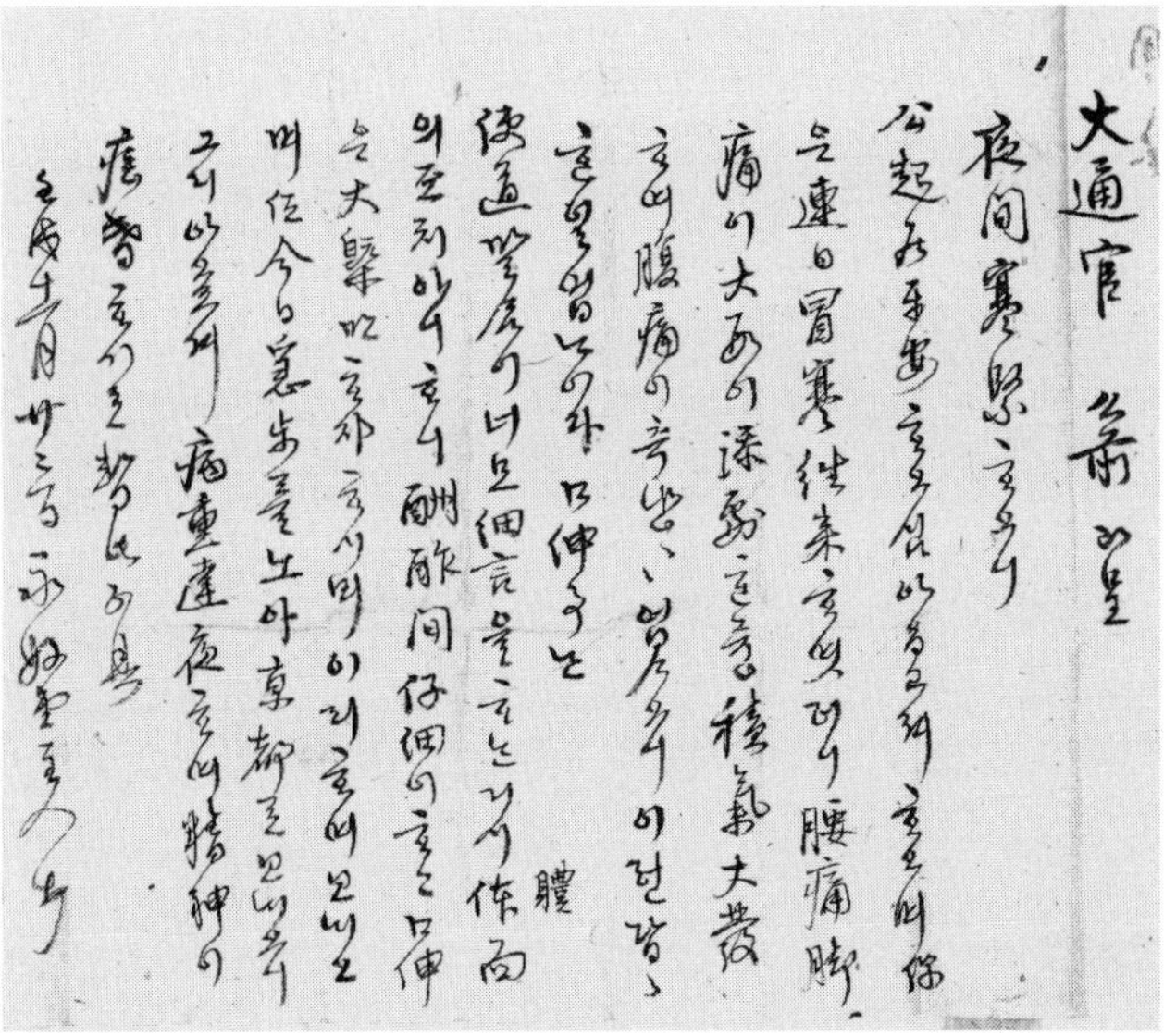

史料23

【翻刻】

（端裏書き）用之分
大通官 公 前 即呈
夜間 寒緊ᄒᆞ오니 ／〖擡〗公 起居 平安ᄒᆞ오심 아ᄋᆞᆸ고져 ᄒᆞ오며 〖右〗僕／은 連日 冒寒往來ᄒᆞ엿더니 腰痛脚／痛이 大段이 添劇ᄒᆞᆫ 즁 積氣大發／ᄒᆞ여 腹痛이 측냥〃〃 업ᄉᆞ오니 이런 답〃／ᄒᆞᆫ 일 업ᄂᆞ이다 口伸事ᄂᆞᆫ／〖擡〗使道 말ᄉᆞᆷ이 너모 細言을 ᄒᆞᄂᆞᆫ 거시 体［體］面／의 죠치 아니ᄒᆞ니 酬酢間 仔細이 ᄒᆞ고 口伸／은 大槩만 ᄒᆞ쟈 ᄒᆞ시ᄆᆡ 이리 ᄒᆞ여 보ᄂᆡ오／며 또 今日 急步를 노아 京都로 보ᄂᆡ오니 ／그리 아오쇼셔 病重達夜ᄒᆞ여 精神이 ／痃昏ᄒᆞ기로 暫此不具
　壬戌 十一月 廿三日 永好堂 主人 頓

【現代語訳】

（端裏書き）入用の分
大通官様の御前へ即呈(1)
夜間寒緊にしてご貴殿ご平安の段、お伺い申し上げます。私は連日寒さを冒して往来いたしましたところ、腰痛と脚痛がはなはだひどくなりましたうえ、積気(2)が大いに起こりまして腹痛が限りございませんので、このような困ったことはございません。口伸(3)の事は東萊府使のお言葉には、「あまりに細かいことを言うのは体面においてよろしくないので、やりとりの際に詳しく言うことにし、口伸は、概略のみ述べよう」とおっしゃるので、このようにしてお送りします。また、今日早飛脚を放ってソウルへ送りましたので、さようお心得ください。病気が重く徹夜して意識が朦朧としますので、これまで。
　壬戌(4)十一月廿三日　　永好堂主人　頓

【語釈】

（1）「即時に差し上げます」の意。
（2）食もたれ。
（3）「口伸」とは口上書の類を指すものと見られる。
（4）一八〇二（享和二）年。

【参考情報】

発信人の「永好堂主人」とは、崔珊（伯玉）のことである。史料25の参考情報を参照のこと。
本書簡にある東萊府使の「口伸」とは、壬戌十一月二十二日付で東萊府使徐有錬が旧館司（戸田頼母）にあてた覚（宗家文庫史料一紙物821-4）を指すと考えられるが、後考を俟つ。

覚

一 講定官景和朴僉知病勢少差、将欲発程之際、我／聖上殿下有紅疫之 候、臣民悚慮闔禁粛／厳出壃使价不敢辞／陛如是遅延、因景和病故請改他人之状／啓回下内有姑先假差之／分付不得已以／華彦崔僉知假

差〃定　而今十二月旬望〃間實講定官下来無慮事
壬戌十一月二十二日　東萊府使徐有鍊
旧館司　公

史料24

【史料概要】別差の任期を終えてソウルに戻った玄烒が大通官（小田幾五郎）に送った書簡。倭学訓導に任命されて釜山に着任すること、そして「朴景和様もお元気であること」の二点を主眼とする内容。

【写真】

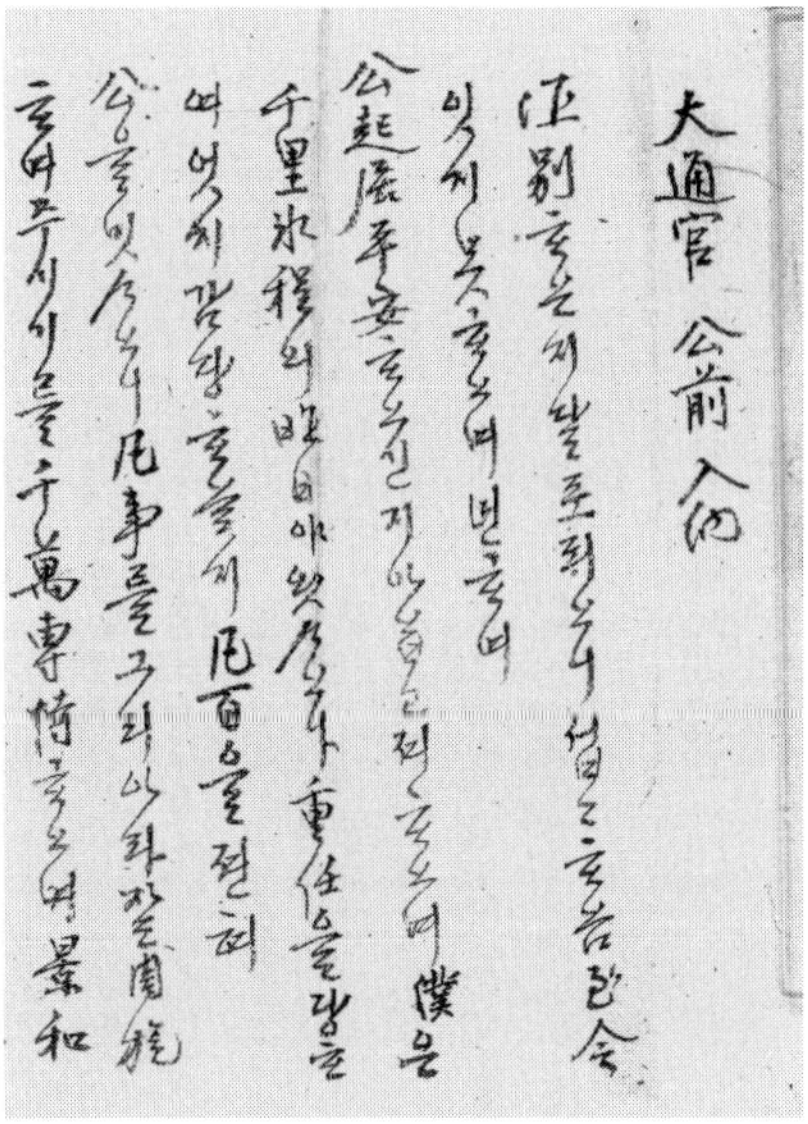

史料24（1/2）

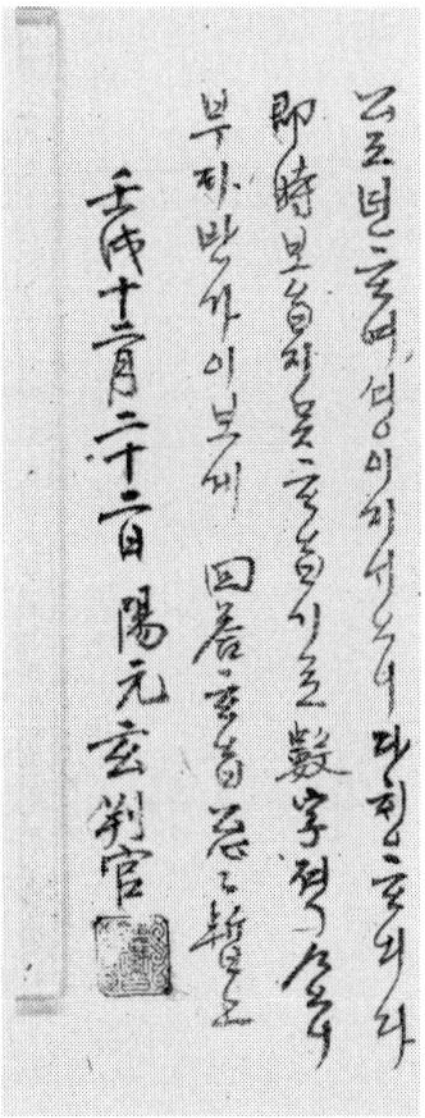

史料24（2/2）

【翻刻】
大通官 公 前 入納
作別ᄒᆞ온 지 달포 되오니 섭〃ᄒᆞ옴 至今 ／잇지 못ᄒᆞ
오며 년ᄒᆞ여 ／〖擡〗公 起居 平安ᄒᆞ오신지 아옵고져
ᄒᆞ오며 〖右〗僕은 ／千里氷程의 昨日야 왓ᄉᆞ오나 重
任을 당ᄒᆞ／여 엇지 감당ᄒᆞ올지 凡百을 젼혀 ／〖擡〗
公을 밋ᄉᆞ오니 凡事를 그리 아라 잘 周旋／ᄒᆞ여 주시
기를 千萬專恃ᄒᆞ오며 景和／公도 년ᄒᆞ여 셩이 지ᄂᆡ오
니 다ᄒᆡᆼᄒᆞ외다 ／卽時 보옵지 못ᄒᆞ옵기로 數字 젹ᄉᆞ오
니 ／부ᄃᆡ 반가이 보게 〖隔〗回答ᄒᆞ옵 悤〃暫上
　壬戌 十二月 二十二日 〖右〗陽元 玄判官 〖印〗

【現代語訳】
大通官様の御前へ入納
お別れしてから一ヶ月余りになりますが、さびしさは今でも忘れることができません。お変わりなくご貴殿ご平安でいらっしゃいますでしょうか、お伺い申し上げます。私は千里の氷の行程を昨日やっとやってまいりましたが、重任を任されて(1)どうしてやりとげることができましょうか、あらゆることを専らご貴殿を頼みにしておりますので、凡事をさようお心得くださり、よろしくご周旋のほどなにとぞお願いいたします。(朴)景和様もお変わりなくご清祥にお過ごしにて幸いでございます。すぐにお目にかかることができないので、幾文字か記しますので、どうかうれしくご覧になり、回答ください。

怱々なるままにまずは

壬戌(2)十二月二十二日　　陽元玄判官(印)(3)

【語釈】

(1) 書簡にある「重任を任される」とは、次期の訓導に内定したことを意味する。

(2) 一八〇二(享和二)年。

(3) 玄烒。朝鮮後期の倭学訳官。字は陽元、本貫は川寧。一七六二年生まれ。一七八六(正祖十)年式年試の時、雑科のうちの訳科(倭学)に合格した。一八〇一年六月から一八〇二年六月まで別差、一八〇三年二月一日には訓導として再び到任した。一八一一(純祖十一)年の第一二回文化度通信使に加わり、さらに問慰訳官使として一八二二(純祖二十二)年に対馬に派遣された。

【参考情報】文中に「景和様もお変わりなくご清祥にお過ごしにて幸いでございます」とあり、このとき、朴景和はソウルにいたから、この書簡は(玄烒(陽元)が)ソウルから送ったものである。「倭館館守日記」によれば、発信者の玄烒(陽元)は、一八〇一(享和元)年六月二十四日から翌二年六月二十五日まで別差であったこと、また、享和三年二月一日には訓導として到任したことが確認できる。この書簡の冒頭には「お別れしてから一ヶ月余りになりますが」とあるから、別差の任を離れたあとも一八〇二年十一月ころまで東萊に留まっていたのであろう。また、文中にある「重任を任されて」というのは、このときすでに次期の訓導に内定していたことを示すものと思われる。

史料25

【史料概要】崔珦(伯玉)が倭館の「三伝語官」に送った書簡。(享和三年)正月三日に朴致倹(景和)が通信使行節目講定訳官に任命されたので、東萊には正月の内に到着する。すぐに通信使行節目の講定に着手するので、対馬に飛船を送って早く書契を送るよう督促してほしいという内容である。なお、本書簡は長正統氏が「四、三伝語官宛永野兼一郎書簡」として紹介したものである(長一九七八年)。

【写真】

史料25
（端裏書き）

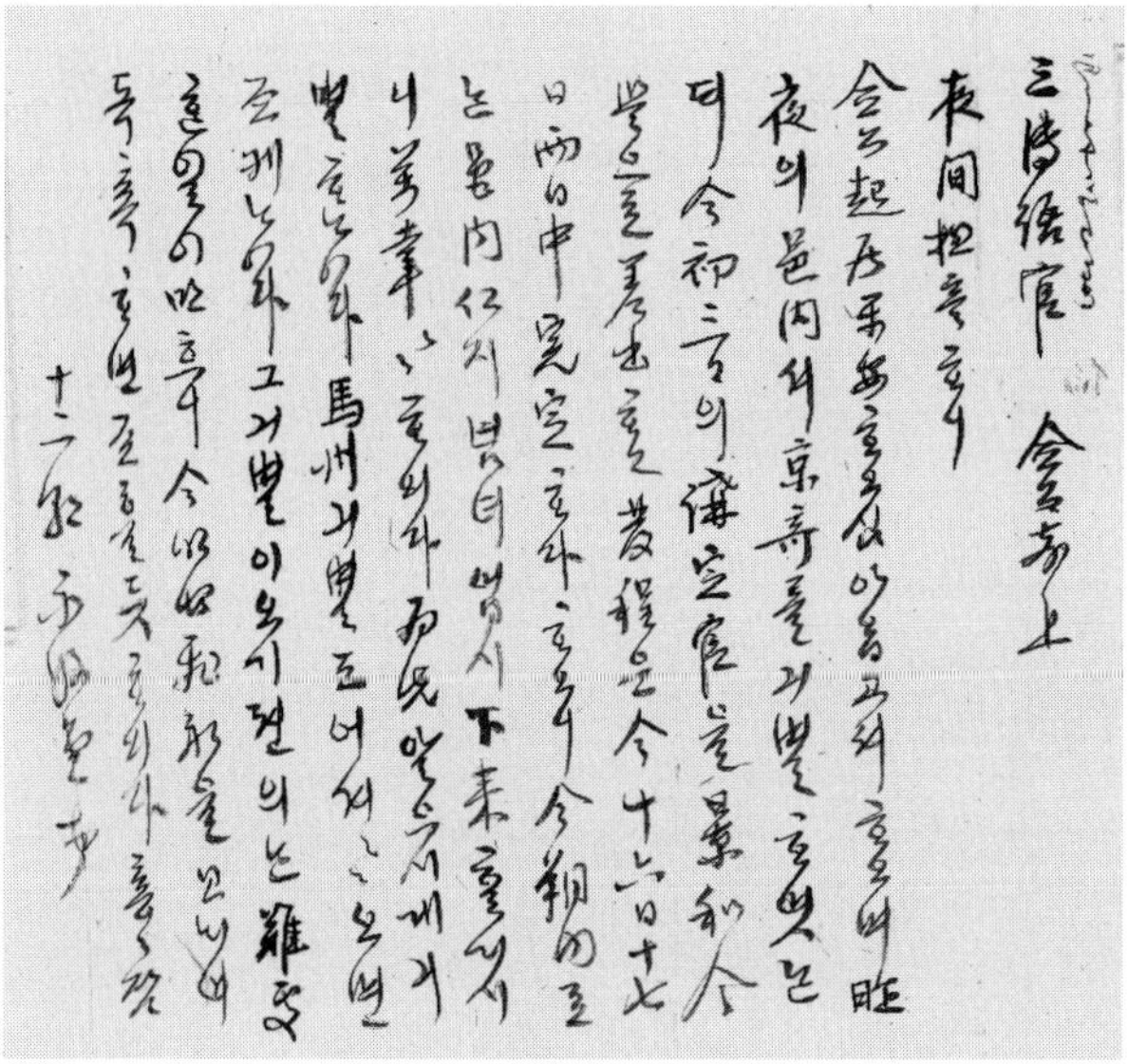

史料25

【翻刻】
（端裏書き）正月十三日達　伯

三傳語官 僉公 前 上
夜間 極寒ᄒᆞ니 〖移〗／僉公 起居 平安ᄒᆞ오심 아ᄋᆞᆸ고
져 ᄒᆞ오며 昨／夜의 邑內셔 京奇를 긔별ᄒᆞ엿ᄂᆞᆫ／ᄃᆡ 今
初三日의 講定官을 景和 令／監으로 差出ᄒᆞ고 發程은
今十六日 十七／日 兩日 中 完定ᄒᆞ다 ᄒᆞ오니 今朔內로
／ᄂᆞᆫ 邑內ᄭᆞ지 념녀 업시 下來ᄒᆞᆯ 거시／니 萬幸〃〃ᄒᆞ
외다 爲先 알으시게 긔／별ᄒᆞᄂᆞ이다 馬州 긔별도 어셔
〃〃오면 ／죠케ᄂᆞ이다 그 긔별이 오기 젼의ᄂᆞᆫ 難處／
ᄒᆞᆫ 일이 만ᄒᆞ니 今明間 飛船을 보ᄂᆡ여 ／독촉ᄒᆞ면 죠
흘 듯 ᄒᆞ외다 ᄎᆞᆷ〃 잠
　十二 朝　永好堂 頓

【現代語訳】
（端裏書き）正月十三日達　伯
三伝語官[1]皆様の御前へ
夜間、極寒のおり、皆皆様ご平安の段、お伺い申し上げます。昨夜に（東萊）邑内からソウルの便りを知らせてきましたところ、今月の三日に講定官は（朴）景和様をして任命され、出発は今月の十六日、十七日の両日中と確定したとのことで、今月内には（東萊）邑内まで気遣いなく下来するでしょうから、まことに幸いでございます。まずはお知らせすべくお便りいたします。馬州（対馬）からの便りも早々に来ればよろしゅうございましょう。その便りが来る前には、処置し難い

ことが多いので、今日明日の間に、（対馬へ）飛船を送って督促すればよろしいかと存じます。怱々なるままにまずは

十二朝　永好堂　頓

【語釈】

（1）朝鮮側から日本の朝鮮語通詞を称するとき「伝語官」という。ここでの「三伝語官」とは、小田幾五郎・牛田善兵衛・吉松右助の三人を指す。

【参考情報】

本書簡の端裏書きに「正月十三日達　伯」とあり、「伯」とは崔珦（伯玉）のことであろうから、この手紙の発信者は崔珦（伯玉）と考えられる。

長正統（一九七八年）は、この手紙の末尾の発信者の名前を「永野兼一郎」と読み、日本人が書いた手紙と解釈したが、上記の端裏書きの記載と齟齬をきたす。

この手紙の末尾の発信者の名前を**史料23**の末尾の発信者の名前と照合してみると、両者一致し、「永好堂」と読める。また、この手紙と**史料23**は冒頭の書き出しの文句も酷似しており、同一人が書いたものと見て間違いない。「永好堂」とは、この手紙の端裏書きの「伯」すなわち崔珦（伯玉）の居所の名前ではないかと思われる。

なお、本書簡の発信年が未記載であるが、朴致倹（景和）の講定訳官任命を伝える内容であることからして、一八〇三（享和三／癸亥）年である。「御内密御用書物」享和三年正月十二日条には、

訓導方ゟ手紙来ル、御書契早々被差渡候様周旋可被下、願者飛船ニ而被仰越候様ニ共相成間敷哉と申来ル、景和病少々も快方之段申聞ル、新訓導三四日内東萊へ可致下来段申聞候事

とあり、この書簡の内容におおむね符合する記事を確認することができる。ただし、文中の「景和病少々も快方之段申聞ル」の書きぶりはいささか注意を要し、朴致倹（景和）がまだソウルにおり東萊へ下来していないことを隠す表現となっている。

書簡の月日については端裏書きに「正月十三日達」とあることから、朝鮮暦の「十二日」朝に発信され和暦の享和三年正月十三日に受信されたことが分かる。ちなみに、このとき和暦・朝鮮暦の違いはなく、朝鮮暦の正月十二日は和暦でも正月十二日である。

ところで、朴致倹（景和）が講定官として東萊へ下来した日付に関して、戸田頼母「古館守日記」や「倭館館守日記」など日本側の史料の記載とハングル書簡の日付には食い違いがある。「古館守日記」一八〇二（享和二）年十二月十九日条には、

講定官景和朴僉知事、昨夕下来之段訓導ゟ小田幾五郎・牛田善兵衛を以相届

任官ゟ左之通勤番通詞中を以今日性名書差出

覚

一　講定官景和朴僉知昨日下来事

壬戌　十二月十九日　訓導　伯玉崔同知・別差　仲受閔主簿

旧館司尊公

とあり、また、「倭館館守日記」には、享和二年八月二十六日に「通信使講定官以景和朴僉知差出事」、享和二年十二月十九日に「講定官景和朴僉知昨日下来事」、一八〇三（享和三）年二月二日に「講定官・新訓導・仮別差伯倹金主簿入館之段、小通詞を以相届、講定官景和朴僉知・新訓導陽元■■（後略）」とある。これらの記載によれば、朴致倹（景和）が講定官として東莱に下来したのは一八〇二（享和二／壬戌）年十二月十九日の前日の十八日ということになる。ただし、日本側の史料においても、朴致倹（景和）が実際に倭館に入館したのは、ずっと後の一八〇三（享和三）年二月二日（西暦一八〇三年三月二十四日、朝鮮暦の癸亥閏二月二日）である。

一方、ハングル書簡の**史料26**では、癸亥二月六日（西暦一八〇三年二月二十七日、和暦の享和三年閏一月六日）の時点ではまだ朴致倹（景和）は講定官として東莱に下来しておらず、講定官として下来したのは、**史料31**癸亥二月二十八日の前日の二十七日（西暦一八〇三年三月二十日、和暦の享和三年閏一月二十七日）である。なお、朝鮮側の史料である「典客司日記」では朴致倹（景和）の講定訳官差送の記事が現れるのは純祖三年癸亥（一八〇三年）一月十日のことであり、ハングル書簡の日付と合うようである。

朴致倹（景和）が講定官として東莱へ下来した日付は、ハングル書簡の伝える癸亥二月二十七日（西暦一八〇三年三月二十日、和暦の享和三年閏一月二十七日）が事実に符合するものと思われる。

「御内密御用書物」には、享和三年一月以降、対馬側は朝鮮側に対し何度も講定官朴致倹の入館を要請するも病気を理由に延引に及び、享和三年二月二日に至ってようやく実現したことが記述されている。そのうちの享和三年一月二十四日条には次のようにある。

訓導と華彦入館有之、十八日比ニ者出立致へく哉相聞候得共、講定官ニ付渡物有之筈に候処、戸曽（ママ）之判書病死有之相滞候段相咄候ニ付、夫者御国法に可有之候得共、一ト役方相立居候儀故、夫等之事信用難致実情被仰聞候様ニと申候処、華彦ゟ茂我か国之風儀ニ而詮方無之、何れ今少し御待可被下段々延引気毒一言も無之候与申聞候事
〃訓導江我々ゟ申候者、当月茂も譏に相成候処今日迄先問到着無之、兼而廿四・五日ニ者吃度先問下来無相違段被仰聞候ニ付、景和公御痛廿四・五日にも少々快方ニ相成可申段申上置候処、今日迄何之便りも無之段当惑至極ニ候、段々延引多日ニ相成候得者、若もいまた下来無之段

旧館守様・御使御聞被下候而者大切千万ニ御坐候、尚亦此事少しも風聞有之候而者不相済候、其上大切ニ存候風勢宜相成候得者、御内密申候通御書契御持渡之御使御館着に至候時、今之躰ニ而者至而大切ニ御坐候、今日ニ而も御渡海難斗御座候、景和公御病とハ申なから多日之内一日御快方ニ可有之筈を、御対面いまた無之而者旧館守様御済不相成、我々ゟ此上何と可申上候哉、我々身分ニ被代申上遍辞も御座候ハ、御教へ可被下候と申候処、如何様其儀不被申聞候、能々相察居候、先刻貴様達路中往還之躰を及今日共者如何被存候哉と迄胸中ニ相察候程に御坐候、廿八日ニ者下来致貴様達顔之立候様可致段申聞候間、如何之筋ニ御坐候哉と申候所其前便り可有之、何れニも廿八日御待可被下候と申聞候事

文中傍線部の「若もいまた下来無之段　旧館守様・御使御聞被下候而者大切千万ニ御坐候」という文言から察せられるように、実際にはこのとき朴致倹（景和）はまだ東莱へ下来しておらず、小田幾五郎らはそのことを知りながらも、旧館守・御使にはすでに下来したかのごとく取り繕って報告していたのであろう。上掲の「御内密御用書物」の一八〇三（享和三）年一月十二日の条で、朴致倹（景和）がまだソウルにおり東莱へ下来していないことをはっきりと書かずに、「景和病少々も快方之段申聞ル」となっているのは、そのような事情によるものではないかと推察される。

史料26

【史料概要】封紙にあるように、この書簡は、朴致倹（景和）の下来が遅滞したため日本側が別飛脚を仕立ててソウルまで遣わして問い合わせた、その返書である。なお、本書簡は長正統氏が「五、某宛朴致倹書簡」として紹介したものである（長一九七八年）。

【写真】

史料26
（端裏書き）

史料26（1/2）

史料26（2/2）

【翻刻】

（端裏書き）景和朴僉知下來方　不審　及遲滯候ニ付／態々賃銀を呉れ 別飛脚内々遣し／都ゟ返書相達候事

上年 春間 作別 後 書信이 隔阻ᄒᆞ오니 섭〃ᄒᆞ기 측냥／업ᄉᆞ며 春日 極寒ᄒᆞ오니 ／〘擡〙僉公 候 平安ᄒᆞ오신 줄 아ᄋᆞᆸ고져 ᄒᆞ오며 〘右〙僕은 數年 以來의 ／咳嗽와 痰喘이 苦劇ᄒᆞ여 지ᄂᆡᄂᆞᆫ 中 意外에 講定官을 當／ᄒᆞ여 ᄉᆞ양ᄒᆞᆯ 길도 업ᄉᆞᆸ고 즉시 發行ᄒᆞ랴 ᄒᆞ오나〘移〙／朝廷의도 일이 만ᄉᆞᆸ고 廳中에 緣故도 잇ᄉᆞ와至今 遲／滯ᄒᆞᄋᆞᆸᄂᆞᆫ 中 千萬 意外에 ／〘擡〙나라에患候 問安이 계ᄋᆞᆸ셔 下直 肅拜를 아뢰지 못ᄒᆞ고 안ᄌᆞ／ᄉᆞ오니 이런 답〃ᄒᆞᆫ 일 업ᄂᆞ이다 卽今 事勢가 不可不 ／望後 念前의 發行이 되야 今月 內로ᄂᆞᆫ 東萊셔지드러 ／갈 거시오니 그리 아라 〘隔〙舊館司公과 使者公 恕介公께 ／말ᄉᆞᆷ 잘 ᄒᆞ오쇼셔 그 ᄉᆞ이 〘隔〙公네께 一字 書信이나 ᄒᆞ랴 ／ᄒᆞ오되 즉시 發行ᄒᆞ랴기로ᄂᆞ려가 뵈오면 그런 말／ᄉᆞᆷ이나 ᄒᆞ쟈 ᄒᆞ고 아니코 지ᄂᆡᄋᆞᆸ더니 卽今은 發程이 ／너모 遲滯되오믜 그런 ᄉᆞ연이나 아오시게 대강 젹ᄂᆞ／이다 뵈올 ᄂᆞᆯ이 不遠ᄒᆞ오믜이만 긋치ᄂᆞ이다

癸亥 二月 初六日　〘右〙景和 朴僉知 〘印〙

【現代語訳】

（封筒上ワ書）景和朴僉知の下来が不審であり遅滞しているので、わざわざ賃銀を出し別飛脚を内々に遣わし、都より返書が届いたもの

昨年春にお別れして後、書信がとだえ、残念の限りでございます。春とはいえ、極寒ですが、皆様方にはご機嫌安らかにあらせられることと存じます。私は数年以来の咳と喘鳴がひどいありさまですごしておりますところに、思いがけず講定官に当たって[1]、辞退することもできず、直ちに出発しようとしましたが、朝廷でも事多く、官衙に事情もあって、今まで遅滞しておりましたところ、まったく意外にも国王のご病気のお見舞いがあらせられ[2]、下直（国王への暇乞い）粛拝[3]を申し上げることができずとどまっておりまして、このようなもどかしいことはございません。ただいまの事勢というのが、どうあっても十五日以降から二十日以

前に出発にならなければ、今月内には東莱まで入ることができないでしょうから、そのようにお心得になって、旧館守様(4)と使者様(5)、恕介様(6)によろしくおっしゃってください。その間、ご貴殿らに短いお便りなりともしようとしましたが、すぐに出発しようとしているのだから、下っていってお目にかかれば、そのようなお話でもしようとおもい、お手紙もしないですぎてしまいました。いまとなっては、出発があまりにも遅滞してしまいましたので、そのようなわけなりともお知らせすべく、粗々しるす次第です。お目にかかる日が遠くないことですので、これで終わります。

癸亥二月初六日　　景和朴僉知（印）

【語釈】

（1）一八〇二年十二月に東莱府使の徐有錬は、一八〇七年（丁卯）に予定されている通信使に関して廟堂に報告を上げた。対馬から書契を送ってきたが、その内容はまだ対馬に戻らずにいた旧館守を通じて通信使派遣に関する節目を決めようというものであった。つまり節目の講定を旧館守に任せるという意味であった。これにより備辺司では、通信使の節目は、派遣一、二年前に講定することが前例であるが、数年早めても支障はなく、（通信使）派遣の弊害をなくそうとすることであると王に報告し、講定訳官を司訳院から選抜して送る裁可が下された（「典客司日記」純祖二年十二月二十七日）。そこで司訳院では堂上訳官の朴致倹を推挙して、講定訳官一名が東莱府へ派遣されたら、対馬からの使節に会うことになるので、私礼単を前例どおりに贈給するよう、戸曹に要求した（「典客司日記」純祖三年一月十日）。

（2）国王が「はしか」に罹患したこと。【参考情報】参照のこと。

（3）国王に対して頓首四拝すること。

（4）「舊館司公」とは、戸田頼母を指す。

（5）「使者公」とは、御使の中川奥右衛門を指す。中川奥右衛門（平包幸）。中級藩士（大小姓）。中川家は世襲で祐筆を勤める家柄。一七八八（天明八）年には祐筆として江戸勤務を命じられた。江戸では家老の小野六郎右衛門について文書業務に従事し、易地聘礼交渉の経緯にも通じていたと考えられる。一七九七（寛政九）年に御用のため朝鮮渡海を命じられると一八〇三（享和三）年まで倭館に滞在した（宗家文庫史料「奉公帳」中川奥右衛門の項参照）。

（6）「恕介公」とは、早川恕介を指す。早川恕介（大江信友）。中級藩士（大小姓）。御留守居仮納戸掛、中御形御目付などを勤める。一七九三（寛政五）年に慶誕参判使の封進、翌六年に議聘参判使封進として朝鮮へ渡海。その後、表御目付として一八〇二（享和二）年に倭館へ赴き、一八〇七（文化四）年六月に一時帰国するまで滞在した（宗家文庫史料「奉公帳」早川恕介の項参照）。

【参考情報】

この書簡の発信日の朝鮮暦の癸亥二月六日は、和暦の享和三（一八〇三）年閏一月六日に当たる。「御内密御用書物」享和三年閏一月一日条に、「景和方江飛脚差立候事、委控ニ有之、使国大福を遣事」とあり、また、同年閏一月十六日条に、「夜に入景和方ゟ之書状来ル、当月中ニは快方可致との趣相聞候事」とあるので、享和三年閏一月十六日に倭館に到着したものである。

この書簡の内容が、朴致倹（景和）がまだソウルにいるが十五日～二十日ころにソウルを出立して二月末（和暦の閏一月末）には東萊へ下来する予定であることを伝えるものであるにもかかわらず、「御内密御用書物」享和三年閏一月十六日条の書きぶりが、「当月中ニは快方可致との趣相聞候事」とて、あたかもすでに東萊に下来しているけれども病気のために倭館に入館できないかのような表現になっている理由については、前掲の**史料25**の参考情報を参照のこと。

書簡の文中に「国王のご病気のお見舞いがあらせられ」とあるが、壬戌（一八〇二年）十一月二十二日付で東萊府使徐有錬が旧館司（戸田頼母）にあてた覚書（宗家文庫史料一紙物821-4）に「講定官景和朴僉知病勢少差、将欲発程之際、我　聖上殿下有紅疫之　候臣民悚慮闔禁粛厳出壃使价不敢辞陛如是遅延」とあり、国王が「紅疫（はしか）」にかかっていたことを指すものと見られる。

史料27

【史料概要】本書簡は、旧訓導公（崔珦（伯玉））と別差公（閔鼎運（仲受））が捕縛されたことを報じ、それに伴い後任の訓導として自身（玄烒（陽元））が直ちに到任すべきことを述べるものである。

【写真】

史料27（端裏書き）

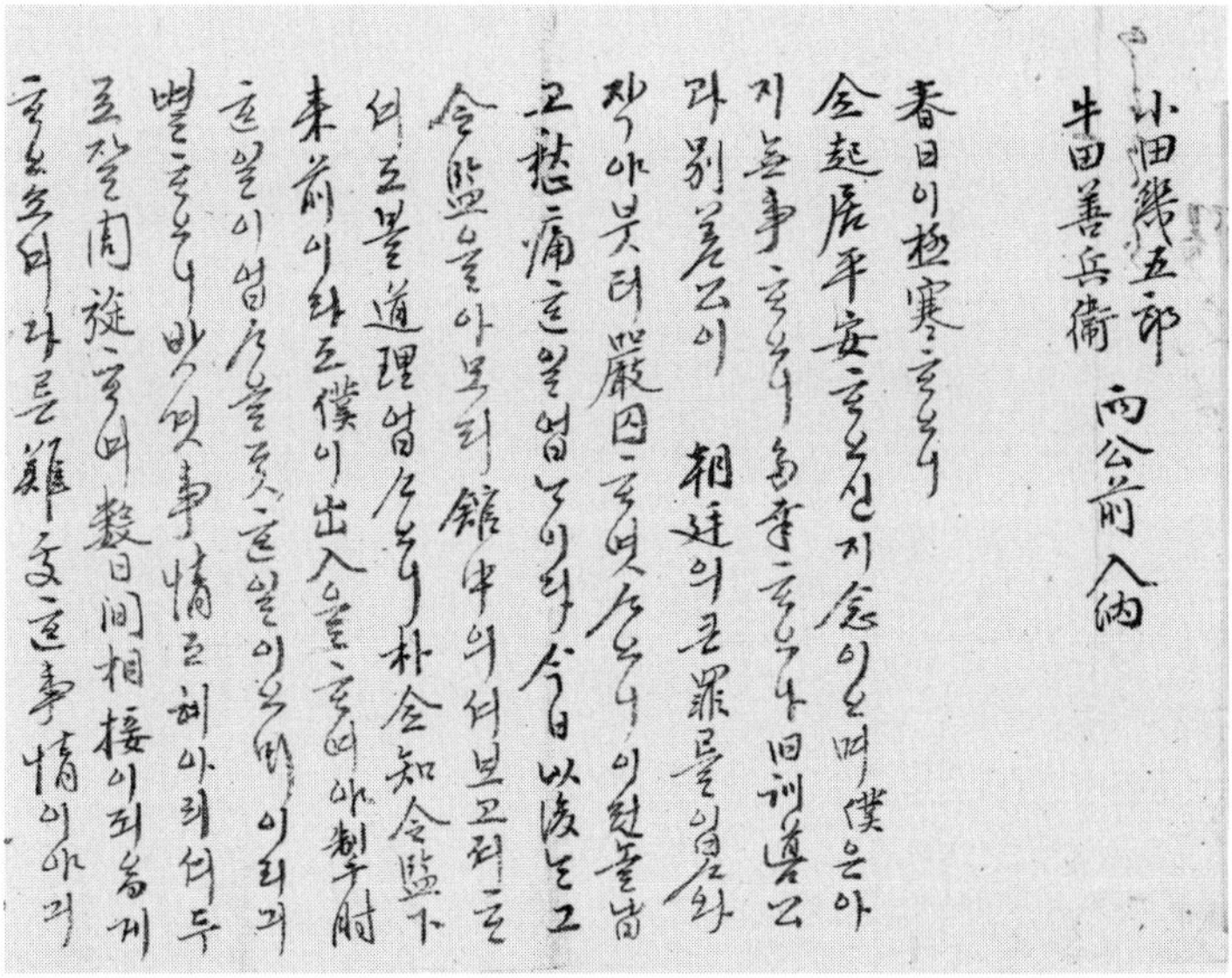

史料27（1/2）

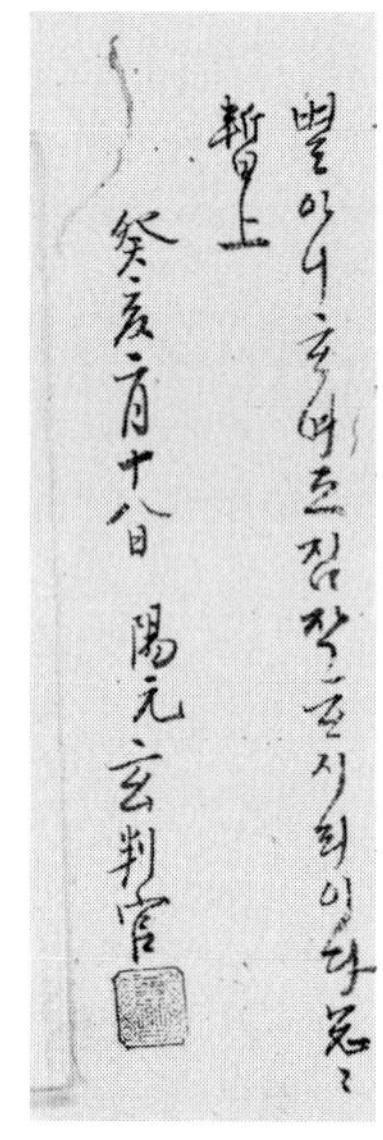

史料27（2/2）

【翻刻】

（端裏書き）正月十九日之分　／陽元ち

小田幾五郎　／牛田善兵衛　兩公 前 入納

春日이 極寒ᄒᆞ오니　〘移〙／僉 起居 平安ᄒᆞ오신지 念이오며　〘右〙僕은 아／지 無事ᄒᆞ오니 多幸ᄒᆞ오나 舊訓導公／과 別差公이　〘隔〙朝廷의 큰 罪를 입ᄉᆞ와／쟉야붓터 嚴囚ᄒᆞ엿ᄉᆞ오니 이런 놀납／고 愁痛ᄒᆞᆫ 일 업ᄂᆞ이다 今日 以後ᄂᆞᆫ 그 ／令監을 아모리 館中의셔 보고져 ᄒᆞ／셔도 볼 道理 업ᄉᆞ오니 朴僉知 令監 下／來前이라도　〘右〙僕이 出入을 ᄒᆞ여야 掣肘／ᄒᆞᆫ 일이 업ᄉᆞ올 ᄃᆞᆺᄒᆞᆫ 일이오ᄆᆡ 이리 ᄀᆡ／별ᄒᆞ오니 밧겻 事情도 혜아리셔 두／로 잘 周旋ᄒᆞ여 數日間 相接이 되옵게／ᄒᆞ오쇼셔 다른 難處ᄒᆞᆫ 事情이야 ᄀᆡ／별 아니ᄒᆞ여도 짐작ᄒᆞ시리이다 悤〃 ／暫上

癸亥 二月 十八日　〘右〙陽元 玄判官　〘印〙

【現代語訳】

（端裏書き）正月十九日の分　陽元より

小田幾五郎／牛田善兵衛[1]　ご両名様の御前へ入納

春日とはいえ極寒でございますが、皆様ご平安の段、念じ奉ります。私は今のところ無事ですので幸いでございますが、旧訓導公（崔珦）と別差公（閔鼎運（仲受））が朝廷より大罪を被りまして[2]昨夜から厳囚になりました[3]ので、このような驚いた心痛なることはございません。今日以後はあのお方にいくら倭館の中でお会いになろうとなさっても会うことができませんので、朴僉知令監（朴致倹（景和））の下来の前であっても、私が倭館に出入りをしてこそ、じゃまだてすることがないようになるでしょうから、このようにお便りいたします。外向き（朝鮮側）の事情も推し量りくださって、あまねくご周旋のうえ、数日のうちに相接ができるようになさってください。その他の困った事情については、お便り申し上げずとも、お察しくださることと存じます。怱々なるままにまずは

癸亥二月十八日　　陽元玄判官（印）

【語釈】

（1）牛田善兵衛（善太郎）。対馬藩の朝鮮語通詞。「通詞被召仕方・漂民迎送賄・町代官・御免札」によれば、一七七五（安永四）年詞稽古御免札、一七七六（安永五）年五人通詞、一七八〇（安永九）年稽古通詞、一七九四（寛政六）年本通詞、一八〇六（文化三）年大通詞。また、一八〇七（文化四）年十一月には、勤方不

埒のかどにより、小田幾五郎・吉松右助らと共に倭館において禁足処分に処せられたが、一八〇八（文化五）年四月対馬に呼び戻され、同年六月牢居せしめられた。「文化信使記録」江戸書留慶応本「杉村直記以下不審之節於公儀御吟味之上御裁許被仰渡候一件」によれば、その後、一八〇九（文化六）年十二月には対馬取放のうえ、対馬守親類酒井雅楽頭の家来に預けられ、押込に処せられたことが確認される。

（2）対馬からの種々の使節に朝鮮側が給付する礼単蔘に対して、対馬側が選別して質の劣る品の受け取りを拒否する行為を「点退」という。朝鮮側としては「贈給之品」であると認識していたので、むしろ対馬側の要求を不当と考えていた。しかしながら、点退による不足分が一八〇三年二月ごろには七〇斤近くに達した。この状況を新旧の館守が文書で東萊府使の徐有錬へ送り、府使はこれを中央の備辺司へ報告した。備辺司ではことの経緯を把握し、倭館から前例のない書状が発せられたこと、交隣の品である礼単蔘の滞納が常態化していたことを理由に倭学訳官たちを罪した。訓導と別差に棍杖刑を下した後、流刑に処した（「備辺司謄録」純祖三年二月五日および「典客司日記」純祖三年二月八日）。

（3）前任の訓導と別差が捕縛されたのは、前例にない新旧館守の書簡を東萊府使に渡した罪によるものであった。前任の訓導は崔珦、別差は閔鼎運である。

【参考情報】

この書簡の末尾に記載された発信日の朝鮮暦の癸亥二月十八日は、西暦一八〇三年三月十一日、和暦の享和三年閏一月十八日に当たる。端裏書きに記載された受信日の和暦の（享和三年閏）一月十九日は、西暦一八〇三年三月十二日、朝鮮暦の癸亥二月十九日に当たる。

「御内密御用書物」の一八〇三（享和三）年閏一月十七日の条から数日間にわたって、訓導の崔珦（伯玉）らが未収人蔘不首尾の咎によって収牢され杖罪・流罪を申し付けられたことが記述されているが、この書簡はそのような状況にあって、玄烒（陽元）が後任の訓導として自身が直ちに到任すべきことを述べるものである。「御内密御用書物」の一八〇三（享和三）年閏一月二十日の条に、崔国禎（華彦）が小田幾五郎に「陽元今も貴様方へ則到任之儀頼越候様相聞候」と述べたことが記されているが、この書簡がそれに当たるものと思われる。

史料28

【史料概要】未収人蔘（「單蔘未收」）を罪状に捕縛され、投獄された崔珦（伯玉）が獄中から倭館へ送付した書簡。新東萊府使赴任後に草梁客舎前で決棍された後、全羅道の長興の地へ配流されることに処分が決まって、恨めしい限りであること。加えて倭館の牛田善兵衛が未収金七〇〇両を踏み倒そうとしていること。対馬の人々によかれと思ってやったこと（「公作米を翌年にはことごとく渡すことにし今年分の一万四千石を（倭館へ）入給したこと」）が逆に東萊の人々に怒りを買ったこと。そして、朴致倹（景和）は今月二十七・二十八日頃に釜山に到着することなどがその内容である。なお、本書簡は長正統氏が「六、小田幾五郎宛崔珦書簡」として紹介したものである（長一九七八年）。

【写真】

史料28
（端裏書き）

史料28（1/2）

史料28（2/2）

【翻刻】

（端裏書き）伯状公私之事

小田幾五郎 公 前 即納

昨日［華彦 令監便］惠復은 즈시 보왓ᄉᆞ오며 夜來의 ／

［擡］公起居平安ᄒᆞ오심 아옵고져 ᄒᆞ오며 ［右］僕은

수일 ／구류 즁의 이셔 온갓 병이 더 나오니 민망

〃〃ᄒᆞ/오며 謫所〈젹소〉로 즉시 가도 못ᄒᆞ여 草梁
客舍의 使道/가 〃셔 兩人을 決棍ᄒᆞᆫ 후 〈全羅道〉
長興 짜흐로 귀향을 가게 /나라 쳐분이 되여시니 이
런 원통ᄒᆞᆫ 일이 업ᄂᆞ이다 /우리 罪狀은 아모리 單蔘
未收가 만타 ᄒᆞ고 書付를 /ᄂᆡᄂᆞᆫ 거시 말이 못 된 일
이요 兩任官이 그 書付를 /막지 못ᄒᆞ고 바다닌 거시
큰 죄요 府使가 그 ᄉᆞ연으/로 報狀ᄒᆞᆫ 거시 또ᄒᆞᆫ 죄라
ᄒᆞ여 파직ᄭᆞ지 되엿/ᄉᆞ오니 이런 일이 어ᄃᆡ 잇ᄉᆞ올잇
가 三四月間 大赦/가 잇ᄉᆞ오니 응당 풀닐 듯ᄒᆞ옵거니
와 아직 /답〃ᄒᆞ기 측냥업ᄂᆞ이다 世上人心이 無狀ᄒᆞ
온 거시 善/兵衛公게 바든 거시 都合 七百餘兩에치나
되옵더니 〘右〙 僕의 /身勢가 이리 되다 ᄒᆞ고 意外에
말노 핑계ᄒᆞ고 出給지 /못ᄒᆞᆯ 쥴노 긔별ᄒᆞ여시니 그런
이다로온 일이 어/ᄃᆡ 잇ᄉᆞ올이잇가 〘隔〙 公이 아른
쳬 ᄒᆞ시기 괴로오실지라/도 그러치 아닌 쥴노 권ᄒᆞ여
주오쇼셔 〘右〙 僕의 決棍은 /新府使 와셔 ᄒᆞᆫ다 ᄒᆞ오
니 더옥 답〃ᄒᆞ외다 / 〘擡〙 公네 나라 風俗을 〘右〙
僕도 짐작ᄒᆞ오니 〘右〙 僕이 〘隔〙 貴國 /일노 罪를
당ᄒᆞ다 ᄒᆞ고 졀통이 너겨 혹시 무/슴 일을 잡이＊1 生
梗을 ᄒᆞᆫ다 ᄒᆞ여도 요ᄉᆞ이 즉시 /일이 〃셔〃ᄂᆞᆫ
〘右〙 僕의 罪가 더ᄒᆞᆯ 터이오니 아직은 /아모일도 업
게 쥬션ᄒᆞ오쇼셔 더고나 東萊 一邑/에 失人心ᄒᆞ기ᄂᆞᆫ
公作米 翌年 畢下ᄒᆞ고 當年條 /一萬四千石 入給ᄒᆞᆫ 일
노 日本사름의 일만 위/ᄒᆞ엿다 ᄒᆞ고 원망이 측냥 업
ᄉᆞ오니 〘右〙 僕은 이러/툿ᄒᆞᆫ 거시 다 罪狀이 되엿ᄂᆞ
이다 代官所의셔 〘右〙 僕/의 일을 자시 알고져 긔별
ᄒᆞ엿ᄉᆞ오니 〘右〙 僕의 前/後 ᄉᆞ연을 ᄌᆞ시 〃 젼ᄒᆞ
여 주오시고 新訓別이 /代官中의 그런 말을 무러도
어긋나지 아니케 /ᄃᆡ답ᄒᆞ게 약속ᄒᆞ여 두오쇼셔 客舍
의셔 /決棍ᄒᆞᄂᆞᆫ 날 부ᄃᆡ 〘隔〙 日本이 一人도 나오지
아니케 ᄒᆞ오쇼셔 客舍의셔 決/棍ᄒᆞ기ᄂᆞᆫ 日本사름을
뵈여 후의ᄂᆞᆫ 다시 아모일의도 書付 ᄂᆡ거나 生梗 /못
ᄒᆞ게 ᄒᆞᄂᆞᆫ 일이니 싱각을 깁히 ᄒᆞ여 보오쇼셔 이 편지
보시고 즉시 /燒火ᄒᆞ오쇼셔 君剛은 形勢가 만하 죄를
면ᄒᆞ고 子謙李同知/ᄂᆞᆫ 셔울노셔 귀향간다 ᄒᆞᄂᆞ이다
景和 僉監은 十七日 發行ᄒᆞᆫ 거/슬 보고 어ᄌᆡ 步行 와
시니 卄七八日間 入來ᄒᆞ게ᄂᆞ이다 총〃 잠샹

癸亥 二月 卄四日 /伯玉 崔同知 頓

＊1: 아

【現代語訳】

（端裏書き）伯玉崔瑨からの書状　公私の事について
小田幾五郎様の御前へ即納①
昨日の華彦様②の便のご返書は仔細に拝見いたしました。夜来、
ご貴殿ご平安の段、お伺い申し上げます。私は数日拘留中に

あって[3]、あらゆる病気が生じ、困り果てております。配所へ直ちに行くこともできず、草梁客舎へ（後任の）東莱府使（鄭晩錫）がお行きになって、（草梁客舎でわれら）両人（崔瑀（伯玉）と閔鼎運（仲受））を決棍した後、全羅道の長興の地へ配流されることにお上からの処分が下り、このような恨めしいことはございません。我々の罪状ですが、いかに（倭館の）単蔘未収が多いといっても、（それについての）書付を（倭館の日本人が朝鮮側へ）出すのは言語道断であり[4]、両任官（訓導と別差）がその書付をつき返すことができずに受け取ったことが大きな罪であり、東莱府使（徐有錬）がその内容を（上部へ）報告したことがいま一つの罪だとして、罷職にまでなったのですが、こんなことがいったいどこにありましょうか。三四月の間に大赦がありますので当然許されるようではありますが、当分は憂鬱なこと限りございません。世の中の人の心がひどいものだというのは、（牛田）善兵衛様から（私が）受け取るべきものが都合七百両分あまりにもなっていたのですが[5]、私の身の上がこのようになったといって、思いもよらないことを口実にして、（七百余両を）出給できないと連絡してきたのですが、そのような心痛なることがどこにありましょうか。ご貴殿が（このことに）干渉なさるのはご面倒でしょうが、そうならないようにお勧めください。私の決棍は、新府使（鄭晩錫）が（赴任して）来てからする[6]ということですので、さらに困惑しております。ご貴殿らの国の風俗を私も斟酌しますに、私が貴国のことで罪を被ったとして切痛におもい、ひょっとして、何かにかこつけて、ことを構えるとしても、このところすぐにことがあっては、私の罪がさらに重くなるはずですので、当分は何事も起こらないようにとりはからってください。さらに、東莱一邑において人心を失ったのは、公作米を翌年にはことごとく渡すことにし[7]、今年分の一万四千石を（倭館へ）入給したことで（あり）、日本人のためばかりをはかったとして恨まれることはかりしれず、私はこのようなことがすべて罪状になったのです。（倭館の）代官所から私のことを詳しく知ろうとしておたよりなされたので、私の前後のいきさつを詳しく詳しくお伝えくださり、新任の訓導と別差が代官中へそのような話をたずねても、ちぐはぐにならないように返答するよう、約束しておいてください。（草梁）客舎[8]で決棍する日には、どうか日本人は一人も出てこないようにしてください。（草梁）客舎で決棍するのは、日本人に見せて、以後ふたたび何事によらず、書付を出したり、ことをかまえることができないようにするためですので[9]、深くお考えください。この手紙をご覧になったら、すぐ火に焼いてください。（金）君剛[10]は財力が多く、罪をまぬがれ、子謙李同知[11]はソウルから配流されるといわれています。（朴）景和様は、十七日に（ソウルを）出発したのを見て、昨日飛脚が参りましたので、二十七、八日の間に東莱に入来するでしょう。忽々なるままにまずは

癸亥二月二十四日　　伯玉崔同知　頓

【語釈】

(1) 「即時にお納めいたします」の意。

(2) 崔国禎（華彦）は、当時倭館の西館の修理のための監董訳官として派遣されていた。崔国禎と一緒に倭学訳官の趙完沢・玄商緯・金在恭が東莱府に派遣された。当時倭館の修理は、東館の二つの大庁、西館の三つの大庁と五つの行廊を重修（修造）することであった。西館の修理期間は、もともと二十一ヶ月に計画されたが監董訳官の努力で数ヶ月早めて工事を終え、（その功で）加資の対象となった（「増正交隣志」巻三志　監董、「辺例集要」巻一一館宇一八〇四年三月）。

(3) **史料27**によると、崔珦が下獄されたのは一八〇三年二月十七日。

(4) 礼単蔘の未支給について新旧の倭館館守が書状にしたため訓導・別差へ渡したこと。書状を受け取った前任訓導の崔珦と別差・閔鼎運が処罰を受けた。**史料27**の語釈（2、3）を参照。

(5) 善兵衛とは、朝鮮語通詞の牛田善兵衛を指す。この書簡から、崔珦と牛田の間になんらかの取引きが存在し、牛田が崔珦に支給しなければならない金額が七百両に至っていたこと、また、崔珦が流刑に処せられることになると、牛田がその金額を支給しないことにしようとしたため、崔珦が小田に助けを求めたことがわかる。

(6) 礼単蔘未払い問題に該当する訳官だけでなく、当時の東莱府使（徐有錬）も罷免される処罰を受け交代した。後任の東莱府使は鄭晩錫である（「承政院日記」純祖三年二月九日）。

(7) 公作米とは、公木（木綿）を米に変えたもの。十七～十九世紀にかけて、朝鮮が日本からの輸入品の対価として公木を渡していた。しかし、徐々に木綿の品質が低下すると、一六五一年から公木の一部を米に変えた（年間朝鮮米一万二千石、一六六〇年以降は一万六千石）。日本へ支給する米は慶尚道一帯からの税金であり、貿易代金の支払いのために東莱府へ移送（下納）された。東莱府へ米を送る地域は慶尚道の一七の郡縣だったが、十八世紀後半には四三の郡縣に増加した（金東哲一九九三年）。

(8) 客舎は、草梁客舎を指す。対馬から使節が来ると、朝鮮国王に対して粛拝するところである。丹青で装飾されている建物で、中央に正庁、両側に東・西軒を置き、都合四四間に達した。その他、中門・外三門・左右翼廊を置いた（「増正交隣志」巻三志、館宇）。

(9) 倭館とその近所で事件が発生した場合、朝鮮人と日本人の両方に警戒心を与えるために倭館の近くで朝鮮人を処罰した。「典客司日記」一八〇三（純祖三）年二月八日には、倭館の門外で回示をした後、棍杖を打ち流刑に処すこととしたとある。本書簡では、草梁客舎に東莱府使が直接出てきて刑を執行するとされている。

(10) 朝鮮後期の倭学訳官、金健瑞のこと。字は君剛、本貫は牛峰である。一七七一（英祖四十七）年式年試の時雑科のうちの訳科（倭学）に合格した。礼単蔘担当の訳官は合計四人で、一八〇三年二月礼単蔘未支給問題が発生したときに、該当訳官の中で首訳の座にあった。一八〇四年、李思恭の妻が訟冤したところによれば、夫の李思恭は逋欠した人参（一二斤）をすぐに弁済して流刑に処されたが、事件後一年六ヶ月が経過しても金健瑞はなんの処罰も受けていなかった。しかし、結果的には、一八〇四年九月に一等を加えた処罰がくだされ、金健瑞は流島刑となった（「備辺司謄録」一八〇四（純祖四）年九月十八日）。

(11) 朝鮮後期の倭学訳官、李思恭のこと。字は子謙、本貫は泰安である。一七五九年生まれ。一七九八（正祖二十二）年式年試の時、雑科のうちの訳科（倭学）に合格した。

【参考情報】

「御内密御用書物」の一八〇三（享和三）年閏一月十七日の条から数日間にわたって、訓導の崔珦（伯玉）らが未収人蔘不首尾の咎によって収牢され杖罪・流罪を申し付けられたことが記述されている。同書一八〇三（享和三）年閏一月二十四日の条に、

伯玉ゟ手紙来ル、単蔘未収并公作米翌年畢計之事ニ付、此近辺之小役人共迷惑ニ至り心心を失候段申来ル、単蔘未収昨今ニ至り申出候段不埒之心得ニ候付、客舎前ニ而決棍いたし全羅道長興江被為配流候との事申来候段、書状ニ有之、景和十七日快方無相違趣為知来ル

とあり、この書簡に対応する記述を確認することができる。

長正統氏は冒頭部分を「伯玉崔同知并華彦令監便」と読み、この書簡を受け取った小田幾五郎が書き入れたものとしているが（長一九七八年：一二二頁）、「伯玉崔同知頓　華彦令監便」と読めるので、発信者の崔珦自身が書いたものであろう。また、長氏は、崔珦のみならず崔国禎（華彦）もこのとき獄中にあったと解釈しているが、享和三年「御内密御用書物」などからわかるように、このとき捕えられたのは旧訓導崔珦と旧別差閔鼎運であって、崔国禎（華彦）は自由の身であった。この手紙の冒頭の「華彦令監便」の部分は、塗抹部分の「昨日」を書き直したものと見られる。すなわち、「華彦令監便惠復」とつながるもので、「崔国禎（華彦）様が配達した御貴殿（小田幾五郎様）からのお返事」の意と解釈される。

「御内密御用書物」享和三年閏一月二十二日および二十四日条には、次のようにあり、享和三年閏一月二十四日に受け取った「手紙」の現物がまさにこの史料28であることがわかる。

同廿二日

汝完入館相咄申候者、伯玉別差ともニ牢居致し居、設門内ニ而杖罪被申付候との事ニ御坐候与申聞候事、

〃我々ゟ咎之事相尋見候処、単蔘未収多年滞居候を、当任官早速可申出儀を昨今事ニ迫り申出候ハ不埒之至り候との事之由申聞候事、

閏正月廿四日

〃伯玉ゟ手紙来ル、単蔘未収并公作米翌年畢計之事ニ付、此近辺之小役人共迷惑ニ至り心心を失候段申来ル、単蔘未収昨今ニ至り申出候段不埒之心得ニ候付、客舎前ニ而決棍いたし全羅道長興江被為配流候との事申来候段、書状ニ有之、景和十七日快方無相違趣為知来ル

なお、同書には、その後にも、「華彦崔僉知東萊ゟ昨日入館ニて相噺候者、都表静謐ニ有之伯玉崔同知流罪被差免候模様ニ相聞候、尤子嫌李同知両人と申事ニ候、まだ表向者不相達ルと申聞候事」（文化元年「御用御書物」二月六日条）とあり、事件の後日談を知ることができる。

史料29

【史料概要】通信使行講定訳官である朴致倹（景和）の釜山

到着を一日千秋の思い出で待ちわび、倭館で待機する講定裁判戸田頼母、館守浜田源左右衛門（藤功英）をはじめとする者たちは、いよいよ東萊への到着が間近と知る。

【写真】

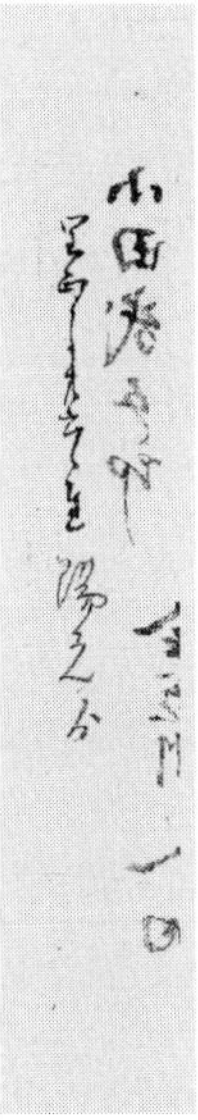

史料29（端裏書き）

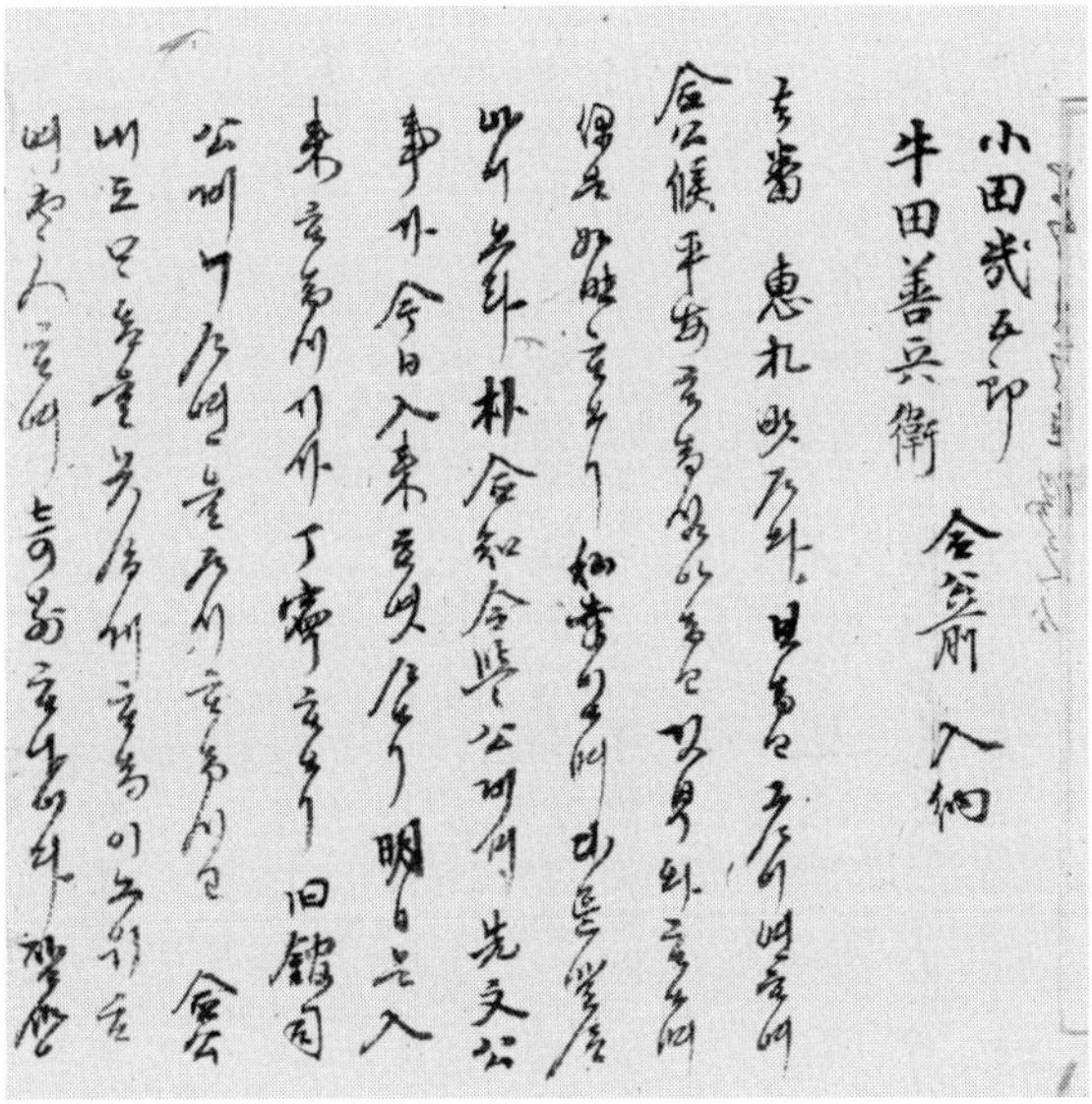

史料29（1/2）

史料29（2/2）

【翻刻】

（端裏書き）閏正月廿六日達　陽元ゟ

小田幾五郎 ／牛田善兵衛 僉公 前 入納
去番 〔隔〕 恵札 밧ᄌᆞ와 보옵고 그 ᄉᆞ이 연ᄒᆞ여 ／
〔擡〕 僉公候 平安ᄒᆞ옵심 아옵고 깃부와 ᄒᆞ오며 ／僕
은 如昨ᄒᆞ오니 私幸이오며 다른 말ᄉᆞᆷ ／아니오라 朴僉
知 令監公계셔 先文公／事가 今日 入來ᄒᆞ엿ᄉᆞ오니 明
日은 入／來ᄒᆞ옵시기가 丁寧ᄒᆞ오니 舊館司／公계 니
ᄉᆞ연을 ᄌᆞ시 ᄒᆞ옵시고 〔隔〕 僉公／내도 ᄆᆞᄋᆞᆷ을 놋ᄉᆞᆸ
게 ᄒᆞ옵 이노 위ᄒᆞ／여 專人ᄒᆞ여 奇別ᄒᆞ나이다 잠샹
癸亥 二月 二十六日 陽元 玄判官 〔印〕

【現代語訳】

（端裏書き）閏正月廿六日達　陽元より

小田幾五郎／牛田善兵衛　ご両名の御前へ入納

この前のお手紙拝受いたしました。その間お変わりなく皆様ご平安の段承り、喜ばしく存じます。私は相変わりなく幸いでございます。別儀にござらず、朴僉知令監公（朴致倹）におかれて、先文公事が今日入来しましたので、明日は入来なさることが確実ですので、旧館守様（戸田頼母）にこのわけ

を詳しくおっしゃって、皆様がたもご安心ください。これのためにとくに人を遣わしてお便り申し上げます。まずは

癸亥二月二十六日　　陽元玄判官（印）

【参考情報】

この書簡の末尾に記載された発信日の朝鮮暦の癸亥二月二十六日は、西暦一八〇三年三月十九日に当たる。また、端裏書きに記載された受信日の和暦（享和三年）閏一月二十六日も同日にあたる。したがって、この手紙は朝鮮暦癸亥二月二十六日（和暦享和三年閏一月二十六日）に発信され、その日のうちに受信されたものである。

「御内密御用書物」享和三年閏一月二十六日条には、「夜ニ入陽元玄判官ゟ手紙来り、景和病各別快く有之候段為知来ル」とあり、この書簡に対応する記述を確認することができる。

史料30

【史料概要】

倭館からの書簡（「惠札」）を落手した訓導玄烒（陽元）が送信した返書。通信使行講定官朴致倹（景和）の東萊到着が遅れ、夜半になりそうだという内容。なお、玄烒の息子の妻の父が朴致倹。

【写真】

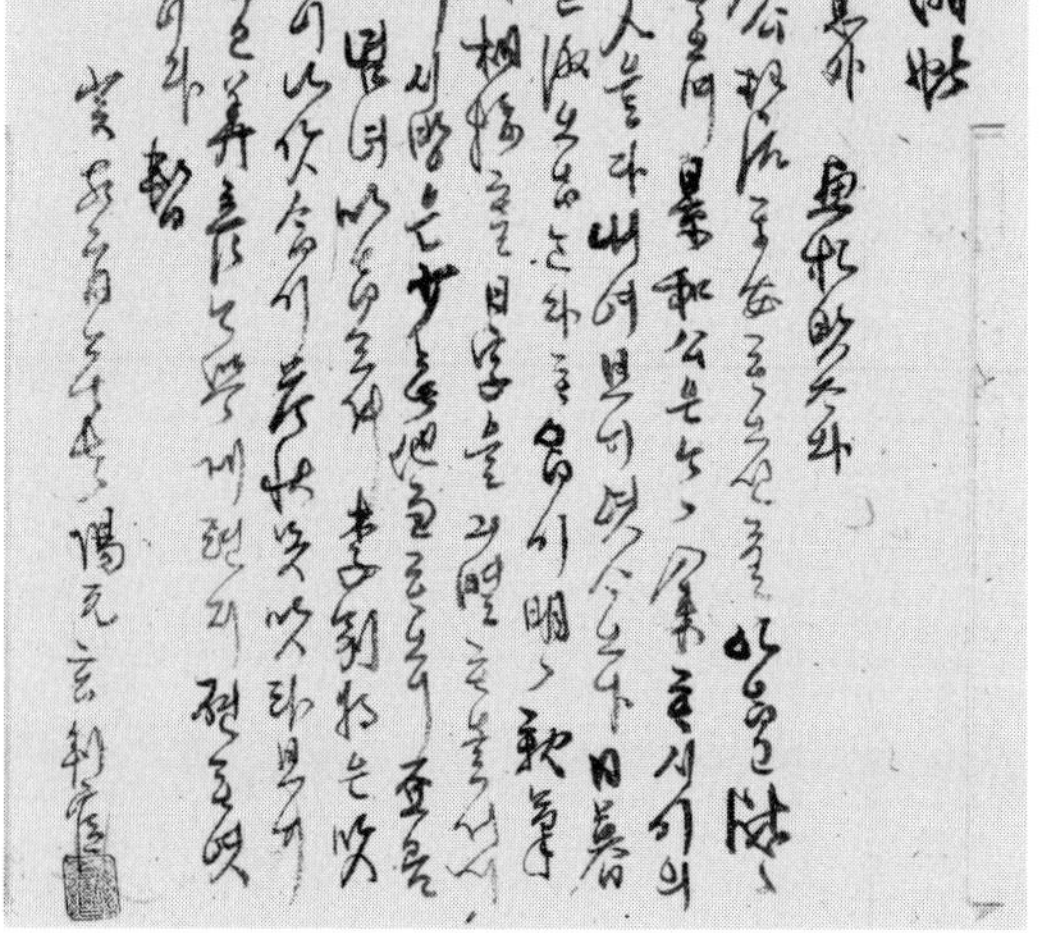

史料 30

【翻刻】

謝狀
意外　〖隔〗惠札　밧ᄌᆞ와　／　〖擡〗僉公　起居　平安ᄒᆞ오
신 줄 아옵고 慰〃／ᄒᆞ오며　景和公은　今日　入來ᄒᆞ시기
의　／下人을 다 내여　보ᄂᆡ엿ᄉᆞ오나　日暮／ᄒᆞᆫ　後　오옵
ᄂᆞᆫ다　ᄒᆞ옵기　明日　觀氣／과　相接ᄒᆞᆯ　日字을　긔별ᄒᆞ올
거시／니　시방은　少無他慮ᄒᆞ오니　죠곰／도　념녀　마옵

쇼셔 李別將은 맛/조이 나갓습기 答狀 못 맛타 보닉/읍고 華彦 令監계 편지 젼ᄒᆞ엿/ᄂᆞ이다 暫

癸亥 二月 二十七日　〖右〗陽元 玄判官 〖印〗

【現代語訳】

お返事申し上げます。思いがけずお手紙を拝受仕り、皆様ご平安の段承りまして、珍重に存じます。（朴）景和様は、今日（東萊へ）入来なさいますので、下人をみな出し送りましたが、日暮の後に来られるとのこと、明日気候を見て相接する日付についてお知らせしますので、今は少しも他の心配がございませんので、少しもお気遣いにおよびません。李別将は、迎接に出かけたということ、返書をあずけ送ることができず、（崔）華彦様に手紙をおあずけしました。まずは

癸亥二月二十七日　陽元玄判官（印）[1]

【語釈】

（1）玄烒（陽元）の息子の玄在朋（字は仲楽）の妻の父は、朴致倹（景和）である（『朝鮮時代雑科合格者總覽』）。

【参考情報】

本書簡末尾の発信日の朝鮮暦「癸亥二月二十七日」は、西暦一八〇三年三月二十日、和暦享和三年閏一月二十七日に当たる。

「御内密御用書物」には、この書簡に関する記述は見当たらない。しかし、同書一八〇三（享和三）年閏一月二十六日条には、「陽元方江も右返書、景和病気も快方早々御入館有之様御伝へ被下へくと、尤御自筆之書状被差越候様ニ御伝へ可被下と申遣候事」とあり、日本側が訓導玄烒に手紙を遣わし、講定官朴致倹に早々に入館するよう伝えるよう要請をおこなったことが記されている。この書簡はそれに対する返書であろう。

なお、訓導玄烒は、倭館西館修理のために監董訳官として在任中の崔国禎（華彦）に対して、倭館への書簡を託した。

史料31

【史料概要】 倭館側は朴致倹（景和）との倭館での通信節目交渉を早期に開始したいと願うがゆえに、朴致倹直筆書状をも要求する書簡を送った。その朴致倹からの直筆返信である。昨日二月二十七日に東萊に到着したが、旅の疲れ（「路毒」）もあるので、三月はじめに面談し、交渉を開始したいという内容。

【写真】

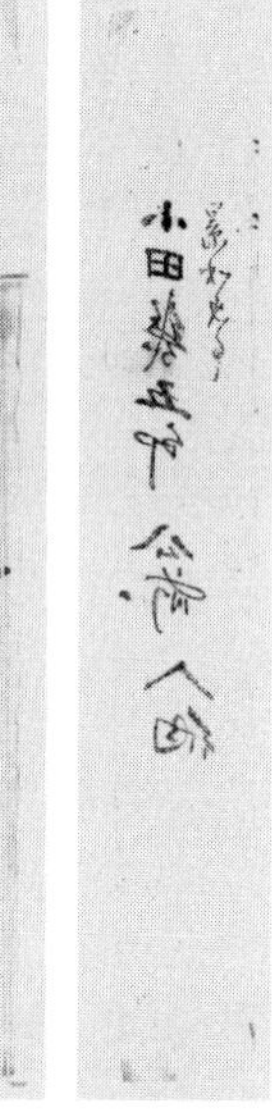

史料31
（端裏書き）

史料31

【翻刻】

（端裏書き）景和返事
小田幾五郎 公 前 入納
수ᄎᆞ 편지 ᄒᆞ여숩더니 그 ᄉᆞ이 보와 겨시려니／와 요
ᄉᆞ이 일긔 괴상ᄒᆞ온ᄃᆡ ／［擡］公候 平安ᄒᆞ오심 아옵
고져 ᄒᆞ오며 僕은 昨日 僅〃이 ／入來ᄒᆞ여ᄉᆞ오나 路毒
의 셩치 못ᄒᆞ여 지ᄂᆡ오／니 切悶이오며 來月 初生으로
수이 相接이 되게 ／日字을 定ᄒᆞ고 긔별ᄒᆞ시면 즉시
나려가올 거／시니 그리 아리*1 긔별ᄒᆞ오쇼셔 총요 暫
上
癸亥 二月 二十八日 景和 朴僉知 ［印］

*1：라

【現代語訳】

（端裏書き）景和よりの返事
小田幾五郎様の御前へ入納
数回おたよりいたしましたので、その間、ごらんになっておられるでしょうが、このところ気候異常のところご貴殿ご平安の段、お伺い申し上げます。私は昨日ようやく（東萊へ）入来いたしましたが、旅の疲れにて元気なくすごしておりますのでひどく憂鬱です。来月の月初めにすんなりと相接ができるように日にちを定めてお知らせくだされば、すぐに（倭館へ）下っていきますのでさようお心得くださってお知らせください。怱々なるままにまずは
癸亥二月二十八日　景和朴僉知（印）

【参考情報】

この書簡の末尾の発信日の朝鮮暦「癸亥二月二十八日」は、

西暦一八〇三年三月二十一日、和暦享和三年閏一月二十八日に当たる。

「御内密御用書物」一八〇三（享和三）年閏一月二十六日条には「陽元方江も右返書、景和病気も快方早々御入館有之様御伝へ被下へくと、尤御自筆之書状被差越候様ニ御伝へ可被下と申遣候事」とあり、また、同書一八〇三（享和三）年閏一月二十七日条に、「陽元方江景和直筆被遣候様申越候、其身も任所江迄下来有之候様申遣候事、景和方ゟ直書之書状相違候事、尤昨日は雨天ニ而相滞日付は廿八日と有之」とある。すなわち、倭館側が朝鮮側に朴致倹（景和）直筆書状を要求したところ、同月二十八日付の書状が届いた。本書簡がまさにその書状に該当する。

史料32

【史料概要】一八〇三（享和三）年に三伝語官（当時の通詞は小田幾五郎・牛田善兵衛・吉松右助）と講定官朴致倹（景和）との間でおこなわれた掛け合いの時に差し出された書付である。

【写真】

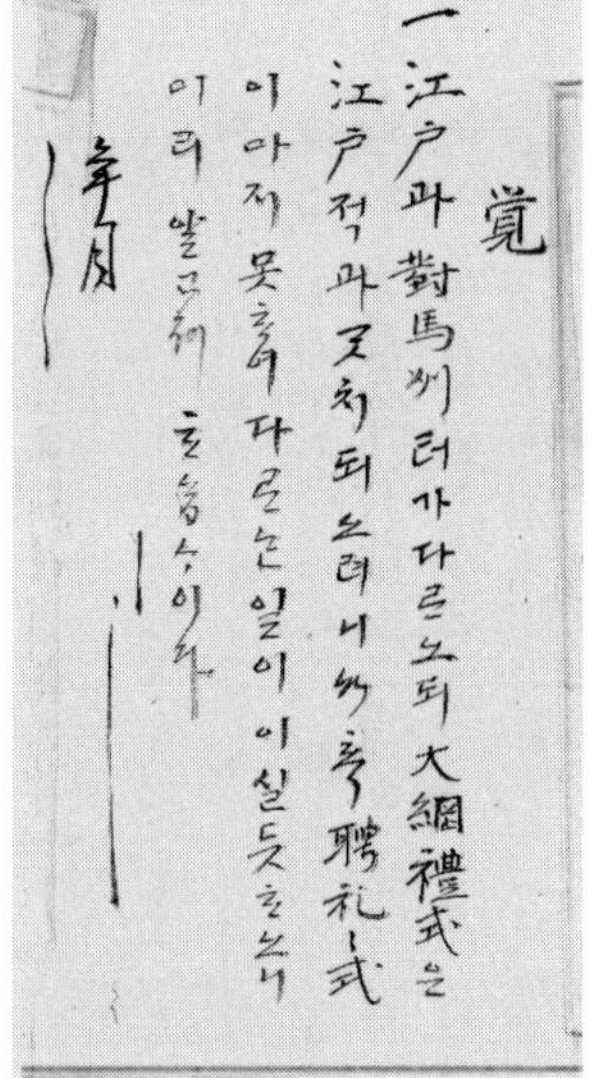

史料32

【翻刻】

覺

一　江戶과 對馬州 터가 다ᄅᆞ오되 大綱 禮式은 ／江戶 적과 ᄀᆞᆺ치 되오려니와 혹 聘禮〃式／이 마지 못ᄒᆞ여 다ᄅᆞᄂᆞᆫ 일이 이실 듯ᄒᆞ오니 ／미리 알고져 ᄒᆞᄋᆸᄂᆞ이다

年月

【現代語訳】

覚

一　江戸と対馬州は場所が異なるのですが、大体の礼式は江戸のときと同じになるでしょうけれども、あるいは聘礼の礼式がやむを得ず異なることがあるかと存じますので、あらかじめ知りたく存じます。

年月

【参考情報】このハングル書付には発信者・受信者・年代などの記載がない。しかし、「小田幾五郎訳官との懸合一件」に挟み込まれた参考10（これは挟み込まれた冊中の位置から、一八〇三（享和三／癸亥）年七月二十四日の朴致倹（景和）と小田幾五郎らとの掛け合いの時に差し出された書付と見られる）に酷似していることから、同様に、この史料も一八〇三（享和三）年七月二十四日の掛け合いの時の書付と思われる。

史料33

【史料概要】小田幾五郎ら宛の訓導玄烒（陽元）からの返書。小田幾五郎らが送った手紙の内容は講定訳官朴致倹（景和）に伝えたが、交渉事は対面しながら行いたいのでしばらく待ってほしい、また、「信使への礼物リスト」（信使礼物謄録）を入手しておいてほしいとの返答であったことを伝える内容である。本来であれば倭館に出向いて直接に伝えるべきであるが、ソウルの妻が病気であるので、すぐに東萊府に出向き、妻のもとへ使者を送らなくてはならないので、書簡にて連絡をするとも付言している。

【写真】

史料33
（端裏書き）

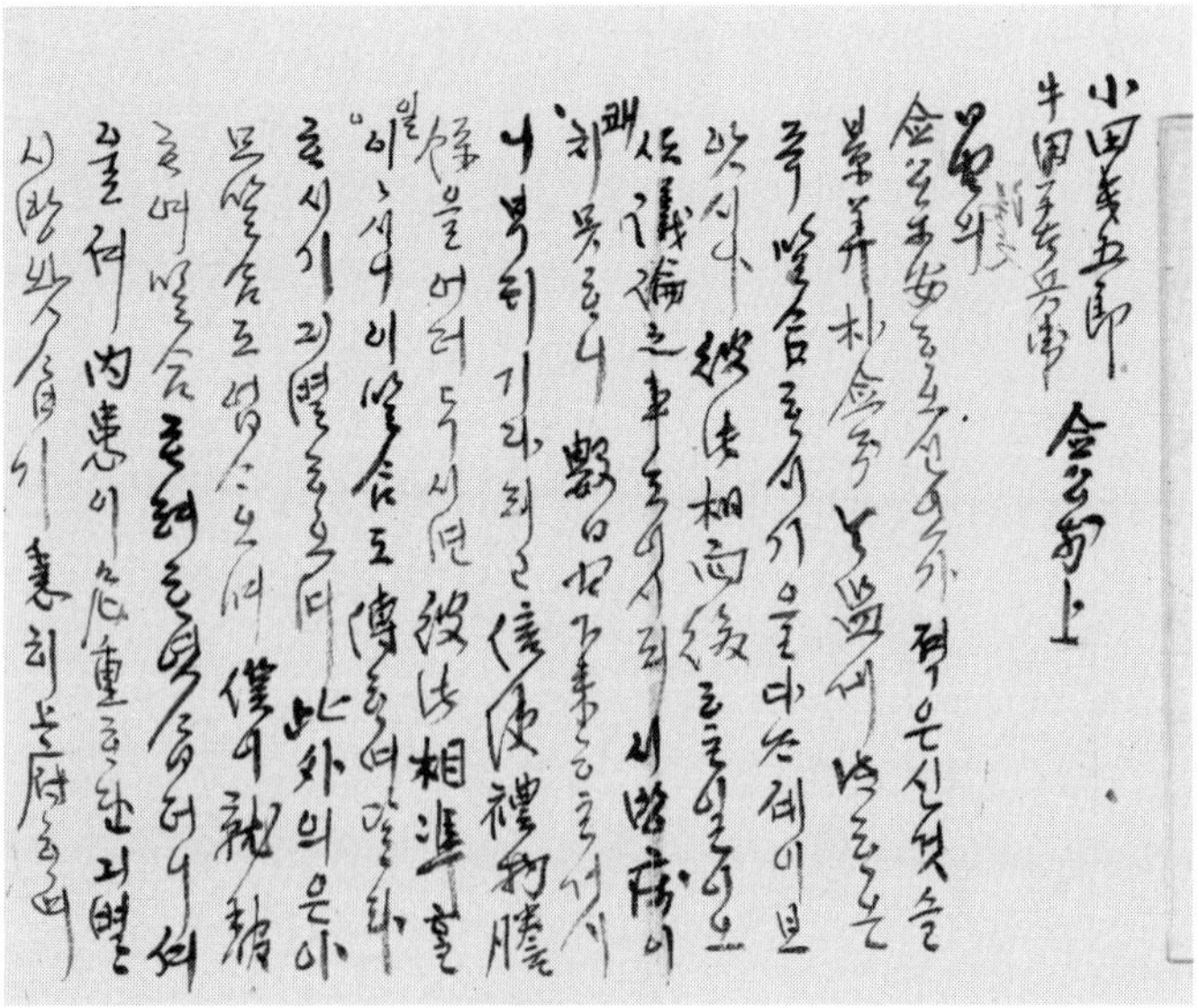

史料33（1/2）

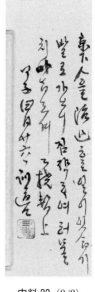

史料 33（2/2）

【翻刻】

（端裏書き）陽元

小田幾五郎 ／牛田善兵衛 僉公 前 上

日間의 〖移〗／僉公 平安ᄒᆞ오신잇가 젹은신 것슬 ／景華*1 朴僉知 令監게 傳ᄒᆞ온／즉 말숨ᄒᆞ시기을 다 ᄌᆞ셰이 보／앗시나 彼此 相面 後 ᄒᆞᆯ 일이오 ／또 議論之事도 이시되 시방 病이 ／쾌치 못ᄒᆞ니 數日間 下來ᄒᆞᆯ거시／니 부ᄃᆡ 기다리고 信使 禮物 謄／錄을 어더 두시면 彼此 相準ᄒᆞᆯ ／일이 〃시니 이 말숨도 傳ᄒᆞ여 달라 ／ᄒᆞ시기 긔별ᄒᆞ오며 此外의은 아／모 말숨도 업ᄉᆞ오며 僕이 就舘／ᄒᆞ여 말숨ᄒᆞ려 ᄒᆞ엿숩더니 셔／울셔 内患이 危重ᄒᆞ단 긔별 ／시방 왓숩기 急히 上府ᄒᆞ여 ／京下人을 治送ᄒᆞᆯ 일이 잇숩기 ／발로 가오니 짐쟉ᄒᆞ여 허물／치 마옵쇼셔 心撓 暫上

甲子 四月 廿六日 訓導 〖印〗

*1∴和

【現代語訳】

（端裏書き）陽元

小田幾五郎／牛田善兵衛　ご両名様の御前へ

頃日ご両名様ご平安でございましょうか。お書きになったことがらは、景華朴僉知様(1)へお伝えしましたところ、おっしゃることには、「すべて委細拝見しましたが、双方相まみえてから言うべきことであり、また、議論すべきこともあるのですが、いましがた病が快ならず、数日のうちには（倭館へ）下来するつもりですので、なにとぞお待ちになって、信使礼物の謄録を入手しておいてくだされば、双方相準拠すべきことがありますので、このこともお伝えしてくれ。」とおっしゃいますので、お知らせいたします。このほかには何もおっしゃいませんでした。私が（倭館へ）就館してお話しようと思っておりましたが、ソウルから内患(2)が切迫しているとの知らせがいましがた参りましたので、急に（東萊府へ）上府して京下人の旅支度をして遣わす用事がありますので、ただちに出かけますので、お察しくださり、おとがめなさいませぬよう。

心乱れるままにまずは

甲子(3)四月二十六日　訓導（印(4)）

【語釈】

（1）「景華」は、景和のこと。つまり朴致倹である。

（2）妻の病気。

（2）一八〇四（文化元）年。

（3）印影から玄烒（陽元）であることが分かる。

【参考情報】

「御用御書物」一八〇四（文化元）年四月二十五日条に、「講定官喉中痛に付下来無之段相聞候付、訓導方へ成否聞詰致下来候様書状遣ス、尤講定官へも痛少し宜候ハ、下来可有之段申越候事」とあり、また、同四月二十七日条に、「右返答両人ゟ有之、いつれ下来可申談段少々快方之上一両日内罷下り可申、少し御待可被成と申来候事」とある。この書簡は、一八〇四（文化元）年四月二十七日に日本側が受け取った訓導玄烒（陽元）からの返書に当たるものと思われる。

ところで、通信使行節目を論じた田保橋は、

> 享和三年二月（純祖癸亥年閏二月）より文化二年五月に至る二箇年間に、易地行聘を基準とする信行節目は殆ど講定を終了したが、此交渉に当り、講定訳官朴致倹・崔国禎は倭学訓導玄烒を関与せしめず、監督官たる東莱府使鄭晩錫（享和二年二月除授）にすら報告するところがなかった（田保橋一九四〇年：七二一頁）

と述べるが、「監督官たる東莱府使鄭晩錫（享和二年二月除授）にすら報告するところがなかった」という判断は保留するにしても、「此交渉に当り、講定訳官朴致倹・崔国禎は倭学訓導玄烒を関与せしめず」という箇所は訂正すべきではないだろうか。

史料34

【史料概要】判官玄義洵（敬天）から小田幾五郎宛の書簡。講定訳官朴景和及び訓導玄烒（陽元）が病気で養生しているので、二日後に倭館に出かけ、通信使行節目講定を再開するという内容。

【写真】

史料34

【翻刻】

小田幾五郎 公 前 入納
昨日 잠간 뵈오니 섭〃ᄒᆞ오며 夜間 ／〘㙜〙平安ᄒᆞᄋᆞᆸ
심 아ᄋᆞᆸ고져 ᄒᆞ오며 昨夜에 訓導公이 편／지ᄒᆞ엿습는
ᄃᆡ 吐瀉가 至今 낫지 못ᄒᆞ니 조리ᄒᆞ여 ᄒᆞᆫ ／잇틀 사이
나려오마 ᄒᆞ고 朴僉知 景和公도 喉病으로 〘移〙／公
의 편지 답장도 못ᄒᆞ고 ᄒᆞᆫ 잇틀 조리ᄒᆞ여 訓導와 ／ᄒᆞᆫ
가지로 오마 ᄒᆞ엿ᄉᆞ오니 아ᄋᆞᆸ시게 긔별ᄒᆞᄋᆞᆸ나이다 ／
총〃 暫上
五月 十八日 玄判官 敬天 〘印〙

【現代語訳】

小田幾五郎様の御前へ入納
昨日しばしお目にかかりましたが、さびしく存じます。夜間ご平安の段、お伺い申し上げます。昨夜、訓導様（玄陽元）がおたよりいたしましたが、吐瀉[1]が今だに治らず、養生して二日ほどの間に（倭館へ）下って行くとのこと、朴僉知景和様も喉の病でご貴殿の手紙のお返事もできず、二日ほど養生して、訓導といっしょに来るとのことでしたので、お知らせすべく、おたより申し上げます。怱々まずは
五月十八日　玄判官敬天[2]（印）

【語釈】

（1）上吐下瀉の略語。上には吐いて、下には下痢をする症状。
（2）敬天玄判官は、玄義洵のこと。朝鮮後期の倭学訳官。字は敬天、本貫は川寧。一七六五年生まれ。一八〇一（純祖元）年式年試の時、雑科のうちの訳科（倭学）に合格した。玄義洵は別差に任命され、一八〇四（文化元）年三月二十九日前任別差と交代した（「倭館館守日記」文化元年三月二十九日条）。

【参考情報】

本書簡には年代が記載されていないが、発信者の玄義洵（敬天）がまだ「判官」であること、そして、「倭館館守日記」一八〇四（文化元）年三月二十九日条には「新別差敬天玄判官今日交代」とあり、同書一八〇五（文化二）年六月二十四日条には「講定官華彦崔同知有故代敬天玄僉知差代下来事」とあることから、発信日は文化元年三月頃から文化二年六月二十四日までの間であると推測される。

ところで、「御用御書物」一八〇四（文化元）年五月十七日条をみると、「訓導少々病に付四五日内可致下来段申来ル」「講定官喉痛ニ而罷下不得との段申来ル」とあって、この時訓導玄烒・講定官朴致倹（景和）ともに病中にあることが記されており、この書簡の内容と一致することから、一八〇四（文化元）年と推定して良いだろう。

史料35

【史料概要】崔国禎から倭館の朝鮮語通詞宛の書簡。ソウルに住む妻急病の知らせが届いたので、急遽、明朝、三百銭を返金しないままでソウルに向けて旅立つけれども、それは借金返済ができない言い逃れではない、騙すなどの気持ちはないので、お金が調達でき次第、倭館に送金する、しばらく返済期間を待ってほしい、なお通信使行節目講定使などへの別れの挨拶もしないで出発するが、十月には再び倭館に戻るという内容である。

【写真】

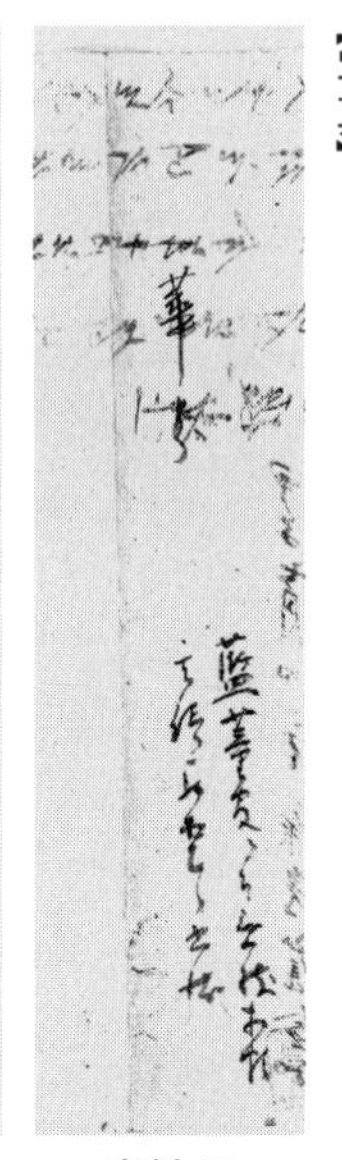

史料35
（端裏書き）

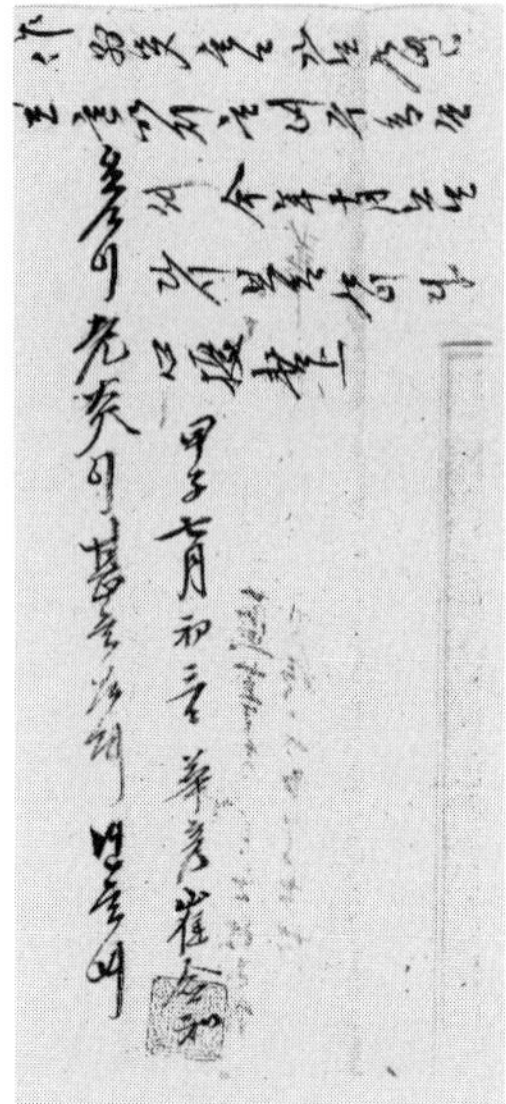

史料35（1/2）

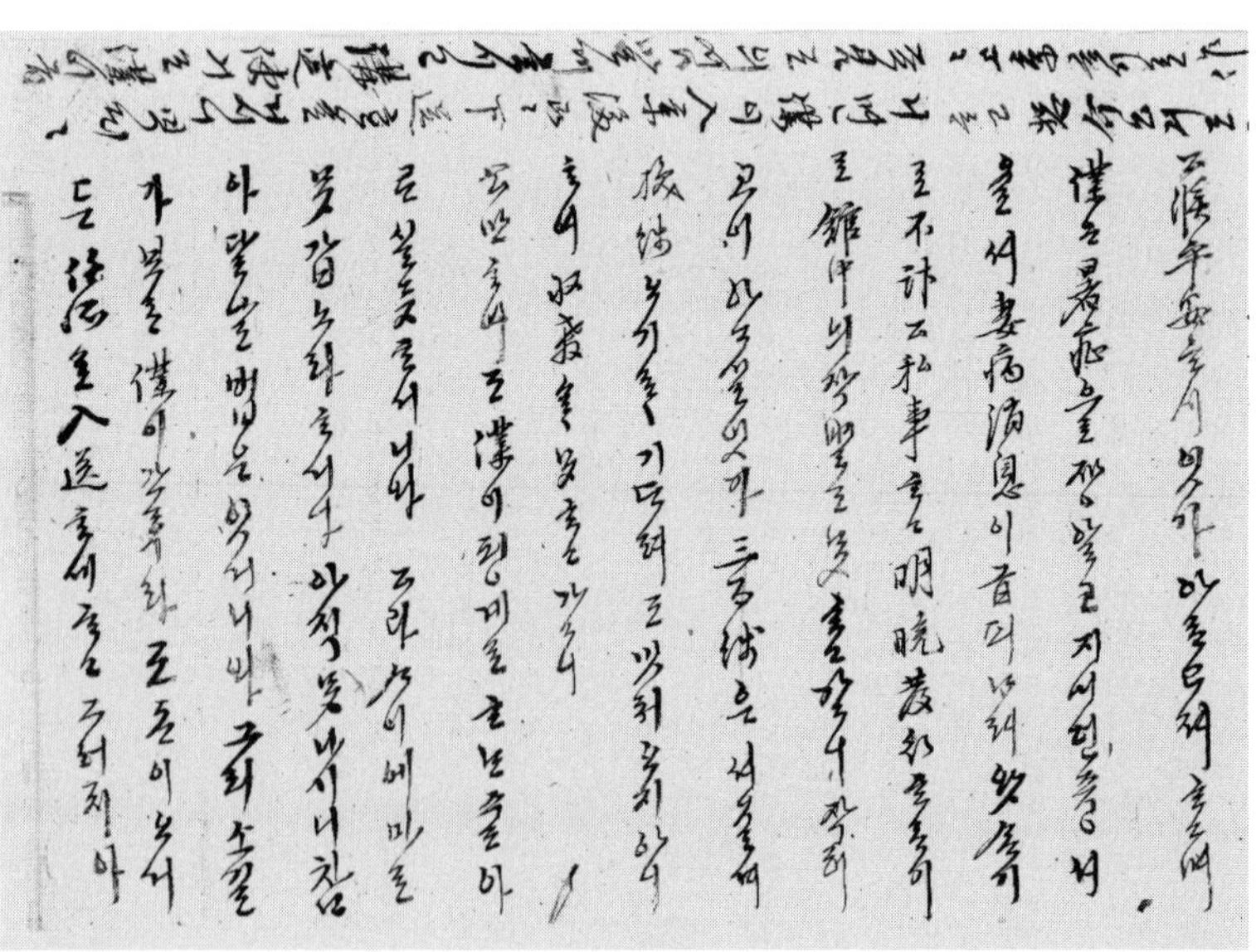

史料35（2/2）

【翻刻】

（端裏書き）華分 /藍董官ニ付 無拠相願 /其侭罷登候
書状
요ᄉᆞ이 老炎이 甚ᄒᆞ온ᄃᆡ 년ᄒᆞ여 〘移〙 /公候平安ᄒᆞ시
잇가 아ᄋᆞᆸ고져 ᄒᆞ오며 /僕은 暑症으로 쟝 알코 지ᄂᆡ
던 즁 셔/울셔 妻病消息이 급피 ᄂᆞ려왓ᄉᆞᆸ기/로 不計
公私事ᄒᆞ고 明曉 発行ᄒᆞᄋᆞᆸ기/로 館中의 작별도 못ᄒᆞ
고 가오니 작히 /고이 아오실잇가 三百錢은 셔울셔
/換銭 오기ᄅᆞᆯ 기ᄃᆞ려도 밋처 오지 아니/ᄒᆞ여 收殺ᄅᆞᆯ
못 ᄒᆞ고 가오니 〘移〙 /公만 ᄒᆞ여도 僕이 핑계로 ᄒᆞ
ᄂᆞᆫ 줄 아/ᄅᆞ실 듯ᄒᆞ거니와 〘隔〙 公과 ᄉᆞ이에 바로
/못 갑노라 ᄒᆞ거나 아직 못 나시니 참/아 달날 법은
잇거니와 그리 소길/가 보ᄋᆞᆸ 僕이 간 후라도 돈이 오
거/든 任所로 入送ᄒᆞ게 ᄒᆞ고 그러치 아/니면 僕이
入京 後 卽〃 下送ᄒᆞ올 거시니 부ᄃᆡ〃 /죠곰도 의심
말게 ᄒᆞ시고 講定使긔도 僕이 급/〃 上京ᄒᆞ기로 作別
못 ᄒᆞ고 가ᄂᆞᆫ ᄉᆞ연/ᄒᆞ고 恕介公긔도 ᄒᆞᆫ가지 ᄒᆞ여 주
ᄋᆞᆸ쇼/셔 今年 十月노ᄂᆞᆫ /다시 보ᄋᆞᆸᄉᆞ이다 /心擾 暫
上

甲子 七月 初 三日 華彦 崔僉知 〘印〙

【現代語訳】

（端裏書き）華分(1) 藍董官につき、致しかたなく願いそのままソウルへ登ったことの書状

このごろ残暑きびしきおり、お変わりなくご貴殿ご平安の段、お伺い申し上げます。私は暑気あたりでずっとわずらいすごしておりましたところ、ソウルから妻の病気の消息がとつぜん下って参りましたので、公私の事をわきまえず、明日の暁に出発しますので、（倭館）館中にお別れの挨拶もできずに行きますので、さぞかしいぶかしくお思いでございましょう。三百銭は、ソウルから換銭が参るのを待っておりましたが、届きませんでしたので、収拾できずに行ってしまいますので、ご貴殿にいたしましても、私が言い訳をしていると思っておられるようですが、ご貴殿との間柄で直ちに返すことができないと言ったり、まだ（お金が）出ないのでがまんしてくれということはあるでしょうが、そのようにだますことがありましょうか。私が行った後でも、お金が参りましたら任所(2)へ入送するようにしますし、そうでなければ、私がソウルに入った後にすぐに下送するつもりですので、どうかどうか少しもお疑いなさらないようにしてください。講定使様(3)へも私が急に上京するのでお別れの挨拶をすることができずに行くことと、（早川）恕介様へも同じようにおっしゃってください。今年十月には、またお目にかかります。心乱れるままにまずは

甲子七月初三日　華彦崔僉知（印）

【語釈】

（1）「崔国禎（華彦）から来た書簡の分」の意。

（2）任所とは、倭館北側の草梁客舎近くの一帯で、ここに誠信堂・賓日軒・出使庁・柔遠館など朝鮮側の訳官（任官）の執務所と居住空間があったため任所と称した。現在の釜山市中区瀛州洞の蓬莱初等学校一帯に当たる。二〇一四年、釜山市の道路名住所改名の作業によって瀛州洞には任所キルという道の名前が生まれた。

（3）戸田頼母を指す。**史料1**の（2）、**史料7**の（1）参照。

【参考情報】この手紙の末尾に記載されている発信日の朝鮮暦の甲子七月三日は、西暦の一八〇四年八月七日、和暦の文化元年七月二日に当たる。ところで、「御用御書物」および「御用書物控（草案）」では、この書簡の発信日よりも前の、一八〇四（文化元）年六月二十七日（西暦八月二日に当たる）条に、「華彦崔僉知ゟ書状来、都表留守病人有之、急ニ発足之段申来り、講定使様・早川公へ宜申呉候様申来ル」とあり、この書簡の内容に符合する。日付に五日ほど隔たりがあるが、その理由は不明である。

史料36

【史料概要】崔国禎から小田幾五郎宛の書簡。「思いがけない事」によって東莱へ下来したけれども、公務によることではないので、倭館の通信使行講定使戸田頼母らと面談したくてもできないという内容である。

【写真】

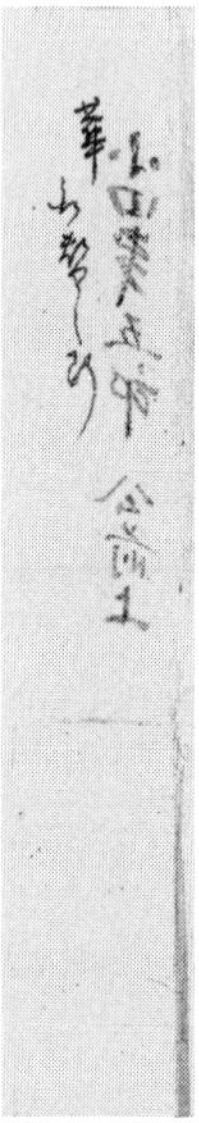

史料36
（端裏書き）

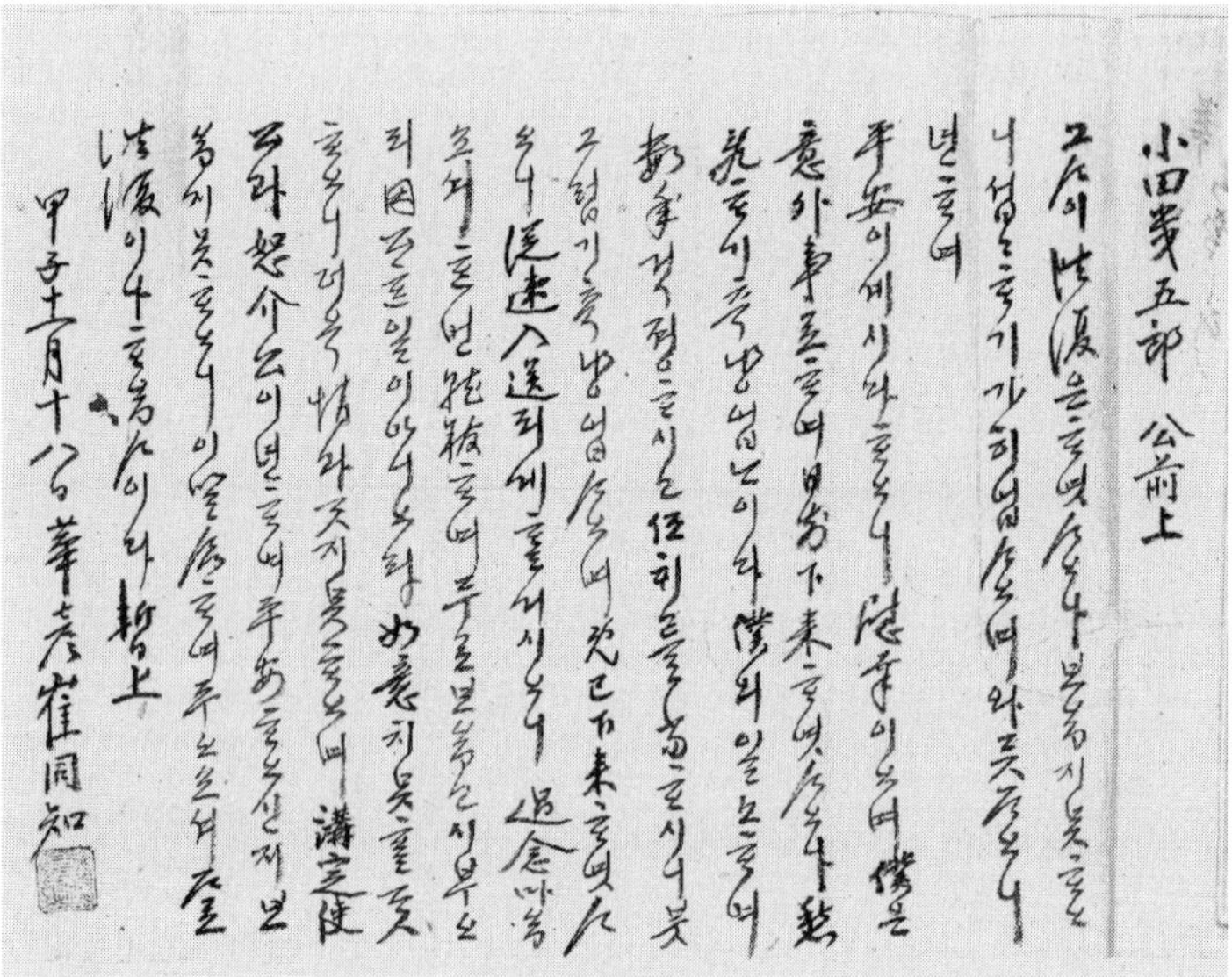

史料36（1/2）

史料36
(2/2)

【翻刻】

(端裏書き) 華 /取替之断

小田幾五郎 公 前 上

그 ᄉᆞ이 往復은 ᄒᆞ엿ᄉᆞ오나 보ᄋᆞᆸ지 못ᄒᆞ오/니 섭〃ᄒᆞ기 가히업ᄉᆞ오며 와 듯ᄌᆞ오니 /년ᄒᆞ여 〘移〙 /平安이 계시다 ᄒᆞ오니 慰幸이오며 〘右〙 僕은 /意外事로 ᄒᆞ여 日前 下來ᄒᆞ엿ᄉᆞ오나 愁/亂ᄒᆞ기 ᄎᆞ냥업ᄂᆞ이다 〘右〙 僕의 일노 ᄒᆞ여 /數年 걱정ᄒᆞ시고 또 ᄒᆡ를 當ᄒᆞ시니 붓/그럽기 ᄎᆞ냥업ᄉᆞ오며 既已 下來ᄒᆞ엿ᄉᆞ/오니 從速 入送되게 ᄒᆞᆯ 거시오니 〘隔〙 過念 마ᄋᆞᆸ/쇼셔 ᄒᆞᆫ 번 就館ᄒᆞ여 두로 보ᄋᆞᆸ고 시부오/되 因公ᄒᆞᆫ 일이 아니오라 如意치 못ᄒᆞᆯ 듯/ᄒᆞ오니 더옥 情과 ᄀᆞᆺ지 못ᄒᆞ오며 講定使/公과 恕介公이 년ᄒᆞ여 平安ᄒᆞ오신지 보/ᄋᆞᆸ지 못ᄒᆞ오니 이 말ᄉᆞᆷ ᄒᆞ여 주오쇼셔 ᄌᆞ로 /往復이나 ᄒᆞᄋᆞᆸᄉᆞ이다 暫上

甲子 十一月 十八日 〘右〙 華彦 崔同知 〘印〙

善兵衛公도 년ᄒᆞ여 平安ᄒᆞ오신지 밧바 各/状 못 ᄒᆞ오니 이 말ᄉᆞᆷ 傳ᄒᆞ여 주오쇼셔

【現代語訳】

(端裏書き) 華 (講定官) 交代の通告

小田幾五郎様の御前へ

その間、(手紙の) 往復はいたしましたが、お目にかかることができず、さびしい限りでございます。(東萊へ) 来て、承りましたところ、お変わりなくご平安とのこと、慰められ幸いに存じます。私は、思いがけない事によって先日 (東萊へ) 下来いたしましたが、愁い心乱れること測り知れません。私のことによって、数年来ご心配になり、また、害も被られましたので、恥ずかしいこと限りございません。すでに下来いたしましたからには、速やかに入送になるようにいたしますので、あまりご心配なさらないでください。一度 (倭館へ) 就館してあまねくお目にかかりたいのですが、公務によることではないので、思い通りにならないようですので、ますます情のとおりにはなりません。講定使様 (戸田頼母) と (早川) 恕介様はお変わりなくご平安であられますでしょうか、お目にかかることができませんので、このことをお伝えください。しばしば (手紙の) 往復なりともいたします。まずは

甲子十一月十八日　　華彦崔同知 (印)

(牛田) 善兵衛様もお変わりなくご平安であられますでしょうか、忙しくてそれぞれに手紙を出せないので、このことばをお伝えください。

【参考情報】

「御用御書物」をみると、この書簡の発信日の翌日に当たる一八〇四（文化元／甲子）年十一月十九日条に、「華彦ゟ手紙来、一両日前致下府候得共、表向之御用ニ無之早速下来御尋不得申、講定使様・恕介公宜相伝呉候様申来ル」とあり、この手紙の内容に符合する記事が確認される。また、「御用書物控（草案）」も同様の内容を伝える。

なお、本書簡にある「思いがけない事によって先日（東萊へ）下来いたしました」とある「思いがけない事（「意外事」）」が何かは不明である。しかし、通信使行講定訳官朴致倹（景和）が一八〇四（文化元）年十二月二十一日に東萊府で死去したこと、および、端裏書の「取替の断（「講定官」交代の通告）」という記述を勘案すれば、朴致倹の病状が悪化し、その代行として崔国禎が任命されたために、東莱に来着したと考えられる。それでも、「公務によることではないので、思い通りにならないようですので」との文言を踏まえれば、「講定官仮役」任命直前であったと推定される。念のために付言しておきたい。

史料37

【史料概要】本書簡は小田幾五郎・牛田善兵衛に対して、通信使行講定訳官崔国禎が送ったものであるが、その中で、「國恤」（一八〇五年一月十二日に薨去した第二一代王英祖の継妃貞純王后の葬礼）や服喪期間などで倭館にての協議に駆け付けることができないことを詫びつつ、この委細を訓導玄烒が説明するという趣旨である。

【写真】

小田幾五郎
牛田善兵衛　両公前上

史料37（1/2）

史料 37
(2/2)

【翻刻】

小田幾五郎 ／牛田善兵衛　兩公 前 上
〘擡〙國恤은 罔極ᄒᆞ오니 무ᄉᆞᆷ 말ᄉᆞᆷ ᄒᆞ오며 客／臘上
京時의 편지나 ᄒᆞ고 갓ᄉᆞ올ᄃᆡ ／ᄒᆞ 悤〃ᄒᆞ여 못ᄒᆞ고
갓ᄉᆞ오니 至今 ／섭〃ᄒᆞ오며 春寒이 尙峭ᄒᆞ오니 ／
〘擡〙僉公 平安ᄒᆞ오시며 〘隔〙講定使 恕介 ／兩公도
連爲 平安ᄒᆞ오신잇가 〘右〙僕은 無／事 下來ᄒᆞ오니
多幸ᄒᆞ오나 大事／를 맛ᄉᆞ와 엇지ᄒᆞ올지 關心이 ᄎᆞ냥
／업ᄉᆞ오며 즉지 下往ᄒᆞ여 面叙ᄒᆞ올 ／ᄃᆡ 〘隔〙나라
公除를 지ᄂᆡ옵고 就舘ᄒᆞᆯ ／터히 되오니 더옥 섭〃ᄒᆞ오
며 各處／의 〘右〙僕의 말ᄉᆞᆷᄒᆞ여 주오쇼셔 多少 ᄉᆞ／
연 訓導 公 口伸이ᄆᆡ 暫上
乙丑 二月 十三日 〘右〙華彦 崔同知 〘印〙

【現代語訳】

小田幾五郎／牛田善兵衛ご両人様の御前へ

国恤[1]は悲しみ限りなく、ことばがございません。客臘[2]の上京時にお便りでもして行くべきところ、あまりにもあわただしくてできずに行ってしまいましたので、今だにさびしく存じます。春寒なお険しきおり、皆様ご平安であらせられ、講定使様（戸田頼母）、（早川）恕介様ご両名様もお変わりなくご平安であらせられましょうか。私は無事（東莱へ）下来仕り幸いですが、大事を預かり[3]、どうすればよいのか気がかりがはかりしれません。ただちに（倭館へ）下って行ってお目にかかってお話すべきところですが、国の公除[4]をすごしてから（倭館に）就館することになっていますので、ますますさびしく存じます。各所に私のことをお話ください。もろもろの内容は訓導様（玄烒（陽元））の口から申し上げますので、まずは

乙丑二月十三日　華彦崔同知（印）

【語釈】

（1）国葬。国王曾祖母に当たる朝鮮第二一代王英祖の継妃貞純王妃（一七四五－一八〇五年）の国葬。
（2）昨年の十二月。
（3）一八〇四年十二月、講定訳官の朴致倹（景和）が病死。一八〇五年一月、ソウルにいた崔国楨を通信使節目講定訳官に任命して、至急倭館に下らせた。（「典客司日記」純祖五年一月十一日）。なお「御用御書物」一八〇四（文化元／甲子）年十二月二十一日の条には、「別差入館申聞候者、景和朴僉知事養生不叶、夜前病死いたし候段申聞候付、愁傷之挨拶相済、仮役之事相尋候処、華彦ニ可相成段申聞候付此趣講定使様へ申上ル」とあり、朴致倹が十二月二十一日に死亡したことが知られる。
（4）国王や王妃が死んだ後、通常の公務を停止し、一定期間弔意を示したこと。この期間が過ぎると、喪服を脱ぐことができた。

【参考情報】

本書簡にある國恤とは、一八〇五年一月十二日（西暦一八〇五年二月十一日）、昌徳宮景福殿で薨去した貞純王妃のことを示す。享年、六十一歳。慶州金氏。金漢耉の女。母は原州元氏（「朝鮮王朝実録」純祖五年一月十二日条）。「倭館館守日記」および「御用書物控（草案）」の一八〇五（文化二）年正月十九日条にも、国王曾祖母薨去の記事がある。公除は二七日間とある。「御用書物控（草案）」二月十二日条には「公除十六日迄」とある。

なお、一八〇〇年に純祖が即位した後より一八〇三年十二月頃まで、幼い十一歳の王純祖を輔弼するために貞純王妃は垂簾聴政を行い、慶州金氏中心の老論僻派勢力に統治権が委任された。しかしながら貞純王妃の死後、一八〇五（純祖五）年十二月七日に純祖の特旨によって、徐邁修が領議政に、韓用亀が左議政に、金達淳が右議政に任命された。この時期、ソウルでは老論僻派と老論時派・少論・南人の激烈な党争が繰り広げられていた。

ところで、前任の講定官朴致倹（景和）は、一八〇四（文化元／甲子）年十二月二十一日に東萊府で死去した（「倭館館守日記」「御用御書物」および「御用書物控（草案）」文化元年十二月二十一日条）。その後、講定官の仮役は、崔国禎（華彦）がつとめていたが、一八〇五（文化二）年正月に至り、そのまま本役をつとめることに決定した（「倭館館守日記」文化二年正月二十九日条および「御用書物控（草案）」文化二年正月二十五日条）。この書簡（史料37）は、崔国禎（華彦）が講定官の本役に就任したあと、公除の終了間近、倭館へ下来しようとする直前に書いたものである。

「御用書物控（草案）」の文化二年二月十五日条に、「講定官明後十七日無相違致下来候段別差ゟ申聞ル、講定官ゟ書状来ル」とあるが、この時講定官より送られてきた書状がこの書簡（史料37）であろう。同じく文化二年二月十七日条には、講定官華彦崔同知入館の記事あり、この書簡の約束どおり、公除終了後に倭館に入館したことが知られる。

なお本書簡の発信者は「華彦　崔同知」とあり印章も押印している崔国禎であるが、本文の筆跡は玄義洵（敬天）のもの（史料34参照）のようである。

史料38

【史料概要】倭学訓導玄烒が小田幾五郎らに送った書簡。副特送使の「礼単茶礼一事」の件で苦境に立たされていることを訴え、倭館側に救済を求める内容である。

【写真】

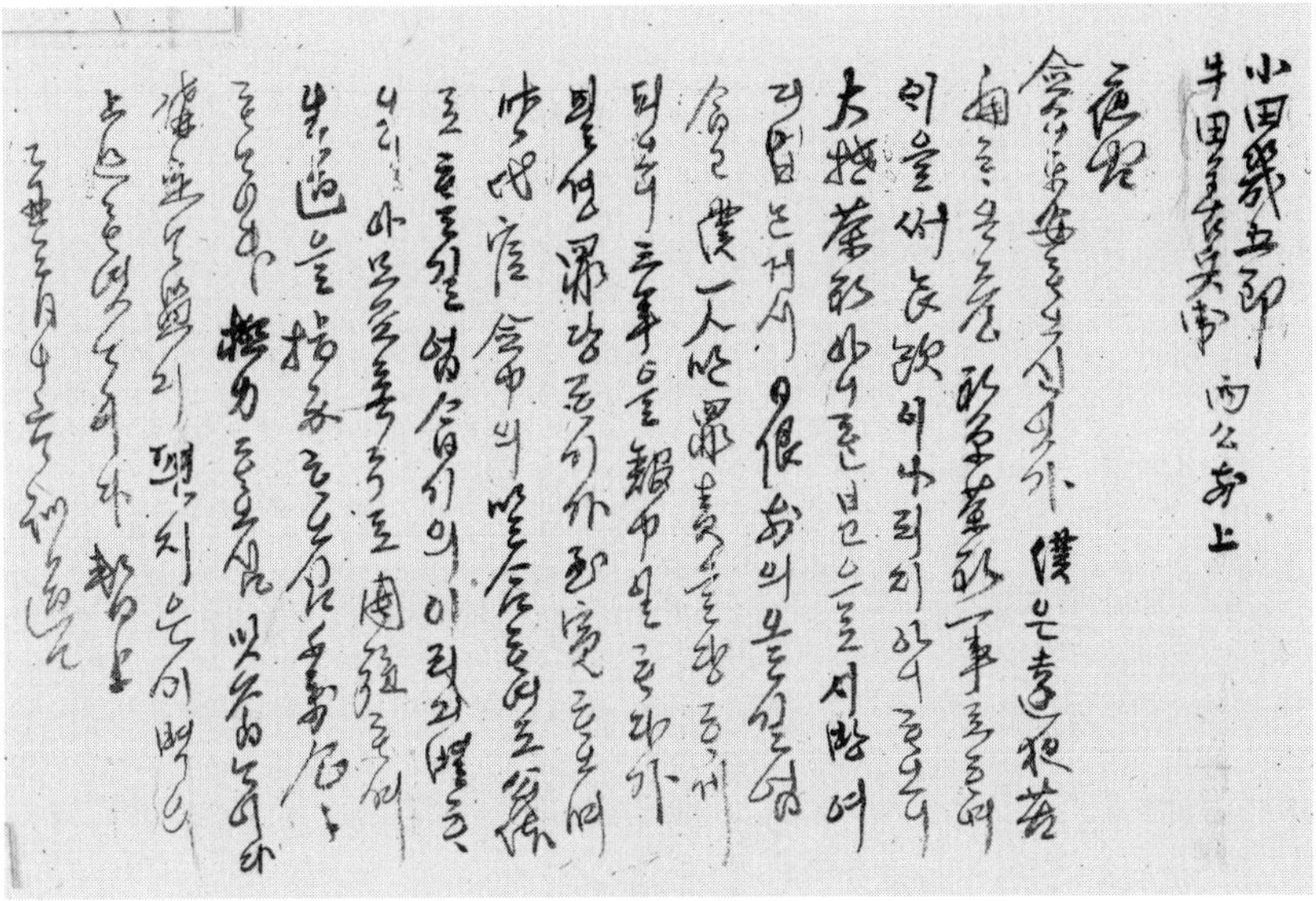

史料 38

【翻刻】

小田幾五郎 ／牛田善兵衛 兩公 前 上
夜間 ／〘擡〙 僉公 平安ᄒᆞ오신잇가 〘右〙 僕은 達夜
苦／痛ᄒᆞ온 쥭 禮單茶禮一事로 ᄒᆞ여 ／ᄋᆡ을 써 食飮이
나리지 아니ᄒᆞ오니 ／大抵 茶禮 아니ᄒᆞᆫ 분으로 시방
여／긔 업ᄂᆞᆫ 거시 日限 前의 올 길 업／ᄉᆞᆸ고 〘右〙 僕
一人만 罪責을 당ᄒᆞ게 ／되오니 三年을 舘中 일 ᄒᆞ다
가 ／필경 罪 당ᄒᆞ기가 至冤ᄒᆞ오며 ／昨日 代官 僉中
의 말ᄉᆞᆷᄒᆞ여도 公體／로 ᄒᆞᆯ 길 업ᄉᆞᆸ기의 이리 긔별ᄒᆞ
／오니 아모죠록 두로 周旋ᄒᆞ셔 ／生道을 指示ᄒᆞ오심
千萬企〃／ᄒᆞᄂᆞ이다 極力ᄒᆞ오심 밋ᄌᆞᆸᄂᆞ이다 ／講定 令
監긔 편지은 싀벽의 ／上送ᄒᆞ엿ᄂᆞ이다 暫上
　乙丑 三月 十六日 訓導

【現代語訳】

小田幾五郎／牛田善兵衛ご両名様の御前へ
夜間皆様ご平安であられましょうか。私は夜通し苦痛の中、礼単茶礼の一事によって[1]苦悩いたし飲食が消化されない状況です。そもそも茶礼をとりおこなわなかった分で、ただいまここにないものが、日限の前に来るはずがなく、私一人だけが罪責を被るようになるのですが、三年を（倭館）館中の仕事をしたのに最後には罪を被るというのがはなはだ恨みでございます。昨日代官中にお話しても、表立ってはなすすべがないということですので、このようにお便り申しますので、なにとぞあまねくご周旋くださり、生きる道をお示しくださいますことを千万お頼み申し上げます。ご尽力くださいますようお願いいたします。講定官様（崔国禎（華彦））へ手紙は暁にお送りしました。まずは

乙丑三月十六日　　訓導[2]

【語釈】

（1）礼単茶礼とは、対馬藩使節が持参した書契と別幅に対して、朝鮮側からの返信に該当する回賜書契と別幅を与えるときに行う宴享。その日、宴享大庁にて、礼単を担当する出使訳官が東側の壁から西に向かって立ち、訓導と別差がその次に立つ。対馬藩使節団の正官以下は、西側の壁から東に向かって立ち、相互に両手を胸の前で組み合わせて礼をして座す。饌卓は東莱府が準備する。茶礼儀と同様な宴享。饌三味、酒五杯（五酌）をして再度一杯を勧める。（『増正交隣志』巻三茶礼儀）。

（2）玄烒（陽元）。

【参考情報】

「御用書物控（草案）」の一八〇五（文化二）年三月十八日条に、「講定官入館、今日者登り候筈ニ御坐候得共、両訳副特送使御返翰単参不揃ニ付心遣いたし候間、難見捨鳥渡致入館候段相咄候事」とあり、両訳（訓導と別差）が副特送使御返翰単参が整わないために苦境に立たされていたことが知られるが、本書簡中に「礼単茶礼の一事によって苦悩いたし」とあるのは、そのことと関連するものと見られる。

ところで、文化元年の副特送使に対する下船茶礼は十二月二日、下船宴は翌年の文化二年二月二十五日に挙行された。対馬に帰国する時に挙行する上船宴は、文化二年三月二十四日であった（「典客司日記」一八〇四（純祖四）年十二月十一日条及び一八〇五（純祖五）年三月四日、四月四日条参照）。

なお、本書簡の末尾に「講定官様へ手紙は暁にお送りしました」とあるが、崔国禎（華彦）がその手紙を受け取ったあとに書いた返書が、次の**史料39**である。

史料39

【史料概要】　講定官崔国禎（華彦）から倭館の「両公」（小田幾五郎・牛田善兵衛か）宛に、明日、つまり三月十七日（文化二年）に倭館に向かい、通信使行講定節目をめぐる協議を再開したいという書簡内容である。

【写真】

史料39
（包紙）

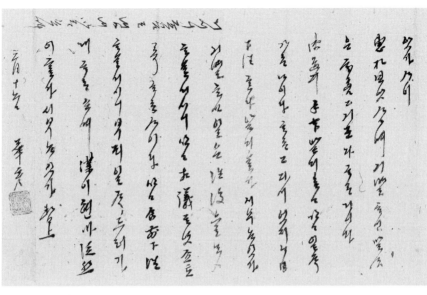

史料39（2/2）

史料39（1/2）

【翻刻】

（包紙上書き）兩公 前 回上

앗가 ᄉᆞ이 〘移〙／惠札 보앗ᄉᆞ오며 긔별ᄒᆞ신 말솜／은 訓導公긔도 다 ᄒᆞ옵거니와 〘移〙／使道긔 手本 알외옵고 明日 일즉 ／가옵ᄂᆞ이다 ᄒᆞ옵고 다시 엇지 今日 ／下往ᄒᆞᆫ다 알외올가 시부온잇가 ／긔별ᄒᆞ신 일은 往復으로 못 ／ᄒᆞ올 거시니 明日 相議ᄒᆞ엿 죠토／록 ᄒᆞ옵ᄉᆞ이다 明日 食前 下往／ᄒᆞ올 거시니 부ᄃᆡ 일즉 드러가／게 ᄒᆞ옵쇼셔 僕이 현마 泛然／이 ᄒᆞᆯ가 시부온잇가 暫上

　三月 十六日　華彦 〘印〙

追上 僕의 病은 不計ᄒᆞ고 이[*1]즉 가올 ／거시니 죠곰도 념녀 마ᄅᆞ쇼셔

＊1：일

【現代語訳】

（封書上ワ書）ご両名様の御前へ拝復

さきほどお手紙拝見いたしました。お便りなさったお話は訓導様（玄烒（陽元））へもいたしましたが、東萊府使へ手本(1)

申し上げてから明日早くに行きますと申し上げましたし、ふたたびどうして今日（倭館へ）下って行きますとお知らせするでしょうか。お便りなさったことは、（手紙の）往復ではできないでしょうから、明日相談してよろしいようにいたしましょう。明日朝食前に（倭館へ）下って行くつもりですので、なにとぞ早くに入って行くようにしてください。私がまさかぞんざいにすることがありましょうか。まずは

三月十六日　　華彦（印）

追伸　私の病には拘わらず早くに行くつもりですので、少しも心配なさらないでください。

【語釈】

（1）公事について上司あるいは関係部署に報告する文書。史料10の語釈（2）参照。

【参考情報】

この書簡には年代が記載されていないが、以下の「御用書物控（草案）」の記録から考えて、一八〇五（文化二）年のものと考えられる。

「御用書物控（草案）」には、①文化二年三月十日に講定官崔国禎（華彦）が倭館に入館し、人数・冠服等について話し合ったこと、②三月十二日にその箇条書きの書付を差し下す約束をしていたのに送られてこなかったので手紙にて問い合わせたところ、「散々相痛候付、少々快方の上」（書付を）送るとの返書があったこと（三月十三日）、③三月十四日・十五日にも小田幾五郎より督促の手紙を出したことなどが記録されている。

また、文化二年三月十六日条には、「両人坂ノ下へ罷越、暮ニ及、別差ゟ申来候者、明日可致下来、講定官ゟも手紙ニ而明日可罷下、其上ニ而咄合いたし可申との事申来ル」とあり、また三月十七日条には「講定官下来、両人方へ相見候、講定使様え此程者散々相痛居、今日ハ押而入館仕候、御用之儀、後刻可申上と申上候事」とある。本書簡は、前掲「御用書物控（草案）」三月十六日条の記述に現れる講定官からの手紙に該当すると考えて良い。また、前掲「御用書物控（草案）」三月十七日条の記事からは、本書簡で約束したとおり、講定官崔国禎（華彦）が三月十七日に倭館に入館したことが知られる。

史料40

【史料概要】本書簡は、一八〇五（乙卯）年六月二十二日に「無名氏」（前倭学訓導崔珦（伯玉）か）が倭館の小田幾五郎に送ったもの。今、新任講定官（玄義洵）はソウルを出発し、釜山への途次にある。玄義洵が着任した後、倭館滞在中の講定裁判戸田頼母らに対する事実聴取を始める時、寛政戊午約

定（一七九八年）をめぐって、いくつかの想定問答集を提示するので、そのように倭館側も回答してほしい。そしてまた「書付」（戊午約定）を見たいと言えば、「昔から御用というものは、口頭でおこなうものであって、書付はございません」と回答してほしい。何よりも、私、崔珊が戊午約定交渉に関与したかどうかを尋ねたとき、己未年（一七九九）に東莱に

【写真】

史料40　右部分（拡大）

着任したのだから、一切、崔珦は戊午約定交渉に荷担していないなどと回答して、崔珦の無罪を立証してほしい。そうするならば、後日、崔珦自身が倭学訓導に任命されるはずだという趣旨。なお、本書簡は十二片の紙片に分けられているが、各紙片にはしわが確認されることから、秘匿して持ち出すためにより合わせて「こより」状態にしたものと見られる。紙片「十一」の内容から、その「こより」を銭をくくるひもに仕立て、小通詞金又得に運ばせたのではないかと思われる。

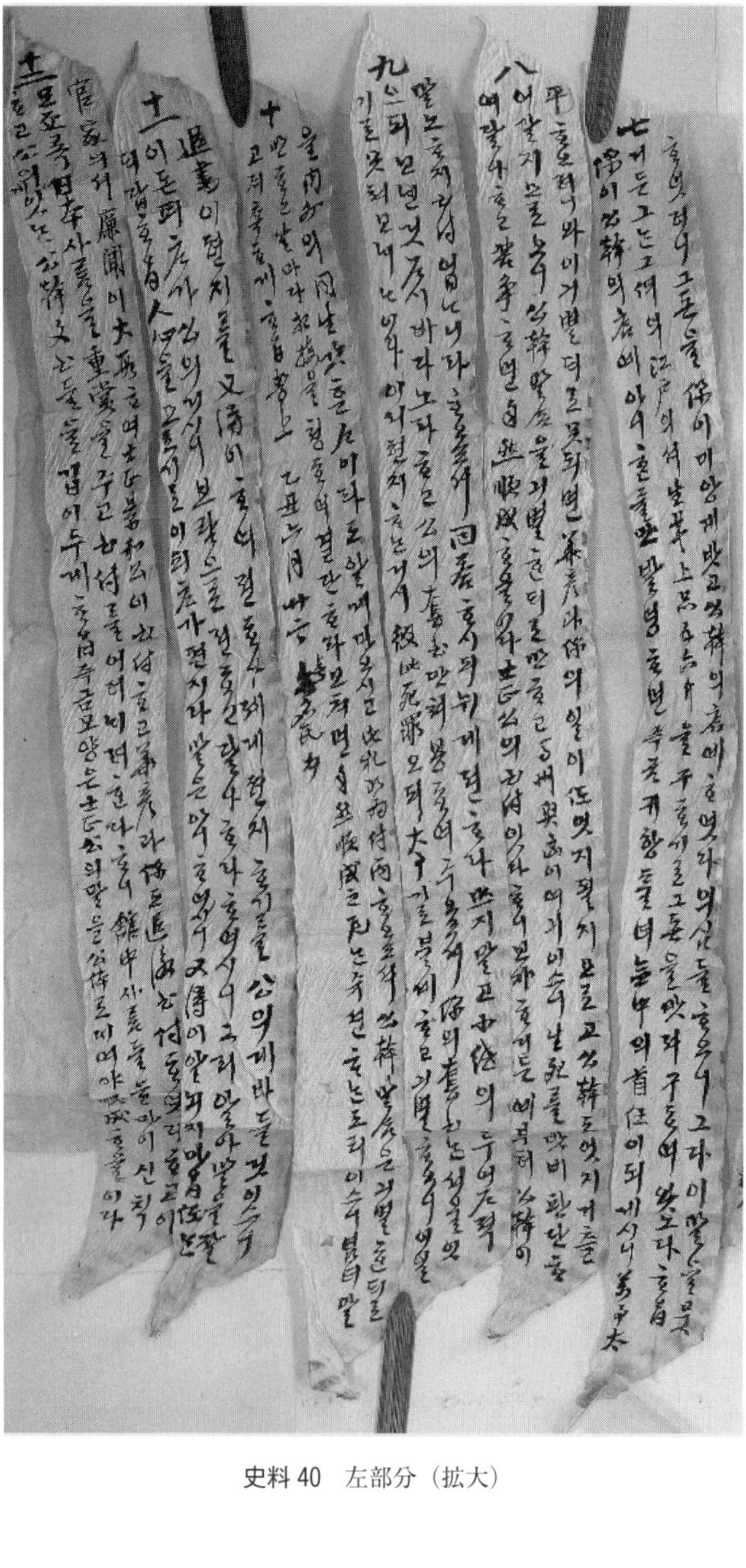

史料40　左部分（拡大）

【翻刻】

一

小田幾五郎 公 前上

그 ᄉᆞ이 〘隔〙 公候 平安ᄒᆞ오시며 〘隔〙 僉公 平安ᄒᆞ
오신잇가 〘右〙 僕은 長病 呻吟ᄒᆞ오니 切悶이오며 景
和 /華彦 兩公의 일은 다 쏨 밧기오니 ᄎᆞᆷ혹ᄒᆞ외다 公
幹事는 近來 館中 事情이 眞言假

二

言이 다 館外에 漏通ᄒᆞ여 士正公과 景和公은 公幹의
主掌ᄒᆞ고 華彦과 僕은 追後 參/涉ᄒᆞ엿■다 ᄒᆞ여 華彦
公이 定配ᄉᆞ지 되고 〘右〙 僕도 풀니지 못ᄒᆞ오니 원통
답〃ᄒᆞ외다 /講定官이 新差下往ᄒᆞ다 ᄒᆞ오니 부ᄃᆡ 舊
館司公이 卽時 相接ᄒᆞ여 말ᄉᆞᆷᄒᆞ기를 丁巳春

三

問慰官 還渡後의 信使請來大差使가 나오게 ᄒᆞ엿더니
士正公이 別遣으로 ᄂᆞ려와셔 ᄒᆞ기를 /朝廷分付가 信
行을 十年停退ᄒᆞ여 주면 丁卯年의는 信行이 馬州ᄉᆞ지
드러가게 省弊ᄒᆞ여 /주마 ᄒᆞ시니 十年退定 周旋을 ᄒᆞ
여ᄂᆞ니라 ᄒᆞ기로 江戶의 多年을 왕복ᄒᆞ여 계요 〃〃 그
ᄃᆡ로 쥬션ᄒᆞ고

四

戊午年의 士正公게 書付ᄒᆞ여 주엇시니 日本 君臣 上下
는 그리 알고 잇기로 발셔 馬州의 〘隔〙 國書奉/安ᄒᆞᆯ
大闕과 使臣居處ᄒᆞᆯ 館舍ᄉᆞ지 〃어시니 卽今 講定이 그
리 밧긔는 다른 수 업다 ᄒᆞ고 안져/시면 아모 념녀
업ᄉᆞ니 〘隔〙 公네 ᄉᆡᆼ각은 엇더ᄒᆞᆫ지 밧긔 事情을 모로
고 걱정만 ᄒᆞᆫ 듯ᄒᆞ기로 이

五

리 密通ᄒᆞ오니 짐쟉ᄒᆞ오쇼셔 講定官이 ᄒᆞ기를 그러면
이 말을 景和 華彦 兩公다려는 엇지 /아니 ᄒᆞ엿ᄂᆞ니
ᄒᆞ거든 이 말을 景和公다려 萬番이나 ᄒᆞ여시되 그 말
은 밧긔 못 ᄒᆞᆯ 말이라 ᄒᆞ/고 단니고 華彦公도 그리
ᄒᆞ기로 至今 未決ᄒᆞ엿다 ᄒᆞ오시며 또 뭇기를 景和 華
彦兩公도 士正公과 同

六

議ᄒᆞ엿ᄂᆞ냐 ᄒᆞ거든 그는 兩公이 그 ᄯᅢ 任官들노 이셔
시니 大捴은 짐작ᄒᆞ여시려니와 士正公이 公/幹의 主
掌ᄒᆞ여시니 엇지 可否를 ᄒᆞ여시리 ᄒᆞ고 僕도 ᄎᆞᆷ예ᄒᆞ엿
ᄂᆞ냐 ᄒᆞ거든 그는 己未年이/야 ᄂᆞ려와시니 엇지 ᄎᆞᆷ예
ᄒᆞ여시리 ᄒᆞ오쇼셔 또는 庚申條 公木錢을 僕이 맛다
구쳐

七

ᄒᆞ엿더니 그 돈을 僕이 미앙계 밧고 公幹의 ᄎᆞᆷ예ᄒᆞ엿
다 의심들 ᄒᆞ오니 그 다이 말을 뭇/거든 그는 그 ᄯᅢ
의 江戶의셔 生蔘上品 五六斤을 구ᄒᆞ기로 그 돈을 맛
져 구ᄒᆞ여 왓노라 ᄒᆞᆸ /僕이 公幹의 ᄎᆞᆷ예 아니 ᄒᆞᆫ

쥴만 발명ᄒᆞ면 즉금 귀향 풀녀 僉中의 首任이 되게시
니 萬事太
八
平ᄒᆞ오려니와 이 ᄀᆡ별ᄃᆡ로 못 되면 華彦과 僕의 일이
ᄯᅩ 엇지 될지 모로고 公幹도 엇지 거츌／어 갈지 모로
오니 公幹 말ᄉᆞᆷ을 ᄀᆡ별ᄒᆞᆫ ᄃᆡ로만 ᄒᆞ고 馬州 興凶이 여
ᄀᆡ 이스니 生死를 밧비 판단ᄒᆞ／여 달나 ᄒᆞ고 苦爭ᄒᆞ
면 自然 順成ᄒᆞ올이다 士正公의 書付 잇다 ᄒᆞ니 보쟈
ᄒᆞ거든 예부터 公幹이
九
말노 ᄒᆞ지 書付 업ᄂᆞ니라 ᄒᆞ오쇼셔 回答ᄒᆞ시되 뉘게
젼ᄒᆞ라 쓰지 말고 小紙의 두어 ᄌᆞ 젹／으되 보ᄂᆡᆫ 것
ᄌᆞ시 바다노라 ᄒᆞ고 公의 套書만 쳐 봉ᄒᆞ여 주오쇼셔
僕의 套書ᄂᆞᆫ 셔울 잇／기로 못 쳐 보ᄂᆡᄂᆞ이다 이리 편
지 ᄒᆞᄂᆞᆫ 거시 彼此死罪오되 大事기로 불계ᄒᆞ고 ᄀᆡ별ᄒᆞ
오니 이 일
十
을 內外의 同生 갓ᄒᆞᆫ ᄉᆞ이라도 알게 마오시고 此札卽
爲付丙ᄒᆞ오쇼셔 公幹 말ᄉᆞᆷ은 ᄀᆡ별ᄒᆞᆫ ᄃᆡ로／만 ᄒᆞ고 날
마다 相接을 청ᄒᆞ여 결단ᄒᆞ라 보치면 自然 順成之道ᄂᆞᆫ
쥬션ᄒᆞᄂᆞᆫ 도리 이스니 념녀 말／고 직촉ᄒᆞ게 ᄒᆞᄋᆞᆸ 暫
上 乙丑 六月廿二日 無名氏 頓
十一
追書 이 편지를 又得이 ᄒᆞ여 젼ᄒᆞ나 졔게 편지 ᄒᆞ기를
公의게 바들 것 이스니 ／이 돈 피차가 公의 거시니
보람으로 젼ᄒᆞ고 달나 ᄒᆞ라 ᄒᆞ여시니 그리 알아 말을
잘 ／ᄃᆡ답ᄒᆞᄋᆞᆸ 人心을 모로기로 이 피차가 편지라 말
은 아니 ᄒᆞ여시니 又得이 알뇌지 마ᄋᆞᆸ ᄯᅩᄂᆞᆫ
十二
官家의셔 廉聞이 大段ᄒᆞ여 士正 景和公이 書付ᄒᆞ고 華
彦과 僕도 追後 書付ᄒᆞ엿다 ᄒᆞ고 아／모죠록 日本사ᄅᆞᆷ
을 重賞을 주고 書付를 어더ᄂᆡ려 ᄒᆞᆫ다 ᄒᆞ니 館中 사ᄅᆞᆷ
들을 마이 신칙／ᄒᆞ고 公의○〈게〉 잇ᄂᆞᆫ 公幹文書들
을 깁이 두게 ᄒᆞᄋᆞᆸ 즉금 모양은 士正公의 말을 公體로
ᄂᆡ여야 順成ᄒᆞ올이다

【現代語訳】

一　小田幾五郎様の御前に
その間ご貴殿ご平安であらせられ、皆様ご平安であらせられましょうか。私は長い病気で呻吟しておりますので困ったことです。景和（朴致倹）華彦（崔国禎）ご両公のことはみな夢にも思わなかったことでむごいことでございます。御用のことは近頃（倭館）館中の事情が、本当のこともうその

二　こともすべて館外へ漏れて、士正（朴俊漢）公と景和（朴致倹）公は御用を主掌し、華彦（崔国禎）と私はそのあ

と関係したとして、華彦（崔国禎）公が定配にまでなり、私も解かれないので、恨めしくてたまりません。講定官（玄義洵（敬天））が新たに任命されて（東萊へ）下ったそうですが、なにとぞ、旧館守様（戸田頼母）は直ちに相接なさっておっしゃることに、「丁巳春に[1]

三　問慰官還渡後に信使請来大差使が出来するようにしたところ、士正（朴俊漢）公が別遣として（東萊へ）下ってきて言うことには、「朝廷の申しつけが、信行を十年停退してくれれば丁卯年[2]には信行が対馬州まで入往するように省弊してやろうというので、十年退定の周旋をやりとげよ」と言うので、江戸に多年、往復してようやくようやくその通りに周旋し、

四　戊午年[3]に士正（朴俊漢）公に書付してやったのだが、日本の君臣上下はさよう心得ておるので、最早対馬州に国書を奉安する宮殿と使臣の居処たる館舎まで作ったのだから、ただいまにては講定はさようするほか仕方がない」と言って、座っていらっしゃれば何の心配もございませんので、ご貴殿らのお考えはいかがでしょうか。外向き（朝鮮側）の事情をご存知なく心配ばかりなさっているようなので、このように

五　密かにお知らせいたしますので、ご明察ください。講定官が言うことには、「それならば、このことを景和（朴致倹）・華彦（崔国禎）ご両公にはどうして言わなかったのか」と言えば、「このことは、景和（朴致倹）公に何度も言いましたが、そのことは表立って言えないことだと言っていましたし、華彦（崔国禎）公もそのように言うので、今に至るまで未決なのです」とおっしゃってください。また、（講定官が）尋ねることには、「景和（朴致倹）・華彦（崔国禎）ご両公も士正（朴俊漢）公と同

六　議（一緒に議論）したのか」と言えば、「それは、ご両公がその時任官としておられましたので、あらましはお察しになられたでしょうが、士正（朴俊漢）公が御用を主掌なさっておられましたので、どうして可否を申すことができたでしょうか」とおっしゃってください。（講定官が）「私（崔珦（伯玉））も加わっていたのか」と言えば、「それは、己未年[4]になって初めて（東萊へ）下来したのだから、どうして加わることができたでしょうか」とおっしゃってください。また、庚申条[5]の公木銭を私が預かって配達

七　したのですが、そのお金を私が「みやげ[6]」にもらって御用に加わったと（朝鮮側では）疑っておりますので、そのへんの話を（講定官が）訊ねたら、「それは、その時江戸より、生人蔘の上品五六斤を求めてきたので、その金を預けて調達して来たのだ」とおっしゃってください。私が御用に加わっていないことだけ弁明すれば、ただちに流配を解かれ、皆の中より首任になるでしょうから、

萬事太

八　平でしょうが、この便りのとおりにできなければ、華彦（崔国禎）と私のことはまたどのようになるやも知れず、御用もどのように差し支えるようになるやも知れませんので、御用のお話はお便りした通りにのみなさって、「対馬州の興凶はここにあるので、生死をはやく判断してくれ」としきりに争えば、自然と順調に成し遂げられるでしょう。（講定官が）「士正（朴俊漢）公の書付があるそうだから見よう」と言えば、「昔から御用というものは、

九　口頭でおこなうものであって、書付はございません」とおっしゃってください。（この手紙に対して）回答なさるには「誰かに伝えろ」と書かずに、[7]小紙に二三字記すに「送ったものを委細受け取った」と書いて、ご貴殿のはんこだけ押して、封してください。私のはんこはソウルにあるので、押さずに送ります。このように手紙を送るのは双方とも死罪なのですが、大事ですので、顧みずにご連絡いたしますが、このこと

十　を内外に弟同然の間柄でもお知らせにならずに、この手紙はすぐに火にくべてください。御用の話は、お便りしたとおりにのみなさり、毎日（講定官との）相接を請うて決断せよと催促すれば、自然と順成の道には周旋するすべがありますので、心配なさらずに催促してください。まずは

乙丑六月二十二日　無名氏　頓

十一　追伸　この手紙を又得を[8]して伝えさせますが、彼に便りすることには、「ご貴殿（小田幾五郎）から受けとるべきものがあるのだが、このお金はともかくご貴殿（小田幾五郎）のものなんだが、（ご貴殿がお金を受領したということを）しるしでもって（私に）伝えてくださいと言え」と言いましたので、左様お心得になって話をうまく答えてください。人心はわからないので、これがともかく手紙であるという話はしていないので、[9]又得に告げないでください。また、

十二　官家より廉聞[10]がたいへんなもので、「士正（朴俊漢）・景和（朴致倹）公が書付を書き、華彦（崔国禎）と私（崔珦（伯玉））も続いて書付を書いた」と言って、なんとかして日本人に重い褒美をやって書付を探し出そうとしているといいますので、（倭館）館中の人々に厳しく言い付けてご貴殿のところにある御用の文書を深く（保管して）おくようにしてください。ただいまのようすは、士正（朴俊漢）公の話を表立つようにしてこそ順調に成し遂げられるでしょう。

【語釈】

（1）一七九七（寛政九）年。

（2）一八〇七（文化四）年。

(3) 一七九八（寛政十）年。
(4) 一七九九（寛政十一）年。
(5) 一八〇〇（寛政十二）年。
(6) この部分、原文では「미앙계」と書かれているが、これは、日本語「みやげ（土産）」の発音をハングルで表記したものである。すなわち、贈り物、賄賂の意で用いられているものと見られる。
(7) 「宛先を書かずに」の意。
(8) 小通事の金又得のこと。宗家文庫史料一紙物812-8に「小通事又得（ウトク）と申者」とあり、また、小田幾五郎「通訳酬酢」巻六の終丁に「小通事金又得（ウドク）という者を以」とある。
(9) つまり、この書簡が手紙であることを隠すために、こよりにして銭をくくるひもに仕立て、メッセンジャーの小通事又得にはそれが手紙であるということは告げずに「金だ」と言ってわたしたのだと考えられる。
(10) 密かに事情を問うこと。

【参考情報】

この書簡の発信者は、「無名氏」となっているが、その内容から、一八〇五（文化二／乙丑）年六月二十二日当時全羅道長興府に流配されていた前倭学訓導崔珦（伯玉）が流配先より送ったものであることが明らかである。

この書簡の二の部分に、「講定官（玄義洵（敬天））が新たに任命されて（東莱へ）下ったそうですが、なにとぞ、旧館守様（戸田頼母）は直ちに相接なさっておっしゃることに」とあるが、「御用書物控（草案）」をみると、一八〇五（文化二）年六月十七日の条に、「訓導入館、申聞候者、華彦弥代り新講定官敬天玄僉知十一日都出立と申来、廿二・三日可致下着」とあり、また、同六月二十四日の条に、「両訳入館、姓名書館守様・講定使様へ差出ス」とあり、さらに、同六月二十五日の条に、「新講定官下来入館ニ付、通詞家ニ幾五郎罷出祝詞共相済候上（後略）幾五郎方へ講定官・訓導相見へ申聞候者、御用之本事追々順便ニ至候朝議ニ候間、深気遣候儀ニハ無之候へ共、伯玉・華彦公木参百束余先般拝借ニ付、是等之事朝廷ニ相聞へ気毒成事ニ候、右拝借之書付為見可被下候（後略）」とあって、新講定官の玄義洵（敬天）が一八〇五（文化二／乙丑）年六月十一日にソウルを出立し、同六月二十三日頃に東莱へ到着、同六月二十五日に倭館に入館したことを確認することができるので、一八〇五（文化二／乙丑）年六月二十二日の日付をもつこの書簡は、まさしく、新講定官の玄義洵（敬天）がソウルをすでに出立し、東莱へ向かって移動している最中に書かれたものであることがわかる。

また、同「御用書物控（草案）」一八〇五（文化二）年七月二日の条には、「伯玉方ゟ極密書状相達し、大意、士正代ニ御用成熟ニ至居候段可被相答へく候へハ何も滞り候事無之、又拙者拝借之公木ハ人参を以夫々御差引可申と之約束ニ候と御答へ可被下と申来り（後略）」とあって、この書簡に符合する記述を確認することができ、この書簡が一八〇五（文化二）年七月二日に小田幾五郎のもとに達した事実を知ることができる。

なお、新講定訳官玄義洵（敬天）の差定について、朝鮮側の史料では、以下のごとく確認できる。

一、曹單子、節呈司譯院牒呈內、丁卯通信使行時節目講定譯官崔國禎定配代、折衝玄義洵差定是如、牒呈爲白有置、依所報差送事、分付何如、嘉慶十年六月初三日啓、依所啓施行（「典客司日記」一〇第五二、純祖五年乙丑条）

ところで、釜山に到着した新任講定訳官玄義洵は、すぐに調査に着手した。

乙丑（一八〇五年）嘉慶十年六月、府使鄭晩錫時、講定事、譯官朴致儉・崔國禎、相繼下來、拖至三年迄未有決、國禎竄配之後、譯官玄義洵、下來查實、則舊館守源暢明（戸田頼母）曰、丙辰年朴俊漢渡時、以馬島迎聘事懇請、則俊漢答云、歸陳朝廷、期於必成云、而銅鐵二千斤及物貨各種、成文書受去、今後凡事通於朴致儉事、言托俺等是遣、其後崔瑚崔國禎曰、議聘之節不無用費云、故庚申（寛政十二年）條公木二百九十一同三十七尺零、依其請出給、而馬州通聘快承、朝廷許施之説、兩朴、兩崔之口伸手書一辭同然、前後文書、逐歳成軸、明白可徵是如（「辺例集要」下、巻一四、雑犯、乙丑）（（ ）内は引用者注）

とあり、講定裁判戸田頼母からの直話として、朴俊漢・朴致倹が「銅鐵二千斤及物貨各種」を受領したこと、そして崔国禎・崔瑚が「庚申條（一八〇〇年）公木二百九十一同三十七尺」を受領したことを報告している。同年七月六日に承政院同副承旨尹命烈は東萊府按覆使に任命され、八月に釜山に赴任し、崔瑚及び崔国禎らを盤覈した。

尹命烈下來、全羅道長興定配譯官崔瑚及咸鏡道明川定配譯官崔國禎等、自刑曹、發羅杖押來究覈、其前後所犯情節、則庚申條公木代錢二萬三千餘兩、通聘事用情周旋次、兩譯、同爲手標貸出、其中七千兩、國禎取用、一萬六千餘兩、崔瑚取用、的實是白遣（「辺例集要」下、巻一四、雑犯、乙丑）

とある。また、

朴俊漢・朴致儉・崔瑚・崔國禎・金亨禹等五譯、自乙卯至乙丑十一年之間、馬島通聘事、書給手標、禮曹・東萊・釜山書契、僞造書給情節、一一綻露自服、同僞造書契、書給本府居朴潤漢、僞造圖書、刻給商賈金漢謨、使喚通詞金武彥等罪狀、亦爲查覈、並與前後文蹟、謄書別單馳啓（「辺例集要」下、巻一四、雑犯、乙丑、および「承政院日記」純祖五年八月二十八日条）

という調査結果が東萊府按覆使尹命烈によって公表された。そして、

九月初六日午時、同罪人四名（僞造書契之崔瑚・崔國禎・寫書契之朴潤漢・刻圖署之金漢謨）、草梁前路、並梟示、通詞（使喚通詞金武彥）段、嚴刑一次、全羅道康津縣古今島、減死定配事、啓（「辺例集要」下、巻一四、雑犯乙丑）

とあり、死去した朴俊漢や朴致倹らの子孫は、

該曹啓言罪人朴俊漢・朴致儉諸子更爲移文京兆考出帳籍、

則俊漢有三子思勉・思勖・思勤又有一子思協居在東萊府纔已自現、而思勉才已發配思勖前已身死思勤靈巖郡、思協文川郡定配所押送、致倹子命淳已發配又有未入籍一子完孫而年未滿十歳、請姑置之、允之（「日省録」一八〇五（純祖乙丑）年九月三日条）

とある。

ところで、本書簡に見る「庚申条の公木銭を私が預かって配達したのですが、そのお金を私が「みやげ」にもらって御用に加わったと疑っておりますので、そのへんの話を（講定官が）訊ねたら」の箇所の解釈は重要である。従来の研究は、田保橋潔をはじめとして、対馬藩が崔珦（伯玉）・崔国禎（華彦）に交付した庚申条の公木二九一同余について、単に取引上一時の融通に過ぎないとする対馬藩の主張は根拠がなく、賄賂であると結論づけている（田保橋一九四〇年：七二五頁）。しかしながら、流配地にいる崔珦が一方の当事者である小田幾五郎宛に秘密裏に送ったこの書簡において、「庚申条の公木銭を私（崔珦）が預かって配達したのですが、」と述べており、賄賂として受領したのではなく、預かったと言っていることから、対馬藩の主張に根拠なしとするのは間違いではなかろうか。

ともあれ、純祖代のはじめに、廟堂において倭学訳官らに対する疑念が続出していた。

（禮曹判書韓）用龜曰、見此密啓之前、已聞其萬萬變怪、而今乃詳見、則甚至於書契之僞造、世豈有如許變怪乎、其中鬼誅先加者、已無及矣。其餘犯科者、事當卽地懸首邊門、使王章克伸、國綱振肅、而但如此而止、則倭人莫知其由、反生疑訝、安知無日後執言之端耶、不可不入送書契於江戸、以暴此輩之與島主、多年幻弄、爛熳和應之狀、然後可無日後之弊矣。（右議政李）敬一曰、我國若送譯官、則對馬島主、掩置書契、必不傳送於江戸、最是難處之事也。上曰、設如禮判所奏、而入送書契、信致於江戸、島主必生死中求生之計、不知以何樣奸謀、更爲周遮於關伯、此甚可悶、有何善處之道耶、用龜曰、若送渡海譯官、直到江戸、悉諭其奸狀則誠好矣。但我國之書契、只傳於馬島、使之轉致江戸、則彼島主唯恐奸狀之綻露、必無信傳之理矣。上曰、兵判亦陳所見、可也。（「承政院日記」純祖五年八月二十一日条）

とあり、倭館における倭学訳官による日朝交渉の危さが議論された。しかも、

（朴）宗慶曰、渡海雖非約條中事、至如今者變怪、係是創覩、不但我國之所關甚大、抑亦彼國之所係不小、無論我與彼、見欺於奸徒則均也。此事不可不急速辨白、縱使差倭、受書而去、事極巽軟、而直請渡海、卽我國當然底道理、彼雖不許、我固有辭。至於譯官輩勘律、猶可任意遲速、而渡海一事、不可少有虚徐。若請渡海、則彼人亦似揣知其意、易於防遮、而縱渠不聽、何損於我乎、上曰、

大臣指一仰稟也。（「承政院日記」純祖五年八月二十八日条）とあるように、純祖の母、綏嬪朴氏の兄である外戚朴宗慶の支持もあり、当然に新任講定官（玄義洵）らは廟堂の動きに無関心であり得なかった。

史料41

【史料概要】賑恤廳別將朴聖奎から内田茂右衛門宛の書簡。対馬藩が輸出する銅の対価は統営にあるので、倭館に銅が到着したならば、すぐに支払えと統制使は言う。しかし、現実の商取引は逆であって、朝鮮側が銅の対価を先に日本側に渡せば、銅が対馬から渡ってくると朴聖奎らが統制使に回答した。だからこそ、鍮鑞四五稱の輸出を指示してほしいと倭館側に伝えるのが、主旨。なお、本書簡は長正統氏が「七、内田茂右衛門宛賑恤庁別将朴聖奎・李禆将書簡」として紹介したものである（長一九七八年）。

【写真】

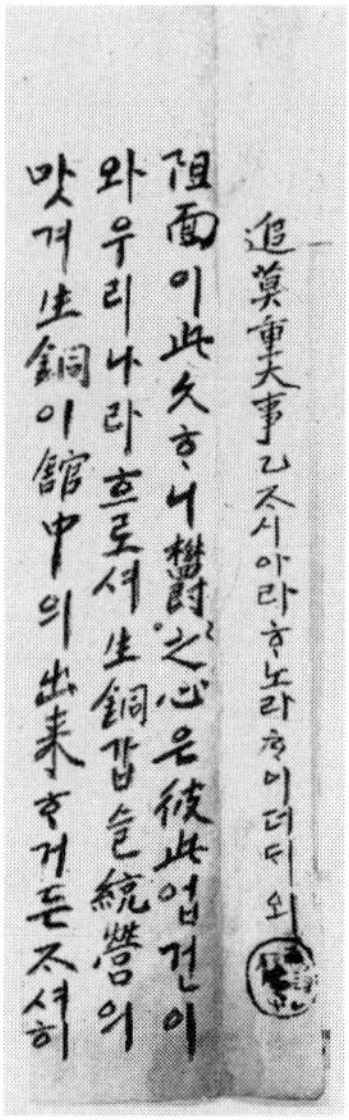

史料41（1/2）

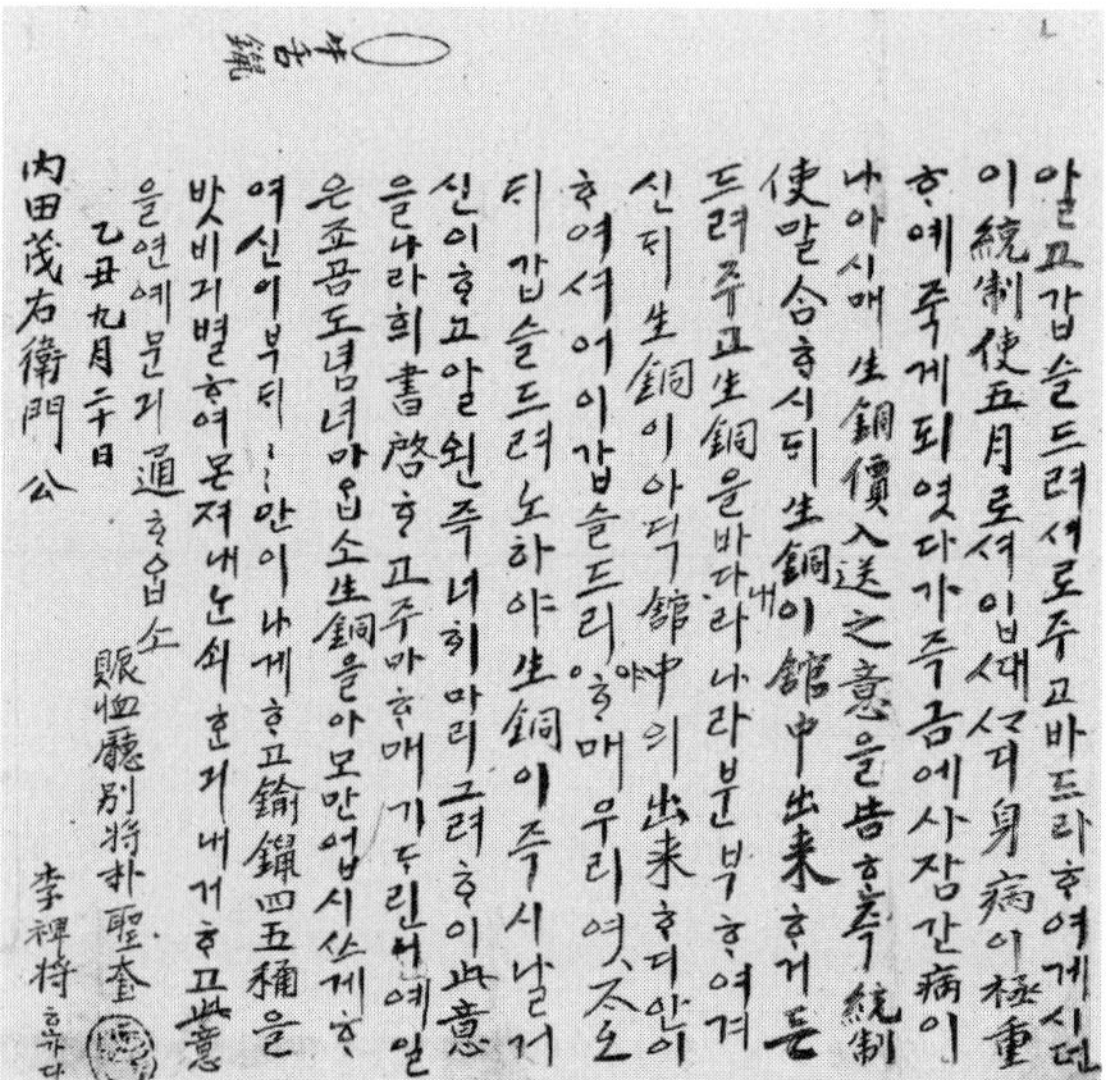

史料41（2/2）

【翻刻】

阻面이 此久ᄒᆞ니 鬱〃之心은 彼此 업건이/와 우리나라흐로셔 生銅 갑슬 統營의 /맛겨 生銅이 館中의 出來ᄒᆞ거든 ᄌᆞ셔히 /알고 갑슬 드려 셔로 주고 바드라ᄒᆞ여 게시던/이 統制使 五月로셔 입섀ᄉᆞ디 身病이 極重/ᄒᆞ예 죽게 되엿다가 즉금에사 잠간 病이 /나아시매 生銅價 入送之意을 告ᄒᆞᆫ즉 統制/使 말숨ᄒᆞ시ᄃᆡ 生

銅이 館中出來ᄒᆞ거든 ／드려주고 生銅을 바다 ● 〈내〉
라 나라 분부ᄒᆞ여 겨／신ᄃᆡ 生銅이 아닥 館中의 出來
ᄒᆞ디 안이／ᄒᆞ여셔 어이 갑슬 드리○〈야〉 ᄒᆞ매 우리
엿ᄌᆞ오／ᄃᆡ 갑슬 드려 노하야 生銅이 즉시 날 거／신
이 ᄒᆞ고 알왼즉 너ᄒᆡ 마리 그려ᄒᆞ이 此意／을 나라희
書啓 ᄒᆞ고 주마 ᄒᆞ매 기ᄃᆞ린니 예 일／은 죠곰도 념녀
마옵소 生銅을 아모만 업시 쓰게 ᄒᆞ／여신이 부ᄃᆡ〃〃
만이 나게 ᄒᆞ고 鍮鑞 四五稱을 ／밧비 긔별ᄒᆞ여 몬져
내ᄂᆞᆫ 쇠 ᄒᆞᆫ긔 내거 ᄒᆞ고 此意／을 연예문긔 通ᄒᆞ옵소
　乙丑 九月 二十日 賑恤廳 別將 朴聖奎 〖印〗 ／李
裨將 ᄒᆞᆫ 가다[*1]로
內田茂右衛門 公
　　牛舌鑞
　追 莫重大事乙 ᄌᆞ시 아라 ᄒᆞ노라 ᄒᆞ이 더ᄃᆡ외 〖印〗

*1：디

【現代語訳】

お目にかからなくなって久しいので、鬱々たる気持ちはお互いさまです。わが政府としましては、生銅①（購入の）代価を統営②にあずけて、生銅が（倭館）館中に出来したならば、くわしく調べて、代価を（倭館へ）入れ、互いにとりひきせよと仰せられたのですが、統制使が五月から今まで体の病が極めて重く死にそうになっていましたところ、今になってやっと少し病が癒えたので、生銅代価入送の意を告げたところ、統制使の仰せられるには、「生銅が（倭館）館中に出来したら（代価を倭館へ）入れてやって、生銅を受け取れと政府が言いつけておられるのに、生銅がまだ（倭館）館中に出来なくして、どうして代価を入れるのか」とおっしゃるので、我々が申し上げるには、「代価を入れておいてこそ、生銅が直ちに出来するのですから」と申し上げるや、（統制使が）、「お前らの申すことが左様であるならば、その意を政府へ書啓してやろう」とおっしゃるので、（その結果を）待っておりますので、こちらのことは少しも心配なさらないでください。生銅をどれだけと限ることなく使うようになさいましたので、是非是非多く出すようにして、鍮鑞③四五稱を急ぎ（対馬へ）通知して、まず出来する金物といっしょに出来するようにし、この意を「米右衛門」④様にお知らせください。

乙丑⑤九月二十日　　賑恤庁⑥別将朴聖奎（印）／李裨将ともに

内田茂右衛門様

　牛舌鑞

追伸、この上なく重大な事をくわしく調べようとしましたのでおくれました。（印）

【語釈】

（1）粗銅。精錬されていない銅のこと。

（2）三道水軍統制営の略称で、三道水軍統制使が慶尚・全羅・忠清道の水軍を指揮、統括した本営。旧跡は韓国慶尚南道統営市にあり。

（3）真鍮。銅と亜鉛の合金。

（4）この部分、原文では「연예문」と書かれているが、これは、日本人の人名「米右衛門」の発音をハングルで表記したものと見られる。

（5）一八〇五（文化二）年。

（6）朝鮮時代、貧民・飢民の救済を担当した官庁。

【参考情報】倭館では、官営貿易の他に私貿易（開市）が行われた。私貿易は月に六度、三と八のつく日に朝鮮商人は交易品を持って倭館の開市大庁に入館し、これと対馬藩の役人および商人達が相対で行った。田代和生によると、文政七（一八二四）年、対馬藩は朝鮮との官営・私貿易（「人参や煎海鼠、牛角爪、牛皮、黄芩」などの輸入）で輸出された銅を、大阪で調達した銅（粗銅や吹銅など）をもってし、その額は荒銅三万斤、吹銅七万八〇七七斤、合計一〇万八〇七七斤に達していたという（田代二〇〇七年：二〇二－二〇九頁）。したがって、本史料を通して、対馬藩から輸出された銅と鍮鑞（真鍮）が倭館においていかに売買されたかの一端を知ることが可能であろう。

史料42

【史料概要】倭学訓導玄烒（陽元）が伝語官（小田幾五郎・牛田善兵衛）に送った書簡。文中にある「これがみな私の失敗のせいで他人に害をおよぼしたのですから、このような面目なくはずかしいことがどこにありましょうか」とある具体的内容は不明であるが、倭館と東莱府の間で発生したトラブルをめぐって、それを謝罪している。

【写真】

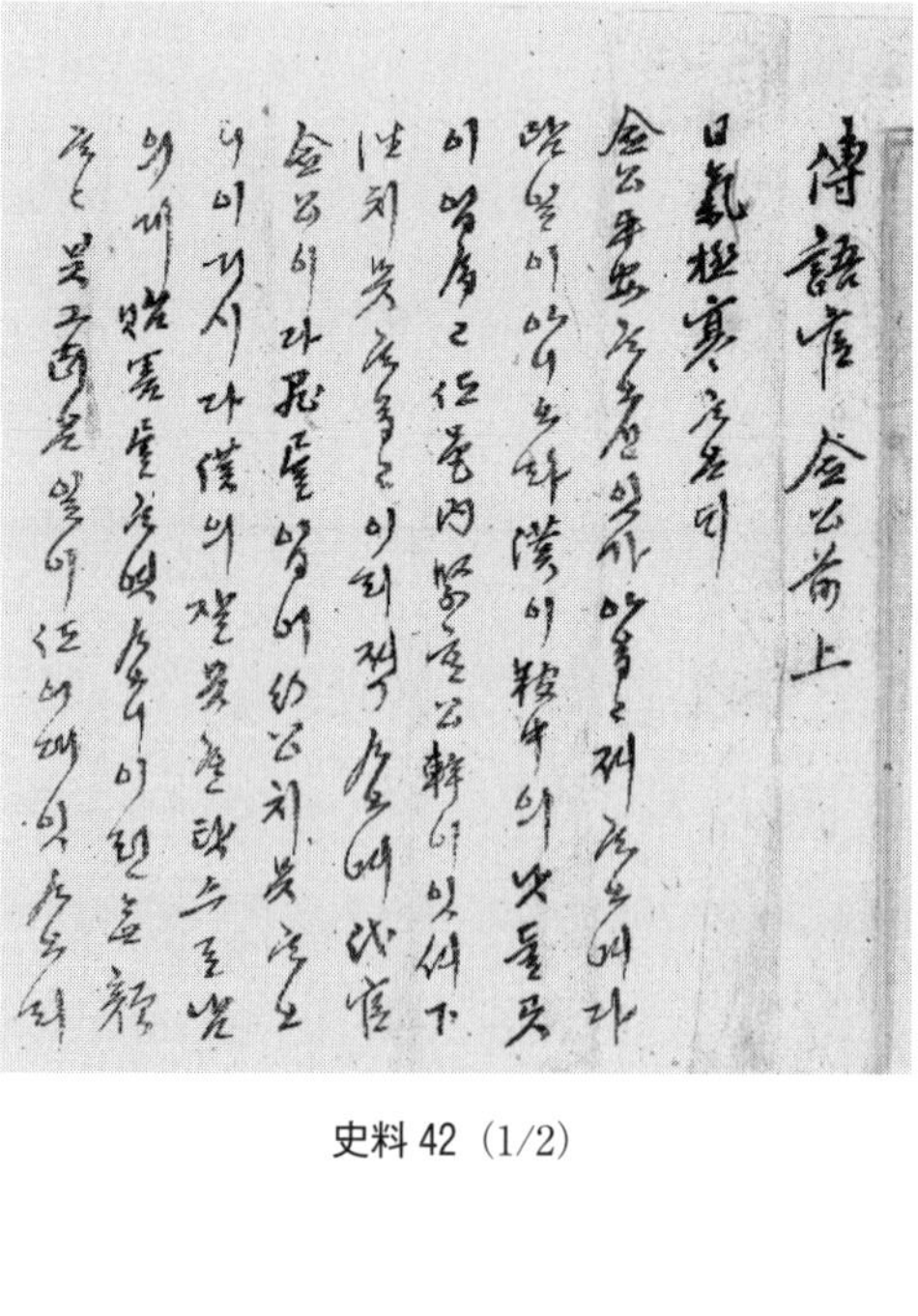

史料42（1/2）

史料 42（2/2）

【翻刻】

傳語官 僉公 前 上
日氣 極寒ᄒᆞ온ᄃᆡ 〘移〙 僉公 平安ᄒᆞ오신잇가 아옵고져 ᄒᆞ오며 다/람 일이 아니오라 僕이 舘中의 낫 둘 곳/이 업습고 또 邑内 緊ᄒᆞᆫ 公幹이 잇셔 下/往치 못ᄒᆞ옵고 이리 젹ᄉᆞ오며 代官 /僉公이 다 罪를 입어 行公치 못ᄒᆞ오/니 이거시 다 僕의 잘못ᄒᆞᆫ 탓스로 남/의게 貽害를 ᄒᆞ엿ᄉᆞ오니 이런 無顔/ᄒᆞ고 붓그러온 일이 또 어대 잇ᄉᆞ오리/잇가 再昨日 就舘ᄒᆞ엿ᄉᆞ올 째의 代/官내를 ᄎᆞᄌᆞ 보옵고 시부오되 ᄎᆞ마 /붓그러워 못 ᄒᆞ옵고 마지 못ᄒᆞ여 公幹/으로 上府ᄒᆞ엿ᄉᆞ오나 엇지 一時온들 잇/ᄉᆞ오리잇가 만일 代官 僉中이 罪中의 /길게 잇ᄉᆞ오면 僕인들 무슴 낫ᄎᆞ로 出/入을 ᄒᆞᆯ가 시부니잇가 京奇가 오날ᄭᆞ지 /업ᄉᆞ오니 이런 답〃ᄒᆞ고 죽고 시분 일이 /업ᄂᆞ이다 京奇가 잇거든 밤듕이라도 /아라시게 ᄒᆞ려 ᄒᆞ오며 이런 ᄉᆞ경을 代/官내게는 無顔ᄒᆞ엿 못 ᄒᆞ옵고 〘隔〙 僉公/게 긔별ᄒᆞ오니 이런 말ᄉᆞᆷ을 두루 ᄌᆞ/셔이 ᄒᆞ오셔 代官내 罪를 풀으시면 /僕이 罪를 면ᄒᆞ나 다람이 업ᄉᆞ오니 부대 /각별 周旋ᄒᆞ오심 쳔만 번 ᄇᆞ라ᄂᆞ이다 暫上

乙丑 十二月 初四日 訓導 〘印〙

【現代語訳】

伝語官（通詞）の皆様の御前へ
気候極寒のおり皆様ご平安の段、お伺い申し上げます。ほかでもなく、私が（倭館）館中に合わせる顔がなく、また、（東萊）邑内にて緊急の御用がありますので、（倭館へ）下って行くことができず、このように一筆啓上申し上げます。代官の皆様がみな罪を被り公務を執ることができないのですが[1]、これがみな私の失敗のせいで他人に害をおよぼしたのですから、このような面目なくはずかしいことがどこにありましょうか。おととい（倭館に）就館しましたときに、代官方をおたずねしてお目にかかりたかったのですが、はずかしくてできず、やむをえず御用で（東萊へ）上府しましたけれども、どうして一時たりとも忘れえましょうか。もしも代官中が罪中にながくあるようであれば、私とてどの面さげて（倭館に）出入りをできましょうか。ソウルからの便りが今日までありませんので、このようなもどかしく死にたいことはございません。ソウルからの便りがあれば、夜中であってもお知らせしようかと存じます。このような事情を代官方には面目なくて申せませんので、（通詞中の）皆様へお便りいたしますので、このようなお話をあまねく詳しくおっしゃってくださって代官方の罪をお解きくだされば私の罪を免ずるのとかわりございませんので、なにとぞ格別にご周旋のほど、千万お願い申し上げます。まずは

乙丑[2]十二月初四日　　訓導（玄烒（陽元））（印）

【語釈】

（1）代官たちがどのような罪を被ったのかに関しては不明。

（2）一八〇五（文化二）年。

史料43

【史料概要】 講定訳官玄義洵（敬天）から両伝語官（小田幾五郎・牛田善兵衛）への書簡。未だに通信使請来大差使正官平功載（古川図書）らに対する接慰官・差備官らを派遣するという知らせ（「京奇」）が届いていないので、倭館内で「何かの騒ぎ（生事）」が起きているようだが、穏便に済ませてくれと依頼する内容。

【写真】

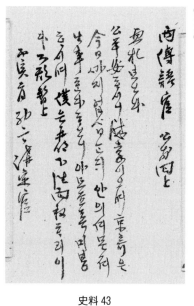

史料43

【翻刻】

兩傳語官　公前　回上

惠札 보오와 【擡】公 平安ᄒᆞ시니 慰幸이오며 京奇은／今日까지 업ᄉᆞᆸᄂᆞᆫᄃᆡ 안의셔 몬져 ／生事ᄒᆞᆫ다 ᄒᆞ오니 아모죠록 미봉／ᄒᆞ시며 僕은 再明 下往 面叙ᄒᆞ리이／다 心亂 暫上

丙寅 二月 初二日 講定官

【現代語訳】

両伝語官（通詞）様の御前へ拝復

お手紙拝見いたしご貴殿ご平安の段、慰められ幸いに存じます。ソウルからの便りは今日までございませんが、（倭館の）館中で先に事が生じているとのこと、なにとぞ取り繕ってください。私はあさって（倭館）へ下って行って、お目にかかってお話いたします。心乱のうちにまずは

丙寅二月初二日　講定官[1]

【語釈】

（1）「講定官」は玄義洵（敬天）である。

【参考情報】

「御用書物控（草案）」の一八〇六（文化三）年二月四日条には、「講定官訓導入館」とあり、この手紙の発信日の二日後に講定官が約束どおり倭館に入館したことが知られる。「御用書物控（草案）」によれば、このころ通信使請来大差使正官平功載（古川図書）らに対する接慰官がソウルから下来するのを待っていたことが知られるが、本書簡の文中に「ソウルからの便りは今日までございませんが」とあるのは、接慰官下来に関する知らせがまだないことを指すものと思われる。

さて、文化三年一月六日に、備辺司の啓言によって、純祖は東莱府使鄭晩錫に対して許接も許さず、通信使請来大差使斥退を命じた（「承政院日記」純祖六年一月六日条）。その後、結果的には、三月十日に東莱府使鄭晩錫の啓言によって、廟堂は通信使請来大差使を許接させるとしても易地聘礼は許可しないと決定した。

史料44

【史料概要】急病のために今日は倭館に行けないが、明後日、倭館に出向くという玄義洵（敬天）から伝語官への書簡。

【写真】

史料44（1/2）

史料44（2/2）

【翻刻】

傳語官 僉公 前 入納
昨日 答狀은 應當 보와 겨오시려니와 夜間 〖移〗／僉
公 連爲 平安ᄒᆞ오신지 다시 아옵고져 ᄒᆞ오며 ／僕은
今日 就舘ᄒᆞ려 ᄒᆞ엿숩더니 昨夜븟／터 偶然 藿*1氣로
大段이 알ᄉᆞ와 아모리 强／作ᄒᆞ여 下往ᄒᆞ려 ᄒᆞ여●
〈도〉 ᄒᆞᆯ 길 업ᄉᆞ오니 明日／은 邑內 點閱이기로 人
馬의 相値ᄒᆞ여 못 갈 터／히오니 再明日은 風雨 不計
ᄒᆞ고 下往ᄒᆞ올 거시／오니 그리 아오쇼셔 暫上
丙寅 二月 二十一日 〖右〗 敬天 玄同知 〖印〗

*1：癨、霍

【現代語訳】

伝語官（通詞）の皆様の御前へ入納
昨日のお返事は当然ごらんになっておられるでしょうが、夜間皆様方ひきつづきご平安の段、あらためてお伺い申し上げます。私は今日倭館へ入館しようと思っておりましたが、昨夜からたまたま霍乱(1)でたいそう調子が悪く、いくらがんばって倭館へ行こうとしてもできません。明日は（東萊）邑内の点閲(2)のため人馬の都合がつかないので行けません。あさってには風雨にかかわらず倭館へ行くつもりですので、かようお心得ください。まずは
丙寅二月二十一日　　敬天玄同知（印）

【語釈】

(1) 急性の吐瀉。
(2) 点呼。

【参考情報】

「御用書物控（草案）」の一八〇六（文化三）年二月二十日条に「講定官下来有之様別差方へ書状遣ス」、二月二十一日条には「右返書相違、訓導両人共ニ廿三日可致下来段申来ル」、二月二十三日条には「講定官訓導入館、申聞候者（後略）」とある。これにより、この**史料44**および次の**史料45**は、一八〇六（文化三）年二月二十一日に小田幾五郎の手元に届いた「返書」にほかならず、一八〇六（文化三）年二月二十三日に倭館に赴くことを告げたものであることがわかる。

史料44の発信者は玄義洵（敬天）、**史料45**の発信者は訓導すなわち玄烒（陽元）となっているが、筆跡は同筆のごとく、いずれも玄義洵の手に成るもののようである。

史料45

【史料概要】倭学訓導玄烒（陽元）が小田幾五郎・牛田善兵衛宛に、講定訳官（玄義洵（敬天））が病気（霍乱）で倭館に出向けず、しかもソウルから息子が来たので、本人自身も倭館に出かけられない。しかし、共に明後日、倭館に行くことを通告した書簡。

【写真】

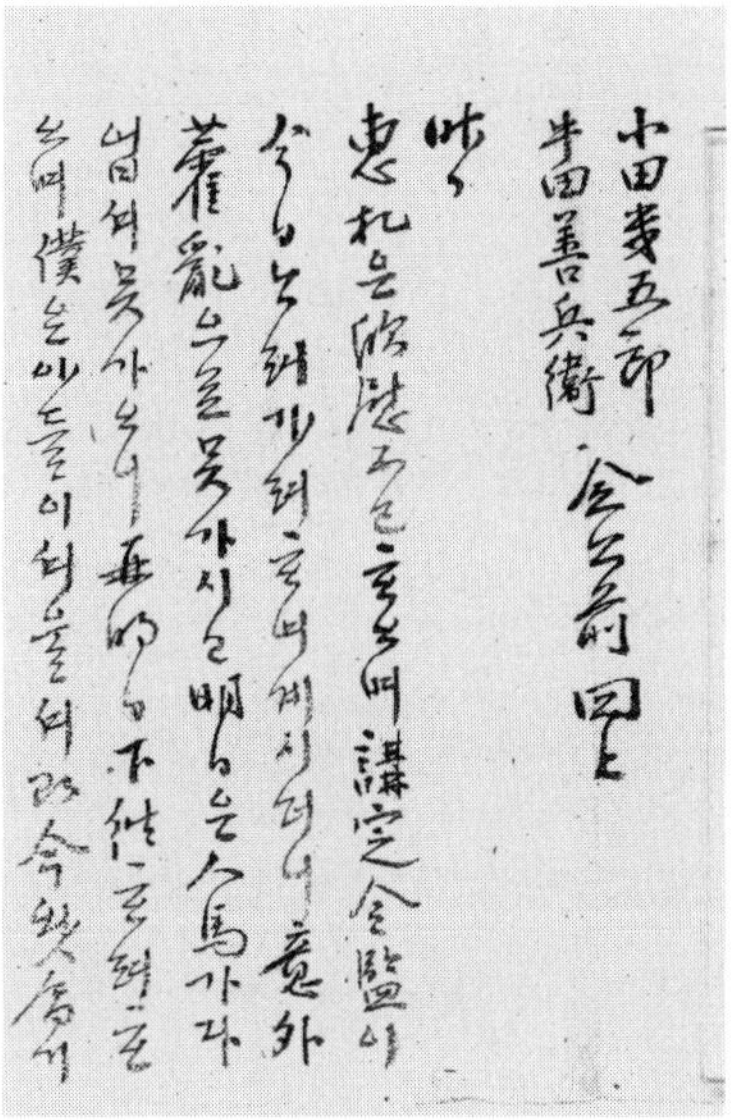

史料45（1/2）

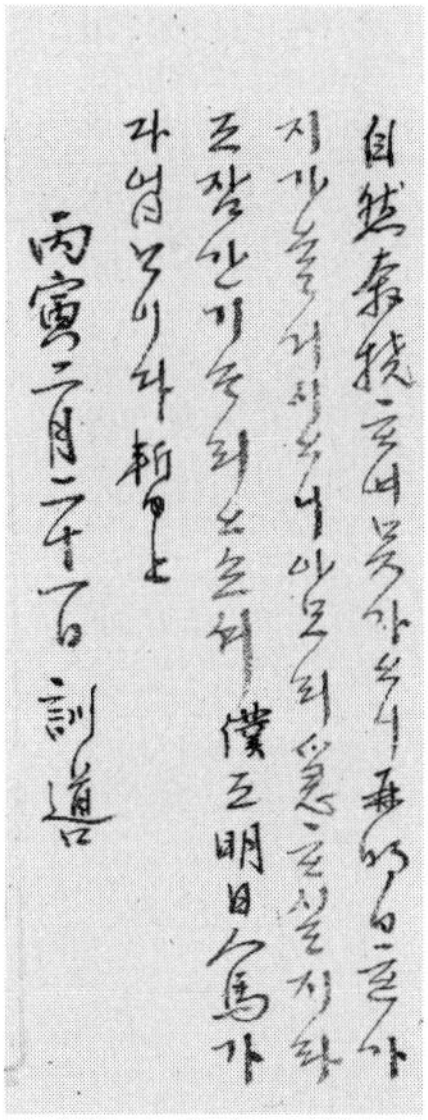

史料45（2/2）

【翻刻】

小田幾五郎 ／牛田善兵衛 僉公 前 回上
昨日 〘移〙／惠札은 欣慰不已ᄒᆞ오며 講定 令監이 ／
今日 ᄂᆞ려가려 ᄒᆞ여 계시더니 意外 ／霍[*1]亂으로 못
가시고 明日은 人馬가 다 ／업셔 못 가오니 再明日 下
往ᄒᆞ려 ᄒᆞ／오며 〘右〙僕은 아들이 셔울셔 卽今 왓삽
기 ／自然 奔撓ᄒᆞ여 못 가오니 再明日 ᄒᆞᆫ가／지 가올
거시오니 아모리 急ᄒᆞ실지라／도 잠간 기ᄃᆞ리오쇼셔
〘右〙僕도 明日 人馬가 ／다 업ᄂᆞ이다 暫上
丙寅 二月 二十一日 訓導

*1：癨、霍

【現代語訳】

小田幾五郎／牛田善兵衛　皆様の御前へ拝復
昨日のお手紙は欣慰やみません。講定官様（玄義洵（敬天））

が今日（倭館へ）下って行こうとしておられましたが、思いがけず霍乱（急性の吐瀉）でお行きになれず、明日は人馬がぜんぶないのでお行きになれないので、明後日に（倭館）へ下って行こうとおっしゃっておられます。私は息子がソウルから今しがた参りましたので、自然とごたごたして行けませんので、明後日いっしょに行くつもりですので、どんなにお急ぎであってもしばらくお待ちください。私も明日は人馬がみなありません。まずは

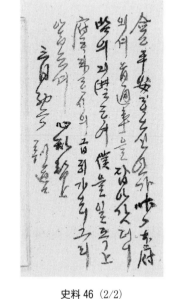

丙寅二月二十一日　　訓導（玄烒（陽元））

【参考情報】史料44の参考情報を参照のこと

史料46

【史料概要】倭学訓導から倭館の朝鮮語通詞に対して、本府（東萊府）で首通詞が捕捉されたので、急遽、東萊府に出向くことを伝えた書簡である。

【写真】

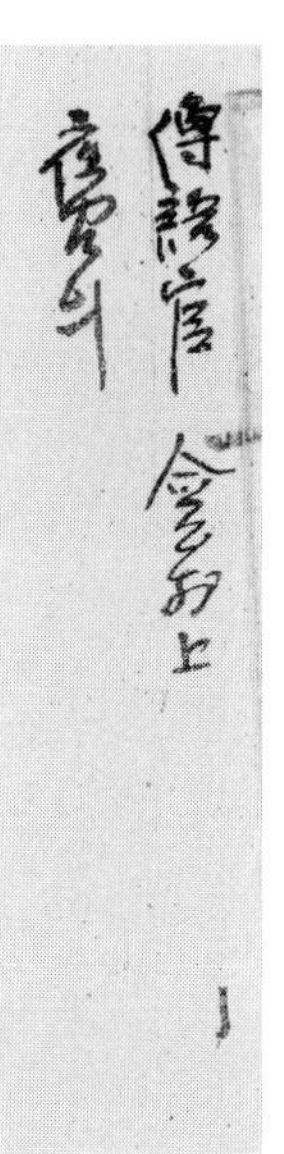

史料46（1/2）

史料46（2/2）

【翻刻】

傳語官 僉公 前 上

夜間의 『移』／僉公 平安ᄒᆞ오신잇가 昨日 本府／의셔

首通事을 잡아갓더니 ／밤의 긔별ᄒᆞ여 『右』僕을 일

즉 上／府ᄒᆞ라 ᄒᆞ기의 급히 가오니 그리 ／아옵쇼셔

心亂 暫上

三月 初二日 訓導

【現代語訳】

伝語官（通詞）の皆様方の御前へ

夜間皆様方ご平安であらせられるでしょうか。昨日、本府から首通事[1]を捕えて行ったのですが、夜に連絡してきて、私に早く上府せよとのことで、急いで行きますので、左様お心得ください。心乱れるままにまずは

三月初二日　　訓導（玄烒（陽元））

【語釈】

（1）対日外交と貿易、倭館に関連する業務を担当するために、ソウルから倭学訳官の訓導と別差が派遣された。訓導と別差は常駐しながら業務を担当して、特定の事があるとき監董訳官・差備訳官・出使訳官などがソウルから派遣された。彼らを補佐する下級通訳人が小通事である。これらはソウル出身ではなく、東萊（釜山）の現地人たちであった。小通事は掌務通事、訓導別差陪通事など任された仕事により名称が決められ、全部で一七個の名称があり、小通事の数は三〇～四〇人程度であった。これらの小通事を統率し、倭館での宴享を主管するのが首通事であった（金東哲二〇〇五年）。

【参考情報】本書翰には年代が記されていないが、「御用書物控（草案）」の一八〇六（文化三）年三月二日条に、「訓導ゟ書状来、昨今通詞之儀ニ付急ニ上府之段申来候ニ付雨中なから罷登候段申聞ル」とあり、この書簡の内容に符合する記述が確認されるので、この書簡は一八〇六（文化三／丙寅）年三月二日に発信されたものと考えられる。

史料47

【史料概要】講定訳官玄義洵（敬天）と訓導玄烒（陽元）から倭館へ、ソウルからの接慰官についての連絡は今なおないが、三月六日に倭館を訪問することを伝えた書簡。

【写真】

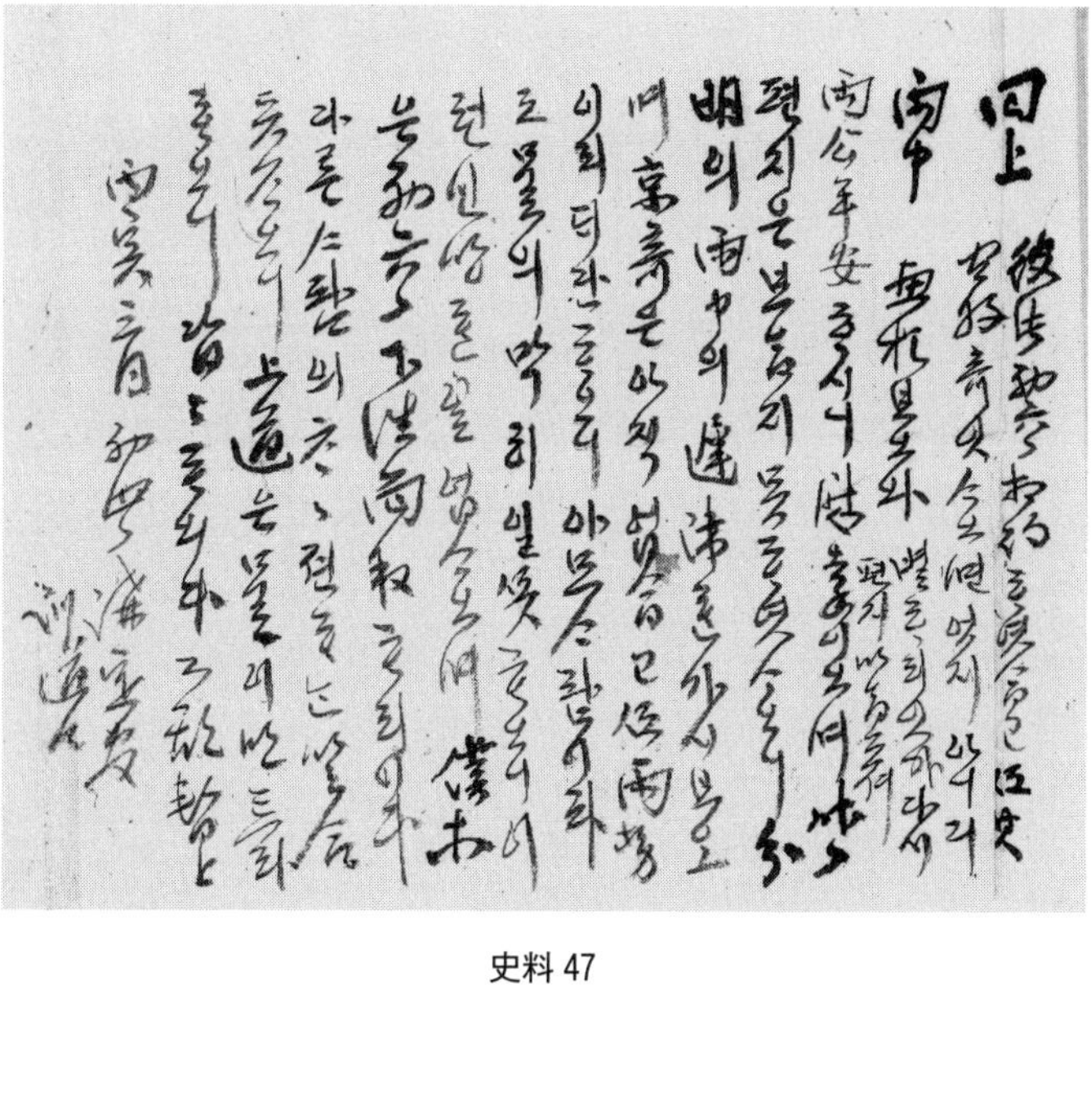

史料 47

【翻刻】

回上

雨中　〚隔〛惠札　보오와　〚移〛／兩公　平安ᄒᆞ시니　慰幸이오며　昨日　／편지은　보옵지　못ᄒᆞ엿ᄉᆞ오니　分／明의　雨中의　遲滯ᄒᆞᆫ가　시브오／며　京奇은　아직　업ᄉᆞᆸ고　ᄯᅩ　雨勢　／이리　ᄃᆡ단ᄒᆞ오니　아모　ᄉᆞ람이라／도　물의　막히일　ᄯᅳᆺᄒᆞ오니　이／런　민망ᄒᆞᆫ　일　업ᄉᆞ오며　僕等／은　初六日　下往　面叙ᄒᆞ리이다　／다른　ᄉᆞ람의　ᄎᆞ〃　젼ᄒᆞᄂᆞᆫ　말ᄉᆞᆷ　／듯ᄌᆞ오니　上道은　물이　만트라　／ᄒᆞ오니　답〃ᄒᆞ외다　心亂　暫上

丙寅　三月　初四日　講定官　／訓導

彼此　初六日　相約ᄒᆞ엿ᄉᆞᆸ고　ᄯᅩ　其／間　好奇　잇ᄉᆞ오면　엇지　아니　긔／별ᄒᆞ리잇가　다시　／편지　마옵쇼셔

【現代語訳】

拝復

雨中、お手紙拝見仕り両公ご平安の段、慰みであり幸いでございます。昨日のお手紙は見ることができませんでしたので、明らかに雨中で遅滞しているようです。ソウルからの便りはまだなく、また、雨勢がこのようにひどいので、どんな人であっても水に妨げられるようですので、このような困ったことはございません。私達は、初六日に（倭館へ）下って行きお目にかかってお話いたします。他の人が順々に伝えてきたお話を聞きますと、上道[1]は水が多いということですので、鬱陶しいことです。心乱れるままにまずは

丙寅三月初四日　講定官（玄義洵（敬天））／訓導（玄烒（陽元））

お互いに初六日に相約しましたし、また、その間に良い知らせがあればお知らせしないはずはございませんので、ふたたび手紙は送らないでください。

【語釈】

（1）ソウルから東萊に下る道に位置している地域の意味か。

【参考情報】

史料46の【参考情報】参照のこと。

「御用書物控（草案）」の一八〇六（文化三）年三月四日条に、

講定官訓導方へ接慰官六日御着之積被仰聞、間違可申様無之候へ共、昨今ハ先問御達し可被成無御油断事なから早々為御知可被下と申遣し候処、返事此間之雨中ニて水余計ニ出候段相聞、雨は御存之儀まだ何の左右も不相知気せき無限段申来ル、尤六日可致下来趣申来ル

とあり、三月六日に到着するはずの接慰官の先問（先触れ）の知らせがまだないため日本側が講定官および訓導へ督促の連絡をしたところかえってきた「返事」がまさにこの書簡であることがわかる。

なお、一八〇六（純祖六）年一月六日に、備辺司の啓言によって、純祖は東萊府使鄭晩錫に対して許接も許さず、通信使請来大差使斥退を命じた（「承政院日記」）。

史料48

【史料概要】史料47が本書簡にある「昨日　答書」であると推定される。連日の書簡によって、ソウルから派遣される接慰官一行についての連絡が未着であると倭館へ伝達する。

【写真】

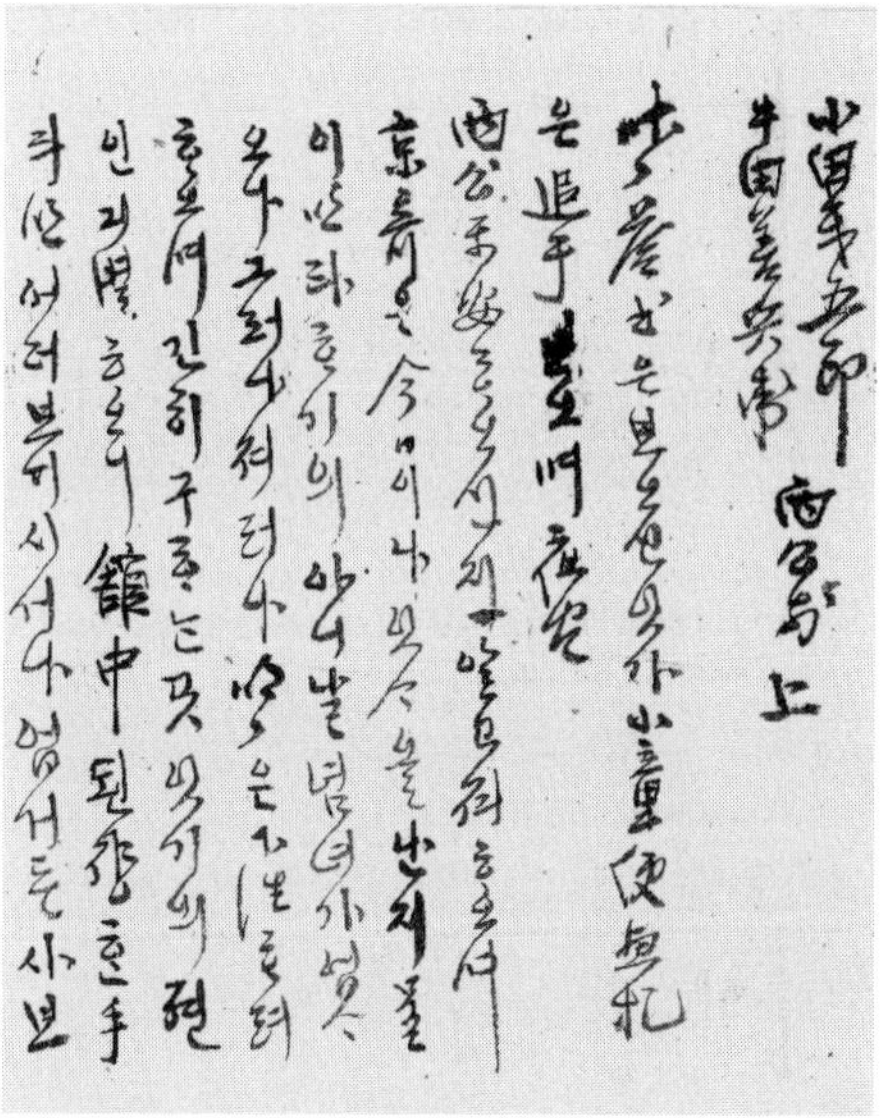

史料48（1/2）

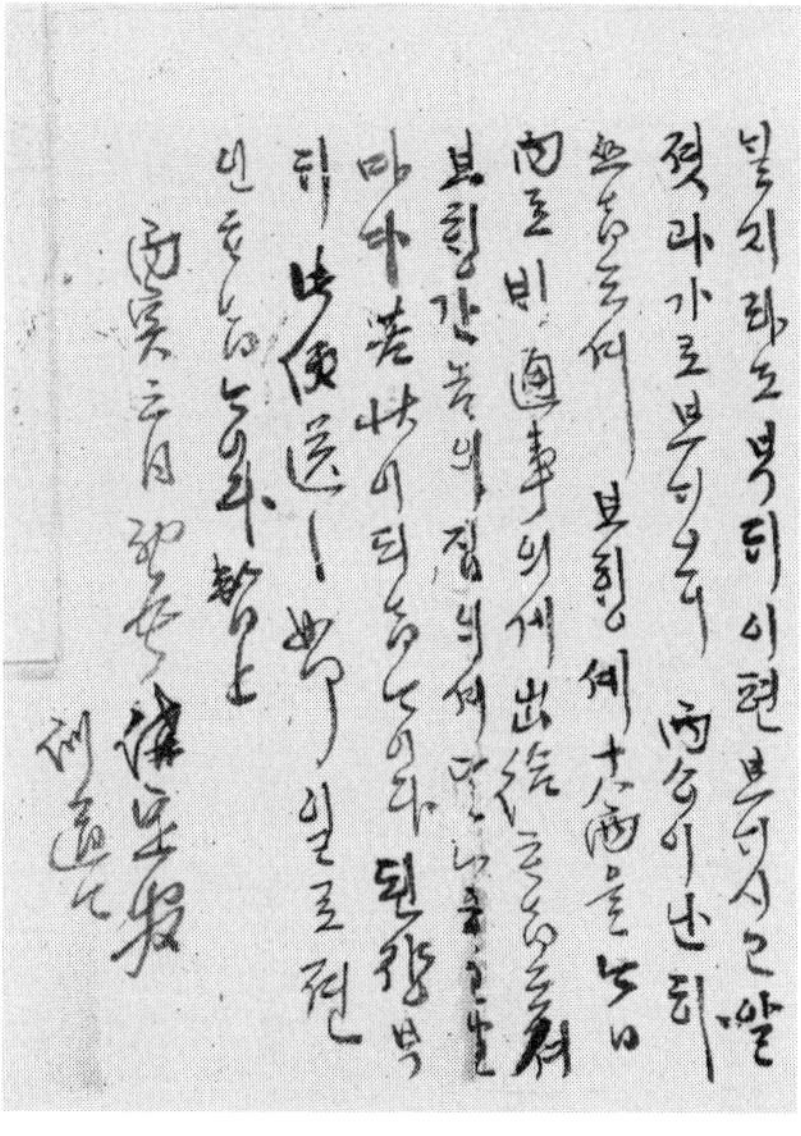

史料48（2/2）

【翻刻】

小田幾五郎 ／牛田善兵衛 兩公 前 上
昨日 答書은 보오신잇가 小童便 惠札／은 追于 보오며
夜間 〔移〕／兩公 平安ᄒᆞ오신지 알고져 ᄒᆞ오며 ／京
奇은 今日이나 잇ᄉᆞ올난지 물／이 만타 ᄒᆞ기의 아니
날 념녀가 업ᄉᆞ／오나 그러나 져러나 明日은 下往ᄒᆞ려
／ᄒᆞ오며 긴히 구ᄒᆞ는 곳 잇기의 젼／인 긔별ᄒᆞ오니
館中 된쟝 ᄒᆞᆫ 手／ᄯᆞ만 어더 보ᄂᆡ시거나 업거든 사 보
／닐지라도 부ᄃᆡ 이 편 보ᄂᆡ시고 알／젓과 가로 보ᄂᆡ
오니 〔隔〕兩公이 난하 ／쓰옵쇼셔 보힝셰 十八兩을
今日／內로 비通事의게 出給ᄒᆞ옵쇼셔 ／보힝 간 놈의

집의셔 달나 ᄒᆞ고 날/마다 苦狀이 되ᄋᆞᆸᄂᆞ이다 된장부/ᄃᆡ 此便 送之如何 일로 젼/인ᄒᆞᄋᆞᆸᄂᆞ이다 暫上

丙寅 三月 初五日 講定官 /訓導

【現代語訳】

小田幾五郎／牛田善兵衛ご両名様の御前へ

昨日の返事はごらんになられたでしょうか。小童の便のお手紙は追って拝見仕りました。夜間ご両名様ご平安の段、お伺い申し上げます。ソウルからの便りは今日にでもあろうかと存じますが、水が多いそうですので、心配でたまりません。ともかく明日は（倭館へ）下って行こうと思います。折り入って求めている所がありますので、専人[1]にてお手紙をお送りいたしますので、（倭館）館中の味噌一枡[2]ばかりもらってお送りくださるか、なければ買ってお送りくださるとしても、なにとぞ（専人の）この便でお送りください。明太子と粉を送りますので、ご両名様が分けてお使いください。飛脚の賃料の十八両を今日の内に陪通事[3]に出給してください。飛脚に行った者の家からくれと言われて[4]、毎日苦しい状況になっております。味噌はどうか（専人の）この便で送ってくださいませんでしょうか。このために専人にいたしました。まずは

丙寅三月初五日　講定官（玄義洵（敬天））／訓導（玄烒（陽元））

【語釈】

（1）手紙や品物を送るとき、特別に人を遣わして送ること。

（2）原文は「手斗」。薩摩苗代川の朝鮮語学書「漂民対話」アストン文庫本巻中：30bなどに日本語の「舛」を「슈되」と朝訳した例が見える。また、「和漢三才図会」巻一三「異国人物」「朝鮮国語」に日本語「升」に対し仮名書き朝鮮語「しうてい　之字天伊」を当てた例が見える。また、木村理右衛門「朝鮮物語」（一七五〇年）の巻五「朝鮮の国語」に「舛（ます）ヲ　しうてい」とある。これらのことから、日本の「舛、升」のことを朝鮮で「슈되」と称したものと見られるが、ここの「手斗」とはその漢字表記である。田代和生氏は、「二升三合」を「二手斗三合」または「二水斗三合」と記すなど、日本の「升」を朝鮮側で「手斗」「水斗」と表記することがあったことを報告しており、この書簡の「手斗」も日本の「升」を指すものと考えられる（田代二〇〇七年：一二四頁）。

（3）小通事の中の一つの名称で、訓導別差陪通事の略である。合わせて四人を置いて、訓導と別差にそれぞれ二人ずつ割り当てられていた。倭館内の複数の仕事を担当して、倭館の業務について東萊府と釜山鎮の下級官吏たちと相談をする通詞であった（金東哲二〇〇五年）。

（4）「歩行」とは、飛脚に類する。倭館では、常時、倭館外の草梁の地に駐在する朝鮮人訳官と連絡をとりながら必要な情報を交換した。そして、ソウルの風聞やソウル居住の訳官などとの連絡を直接にとった。本書簡にある賃料一八両とは、一回の料金ではなく、長年の支払いの滞りを示すものであろう。**史料26**を見ると、通信使節目講定訳官の朴致倹がソウルからの出発が遅れ東萊府への到着が遅くなるや、倭館では内々に飛脚をソウルに送ったという内容がある。**史料49**にもソウルに送った「歩行」がまだ東萊府に到着していないという内容がある。

【参考情報】

本書簡の「昨日答書（昨日の返事）」とは史料47に該当するに違いない。「ソウルからの便りは今日にでもあろうかと存じますが」とは、ソウルから派遣される接慰官らに関する情報であろう。

また本書簡では、朝鮮側から「明太子と粉」（알젓과가로）を、倭館側から「味噌」（된장）とを物々交換していたとある。朝鮮には、「味噌ハ無之候、味噌つきたる物有之候、夫ニて物を煮給候事」（松原新右衛門「朝鮮物語」）という。なお、十九世紀、金海地域には日本酒と杉焼を賞味する下級官吏や富豪たちも出現したという（김성진一九九八年：三〇三頁）。

史料49

【史料概要】講定訳官玄義洵（敬天）・訓導玄烒（陽元）両名義による小田幾五郎・牛田善兵衛宛の書簡。ソウルからの連絡が今なおないので、それを待ち焦がれているという内容。

【写真】

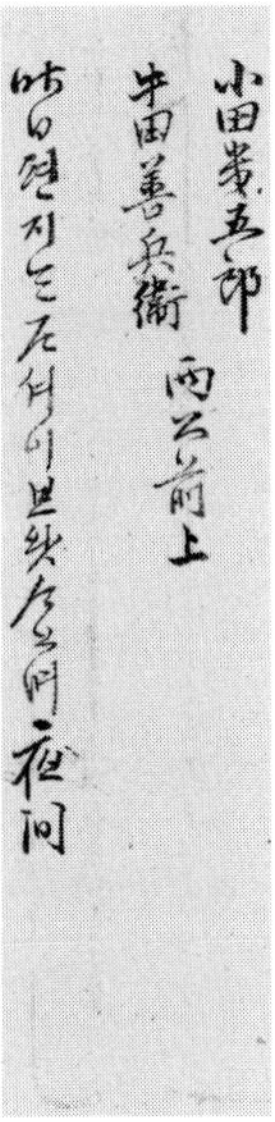

史料49（1/2）

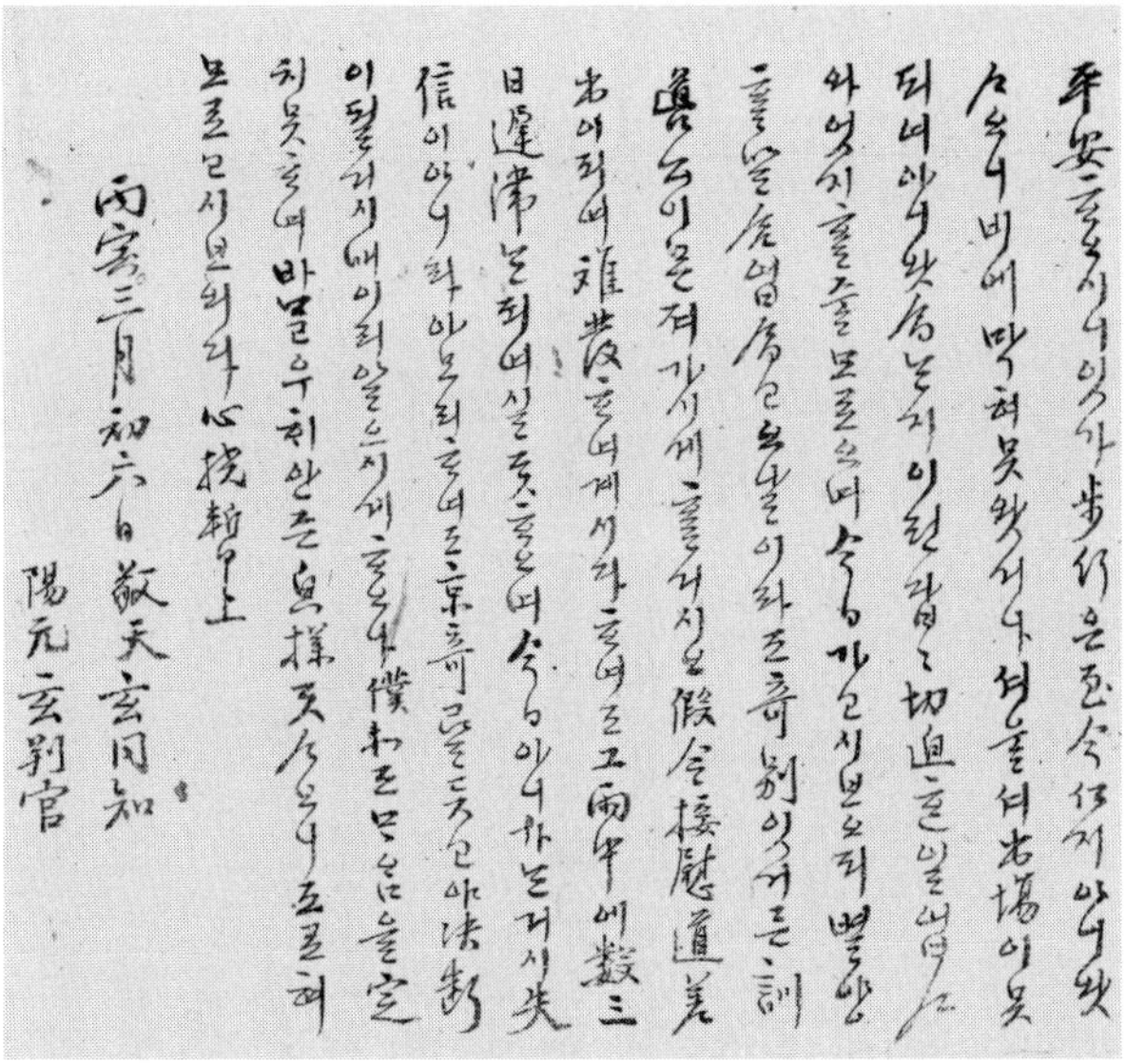

史料49（2/2）

【翻刻】

小田幾五郎／牛田善兵衛 両公 前上
昨日 편지ᄂᆞᆫ ᄌᆞ셔이 보왓ᄉᆞ오며 夜間 〖移〗／平安ᄒᆞ
오시니잇가 步行은 至今ᄭᆞ지 아니 왓／ᄉᆞ오니 비에 막
혀 못 왓거나 셔울셔 出場이 못 ／되여 아니 왓ᄉᆞᆸᄂᆞᆫ지
이런 답〃切迫ᄒᆞᆫ 일 업ᄉᆞ／와 엇지ᄒᆞᆯ 줄 모로오며 今

日 가고 시브오되 별양 /홀 말솜 업솝고 오날이라도
奇別 잇거든 訓/導公이 몬져 가시게 홀 거시오 假令
接慰道 差/出이 되여 離發ᄒᆞ여 계시다 ᄒᆞ여도 그 雨
中에 數三/日 遲滯ᄂᆞᆫ 되여실 듯ᄒᆞ오며 今日 아니 가
ᄂᆞᆫ 거시 失/信이 아니라 아모리 ᄒᆞ여도 京奇를 듯고
야 決斷/이 될 거시매 이리 알으시게 ᄒᆞ오나 〖右〗
僕等도 ᄆᆞᄋᆞᆷ을 定/치 못ᄒᆞ여 바ᄂᆞᆯ 우희 안즌 皃*1様
ᄀᆞᆺᄉᆞ오니 도로혀 /모로고 시브외다 心撓 暫上
丙寅 三月 初六日 〖右〗 敬天 玄同知 /陽元 玄判
官

*1：貌

【現代語訳】

小田幾五郎／牛田善兵衛ご両名様の御前へ

昨日の手紙は委細拝見仕りました。夜間ご平安であられますでしょうか。飛脚は今に至るまで来ておりませんので、雨に遮られて来ることができないでいるのか、ソウルから出発ができなくて来ていないのか、こんなもどかしく切迫したことはなくどうすればよいのかわかりません。今日（倭館へ）行きたいのですが取り立てて申し上げるお話もなく、今日にでも知らせがあれば、訓導様が先にお行きになるでしょうし、たとえ接慰道(1)が差出(2)になって出発されておられるとしても、あの雨中にて二・三日の遅滞にはなっているでしょう。今日（倭館へ）行かないことが、信を失うということではなく、どうあっても、ソウルの知らせを聞かなければ決断できないでしょうから、このようにご連絡するのですが、私達も心を落ち着かせることができず、針の上に座ったようで、かえって知らずに（関わらずに）おりたいです。心乱れるままに、まずは

丙寅三月初六日　敬天玄同知／陽元玄判官

【語釈】

（1）接慰官は対馬から各種名目の外交使節（差倭）が来た時に派遣される外交官。使節は派遣の目的と仕事の重要性に応じて、大差倭・小差倭に区分され、彼らは礼曹参判、礼曹参議宛に送る外交文書（書契）を持って来た。大差倭が来ればソウルから弘文館などに所属する五品の朝廷官吏を京接慰官に任命して東莱府へ送った。小差倭には郷接慰官を派遣した。郷接慰官は慶尚道地域の文官である守令や慶尚監営の都事を任命した（梁興淑二〇〇〇年）。

（2）官員を任命すること。

【参考情報】「御用書物控（草案）」の一八〇六（文化三）年三月五日条に、「講定官訓導方へ、明日者六日ニ至候処今日迄御知らせも無之、何れにしても明日ハ御下可被成候我々追々申上候而ハ訳不相立候と事を尽し書状差登候事」とあり、また、同三月六日条に、「右返書来ル、雨勢ニ付道中通行不相成段申来り、今日迄ハ下来不得致旨申来ル」とあり、日本側

が講定官および訓導へ三月六日に（倭館へ）下来するよう督促する書状を送ったところかえってきた「返書」がまさに本書簡（史料49）であることがわかる。

史料50

【史料概要】講定官玄義洵（敬天）と訓導玄烒（陽元）両名名義の、小田幾五郎・牛田善兵衛宛の書簡。接慰官らの派遣をめぐるソウルからの情報がないので、一昨日、つまり三月十二日に釜山からソウルへ「歩行」（飛脚）を送った。三月十七日には、講定官玄義洵と訓導玄烒両名が倭館へ行く予定だという内容。

【写真】

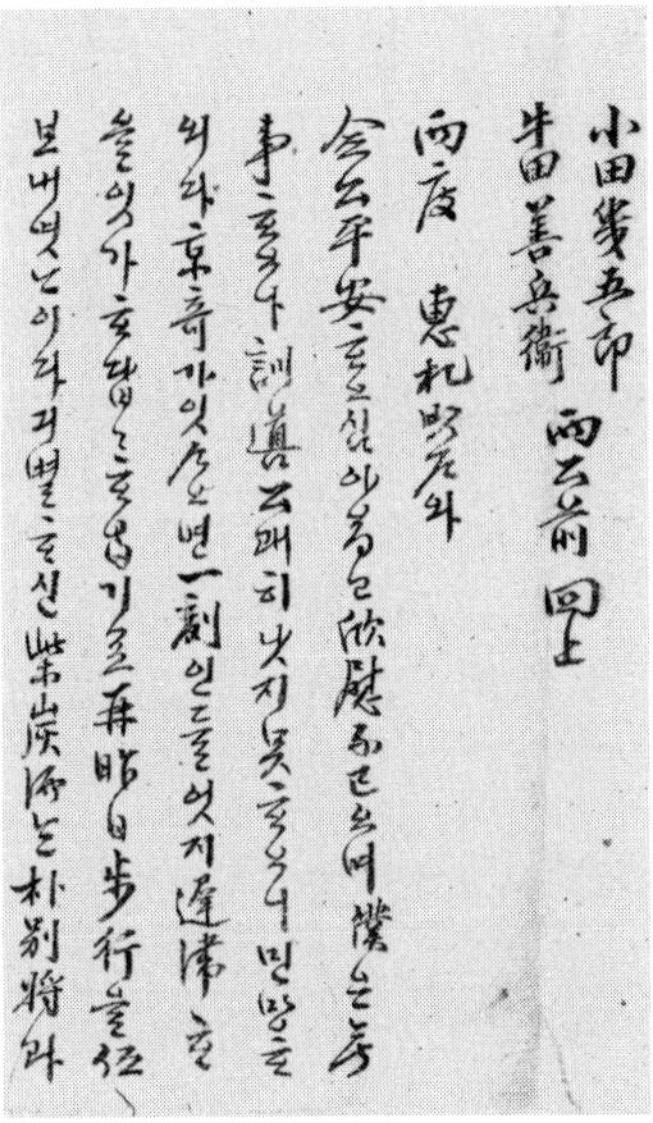

史料50（1/2）

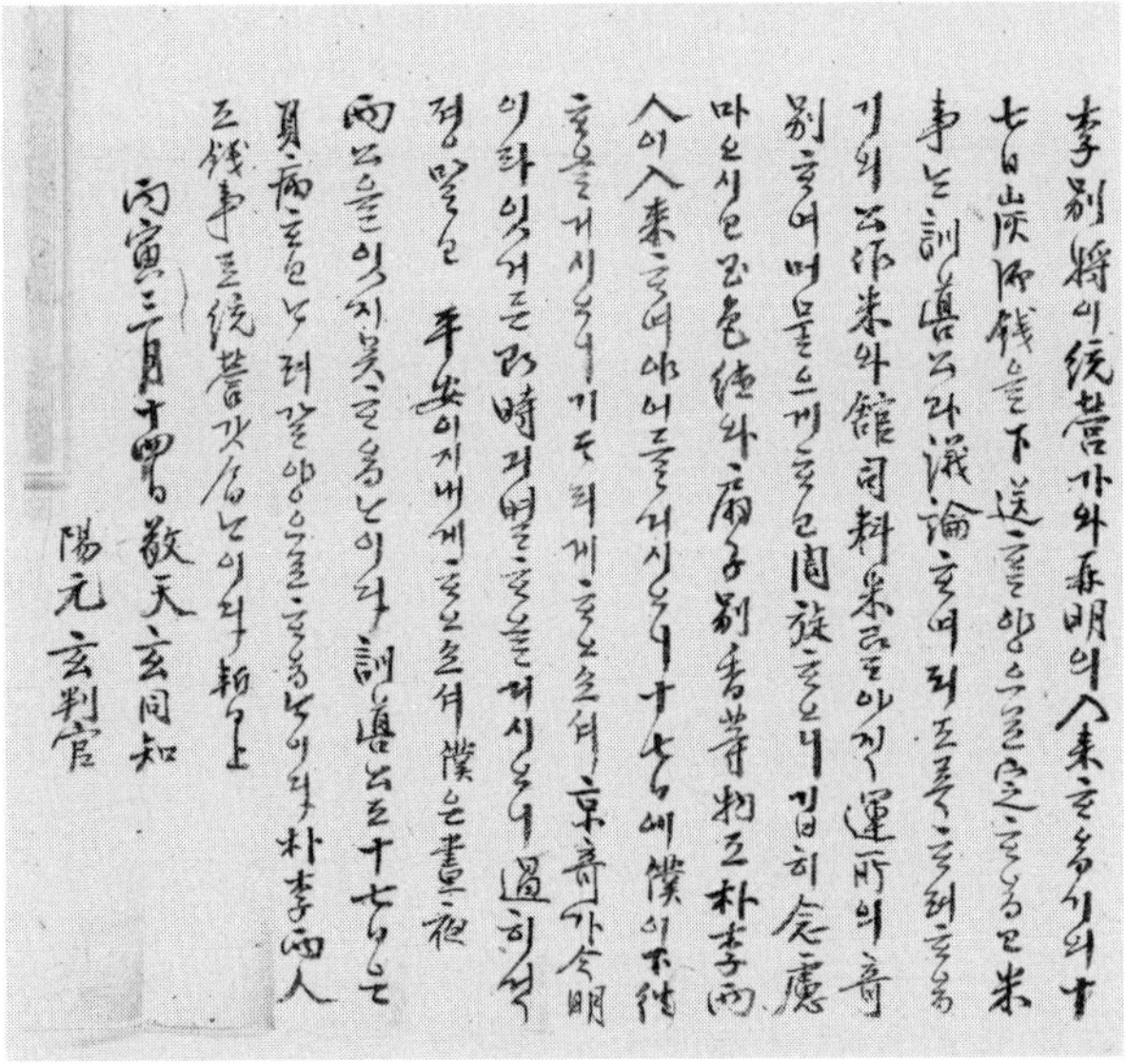

史料50（2/2）

【翻刻】

小田幾五郎　／牛田善兵衛　兩公 前 回上
兩度　〔隔〕恵札 밧ᄌᆞ와　〔移〕／僉公 平安ᄒᆞ오심 아
옵고 欣慰不已오며　〔右〕僕은 無／事ᄒᆞ오나 訓導公
괘히 낫지 못ᄒᆞ오니 민망ᄒᆞ／외다 京奇가 잇ᄉᆞ오면 一
刻인들 엇지 遅滞ᄒᆞ／올잇가 ᄒᆞ 답〃ᄒᆞ옵기로 再昨日

步行을 또 /보내엿ᄂᆞ이다 긔별ᄒᆞ신 柴炭價ᄂᆞᆫ 朴別將과 /李別將이 統營 가와 再明의 入來ᄒᆞᄋᆞᆸ기의 十/七日 炭價 錢을 下送ᄒᆞᆯ 양으로 定ᄒᆞᄋᆞᆸ고 米/事ᄂᆞᆫ 訓導公과 議論ᄒᆞ여 되도록 ᄒᆞ려 ᄒᆞᄋᆞᆸ/기의 公作米와 舘司料米를 아직 運所의 奇/別ᄒᆞ여 머물으게 ᄒᆞ고 周旋ᄒᆞ오니 깁히 念慮 /마오시고 玉色紙와 扇子別香等物도 朴李 兩/人이 入來ᄒᆞ여야 어들 거시오니 十七日에 〖右〗 僕이 下往/ᄒᆞ올 거시오니 기ᄃᆞ리게 ᄒᆞ오쇼셔 京奇가 今明/이라 잇거든 卽時 긔별ᄒᆞ올 거시오니 過히 걱/정 말고 〖隔〗 平安이 지내게 ᄒᆞ오쇼셔 〖右〗 僕은 晝夜 〖移〗 /兩公을 잇지 못ᄒᆞᄋᆞᆸᄂᆞ이다 訓導公도 十七日은 /負病ᄒᆞ고 ᄂᆞ려갈 양으로 ᄒᆞᄋᆞᆸᄂᆞ이다 朴李 兩人/도 錢事로 統營 갓ᄉᆞᆸᄂᆞ이다 暫上

丙寅 三月 十四日 〖右〗 敬天 玄同知 /陽元 玄判官

【現代語訳】

小田幾五郎／牛田善兵衛ご両名様の御前へ拝復

両度のお手紙拝受仕り皆様ご平安の段存じ上げ、欣慰やみません。私は無事ですが、訓導様（玄烒（陽元））はすっきりと治らないので心苦しく存じます。ソウルからの便りがあれば一刻とてどうして遅滞することがありましょうか。あまりにももどかしいのでおとつい飛脚をまた送りました。ご連絡くださった柴炭価[1]は朴別将と李別将が統営に行って明後日に入来しますので、十七日に炭価銭を下送するように定め、米の事は訓導公（玄烒（陽元））と相談して成るようにしようと思いますので公作米と館守の料米[2]をとりあえず運米所[3]に連絡して留まるようにして周旋しますので、深く心配なさらないでください。玉色紙と扇子別香等物も朴李両人が入来しなければ入手できませんので、十七日に私が（倭館へ）下って行くつもりですので、待つようにしてください。ソウルからの便りが今日明日にでもあれば、即時ご連絡しますので、あまりご心配なさらず、ご平安にお過ごしください。私は昼夜両公を忘れることができません。訓導様（玄烒（陽元））も十七日は病をおして（倭館へ）下って行くように申しております。朴李両人も銭の事で統営へ行きました。まずは

丙寅三月十四日　敬天玄同知／陽元玄判官

【語釈】

（1）薪や炭を意味する。倭館に居住する日本人、対馬からの使節団には、炊事・暖房など様々な理由で毎日使用する必須の物品であった。柴炭は、館守・対馬からの使節の正官・副官・代官・禁徒倭・船主・通詞・東向寺僧・医倭・侍奉・書記に至るまで、幅広い階層の日本人に支給された。最初には慶尚左道と右道の各鎮で木を切り、炭を貯蔵した後に釜山鎮に送ると、釜山鎮で受け取り倭館側に支給した。薪は釜山影島（絶影島、対馬藩では「牧之島」と称した）や営繕峠から切って支給したりした。現物の準備が困難なときは、各鎮から釜山に柴炭價として木綿を送ることもした。

柴炭は日常生活の中で欠かせない重要な物品だが、柴炭の値段が一定していない場合や、各鎮で支給された木綿で柴炭を適期に購入できない時、または倭館に入ってくる日本人が増加する時には柴炭の供給が間に合わなかった時もあった。このような時、倭館の日本人の不満は高まり、釜山鎮近くにある柴炭貯蔵庫（柴炭庫）を壊してしまう場合もあった。柴炭支給と関連していくつかの弊害が生じると、これを改善しようと東萊府使と釜山僉使が「倭人支給柴炭節目」（一八四三年、ソウル大奎章閣所蔵）を作ることもあった。この節目は木綿一疋あたりで買うことができる炭の量を定めて、炭を供給するための小通事を指定して、彼らに炭の代金と運送費を支給し、木綿を受領する規定を定めたものであった。一七八七（正祖十一）年には、柴炭の大きさと量を決定し、一七九一（正祖十五）年には倭館の修理を担当していた監董役日本人の柴炭の量を減らした（「増正交隣志」巻四柴炭、「辺例集要」巻一〇柴炭）。手紙の内容をみると、柴炭の調達が難しくなると柴炭の代金を直接倭館へ支給することが分かる。

（2）館守へ支給配給する料米のこと。倭館に滞在している日本人は毎日米・豆・魚・野菜など雑物を消費するのだが、朝鮮から雑物の一定量を支給するものを倭料という。米以外の雑物は米に代えて支給したりもした（「萬機要覽」財用篇 五、公貿倭粮料）。

（3）「東萊府誌」（一七四〇年）によれば釜倉の南にあったという。釜倉には東萊地域で最も大きい四二間規模の公作米庫と一六間規模の料米庫があった。運米所は、公作米庫と料米庫にあった米を倭館まで運ぶ業務を担当したところと考えられる。運米所は、座起庁三間と倉庫三間からなり、運米等牌一名が配属されていた。運米等牌は米の計量を担当し、米を運ぶ運米軍の長であった。米の運搬の責任者として運米監官が別にいた（金東哲一九九三年）。

【参考情報】

「御用書物控（草案）」の一八〇六（文化三）年三月十四日条に、「下来有之様申遣ス、水も減候ニ付東萊ゟも返事来ル、十七日可致下来との事」とあり、また、前掲三月十六日条に、「京奇如何ニ候哉、其外料米柴炭何れも早々入来候様申遣候処、京奇者不相知、専相待、朴別将・李別将統営ニ参り居ニ付、此銘々帰を待候事有之、頓而料米等入送可致との事申来ル」とあり、本書簡の内容に符合する。

ところで、史料43で指摘したように、文化三年一月六日に、備辺司の啓言によって、純祖は東萊府使鄭晩錫に対して許接も許さず、通信使請来大差使斥退を命じたものの（「承政院日記」純祖六年一月六日条）、

金宗善、以備邊司言啓曰、信使請來差倭許接之意、纔已筵稟蒙允、而差倭出來、今至屢朔、京接慰官及譯官下送等事、不必遅待該府狀啓、分付該曹・該院、使之依例差遣、何如、傳曰、允。（「承政院日記」純祖六年三月十一日条）

とあり、同年三月十一日に徐能輔を接慰官、李思恭・玄商禕を差備官に任じた。したがって、そうした廟堂の雰囲気を感じ取って、「ソウルからの便りが今日明日にでもあれば、即時ご連絡しますので」とあると推測しておきたい。

なお、この手紙の発信人は、玄義洵（敬天）と玄烒（陽元）の連名になっているが、文中に「私は無事ですが、訓導様はすっきりと治らないので」とあり、一人称の「僕（私）」は

講定官の玄義洵であると判断される。筆跡から見ても玄義洵の手に成るものか。

史料51

【史料概要】講定官玄義洵（敬天）が小田幾五郎・牛田善兵衛に送った書簡。ソウルからの連絡が未着だが、「ソウルからの便りは二十五日内にはあるようです」とあるように、待ちに待った知らせがソウルから届きそうだという内容である。

【写真】

史料51（1/2）

史料51（2/2）

【翻刻】

小田幾五郎 ／牛田善兵衛 兩公 前 入納
數日間 ／【擡】僉公 平安ᄒᆞ오심 아옵고져 ᄒᆞ오며
【右】僕은 今日 ／下往ᄒᆞ자 ᄒᆞ엿습더니 風雨大作ᄒᆞ오
와 ／못 가옵고 겸ᄒᆞ여 京奇도 아직 업ᄉᆞ오니 ／三四
日 기달여 보고 下往ᄒᆞ올지 明再明／이라도 下往ᄒᆞ올
지 回示ᄒᆞ옵소셔 柴／炭銭은 今日 下送ᄒᆞ자 ᄒᆞ엿더니
朴別／將과 李別將●〈이〉今日이야 入來ᄒᆞᆫ다 ᄒᆞ오／
니 明日 任所로 下送ᄒᆞ려 ᄒᆞ오며 米事도 ／朴李 兩人

이 入來ᄒᆞ여야 錢事을 議論/ᄒᆞ고 入送이 되올ᄃᆡ 아직 入來치 아니ᄒᆞ/엿ᄉᆞ오니 그도 결단ᄒᆞ여 가지고 求ᄒᆞ시/든 것도 덜어 〃더 가지고 下往ᄒᆞ려 ᄒᆞ오니 /아모 날이니 下來ᄒᆞ라 긔별ᄒᆞ옵소셔 /訓導 公은 도로 大段이 알ᄉᆞ오니 민망/ᄒᆞ외다 京奇는 二十五日 內에 니슬 든[*1]ᄒᆞ외/다 專人ᄒᆞ여 편지ᄒᆞ오니 卽時 回示ᄒᆞ오/소셔 暫上 三月 十七日 〖右〗敬天 玄同知

*1: 듯

【現代語訳】

小田幾五郎/牛田善兵衛　ご両名様の御前へ入納

数日の間皆様方ご平安の段、お伺い申し上げます。私は今日（倭館へ）下って行こうと思っておりましたが、風雨がはげしくて行くことができず、また、ソウルからの便りもまだないので、三四日待ってみてから下って行くか、明日明後日にでも下って行くか、お返事ください。柴炭銭は今日下送しようと思っておりましたところ、朴別将と李別将が今日やっと入来するということですので、明日、任所へ下送しようと思います。米の事も朴李両人が入来しなければ銭の事を相談して入送することができないのですが、まだ入来しておりませんので、それも決済し、お求めの物も分けてもらってから、（倭館へ）下って行こうと思いますので、何日にでも下来せよとお便りください。訓導様（玄烒（陽元））は、またひどく病んでおられ、しのびなく存じます。ソウルからの便りは二十五日内にはあるようです。専人にて（とくに人を遣わして）お便りしますので、すぐにお返事ください。まずは

　三月十七日　　敬天玄同知

【参考情報】

この書簡には年代が記載されていないが、内容が史料50に続くものなので、一八〇六（文化三／丙寅）年三月十七日に書かれたものと判断される。

「御用書物控（草案）」の文化三年三月十七日条に、

急而下来之約束ニ候処昼過迄下来無之、幾五郎坂ノ下へ参り掛候処道ニ而書状相達、京奇今日迄待居候へ共便不相達、今日見合度相扣居候段申来り、此方ゟも書状遣し候処間も無く又々書状相達、京奇唯今達候、当月初ニハ決対ニ可相成処十日迄者差支決対無之、十五日ニハ無間違との大意申来候ニ付、又々書状差越、何角なし明日早々御下り被成候と委申遣、暮ニ及罷帰候事

とある。この記事にある傍線を付した一通目の書状が本書簡であり、二通目の書状が次の史料52と推定される。

史料52

【史料概要】史料51とワンセットで理解すべき書翰。一八〇六（文化三／純祖六）年三月十日に廟堂で決定した、通信使請来大差使への接遇許可を報じた内容、つまり「許接은된다（許接はできる）」という文言に、講定訳官玄義洵（敬天）・倭学訓導玄烒（陽元）の面目躍如の思いが伝わる。

【写真】

史料52

【翻刻】

兩 傳語 公 前 入納

앗가 편지은 보오신잇가 시방 京奇/가 왓습ᄂᆞᆫ듸 許接
은 된다 ᄒᆞ고 쾌/ᄒᆞᆫ 긔별은 十六日 또 歩行 보ᄂᆡ마
ᄒᆞ엿/시니 몬져 위션 아르시게 긔별ᄒᆞ/오니 그리 過
慮 마르시옵 暫上
丙寅 三月 十七日 講定官 /訓導

【現代語訳】

両伝語（通詞）様の御前へ入納

先ほどの手紙はご覧になられましたでしょうか。今しがたソウルからの便りが参りましたが、許接[1]は成ったとのこと、すっぱりとした知らせは十六日にまた飛脚を送るということでした。先にまずはお知らせすべく、ご連絡いたしますので、あまり憂慮なさらないでください。まずは

丙寅三月十七日　講定官（玄義洵（敬天））／訓導（玄烒（陽元））

【語釈】

（1）許接とは、倭館に派遣された対馬藩使節への接遇を廟堂が許可すること。

【参考情報】本書翰の「許接」とは、通信使請来大差使の正官古川図書（平功載）・都船主加納郷左衛門（藤格）・封進押物八木久左衛門に対する接遇許可のこと。通信使請来大差使

一行は、この書翰の前年の一八〇五（文化二）年十月十三日対馬府中を出港、同十一月二十一日倭館に到着し、倭館で待機していた（田保橋一九四〇年：七三一－七三八頁）。

史料53

【史料概要】講定訳官玄義洵（敬天）・倭学訓導玄烒（陽元）両名義の小田幾五郎・牛田善兵衛宛の書簡である。通信使請来大差使への接遇を担当する接慰道と堂上・堂下の差備官が任命されたことを一報している。ただし、その「接慰道と堂上・堂下差備官」三人の出発日は不明だという。

【写真】

史料53（1/2）

史料53（2/2）

【翻刻】

小田幾五郎／牛田善兵衛 両公 前 上
夜間 〖移〗／僉公 平安ᄒᆞ오신잇가 昨日 料米가 入送
이 되／엿시니 彼此 多幸ᄒᆞ오며 十六日 써난 步行／이

時方 入來ᄒᆞ엿ᄉᆞᆸᄂᆞᆫᄃᆡ 接慰道와 堂上 ／堂下 差備官이다 差出되엿ᄉᆞᆸ기 書付／ᄒᆞ여 別差公게 보내오니 이런싀원ᄒᆞᆫ ／일 업ᄉᆞ오며 離發 日字ᄂᆞᆫ 完定치 아니ᄒᆞ／엿다 ᄒᆞᄋᆞᆸ고 書契 辭意도 아직 셔울셔 ／도 모로오며 禮物事ᄂᆞᆫ 조고만 거ᄉᆞ로 격정ᄒᆞ／시니 도로혀 우수워 뵈오며 〖右〗 僕等은 二十五日 ／下往ᄒᆞ려 ᄒᆞ오며 講定使 病患은 엇더ᄒᆞ오／신지 念이로소이다 單物 乾浄事로 ᄒᆞ／여 〖右〗 僕等이 격정ᄒᆞᄋᆞᆸᄂᆞᆫᄃᆡ 代官所의셔 아／모조록 今日 下送ᄒᆞ라 ᄒᆞ오니 이런 답〃／ᄒᆞᆫ 일 업ᄉᆞ와 아모조록 數日間 下送ᄒᆞ려 ／ᄒᆞ오며 伯儉公 일도 그 ᄉᆞ이 變通ᄒᆞ여 書付 ／ᄂᆡ엿ᄉᆞᆸᄂᆞᆫ지 싀원이 ᄒᆞ여 주ᄋᆞᆸ쇼셔 悤〃／暫上

丙寅 三月 二十三日 〖右〗 敬天 玄同知 ／陽元 玄判官

【現代語訳】

小田幾五郎／牛田善兵衛ご両名様の御前へ

夜間皆様方ご平安であられるでしょうか。昨日、料米が入送になりましたので、双方にとって幸いです。十六日に出発した飛脚が今しがた入来したのですが、接慰道と堂上・堂下の差備官[1]がすべて差出されたとのこと、書付にして別差様（丁楽升（明瑞））に送りますので、こんなすっきりとしたことはございません。（ソウルを）出発する日付は確定していないとのことで、書契の辞意もまだソウルにおいても知らない（とのことです）。礼物の事は、ちっぽけなことで心配なさるので、かえって可笑しく見えます。私達は二十五日に（倭館へ）下って行こうと思います。講定使のご病気は如何でしょうか気掛かりでございます。単物の皆済の事で私達が心配しているのですが、代官所から何卒今日下送してくれとのことですので、このような気掛かりなことはありません。何とかして数日の内に下送しようと思います。（金在恭）伯倹様[2]のこともその間変通[3]して書付を出したでしょうか、すっきりとしてください。怱々まずは

丙寅[4]三月二十三日　敬天玄同知／陽元玄判官

【語釈】

（1）朝廷では修聘使（通信使請来大差倭）への接応を許可した後、使節差倭が倭館に来てから数ヶ月が経ったので急いで接慰官と訳官を選出するように促した（「備辺司謄録」純祖六年三月十一日条）。

（2）伯倹は金在恭のこと。朝鮮後期の倭学訳官。字は伯倹、本貫は固城である。一七四八年生まれ。一七八〇（正祖四）年式年試の時雑科のうちの訳科（倭学）に合格した。金在恭は一八〇二年監董訳官として崔国楨・趙完沢・玄商緯と共に来て倭館西館の工事を担当した。一八〇四年三月に工事を終えた後、工事期間を短縮した手柄で賞賜された（「辺例集要」巻一一館宇）。

（3）融通、やりくり、処理。

（4）一八〇六（文化三）年。

【参考情報】
「御用書物控（草案）」の一八〇六（文化三）年三月二十二日条に、

坂ノ下へ丸嶋正（右衛門）罷越し、料米今日入送ニ至り候様別差へ掛合候処、則今日入送ニ相成候段申聞ケ罷帰候事（中略）

〃料魚価米百俵・大豆六拾俵入送候段別差ゟ相咄候事

とあり、また、同三月二十三日条に、

東莱ゟ間も無く書状相達候処都表十六日出立飛脚今朝相達、接慰官姓名・差備官姓名書押印ニ而送り来、別差も押印ニ而差出可申と申候へ共、表向申出有之意味も有之、幾五郎ゟ別差へ談候は、■姓名書急候事無之接慰官■下着第一ニ候、何日比御出立と御考候哉と申候処

とあって、本書簡と符号する記述がある。

本書簡の眼目は、「十六日に出発した飛脚が今しがた入来したのですが、接慰道と堂上・堂下の差備官がすべて差出されたとのこと、書付にして別差様に送りますので、こんなすっきりとしたことはございません。ソウルを出発する日付は確定していない」にある。「接慰道と堂上・堂下差備官」とは、接慰官徐能輔、堂上差備訳官李思恭・堂下差備訳官玄商禕を意味する。

史料54

【史料概要】今日は体調が優れず倭館に行けないが、明日はかならず倭館に出かけると、講定訳官玄義洵（敬天）が小田幾五郎・牛田善兵衛宛に伝える書簡。

【写真】

史料54

【翻刻】
小田幾五郎／牛田善兵衛 兩公 前 回納
夜間／〖擡〗平安ᄒᆞ옵심 아옵고 萬幸이오며 〖右〗僕
은 今日／下往ᄒᆞ자 ᄒᆞ엿삽더니 몸이 셩치 못ᄒᆞ기로

／못 가오나 明日은 訓導公 못 갈지라도〔右〕僕은
／下往ᄒ올 거시니 조고만 일에 과히 념녀 ／마옵소서
종〃 暫上　三月二十四日　玄同知

【現代語訳】

小田幾五郎／牛田善兵衛ご両名様の御前へ拝復

夜間ご平安の段承り、幸いの至りです。私は今日下って行こうと思っておりましたところ、体がすぐれず行くことができませんが、明日は訓導（玄烒（陽元））様が行けなくとも私は下って行くつもりですので、ちっぽけなことにあまり心配なさらないでください。怱々なるままにまずは

三月二十四日　玄同知

【参考情報】この書簡には年代が記載されていないが、内容から、一八〇六（文化三／丙寅）年三月二十四日に発信されたものと推測される。「御用書物控（草案）」一八〇六（文化三）年三月二十四日条に「両人共下来有之様申遣ス、明日下来可致趣申来ル」とある。

史料55

【史料概要】講定訳官玄義洵（敬天）・倭学訓導玄烒（陽元）から小田幾五郎・牛田善兵衛宛に、ソウルからの連絡が未着のままだが、明日、倭館へ出向くと報じる書簡。

【写真】

史料55

【翻刻】

兩公 僉案 回納
昨今 ᄒᆞ신 편지ᄂᆞᆫ ᄌᆞ시 보읍고 ／【擡】兩公候 平安ᄒᆞ
시니 깃부기 ／측냥 업ᄉᆞ오며 京奇ᄂᆞᆫ 편지 ／아니ᄒᆞ셔
도 얼현이 奇別이 ／잇ᄉᆞ오면 아니 아라시게 ᄒᆞ리／잇
가 셔울 긔별이 잇습거든 ／즉시 아라시게 ᄒᆞ오며 明
日은 ／雨勢를 보아 일 下往ᄒᆞ올 ／거시니 잠간 기다
리게 ᄒᆞ쇼／셔 禮物事ᄂᆞᆫ 되도록 周／旋ᄒᆞ오리이다 暫
上 不備
　三月 二十七日 講定官 ／訓導

【現代語訳】

ご両名様の案下へ拝復

昨今お送りくださったお手紙は委細拝見いたし、ご両名様ご平安の段、珍重なること測りしれません。ソウルからの便りはおっしゃられずともいいかげんに便りがあるのにお知らせしないなんてことがありましょうか。ソウルからの便りがあればただちにお知らせいたします。明日は雨の勢いを見て早くに（倭館へ）下って行くつもりですので、しばらくお待ちになってください。礼物の事は成就するように周旋いたしましょう。まずは不備

三月二十七日　　講定官（玄義洵（敬天））／訓導（玄烒（陽元））

【参考情報】

この書簡には年代が記載されていないが、内容から、一八〇六（文化三／丙寅）年三月二十七日に発信されたものと推測される。「御用書物控（草案）」一八〇六（文化三）年三月二十七日条に、

両人ゟ書状返事来、また便り無之段申来ル、我ら坂ノ下ゟ書状遣し今日渡海船有之、御国向延引ニ而者不相済段委申越ス

とあり、同日達した「両人ゟ」の「書状返事」がこの書簡と見られる。

ところで本書簡では「明日」（三月二十八日）に倭館へ行くと約束したが、**史料56**によれば雨のため約束を守れないという。

史料56

【史料概要】 講定訳官玄義洵（敬天）から小田幾五郎・牛田善兵衛宛に、ソウルからの知らせがないこと、そして雨のために倭館へ行けず、約束の五〇両も持って行けないが、要件は別差（丁樂升）と相談してほしいという内容。

【写真】

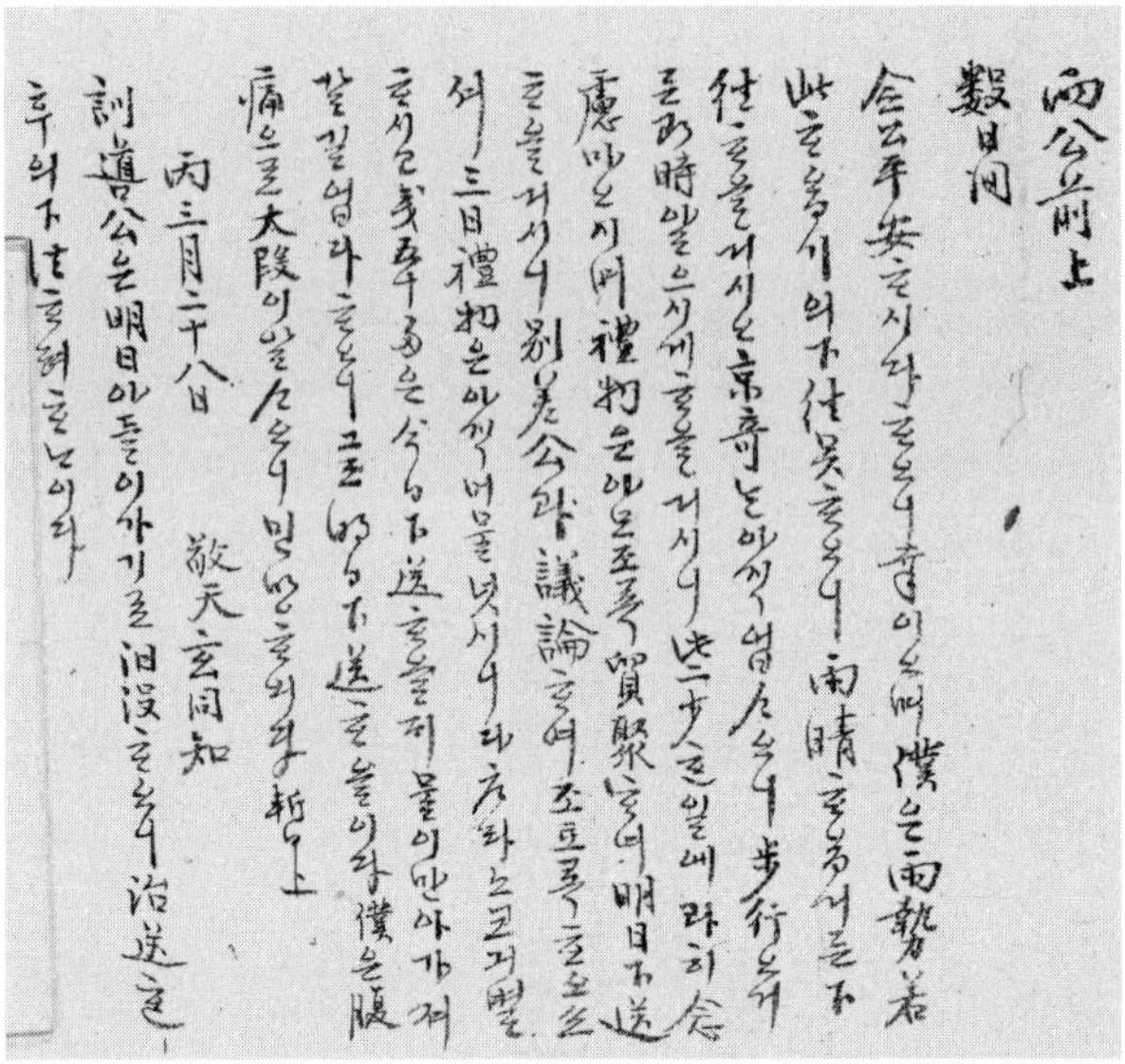

史料 56

【翻刻】

兩公 前 上
數日間 〖移〗／僉公 平安ᄒᆞ시다 ᄒᆞ오니 幸이오며
〖右〗僕은 雨勢若／此ᄒᆞ옵기의 下往 못 ᄒᆞ오니 雨晴
ᄒᆞ옵거든 下／往ᄒᆞ올 거시오 京奇ᄂᆞᆫ 아직 업ᄉᆞ오니 步
行 오거／든 卽時 알으시게 ᄒᆞ올 거시니 些少ᄒᆞᆫ 일에
과히 念／慮 마오시며 禮物은 아모조록 貿聚ᄒᆞ여 明日
下送／ᄒᆞ올 거시니 別差公과 議論ᄒᆞ여 조토록 ᄒᆞ오쇼
／셔 三日 禮物은 아직 머물넛시니 다 ᄎᆞ라 노코 긔별
／ᄒᆞ시고 戔[*1] 五十兩은 今日 下送ᄒᆞ올ᄃᆡ 물이 만아
가져 ／갈 길 업다 ᄒᆞ오니 그도 明日 下送ᄒᆞ올이다
〖右〗僕은 腹／痛으로 大段이 알ᄉᆞ오니 민망ᄒᆞ외다
暫上
　丙 三月 二十八日 〖右〗敬天 玄同知
訓導公은 明日 아들이 가기로 汨沒ᄒᆞ오니 治送ᄒᆞᆫ ／후
의 下往ᄒᆞ려 ᄒᆞᄂᆞ이다

*1：錢

【現代語訳】

ご両名様の御前へ
数日間皆様ご平安の段幸いに存じます。私は雨の勢いがこのようなため（倭館へ）下って行くことができませんので、雨が晴れたら（倭館へ）下って行くつもりです。ソウルからの便りはまだありませんので、飛脚がまいりましたらただちにお知らせするようにするつもりですので、些細なことにあまりご心配なさらないでください。礼物はなんとかして買い集めて明日（倭館へ）下送するつもりですので、別差様（丁楽升（明瑞）と相談してよろしくおとりはからいください。三日の礼物はまだとどまっておりますので、すべて調えておいてからご連絡ください。お金五十両は今日（倭館へ）下送すべきところ、水が多くて持って行くことができないので、それも明日（倭館へ）下送します。私は腹痛でたいへん病んでおりますので、面倒なことです。まずは

　丙(1)三月二十八日　敬天玄同知

訓導様（玄烒（陽元））は明日息子(2)が行くため、忙しいので、旅のしたくをととのえて送り出したあとに（倭館に）下って行く予定です。

【語釈】

（1）「丙」は丙寅年を指す。一八〇六（文化三）年。

（2）訓導玄烒の息子三人玄在兢・在朋・在林は、みな漢学の訳官であった。信原修によると、川寧玄氏一族から、漢学六〇名・蒙学七名・倭学二六名・清学一二名、計一〇五名の訳科合格者を輩出しているという（信原二〇〇八年：三二〇頁）。なお、玄在朋は倭学訳官朴致倹の婿。

【参考情報】

「御用書物控（草案）」の一八〇六（文化三）年三月二十八日条に、

　幾五郎坂ノ下へ罷越、善兵衛後ゟ参り昨日之返事相待居候処、都表ゟ今日は便有之筈ニ候へ共　まだ飛脚不相達、明日共可相達、少し之間御待可被下と申来候事
　帰之節別差へ書状認、今晩差登し可被申と申置候事、音物之事催促申遣無油断相心得居候趣書状返事ニ有之、暮ニ及使之者罷帰、此間雨ニ而水出居候処、夜前今朝之雨ニ而道絶候山を伝ひ漸今朝東莱を立、唯今罷帰候段申聞ケ、返事差出ス、明日天気晴候ハヽ、両人内可致下来候、京奇昼夜相待罷在候趣、音物之事等御気遣被成間敷と申来り候事

とあり、この書簡の内容と符合する。

　上の記述中の下線部の三月二十八日の暮れに到達した返事は、次の書簡（史料57）に該当するものと考えられる。

史料57

【史料概要】講定訳官玄義洵が倭館の小田幾五郎・牛田善兵衛に送った書簡。ソウルからの連絡はないが、接慰官がソウルを出立したようなので、その到着を今しばらく待ってほしいという内容である。

【写真】

史料 57
(1/2)

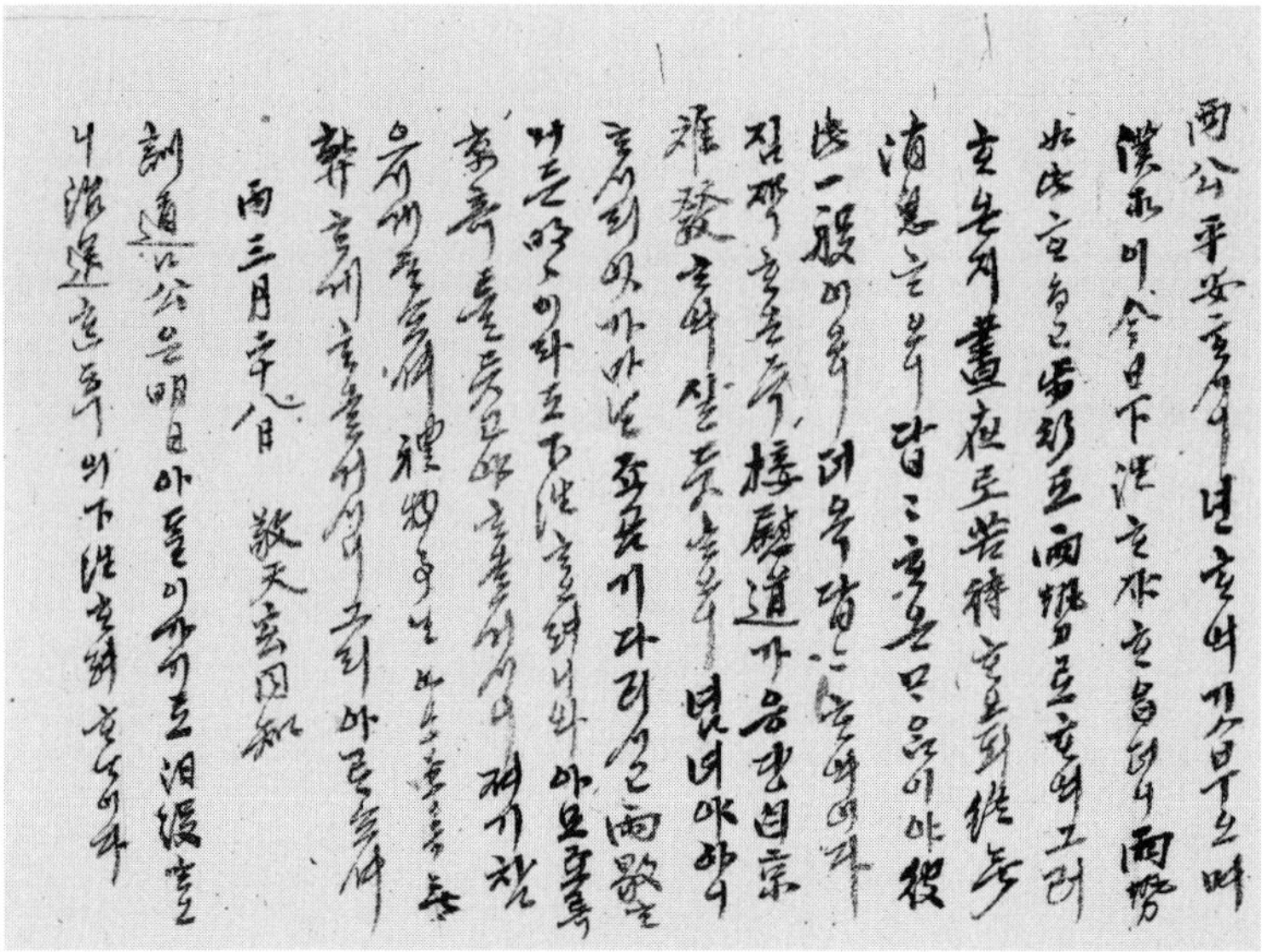

【翻刻】

兩公 前上

史料 57（2/2）

또 ᄒᆞ신 편지 보오니 雨中 ／〔擡〕兩公 平安ᄒᆞ시니
년ᄒᆞ여 깃부오며 ／僕等이 今日 下往ᄒᆞ쟈 ᄒᆞ옵더니 雨
勢／如此ᄒᆞ옵고 步行도 雨勢로 ᄒᆞ여 그러／ᄒᆞ온지 晝
夜로 苦待ᄒᆞ오되 終無／消息ᄒᆞ오니 답〃ᄒᆞ온 ᄆᆞ음이야
彼／此 一般이오니 더옥 답〃ᄒᆞ여이다 ／짐쟉ᄒᆞ온즉
接慰道가 응당 自京／離發ᄒᆞ여실 듯ᄒᆞ오니 념녀야 아
니 ／ᄒᆞ시리잇가마ᄂᆞᆫ 죠곰 기다리시고 雨歇ᄒᆞ／거든
明日이라도 下往ᄒᆞ오려니와 아모죠록 ／京奇를 듯고야
ᄒᆞ올 거시니 져기 참／으시게 ᄒᆞ쇼셔 禮物事ᄂᆞᆫ 아모죠
록 無／弊ᄒᆞ게 ᄒᆞ올 거시니 그리 아ᄅᆞ쇼셔
丙 三月 二十八日 〔右〕敬天 玄同知
訓導公은 明日 아ᄃᆞᆯ이 가기로 汨沒ᄒᆞ오／니 治送ᄒᆞᆫ 후
의 下往ᄒᆞ려 ᄒᆞᄂᆞ이다

【現代語訳】

ご両名様の御前へ

またお送りくださったお手紙を拝見仕りました。雨中ご両名様ご平安の段、相変わりませず珍重に存じます。私達は今日（倭館へ）下って行くと申しましたけれども、雨の勢いがこの如くであり、飛脚も雨勢によるものか、昼夜待ち焦がれておりますが、終に消息がございませんので、気掛かりな気持ちたるや双方とも同然でございますので、一層いらいらいたします。察しますに、接慰道が当然ソウルを出立いたしたようですので、ご心配でないはずはないでしょうが、少しお待ちください。雨が止んだら明日にでも（倭館へ）下って行くつもりではありますが、何といってもソウルからの便りを聞いてからでなければならないでしょうから、少しがまんなさってください。礼物の事は何とかして弊害の無いようにいたしますので、左様お心得ください。

丙三月二十八日　敬天玄同知

訓導様（玄烒（陽元））は明日息子が行くため、忙しいので、旅のしたくをととのえて送り出したあとに（倭館に）下って行く予定です。

【参考情報】この書簡の年代は「丙」とあるが、一八〇六（文化三／丙寅）年に当たるものであろう。史料56の参考情報を参照のこと。

史料58

【史料概要】講定訳官玄義洵（敬天）・倭学訓導玄烒（陽元）による倭館の通詞宛の書簡であり、明日、倭館に出向くと伝える。

【写真】

史料58（端裏書き）

史料58

【翻刻】

（端裏書き）敬天　陽元

連上

앗가 回答 써 보ᄂᆡ려 ᄒᆞ엿더니 또 〖隔〗惠札 보오니/반갑ᄉᆞ오며 大口魚은 變通ᄒᆞ엿다 ᄒᆞ니 /多幸ᄒᆞ오며生栗 二斗은 皮栗代의 下送/ᄒᆞ오며 明日은 僕等 中一人이 가올 거시니 그리 /아르시며 伯儉公 일은 젹씩 別差公게/도 ᄒᆞ고 講定 令監게도 ᄒᆞ고 또 편지의도 /치샤ᄒᆞ엿더니 긔별을 이리 ᄒᆞ시니 도/로혀 붓거럽ᄉᆞ오며 〖隔〗公과 ᄉᆞ이의 무/슴 치샤 이시리잇가웃고 잇ᄉᆞ오며 單/事도 이ᄃᆡ지 周旋ᄒᆞ시다 ᄒᆞ니 感謝ᄒᆞ/기 측냥 다 못 ᄒᆞ옵 이 말ᄉᆞᆷ 忠助 前의 /도 젼ᄒᆞ옵쇼셔 暫上 四月 初一日 講定官 /訓導

【現代語訳】

（端裏書き）敬天・陽元

引き続き啓上いたします。

先ほど返事を書いて送ろうとしましたところ、また、お手紙を拝見いたし嬉しく存じます。大口魚（鱈）は変通（融通、やりくり、調達）したとのこと、幸いです。生栗（皮をむいた栗）[1]二斗は皮栗（皮のついた栗）の代わりに下送いたします。明日は私達の内の一人が行くつもりですので、左様御心得ください。（金在恭）伯倹様のことはあの時に別差様（丁楽升（明瑞））にもおっしゃられ、講定官様（玄義洵（敬天））にもおっしゃられ、また、手紙でもお礼をおっしゃったところ、お手紙をこのようにお送りになるとかえって恥ずかしく存じます。ご貴殿との間柄で何のお礼がございましょうかと、笑っております。礼単の事もこれほど周旋なさったとのこと、感謝すること測り尽くせません。このお言葉を忠助[2]にもお伝えください。まずは

四月初一日　講定官（玄義洵（敬天））／訓導（玄烒（陽元））

【語釈】

（1）「大口魚」は鱈。「生栗」と「皮栗」とは、生栗と渋皮をむかない栗であろうか。これらの物品は、対馬から来た使節に与えられる「料」に該当するようである。

（2）この「忠助」とは、「御内密書物控」一八〇〇（寛政十二）年七月二十六日夜条に現れる「八坂忠介（忠助）」のことか。八坂忠助については、「朝鮮渡御免」の一八〇〇（寛政十二）年四月十五日条に「御上御商売之諸細物売捌方八坂忠助え付ケ朝鮮え差渡置候処、諸品取捌方多ク差支ニ付相応之者召仕度、札御免被仰付被下候様、二代官国分三右衛門願出願書取次、御勘定奉行所へ差渡候段、申出願出候趣、余義なく相聞候付、左之通相達、代官方手先八坂忠助、右者御用之細者商売為取引朝鮮え差渡置候処、手合力之者無之候而者差支候趣手筋え願出、例も有之候付、細物や札五枚御免被仰付候間、夫々可被申付越候、以上」とあり、一八〇〇（寛政十二）年の頃には御用商売を担当する代官手先であったことが確認される。また、「通詞被召仕方・漂民迎送賄・町代官・御免札」によれば、この書簡の前年の一八〇五（文化二）年九月十八日には、細物代官に昇進し、座席は勤番通詞次席を仰せ付かったことが確認される。なお、史料92に出てくる「주우조」という表記も「忠助」の音読みの発音「チュウジョ」をハングルであらわしたものと考えられる。

【参考情報】

本書簡には年代が記されていないが、発信者は「講定官・訓導」であり、端裏書きに「敬天・陽元」とあるので、玄義洵（敬天）が講定官、玄烒（陽元）が訓導を勤めていた時期に当たり、また、**史料53**に同じく金在恭（伯倹）の一件を話題にしている点などから考えて、一八〇六（文化三／丙寅）年四月一日に書かれたものではないかと思われる。

発信者は講定官と訓導の連名であるが、文中に「講定官様（玄義洵）にもおっしゃられ」とあり、講定官に対して敬語を用いていることから、この書簡を書いたのは訓導の玄烒の方であろう。また、筆跡も玄烒のもののようである。

史料59

【史料概要】講定訳官玄義洵（敬天）・倭学訓導玄烒（陽元）から倭館の通詞（小田幾五郎か）宛の書簡。倭館の通詞から、四月一日の一日だけでも二通の書簡が届き、ソウルからの知らせを待ち焦がれていると分かるが、今も「ソウルからの便りも承らない」状況である。昨日到着のはずの「水使」（慶尚左道水軍節度使）でさえ、降り続く雨で悪路を行くことができず、やっと本日到着したほどだから、その知らせも遅れているはずだという内容である。

【写真】

史料 59

【翻刻】

謝上

朝前 편지와 卽今 ᄒᆞ신 편지 년ᄒᆞ여 보ᄋᆞᆸ고 『移』／公候 平安ᄒᆞ시니 깃보오며 『右』僕等은 나려가셔 보ᄋᆞᆸ／고 말ᄉᆞᆷᄒᆞ올듸 雨勢 連日ᄒᆞ여 오ᄋᆞᆸ고 下去路의／溪水漲溢ᄒᆞ여 道不通ᄒᆞᄋᆞᆸ고 비로 ᄒᆞ여 그러ᄒᆞ／온지 京奇도 듯지 못ᄒᆞ오매 두로 답〃ᄒᆞᄋᆞᆸ고 『移』／公의 苦待ᄒᆞᄂᆞᆫ 걱정을 ᄉᆡᆼ각ᄒᆞ오매 『右』僕等의 ᄆᆞᄋᆞᆷ은／晝夜의 애를 쓰고 잇ᄂᆞᆫ 줄을 어이 아ᄅᆞ시리잇가／水使계셔 昨日이 到任 날이온듸 셔울셔 오ᄂᆞᆫ 길의／雨水가 歷路의 漲滿ᄒᆞ여 길을 오지 못ᄒᆞ고 今日이／야 邑內에 오신다 ᄒᆞ오니 이 일을 보와도 셔울 往來 길／이 不通ᄒᆞ올 시 젹실ᄒᆞ오니 아모리 어려올지라도 『右』僕／等이 明日 下往ᄒᆞ여 말ᄉᆞᆷᄒᆞ올 거시니 그리 아ᄅᆞ시며 ／伯儉公의 일은 極力 周旋ᄒᆞ셔 잘 ᄒᆞ여 주시니 『移』／講定使公의 은혜가 젹지 아니ᄒᆞᄋᆞᆸ고 公이 每日 賓日軒／의 出來ᄒᆞ셔 걱정ᄒᆞ신 말ᄉᆞᆷ은 別差公의 편지에 ᄒᆞ／여ᄉᆞ오매 ᄌᆞ시 아ᄋᆞᆸ고 더옥 답〃ᄒᆞ온 ᄆᆞᄋᆞᆷ을 다 어이 ／긔별ᄒᆞ오리잇가 暫上

四月 初一日　講定官 ／訓導

明日은 步行이 下來ᄒᆞᆯ 듯ᄒᆞ오니 아모죠록 ／步行 오ᄂᆞᆫ 것ᄉᆞᆯ 보고 나려 가오리이다

【現代語訳】

お返事申し上げます

朝食前のお手紙と唯今お送り下さったお手紙、続けて拝見仕り、ご貴殿ご平安の段、珍重に存じます。私達は（倭館へ）下って行ってお目にかかってお話すべきところですが、雨の勢、連日降り続き、（倭館へ）下って行く道にて溪水が漲り溢れて道が不通になり、雨のためでしょうか、ソウルからの便りも承らないので、あまねく気掛かりでございます。ご貴殿の待ち焦がれておられるご心配を思うので、私達の気持ちは昼夜やきもきしていることを、どうしておわかりになれましょうか。水使[1]におかれては昨日が到任の日であったのですが、ソウルから来る途中に雨水が通り過ぎる道に張り満ちて道を来ることができず、今日やっと（東萊）邑内に来られたとのことで、このことをみても、ソウルの往来の道が不通であるということは明確ですので、いくら困難であっても、私達が明日（倭館へ）下って行ってお話するつもりですので、左様御心得ください。（金在恭）伯倹様の事は、極力ご周旋くださりよくして下さるので、講定使様（戸田頼母）の恩恵が少なくなく、ご貴殿が毎日、賓日軒[2]に出来してお気遣いなさったお話は、別差様（丁楽升（明瑞））の手紙にございましたので委細承知いたしており、一層もどかしい気持ちはどうしてお知らせしつくせましょうか。まずは

四月初一日　講定官（玄義洵（敬天））／訓導（玄烒（陽元））

明日は飛脚が下来するようですので、何とかして飛脚が来

るのを見てから、（倭館へ）下って行こうと思います。

【語釈】

（1）水使とは、慶尚左道水軍の総責任者である慶尚左道水軍節度使を指す。一八〇六年三月五日に任命された李晦植のことである（「純祖実録」純祖六年三月五日）。

（2）朝鮮人訳官である別差の執務所であり居住空間である。草梁倭館の北に誠信堂、通事庁などの訳官および通事の建物とともにあった。

【参考情報】「御用書物控（草案）」一八〇六（文化三）年四月三日条に、「両人ゟ返書、此間雨ニて道泊り既ニ水営使新官も及遅滞、是は武官ニて重キ勤メニて都表出立ゟ交代之日も極り居候訳も有之ニ相滞り候」とあり、本書簡に見える水使到任遅延の内容に符合する記述を確認することができる。

史料60

【史料概要】講定訳官玄義洵（敬天）から両公（小田幾五郎・牛田善兵衛）宛の書簡。ソウルからの知らせが届かないので、本日は倭館へ出向かないこと、そして「この前おっしゃっておられたお話」に関しては倭学訓導玄烒（陽元）が説明することを伝えた内容。

【写真】

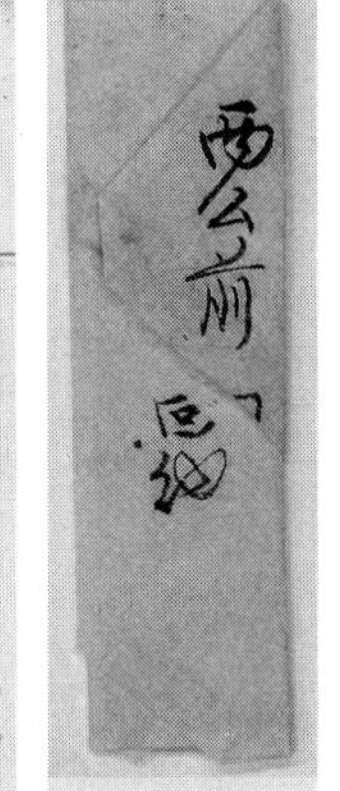

史料60
（包紙）

史料60

【翻刻】

（包紙上書き）兩公 前 回納

兩公 前 回納

數日間 ／〘擡〙公候 平安ᄒᆞ오심 아ᄋᆞᆸ고 幸이오며 京奇는 ／아직 업ᄉᆞᆸ기에 긔별 아니 ᄒᆞ엿ᄉᆞᆸ지 잇ᄉᆞ／오면 엇지 아니 ᄒᆞᆯ가 시보오니가 今日은 ／잇슬 듯ᄒᆞ오니 오거든 즉시 아ᄋᆞ시게 ᄒᆞ오／리다 明日은 訓導公 下往ᄒᆞ올 거시오니 ／거번 ᄒᆞ시든 말ᄉᆞᆷ*1도 訓導公 便에 ᄌᆞ세 알／ᄋᆞ시게 ᄒᆞ오리다 〘右〙僕은 下往ᄒᆞ고 시부되 아／직은 자로 往來가 ᄒᆡ로온 일이 잇ᄉᆞ오니 訓／導公 下往 後 온갓 일을 議論ᄒᆞ게 ᄒᆞᄋᆞᆸ／소셔 暫上 四月 初四 〘右〙敬天 玄同知

＊1：ᄉᆞᆷ

【現代語訳】

（包紙上書き）ご両名様の御前に拝復

ご両名様の御前に拝復

数日間ご貴殿ご平安の段、存じ上げ、幸いに存じます。ソウルからの便りはまだないのでお便りしなかったのであって、あればどうしてお便りしないことがありましょうか。今日はありそうですので、来たらただちにお知らせいたします。明日は訓導様（玄烒（陽元））が（倭館へ）下って行く予定ですのでこの前おっしゃっておられたお話も訓導様に託して委細お知らせするようにいたします。私は（倭館へ）下って行きたいのですが、当分はしばしば往来するのは害になることがございますので、訓導様が（倭館へ）下って行った後にすべてのことを相談するようにしてください。まずは

四月初四　　敬天玄同知

【参考情報】 本書簡（史料60）及び**史料61**・**史料62**は、年代を明記していないが、内容から、同日に連続して、**史料60**→**史料61**→**史料62**の順に書かれたものと考えられる。いずれも通信使請来大差使に対する接慰官派遣に関するソウルからの便りを話題としたものであるので、日付は一八〇六（文化三／丙寅）年四月四日である。

史料61

【史料概要】 講定訳官玄義洵（敬天）から両公（小田幾五郎・牛田善兵衛）宛の書簡。ソウルからの接慰官派遣に関する知らせが届かないので、知らないと言っているだけであるのに、「今でも（お二人が）人を（私のことを）信じていないので」心外である。今後は、接慰官に関する情報は別差（丁楽升）か訓導（玄烒）に尋ねてほしいという内容。

【写真】

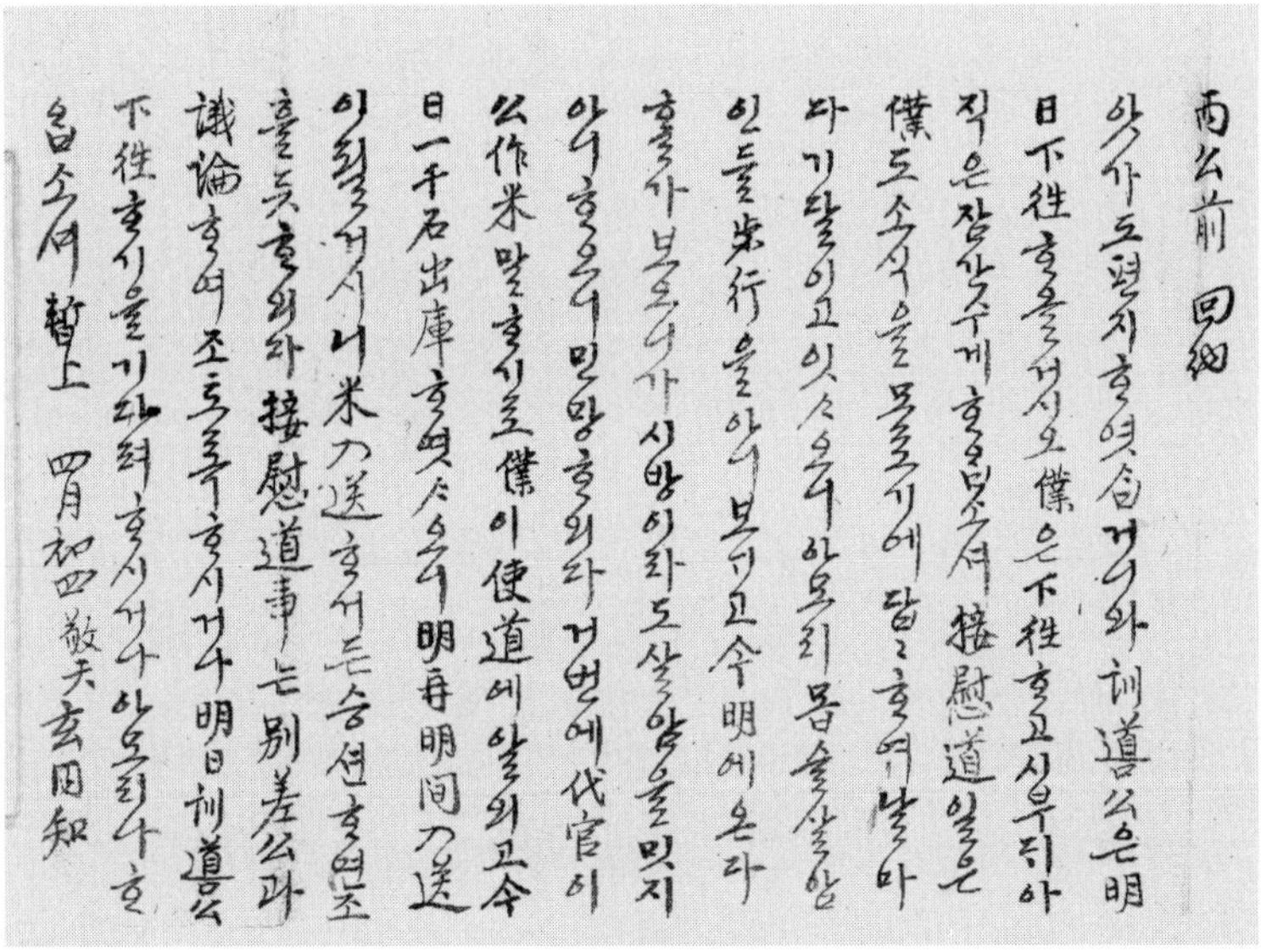

史料 61

【翻刻】

兩公 前 回納
앗가도 편지 ᄒᆞ엿습거니와 訓導公은 明/日 下往ᄒᆞ올
거시오 『右』 僕은 下往ᄒᆞ고 시부ᄃᆡ 아/직은 잠간 수
게 ᄒᆞᄋᆞᆸ소셔 接慰道 일은 / 『右』 僕도 소식을 모로기
에 답〃ᄒᆞ여 날마/다 기달이고 잇ᄉᆞ오니 아모리 몹슬
살암/인들 步行을 아니 보ᄂᆡ고 今明에 온다 /ᄒᆞᆯ가
보오니가 시방이라도 살암을 밋지 /아니ᄒᆞ오니 민망
ᄒᆞ외다 거번에 代官이 /公作米 말ᄒᆞ기로 『右』 僕이
使道에 알외고 今/日 一千石 出庫ᄒᆞ엿ᄉᆞ오니 明再明
間 入送/이 될 거시니 米入送ᄒᆞ거든 승션ᄒᆞ면 조/흘
듯ᄒᆞ외다 接慰道 事는 別差公과 /議論ᄒᆞ여 조토록 ᄒᆞ
시거나 明日 訓導公 /下往ᄒᆞ기을 기다려 ᄒᆞ시거나 아
모리나 ᄒᆞ/ᄋᆞᆸ소셔 暫上 四月 初四 『右』 敬天 玄同知

【現代語訳】

ご両名様の御前へ拝復
先ほどもお手紙申し上げましたが、訓導様（玄烒（陽元））は明日（倭館へ）下って行く予定であり、私は下って行きたいのですが、当分はしばらく休ませてください。接慰道のことは私も消息を知らないのでもどかしく毎日待っておりますが、いくら出来の悪い人間だとて飛脚を送らずに今日明日に（ソウルからの便りが）来ると言うことがありましょうか。

今でも（お二人が）人を（私のことを）信じていないので困っています。この前、代官が公作米のことを言っていたので、私が東萊府使に申し上げ、今日、一千石を出庫しましたので、明日明後日の内に入送に成るでしょうから、米が入送されたら、乗船すればよろしいかと存じます。接慰道の事は、別差様（丁楽升（明瑞））と相談してよろしいようになさるか、明日訓導様（玄烒（陽元））が（倭館へ）下って行くのを待ってなさるか、如何様にでもなさってください。まずは

四月初四　　敬天玄同知

【参考情報】 史料60の参考情報を参照。通信使請来大差使に対する接慰官派遣に関するソウルからの便りを話題としているので、日付は一八〇六（文化三／丙寅）年四月四日と推測される。

史料62

【史料概要】 本書簡の「只今ようやく飛脚が下来しましたので、ソウルからの便りを見ますと」とある箇所に、発信者倭学訓導の玄烒（陽元）の喜びと共に安堵する心持ちが現れている。ソウルからは接慰官徐（校理）能輔と堂上訳官（子謙）李同知と堂下訳官（君美）玄主簿が選出されたと教える内容。

【写真】

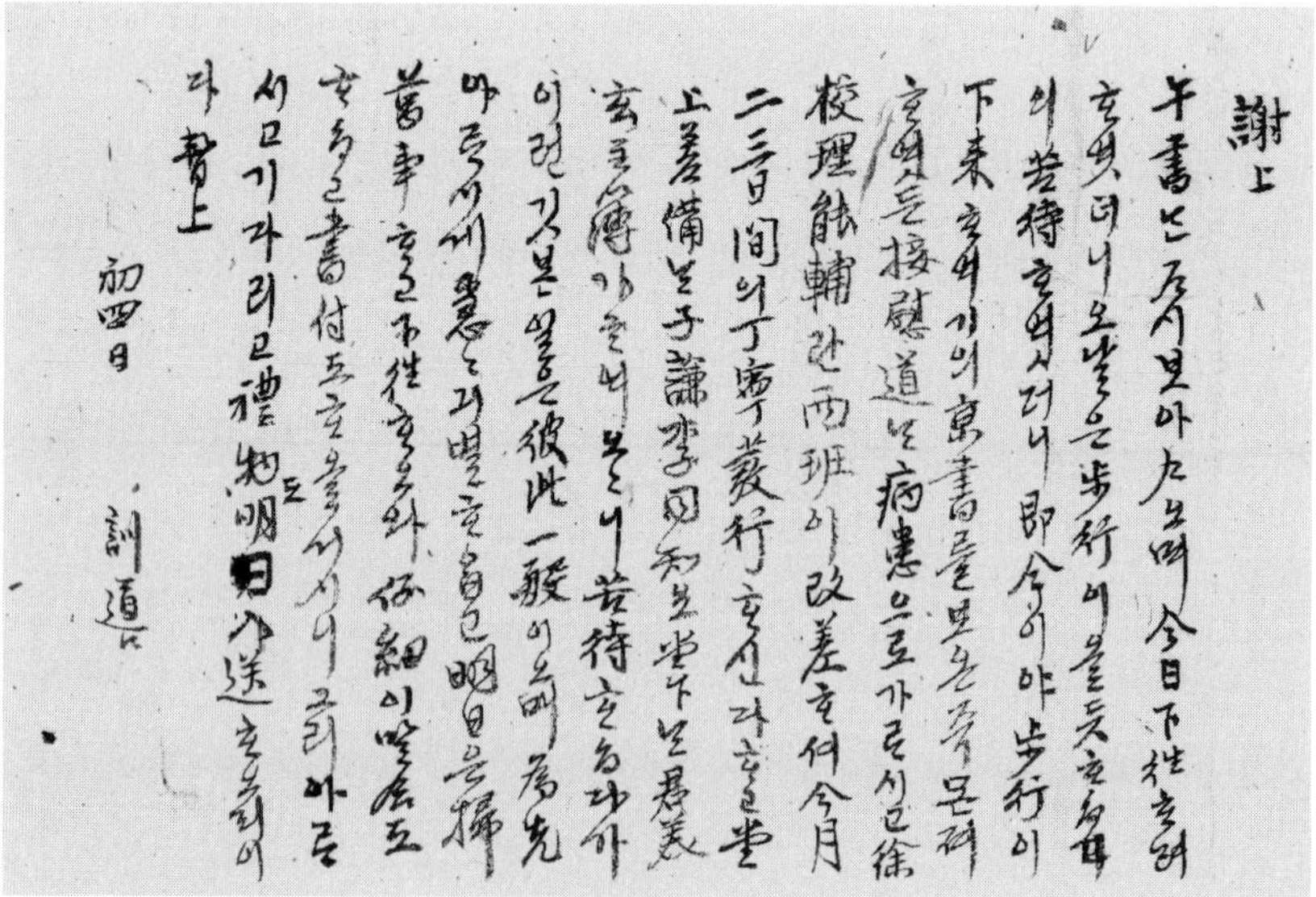

史料62

【翻刻】
謝上
手書ᄂᆞᆫ ᄌᆞ시 보아ᄉᆞ오며 今日 下往ᄒᆞ려 ／ᄒᆞ엿더니 오
날은 步行이 올 듯ᄒᆞᄋᆞᆸ기／의 苦待ᄒᆞ엿더니 卽今이야
步行이 ／下來ᄒᆞ여기의 京書를 보온즉 몬져 ／ᄒᆞ엿든
接慰道ᄂᆞᆫ 病患으로 가ᄅᆞ시고 徐 ／校理 能輔란 兩班이
改差ᄒᆞ셔 今月 ／二三日 間의 丁寧 發行ᄒᆞ신다 ᄒᆞ고
堂／上 差備ᄂᆞᆫ 子謙 李同知요 堂下ᄂᆞᆫ 君美 ／玄主簿가
ᄒᆞ여 오〃니 苦待ᄒᆞᄋᆞᆸ다가 ／이런 깃븐 일은 彼此一般
이오매 爲先 ／아ᄅᆞ시게 急〃 긔별ᄒᆞᄋᆞᆸ고 明日은 掃／
萬事ᄒᆞ고 下往ᄒᆞ오와 仔細이 말ᄉᆞᆷ도 ／ᄒᆞᄋᆞᆸ고 書付도
ᄒᆞ올 거시니 그리 아ᄅᆞ／시고 기다리고 禮物● 〈도〉
明日 入送ᄒᆞ오리이／다 暫上
　初四日 訓導

【現代語訳】

お返事申し上げます。

お手紙は委細拝見いたしました。今日（倭館へ）下って行こうと思っておりましたところ、今日は飛脚が来るようですので、待ち焦がれておりましたところ、只今ようやく飛脚が下来しましたので、ソウルからの便りを見ますと、先に申しておりました接慰道は病患によって交代なされ、（穉良）徐校理能輔という両班が改めて差定され、今月二・三日の内に確かに（ソウルを）出発なさるとのこと、堂上の差備官は子謙李同知（思恭）であり、堂下は君美玄主簿（商禕）が担当して来ますので、待ち焦がれていましたがこのように嬉しいことは双方同然ですので、まずはお知らせすべく、急々にお便りいたします。明日は万難を排して（倭館へ）下って行って、詳しくお話もし、書付もいたすつもりですので、左様御心得になってお待ちください。礼物も明日入送いたします。まずは

初四日　　訓導（玄烒（陽元））

【参考情報】

史料60の参考情報を参照。本書簡も、通信使請来大差使に対する接慰官派遣に関するソウルからの便りを話題としているので、日付は一八〇六（文化三／丙寅）年四月四日と推測される。

「御用書物控（草案）」の一八〇六（文化三）年四月五日条に、
坂之下へ我々罷越書状之返事漸都便り有之、委細別差方へ申越候ニ付別差と御談し可被下と申来候ニ付委聞合候へハ、大丘ゟ廿日ニ断被申登、廿二日断書都へ達、廿六日代り被申付、当月二日三日之内新接慰官都出立之段申聞候事
とあり、また、同四月六日条に「別差入館、新接慰官徐能輔・差備官子謙李同知・君美玄主簿改差之段書付差出ス」とあり、

本書簡の内容に符合する記述を確認することができる。
ところで、朝鮮側の史料を見れば、

通信使請來大差倭出來、以徐能輔差接慰官

（「純祖実録」純祖六年丙寅三月十一日条）

丙寅三月十三日政

（接慰官單付）

一、接慰官單、徐能輔

丙寅三月十五日

一、司譯院牒呈內、今此通信使請來差倭接慰官差備譯官堂上堂下職姓名、後錄牒報爲只爲、後嘉善大夫李思恭、行訓導玄商緯（「典客司日記」一〇、純祖六年丙寅三月十三・十五日条）

とあり、実際に徐能輔（一七六九年―一八三五年、本貫は大丘）が接慰官に任命されたのは三月十一日であったことがわかる。「御用書物控（草案）」の一八〇六（文化三）年四月五日条に見える「当初任命されていた接慰官は大丘まで下来したが三月二十日に辞退し、その辞退の文書が三月二十二日に都に達し、三月二十六日に代わりの接慰官が任命された」という別差の説明は事実と異なるものであったと考えられ、倭館側の追及を逃れる方便であったとも推測される。

なお、「倭館館守日記」文化三年五月四日の条には、

修聘参判使接慰官差備官昨三日下来候段、勤番通詞川本稲之介・五人通詞円嶋正右衛門相届、性名書左之通差出

覚

一　修聘大差使前接慰官有病故、弘文館校理徐能輔改差事

丙寅四月初五日　講定官　敬天玄同知／訓導　陽元玄判官／別差　明瑞丁主簿

館守　尊公

覚

一　修聘大差使前差備官堂上堂下有故、更以堂上差備官子謙李同知・堂下君美玄主簿改差事

丙寅四月初五日　講定官　敬天玄同知／訓導　陽元玄判官／別差　明瑞丁主簿

館守　尊公

とあり、接慰官一行は一八〇六（文化三）年五月三日に東萊へ到着したことを知ることができる。

史料63

【史料概要】倭学訓導玄烒（陽元）から小田幾五郎宛の書簡。（年例送使第一船の）宴享事は通信使請来大差使の茶礼の後に挙行する。しかし、別差（丁楽升（明瑞））の書簡を見ると四月十九日の設行が予定されているというので、講定訳官と私は怪訝に思っている。ところで、倭館の代官中から倭館への来訪要求があったが、講定訳官が病気のため無理で、明

後日、倭館へ向かうという内容。

【写真】

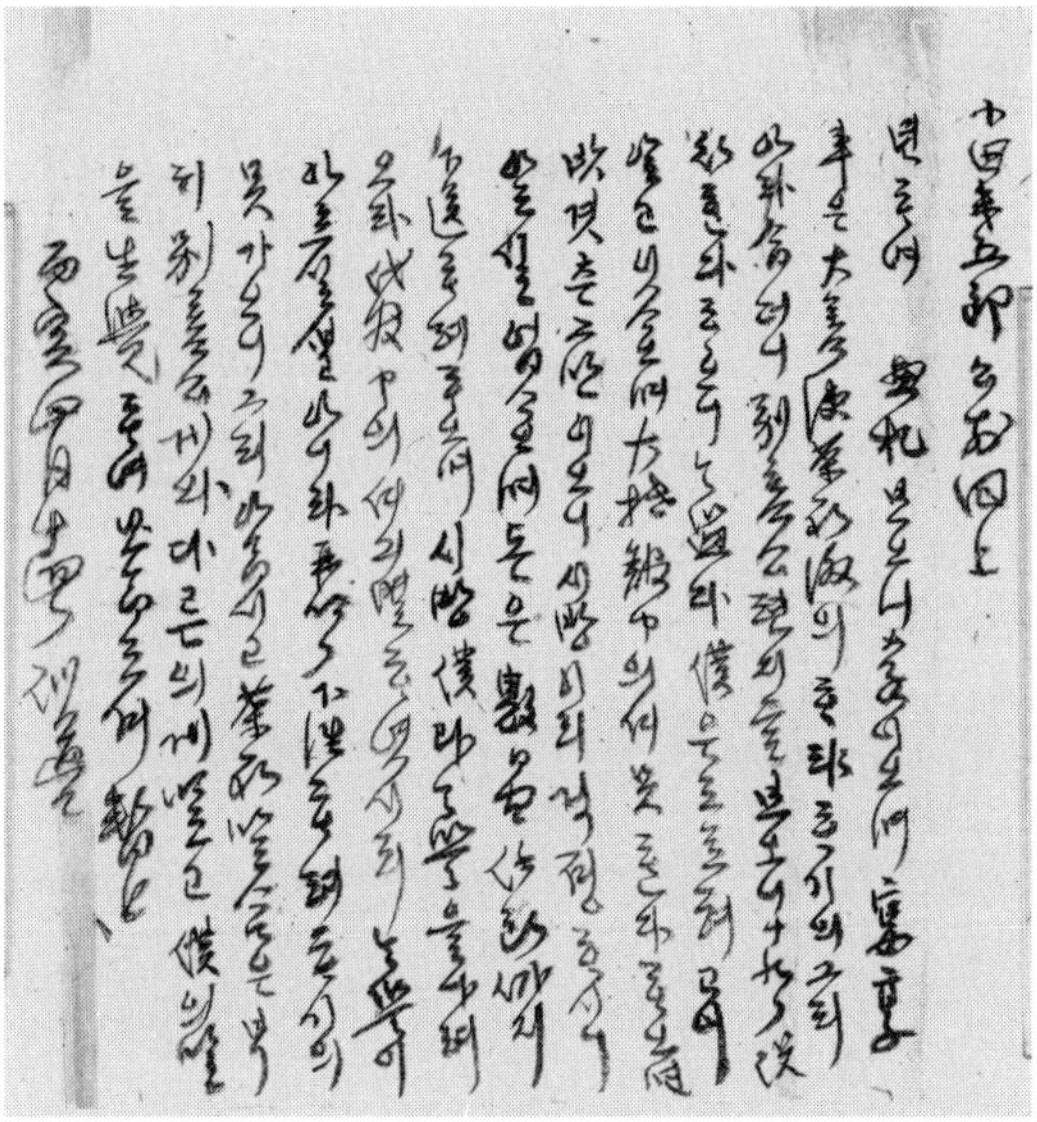

史料63

【翻刻】

小田幾五郎 公 前 回上
년ᄒᆞ여 〔漏〕惠札 보오니 幸이오며 宴享／事은 大差使 茶禮 後의 ᄒᆞ랴 ᄒᆞ기의 그리 ／아라숩더니 別差公 편지을 보오니 十九日 設／行ᄒᆞᆫ다 ᄒᆞ오니 令監과 僕은 도로혀 고이 ／알고 잇ᄉᆞ오며 大抵 舘中의셔 못 ᄒᆞᆫ다 ᄒᆞ오면 ／밧겻즌 그만이오니 시방 이리 걱정ᄒᆞ시니 ／알 길 업ᄉᆞ오며 돈은 數日間 任所까지 ／下送ᄒᆞ려 ᄒᆞ오며 시방 僕과 令監을 나려 ／오라 代官中의셔 긔별 ᄒᆞ엿시되 令監이 ／아르실 쁀 아니라 再明日 下往ᄒᆞ려 ᄒᆞ기의 ／못 가오니 그리 아옵시고 茶禮 말숨은 부／듸 別差公게와 다른의게 말고 僕의 말／을 生覺ᄒᆞ여 보옵쇼셔 暫上
丙寅 四月 十四日 訓導

【現代語訳】

小田幾五郎様の御前へ拝復
ひきつづきお手紙を拝見し、幸いでございます。宴享の事は大差使の茶礼の後にしようというので、そのように心得ておりましたところ、別差様（丁楽升（明瑞））の手紙を見ると、十九日に設行するとありますので、（講定官）令監（玄義洵（敬天））と私はむしろいぶかしく思っております。[1] そもそも館中（日本側）からだめだと言えば外向き（朝鮮側）はそれで終わりですので、ただ今になってもこのように心配なさっておられることが理解できません。お金は数日中に任所まで下送しようと思います。ただ今私と（講定官）令監（玄義洵（敬天））に（倭館へ）下って来いと代官中から手紙がありましたが、（講定官）令監（玄義洵（敬天））がご病気であるのみならず、明後日（倭館へ）下って行く予定ですので（今日は）行けませんが、そのように御心得ください。茶礼の話はどうか別差様（丁楽升（明瑞））や他の人におっしゃらずに、私の話を考えてみてください。まずは

丙寅四月十四日　　訓導（玄烒（陽元））

【語釈】

（1）一八〇六年条の年例送使第一船・第二船・第三船は、一八〇六年三月二十六日に釜山浦に到着（「典客司日記」純祖 六年四月六日条）。通信使請來大差倭の下船茶礼は一八〇六年五月十三日、下船宴（封進宴）は五月十五日、前述の年例送使の下船茶礼は五月十六日に行われた（「典客司日記」純祖六年五月二十日、二十一日、二十二日）。

【参考情報】

本書簡にある「大差使」とは、前年の一八〇五（文化二）年十一月二十一日より倭館に滞留していた通信使請来大差使正官古川図書（平功載）、都船主加納郷左衛門（藤格）、封進押物八木久左衛門一行を指す。また、「令監」とは講定官の任にあった玄義洵（敬天）を指し、「別差」は丁楽升（明瑞）を指す。

「御用書物控（草案）」の一八〇六（文化三）年四月十五日条には、

訓導下来之趣相聞候ニ付、幾五郎坂ノ下へ罷越候処、訓導入館往会同道ニ而通詞家ニ参候、訓導相咄候者また都便無之、今夕（明）朝ニハ便可有之、明日者講定官并伯倹も可致下来候、扨第一船茶礼者　大差使茶礼前ニハ不相成筈ニ極居候を十九日と申登り不審ニ存候と申聞候ニ付、夫者此間別差無拠段勤番中へ被申聞、第一船ゟハ急キ被申候ニ付相極り候ものと聞候、丁度被仰聞候通年条とハ申なから、左而已急候時分ニも不至、大差使者去冬ゟ御渡り込被成六ヶ月ニ相成居候、外向ニも大差使茶礼と有之思召御尤之儀ニ御坐候と申置候事

とあり、これにより、本書簡の内容が、大差使茶礼の前には行わないことになっていたはずの第一船茶礼を、大差使茶礼よりも前の四月十九日に行うことになったことについて、その理由を問いただすものであることがわかる。

史料64

【史料概要】講定訳官玄義洵（敬天）と倭学訓導玄烒（陽元）から伝語官宛の書簡。接慰官徐能輔が四月二十五・六日の間に東莱府に到着すること、差備官が到着したら倭館へ出かけることを伝える内容。

【写真】

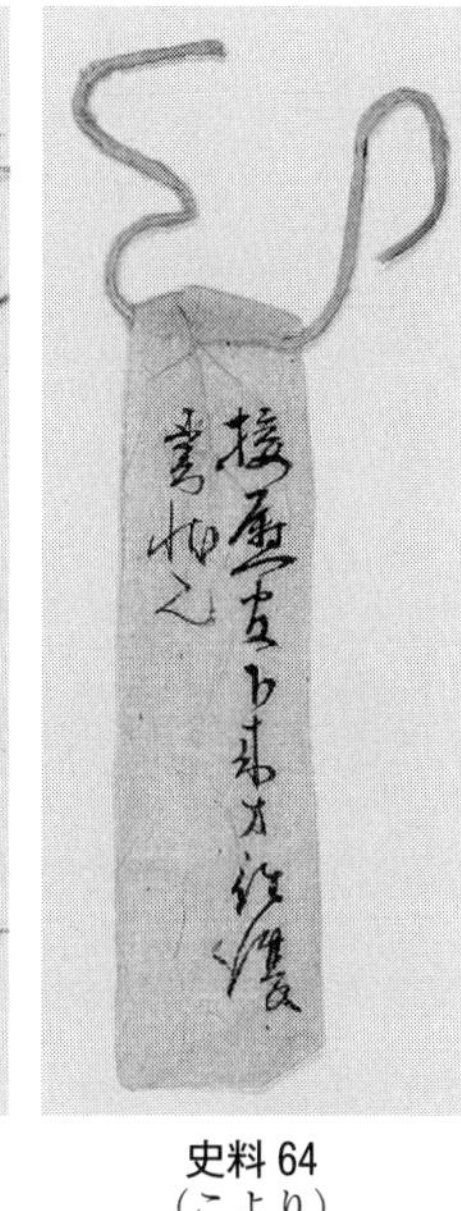

史料64
（こより）

史料64

【翻刻】

（こよりの上書き）接慰官下来方往復／書状也

傳語官 僉公 前 回上
惠札 밧ᄌᆞ와 數日間 『移』／僉公 平安ᄒᆞ시니 欣慰不
已ᄒᆞ오며 接慰道 先／聞이 今朝의 왓ᄉᆞ오며 二十五六
間 下府ᄒᆞ신다 ／ᄒᆞ오니 多幸〃〃ᄒᆞ외다 僕等은 差備
官 入來／後 下往 面叙ᄒᆞ리이다 暫上
丙寅 四月 二十一日 講定官 ／訓導

【現代語訳】

伝語官（通詞）の皆様方へ拝復

お手紙拝受いたし、数日間皆様方ご平安の段、喜びと慰みがやみません。（修聘大差使）接慰道（徐能輔）の先聞が今朝参りました。二十五・六日の間に（東莱へ）下府なさるとのこと、まことに幸いの至りです。私達は差備官の入来後に（倭館へ）下って行き、お目にかかってお話いたします。まずは

丙寅四月二十一日　講定官（玄義洵（敬天））／訓導（玄烒（陽元））

【参考情報】「御用書物控（草案）」の一八〇六（文化三）年四月二十一日条に、「坂ノ下へ両人早々罷越又々書状相認、今日者先聞着之段被仰聞、定而今比ハ着ニ可相成一刻も早く承度段申遣候処、夕方返書来、先聞唯今着廿五六日之間下府之筈ニ而差備官着之上可罷下段申来ル」とあり、この書簡の内容に符合する記述を確認することができる。

史料65

【史料概要】講定訳官玄義洵（敬天）・倭学訓導玄烒（陽元）

から小田幾五郎・牛田善兵衛宛の書簡。玄義洵への私信が到着して、接慰官一行は四月二十日にソウルを出発し、四月末に東萊に到着するようだ。先文（先触れの文書）は明後日に到着するそうなので、到着次第、すぐに倭館へ出かけるという内容。

【写真】

史料 65

【翻刻】

小田幾五郎 ／牛田善兵衛 兩公 前 回上
惠札 밧ᄌᆞ와 년ᄒᆞ여 〔移〕／平安ᄒᆞ오심 아ᄋᆞᆸ고 欣慰
不已오며 先文은 아직 아니 ／왓ᄉᆞ오나 私奇가 잇ᄉᆞᆸᄂᆞᆫ
디 接慰道겨오셔 二十日 ／發程ᄒᆞ여 晦日 즈음 入來ᄒᆞ
신다 ᄒᆞ고 先文은 再明日 ／올이라 ᄒᆞ고 時方 奇別 들
엇ᄂᆞᆫ디 接慰道 아니 오신／단 말은 千萬 意外之說을
ᄒᆞ시니 世上의 그런 일／도 이실가 보온잇가 도로혀
〔隔〕公ᄂᆡ 일을 가히업시 ／아ᄂᆞ이다 先文 오거든 卽
時 下往ᄒᆞ리이다 步行도 數／日間 入來ᄒᆞ리라 ᄒᆞᄂᆞ이
다 暫上
丙寅 四月 二十五日 講定官 ／訓導

【現代語訳】

小田幾五郎／牛田善兵衛ご両名様の御前へ拝復

お手紙拝受いたし、お変わりなくご平安の段存じ上げ、喜び慰みがやみません。先文はまだ来ておりませんが、私信がございまして、接慰道[1]におかれては二十日（ソウルを）出発して晦日頃に（東萊へ）入来なさるとのこと、先文は明後日参るだろうとのことです。今しがた便りを聞いたわけですが、接慰道が来られないという話は意外千万の話をなさるので、世の中にそのようなこともあるのでしょうか。かえってご貴殿方のことを不憫に存じます。先文が来たら直ちに（倭館へ）

下って行きます。飛脚も数日の内に入来するといっています。

まずは

丙寅[2]四月二十五日　講定官（玄義洵（敬天））／訓導（玄烒（陽元））

【語釈】

（1）修聘大差使（通信使請来大差使）の接慰官である徐能輔を指す。史料62参照。

（2）一八〇六（文化三／純祖六）年。

【参考情報】

「御用書物控（草案）」の一八〇六（文化三）年四月二十四日条に、

両人坂ノ下へ罷越、明日者接慰官下府之趣被仰越、此度萬一も間違候而者我々之分不相立而已ニ無之、講定使様面々之向不相済候、今日迄も模様無之候ニ付、脇沙汰ニハ下来無之と申噂有之、事大切ニ付此段御尋申遣候、何れにも御両人共今日中御下り可被成と申遣候処、彼方ゟ先文之事実者また不相達候へ共、内状ニ接慰官廿日ニ発程晦日内着と申来り、先文は明後日着之積ニ候接慰官下り無之とハ如何之噂に候哉、左様之訳無之事ニ候、先文着之上可致下往と申来ル

とある。本書簡（史料65）の日付四月二十五日と一日ずれている点が不審であるが、両者の記述内容がほぼ一致する。

ところで、倭館側が疑心暗鬼になっているのは、「明日者接慰官下府之趣被仰越、此度萬一も間違候而者我々之分不相立而已ニ無之」とあるように、明日とか明後日とかと言いながら、接慰官一行の到着日が次々と変更されたことにあり、明日四月二十五日にかならず到着するかどうかを確認している。

史料66

【史料概要】この書簡は、一八〇六（文化三／丙寅）年四月二十八日に講定訳官玄義洵（敬天）が小田幾五郎宛に送った返信である。接慰官に関する先文（先触れの文書）がまだ到着しないのは雨のためだと思うが、状況を確かめるために飛脚を送ったという内容。

【写真】

史料 66（1/2）

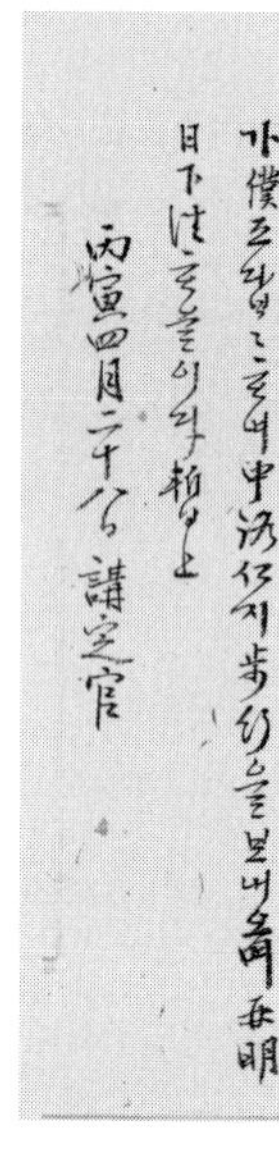

史料66（2/2）

【翻刻】

小田幾五郎 公 前 回上
惠札 밧ᄌᆞ와 년ᄒᆞ여 〖移〗/平安ᄒᆞ오심 아ᄋᆞᆸ고 欣慰
不已오며 京奇를 듯ᄌᆞ오/니 接慰道겨오셔 二十日 發
程ᄒᆞ시기는 丁寧ᄒᆞ고 /先文이 아직 아니 오기는 아마
도 雨勢若此ᄒᆞ온 일/인가 보오니 혈마 數日間 奇別이
아니 잇ᄉᆞ올잇/가 僕도 답〃ᄒᆞ여 中路ᄭᆞ지 步行을 보
내오며 再明/日 下往ᄒᆞ올이다 暫上
　丙寅 四月 二十八日 講定官

【現代語訳】

小田幾五郎様の御前へ拝復
お手紙拝受仕り、お変わりなくご平安の段存じ上げ、喜び慰みがやみません。ソウルからの便りを聞きますと接慰道(1)におかれまして二十日に（ソウルを）出発したことは確かであり、先文がまだ来ないのはおそらく雨の勢いがこの如くであることであるかと思いますが、まさか数日の内に便りがないということはありますまい。小生ももどかしくて中路(2)まで飛脚を送りました。明後日（倭館へ）下って行きます。まずは
　丙寅四月二十八日　　講定官（玄義洵（敬天））

【語釈】

（1）接慰官徐能輔のこと。「大差倭出来即差遣京接慰官、尋常差倭即、以守令中文官、差接慰官」（「大典会通」）。
（2）途中。

【参考情報】「御用書物控（草案）」一八〇六（文化三）年四月二十八日条に、「講定官方ゟ返書来り、飛脚到来之処接慰官廿日発程無相違、実先文は雨天ニ而相滞り何れ両三日内ニ着ニ至り可申、為念中路迄飛脚差立置候、明後日者可致下来と申来候事」とあり、本書簡の内容と符合する。

史料67

【史料概要】

一八〇六（文化三／丙寅）年六月十一日、通信使請来大差使（正官古川図書（平功載）・都船主加納郷左衛門（藤格）・封進押物八木久左衛門）に対する礼曹からの回答書契が東莱に達したので、東莱府使呉翰源は訓導玄烒・別差丁楽升を倭館に遣わし、その謄本を提示させようとした。しかし、都船主加納郷左衛門は、回答書契がもし易地行聘を不可とするものであったならば決して収受しないことを明言したので、訓

導・別差は紛議の生じることを恐れて、謄本の提示を中止した。都船主等はこれを先例に違うものとして、訓導・別差を難詰して止まない。その時に日本側が準備した掛け合いの口上書草案がこの史料67である。

【写真】

史料 67
（端裏書き）

史料 67（1/4）

史料 67（2/4）

史料67（3/4）

史料67（4/4）

【翻刻】

（端裏書き）寅六月御掛合書
大抵　此公幹이　順成ᄒᆞ온　일은　日本　六十六州　／다　아
ᄂᆞᆫ　일이매　到此ᄒᆞ여　不順ᄒᆞᆫ　말솜을　公躰로　／ᄒᆞᆯ　道理
가　잇ᄉᆞ오리잇가　易地ᄒᆞ여　〖隔〗　詳量ᄒᆞ여　／주옵쇼셔

貴國 사ᄅᆞᆷ이 허무ᄒᆞᆫ 일을 ᄒᆞ더라 ᄒᆞᄋᆞᆸ/셔 他國의 알게 ᄒᆞᄋᆞᆸ실 일은 업ᄉᆞᆯ ᄃᆞᆺᄒᆞᄋᆞᆸ고 /朝鮮國의도 日本은 다 된다 말은 上年秋의 /書契와 口伸等物을 다 뵈고 講定官 訓導 及 /營史*1 衙前의 ᄒᆞ온 말ᄉᆞᆷᄉᆞ지 다 〖隔〗 朝廷의 가ᄋᆞᆸ고 /일이 明白ᄒᆞ온ᄃᆡ 〖隔〗 兩使道 알픠 이런 事情을 /講定官 訓導ᄂᆞᆫ 仔細 엿ᄌᆞᆸ지 아니ᄒᆞ온 타ᄉᆞ로 이 /地境ᄉᆞ지 가오매 이 辭緣을 〖右〗 小人等이 엿ᄌᆞᆸ고져 ᄒᆞ여 /使道 앏픠 나가려 ᄒᆞ온즉 濫出이라 ᄒᆞ오니 〖右〗 小人들은 /濫出 아니란 말ᄉᆞᆷ을 累〃히 ᄒᆞᄋᆞᆸ고 가ᄂᆞᆫ 길희셔 /막지 아니케 分付ᄅᆞᆯ 바다 주ᄋᆞᆸ소 ᄒᆞ여도 許諾을 바/다 오지 아니ᄒᆞ오니 卽今 兩國間 일 나기 旦夕의 잇ᄉᆞ/오니 아모리 되올지라도 이 辭緣을 〖隔〗 使道ᄭᅴ /엿ᄌᆞ와 보ᄋᆞᆸ다가 終始 順便치 아니ᄒᆞᄋᆞᆸ거든 一館中 /人이 死生을 決斷ᄒᆞ려 ᄒᆞ오니 나가ᄋᆞᆸ길을 許ᄒᆞ여 /주ᄋᆞᆸ쇼셔

一 大差使 回答書契 謄本은 誠信以後 有前例ᄋᆞᆸ고 /下船茶禮後 十五日 或 二十日 넘지 아니ᄒᆞ고 드려와시매 /卽時 急送飛船ᄒᆞ여 回報 기ᄃᆞ려 禮單茶禮/ᄒᆞᄋᆞᆸ고 謄本 본 後에 別宴 ᄒᆞᄋᆞᆸᄂᆞᆫ 前例오매 /이 말ᄉᆞᆷ을 堂上差備官 講定官 訓導 別差 堂下/差備官 諸公의 累次 말ᄉᆞᆷᄒᆞ여도 以前 前例ᄂᆞᆫ /그라ᄒᆞ다 ᄒᆞ여도 今般 즉 못ᄒᆞᆯ다 ᄒᆞ기예 任官이 /前例 잇ᄂᆞᆫ 일을 어이 못 ᄒᆞᆯ다 ᄒᆞᄋᆞᆸᄂᆞ니잇가 ᄒᆞ고 /責望ᄒᆞ온죽*2 〖隔〗 兩使道겨셔 못 ᄒᆞᆯ 줄로 ᄒᆞ여 겨시다 /ᄒᆞ오니 前例 잇ᄂᆞᆫ 일이라도 못ᄒᆞᆯ다 ᄒᆞ여 계신지 當/初의ᄂᆞᆫ 任官 말ᄉᆞᆷ으로 掣肘히 굴고 나죵의ᄂᆞᆫ 〖移〗 /使道 말ᄉᆞᆷ이라 ᄒᆞ오니 處分의 엇더ᄒᆞᄋᆞᆸ신지 館中 /말ᄉᆞᆷ을란 〖隔〗 使道 앏픠셔ᄂᆞᆫ 仔細 엿ᄌᆞᆸ지 아니ᄒᆞ고 〖移〗 /使道 말ᄉᆞᆷ이라 ᄒᆞ고셔 每事 掣肘히 ᄒᆞ오매 애ᄃᆞᆲ고 /나가기만 ᄇᆞ라고 잇ᄉᆞᆸᄂᆡ이다

一 別宴設行을 館中의셔 몬져 ᄒᆞ려 ᄒᆞ온즉 前例 /업노라 ᄒᆞ고 固執이 구ᄋᆞᆸ기예 百餘年前의 公幹/事로 設行ᄒᆞ온 前例ᄅᆞᆯ 뵈ᄋᆞᆸ더니 任官ᄂᆡ 말ᄉᆞᆷ이 /百餘年前 말ᄉᆞᆷ을 어이 ᄒᆞᄋᆞᆸᄂᆞᆫ가 못 되ᄂᆞᆫ 말만 /ᄒᆞᆫ다 ᄒᆞ고 責諭ᄒᆞ더니 어제야 비로소 設宴 되게 /알외여 주마 ᄒᆞ오니 이리도 ᄒᆞ고 져리도 ᄒᆞ고 任官ᄂᆡ /이리 ᄒᆞ시니 處分의 엇더ᄒᆞ오니잇가

一 謄本一事ᄅᆞᆯ 너모 掣肘히 구ᄋᆞᆸ시니 應當 不順ᄒᆞᆫ /줄도 짐쟉ᄒᆞᄋᆞᆸ고 앏셔 許接時 傳令도 보와시니 /부ᄃᆡ 보고쟌 말ᄉᆞᆷ은 아니 ᄒᆞ오되 別宴後 보와셔 順치 /못ᄒᆞ온즉 〖隔〗 大差使ᄂᆞᆫ 어ᄂᆡ 宴의 〖隔〗 兩使道ᄅᆞᆯ /보시며 우리 對馬州ᄂᆞᆫ 兩國間 일을 爲ᄒᆞ려 ᄒᆞᄋᆞᆸ/다가 이 地境의 갓ᄉᆞ오니 自然히 亡ᄒᆞᆯ 밧긔 업ᄉᆞ/오매 〖隔〗 兩使道겨ᄋᆞᆸ셔 深察ᄒᆞ여 주ᄋᆞᆸ쇼셔 /至於今日ᄒᆞ여 些少 曲折로 任官ᄂᆡ와 爭詰ᄒᆞ

여 ／무엇ᄒᆞ오리잇가 〔隔〕尊前의 나아가 處分〃
付ᄅᆞᆯ ／아ᄋᆞᆸ고져 ᄒᆞᄋᆞᆸᄂᆞ이다
丙寅六月

＊1：吏　＊2：즉

【現代語訳】

（端裏書き）寅六月の御掛合書

そもそもこの御用が順調に成立したことは、日本の六十六州がみな存じておることなので、ここに至って順調にいっていないというお話は、公にできる道理がございましょうか。立場を変えてご明察ください。貴国の人が悪しいことをしたと仰せられて他国にお知らせになるということはありえないことかと存じますし、朝鮮国にも日本はすべて問題ないという話は去年の秋に書契と口伸（口上書）などのものをみな示して、講定官、訓導、および営吏衙前に申したお話まですべて朝廷に達しており、事態が明白であるのに、両使道（東萊府使と釜山僉使）の御前に、このような事情を講定官と訓導は仔細に申しあげなかったせいで、この状況にまで至っているので、このわけを私どもが申しあげようと存じ、使道の御前に出て行こうとすると、濫出[1]だと申し、私どもは濫出ではないということを何度も申し、行く道で、防塞しないように仰せ付けをしてもらってくださいと申しても、許諾をいただいて来ないので、今ただちに両国間に事が起こるのは朝夕の間にありますので、どうあってもこのわけを使道に申し上げてみて、ついにうまくいかないようであれば、（倭館）一館中の者は死を覚悟しようと存じますので、出て行くことをお許しください。

一　大差使の回答書契の謄本は、誠信以後、前例のあることであり、下船の茶礼後、十五日あるいは二十日を越えずして入来したので、即時、（対馬へ）飛船を急送して、（対馬からの）回報を待って、礼単茶礼をおこない、謄本を見た後に、別宴をおこなう前例なのでこのお話を堂上差備官、講定官、訓導、別差、堂下差備官の皆様に何度も申しましても、以前の前例は左様であるとしても今般はできませんと申すので、任官が前例のあることをどうしてできないと言うのですかと責めましたところ、両使道におかれてできない旨をおっしゃっておられるというので、前例のあることでもできないとおっしゃっておられるのかどうか、当初には、任官のお言葉でもって制止なさり、のちには使道のお言葉だと言うので、ご処分においていかがでございましょうか、（倭館）館中のお話を使道の前では仔細に申しあげず使道のお言葉だと言って、事々に制止なさるのでやるせなく、（倭館から）出て行くことばかり望んでおります。

一　別宴の設行を（倭館）の館中で先に行おうというと、前例がないとして、言い張るので、百余年前に御用の事で設行した前例をお見せしたところ、任官方の仰せられることは、百余年前のお話をどうしてなさるのか、できない話ばかり申すとて、責められましたけれども、昨日になってはじめて設宴になるように申し上げてやると申されますので、このようにも申し、あのようにも申し、任官方はかように申されるので、ご処分においていかがでございましょうか。

一　謄本の一事をあまりにも制止なさるので、きっと順調ではないだろうということも推察いたし、先に許接の時に伝令も見ましたので、必ず見ようということは申しませんが、別宴の後に見て、順調でなければ、大差使はどの宴にて両使道にお会いになるのでしょうか。我が対馬州は両国間のことの為にしようとしたのにこの状況にまで至りましたので、自然と滅びるほかはございませんので、両使道におかれては深くご明察ください。今日に至りましては、些細な曲折を以て任官方と言い争って何といたしましょうか。（東莱府使と釜山僉使の御前に）罷り出て、ご処分の仰せ付けを確かめたく存じます。

丙寅六月

【語釈】

（1）闌出。定められた境界の外にみだりに出ること。ここでは、禁令を犯して倭館外に出て示威行動をすること。

【参考情報】

端裏書きに「寅六月御掛合」とあり、一八〇六（文化三／丙寅）六月だと判明する。

前記したように、対馬での易地聘礼、己巳年実施などを合意した寛政戊午約定（一七九八年）成立を前提として、通信使請来大差使正官古川図書（平功載）・都船主加納郷左衛門（藤格）・封進押物八木久左衛門らが派遣され、一八〇五（文化二）年十一月二十一日に倭館に到着した。書契謄本を交付して、大差使渡来の例に拠る接待を要求した。しかしながら、文化二年九月六日に寛政戊午約定偽造の罪状で、倭学訓導崔瑚（伯玉）や崔国禎らを処刑したばかりの廟堂にとって、すぐさま通信使請来大差使正官古川図書らの要求に許諾を与えるわけにいかなかった。

再三の廟堂における議論を経て、一八〇六（文化三）年三月十日に接慰官徐能輔らが任命された。同年五月十三日に接慰官徐能輔らは通信使請来大差使正官古川図書らに対する下船茶礼を挙行し、通信使請来大差使正官古川図書らが持参した礼曹・東莱府使宛の書契・別幅を受領した。朝鮮側の史料では、その場において、寛政戊午約定の実施を求める倭館側と、寛政戊午約定偽造（「凶訳輩の擅行」）を主張する朝鮮側との意見対立があったとする（「朝鮮王朝実録」純祖六年五

月丁卯条、「日省録」純祖六年五月二十日条、「通信使草謄録」純祖六年五月二十日条）。

一八〇六（文化三）年六月十一日に、通信使請来書契・別幅に対する礼曹回答書契・別幅が東萊府に到着したので、東萊府使呉翰源は訓導玄烒・別差丁楽升に命じて礼単茶礼の前に倭館側にその謄本を提示させようとした。しかし、都船主加納郷左衛門は、回答書契がもし易地行聘を不可とするものであったならば決して収受しないことを明言したので、訓導・別差は紛議の生じることを恐れて、謄本の提示を中止した。都船主等はこれを先例に違うものとして、訓導・別差を難詰して止まない。その時に日本側が準備した掛け合いの口上書草案がこの**史料67**である。（田保橋一九四〇年：七四一頁）。

ところで、結局、文化三年六月二十四日に別宴、同月二十五日に礼単茶礼を挙行し、その日に東萊府使呉翰源は訓導・別差・差備官を倭館に遣わして礼曹書契を通信使請来大差使正官古川図書に伝達せしめた。しかしながら通信使請来大差使正官古川図書は礼曹書契の受け取りを拒否した。

なお、本史料にある「濫出」騒ぎは、その寛政戊午約定の遵守要求を目的として、文化三年六月二十五日の通信使請来大差使らに対する礼單茶礼が終了した後、対馬人約四〇名によっておきたが、倭館外の「坂の下」（「誠信堂」）まで出かけただけで、未然に防止された（「日省録」純祖六年七月三日条、「通信使草謄録」純祖六年七月三日条）。そのときの顚末は、次の**史料68**の三段落目にも記述されている。

史料68

【史料概要】 この**史料68**は、次の**史料69**・**史料70**と類似した内容であるが、**史料69**と**史料70**に「丙寅八月十九日」の記載があるから、この**史料68**も、一八〇六（文化三／丙寅）年八月十九日、通信使請来大差使の都船主加納郷左衛門が丙寅年条の第一・第二・第三送使封進宴出席のため宴享大庁に入館した東萊府使に対して、礼曹参判回答書契の内容を不服とする旨、陳情を試みたときの口上書草案と見られる。

【写真】

史料68
（端裏書き）

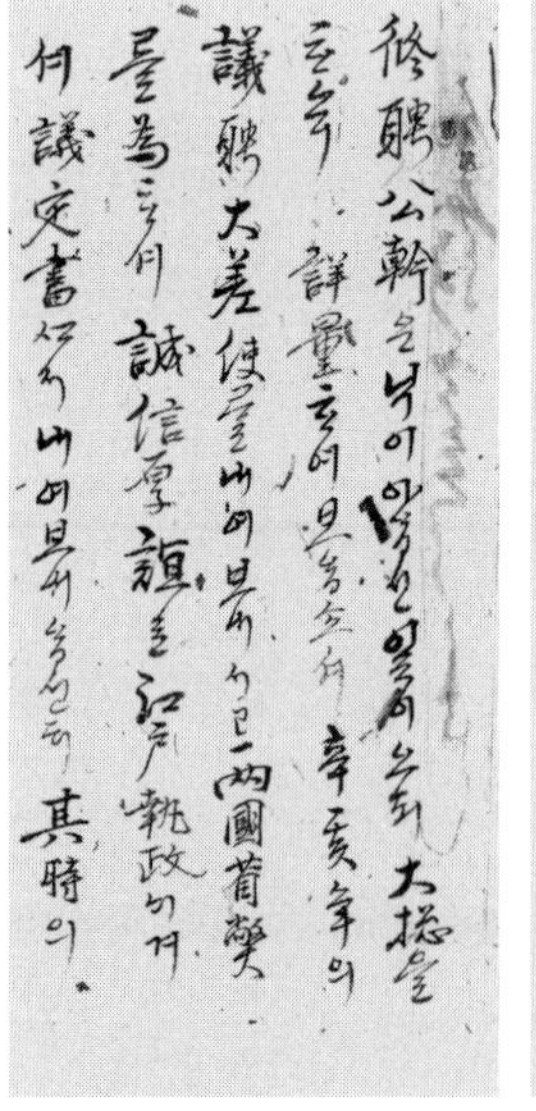
史料68（1/9）

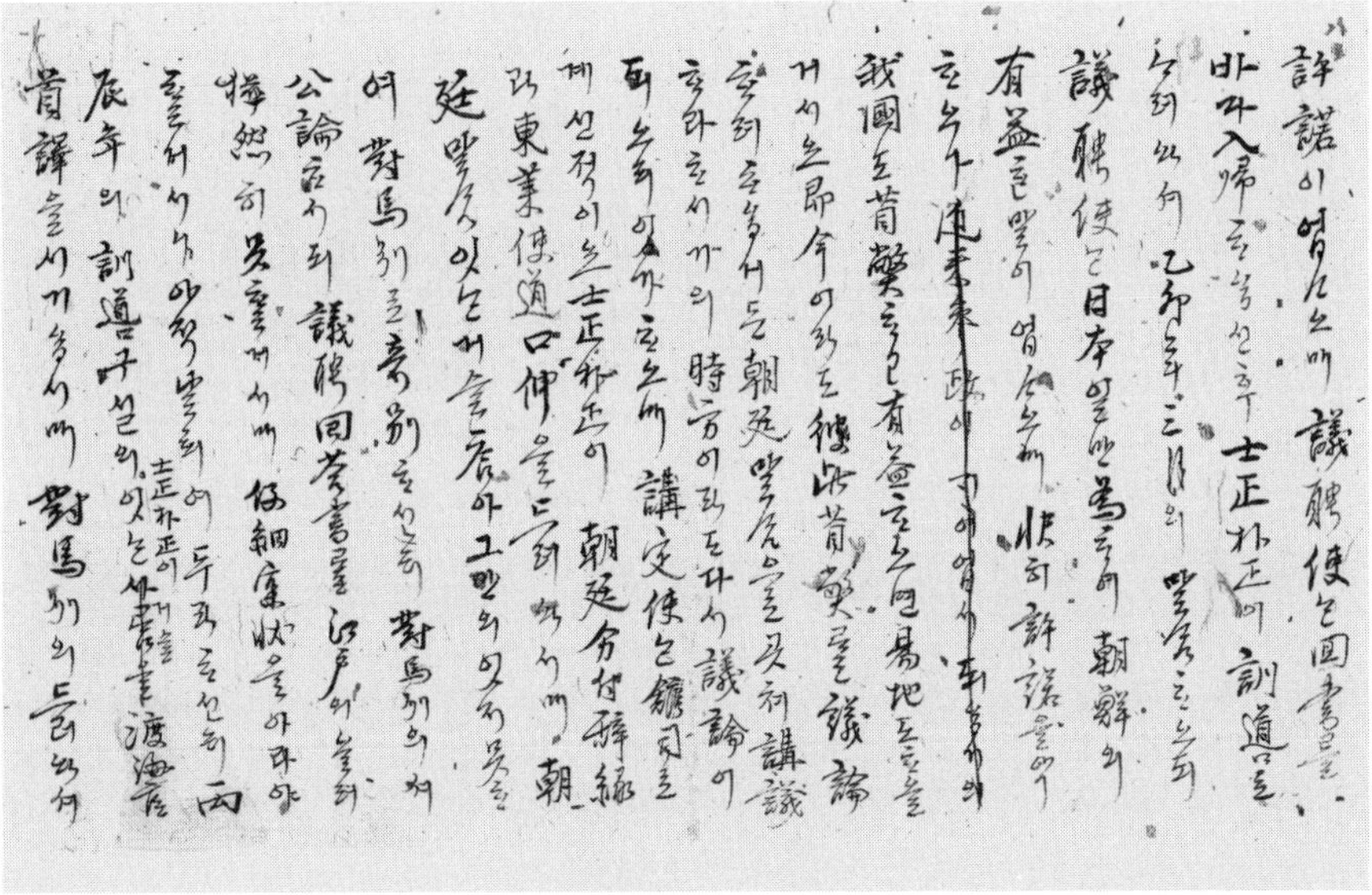

史料 68（2/9）

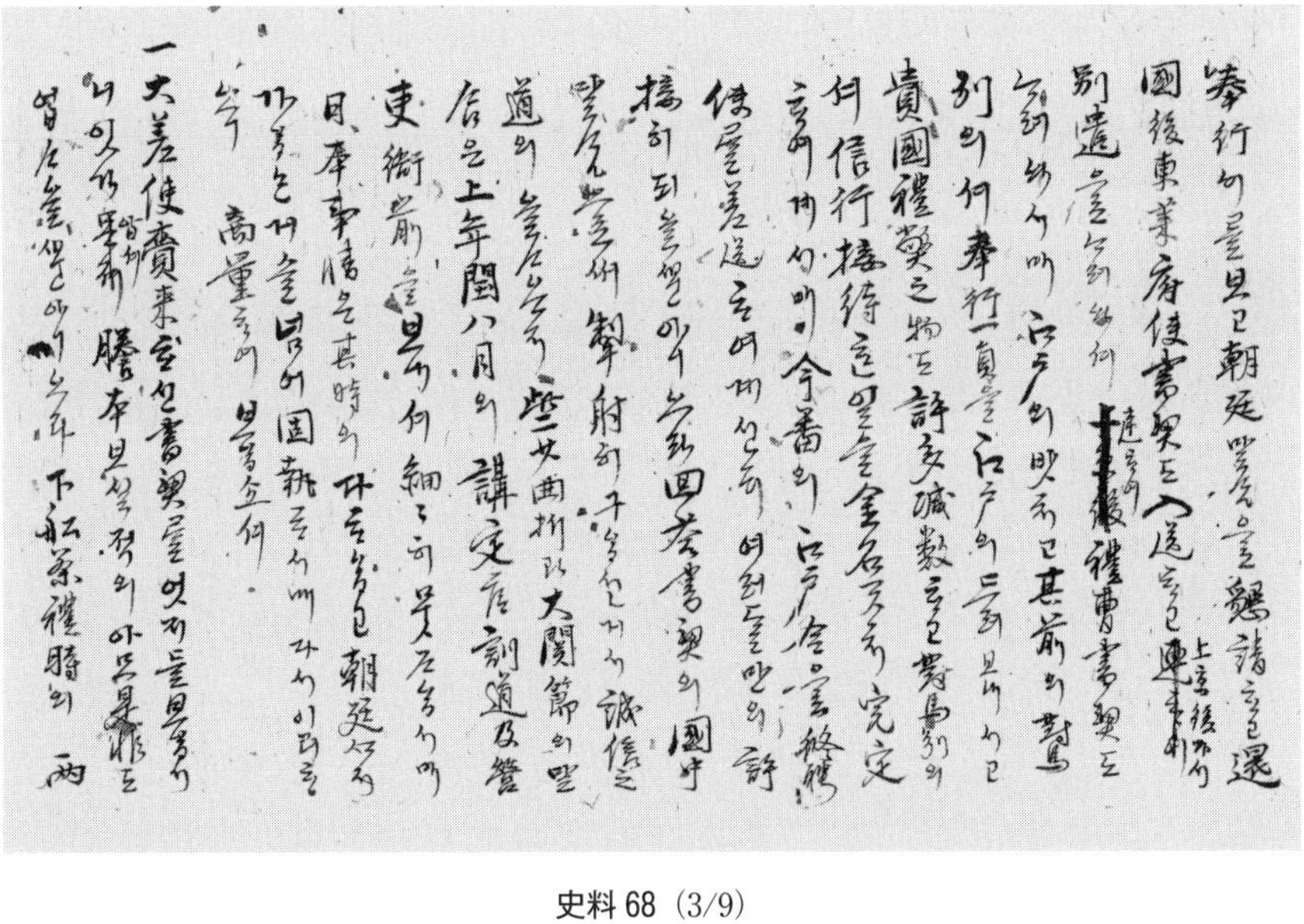

史料 68（3/9）

史料 68（4/9）

史料 68（5/9）

史料 68（6/9）

史料 68（7/9）

史料 68（8/9）

史料 68（9/9）

【翻刻】

（端裏書き）初發書立之分

修聘公幹은 닉이 아옵신 일이오되 大捴을 ／ᄒᆞ오니
〔隔〕詳量ᄒᆞ여 보옵쇼셔 辛亥年의 ／議聘大差使를 내
여 보내시고 兩國 省弊／를 爲ᄒᆞ셔 誠信厚誼로 江戶執
政ᄂᆡ겨／셔 議定書ㅅ지 내여 보내옵신ᄃᆡ 其時의 ／許
諾이 업ᄉᆞ오매 議聘使ᄂᆞᆫ 回書를 ／바다 入帰ᄒᆞ옵신 후
士正朴正이 訓導로 ／ᄂᆞ려 와셔 乙卯年 三月의 말ᄉᆞᆷᄒᆞ
오되 ／議聘使ᄂᆞᆫ 日本일만 爲ᄒᆞ여 朝鮮의 ／有益ᄒᆞᆫ 말

이 업ᄉᆞ오매 快히 許諾을 아니 /ᄒᆞ오나 近來 參政이
ᄀᆡ이업시 되ᄋᆞᆸ기의 /我國도 省弊ᄒᆞ고 有益ᄒᆞ오면 易
地도 ᄒᆞ올 /거시요 卽今이라도 彼此 省弊ᄅᆞᆯ 議論/ᄒᆞ
려 ᄒᆞᄋᆞᆸ거든 朝廷 말ᄉᆞᆷ으로 곳쳐 講議/ᄒᆞ라 ᄒᆞ시기의
時方이라도 다시 議論이 /되오리잇가 ᄒᆞ오매 講定使
ᄂᆞᆫ 館司로 /계신 적이요 土正朴正이 〘隔〙 朝廷 分付
辭緣/과 東萊使道 口伸을 드려 와시매 朝/廷 말ᄉᆞᆷ
잇ᄂᆞᆫ 거ᄉᆞᆯ 츰아 그만의 잇지 못ᄒᆞ/여 對馬州로 奇別
ᄒᆞ신ᄃᆡ 對馬州의셔 /公論ᄒᆞ시되 議聘 回答書ᄅᆞᆯ 江戶
의 올려 /猝然히 못ᄒᆞᆯ 거시매 仔細 実状을 아라야 /
ᄒᆞᆯ 거시니 아직 날회여 두라 ᄒᆞ신ᄃᆡ 丙/辰年의 訓導
구실의 ○ 〈土正朴正이〉 잇ᄂᆞᆫ 사ᄅᆞᆷ을[거ᄉᆞᆯ] 渡海官
/首譯을 시기ᄋᆞᆸ시매 對馬州의 드러 와셔 /奉行ᄂᆡ를
보고 朝廷 말ᄉᆞᆷ으로 懇請ᄒᆞ고 還/國後 東萊府使 書契
도 入送ᄒᆞ고 連ᄒᆞ여[上京後 다시] /別遣으로 ᄂᆞ려 와
셔 上京後[連ᄒᆞ여] 禮曹 書契도 /ᄂᆞ려 와시매 江戶의
밧치고 其前의 對馬/州의셔 奉行 一員을 江戶의 드려
보내시고 /貴國 禮弊*1之物도 許多減數ᄒᆞ고 對馬州의
/셔 信行 接待ᄒᆞᆫ 일을 金石ᄀᆞᆺ치 完定/ᄒᆞ여 계시매
今番의 江戶 令으로 修聘/使ᄅᆞᆯ 差送ᄒᆞ여 계신ᄃᆡ 여러
ᄃᆞᆯ만의 許/接히 되올 ᄲᅮᆫ 아니오라 回答書契의 國中
/말ᄉᆞᆷ으로써 掣肘히 구ᄋᆞᆸ신 거시 誠信之/道의 올ᄉᆞ
온지 些少曲折과 大關節의 말/ᄉᆞᆷ은 上年 閏八月의 講

定官 訓導 及 營/吏 衙前을 보내셔 細〃히 뭇ᄌᆞᄋᆞᆸ시
매 /日本 事情은 其時의 다 ᄒᆞᄋᆞᆸ고 朝廷ᄭᆞ지 /가ᄋᆞᆸ
ᄂᆞᆫ 거ᄉᆞᆯ 넘어 固執ᄒᆞ시매 다시 이리 ᄒᆞ/오니 〘隔〙
商量ᄒᆞ여 보ᄋᆞᆸ쇼셔

一 大差使 賚來ᄒᆞ신 書契ᄅᆞᆯ 엇지들 보ᄋᆞᆸ시/니잇가 뫼
져[압셔] 謄本 보실 적의 아모 是非도 /업ᄉᆞ올 ᄲᅮᆫ
아니오라 下船 茶禮時의 〘隔〙 兩/使道겨셔 아모
탈 업시 바다 朝廷의 올려 /보내시매 順便ᄒᆞᆯ 줄만
아ᄋᆞᆸ더니 其書/契 回答 아닌 거ᄉᆞᆯ 〘隔〙 大差使겨
셔 바다 가실/이 시보오니잇가

一 回答書契 謄本을 쉬이 뵈ᄋᆞᆸ쇼셔 ᄒᆞ고 /여러번 懇
請ᄒᆞ고 前例 잇ᄂᆞᆫ 말ᄉᆞᆷ을 /縷〃히 ᄒᆞ오되 終時 못
ᄒᆞᆯ다 ᄒᆞ시기의 /謄本은 아조 아니 보왓ᄉᆞ오나 兩
國間 書/契法이란 거ᄉᆞᆫ 謄本을 가지고 彼此 相/
議ᄒᆞᄋᆞᆸ고 바ᄃᆞᆯ 거ᄉᆞᆯ 今番은 回答書契/ᄅᆞᆯ 바로 ᄃᆞ
려 주시매 보ᄋᆞᆸ고 驚惶ᄒᆞ여 /使道 앏픠 엿ᄌᆞᆸ고져
ᄒᆞ여 나갓ᄉᆞᆸ더니 /任官의 말나 ᄒᆞ오매[말ᄉᆞᆷ이 誠
信堂의셔] 기ᄃᆞ리면 /使道ᄭᅴ 말ᄉᆞᆷ을[우리들이] 엿
ᄌᆞᆸ쟈 ᄒᆞ기의 一從/其言ᄒᆞ고 기ᄃᆞ리ᄋᆞᆸ더니 使道겨
셔 啓/聞을 ᄒᆞ여 주마 ᄒᆞ시게 ᄒᆞ오매[되] 至於今
/日ᄒᆞ여도 回下 말ᄉᆞᆷ은 업ᄉᆞᆸ고 書契만 /바ᄃᆞ라
ᄒᆞ시니 天下의 使臣이 제 나라 亡/ᄒᆞᆯ 거ᄉᆞᆯ 바다
가실가 시보오니잇가 이ᄂᆞᆫ /他國 사ᄅᆞᆷ의 毒薬을

勸ᄒᆞ고 죽으라 ／ᄒᆞ신 말과 ᄀᆞᆺᄉᆞ외

一 朝廷의셔 ᄂᆞ린 書契를 아니 밧고 使臣의 ／道理의
올흔가 ᄒᆞ시되 〘隔〙兩國 書契를 ／封ᄒᆞᆫ 대로 傳
ᄒᆞ[밧치]고 封ᄒᆞᆫ 대로 바ᄃᆞᆯ 일 ᄀᆞᆺᄉᆞ／오면 그만의
바다 가실 ᄃᆞᆺᄒᆞᆫ 일이ᄋᆞᆸ거／니와 〘隔〙大差使 回答
書契ᄂᆞᆫ 네부터 ／急送 飛船ᄒᆞ고 對馬州 奇別을 듯
고 ／바ᄃᆞ실 법이요 ᄯᅩᄒᆞᆫ 書契中의 价舌／의 잇ᄉᆞᆸ
ᄂᆞ이단 말ᄉᆞᆷ도 잇ᄉᆞ오며 〘隔〙朝／鮮의셔 日本의
使臣 드려 보내실 적의 回／答書의 아모 말ᄉᆞᆷ ᄒᆞ여
도 朝鮮使臣은 그／만의 바다 가ᄋᆞᆸᄂᆞ니잇가 易地ᄒᆞ
여 보ᄋᆞᆸ쇼셔

一 兩國間 書契ᄂᆞᆫ 다 江戶의 밧치신 前／例요 對馬州
ᄯᅳᆺ으로 任意로 못 ᄒᆞᄋᆞᆸ신 ／거시오매 漂民書契ᄭᆞ지
江戶의 上／送ᄒᆞ신ᄃᆡ ᄒᆞ믈며 〘隔〙大差使 回／答
書契를 못 밧치고 무슴 말ᄉᆞᆷ으로 ／告ᄒᆞ실가 시보
오니잇가○事理如此／ᄒᆞ오매○[○朝鮮 일도 ᄉᆡᆼ각지
아니ᄒᆞᄋᆞᆸ셔 萬〃一○]此回答書契를 바다 가시고 江
／戶의 올니시면 戊午年 以來 밧친 ／書契文意과
아조[大段] 相左ᄒᆞᄋᆞᆸ기의 ／이거시 朝鮮의셔 日本
을 操弄／ᄒᆞᄂᆞᆫ가 ᄒᆞ여[일이라 ᄒᆞᄋᆞᆸ셔] 〘隔〙江戶
와 六十六州 太守겨／셔 隣國誠信之交의 그러ᄒᆞ다
ᄒᆞ실가 시[이런 일이 잇ᄂᆞᆫ가 ᄒᆞ시고 큰 生梗]／뵈
오니잇가[이 아니 날가 시보오니잇가] 이 回答이
迁延ᄒᆞ온즉 對馬／州의 是非 업ᄉᆞ오리잇가 得罪ᄒᆞᆫ
後의 ／書契 十張을 極盡히 ᄒᆞ여 주ᄋᆞᆸ셔도 ／不用
이 되오니 明察ᄒᆞ여 보ᄋᆞᆸ쇼셔

[先に委]

一 朝鮮사ᄅᆞᆷ이 奸惡ᄒᆞᆫ 일을 저즈러시매 ／그 罪를 주
엇ᄉᆞ오니 ᄒᆞᆯ 말이 잇ᄂᆞᆫ가 ／ᄒᆞ시되 國中의셔 國中
사ᄅᆞᆷ이 作罪ᄒᆞᆫ ／거스로 他國 사ᄅᆞᆷ의 알게 ᄒᆞ신 거
ᄉᆞᆫ 朝鮮을 ／爲ᄒᆞ면 極키 붓그러온 줄로 아ᄋᆞᆸᄂᆞ이
대

一 아모 나라히라도 奸欺ᄒᆞᆫ 사ᄅᆞᆷ이 업ᄉᆞᆯ가 ／시브니
ᄒᆞ시되 兩國間의 重任 시길 ᄆᆞ／ᄃᆡ 人物을 ᄀᆞᆯᄒᆡ지
아니ᄒᆞ고 보내실가 ／시브니잇가 그러ᄒᆞ오나 或 奸
欺ᄒᆞᆫ 사ᄅᆞᆷ／이 一二人은[혹] 잇기 恠異치 아니ᄒᆞ오
되 番／番의 連ᄒᆞ여 그런 사ᄅᆞᆷ을 擇出ᄒᆞ실가 ／시
브오니잇가 誠信 初頭의 約條를 ／定ᄒᆞᆫ 사ᄅᆞᆷ은 블
셔 죽어도 ᄒᆞᆫ번 定ᄒᆞᆫ ／約條ᄂᆞᆫ 百年後라도 約條대
로 ᄒᆞᄋᆞᆸ／기의 誠信이 連續ᄒᆞᄋᆞᆸᄂᆞ니잇가

一 公論ᄒᆞ온 적마다 奸欺ᄒᆞᆫ 놈을 죽겻다 ᄒᆞ시니 ／그
말ᄉᆞᆷ은 아니 ᄒᆞ셔도 다 아ᄂᆞᆫ 일이오되 江戶의 잇ᄂᆞᆫ
／書契를 鬼神이 되여 업시 ᄒᆞ면 關係치 ／아니ᄒᆞ
오나 日本國의 그 書契 이신 후ᄂᆞᆫ 아모／만 사ᄅᆞᆷ
죽이ᄋᆞᆸ셔도 ᄒᆞᆯ 일 업ᄂᆞᆫ 일이요 밧긔 ／事情은 兩國
間의 奸欺ᄒᆞᆫ 일을 ᄒᆞᆫ다 ᄒᆞ셔 重／ᄒᆞᆫ 人命도 앗기지

아니ᄒᆞ시ᄂᆞᆫ 거시 誠信 本意／에 금즉ᄒᆞᆫ 일이오되
江戶의 알외지 못／ᄒᆞ○〈ᄋᆞᆸ시〉ᄂᆞᆫ 거시 書契로 易
地省弊事를 完定ᄒᆞ여 ／두ᄋᆞᆸ신 일이오매 〖隔〗貴
國〃中 일로 兩國 約條ᄒᆞ／신 일을 엇지 곳치실가
시보오니잇가 ○〈三四人〉 人命이 重／ᄒᆞ니잇가
나라 書契가 重ᄒᆞ니잇가 書契 ／一張으로 萬民의
殃害 되ᄋᆞᆸ기를 김피 ／ᄉᆡᆼ각ᄒᆞ여 보ᄋᆞᆸ쇼셔
一 大差使겨셔ᄂᆞᆫ 對馬州의○〈셔〉 내여 보내신 ／使
臣도 아니요 江戶 命을 바다 出來ᄒᆞ／신ᄃᆡ 계오 八
朔만의 〖隔〗許接을 ᄒᆞ시나 ／下船茶禮와 〖隔〗
進上宴도 連ᄒᆞ여 極盡／히 ᄒᆞ시고 中宴도 ᄒᆞ라 ᄒᆞ
시ᄂᆞᆫ 대로 乾／物로 ᄒᆞ셔 〖隔〗大差使ᄂᆞᆫ 凡事를
極盡／히 ᄒᆞ시ᄂᆞᆫᄃᆡ 十朔 넘토록 가져 오신 ／書契
回答은 아니 ᄒᆞ셔 國中事로 掣／射[*2]히 구ᄋᆞᆸ시니
兩國間 禮節의 使臣을 ／이대지 困케 ᄒᆞ시ᄂᆞᆫ 거시
올ᄉᆞ오니잇가 誠信之道에[고 對馬州 公幹쳐로 아ᄋᆞᆸ
셔 自作ᄉᆞ러히 ／말ᄉᆞᆷᄒᆞ시되 修聘 公幹은 日本國과
／朝鮮國이 交隣之本意로 慶事 致賀ᄒᆞ신 줄을 모로
신가 시보오니 ／답〃ᄒᆞ기 충냥 업습ᄂᆞ이다］／大
抵 交隣之道가 永久 連續ᄒᆞᄋᆞᆸ고 誠信／益篤ᄒᆞ올 ᄶᅢ
예○〈當ᄒᆞ여〉 今般 修聘 回答書契 ／一款으로 和
好之意가 相左ᄒᆞ기의 累次 相議／ᄒᆞ오되 終時 不聽
其言ᄒᆞ시매 更爲陳說／이 如何ᄒᆞ오나 此時의 當ᄒᆞ
여 我國 傾亡／은 勿論ᄒᆞᄋᆞᆸ고 兩國 誠信之交의 有
害之／端이 업게○〈周旋〉ᄒᆞᄋᆞᆸ○〈시〉ᄂᆞᆫ 거시 對
馬州 本意오매 ／染慮ᄒᆞ여 보ᄋᆞᆸ쇼셔 前〃〖移〗／
大王겨ᄋᆞᆸ셔 隣國 誠信之交를 爲約條／ᄒᆞ여 계신ᄃᆡ
今 〖隔〗世의 다ᄃᆞ라 絶和／之兆(ᄅᆞᆯ)[잇ᄉᆞᆫ지］無
理之說를 ᄒᆞ셔 他國(사ᄅᆞᆷ의)[과 ᄒᆞᆫ번 約條ᄒᆞ신 일
을] 國／中의셔 治罪ᄒᆞ신 (政事)[辭緣］를 브ᄃᆡ 發
說ᄒᆞ려 ／ᄒᆞ시되 무어시 有益ᄒᆞ며 威嚴인들 갸／륵
ᄒᆞ다 ᄒᆞ오리잇가 도로혀 日本의셔 ／耻笑를 當ᄒᆞ실
가 ᄒᆞ여 우리ᄂᆞᆫ 朝鮮을 ／爲ᄒᆞ여 말과져 ᄒᆞᆫ 主意도
잇ᄉᆞ오되 朝廷 ／大臣ᄂᆡᄂᆞᆫ 나라 大事의 諫言을 아
니 ᄒᆞ시고 前〃〖移〗／大王겨ᄋᆞᆸ셔 隣國 誠信之交
爲約條ᄒᆞ여 계／신 거(슬) 一朝의 破ᄒᆞ려 ᄒᆞᄋᆞᆸ시니
잇가[신지］○〈아마도 朝廷의 이 말ᄉᆞᆷ이 아니 가ᄂᆞᆫ
가 疑心ᄒᆞ오며〉○〈朝廷셕지 이 ／辭然이 通達ᄒᆞ
ᄋᆞᆸ거든 恕容을 아니 ᄒᆞ■■[ᄋᆞᆸ시리잇가］〉 對馬／
州ᄂᆞᆫ 兩國 交隣이 永久ᄒᆞᄋᆞᆸ게 極力周旋／ᄒᆞᄋᆞᆸ셔 易
地省弊事를 이만치 順成／ᄒᆞ여 계신ᄃᆡ 數百年 誠信
도 絶交ᄒᆞᆯ ／地境의 가ᄋᆞᆸ고 昼夜 惶悚ᄒᆞ여 잇ᄉᆞ오
며 ／朝廷 意向은 不知ᄒᆞ오되 使道겨셔ᄂᆞᆫ 其 ／回
答書契를 바ᄃᆞ라 ᄒᆞ시(니)[고］緩〃이 ᄒᆞᄋᆞᆸ시／이
니 對馬州ᄂᆞᆫ 不久에 江戶로셔 致責이 ／이실 ■■
듯ᄒᆞ오되 回答書契ᄂᆞᆫ 죽을지／라도 바다 가실 셰

업습고 江戶 罪責은 ／以彼以此의 免치 못ᄒᆞ옵시려니와 回答書／契를 아니 바다 罪를 當ᄒᆞᆯ 거시 낫ᄉᆞ올 줄／로 決斷ᄒᆞ여 계시매 此 回答書契를 ／바다가옵쇼션 말ᄉᆞᆷ은 다시 마옵쇼셔 ／이 公幹을 從容히 ᄒᆞ셔 對馬州의 ／罪 當ᄒᆞ옵시기를 기ᄃᆞ리옵신지／너모 遲緩히 ᄒᆞ옵셔ᄂᆞᆫ 日本과 朝鮮 ／ᄉᆞ이가 漸〃 그릇되올 거시매 目前 일／만 보지 마옵셔 生梗 되기도 싱각ᄒᆞ시／고 順便之道를 〖隔〗 恕量ᄒᆞ옵쇼셔

＊1：幣　＊2：肘

【現代語訳】

（端裏書き）初発書立の分

修聘御用はよくよくご存知のことですが、あらましを申しますので、ご賢察ください。辛亥年(1)に議聘大差使を差し渡され、両国省弊を思し召し、誠信の交誼を以て、江戸御執政方より議定書までお遣わしなされたところ、その時ご許諾がございませんでしたので、議聘使は、回書を受け取ってご帰国なされました後、士正朴正が訓導として（東萊へ）下来して、乙卯年(2)の三月に申しますには、「議聘使は日本のためばかり考えて、朝鮮に有益な話がないので、すっきりと許諾をなさらなかったのだが、我が国も省弊し有益であれば、易地もおこなうつもりであり、只今からでも双方省弊を議論しようとするのならば、朝廷のお言葉を以て、あらためて議論しなさいと仰せられたので、今からでもまた議論ができるでしょうか」と言うので、講定使は館守の職にてあられたときであり、士正朴正が朝廷の申しつけの内容と東萊府使の口伸（口上書）を入送してきたので、朝廷のお言葉があるものをそのままにしておくことができなくて、対馬州へ申し越されたところ、対馬州にて公論なさったことには、「議聘の回答書を江戸へ差し上げたので、にわかには申し上げることができないので、仔細に実状を調べなければならないだろうから、まずはゆるゆるとしておけ」と仰せられたところ、丙辰年(3)に訓導の役に士正朴正があるのを渡海官首訳に仰せつけられ、対馬州に入来し、奉行方に会って朝廷のお言葉を以て懇請し、帰国の後、東萊府使の書契も入送し、上京後、ふたたび別遣として（東萊へ）下来して、続いて礼曹の書契も下来したので、江戸へ差し上げ、その前に対馬州より奉行お一人を江戸へ登らせなされ貴国の礼幣の物も余るばかりに減数し、対馬州にて信行接待することを金石の如く完定いたしましたので、今般、江戸のご命令を以て修聘使を差送なさったのに、数か月ぶりに許接になるのみならず、回答書契に国内のお話を以て制止なさろうとするのは、誠信の道において正しいのでしょうか。仔細の曲折と肝要のお話は、去年閏八月(4)に講定官、訓導および営吏衙前をお遣わしになって細々とお尋ねになられたので、日本の事情はその時にみな話しましたし、朝廷まで通りましたことを、あまりにも固執なさるので、なおまた斯様に申しますので、ご賢察ください。

一　大差使がお持ち渡しなされた書契を如何ご覧になっておられるのですか。前に謄本をご覧になった時は、何の文句もなかったのみならず、下船茶礼の時に両使道（東莱府使と釜山僉使）より何の差し障りもなくお受け取りになり、朝廷へ差し上げ送られましたので、順調なるものとばかり存じておりましたところ、その書契の回答ならぬものを大差使におかれて受け取って帰られるとお思いでしょうか。

一　回答書契の謄本を早く見せてくださいと何度も懇請し、前例のあるお話を縷々申しましたのに、終にだめだとおっしゃったために謄本は全く見なかったのですが、両国間の書契と申しますのは、謄本を以て双方相議してから受け取るべきものを、この度は回答書契を直にお遣わしなされましたので、拝見し驚き入りまして東莱府使へ申し上げようとして出て行きましたところ、任官が言うことには「誠信堂で待っていれば使道へ我々が申し上げよう」と言うので、ひとえにその言葉に従い、待っていましたところ、東莱府使より「啓聞をしてやろう」と仰せられるように申しましたのに今日に至っても回下[5]のお話はなく、書契を受け取れとばかり仰せられるのですが、天下の使臣たるもの、自国の亡びるものを受け取って帰ることがございましょうか。これは他国の人に毒薬を勧めて死ねとおっしゃるのと同じです。

一　朝廷より下された書契を受け取らずに、使臣の道理に当たるのかと仰せられますけれども、両国の書契を封のまま差し上げて封のまま受け取るようであれば、そのまま受け取るでしょうけれども、大差使の回答書契は、昔から飛船を急送し、対馬からの知らせを聞いてからお受け取りになる法であり、また、書契の中に「价舌にこれあり[6]」というお言葉もございますし、朝鮮より日本へ使臣を遣わされますとき、回答書に何のお話があっても、朝鮮の使臣はそのまま受け取ってお帰りになりますでしょうか。立場を替えてみてください。

一　両国間の書契はみな江戸に差し上げる前例であり、対馬州の思し召しを以て自由にできないものですので、漂民書契まで江戸へ上送なさるのに、ましてや大差使の回答書契を差し上げずして何の言葉を以て仰せ上げられるでございましょうか。朝鮮のこともお考えにならず、万々一この回答書契を受け取ってお帰りになり、江戸へ差し上げられましたら、戊午年[7]以来差し上げました書契の文意と大いに食い違いますのでこれは朝鮮より日本を愚弄しているのかと思し召され、江戸と六十六州太守（藩主）におかれて隣国誠信の交において斯様のことがあろうかと思し召され、大きなもめごとにならないとお思いでしょうか。この回答が遅延すれば対馬州にご難題がないはずがございましょうか。お咎めの後に書契を十枚も丁寧にお送りくださったとて無用になりますので、ご明察ください。

一　どんな国でも奸欺なる者がいないことがあろうかと仰せられますが、両国間にて重任を仰せつけられる節は、人物を選ばずにお遣わしになることがありましょうか。しかしながら、あるいは奸欺なる者があるいはいても不思議ではございませんが、度々引き続いて左様の者を選出なさるなどということがありましょうか。誠信の初頭に約条を定めました人はもはや死にましても、一度定めた約条は、百年後であっても約条の通りにおこなうので、誠信が連続するのではございませんか。

一　公論の度ごとに、奸欺の者を殺したと仰せられますが、そのお話は仰せられずともみな存じておることですが、江戸にある書契をなくしてしまえば差し支えないでしょうが、日本国にその書契があるうえは、如何ほど人をお殺しになっても栓無きこと、外向き（朝鮮側）の事情は、両国間にて奸欺なることをしたと仰せられて、重き人命も惜しまれないということは、誠信の本意において厳しきことではございますが、江戸に申し上げることができないといいますのは、書契を以て易地省弊の事を完定なされおかれたことなので、貴国の国内のことを以て、両国約条なさったことをどうしてお改めになることがありましょうか。三四人の人命が重いでしょうか。国の書契が重いでしょうか。書契一枚を以て万民の災いになることを、深く考えてご覧下さい。

一　大差使におかれては、対馬州より差し渡された使臣でもござらず、江戸の命令を受けて出来なさったのですが、漸く八ヶ月ぶりに許接をなさいましたが、下船茶礼や進上宴も引き続いてなさり、中宴もご注文の通りに下行(8)にてなさり、大差使は万端ご丁寧になさっておられますのに、十ヶ月を越すまでも、お持ち渡しになった書契に対する回答はなさらずに、国内の事を以て難しいことを仰せられるので、両国間の礼節にあって、使臣をこれほどにまで困らせなさり、対馬州の御用のように思し召されてわがままを仰せられますが、修聘の御用は日本国と朝鮮国が交隣の本意を以て慶事のおよろこびを仰せられるということをご存知でないようですのでもどかしいこと測り知れません。そもそもご交隣の道が永久に連続いたし、誠信のますます篤き時に当たって、今般の修聘回答書契の一件を以て和好の意が相違いたしましたので、何度もご相談いたしましたけれども、終にその言をお聞きなさいませんので、更に申し述べますのは如何かと存じますが、この時に当たって、我国の傾亡は申すに及ばず、両国誠信の交わりに有害の端の無きよう、周旋なさるのが対馬州の本意ですので深慮なさってください。前々の大王におかれて、隣国誠信の交わりを約条なされましたのですが、今世に至って、絶和の兆があるのやら、理無き説を仰せられて、他国と一度約条なさったことにつき、国内にて罪を糺された内容を是非とも仰せ述べようとなさいますけれども、何が有益であり、威厳にしても（何が）結構だと申せましょうか。却って、日本からは嘲りを受けましょうかと存じ、我々は朝鮮の為を思って止めたき主意もございますけれども、朝廷の大臣方は、国の大事に諫言をなさらず、前々の大王におかれて、隣国誠信の交わりを約条なされましたのを一朝にして破ろうとなされるのか、おそらく朝廷にこのお話が行っていないのか疑わしく、朝廷までこの話が届いていたら、許諾なさらないことがありましょうか。対馬州は、両国交隣が永久たるべく極力周旋なさり、易地省弊の事をこれほどまでに順成なさったのに、数百年の誠信も絶交の状況になりつつあり、昼夜恐れております。朝廷のご意向は存じませんが、東萊府使におかれては、その回答書契を受け取れとおっしゃって、悠々となさっておられますので、対馬州は遠からず江戸よりお咎めがございましょうけれども、回答書契は死するとも受け取ってお帰りになることはございません。江戸のお咎めは何れにせよ免れることはできないでしょうけれども、回答書契を受け取らずにお咎めを被るほうがまだましだと決断なさっておられますので、この回答書契を受け取ってお帰りなされよとのお言葉は、二度とおっしゃらないでください。この御用をごゆるりとなさって対馬州にお咎めがあるのをお待ちになっておられるのか、あまりにも遅滞いたしましては、日本と朝鮮の間がだんだん間違うようになりますので、目前のことばかりご覧になられず、もめごとになることもお考えになって、順便の道をおはかりください。

【語釈】

(1) 一七九一（寛政三）年。
(2) 一七九五（寛政七）年。
(3) 一七九六（寛政八）年。
(4) 一八〇五（文化二）年。
(5) 東萊府使が送った啓聞に対する朝廷からの回答。
(6) 「价舌」とは、使臣が口頭で述べることば。すなわち、「書契の文面で詳らかでない部分については、使臣が口頭で説明する」という意。
(7) 一七九八（寛政十）年。
(8) 原文は「乾物」。訳文の「下行（ゲギョウ）」とは上位者が下位者に対して物資を与えること。朝鮮では、日本から来た使者に対して所定の宴会を開くときに、ホスト役の東萊府使や釜山僉使が病気などで支障がある場合、宴会は開かず、その代わりに物資すなわち乾物を日本側に支給することがあった。

【和解】

《宗家文庫史料一紙物812-20-5》

（端裏書き・朱書）「初発書立之分」

修聘御用者能々御存之儀ニ御坐候得共、大捴を申候ニ付　御賢察可被下候、去辛亥年に議聘大差使を被差渡両国省弊を思召御誠信之厚誼を以江戸御執政様より議定之書迄御遣し被遊候処、其節御許諾ニ不至候故議聘使御帰国被成候後ニて士正朴正訓導ニ下り乙卯年三月ニ被申聞候者、議聘使者日本之為計ニして益無之故快く許諾ニ不相成候得共、我国も省弊にして益有之候ハ、、易地も相極候様可致候、今ニ而茂双方省弊を被談候儀ならは朝廷之詞を以重而講議いたし候様ニと被申聞候付、唯今ニ而も又々御談ニ可相成哉と申候故、今講定使者館守之職ニて御在留有之候、然処士正朴正朝廷ゟ御含之訳と東莱府使ゟ口伸をも入送被致候故、朝廷ゟ御詞有之儀を其侭ニ難被打置対州江被申越候処、対州ニ而公論有之候者議聘使回答之書江戸表ニ差上候付、卒尓ニ難申上候故得と実情を考候様ニいたし先静にして置候得と申来候処、丙辰年訓導勤メ中ゟ士正朴僉知を渡海官首訳ニ被仰付対州ニて御奉行方ニ直対有之、朝廷之御含を以懇請帰国之上、東莱府使より之書契を入送し、上京後間も無之別遣として罷下、引続礼曹之書契も下り来候［東莱府使ゟ之書契を被致入送］故、則江戸表ニ差上被置候、其前対州ゟ御奉行御壱人御登し被成貴国礼弊之品も余計に被相減対州ニ而信使接待之事如金石御完定被極候間、「此度江戸表ゟ之命令を以修聘使御渡し被遊候処、数ヶ月ぶりニ許接ニ相成候而已に無之」（横に「其段去ル午年御令文を以被仰出対州ゟ御副書被相附被仰達儀ニ付、礼曹并東莱ゟ之御謝書被差渡置候ニ付」）、回答書契ニ国中之訳を被仰聞、手入ニ被仰聞候儀誠信之道ニ当り候哉右等之事は素り其外肝要之筋去年閏八月講定官・訓導及営吏衙前（カキテ）を御遣し被成細々御問合有之候故、日本向事情者其時委敷申述朝廷迄通り候儀を余り一図ニ被仰候ニ付猶又ヶ様ニ申候間　御商量被下度奉存候、

一　大差使御持渡被成候御書契越　如何御覧有之候哉、先達写し御覧之節何之訳も不被仰聞而已ニ無之茶礼之時両使道より何之障り無之御請取被成朝廷ニ被差上候故順便之儀と存居候処、右御書契之御返答向ニ無之品を　大差使御請取被成候筋ニ御座候哉、

一　御返翰写し早々為御見被下候様ニと毎々致御掛合前例有之筋をも縷々御論申候へ共終ニ難致と而已被仰聞候付、写し之義者一向不致披見候両国間書簡之法と申ハ写を以御双方御談之上御請取ニ相成候義を今度者御返簡を直ニ御遣し被成候ニ付少し致披見誠ニ驚入使道ニ可申上と存罷出候処ニ任官ゟ誠信堂ニ御扣被下候ハ、府使江我々共委可申入候と被申聞候ニ付其意ニ随ひ相待候所、使道ゟ啓聞共可致と被仰聞候趣承候得共、今日ニ至り候而も回下之模様無之書契を請取候様ニと而已被仰聞、天か下ニ

使臣之御方其国之害ニ相成候品を御請取可被成候哉、是者他国之人ニ毒薬を御進メ被成候意ニ当り候、

一　朝廷ゟ被差下候書契御請取無之使臣之道理ニ当り候哉と被申聞候得共、両国之御書契封之侭相渡封之侭受取義ニ候ハヽ、其通ニ而御受取御帰可被成候得共、大差使御返翰者昔ゟ急々飛船を被遣対州ゟ御左右御達之上御受取被成候儀ニ御座候、殊更御書契中ニ委者价舌ニ有之御聞可被下と之訳も御坐候、朝鮮国ゟ日本へ使臣御遣し被成候節御返翰ニ何様之事越被仰候而茂朝鮮之使臣者其侭ニ而請取御帰り被成候哉振替り御覧可被成候、

一　両国間御書契者不残江戸表江被差上候先例ニ御坐候、対州之思召を以御自由相成候義ニ無御坐、漂民之御書契迄江戸表ニ被差上候処、増而　大差使御返翰を不被差上何之訳を以て被仰上候ものニ御座候哉朝鮮之事をも不被思召萬々一此御返翰御受取被成江戸表江被差上候ハヽ、戊午年以来被差上置候御書契之文意と者大ニ致相違候ニ付、是者朝鮮国ゟ日本国越致操弄候与被仰　江戸表ハ素り六拾余州之御大名様隣国誠信之交ニケ様之儀有之候哉与被仰、大成事之起りニ相成候、此御返翰延引ニ及候時ニ茂御国江御難題かゝり申間布候哉御咎後ニ至り御返翰申出を以御丁寧ニ被仰聞候而茂無用ニ相成候ニより御明察可被下候、

一　何国ニ而茂奸悪之者無之儀者有之間敷与被仰聞候得共、両国間ニ重任被仰付候節人物御撰不被成義者有之間敷候、乍然其内奸悪之人若者可有之候得共度毎ニ左様之人被差出候義ニ御坐候哉、御誠信之始ニ約条を被定候人者其砌被相果候而茂一度定り候約条者百年之後迄茂約条通ニ相成来候ニ付御誠信連続いたし候ニ而者無御坐候哉、

一　御論談之度毎ニ奸欺之者殺し候と被仰聞、其儀者不被仰而も大概存之事ニ候得共江戸表江有之候書契だに無くなり候ハヽ、差支間敷候へ共、日本国ニ右書契有之候上者如何程人を被殺候而茂無詮方事に御坐候、外向事情者両国間ニ奸欺之義をいたし候と有之、重キ人命も不被惜者御誠信之本意厳キ事ニ者候得共、江戸表江難被仰上筋ハ御書契を以易地省弊之事を御完定被成置候儀故、貴国々中之事を以両国御約条被遊候儀を何として御改メ可被成候哉、三四人之人命重候哉国之書契重く候哉書契一札ニ而萬民迄茂災之及候を深く被思召度御坐候、

一　大差使者御国ゟ被為差渡候御使者ニ無之江戸表之命令を以御渡被成候処、漸く八ヶ月振り御許接ニ至茶礼・封進宴茂速ニ御整被成中宴ニ至迄下行ニ而御済被成　大差使者萬端御丁寧を被尽候所ニ十ヶ月を越し候迄も御持渡之御書契御返翰者不被差出、国中之事ニ付手入を被仰聞候義両国間礼節ニおゐて使臣を［に］ヶ程迄■■［御迷惑を御掛］被成候者対州ゟ之用向と思召我か侭を而已被仰候哉修聘御用者日本国と朝鮮国交隣之本意を以慶事之御

賀を被仰通候儀共御存不被成と相聞気毒千萬ニ御坐候、
大抵御交隣之道永久致連續御誠信益篤キ時節ニ御坐候、
然処今般修聘之御返翰一段を以御和好之意致相違候付
毎々遂御相談候得共、終ニ其言を御聞得無之候故又々申
伸候茂如何敷、乍去此時ニ當り我国之傾亡者不及申兩国
御誠信之御交ニ有害之端無之様御周旋被遊候筋対州之御
本意ニ御坐候故、御深慮被成度御座候前々
大王之御方隣国御誠信之交越御約条被成置候処、御当代
ニ至り御絶和之兆し御坐候哉理無キ之説を以他国と一度
御約条被成候事を国中之事ニ付罪を被糺候訳是非共被仰
述度相聞へ候得共、何之益ニ相立候哉、只御威勢ニ相成
立流成御儀ニ候哉却而日本ニ而者御恥辱ニ當り申間敷哉
と考、我々者朝鮮之御為を思ひ止メ度所意御坐候得共、
　朝廷大臣之御方国之大事ニ御諫言不被成、前々
大王之御方隣国御誠信之交り御約条被成候儀を一朝に御破被
成候思召ニ候哉、とふて此等之筋朝廷ニ不相貫候哉と疑敷御
坐候、朝廷迄此趣致貫通候ハ、可被成御恕容儀ニ而者無御坐
候哉、御国者兩国御交隣致永久候様力を尽し御周旋被遊易地
省弊之事此程ニ順便ニ被遊候所数百年之御誠信御絶交之御沙
汰茂可至哉と昼夜惶悚仕居候、朝廷之思召者不存候得共使道
方ゟハ右御返翰何篇請取候様被仰聞悠々と御扱被成候ニより
対州者不遠江戸表ゟ御咎可被遊候得共右御返翰者死を被決御
取帰不被成候、江戸表ゟ御咎者是ニ付彼ニ付御免連被遊間敷
恐察仕候得共御返翰御請取不被成る御咎メを被為被候訳宜キ
と御決定被遊候故、此御返簡御請取被下候と之儀者重而被仰
聞間舗候、此御用段々延々ニ被成対州え御叱り有之候義を御
待被成候哉、ケ様に致遅滞候而者日本与朝鮮与之間茂漸々不
宜候故目前之事而已御計不被成事起り可申訳共御了簡被成順
便之道御恕量被成度御坐候

【参考情報】

本史料中に「漸く八ヶ月ぶりに許接をなさいましたが、下船茶礼や進上宴も引き続いてなさり、中宴もご注文の通りに下行にてなさり、大差使は万端ご丁寧になさっておられますのに、十ヶ月を越すまでも、お持ち渡しになった書契に対する回答はなさらずに」とあるので、一八〇五（文化二）年十一月二十一日に倭館に到着した修聘使（通信使請来大差使）正官古川図書ら一行を念頭に置く必要が有る。そして、この口上書草案（**史料68**）も、**史料69**・**史料70**に類似した内容であるので、**史料69**・**史料70**の日付（丙寅文化三年八月十九日）と遠くない時日に作成されたものと見られる。

端裏書きに「初発書立之分」とある点、また、**史料69**・**史料70**よりも文章が簡単である点から考えて、**史料69**・**史料70**よりも前の段階の草案であろう。

史料69

【史料概要】

倭館滞在中の都船主加納郷左衛門から東萊府使宛の「口陳」(口上書)。一八〇六(文化三/丙寅)年八月十九日、都船主加納郷左衛門は、丙寅年の第一・第二・第三送使封進宴出席のため宴享大庁に入館した東萊府使に対して、礼曹参判回答書契の内容を不服とする旨、直接に交渉を試みたが、その時の口上書草案がこの史料69と見られる。

なお『対馬宗家文庫史料一紙物目録』では別個の史料としていたが(宗家文庫史料一紙物823-28および819-14)、内容から同一史料であると判断した。なお、一紙物819-14は前後に錯簡がある。ここでは本来の順序と考えられる配列で【現代語訳】に示した。

【写真】

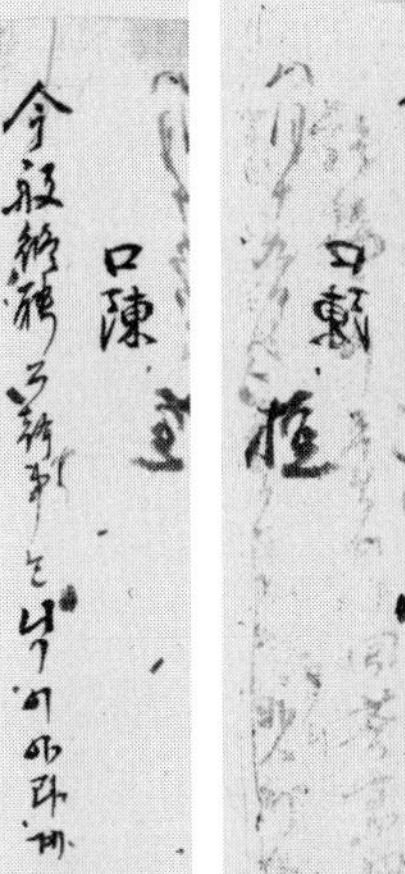

史料 69（端裏書き）

史料 69（1/8）

史料 69（2/8）

史料 69（3/8）

史料 69（4/8）

史料 69（5/8）

史料 69（6/8）

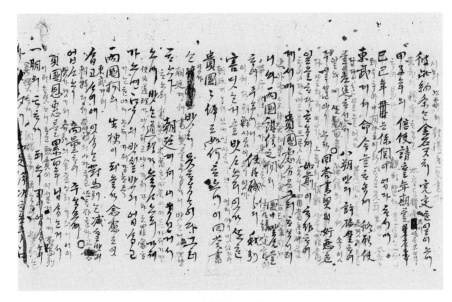

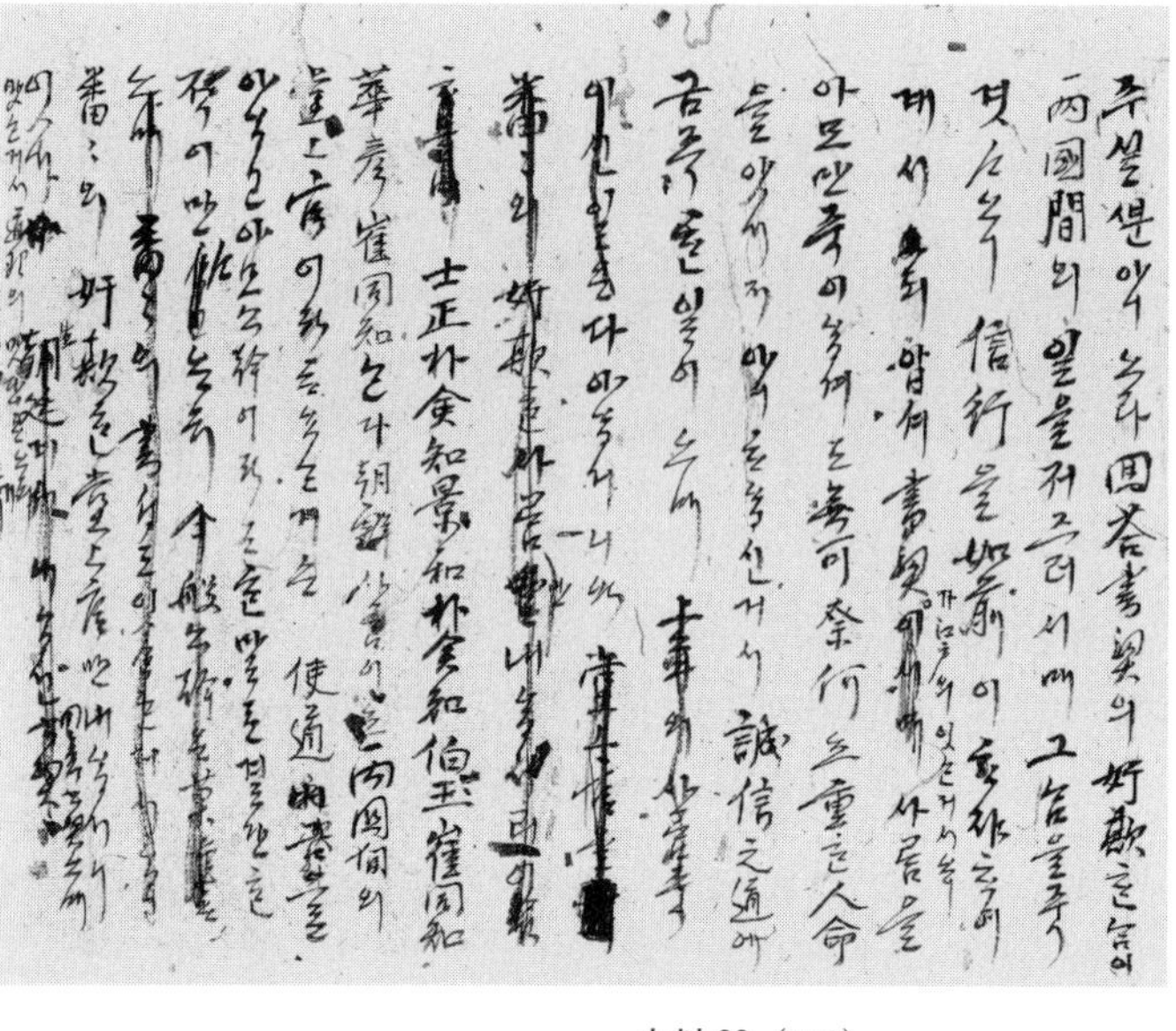

史料 69（7/8）

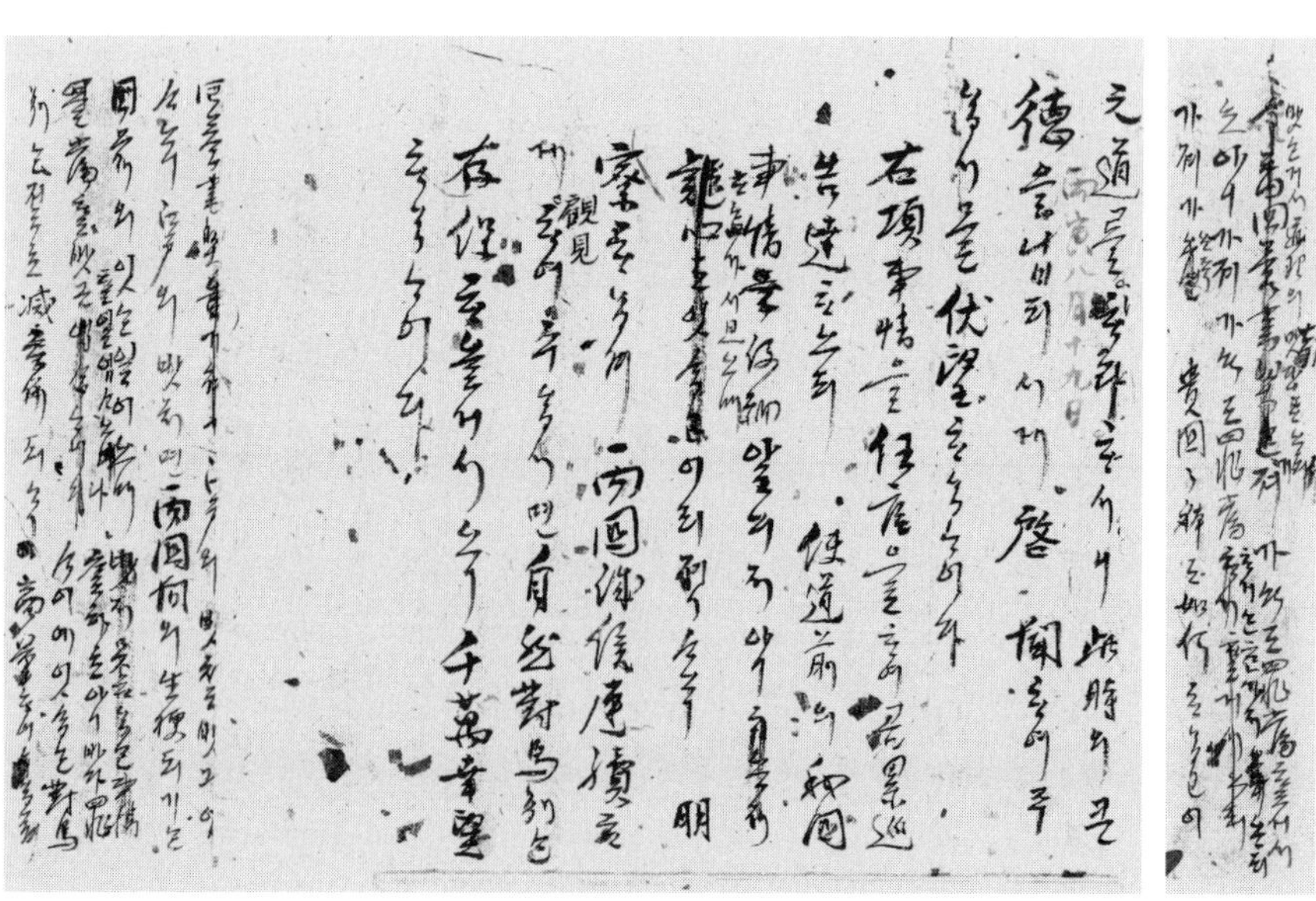

史料 69（8/8）

【翻刻】

(以下、本文は、前後錯乱した様相を呈しているが、本来は、
①②③④⑤⑥a⑦a⑧⑨あるいは①②③④⑤⑥b⑦b⑧⑨の
順につながるべきものであろう。)

①

(端裏書き) 控 /八月十九日之分

口陳

今般 修聘 公幹事는 닉이 아라 계신 일이/오되 大綱
을 뎍ᄉᆞ오니 〖隔〗 詳量ᄒᆞ여 주/옵쇼셔 既已 戊申年
의 延聘使를 /差送ᄒᆞ신ᄃᆡ 其本則 凶年이오 /民力 支
撐ᄒᆞ기 어렵습기의 延聘을 /相議ᄒᆞ온 일이옵고 仔細
ᄒᆞᆫ 辭緣은 其/時 書契의 잇ᄂᆞᆫ 일이오 ○朝廷의셔 卽
時 /許接ᄒᆞ여 주옵셔 回答書契도 極/盡히 ᄒᆞ여 주옵
시기의 ○ 〈江戸의〉 밧치옵고[오며] 厥

②

后 辛亥年의 議聘使를 差送ᄒᆞ/시되 其主意ᄂᆞᆫ 以前 信
使之弊를 /生覺ᄒᆞ온즉 彼此 凶年 憂患이 이실 /쌔도
民弊를 不顧ᄒᆞ고 奢侈만 ᄒᆞ고 /사괴옵셔ᄂᆞᆫ[면] 永久
치 못ᄒᆞ올 듯ᄒᆞ오■■[니] /簡易ᄒᆞ기를 爲ᄒᆞ고 誠意
를 厚히 /ᄒᆞ온즉 幾萬年이라도 和交連續/ᄒᆞᆯ 줄을 深
量ᄒᆞ신 타ᄉᆞ로 젼혀 誠信/厚誼로써 江戸 執政 諸公이
議狀ᄉᆞ지 /議聘使의 븟쳐 差送ᄒᆞ고 〈ᄒᆞ시매 議聘使
出來後〉 兩國省弊/之意을 縷〃히 相議ᄒᆞ엿ᄉᆞ오나 其
時 〖移〗 /朝廷의 此意不通ᄒᆞ온지 議聘使○[셔 許接
도 아니 ᄒᆞ여[옵셔] 回答/書契의 延聘대로 ᄒᆞ여 두
ᄂᆞᆫ 거시 無妨/ᄒᆞ다 ᄒᆞ옵셔[ᄒᆞ여 계시니] (固執이 ᄒᆞ
옵셔[구옵시며] 終始許諾)/이 못 되여 議聘使○ 〈ᄂᆞᆫ
入〉 帰ᄒᆞ고 回答書契ᄂᆞᆫ

④

쌔 館守ᄂᆞᆫ 時方 講定使요 士正朴/正이 〖隔〗 朝廷겨
옵셔 分付ᄒᆞ신 말/솜도 여러번 ᄒᆞ옵고 其時 ○使道겨
/셔 口伸으로 ᄒᆞ여 懇請ᄒᆞ신 거슬[시니] /館守職分
의 〖隔〗 朝廷의셔 그대지 /ᄒᆞ옵신 거슬 ᄇᆞ려 둘 길
이 못 되여 /對馬州의 奇別ᄒᆞ옵ᄂᆞᆫᄃᆡ 對馬/州의셔 公
論ᄒᆞ오되 지난번의 /議聘使 回答書契를 江戸의 올/
렷다가[ᄂᆞᆫᄃᆡ] 令文도 ᄂᆞ리ᄂᆞᆫᄃᆡ 猝然/히 稟ᄒᆞ기 어렵
ᄉᆞ오매 江戸意/向도 探知ᄒᆞ여 보올 거시니 아직 /날
회여 두라 回報가 왓습ᄂᆞᆫᄃᆡ[ᄒᆞ엿더니] /丙辰年의 士
正朴僉知 訓導로셔 /渡海官 首譯을 當ᄒᆞ여 對馬州

③

東武의 上送ᄒᆞ온ᄃᆡ[ᄒᆞ엿습더니] 〖隔〗 東武겨옵셔 /
令文으로 ᄒᆞ시되 苟執吾所欲強他/所不欲頗違隣好之誼
亦非公平處/事之道라 ᄒᆞ셔 그만의 • 〈두시매〉 容納
ᄒᆞ시매 /我 〖隔〗 太守겨셔 副書를 差送ᄒᆞ온ᄃᆡ /其
時 尹使道 等內라 右意를 바다 回答/書契를 내여 두
옵신 후에 ○士正朴正이 訓道*1/로 ᄂᆞ려 와 乙卯年

三月쯔음븟터 말ᄉᆞᆷ/ᄒᆞ기ᄂᆞᆫ 議聘使ᄂᆞᆫ 日本일만 爲ᄒᆞᆯ
ᄯᆞ로/미지 我國의ᄂᆞᆫ 有益ᄒᆞᆫ 일이 업ᄉᆞᆯ 듯ᄒᆞ/ᄋᆞᆸ기로
쾌히 許諾을 못 ᄒᆞᄋᆞᆸ시나 我/國 일도 省弊ᄒᆞ고 有益
ᄒᆞᄋᆞᆸ거든 易地도 /ᄒᆞ올 거시외매 卽今이라도 彼此 省
弊/를 相議ᄒᆞ올 셰여든 ○○朝廷 말ᄉᆞᆷ으로 /써 다시
講議ᄒᆞ라 ᄒᆞ여 계시니 이/제라도 ᄯᅩ 議論이 될가 ᄒᆞ
오매 긔

⑤

의셔 奉行中을 相接ᄒᆞ고 다시곰 〘移〙 /朝廷命으로
省弊事를 仔細 懇/請ᄒᆞ고 還國後 上京ᄒᆞ여 오래지 아
/(내)[니ᄒᆞ여셔] 別遣으로 下來ᄒᆞ고 易地省弊/事ᄒᆞ
여 東萊使道 書契와 并 /別陳을 내ᄋᆞᆸ기의[으로 請ᄒᆞ
시매] 對馬州의셔 념/히 公論ᄒᆞᆫ 후에 此書契를
〘隔〙 東武/의 올려[리고] 奉行 一員을 周旋ᄒᆞ라 ᄒᆞ
고 〘移〙 /江戶의 ○ 〈드려〉 보내○시며[여] 〈계
오〉 公幹이 계오[을 擔當ᄒᆞ여 계요] 順成/ᄒᆞ기의[ᄒᆞ
게 ᄒᆞ시기의[ᄒᆞ기의]] 戊午年 〘隔〙 東武겨ᄋᆞᆸ셔 /令
文으로 對馬州의 分付가 이[ᄒᆞ]시매 /그 째도 我
〘隔〙 太守겨셔 副書 〈契〉 及別陳/으로 回答을 仔細
ᄒᆞ시니 ○使道겨셔[히 ᄒᆞ셔 彼此約條를 ᄃᆞᆫ〃히] /啓
聞ᄒᆞ신 후 禮曹 及 東萊謝書를[ᄒᆞ엿기의] /보내시매
斯速 〘隔〙 東武의 上送ᄒᆞᆫ 일[밧치오며][로셔]/이요
事理如此ᄒᆞ오매 對馬州의셔 /聘禮設行ᄒᆞᆯ 줄을 日本六
拾餘州의 /命令을 ᄒᆞ셔 ᄇᆞᆯ셔 客舍도 營造ᄒᆞ고 /凡事
辦備를 ᄒᆞ여 두실 ᄲᅮᆫ 아니오라 此公幹/事로 〘隔〙 太
守겨셔도 대ᄉᆞ로이 〘隔〙 東武의 /觀[覲]侍ᄒᆞ던 일은
貴國의 아ᄅᆞ신 일이요[셔 此 約條가 金石ᄀᆞᆺ치 完定ᄒᆞᆫ
줄로 알외] /省弊一款은 朝鮮의셔 懇請ᄒᆞᄋᆞᆸ신[오니
〘隔〙 東武로셔 命令을 ᄒᆞᄋᆞᆸ셔 修聘使를] /일이오니
對馬州의셔 周旋ᄒᆞ고 儀[差送ᄒᆞ여 계신ᄃᆡ 今般 回答書
契의 〘隔〙 朝鮮]/物○ 〈等事〉을 格[各]別이 減數ᄒᆞ
고 다 講定을 ᄒᆞ여[사ᄅᆞᆷ이 奸欺ᄒᆞᆫ 일을 ᄒᆞᆫ다 ᄒᆞ셔 어
려히 구ᄋᆞᆸ] /彼此 約條ᄂᆞᆫ 金石ᄀᆞᆺ치 完定ᄒᆞᆫ 일이오매
[시되 以前의 往復ᄒᆞᆫ 文書가 〘移〙] /甲子年의 信使
請ᄒᆞᆯ 年期를 뭇ᄌᆞ오니[ᄌᆞ시 아ᄅᆞ보오니]][東武의 轉達
ᄒᆞᄋᆞᆸ고 〘隔〙 太守도 擔當] /己巳年 쯔음은 係關이
업다 ᄒᆞ시매 〘移〙 [ᄒᆞ여 易地ᄒᆞᆯ 줄로 親히 알외엿ᄉᆞᆸ
ᄂᆞᆫᄃᆡ] /東武겨셔 命令을 ᄒᆞᄋᆞᆸ셔 修聘使[到今ᄒᆞ여 中
間 일이라 ᄒᆞ고 못 되오면 〘隔〙 太守]/를 差送ᄒᆞ신
ᄃᆡ 八朔만의 許接을 ᄒᆞ여[담당ᄒᆞᆫ 일을 엇지 〘隔〙 貴
國 사ᄅᆞᆷ 소겻다 ᄒᆞ고]

⑥
a

주실 ᄲᅮᆫ 아니오라 ○回答書契의 奸惡ᄒᆞᆫ[알외며 ᄯᅩ 數
百年 誠信의 이셔 속엇] /일을 ᄒᆞ다 ᄒᆞᄋᆞᆸ셔 如前이
ᄒᆞ쟈 ᄒᆞ여[다 알외리잇가 上年의 朝鮮 사ᄅᆞᆷ 罪 當] /
계시매 〘隔〙 貴國 處分은 그러ᄒᆞᄋᆞᆸ시려[ᄒᆞ엿단 말을

드롯ᄉᆞ오나 罪 當ᄒᆞᆫ 사ᄅᆞᆷ]／니와 兩國 誠信之間의
〖隔〗 國中 말ᄉᆞᆷ을[만 아냐 士正朴僉知 景和朴僉知 伯
玉崔同知]／ᄒᆞ여 주ᄋᆞᆸ시니 使臣職分의 我州[華彦崔同
知가 連續ᄒᆞ여 任官 講定官의]／害 밋ᄂᆞᆫ 거슬 밧ᄉᆞ오
리잇가 ᄯᅩᄒᆞᆫ[이셔 다 朝鮮 사ᄅᆞᆷ이오니잇가 〖移〗]／
貴國 〃體도 如何ᄒᆞ오매 이 回答書[朝廷겨ᄋᆞᆸ셔 보내신
사ᄅᆞᆷ이오니 엇지 아니 밋ᄉᆞ오리]／ᄂᆞᆫ 決斷코 밧치 못
ᄒᆞᆸᄂᆞ이다 그러[잇가 〖移〗]／ᄒᆞ오나 〖隔〗 朝廷겨
셔 내ᄋᆞᆸ신 거시[朝廷겨셔 書契를 주ᄋᆞᆸ시니 밧ᄂᆞᆫ 거시
맛당]／오매 밧ᄂᆞᆫ 道理가 올ᄉᆞ오되 가져[ᄒᆞ오되 書契
의 不當ᄒᆞᆫ 回答이여든 가져 가면]／가오면

⑦ a
江戸의 밧칠 밧긔 업ᄉᆞᆸ고[使臣道理가 아니 되고 아니
가져 가와도 罪 當ᄒᆞᆫ]／兩國間의 生梗이 되올가 念慮
도 잇ᄉᆞ[기ᄂᆞᆫ ᄒᆞᆫ가지온ᄃᆡ 가져 가온즉 〖移〗]／ᄉᆞᆸ고 ᄉᆞ
이에 잇ᄉᆞᆸᄂᆞᆫ 對馬州ᄂᆞᆫ 滅ᄒᆞᆯ 밧긔[東武겨셔 〖移〗]／
업ᄉᆞ오니 〖隔〗 商量ᄒᆞ여 주ᄋᆞᆸ쇼셔 ○ 〖移〗 [朝鮮의셔
當初의 마다ᄒᆞ고 ᄯᅩ ᄒᆞ쟈 ᄒᆞᆫ다고 書]

⑧
貴國 恩惠를 累百年 닙ᄉᆞᆸᄂᆞᆫ 거시[契가 왓기의 各別의
슈을 ᄂᆞ리ᄋᆞᆸ더니 어이]／一朝의 亡ᄒᆞ게 되오니 ᄀᆡ이
업ᄉᆞᆸᄂᆞ이[이리 ᄒᆞ엿ᄂᆞ니 ᄒᆞ고 致責이 이실 거시매 對
馬州]／대[고] 我 對州ᄂᆞᆫ 如是滯決ᄒᆞ온즉 江[無弊ᄒᆞ게
洞燭ᄒᆞ여 주ᄋᆞᆸ쇼셔 弊州ᄂᆞᆫ]／戸로셔 致責이 이실 거시
오매○〈昼夜 惶悚ᄒᆞ여 ᄒᆞ여 一館中 사ᄅᆞᆷ은 죽기를 決
斷ᄒᆞ여 잇ᄉᆞ오되〉 죽[兩國誠信 敦厚ᄒᆞ기를만 ᄇᆞ라고
잇ᄉᆞ]／기를 決定ᄒᆞ고○〈臣下ᄂᆞᆫ (바)로 江戸의셔 罪
당ᄒᆞᆯ지라도〉 爭詰ᄒᆞ려 ᄒᆞ오되 對[만 ᄇᆞ라고 잇ᄉᆞ오니
順便ᄒᆞ올 道理를 啓]／馬州 本意ᄂᆞᆫ○〈至誠으로〉 極盡
히 비러 順便[聞ᄒᆞ여 주ᄋᆞᆸ시믈 千萬 伏望ᄒᆞᆸ／ᄂᆞ이
다]

⑥ b
주실 쁜 아니오라 回答書契의 奸欺ᄒᆞᆫ 놈이 ／兩國間의
일을 저즈러시매 그 놈을 죽／겻ᄉᆞ오니 信行을 如前이
ᄒᆞ쟈 ᄒᆞ여 ／계시외되 압셔 書契○이시매[가 江戸의
잇ᄂᆞᆫ 거시오니] 사람을 ／아모만 죽이ᄋᆞᆸ셔도 無可奈何
요 重ᄒᆞᆫ 人命／을 앗기지 아니ᄒᆞᆸ신 거시 誠信之道에
／금즉ᄒᆞᆫ 일이오매 上年의 사ᄅᆞᆷ 죽／이신 일은 다 아
ᄋᆞᆸ거니와 堂上官을 ■■／番〃의 奸欺ᄒᆞᆫ 사ᄅᆞᆷ을[만
내ᄋᆞᆸ시리잇가／ᄒᆞ믈며 士正朴僉知 景和朴僉知 伯玉崔
同知 ／華彦崔同知ᄂᆞᆫ 다 朝鮮사ᄅᆞᆷ이요 兩國間의 ／堂
上官이라 ᄒᆞᆸᄂᆞᆫ 거슨 〖隔〗 使道之次의[버금으로] ／
아ᄋᆞᆸ고 아모 公幹이라도 ᄒᆞᆫ 말로 결단ᄒᆞᆫ ／적이 만ᄉᆞᆸ
고[ᄉᆞ]온ᄃᆡ 今般 公幹은 莫重ᄒᆞ／오매 番〃의 書付도
잇ᄉᆞᆸᄂᆞᆫ 거시ᄋᆞᆸ고 ／番〃의 奸欺ᄒᆞᆫ 堂上官만 내ᄋᆞᆸ시니
／잇가■ 生朝廷겨셔 내ᄋᆞᆸ신 書契[回答書契]오매 ／今

番　回答書契ᄂᆞᆫ[밧ᄂᆞᆫ]　거시　道理의　맛당ᄒᆞ오되」○〈가〉져 가와도 罪 當ᄒᆞᆯ 거시/요 아니 가져 가와도 罪 當ᄒᆞ게 ᄒᆞᆯ 거시오되[ᄒᆞ기ᄂᆞᆫ ᄒᆞᆫ가지오되[온ᄃᆡ]]/가져가오면[온ᄌᆞᆨ]　〖隔〗貴國〃躰도 如何ᄒᆞᄋᆞᆸ고 이

⑨

之道를 ○〈竭力 説話 盡説〉ᄒᆞ라 ᄒᆞ시니 此時의 큰 /[丙寅年八月十九日]/德을　닙피시게　　〖隔〗启

〖隔〗聞ᄒᆞ여 주/ᄋᆞᆸ시믈 伏望ᄒᆞᄋᆞᆸᄂᆞ이다

右項 事情을 任官으로 ᄒᆞ여곰 累巡 /告達ᄒᆞ오되

〖隔〗使道 前의 我國 /事情을 仔細 알외지 아니ᄒᆞ온지/疑心도 잇ᄉᆞᆸ고[ᄒᆞᄂᆞᆫ가 시브오매] 이리 젹ᄉᆞ오니　〖隔〗明/察ᄒᆞᄋᆞᆸ셔　〖隔〗兩國誠信連續ᄒᆞ/게 ○〈顧見〉ᄒᆞ여 주ᄋᆞᆸ시면 自然 對馬州ᄂᆞᆫ /存保ᄒᆞ올 거시오니 千萬幸望/ᄒᆞᄋᆞᆸᄂᆞ이다

⑦b

回答書契을[를]（가져가）江戶의 밧칠 밧긔 업/ᄉᆞ오니 江戶의 밧치면 兩國間의 生梗 되기ᄂᆞᆫ /目前의 잇ᄂᆞᆫ 일이오매 밧지 못ᄒᆞᄋᆞᆸᄂᆞᆫ 事情 ᄎᆞᆯ하로 아니 바다 罪/을 當ᄒᆞᆯ 밧근 업ᄉᆞᆸᄂᆞ이다[ᄒᆞᆯ 일 업ᄉᆞ오니[나]] ᄉᆞ이예 잇ᄉᆞᆸᄂᆞᆫ 對馬/州ᄂᆞᆫ　절로　滅■■[ᄒᆞ게]　되오니

〖隔〗商量ᄒᆞ여 주ᄋᆞᆸ쇼셔

＊1：導

【現代語訳】

（端裏書き）控　（端裏書き、朱書）八月十九日の分

口陳（口上書）

① 今般の修聘の御用はよく御存知のことですが、大綱を記しますので、ご明察ください。戊申年[1]に延聘使を差送なさったのですが、その本意はすなわち凶年で民力が支え難いため延聘を相議したものであり、仔細の内容はその時の書契にあることであり、朝廷におかれては即時許接してくださり、回答書契も丁寧にしてくださったので、江戸に差し上げました。その

② 後、辛亥年[2]に議聘使を差送なさったのですが、その主意は、以前の信使の弊害を考えると、双方に凶年の憂患がある時にも民弊を顧みず贅沢ばかりして交われば、永く続かないと思うので、簡易にして、誠意を厚くすれば、幾万年たりとも和交連続するだろうということを深く推量なさった故であり、専ら誠信厚誼で以て両国省弊の意を縷々相議いたしましたが、その時朝廷におかれて許接もなさらず、回答書契にて延聘どおりにしておくのが無妨であるとおっしゃいましたので、議聘使は帰国し、回答書契は

③ 東武にお送りしましたが、士正朴正が訓導として下来し、乙卯年[3]の三月から申すには、「議聘使は日本のためばかり考えているのみであって、我国には有益なことがないようだから許諾をなさらなかったのだが、我国のことも省弊し、有益

であれば、易地もするだろうから、只今からでも双方省弊を
相談する勢いであれば、朝廷のお言葉を以て再び議論しなさ
いと仰せられたので、今からでもまた議論ができるでしょう
か」と言うので、
④　対馬州にて公論なさるには、「先般議聘使の回答書契を
江戸へさし上げたところ、にわかに申し上げにくいので、ま
ずはゆるゆるとしておけと仰せられたところ、丙辰年[4]に士正
朴僉知が訓導として渡海官の首訳に当たり、対馬州
⑤　にて奉行に会い又々朝廷の命で以て省弊の事を仔細に懇
請し、帰国後上京してほどなく別遣として（東萊へ）下来し、
易地省弊の事について東萊府使の書契ならびに別陣で以て要
請なさったので、対馬州にて広く公論した後に、その書契を
東武へ差し上げ、奉行を周旋のため江戸へ入れ送り、御用を
担当して漸く順成になったので、戊午年[5]に東武におかれては
御令文を以て対馬州に仰せ付けられたので、その時も我が太
守（対馬藩主）におかれては、書契および別陣で以て回答を
仔細になさって双方約条をしっかりとなさったので、東武よ
り対馬州にて聘礼設行することは、六十余州に命令なさり、
すでに客舎も造営し凡事準備をしておられるのみならず、こ
の御用につき太守（対馬藩主）におかれても東武へ参られて
この約条が金石の如く完定した旨申し上げたところ、東武よ
り命令をなさり、修聘使を差送なさいましたのに、この度の
回答書契には、朝鮮人が奸欺なることをしたとて、難しいこ
とを仰せられるのですが、以前に往復した文書たるものは東
武へ転達し、太守（対馬藩主）も担当して易地する旨親しく
申し上げましたのに、今に至って（当事者でない）中間で生
じた（事実無根の）ことだとて、できなくなれば、太守（対
馬藩主）が担当したことをどうして貴国の者がだましたと
⑥a　申し上げましょうか。また、数百年の誠信において、
だまされたと申し上げることがありましょうか。去年、朝鮮
の人が罪を被ったという話を承りましたけれども、罪を被っ
た人だけでなく、士正朴僉知、景和朴僉知、伯玉崔同知、華
彦崔同知が連続して任官、講定官にあって、すべて朝鮮人で
はございませんか。朝廷におかれてお送りになった人ですか
ら、どうして信じないことがありましょうか。朝廷におかれ
て書契をお渡しになったのだから、受け取るのが当然だとおっ
しゃいますけれども、書契に当たらぬ回答であれば、持って
帰れば
⑦a　使臣の道理にならず、持って帰らなくとも罪を被るの
は同様ですけれども、持って帰れば、東武におかれて「朝鮮
より当初やめると言い、またやろうと言うことで書
⑧　契が参ったので、特別に命令を下したところ、どうして
このようになったのか」とお咎めがあるでしょうから、対馬
州に弊害がないようにご明察ください。弊州は両国誠信の厚
きことばかりを願っておりますので、順便の道理を啓聞（朝
廷に上奏）してくださいますよう、千万伏してお願い申し上

げます。

⑨　丙寅年[6]八月十九日

【語釈】

（1）一七八八（天明八）年。
（2）一七九一（寛政三）年。
（3）一七九五（寛政七）年。
（4）一七九六（寛政八）年。
（5）一七九八（寛政十）年。
（6）一八〇六（文化三）年。

【和解】

この**史料**69および次の**史料**70に対する和解として、《宗家文庫史料一紙物812-18-1》・《宗家文庫史料一紙物812-18-2》・《宗家文庫史料一紙物1200-24-24（前段）、1200-24-23（後段）》の三種がある。

このうち、《宗家文庫史料一紙物1200-24-24、1200-24-23》に現れる添削箇所がこの**史料**69の添削個所に一致するので、《宗家文庫史料一紙物1200-24-24、1200-24-23》がこの**史料**69に対応する和解と見られる。《宗家文庫史料一紙物812-18-1》と《宗家文庫史料一紙物812-18-2》はほとんど同じ文面であるが、《宗家文庫史料一紙物1200-24-24、1200-24-23》の内容を整理・修正したもので、次の**史料**70の黒字で書かれた部分にほぼ対応している。以下には、《宗家文庫史料一紙物812-18-1》の翻刻を掲げる。

《宗家文庫史料一紙物812-18-1》

口陳

今般修聘公幹能々御存之儀ニ候得共、大綱を致書録候ニ付
御明察可被下候、戊申年延聘使被差渡候其趣意、凶歳ニ
付民力難支訳を以延聘之御相談ニ至候事ニ而委書契ニ有之、
則許接ニ至り貴国より御返翰被差出候ニ付、江戸表江被
差上候、其後辛亥年議聘使被差渡候主意者是迄之信使之形
ニ而者彼此共ニ凶年等之憂有之候時節も民弊を茂不厭、奢
修之風習を以御交り被成候而者御永続ニ至間舗、兎角簡易
ニして誠意者厚幾万年茂御和交御連続ニ至候儀を御深慮被
成候より起り、専ら御誠信之厚誼を以御執政方ゟ議状迄茂
延聘使ニ被差添被差渡兩国省弊筋委縷御談し有之候得共、
其節表江此等之趣不貫通候哉、議聘使返翰ニ延聘之侭差置
候儀無妨と一途ニ被仰述、終ニ御熟談ニ不至、議聘使帰国
ニ至候、其返翰　公義江被差上候処、公義ゟ御令文を以
苟執吾所欲強他所不欲頗違隣好之誼亦非公平処事之道と有
之、其侭ニ御聞受ケ有之　太守ゟ之副書共に被差渡候ニ付、
其時東莱府使尹長烈ゟ御挨拶之回翰も被差越有之候処、其
後士正朴正訓導ニ下り乙卯年三月比ゟ追々申聞候者、議聘
使者日本之為計ニメ我国之益不相見事と而已心得候処ゟ快
く許諾ニ不至候得共、我国も省弊ニして益有之候ハヽ、易地
も相極様可致候、今ニ而も彼此省弊を被談候儀ならは朝廷

之詞を以重而致講議候様ニと被仰聞候、唯今ニ而も又々御談ニ可相成哉と申聞候、其節館守職者今之講定使ニ而御座候、然処士正朴正者　朝廷ゟ御直之含を以申聞、東萊府使ゟも口伸を以被頼遣候故、館守之職朝廷ゟ御辞有之儀を其侭難被打置、対州江申越有之候処、対州ニ而之公論先般議聘使回答之書江戸表へ差上令文も下り居候処、卒爾ニ難申上候間江戸表下地も相尽し見ルへく先夕其形ニして置候得と申来居候内、丙辰年士正朴僉知訓導勤中ゟ渡海官首訳被仰付於対州奉行之職ニ直対有之、猶亦朝廷之含を致懇請省弊之儀等委相頼置帰国上京之上、間も無之別遣として被差下易地省弊之儀ニ付府使ゟ書契并別陣等被差出候ニ付、対州に而被尽評議候上、右書契　東武江被差上奉行職一員是又為周旋被差登御用成熟いたし候付、戊午年　東武ゟ御令文を以対州へ被仰出候故則其節　太守ゟ右之御令文ニ書契并別陣を以御返答委細被仰達候ニ付、府使ゟ都表へ啓聞之上礼曹・東萊之謝書被差渡、早速東武江被差上候事ニ候、依之対州ニ而聘礼取行候段日本六拾余州ニ命令を被出、則対州江客舎をも被設諸般用意相備居候、右公幹ニ付　太守も既ニ両度迄参府有之たる事ニ而貴国御頼依斯迄被致周旋思召通儀物等迄各別減数ニ相成是迄講定相済居如金石御完定ニ至り居候、其上年期之事も被入御念、去甲子年下地御問合被成候処差支無之と被仰聞候ニ付其段被仰上、此度江戸表ゟ命令を以信使之年期為御告修聘使被差渡候処、八ヶ月振り許接ニ相成候而已無之回答書契中ニ何やら国中之訳を以被仰聞候筋も有之哉と相考、諸般道ニ外れ候御計方誠信之上之御処置ニ候哉、先般追々之書契　江戸表へ被差上置候上ハ仮令人命如何程之事ニ拘り候共御誠信ニおゐて無詮事ニ候、偖亦堂上官と申候者重キ勤ニ候段申迄も無之、士正朴僉知・景和朴僉知・伯玉崔同知・華彦崔同知何連も　朝廷ゟ被差出候御役人ニ御座候、然処譬者若此方不了簡ニ而右書契相受取候ものニ致見候時貴国々体如何敷筋他国江相顕連候而已ならす、此御返簡江戸表江差上候時前納と大ニ致齟齬　日本を被欺候ニ当り両国間之弊端面りニ候へハ何分受取かたく候、此等之御所意弊州を御謀陥被成候而已ならす、貴国と厚キ御交り数百年ニ至り候を一朝ニ事之破連ニ茂可相成哉と昼夜共ニ致恐怖居候既ニ館中ゟ屹度覚悟之上御掛合可致と存込居候得共、対州之本意を恐察致候得者仮令江戸表之咎不遠と云共、先誠意を以順便之道を力一盃御論し可申述事哉と存候間、此節啓聞ニ相成候様御扱被下度希候、

右項之事情任官を以累々御達申入候得共、使道之前を憚り我国之事情丁寧之論を申述候事不相貫と相聞へ書録を以及御掛合ニ候間委細御聞得被下、猶又順便之道ニ至り候ハ、両国御和交御連続対州之多幸ニ御座候、何分此時御尽し被成度候、以上、

【参考情報】

一八〇六（文化三）年六月二十四日に別宴、同月二十五日に礼単茶礼を挙行し、その日に東萊府使呉翰源は訓導・別差・差備官を倭館に遣わして礼曹書契を通信使請来大差使正官古川図書に伝達せしめた。しかしながら通信使請来大差使正官古川図書は礼曹書契の受け取りを拒否した。その後、両国間の交渉を持つ機会はなかったが、二ヶ月後の同年八月十九日、都船主加納郷左衛門は、丙寅年の第一・第二・第三送使封進宴出席のため宴享大庁に入館した東萊府使に対して、礼曹参判回答書契の内容を不服とする旨、直接に交渉を試みたが、その時の口上書草案がこの**史料69**であろう（「日省録」純祖六年八月二十六日条、「通信使草謄録」純祖六年八月二十六日条）（田保橋一九四〇年：七四一－七四二頁）。

史料70

【史料概要】**史料69**を整理したもの。一八〇六（文化三／丙寅）年八月十九日、都船主加納郷左衛門が東萊府使に対して交渉を試みた時の口上書草案。

【写真】

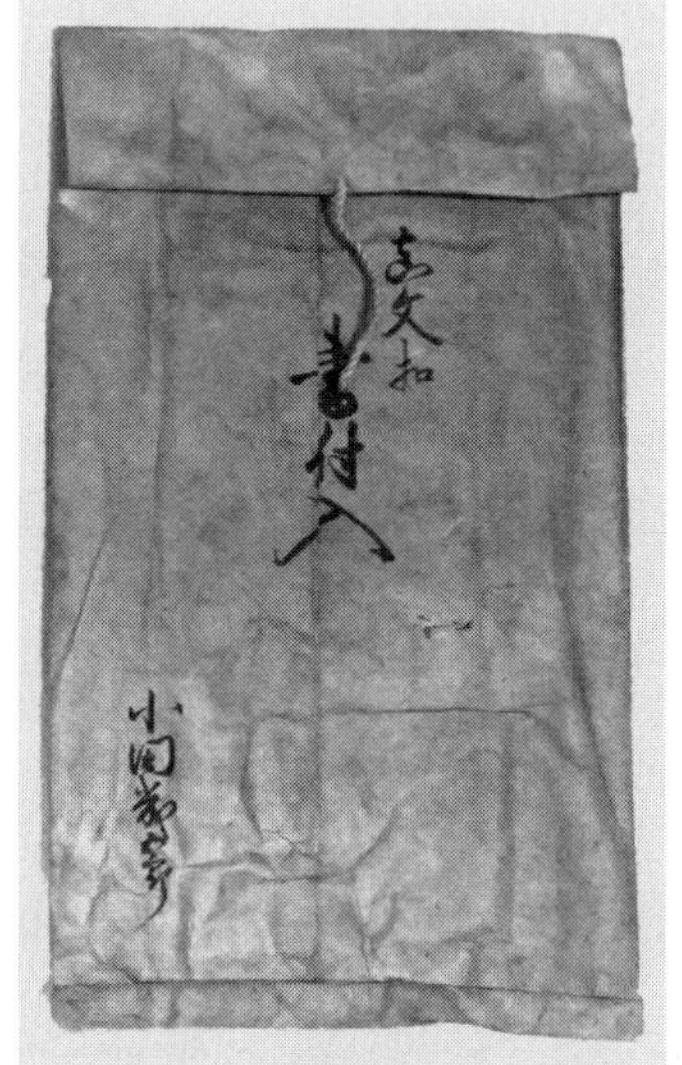

史料70
（封筒裏面書き）

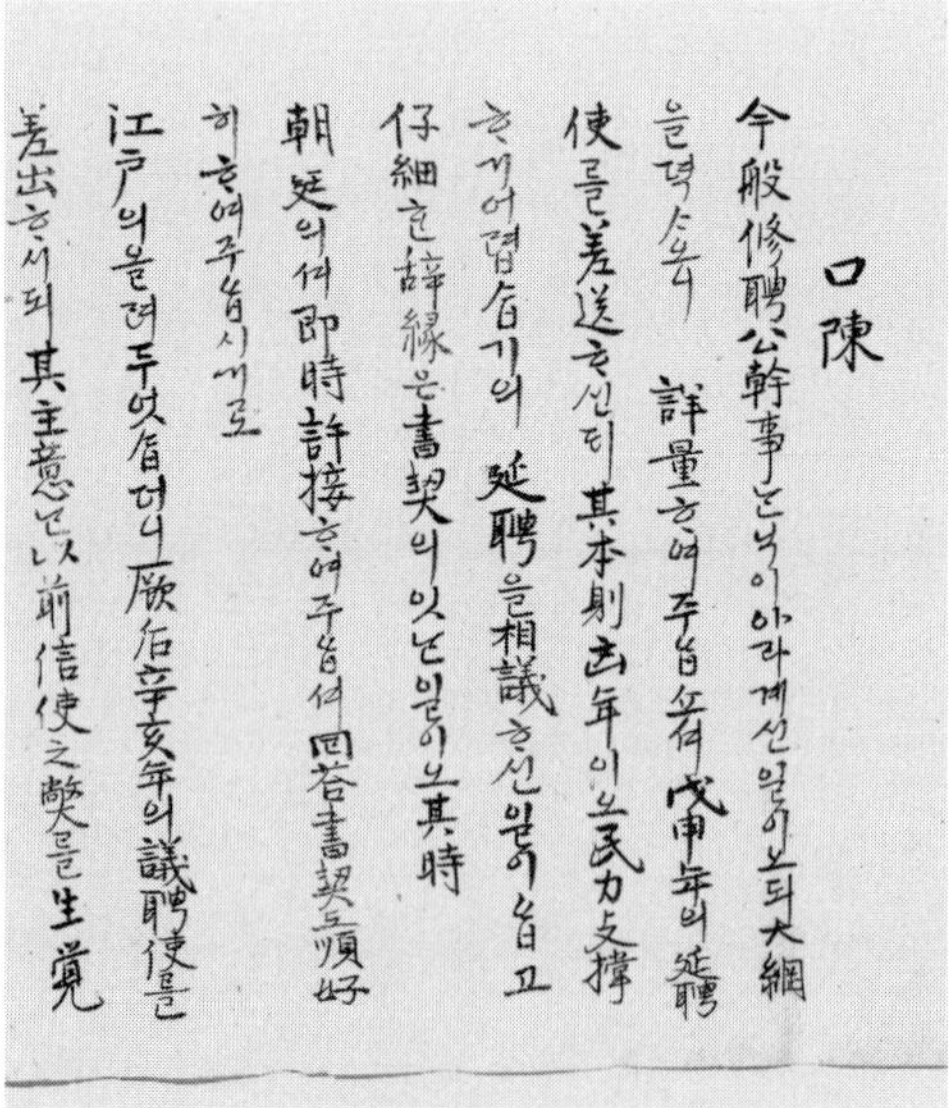

史料70（1/7）

호온즉 彼此凶年憂患이 이실때도 民弊를 不顧
호고 奢侈만 호고서로 사필작서면 永久치 못호올
듯호온즉 簡易호기를 爲호고 誠意를 厚히 호온
즉 幾萬年이라도 和好之意로 交隣이 連續호올
줄을 深量호여 편히 誠信厚誼로서
江戶執政諸公이 議狀 삼지 議聘使의 부利 差送
호시매 議聘使 出來後
兩國省弊之意로 縷縷히 相議호엿숩는 其時
朝廷의 此意가 不通호온지 議聘使의 許接도 아니
호웁셔 回答書契의 延聘대로 호여 두는거서 無妨
호다 호여계셔 議聘使는 入帰호고 回答書契는
東武의 上送호온데 호엿숩더니
東武계셔 今年을 호시되 苟執吾所欲強他所不欲
頗違隣好之誼亦非公平處事之道라 호셔 그만의
후시되 我　太守계셔 副書를 差送호온데 其時
尹使道 등 內라 右意를 바다 回答書契를 내여주
웁신후에 士正 朴正이 謝틥로 느려와 乙卯年三月부터
말숨호기는 議聘使는 日本일만 爲호온 연문이 웁게

史料 70（2/7）

我國의는 有益호 일이 업슬듯호기로 쾌히 許諾을 아니
호온즉 我國일도 省弊호고 有益호웁거든 易地도 決定
혼거서매 即今이라도 彼此省弊를 相議홀 쳬여든
朝廷말숨으로서 다시 講議호라 호여 계시니 이제라도
議論이 될가 호오매 그때 館守는 特別 講定使로 士正
朴正이
朝廷계웁셔 分付호웁신 말숨도 여러번 호웁고 其時 使道
계셔 口伸으로 호여 懇請호시나 館守 職分의
朝廷계웁셔 그대지 호여 계신거슬 그저 잇지 못호여 對馬
州의 奇別호웁는데 對馬州의셔 公論호오되 지난번
의 議聘使 回答書契를
江戶의 올렷다가 今文도 느리는데 猝然히 稟호기
어렵스오매
江戶意向도 探知호여 본 계셔 아직 날회여 두라 호엿더니
回報가 잇숩는 리 丙辰年의 士正 朴僉知 訓導와
渡海官 首譯을 當호여 對馬州의셔 奉行 中은 相接
호고 다시 음
朝廷命으로 省弊事를 仔細懇請호여 還國後

史料 70（3/7）

上京ᄒᆞ고 ᄂᆞ려지 아녀ᄒᆞ여셔 別遣으로 下来ᄒᆞ고 易地
省弊事ᄒᆞ여 東萊 使道書契와 并 別陳으로
請ᄒᆞ시매 對馬州로 ᄂᆞ려보ᄂᆡ옵더니 對馬州의셔 널리
公論ᄒᆞᆫ 후에 書契를
東武의 올려 奉行 頭들을 周旋ᄒᆞ라 ᄒᆞ고
江戶의 ᄂᆞ려보ᄂᆡ여 계요 公幹이 順成ᄒᆞ기의 戊午年
東武겨셔 今文으로 對馬州의 分付ᄒᆞ시매 亦是我
太守 副書及別陳을 ᄒᆞ여 回答을 仔細ᄒᆞ옵니 使道
겨셔 啓聞ᄒᆞ신 후 禮曹及東萊 謝書를 보ᄂᆡ시매
斯速
東武의 映처 두엇ᄉᆞ오니 對馬州의셔 聘禮設行
ᄒᆞᆯ 줄을
日本 六十餘州의 命令을 ᄒᆞ옵셔 부셔 對馬州의
客舍도 營造ᄒᆞ고 凡事 辦備를 ᄒᆞ여 두언ᄉᆡᆼ 아니
오라 此公幹事로 太守겨셔도 대ᄉᆞ로이

史料 70（4/7）

東武의 覲侍ᄒᆞ셔ᄂᆞᆫ 일은
貴國도 아ᄅᆞ신 일이오 省弊一欵은 朝鮮의셔 懇請
ᄒᆞ신 일이오 對馬州의셔 宣力ᄒᆞ고 儀物等事를
各別이 減數ᄒᆞ고 講定을 ᄒᆞ여 彼此 約条ᄂᆞᆫ
金石ᄀᆞ치 完定ᄒᆞᆫ 일이오매 甲子年의 信使請ᄒᆞᆫ
年期를 ᄌᆞ시 아라 보옵더니 己巳年은 係關이 업다
ᄒᆞ시매
東武로셔 命令을 ᄒᆞ옵셔 修聘使를 差送ᄒᆞ되
八朔만의 許接을 ᄒᆞ여 주실 ᄉᆡᆼ각으로 回答書契의
我國人이 奸惡ᄒᆞᆫ 일을 ᄒᆞ엿다 ᄒᆞ옵셔 如前이 ᄒᆞ라
ᄒᆞ여 계시되 압셔 書契ᄂᆞᆫ다
江戶의 잇ᄂᆞᆫ 거시오 사ᄅᆞᆷ을 아모만 죽이옵셔도 無可奈何
요 重ᄒᆞᆫ 人命을 ᄯᆞᆨ지 아니ᄒᆞ옵신 거시 誠信之道에
容ᄒᆞᆫ 일이오매 다 알ᄋᆞᆸ거니와 士正朴僉知景和朴僉知
伯玉崔同知華彥崔同知ᄂᆞᆫ 다 朝鮮 사ᄅᆞᆷ 아니
兩國間의 堂上官이라 ᄒᆞ옵ᄂᆞᆫ 거ᄉᆞᆫ 使道ᄇᆞ금
으로 아옵고 아모 公幹이라도 ᄒᆞᆫ 말로 決斷ᄒᆞᆯ 적이 만ᄉᆞ
온ᄃᆡ

史料 70（5/7）

史料 70（6/7）

史料 70（7/7）

【翻刻】

（封筒裏面書き）真文扣　／書付入　／小田幾五郎

口陳

今般　修聘　公幹事ᄂᆞᆫ　닉이　아라　계신　일이오되　大綱／
을　덕ᄉᆞ오니　〖隔〗詳量ᄒᆞ여　주옵쇼셔　戊申年의　延聘
／使를　差送ᄒᆞ신ᄃᆡ　其本則　凶年이오　民力　支撑／ᄒᆞ기
어렵ᄉᆞᆸ기의　延聘을　相議ᄒᆞ신　일이옵고　／仔細ᄒᆞᆫ　辭緣
은　書契의　잇ᄂᆞᆫ　일이오　其時　〖移〗／朝廷의셔　卽時
許接ᄒᆞ여　주옵셔　回答書契도　順好／히　ᄒᆞ여　주옵시기

로 〖移〗／江戶의 올려 두엇숩더니 厥后 辛亥年의 議
聘使를 ／差出ᄒᆞ시되 其主意ᄂᆞᆫ 以前 信使之弊를 生覺
／ᄒᆞ온즉 彼此 凶年 憂患이 이실 째도 民弊를 不顧／
ᄒᆞ고 奢侈만 ᄒᆞ고 서로 사괼 쟉시면 永久치 못ᄒᆞ올 ／
듯 ᄒᆞ오니 簡易ᄒᆞ기를 爲ᄒᆞ고 誠意를 厚히 ᄒᆞ온／즉
幾萬年이라도 和好之意로 交隣이 連續ᄒᆞᆯ ／줄을 深量
ᄒᆞ셔 젼혀 誠信厚誼로써 〖移〗／江戶 執政 諸公이 議
狀ᄉᆞ지 議聘使의 붓쳐 差送／ᄒᆞ시매 議聘使 出來後
〖移〗／兩國省弊之意로 縷〃히 相議ᄒᆞ엿ᄉᆞ오나 其時
〖移〗／朝廷의○〈셔〉 此意가 不通ᄒᆞ온지 議聘使의
許接되 아니 ／ᄒᆞ옵셔 回答書契의 延聘대로 ᄒᆞ여 두ᄂᆞᆫ
거시 無妨／ᄒᆞ다 ᄒᆞ여 계시니 議聘使ᄂᆞᆫ 入帰ᄒᆞ고 回答
書契ᄂᆞᆫ 〖移〗／東武의 上送ᄒᆞ온ᄃᆡ[ᄒᆞ엿숩더니] 〖移〗
／東武계셔 令文을 ᄒᆞ시되 苟執吾所欲強他所不欲／頗
違隣好之誼 亦非公平處事之道라 ᄒᆞ셔 그만의 ／두시되
我 〖隔〗 太守겨셔 副書를 差送ᄒᆞ온ᄃᆡ 其時 ／尹使道
等内라 右意를 바다 回答書契를 내여 두／옵신 후에
士正朴正이 訓導로 ᄂᆞ려 와 乙卯年 三月부터 ／말숨ᄒᆞ
기ᄂᆞᆫ 議聘使ᄂᆞᆫ 日本일만 爲ᄒᆞᆯ ᄯᆞᄅᆞ미옵지 ／我國의ᄂᆞᆫ
有益ᄒᆞᆫ 일이 업슬 듯ᄒᆞ기로 쾌히 許諾을 아니 ／ᄒᆞ오
나 我國 일도 省弊ᄒᆞ고 有益ᄒᆞ옵거든 易地도 決定／ᄒᆞᆯ
거시매 卽今이라도 彼此 省弊를 相議ᄒᆞ올 셰여든
〖移〗／朝廷 말숨으로써 다시 講議ᄒᆞ라 ᄒᆞ여 계시니

이제라도 ／議論이 될가 ᄒᆞ오매 그 째 館守ᄂᆞᆫ 時方 講
定使요 士正／朴正이 〖移〗／朝廷겨옵셔 分付ᄒᆞ옵신
말숨도 여러번 ᄒᆞ옵고 其時 使道／겨셔 口伸으로 ᄒᆞ여
懇請ᄒᆞ시니 館守職分의 〖移〗／朝廷겨옵셔 그대지 ᄒᆞ
여 계신 거슬 그저 잇치 못ᄒᆞ여 對馬／州의 奇別ᄒᆞ옵
ᄂᆞᆫᄃᆡ 對馬州의셔 公論ᄒᆞ오되 지난번／의 議聘使 回答
書契를 〖移〗／江戶의 올렷다가[ᄂᆞᆫᄃᆡ] 令文도 ᄂᆞ리ᄂᆞᆫ
ᄃᆡ 猝然히 稟ᄒᆞ기 ／어렵ᄉᆞ오매 〖移〗／江戶意向도
探知ᄒᆞ여 볼 거시니 아직 날회여 두라 ／回報가 왓숩
ᄂᆞᆫᄃᆡ[ᄒᆞ엿더니] 丙辰年의 士正朴僉知 訓導로셔 ／渡海
官 首譯을 當ᄒᆞ여 對馬州의셔 奉行中을 相接／ᄒᆞ고 다
시곰 〖移〗／朝廷命으로 省弊事를 仔細 懇請ᄒᆞ여 還
國後 ／上京ᄒᆞ고 오래지 아니ᄒᆞ여셔 別遣으로 下來ᄒᆞ
고 易地／省弊事ᄒᆞ여 東萊 〖隔〗 使道 書契와 并 別陳
으로 ／請ᄒᆞ시매 對馬州로 드려 보내옵더니 對馬州의
셔 넙히 ／公論ᄒᆞᆫ 후에 書契를 〖移〗／東武의 올려
[리고] 奉行 一員을 周旋ᄒᆞ라 ᄒᆞ고[을 周旋ᄒᆞ라 ᄒᆞ고]
〖移〗／江戶의 드려 보내여 계요 公幹이[을 擔當ᄒᆞ여
계요] 順成ᄒᆞ기의 戊午年 〖移〗／東武계셔 令文으로
對馬州의 分付ᄒᆞ시매 亦是 我 〖移〗／太守 副[書]書
〈契〉 及別陳을 ᄒᆞ여 回答을 仔細ᄒᆞ시니 〖隔〗 使道
[히 ᄒᆞ셔 彼此約條를]／겨셔 啓聞ᄒᆞ신 후 〖隔〗 禮曹
及 東萊謝書를 보내시매[든〃히 ᄒᆞ엿기의] ／斯速

『移』/東武의 밧쳐 두엇숩더니[로셔] 對馬州의셔 聘
禮設行/ᄒᆞᆯ 줄을 『移』/日本六十餘州의 命令을 ᄒᆞ옵
셔 블셔 對馬州의 /客舍도 營造ᄒᆞ고 凡事辦備를 ᄒᆞ여
두실 ᄲᅮᆫ 아니/오라 此公幹事로 『隔』 太守겨셔도 대
ᄉᆞ로이 『移』/東武의 覲侍ᄒᆞ시던 일은 『移』[셔 此
約條가 金石ᄀᆞᆺ치 完定]/貴國도 아ᄅᆞ신 일이오 省弊一
款은 朝鮮의셔 懇請[ᄒᆞᆫ 줄로 알외오니 『隔』 東武로셔
命令을 ᄒᆞ옵셔]/ᄒᆞ신 일이오니 對馬州의셔 宜*1力ᄒᆞ
고 儀物等事를[修聘使롤 差送ᄒᆞ엿숩더니[ᄒᆞ여 계신ᄃᆡ]
今般 回答書契의 『移』 ㅡ /各別이 減數ᄒᆞ고 다 講定
을 ᄒᆞ여 彼此 約條ᄂᆞᆫ[朝鮮 사ᄅᆞᆷ이 奸欺ᄒᆞᆫ 일을 ○ 〈ᄒᆞᆫ
다〉 ᄒᆞ셔 어려히 구옵시되]/金石ᄀᆞᆺ치 完定ᄒᆞᆫ 일이
오매 甲子年의 信使 請ᄒᆞᆯ[以前의 往復ᄒᆞᆫ 文書가
『移』 ㅡ /年期를 ᄌᆞ시 아라보옵더니 己巳年은 係關이
업다[東武의 轉達ᄒᆞ옵고 『隔』 太守도 擔當ᄒᆞ여 易]
/ᄒᆞ시매 『移』[地ᄒᆞᆯ 줄로 親히 알외엿숩ᄂᆞᆫᄃᆡ 到今ᄒᆞ
여]/東武로셔 命令을 ᄒᆞ옵셔 修聘使를 差送ᄒᆞ신ᄃᆡ[中
間 일이라 ᄒᆞ고 못 되오면 『隔』 太守겨셔 擔當ᄒᆞᆫ] /
八朔만의 許接을 ᄒᆞ여 주실 ᄲᅮᆫ 아니오라 回答書契의
[일을 엇지 『隔』 貴國 사ᄅᆞᆷ 소겻다 ᄒᆞ고 알외며 ᄯᅩ]
/我國人이 奸惡ᄒᆞᆫ 일을 ᄒᆞ엿다 ᄒᆞ옵셔 如前이 ᄒᆞ쟈
[數百年 『隔』 兩國誠信의 이셔 속엇다 알외리잇가]
/ᄒᆞ여 계시되 압셔 書契ᄂᆞᆫ 다 『移』[朝鮮 사ᄅᆞᆷ 上年

의 罪 當ᄒᆞ엿단 말은 드ᄅᆞᆺᄉᆞ오나]/江戶의 잇ᄂᆞᆫ 거시
오니 사ᄅᆞᆷ을 아모만 죽이옵셔도 無可奈何/요 重ᄒᆞᆫ 人
命을 앗기지 아니ᄒᆞ옵신 거시 誠信之道에 /금즉ᄒᆞᆫ 일
이오매 다 아옵거니와[一二人이 아니라○罪 當ᄒᆞᆫ 사ᄅᆞᆷ
만 야냐]○士正朴僉知 景和朴僉知 /伯玉崔同知 華彦
崔同知ᄂᆞᆫ[가 連續ᄒᆞ여 任官 講定官의 이셔 書契書付를
入送ᄒᆞ오니] 다 朝鮮사ᄅᆞᆷ이요[아니오니잇가○] 『移』
/兩國間의 堂上官이라 ᄒᆞ옵ᄂᆞᆫ 거슨 『隔』 使道 버금
/으로 아옵고 아모 公幹이라도 ᄒᆞᆫ 말로 決斷ᄒᆞᆫ 적이
만ᄉᆞ/온ᄃᆡ 『移』 /○朝廷겨옵셔 番〃의 그런 堂上官
만 내옵시니잇가 回答[보내신 사ᄅᆞᆷ이오니 엇지 아니
밋○ 〈ᄉᆞ〉 오리잇가]/書契ᄂᆞᆫ 『移』 /朝廷겨셔 내옵
신 거시매[書契를 주옵시니] 밧ᄂᆞᆫ 거시 맛당ᄒᆞ오되○
〈書契의 不當ᄒᆞᆫ 回答이여든〉 가져/가와도 罪 當ᄒᆞᆯ
거시요[면 使臣道理가 아니 되고] 아니 가져 가와도
罪 當ᄒᆞ기ᄂᆞᆫ /ᄒᆞᆫ가지온ᄃᆡ 가져 가온즉 『移』 /貴
國〃躰도 如何ᄒᆞ옵고 朝鮮 사ᄅᆞᆷ이 잘못ᄒᆞᆫ 일을[東武의
셔 『移』 ㅡ /他國 사ᄅᆞᆷ의 알게 ᄒᆞ옵ᄂᆞᆫ 거시 더옥 如
何ᄒᆞ옵고 ᄯᅩᄒᆞᆫ[朝鮮의셔 當初의 마다ᄒᆞ고 ᄯᅩ ᄒᆞ쟈 ᄒᆞᆫ
다고 書契가 왓]/압셔 書契本意가 大段히 相左ᄒᆞ오
매 此回答[기의 各州의 命令을 ᄂᆞ리옵더니 어이 이리
ᄒᆞ엿ᄂᆞ니]/書契를 『移』[ᄒᆞ고 致責이 이실 거시매
對馬州 無弊ᄒᆞ게 『隔』 洞]/江戶의 밧치면[燭ᄒᆞ여 주

옵쇼셔 弊州ᄂᆞᆫ」 ／兩國間의 生梗 되옵기ᄂᆞᆫ 目前의 잇
ᄂᆞᆫ 일이오매 ᄎᆞᆷ아「兩國誠信 敦厚ᄒᆞ기만 ᄇᆞ라고 잇ᄉᆞ오
니 順便」 ／밧치 못ᄒᆞ옵ᄂᆞ이다 이 回答書契를 부ᄃᆡ 바
드라「ᄒᆞ올 道理를 啓 〘隔〙 聞ᄒᆞ여 주옵시믈 千萬」 ／
ᄒᆞ옵신 거ᄉᆞᆫ 弊州를 謀責ᄒᆞ옵셔 亡ᄒᆞ게 ᄒᆞ옵「伏望ᄒᆞ옵
ᄂᆞ이다」／신가 시브니 ᄀᆡ이업ᄉᆞ오며 〘移〙「丙寅年八
月十九日」／貴國 일을 ᄒᆞ옵다가 〘隔〙 貴國 사ᄅᆞᆷ 일로
罪 當ᄒᆞᆫ 거시 ／애ᄃᆞᆯᄉᆞ와 累百年 恩惠 닙엇던 일도 이
때예 當ᄒᆞ여 ／이 地境의 갓ᄉᆞ오니 晝夜 惶悚ᄒᆞ여 一
館中 사ᄅᆞᆷ은 ／죽기를 決斷ᄒᆞ여 잇ᄉᆞ오되 對馬州 本意
則 ／至誠으로 비러 順便之道를 竭力盡說ᄒᆞ라 ／ᄒᆞ시
니 此時의 큰 德을 닙피시게 啓 〘隔〙 聞ᄒᆞ여 ／주옵시
믈 伏望ᄒᆞ옵ᄂᆞ이다
右項 事情을 差備官 講定官 任官으로 ᄒᆞ여／곰 累
巡 告達ᄒᆞ오되 〘隔〙 使道 前의 我國 事／情은 仔
細 알외지 아니ᄒᆞᄂᆞᆫ가 시브오매 이리 뎍ᄉᆞ／오니
〘移〙 ／兩國誠信 連續ᄒᆞ게 顧見ᄒᆞ여 주옵시연*2
自然 ／對馬州ᄂᆞᆫ 保存ᄒᆞ올 거시오니 千萬企望ᄒᆞ옵
／ᄂᆞ이다

＊1：宣　＊2：면

【現代語訳】

口陳（口上書）

今般の修聘の御用はよく御存知のことですが、大綱を記しますので、ご明察ください。戊申年[1]に延聘使を差送なさったのですが、その本意はすなわち凶年で民力が支え難いため延聘を相議したものであり、仔細の内容は書契にあることであり、その時の朝廷におかれては即時許接してくださり、回答書契もすみやかにしてくださったので江戸に差し上げましたところ、その後、辛亥年[2]に議聘使を差送なさったのですが、その主意は、以前の信使の弊害を考えると、双方に凶年の憂患がある時にも民弊を顧みず贅沢ばかりして交われば、永く続かないと思うので、簡易にして、誠意を厚くすれば、幾万年たりとも和交の意を以て交隣が連続するだろうということを深く推量なさった故であり、専ら誠信の厚誼で以て両国省弊の意を以て縷々相議いたしましたが、その時朝廷におかれて許接なさらず、回答書契にて、延聘どおりにしておくのが無妨であるとおっしゃいましたので議聘使は帰国し、回答書契は東武にお送りしましたところ士正朴正が訓導として下来し、乙卯年[3]の三月から申すには、「議聘使は日本のためばかり考えているのみであって、我国には有益なことがないようだから許諾をなさらなかったのだが、我国のことも省弊し、有益であれば、易地も決定するだろうから、只今からでも双方省弊を相談する勢いであれば、朝廷のお言葉を以て再び議論しなさいと仰せられたので、今からでも議論ができるでしょうか」と言うので、対馬州にて公論なさるには、「先般議聘使の回答書契を江戸へさし上げたところ、にわかに申し上げにくいので、まずはゆるゆるとしておけと仰せられたところ、丙辰年[4]に士正朴僉知が訓導として渡海官の首訳に当たり、対馬州にて奉行に会い又々朝廷の命で以て省弊の事を仔細に懇請し、帰国後上京してほどなく別遣として（東萊へ）下来し、易地省弊の事について東萊府使の書契ならびに別陳で以て要請なさったので、対馬州にて広く公論した後に、書契を東武へ差し上げ、奉行を周旋のため江戸へ差し送り、御用を担当して漸く順成になったので、戊午年[5]に東武におかれては、御令文を以て対馬州に仰せ付けられたので、太守（対馬藩主）の書契および別陳を以て回答を仔細になさって双方約条をしっかりとなさったので、東武より、対馬州にて聘礼設行することを六十余州に命令なさり、すでに対馬州に客舎も造営し、凡事準備をしておられるのみならず、この御用につき太守（対馬藩主）におかれても東武へ参られてこの約条が金石の如く完定した旨申し上げたところ、東武より命令をなさり、修聘使を差送なさいましたのに、この度の回答書契には朝鮮人が奸欺なることをしたとて、難しいことを仰せられるのですが、以前に往復した文書たるものは東武へ転達し、太守（対馬藩主）も担当して易地する旨親しく申し上げましたのに今に至って（当事者でない）中間で生じた（事実無根の）ことだとて、できなくなれば、太守（対馬藩主）が担当したことをどうして貴国の者がだましたと申し上げましょうか。また、数百年の両国誠信において、だまされたと申し上げることがありましょうか。朝鮮の人が去年罪を被ったという話を承りましたけれども、罪を被った人だけでなく、士正朴僉知、景和朴僉知、伯玉崔同知、華彦崔同知が連続して任官、講定官にあってみな朝鮮人ではありませんか。朝廷におかれて差し遣わされた者なのでどうして信じないことがありましょうか。朝廷におかれて書契をお渡しになったのだから、受け取るのがもっともではございますが、書契に当たらぬ回答であれば、持って帰れば使臣の道理にならず、持って帰らなくても罪を被ることは同然でございますが、持って帰れば東武（江戸）において朝鮮から当初にやめると言い、またやろうと言っているとて書契が参ったので、各州に命令を下したところ、どうしてこのようになったのかとお咎めがあるでしょうから、対馬州に弊害がないようにご明察ください。弊州は両国誠信の厚きことばかりを願っておりますので、順便の道理を啓聞（朝廷に上奏）してくださいますよう、千万伏してお願い申し上げます。

丙寅年[6]八月十九日

【語釈】

（1）一七八八（天明八）年。

（2）一七九一（寛政三）年。
（3）一七九五（寛政七）年。
（4）一七九六（寛政八）年。
（5）一七九八（寛政十）年。
（6）一八〇六（文化三）年。

【参考情報】

本史料をおさめていた袋（宗家文庫史料一紙物1684に付属）に「真文扣　書付入」とあるので、史料68および史料69を整理し、公文書（真文）を作成する口上書草案であると判明する。

本史料を含めて、一連の小田幾五郎らの口上書草案を通覧すると、一八〇六（文化三／純祖六）年七月二十九日付で発せられた交渉打ち切りと接慰官徐能輔へのソウルへの引き揚げ命令などが、その背景にあったと推定すべきだろう（「日省録」純祖六年七月二十六日・二十七日条、「承政院日記」嘉慶十一年七月二十八日条、「備辺司謄録」純祖丙寅七月二十八日条など）。

史料71

【史料概要】 玄義洵（敬天）と玄烒（陽元）から小田幾五郎・牛田善兵衛宛に、ソウルからの「消息」（通信使大差使への礼曹参判回答書契の書き直しに関する返答）の有無にかかわらず、倭館に出向くと伝える書簡。

【写真】

史料71

【翻刻】

小田 ／牛田 兩公 前 回上
惠札 밧ᄌᆞ와 ／〔擡〕僉公 平安ᄒᆞ신 쥴 아ᄋᆞᆸ고 欣慰／
不已ᄒᆞ오며 두 片紙 긔별ᄒᆞ／신 ᄉᆞ연은 다 ᄌᆞ세이 보
앗ᄉᆞ／오나 片紙로 의논ᄒᆞᆯ 말이 못 ／되오니 今明日까
지 기ᄃᆞ려 消／息有無不計ᄒᆞ고 再明日은 大／雨大風ᄒᆞᆯ
지라도 僕等 下往面／叙ᄒᆞᆯ 거시니 그리 알고 기ᄃᆞ리／
ᄋᆞᆸ쇼셔 甚撓 暫上
丙寅 十月 初八日 講定官 ／訓導

【現代語訳】

小田／牛田ご両名様の御前へ拝復
お手紙拝受仕り皆様方ご平安の段、存じ上げ、喜び慰みがやみません。二通のお手紙でお知らせなさった内容は、委細拝見仕りましたが、手紙で相談すべき話ではないので、今日明日までは待って、消息(1)の有無にかかわらず、明後日は大雨大風であっても小生らが（倭館へ）下って行ってお目にかかってお話いたしますので、左様お心得になりお待ちください。
甚だあわただしきままにまずは
丙寅十月初八日　講定官（玄義洵（敬天））／訓導（玄烒（陽元））

【語釈】

（1）通信使請来大差使への返翰の書き直しについての朝鮮廟堂からの回答を指すか。

【参考情報】「倭館館守日記」や「御用書物控（草案）」には、本書簡に対応する記事は見当たらない。しかし、「御用書物控（草案）」一八〇六（文化三）年十月十一日条によれば、この時期、「大差使御返簡」すなわち通信使請来大差使の正官古川図書（平功載）・都船主加納郷左衛門（藤格）・封進押物八木久左衛門一行に対する返翰の書き直しに関する朝鮮廟堂からの回答の到着を待っていた。この手紙の文中にある「消息」とは、そのことを指すのであろう。

史料72

【史料概要】講定官玄義洵（敬天）から小田幾五郎・牛田善兵衛に対して、史料71と同様に、ソウルからの書簡がないと詫びながら、両国の通詞同士の信頼感醸成（「ご貴殿方をだますことはございませんので」）を求める書簡。

【写真】

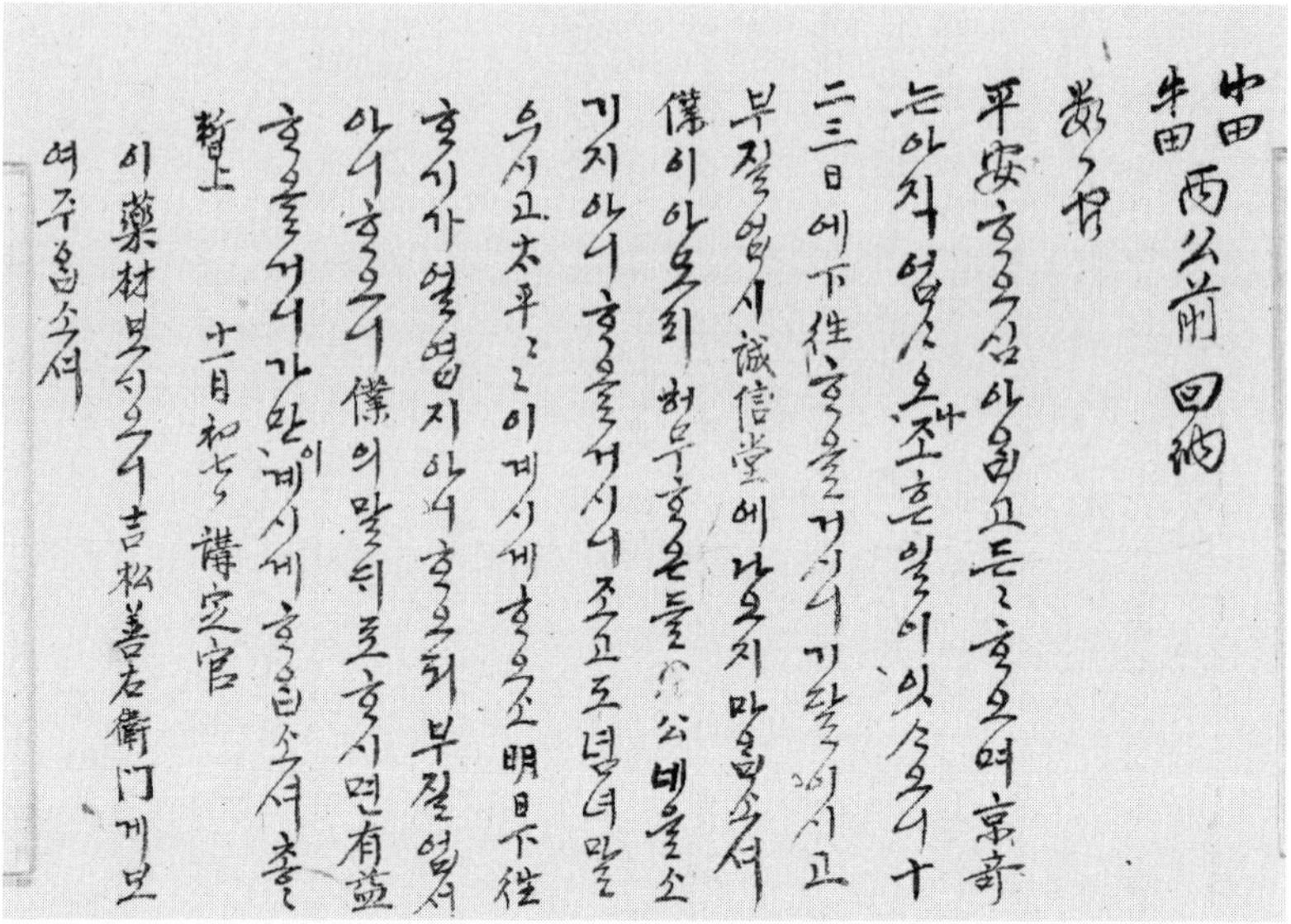

史料 72

【翻刻】

小田／牛田　兩公前　回納

數日間　『移』／平安ᄒᆞ오심　아ᄋᆞᆸ고　든〃ᄒᆞ오며　京奇／는　아직　업ᄉᆞ오●〈나〉　조흔　일이　잇ᄉᆞ오니　十／二三日에　下往ᄒᆞ올　거시니　기달이시고　／부질업시　誠信堂에　나오지　마ᄋᆞᆸ소셔　／僕이　아모리　허무ᄒᆞ온들　『隔』公네을　소／기지　아니ᄒᆞ올　거시니　조고[*1]도　념녀　말／으시고　太平〃이　계시게　ᄒᆞ오소　明日　下往／ᄒᆞ기가　얼엽지　아니ᄒᆞ오되　부질　업서　／아니　ᄒᆞ오니　僕의　말ᄃᆡ로　ᄒᆞ시면　有益／ᄒᆞ올　거니　가만●〈이〉　계시게　ᄒᆞᄋᆞᆸ소셔　총〃／暫上　十一月　初七日　講定官

이　藥材　보ᄂᆡ오니　吉松善右衛門게　보／여　주ᄋᆞᆸ소셔

＊1：곰

【現代語訳】

小田／牛田ご両名様の御前へ拝復

数日の間ご平安の段、存じ上げ心強く存じます。ソウルからの便りはまだございませんが、良いことがありますので、十二・十三日に（倭館へ）下って行くつもりですので、お待ちくださり、無為に誠信堂に出て来ないようにしてください。私がいくら悪いといってもご貴殿方をだますことはございませんので、少しも心配なさらず、気楽に気楽にしていてください。明日（倭館へ）下って行くことがむずかしくはないのですが、無意味ですので、行きません。私の言葉通りになさればば有益でしょうから、じっとしていらっしゃるようにしてください。怱々なるままにまずは

十一月初七日　講定官（玄義洵（敬天））

この薬材を送りますので、吉松善右衛門[1]へお見せください。

【語釈】

（1）対馬藩の朝鮮語通詞。「通詞被召仕方・漂民迎送賄・町代官・御免札」によれば、一七八〇（安永九）年五人通詞、一七九四（寛政六）年稽古通詞、一八〇六（文化三）年本通詞、一八〇八（文化五）年大通詞。その人物につき、「通航一覧」巻三三（国書刊行会刊本第一冊、四二五頁）には「善右衛門儀は阿房に而、専人に被遣候と可申人物に候」と酷評されている。しかしながら、そのような為人がかえって幸いしたのか、文化通信使後には功績が認められ大小姓に昇進した（文化信使記録、慶応冊子番号三八、文化九年九月四日条）。

【参考情報】この書簡には年代が記載されておらず、いつ書かれたものか分明でない。宗家文庫一紙物815-8-1から815-8-10まではもともと一袋の一連の資料と考えられ、袋（815-8-1）には「諺文書付入　小田幾五郎」とあり、こより（815-8-2）には「卯正月より」とある。また、本書簡815-8-9以外の他の書翰815-8-3～815-8-8および815-8-10にはすべて「丁卯」の年代が記載されている。これらのことから、本書簡815-8-9も丁卯すなわち一八〇七（文化四）年に書かれたもののようにも見えるけれども、「倭館館守日記」によれば、一八〇七（文化四）年十一月九日に訓導（兼講定官）の玄義洵（敬天）が倭館に入館しており、本書簡の発信日（十一月七日）以降十二日あるいは十三日まで倭館に下来しないことを述べた本書簡の内容と合わない。一方、「御用書物控（草案）」によれば、講定官玄義洵（敬天）は一八〇六（文化三）年十一月三日に倭館に入館したあとしばらく入館なく、同十一月九日の条には、「訓導入館ニ付、通詞屋ニ参り候処、訓導ゟ此間者連日坂ノ下へ御越し候由御苦労ニ御座候、左様ニ御心遣被成間敷候、明日共ハ都便り可有之、講定官十二日十三日ニハ下来可致と申候ニ付（後略）」とあり、訓導玄烒（陽元）の言として、講定官玄義洵（敬天）が十一月十二日あるいは十三日に倭館に下来する予定であることを述べている。本書簡の内容と符合するので、本書簡の発信年は、一八〇六（文化三）年と考えられる。

史料73

【史料概要】倭学訓導玄烒（陽元）から小田幾五郎・牛田善兵衛宛の書簡。慶尚監営のある大邱に旅していたので、この間、十一月十五日と十九日付けの書簡を送って頂きながら、返信ができないままであった。ソウルからの書簡（易地聘礼をめぐる廟堂の動静）は未着であるという内容。

【写真】

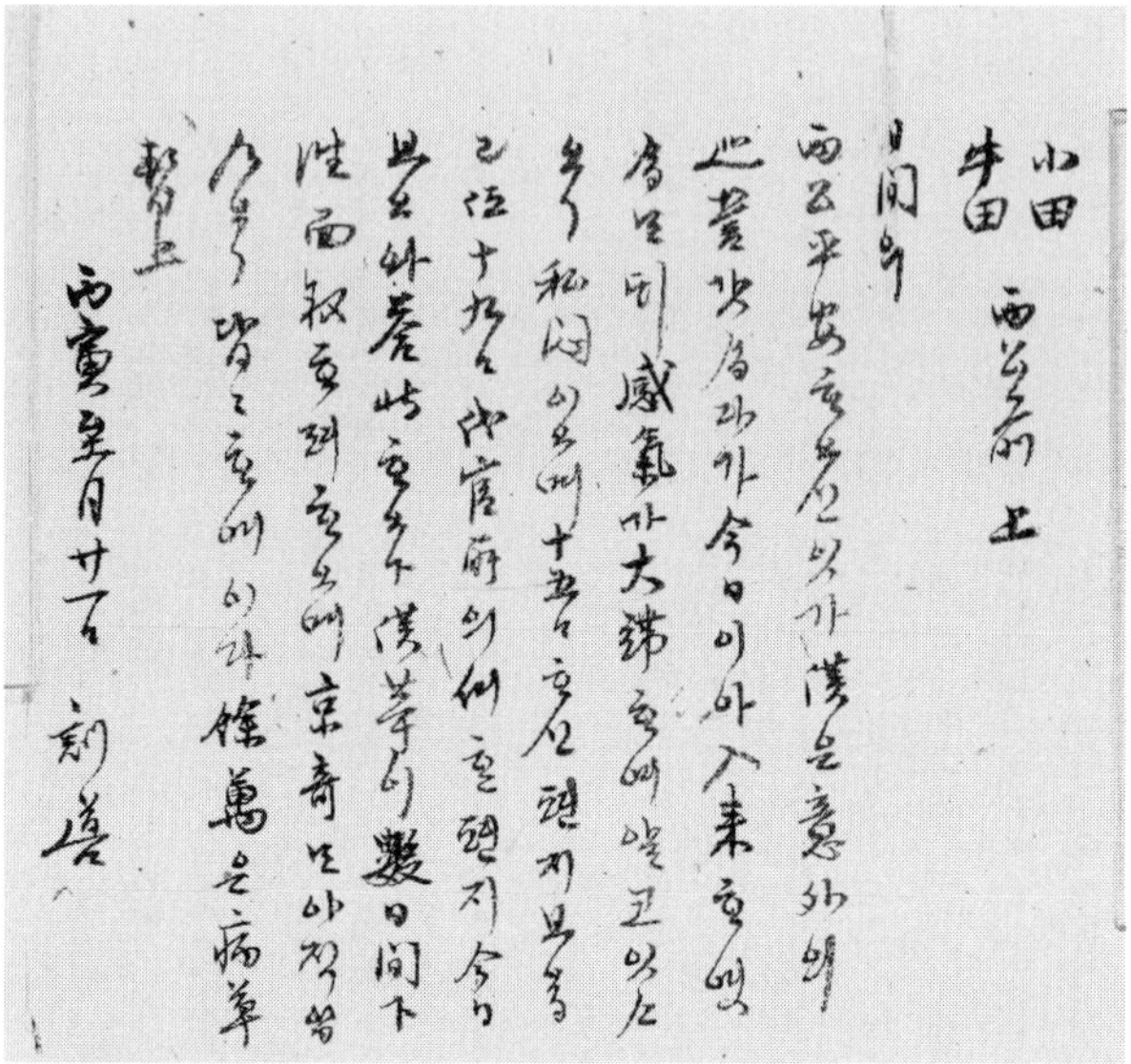

史料73

【翻刻】

小田 ／牛田 兩公 前 上
日間의 〖移〗／兩公 平安ᄒᆞ오신잇가 僕은 意外의 ／
巡營 갓습다가 今日이야 入來ᄒᆞ엿／습ᄂᆞᆫ듸 感氣가 大
端ᄒᆞ여 알코 잇ᄉᆞ／오니 私悶이오며 十五日 ᄒᆞ신 편지
보옵／고 또 十九日 代官所의셔 ᄒᆞᆫ 편지 今日 ／보오
와 答狀ᄒᆞ오나 僕等이 數日間 下／往 面叙ᄒᆞ려 ᄒᆞ오며
京奇ᄂᆞᆫ 아직 업／ᄉᆞ오니 답〃ᄒᆞ여이다 餘萬은 病草／
暫上

　　丙寅 至月 卄一日 訓導

【現代語訳】

小田／牛田ご両名様の御前へ

最近ご両名様ご平安であられましょうか。私は思いがけず巡営[1]に参りましてから今日ようやく（東萊へ）入来いたしましたが、風邪がひどくて病んでおりますので、困ったことです。十五日にお送りくださったお手紙を拝見し、また、十九日に代官所から送った手紙を今日拝見して、お返事を書いておりますが、私達が数日の内に（倭館へ）下って行ってお目にかかってお話しようと思います。ソウルからの便りはまだございませんのでもどかしいことです。その他のよろずのことは病気なので略します。まずは

丙寅[2]至月[3]二十一日　　訓導（玄烒（陽元））

【語釈】

（1）大邱の慶尚監営。
（2）一八〇六（文化三）年。
（3）十一月。史料18参照。

【参考情報】「御用書物控（草案）」の一八〇六（文化三）年十一月十九日条に、「講定官訓導方へ下来有之様申遣し、尤都便之事問合候事」とあり、また、同十一月二十一日条に、「右便り返事有之、都便有之候へハ早速御知せ可申候、素り何之模様も無之所罷下りても趣意無之候間、今両三日見合呉候様申来ル、訓導風邪之趣申来ル」とあり、本書簡の内容に符合する記述を確認できる。

史料74

【史料概要】講定官玄義洵（敬天）と倭学訓導玄烒（陽元）から、両伝語官（小田幾五郎・牛田善兵衛）に宛てた書簡。ソウルからの書簡が未着であると伝える。

【写真】

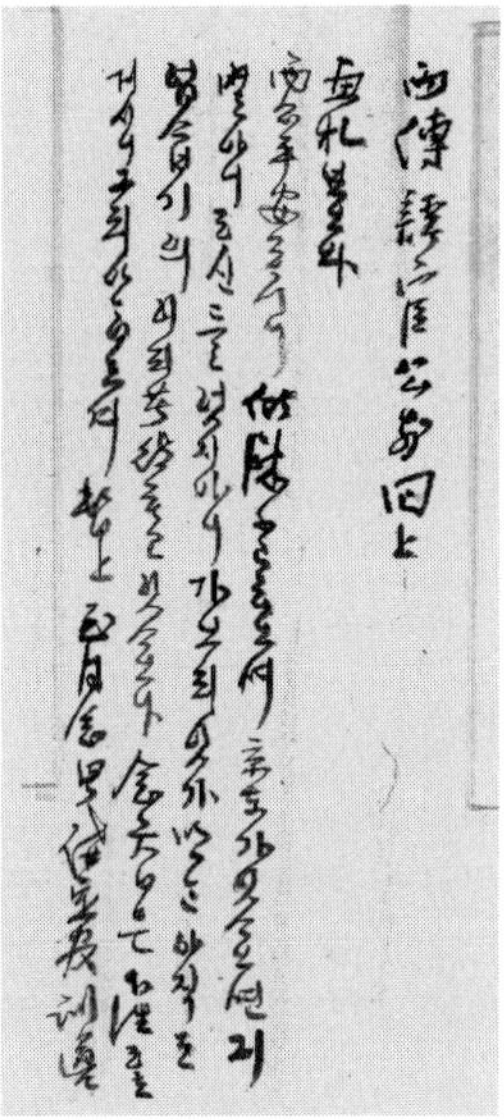

史料 74

【翻刻】

兩 傳語官 公 前 回上
惠札 보오와 〔移〕／兩公 平安ᄒᆞ시니 欣慰不已ᄒᆞ오며
京奇가 잇ᄉᆞ오면 긔／별 아니 ᄒᆞ신들 엇지 아니 가오
리잇가만ᄋᆞᆫ 아직도 ／업ᄉᆞᆸ기의 이리 苦待ᄒᆞ고 잇ᄉᆞ오
나 念六日은 下往ᄒᆞᆯ ／거시니 그리 아ᄋᆞᆸ쇼셔 暫上 至
月 念四日 講定官 訓導

【現代語訳】

両伝語官（通詞）様の御前へ拝復
お手紙拝見いたしご両名様ご平安の段、喜び慰みやみません。ソウルからの便りがあれば、（ご両名様が）お手紙なされずとも、どうして（倭館へ）行かないことがありましょうか、なれども、まだございませんので、このように待ち焦がれておりますが、二十六日には（倭館へ）下って行くつもりですので、左様お心得ください。まずは
至月念四日(1)　講定官（玄義洵（敬天））／訓導（玄烒（陽元））

【語釈】

（1）十一月二十四日。

【参考情報】「御用書物控（草案）」一八〇六（文化三）年十

一月二十三日条に、「何れも下来有之様ニと委申遣し、京奇ニ不相拘当月も月末ニ相済候段申遣し、尚又坂ノ下へ両人罷越し、彼方ゟも書状遣候事」とあり、また、同十一月二十四日条に、「講定官訓導両人ゟ返書来、廿六日ニハ何(ど)の道(みち)下来可致と之段申来ル」とあり、本書簡の内容に符合する記述を確認できる。

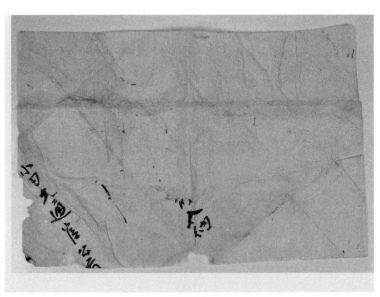

史料75

【史料概要】本書簡では、倭館側から届いた書簡への返信の形を取りながらソウルから玄義温の未着を伝える内容。

【写真】

史料75
（こより上書き）

史料75
（包紙上書き）

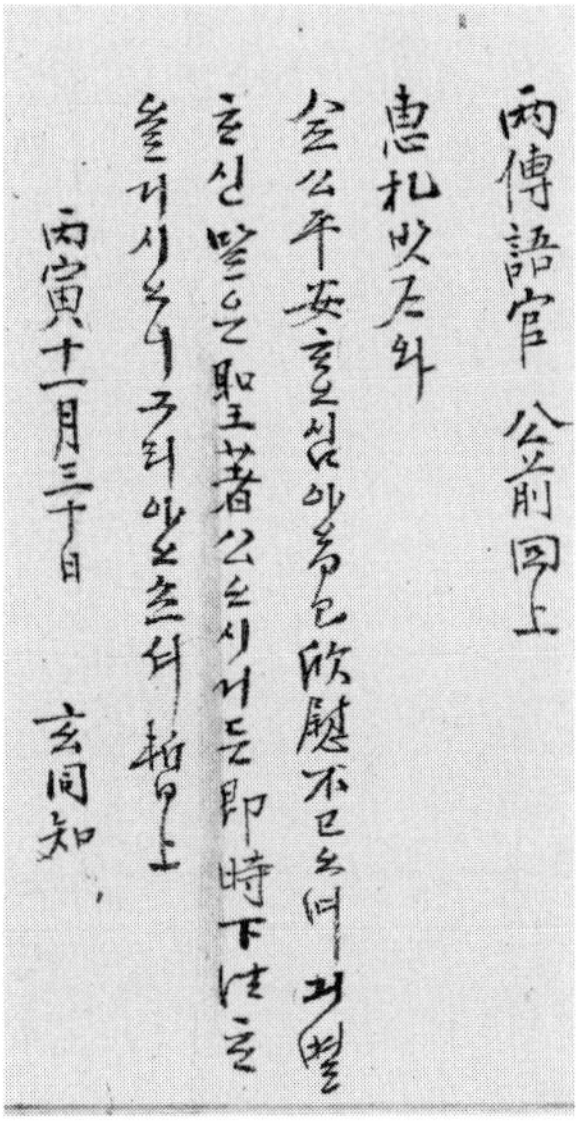
兩傳語官　公前回上
惠札 밧ᄌᆞ와
僉公平安ᄒᆞ오심 아옵고 欣慰不已오며 긔별
ᄒᆞ신 말은 聖著公 오시거든 卽時下往ᄒᆞ
올 거시오니 그리 아오쇼셔 暫上
丙寅十一月三十日　玄同知

史料 75

【翻刻】

（こより上書き）寅十月ゟ十二月迄之分

（包紙上書き）小田大通官公　前　入納

兩　傳語官　公　前　回上

惠札　밧ᄌᆞ와　【移】／僉公　平安ᄒᆞ오심　아옵고　欣慰不已오며　긔별／ᄒᆞ신　말은　聖著公　오시거든　卽時　下往ᄒᆞ／올　거시오니　그리　아오쇼셔　暫上

丙寅　十一月　三十日　玄同知

【現代語訳】

（包紙上書き）小田大通官様の御前へ　入納

両伝語官（通詞）様の御前へ拝復

お手紙拝受仕り皆様方ご平安の段、存じ上げ、喜び慰みがやみません。お便りくださった話は、聖著（玄義温）(1)様が来られたら、直ちに（倭館へ）下って行くつもりですので、左様お心得ください。まずは

丙寅(2)十一月三十日　玄同知（玄義洵（敬天））

【語釈】

（1）玄義温。一七六五（英祖四十一）年－一八四九（憲宗十一）年。字は聖著。本貫は川寧。一七九八（正祖二十二）年式年試三等七位。父は商禄。妻の父は韓聖哲。一八一八（純祖八、文政元）年の問慰訳官使。「御用書物控（草案）」の一八〇六（文化三）年十一月二十六日条には、「聖著近々一特送使差備官ニ罷下候段」とあり、本書簡当時は、一特送使の差備官としてソウルから派遣されたことを知ることができる。

（2）一八〇六（文化三）年。

【参考情報】「御用書物控（草案）」一八〇六（文化三）年十一月晦日条に、「講定官訓導方へ当月も今日ニ相成候処、聖著公何日ニ御着被成候哉、余り便々と相成内向尽し方ニ弁無之、追々便り之模様為御知可被下と申遣し、聖著公着之上者早速御下り可被成と催促申遣候事、〃右返辞講定官方ゟ書状来、聖著下着之上ハ無油断相心得居候段申来ル」とあり、この手紙の内容に符合する。

史料76

【史料概要】告還差備官としてソウルから派遣された訳官（敬

之張判事）は昨日東萊に到着したが、一特送使差備官の玄義温は明日到着するはずである。明後日にも倭館へ出かけると通知する、講定官（玄義洵（敬天））と訓導（玄烒（陽元））から両伝語官への書簡。

【写真】

史料76

【翻刻】

両 傳語官 公 前 回上
昨朝 回答은 보신잇가 또 【移】／恵札 보오니 欣慰不
已오며 告還 差／備官은 昨日 入來ᄒᆞ엿ᄂᆞᆫᄃᆡ 聖著公이
／今日 密陽 자고 明日 夕時 즈음 丁寧 入／來ᄒᆞ리라
ᄒᆞ오니 再明日 편지로 몬져 ／긔별ᄒᆞ나 【右】 僕等이
ᄂᆞ려가나 즉시 알／으시게 ᄒᆞ올 거시니 그리 아오쇼셔
暫上
丙寅 十二月 初五日 講定官 ／訓導

【現代語訳】

両伝語官（通詞）様の御前へ拝復
昨日朝の返事は御覧になりましたでしょうか。またお手紙を拝見し、喜び慰みがやみません。告還使に対する差備官[1]は昨日（東萊へ）入来しましたが、聖著（玄義温）様が今日は密陽に宿泊し、明日の夕方ころに確かに入来するだろうとのことですので、明後日手紙で先にお知らせするなり、私達が（倭館へ）下って行くなりして、直ちにお知らせするようにいたしますので、左様お心得ください。まずは
丙寅[2]十二月初五日　講定官（玄義洵（敬天））／訓導（玄烒（陽元））

【語釈】

（1）告還差備官は告還使（告還差倭）を応接するために派遣された訳官。朝鮮側の島主告還差倭、島主還島告知差倭は、倭館側では告還使と言う。一六三二（寛永九／仁祖十）年に、対馬藩主宗義成が江戸から対馬に帰国した後、それを知らせる差倭が礼曹参議

へ送る書契を持って朝鮮に渡海したが、その応接を許可したのが初めてである（「増正交隣志」巻二差倭、島主告還差倭）。小差倭の一つ。「辺例集要」では「（丙寅）九月、対馬島主還島告知差倭、持書契出来、依例接待事、啓」（巻一「差倭」）。この時の差倭正官は橘弘和。文化三年五月八日、対馬藩主宗義功が帰国したので、差倭船は同年九月十九日に倭館に到着した（「典客司日記」第五三、純祖六年十月一日）。差倭橘弘和の接待に、梁山郡守兪鉉章が郷接慰官として任命され、差備訳官敬之張判事がソウルから派遣された。

（2）一八〇六（文化三）年。

【参考情報】

「御用書物控（草案）」の一八〇六（文化三）年十二月四日の条に、

講定官訓導両人方へ書状遣し、此度者写し御持下り可被下候、我々義昨日も任所迄罷越し今朝も早々御待請申居候へ共、何之便無之、聖著公之着ハいか丶ニ御座候哉、今晩者夜ニ入候迄任所ニ扣居候段申遣ス

とあり、また、同十二月五日条に、

両人方ゟ返事有之候者、今日密陽迄着之趣慥ニ相知候間、再明日書状を遣し候か、又者罷下候か、何れニか可致候と申来候事

とあり、この手紙の内容に符合する。

史料77

【史料概要】　一特送使差備官としてソウルから派遣された訳官玄義温を通して、「ソウルからの便り」（易地聘礼に関する廟堂の動静）を知った後、倭館に駆けつけるという講定官玄義洵（敬天）と倭学訓導玄烒（陽元）・別差崔昔（明遠）連名の両伝語官宛の書簡。

【写真】

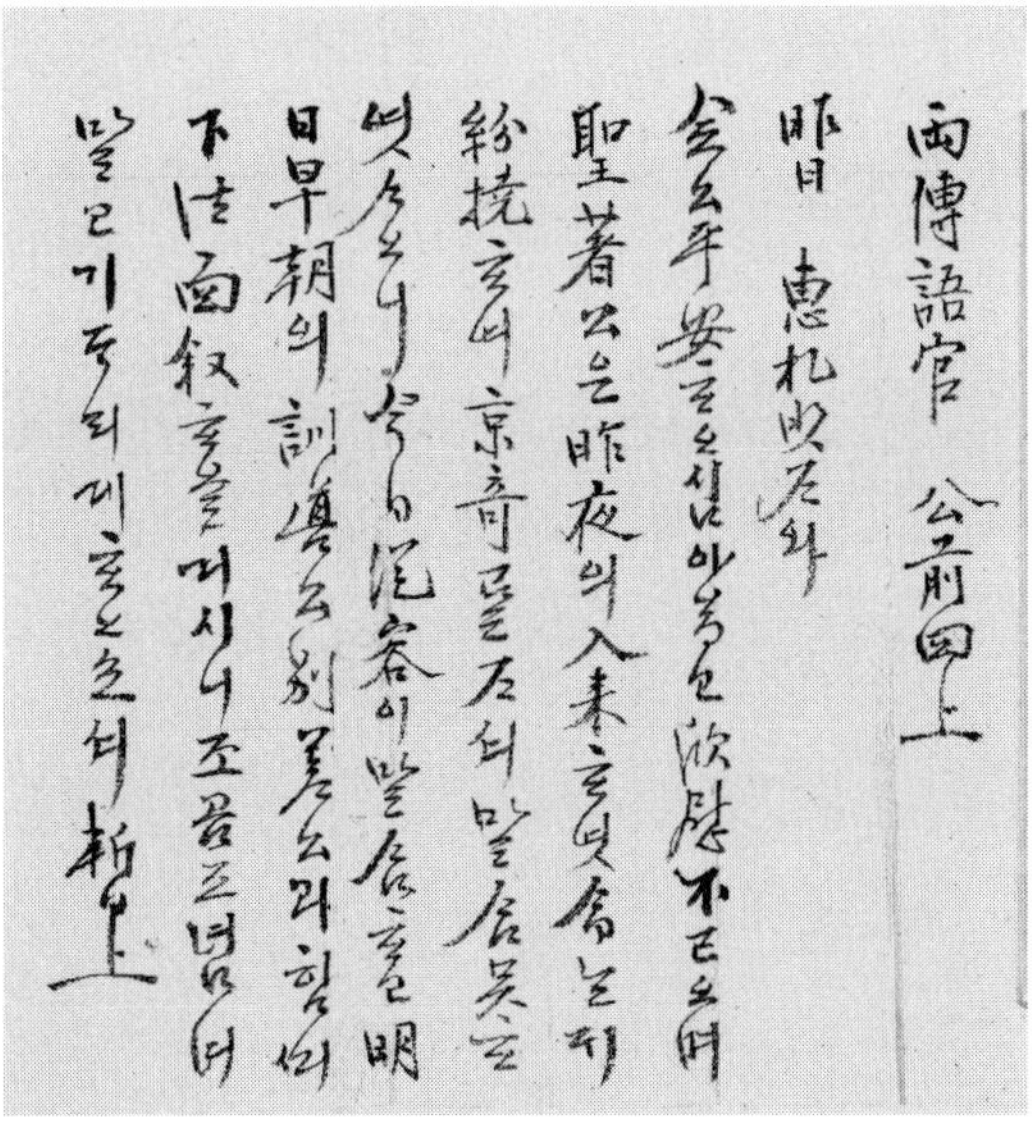

史料 77（1/2）

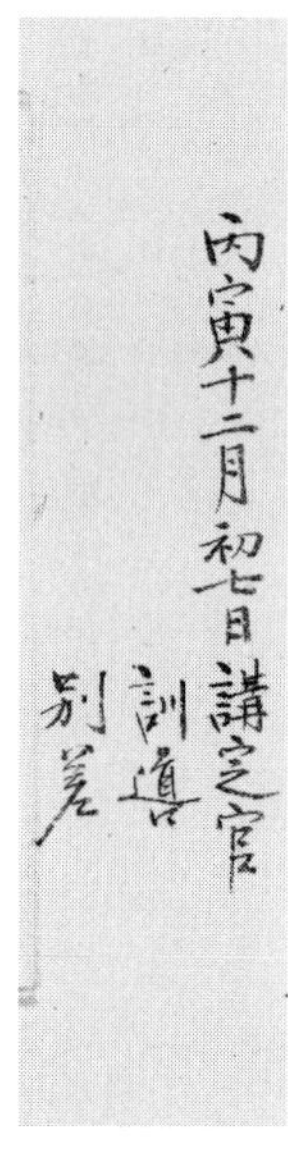

史料77（2/2）

【翻刻】

兩 傳語官 公 前 回上
昨日 〘隔〙 惠札 밧ᄌᆞ와 ／ 〘擡〙 僉公 平安ᄒᆞ오심 아
옵고 欣慰不已오며 ／聖著公은 昨夜의 入來ᄒᆞ엿ᄉᆞᆸᄂᆞᆫᄃᆡ
／紛撓ᄒᆞ여 京奇를 ᄌᆞ셔 말ᄉᆞᆷ 못ᄒᆞ／엿ᄉᆞ오니 今日 從
容이 말ᄉᆞᆷᄒᆞ고 明／日 早朝의 訓導公 別差公과 함ᄭᅴ
／下往 面叙ᄒᆞ올 거시니 조곰도 념녀 ／말고 기ᄃᆞ리게
ᄒᆞ오쇼셔 暫上
丙寅 十二月 初七日 講定官 ／訓導 ／別差

【現代語訳】

両伝語官（通詞）様の御前へ拝復
昨日のお手紙拝受仕り、皆様方ご平安の段、存じ上げ、喜び慰みがやみません。聖著（玄義温）様は、昨夜（東萊に）入来しましたが、あわただしくて、ソウルからの便りのことを委しくお話できませんでしたので、今日ゆるりとお話して、明日の早朝に訓導様（玄烒（陽元））、別差様（崔昔（明遠））と共に（倭館へ）下って行ってお目にかかってお話いたしますので、少しもご心配なさらずにお待ちになるようにしてください。まずは
丙寅十二月初七日　講定官（玄義洵（敬天））／訓導（玄烒（陽元））／別差[1]（崔昔（明遠））

【語釈】

（1）別差は崔昔。朝鮮後期の倭学訳官。字は明元（明遠とも）、本貫は慶州。一七六八（英祖四十四）年生まれ。父は崔道燮。妻の父は崔重益。一八〇四（純祖四）年式年試雑科のうちの訳科（倭学）に合格。丁樂升の後任で別差を担当。「倭館館守日記」によれば、崔昔（明遠）が別差として在任していたのは、一八〇六（文化三）年十月十九日から一八〇八（文化五）年一月九日の間。一八〇九年、問慰行渡海使（訳官使）として玄義洵・卞文圭と共に対馬へ派遣された。

【参考情報】

「御用書物控（草案）」の一八〇六（文化三）年十二月七日条に、

急飛脚早朝ニ差立、間も無く坂ノ下へ我々罷越し、彼方ゟも又々書状遣し如何ニて御下り無之候哉、聖著公御着之上何之御知せも無之、各様ハ昨日迄堅御約束被成候事御忘れ有之候哉、御用仮初之義と思召候哉、御心得不落着御了簡為御知可被成と申遣候事
夜ニ入返事有之、昨夜着いたし候間今日対面咄候共日和候間、明早朝三人共ニ下り可申と申来ル

とあり、本書簡の内容に符合する。

史料78

【史料概要】明日、ソウルへ出発する玄烒（陽元）の小田幾五郎宛の離別（「作別」）の書簡。別れの挨拶もしないままに、突然に旅立つことを詫びる内容。

【写真】

史料78（1/2）

史料78（2/2）

【翻刻】

小田幾五郎 公 前 上

日間의 ／『擡』公　平安ᄒᆞ오신잇가　慮念不已ᄒᆞ오며

『右』僕은 ／無事ᄒᆞ오나　千萬　마지　못ᄒᆞ여　昨日　交／

遞ᄒᆞᄋᆸ고　明日　上京이　되오니　엇지　僕／인들　任意로
ᄒᆞᆯ가　시부오니잇가마ᄂᆞᆫ　入／來　〖隔〗粛拜가　더듸여
가오면　新舊　訓／導가　다　罪ᄅᆞᆯ　당ᄒᆞᆯ　터이ᄋᆸ기의　이리
된／일이오　또　〖隔〗舘中의　作別　못　ᄒᆞ기ᄂᆞᆫ　分／明
이　難處ᄒᆞᆫ　事情이　잇슬　ᄃᆞᆺᄒᆞ고　／上京　日字가　밧바　그
져　가오니　事面과　道／理와　人情이　다　아니　된　듕
〖隔〗公내ᄅᆞᆯ　／作別치　못ᄒᆞ니　더옥　섭〃ᄒᆞ고　平日　親
／ᄒᆞ던　보람이　업시니　世上의　이런　薄／情ᄒᆞᆫ　사ᄅᆞᆷ이
어대　잇실이　ᄒᆞ고　分明／이　未安이　ᄉᆡᆼ각ᄒᆞ오리이다　僕
도　엇／지　이　責望을　免ᄒᆞ오리잇가　다ᄅᆞᆫ　말／ᄉᆞᆷ은
〖隔〗公내가　付托[*1]　아니　ᄒᆞ셔도　僕이　泛／然치　아니
ᄒᆞ올　거시오니　그리　아라시고　／이런　말ᄉᆞᆷ을　講定使
公과　恕介　公게　／傳ᄒᆞ여　쥬ᄋᆸ　作別　편지ᄅᆞᆯ　쓰오ᄆᆡ　果
／然　心事　좇치　아니ᄒᆞ오니　다만　ᄂᆡ〃　／平安이　지ᄂᆡ
시고　百事順便ᄒᆞ기ᄅᆞᆯ　／바라ᄂᆞ이다　셔울　것　求ᄒᆞᆯ　것
잇거든　이　／人便의　적어　보내시면　上京　後　卽時　／ᄒᆞ
여　보내여　僕의　情表ᄒᆞ올　거시／니　부대　이대로　ᄒᆞ오
소셔　愁亂　暫上
　　丙寅　十二月　十八日　〖右〗陽元　玄判官　〖印〗

*1：託

【現代語訳】

小田幾五郎様の御前へ

最近ご貴殿ご平安であられましょうか、気掛かりでしかたございません。私は無事ですが、千万止むを得ず、昨日（訓導を）交替いたし、明日上京になりますので、どうして私だとて意のままになることがありましょうか、なれども、入来の粛拝が遅延していけば、新旧の訓導が二人とも罪を被るはずですので、このようになったのであり、また、（倭館）館中にお別れのご挨拶ができないことは、きっと困った事情があるようです。上京の日付が切迫していてそのまま行きますが、事理・体面と道理と人情がすべて成らざるうち、ご貴殿方にお別れのご挨拶ができないので、ますます残念です。平生、親しくしていた甲斐がございませんので、世の中にこんな薄情な人間がどこにあろうかと、きっと心安からず思うことでしょう。私もどうしてこの責めを免れるでしょうか。他のお話は、ご貴殿方がお頼みにならなくとも、私がぞんざいにはいたしませんので、左様お心得になり、このようなお話は講定使様（戸田頼母）と（早川）恕介様にお伝えください。お別れのご挨拶のお手紙を書いておりますと、まことに気持ちがよろしくございませんが、ただずっとずっとご平安にお過ごしなされ、万事が順調であることを祈念いたします。ソウルの物でお求めになるものがあれば、この人便に記してお送りくだされば、上京の後直ちにお送りして、私の気持ちをお

贈りしますので、どうかこのとおりにしてください。愁い多く心乱るるままにまずは

丙寅十二月十八日　　陽元玄判官（印）

【参考情報】

「御用書物控（草案）」の一八〇六（文化三）年十二月十八日条に、「訓導方ゟ書状暮方達候処、昨日交代明日致出立候段申来り、尤年内粛拝之筈ニ不合而者新古首尾ニ掛り候趣申来候ニ付、此侭ニ而不済段早速返書遣候処、仮別差伯倹ゟ東莱ニ差登ス」とあり、本書簡の内容に符合する。

また、「倭館館守日記」文化三年十二月二十三日条に、

任官より左の通書付差出候に付参判使えも差出、御国元えも申上越

覚

一　訓導陽元玄判官、因本府使道分付以公幹事已、為上京、其代以講定官敬天玄同知兼行察任事

別差明遠崔判官

丙寅十二月二十三日

館守尊公

とあり、玄烒（陽元）が訓導交代で上京することとなったことが知られる。

史料79

【史料概要】通信使請来大差使の都船主加納郷左衛門（藤格）らが朝鮮側に掛け合いをおこなったときの「伸言（口上書）」の下書き。この口上書草案には日付が明記されていないが、通信使請来大差使に対する礼曹からの回答書契一件に関わるもので、一八〇七（文化四）年頃に作成されたものと見られる。書簡冒頭部にある「今般、渡海官を入送すると仰せられたお言葉」とか箇条書き第三番目の冒頭部「渡海官を入送して事態をつまびらかにしようとなさり、東武までも一人の使臣を入送すると仰せになるお話」こそが、本口上書の眼目。つまりソウルの廟堂の厳命によって朝鮮側は「渡海訳官の江戸派遣」を要求し、直接に幕府の意向を問いただすと言うが、もし朝鮮側がそれを強行したとき、倭館の都船主・館守・講定使らは「死を覚悟」して反対するのみならず、両国間の「誠信が絶える」事態も予想される。たとえそうなったとしても、「このお話は、まことによろしいお話ですので、双方取り替えて」、今後は「その都度上京いたし、礼曹に行って、回書を受け取るしかございません」として、むしろ倭館側もソウルに出向き、廟堂と直談判したいと主張した内容。

【写真】

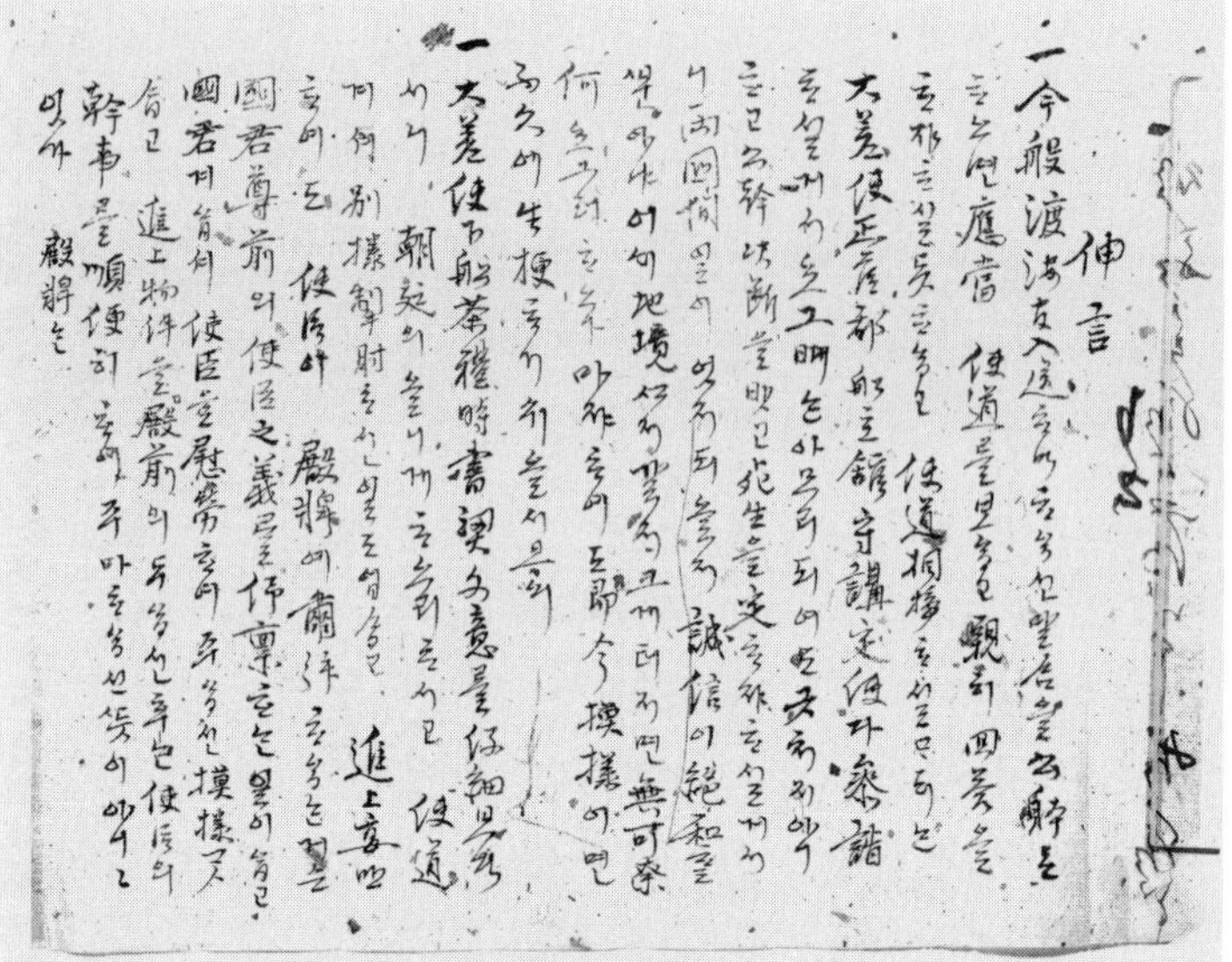

史料 79（1/3）

史料 79
（端裏上書き）

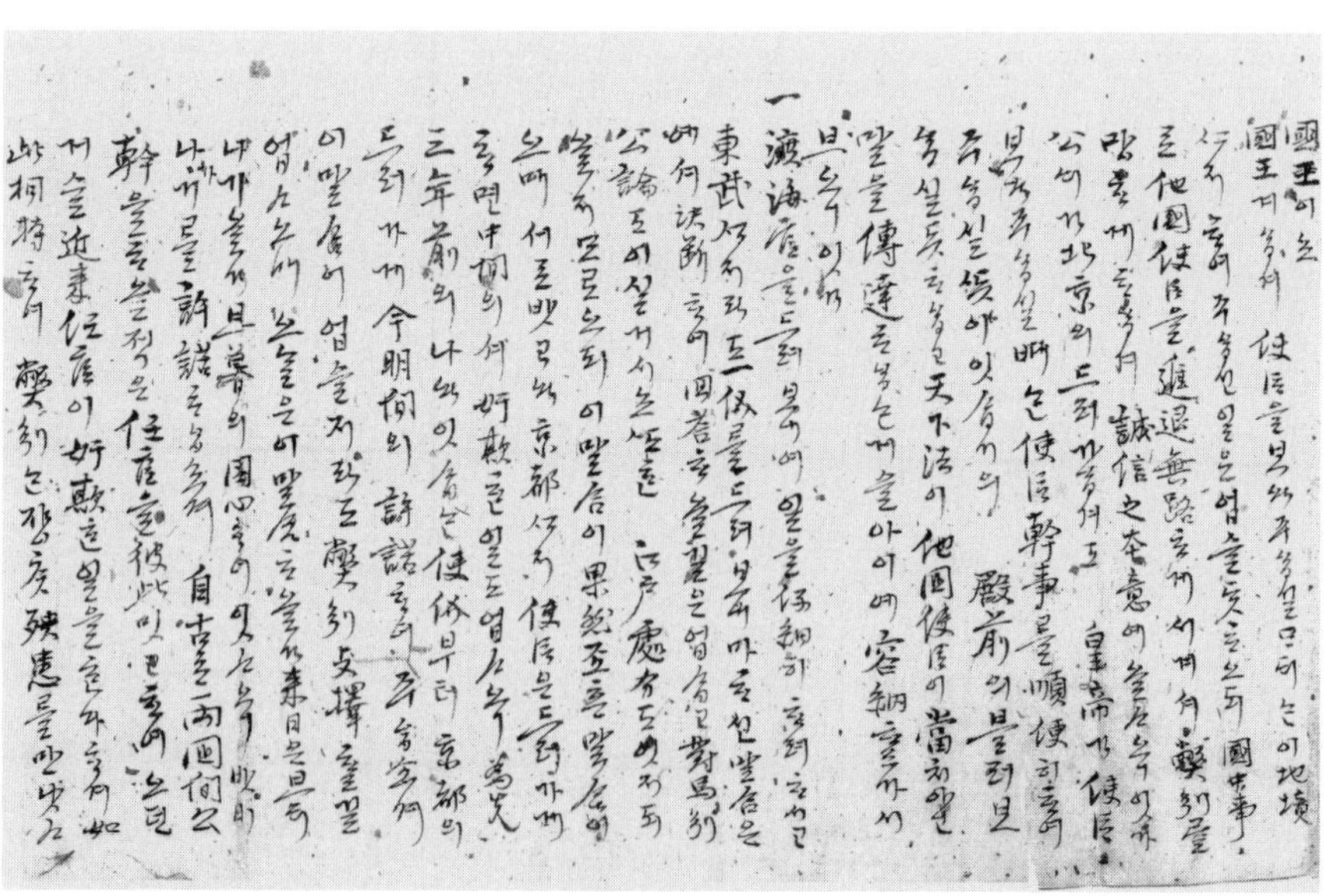

史料 79（2/3）

史料 79（3/3）

【翻刻】

（端裏書き）下書 ／都船主様ゟ心得ニいたし居候様ニと
仲言

一 今般 渡海官 入送ᄒ마 ᄒ옵신 말숨을 公躰로 ／ᄒ
오면 應當 〘隔〙 使道를 보옵고 親히 回答을 ／ᄒ
쟈 ᄒ실 듯ᄒ옵고 〘隔〙 使道 相接ᄒ실 ᄆᆞ디는 ／
大差使 正官 都船主 館守 講定使 다 參詣／ᄒ실 거
시요 그 때는 아모리 되여도 긋치지 아니／ᄒ고 公
幹 決斷을 밧고 死生을 定ᄒ쟈 ᄒ실 거시／니 兩國
間 일이 엇지 되올지 誠信이 絶和ᄒᆞᆯ ／뿐 아냐 어
ᄂᆡ 地境ᄭᆞ지 갈지 크게 터지면 無可奈／何요 그러
ᄒ오나 마쟈 ᄒ여도 卽今 模様이면 ／不久에 生梗
ᄒ기 쉬올*1 시브외

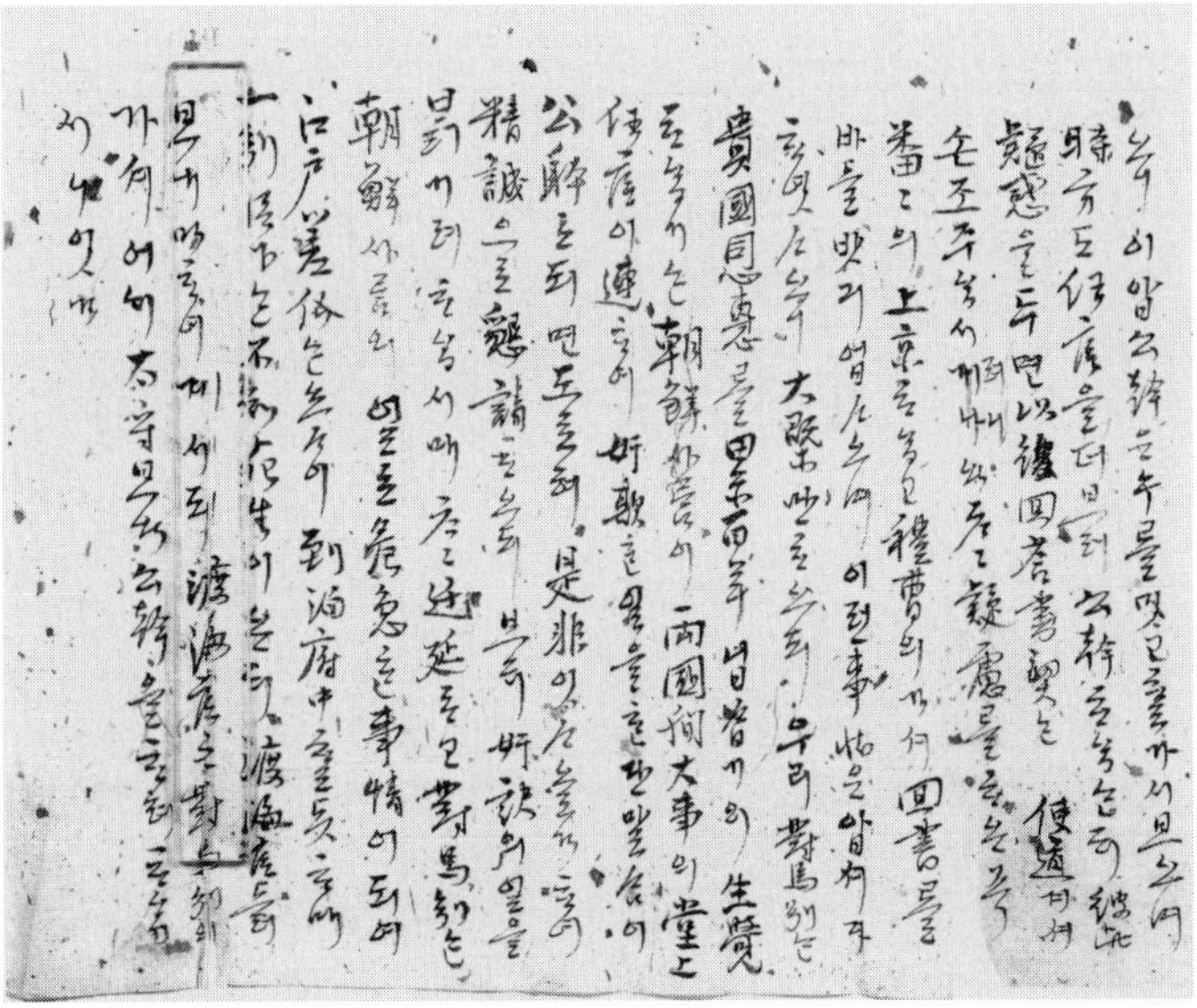

一 大差使 下船 茶禮時 書契文意를 仔細 보와／시니
〘隔〙 朝廷의 올니게 ᄒ오리 ᄒ시고 〘隔〙 使道／
겨셔 別様 掣肘ᄒ신 일도 업습고 〘隔〙 進上宴만
／ᄒ여도 〘隔〙 使臣이 〘隔〙 殿牌예 肅拜ᄒ옵는
거슨 ／國君尊前의 使臣之義를 仰稟ᄒ는 일이옵고
／國君겨옵셔 〘隔〙 使臣을 慰勞ᄒ여 주옵신 模様
ᄀᆞᆺ／숩고 〘隔〙 進上物件을 ○殿前의 두옵신 후는
使臣의 ／幹事를 順便히 ᄒ여 주마 ᄒ옵신 뜻이 아
니〃／잇가 〘隔〙 殿牌는 〘移〙 ／國王이요 〘移〙
／國王겨옵셔 〘隔〙 使臣을 보와 주옵실 ᄆᆞ디는 이
地境／ᄭᆞ지 ᄒ여 주옵신 일은 업슬 듯ᄒ오되 國中
事／로 他國 使臣을 進退無路ᄒ게 시겨셔 弊州를
／망ᄒ게 ᄒ옵셔 誠信之本意예 올ᄉᆞ오니잇가 ／公
ᄂᆡ가 北京의 드러가옵셔도 〘隔〙 皇帝가 使臣／보

와 주옵실 때는 使臣 幹事를 順便히 ᄒᆞ여 /주옵실 뜻이 잇습기의 〖隔〗 殿前의 블러 보/옵실 듯ᄒᆞ옵고 天下法이 他國 使臣이 當치 아닌 /말을 傳達ᄒᆞ옵는 거슬 아이예 容納홀가 시/브오니잇가

一 渡海官을 드려 보내여 일을 仔細히 ᄒᆞ려 ᄒᆞ시고 /東武ᄭᆞ지라도 一价를 드려 보내마 ᄒᆞ신 말솜은 /예셔 決斷ᄒᆞ여 回答ᄒᆞ올 길은 업습고 對馬州 /公論도 이실 거시요 ᄯᅩᄒᆞᆫ 〖隔〗 江戶 處分도 엇지 되/올지 모로오되 이 말솜이 果然 죠흔 말솜이/오매 서로 밧고와 京都ᄭᆞ지 使臣은 드려 가게 /ᄒᆞ면 中間의셔 奸欺ᄒᆞᆫ 일도 업ᄉᆞ오니 爲先 /三年前의 나와 잇습는 使价부터 京都의 /드려 가게 今明間의 許諾ᄒᆞ여 주옵쇼셔 /이 말솜이 업슬지라도 弊州 支撑*2홀 길 /업ᄉᆞ오매 오늘은 이 말솜 ᄒᆞ올가 來日은 브ᄃᆡ /나가올가 旦暮의 關心ᄒᆞ여 잇ᄉᆞ오니 밧비 /나〇〈가〉 기를 許諾ᄒᆞ옵쇼셔 自古로 兩國間 公/幹을 ᄒᆞ올 적은 任官을 彼此 밋고 ᄒᆞ여 오던 /거슬 近來 任官이 奸欺ᄒᆞᆫ 일을 ᄒᆞᆫ다 ᄒᆞ셔 如/此 相持ᄒᆞ여 弊州는 쟝ᄎᆞᆺ 殃患를 만낫ᄉᆞ/오니 이 압 公幹은 누를 밋고 홀가 시브오며 /時方도 任官을 더브러 公幹ᄒᆞ옵는ᄃᆡ 彼此 /疑惑을 두면 以後 回答書契는 〖隔〗 使道겨셔 /손조 주옵시게 내[려니]와 ᄎᆞ〃 疑慮를 ᄒᆞ온즉 /番〃의 上京ᄒᆞ옵고 禮曹의 가셔 回書를 /바들 밧긔 업ᄉᆞ오며 이런 事狀은 압셔 다 /ᄒᆞ엿ᄉᆞ오니 大槪만 ᄒᆞ오되 우리 對馬州는 /貴國 恩惠를 累百年 닙습기의 生覺/ᄒᆞ옵기는 朝鮮 사ᄅᆞᆷ이 兩國間 大事의 堂上/任官이 連ᄒᆞ여 奸欺ᄒᆞᆫ 일을 ᄒᆞᆫ단 말솜이 /公躰로 되면 도로혀 是非 잇ᄉᆞ올가 ᄒᆞ여 /精誠으로 懇請ᄒᆞ오되 브ᄃᆡ 奸譯의 일을 /ᄇᆞᆰ기려 ᄒᆞ옵시매 ᄎᆞ〃 迂延ᄒᆞ고 對馬州는 /朝鮮 사ᄅᆞᆷ의 일로 危急ᄒᆞᆫ 事情이 되여 /江戶 差价는 요ᄉᆞ이 到泊府中홀 듯ᄒᆞ매 /一州 臣下는 不知死生이온ᄃᆡ 渡海官 드려 /보내마 ᄒᆞ여 계시되 渡海官은 對馬州의 /가셔 어ᄂᆡ 太守 보와 公幹을 ᄒᆞ려 ᄒᆞ옵/시니잇가

＊1：쉬올가　＊2：撑

【現代語訳】

（端裏書き）下書　都船主様①より心得にいたし居候様にと

仲言

一　今般、渡海官②を入送すると仰せられたお言葉を公に申しますと、当然使道③にまみえて親しく回答をしようとなさる様子でございますし、使道に相接なさる節は大差使の正官、都船主、館守、講定使がみな参席なさるでしょうし、その時はどのようになっても終わることはなく、御用の決断をいただいて死を覚悟しようとなさるでしょうし、両国間のことがどのようになるやら、誠信が絶えるのみならず、どの状態にまで至るやら、大きく破れたならばどうしようもなくなり、左様でございますけれども、やめようとしても、ただいまの様子では久しからずしてもめごとが起こりそうに存じます。

一　大差使の下船茶礼の時に書契の文意を仔細にごらんになられたところ、朝廷に差し上げるようにしようとおっしゃって、使道におかれては特段制止なさることもなく、進上宴にしましても、使臣が殿牌に粛拝するのは国君の御前に使臣の義を申し上げることであって国君におかれては使臣を慰労してくださる形と同じであり、進上の品物を殿前に置かれた後は、使臣の御用事を順便にしてやろうと仰せられる意味ではございませんか。殿牌は国王であり、国王におかれて使臣を引見してくださる節は、この状況にまでなさったことはないかと存じますが、国内の事で他国の使臣を進退窮まるようにさせて、弊州を亡びるようになさって、誠信の本意において正しいでしょうか。ご貴殿がたが北京に入っても、皇帝が使臣を引見してくださるときは、使臣の御用事を順便にしてくださる意味があるから、殿前によんで引見なさることかと存じますし、天下の法たるもの、他国の使臣が不当のことばを伝達することをそもそも受け入れるとお考えでしょうか。

一　渡海官を入送して事態をつまびらかにしようとなさり、東武（江戸）まででも一人の使臣を入送すると仰せになるお話は、ここで決断して回答することはできず、対馬州の公論もあるでしょうし、また、江戸の処分もどのようになるやも知れませんが、このお話は、まことによろしいお話ですので、双方取り替えて、京都（ソウル）まで（日本からの）使臣は入るようにすれば、中間にて奸欺なることもありませんので、まず三年前に（対馬から倭館へ）出てきている使臣から京都（ソウル）へ入るように、今日明日の間に許諾してください。この（ご許諾の）お言葉がなくとも、弊州は持ちこたえることができませんので、今日はこの話をしようか、明日は是非とも出ていこうか、朝晩気にかけておりますので、はやく出ていくことをご許諾ください。いにしえより両国間の御用をおこなう時は任官をお互いに信じておこなってきたのを、近来任官が奸欺なることをしたと仰せになって、このごとく相対立して、弊州は将に殃患にあいますので、この先、御用は誰を信じておこなうことができるとお思いでしょうか。ただいまも任官と共に御用をおこなっておりますが、お互いに疑惑をきたせば、以後の回答書契は東莱府使におかれて手ずからおわたしくださるのでしょうけれども、つぎつぎに疑慮をいたせば、その都度上京いたし、礼曹に行って、回書を受け取るしかございません。このような事の実情は前にすべて申しましたので、あらましだけ申しますが、我が対馬州は貴国の恩恵を幾百年も蒙りましたにより、思いますには、朝鮮人が両国間の大事(4)において堂上任官(5)が連続して奸欺なることをしたというお話は公になれば、かえって争いになるかと存じまして、精誠を以て懇請いたしますが、是非とも奸訳のことを明らかにしようとなされますと、だんだん延引して、対馬州は朝鮮人のことで以て危急なる事情になって江戸からの使者はこのごろ府中（厳原）に到泊する模様ですので、一州の臣下は生死もわからない状態ですのに、（対馬へ）渡海官を入送すると仰せでございますけれども、渡海官は対馬州に行って、どの太守（藩主）に会って御用をなさるおつもりでしょうか。

【語釈】

（1）「都船主様」とは加納郷左衛門（藤格）。史料69の【参考情報】参照のこと。
（2）渡海訳官。訳官使。
（3）東萊府使を指す。
（4）原文「両國間大事」とは易地聘礼のことを意味する。
（5）朝鮮王朝時代における文武官一八階級の中の第三品以上の文官である通政大夫・武官の折衝将軍、宗親の明善大夫以上の資級、あるいはその資級に該当する官吏。

【参考情報】

この口上書草案には日付が記載されていないので、いつ書かれたものか不明であるが、文章の内容は、通信使請来大差使（正官古川図書（平功載）・都船主加納郷左衛門（藤格）・封進押物八木久左衛門）に対する礼曹からの回答書契一件に関わるものと見られる。文中に「大差使の下船茶礼の時に書契の文意を仔細にごらんになられたところ（中略）進上宴にしましても（後略）」とあって、大差使下船茶礼（一八〇六（文化三）年五月十三日）および進上宴（封進宴）（一八〇六（文化三）年五月十五日）の後であることが確認される。さらに、文中に「まず三年前に（対馬から倭館へ）出てきている使臣から京都（ソウル）へ入るように、今日明日の間に許諾してください」とあるので、通信使請来大差使が倭館へ到着した一八〇五（文化二）年十一月二十一日の翌々年の一八〇七（文化四）年頃に作成されたものと見られる。

さらに、文中に「江戸からの使者はこのごろ府中（厳原）に到泊する模様ですので」とあり、江戸からの使者が府中（厳原）に到着する少し前にこの口上書草案が書かれたことがわかる。『宗氏家譜略』によれば、「文化四丁卯年　東武ヨリ信使ニ付対州普請方外取締ノ為勘定徒目付等ノ役人当春ヨリ年々交替信使済マテ州ニ置ル」とあり、また、「文化信使記録」（国史編纂委員会蔵）一八〇七（文化四）年一月二十日の条には、「今般江戸御左右相達候処、当春中ゟ御役人被差下之段、旧臘十二日左之通被仰渡候段申来、来ル巳年来聘ニ付御普請向其外為御取締、来ル卯年春中ゟ御勘定壱人・御徒歩目付壱人・御普請役壱人・御小人目壱人充被差遣候間、此段為心得相達候（後略）」とあって、一八〇七（文化四）年春に江戸幕府より勘定徒歩目付等の役人が対馬に差遣されるとの通達が同年一月二十日に届いたことが確認でき、さらに、「文化信使記録」御国書留（慶応冊子番号一二）「居込御役人応対記録」によれば、一八〇七（文化四）年四月二十七日に実際に役人一行が対馬に到着したことが確認できるから、この口上書草案は、一八〇七（文化四）年一月二十日から同年四月二十七日ころまでの間に作成されたものと考えられる。

この口上書草案が朝鮮側に伝えられた日を直接伝える記録類は今のところ確認されないが、その少し後の記録とみられるものがある。すなわち、「御用書物控（草案）」の一八〇七（文化四）年五月十九日の条には、「講定官入館仕、我々方へ相見（中略）（講定官が）又府使へ我々ゟ今度差价対州え可被遣との事彼方の得手に候、就夫三年前渡込之大差使都表迄御通し可被成と之下意と相聞候段申聞候と迄申置候と相咄候事（中略）（都船主様が）其上対州（え）近比江戸表ゟ御役人も御下着有之、差当り対州之迷惑申迄も無之儀ニ候（後略）」とあり、講定官が東莱府使に対して「今度使者を対州に遣わすという話は彼方（日本側）の得意とするところである。それについて三年前に対馬から倭館へ渡ってきている大差使をソウルまでお通しくださるおつもりだろうと理解していると日本側が言っていた」と言っておいたと述べたことが記されている。本口上書草案と同じレトリックを用いて講定官が東莱府使を説得していることから見て、この記録の日付の一八〇七（文化四）年五月十九日の少し前には、日本側から講定官に本口上書草案の内容が伝えられていたものと見られる。

また、上掲の「御用書物控（草案）」には、都船主が講定官に「近頃江戸からお役人が対馬に下着した」と述べたことも記されている。これも本口上書草案に見られるものと類似の表現であるが、本口上書草案では「江戸からの使者はこのごろ府中（厳原）に到泊する模様ですので」という未実現の表現になっているのに対し、「御用書物控（草案）」では「御下着有之」という既実現の表現になっている。後者が、江戸幕府の役人一行が対馬に到着した一八〇七（文化四）年四月二十七日以後に書かれたのに対し、前者は、それ以前に書かれたためであると推測するのが自然である。

史料80

【史料概要】訓導玄義洵（敬天）が小田幾五郎に送った書簡。別差崔昔（明遠）の手紙に記載されていた吊慰使の書契の件の周旋を依頼し、銭三〇両を送ることを通知する内容。

【写真】

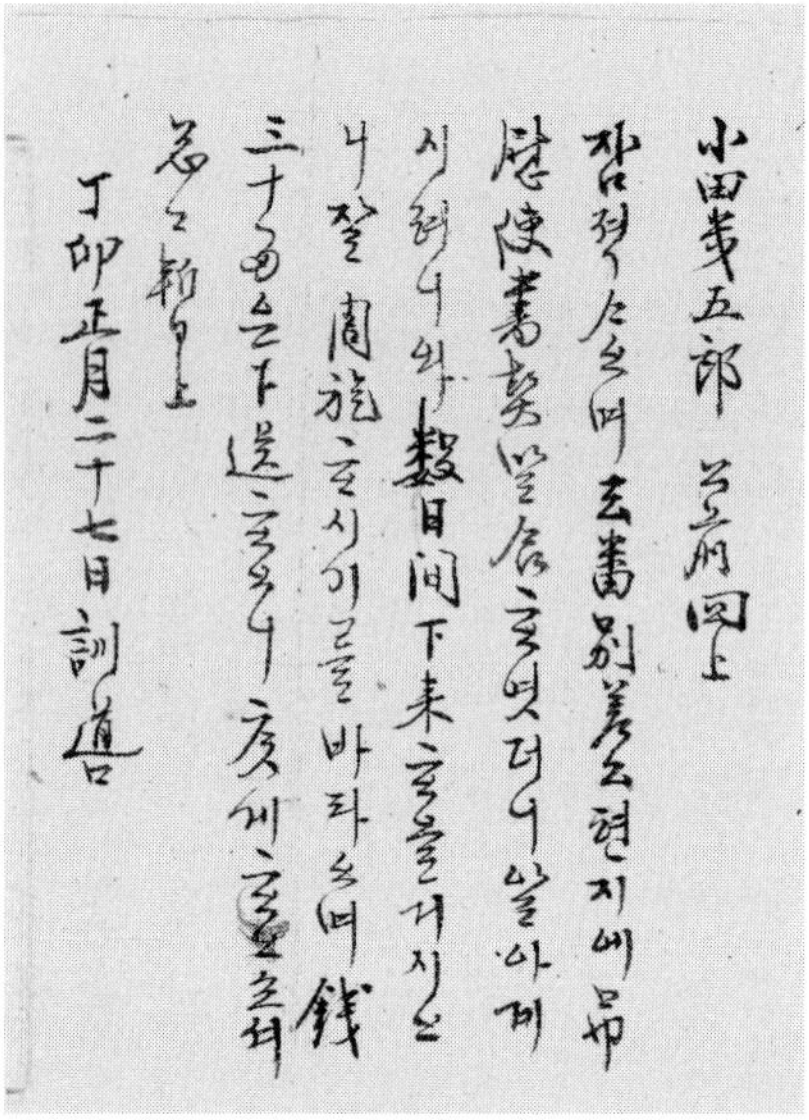

史料 80

【翻刻】

小田幾五郎 公 前 回上
잠 적ᄉᆞ오며 去番 別差公 편지에 吊/慰使 書契 말숨
ᄒᆞ엿더니 알아 계/시려니와 數日間 下來ᄒᆞ올 거시오
/니 잘 周旋ᄒᆞ시기를 바라오며 錢/三十兩은 下送ᄒᆞ
오니 ᄎᆞᆺ게 ᄒᆞ오쇼셔 /悤〃暫上
　丁卯 正月 二十七日 訓導

【現代語訳】

小田幾五郎様の御前へ 拝復

一筆啓上　この前の別差様（崔昔（明遠））の手紙に吊慰使[1]の書契のお話があったのですが、ご存知でいらっしゃるでしょうが、数日の内に（倭館へ）下来するつもりですのでよろしくご周旋のほどお願いいたします。銭三十両は下送いたしますので、お受け取りになってください。怱々なるままにまずは

丁卯[2]正月二十七日　訓導[3]

【語釈】

（1）弔慰差倭。
（2）一八〇七（文化四）年。
（3）玄義洵（敬天）。「倭館館守日記」一八〇六（文化三）年十二月二十三日条に、玄烒は任務を遂げたことにより東萊府使の指示で上京し、その代わり講定官の玄義洵が訓導を兼任し業務を担当するとあるので、この時、新任訓導に就任したのは玄義洵である。「倭館館守日記」によると玄義洵の任期は一八〇六（文化三）年十二月二十三日から一八〇九（文化六）年四月七日までである。なお、玄烒（一七六二－一八二八）と玄義洵（一七六五－一八四五）とは、同じ川寧玄氏であり、玄烒は中郎将公派一三世、玄義洵は密陽礼山派一一世である。

【参考情報】「倭館館守日記」一八〇七（文化四）年一月四日条に、「訓導敬天玄同知・別差明遠崔判官（中略）為年礼入来」とあり、その当時の倭学訓導は玄義洵（敬天）、別差は崔昔（明遠）であったことが知られる。

史料81

【史料概要】講定官玄義洵（敬天）から両大通官宛の書簡で、翌月の二月一日に飛脚便でソウルからの連絡が届くので、それを待ってほしいと依頼する内容。

【写真】

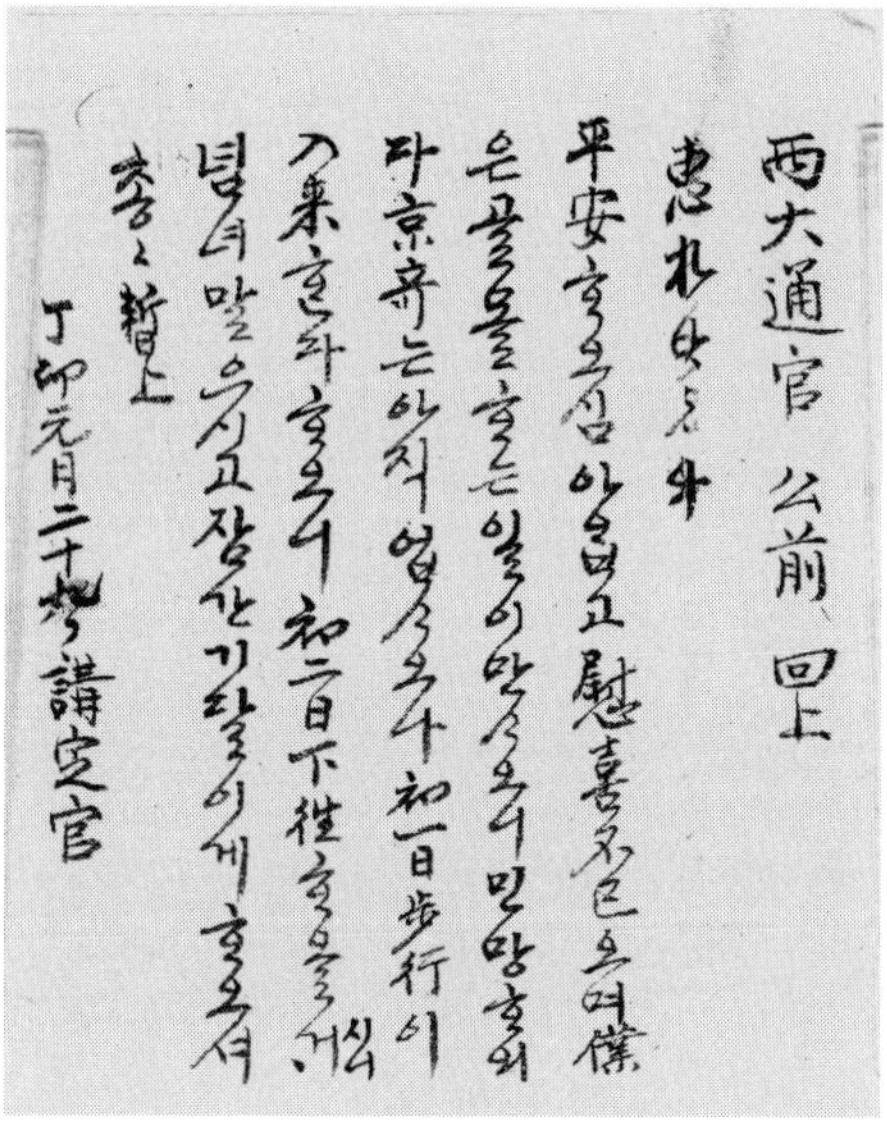

史料 81

【翻刻】

兩大通官 公 前 回上

惠札 밧ᄌᆞ와 ／ 〔擡〕平安ᄒᆞ오심 아ᄋᆞᆸ고 慰喜不已오며

〔右〕僕／은 골몰ᄒᆞᄂᆞᆫ 일이 만ᄉᆞ오니 민망ᄒᆞ외／다

京奇ᄂᆞᆫ 아직 업ᄉᆞ오나 初一日 歩行이 ／入來ᄒᆞᆫ다 ᄒᆞ오

니 初二日 下往ᄒᆞ올 거●〈시니〉 ／념녀 말으시고 잠

간 기달이게 ᄒᆞ오셔 ／총〃 暫上

丁卯 元月 二十九日 講定官

【現代語訳】

両大通官（大通詞）様の御前へ拝復

お手紙拝受いたし、ご平安の段、存じ上げ、喜び慰みがやみません。私は忙しいことが多いので困っております。ソウルからの便りはまだありませんが、（二月）初一日に飛脚が入来するとのことですので、（二月）初二日に（倭館へ）下って行くつもりですので、ご心配なさらずに、しばらくお待ちになってください。怱々なるままにまずは

丁卯元月二十九日　講定官（玄義洵（敬天））

【参考情報】

この書簡（史料81）と次の史料82は同日に発信されたものであるが、内容から見て、まず史料81が、そして次に史料82の順に発信されたと考えられる。両書簡とも、このとき講定官と訓導を兼任していた玄義洵（敬天）が発信者である。

ところでソウルからの書簡の到着とは、前年の六月末に倭館の日本人約四〇名が禁じ手である「闌出」（倭館外に出る

禁令を犯すこと）まで試みようとして、しかも同年八月に年条第一、第二、第三送使船の宴礼をする宴享大庁における対馬側の大差使都船主加納郷左衛門の東萊府使などへの直談判などでも決着がつかずにいる、一連の日朝間の紛糾をめぐる廟堂の動きを知る情報であったにちがいない。

史料82

【史料概要】倭学訓導玄義洵（敬天）から両大通官宛の書簡。ソウルからの便りは明日か明後日までに届く、という趣旨を記したもの。

【写真】

史料82（1/2）

史料82（2/2）

【翻刻】

兩 大通官 公 前 回上

去番 편지ᄒᆞ엿ᄉᆞᆸ더니 卽今 漂差〃/備官 말ᄉᆞᆷ 듯ᄌᆞ오니 回答을 못 보/왓노라 ᄒᆞ시더라 ᄒᆞ오니 괴이ᄒᆞ/외다 數日間 【移】/僉公 平安ᄒᆞ시다 ᄒᆞ오니 欣慰不已/오며 京奇는 明再明間 이실 거시/니 初二日 下往ᄒᆞ여 面叙ᄒᆞ올 거ᄉᆞᆯ /대ᄉᆞ로이 任所에 나와 계시다 ᄒᆞ오/니 너모 조급히 구지 마르시고 일/즉 就舘ᄒᆞ게 ᄒᆞ오쇼셔 明日 下往/ᄒᆞ기가 어렵지 아니ᄒᆞ되 별 말/이 업ᄉᆞᆸ기로 못 가오니 數日 기/ᄃᆞ리게 ᄒᆞ오쇼셔 暫上

丁卯 正月 二十九日 訓導

【現代語訳】

両大通官（大通詞）様の御前へ拝復

この前にお手紙[1]いたしましたのですが、ただいま漂差差備官[2]のお話をお聞きいたしますと、返事は見ていないとおっしゃっておられたとのこと、腑に落ちません。数日間皆様方ご平安の段、喜び慰みがやみません。ソウルからの便りは明日明後日の内にあるでしょうから（二月）初二日に（倭館へ）下って行ってお目にかかってお話するつもりですのに、わざわざ任所に出て来ていらっしゃるとのこと、あまりせっかちになさらずに、早くに就館なさるようにしてください。明日（倭館へ）下って行くことがむずかしくはないのですが、とくに話がないので、行きませんので、数日お待ちになってください。まずは

丁卯正月二十九日　　訓導（玄義洵（敬天））

【語釈】

（1）史料81を指すか。

（2）伯倹金在恭か。金在恭の本貫は、固城。字は、伯倹。一七四八（英祖二十四）年生。一七八〇（正祖四）年式年試三等。父は金徳運、妻の父は洪履福（南陽人）。【参考情報】参照のこと。

【参考情報】

史料81参照のこと。「倭館館守日記」によれば、五巡漂差使の封進宴が一八〇七（文化四）年一月二十六日に行われ、同一月二十八日に御返翰が入来、同一月二十九日に上船宴を下行引合にて済ませている。本書翰にある「漂差差備官」とは五巡漂差使に対する差備官のことか。

「倭館館守日記」一八〇七（文化四）年一月四日の条に「差備官伯倹金主簿」とあり。伯倹金在恭が何に対する差備官に当たっていたのか不明であるが、あるいは、本書翰中の「漂差差備官」とは伯倹金在恭を指すか。後考を俟つ。

史料83

【史料概要】前日に送信された史料82を参照のこと。ほぼ同一内容である。

【写真】

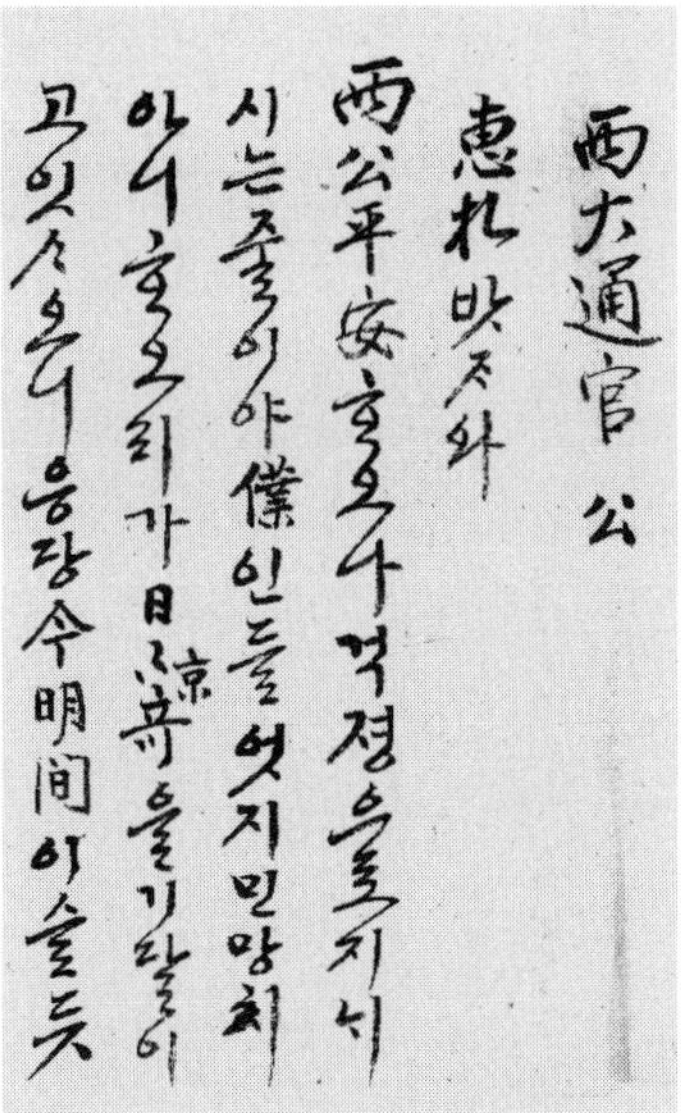

史料 83（1/2）

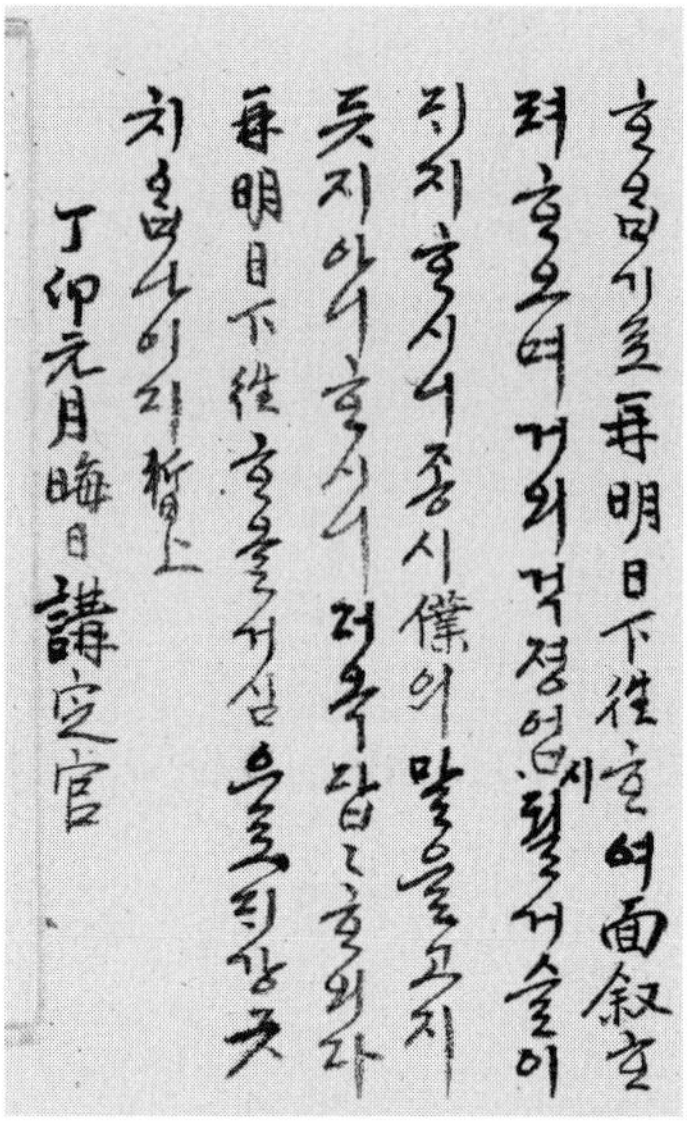

史料83（2/2）

【翻刻】

兩 大通官 公

惠札 밧ᄌᆞ와 ／『擡』兩公 平安ᄒᆞ오나 걱졍으로 지ᄂᆡ／시는 줄이야 『右』僕인들 엇지 민망치 ／아니ᄒᆞ오리가 日〃 ●〈京〉 奇을 기달이／고 잇ᄉᆞ오니 응당 今明間 이슬 듯／ᄒᆞᄋᆞᆸ기로 再明日 下往ᄒᆞ여 面叙ᄒᆞ／려ᄒᆞ오며 거의 걱졍 업●〈시〉 될 거슬 이／ᄃᆡ지 ᄒᆞ시니 종시 『右』僕의 말을 고지 ／듯지 아니ᄒᆞ시니 더옥 답〃ᄒᆞ외다 ／再明日 下往ᄒᆞ올 거심으로 ᄃᆡ강 긋／치ᄋᆞᆸ나이디*1 暫上

丁卯 元月 晦日 講定官

*1：다

【現代語訳】

両大通官（大通詞）様

お手紙拝受仕りご両名様ご平安にあられますれども、ご心配のうちにお過ごしの段、私だとてどうして気遣わしくないことがございましょうか。日々ソウルからの便りを待っているのですが、当然今日明日の内にはあるようですので、明後日（倭館へ）下って行って、お目にかかってお話しようと思います。ほとんど心配なくなるはずのものをこんなふうになさるので、ついに私の言うことを真に受けないでいらっしゃるので、一層残念に存じます。明後日（倭館へ）下って行きますので、大略のみにてこれで終わります。まずは

丁卯元月晦日　　講定官（玄義洵（敬天））

史料84

【史料概要】東萊にいた講定官玄義洵（敬天）が任所（坂の下）にやってきていた小田幾五郎・牛田善兵衛に送った書簡。前日に発信された書簡（史料82）や、同日に発信された書簡（史料83）にも見るとおり、倭館側から矢のような督促が来ていたために、同日に二通目の書簡を送り、早々に倭館に帰るようにと督促した文面。

【写真】

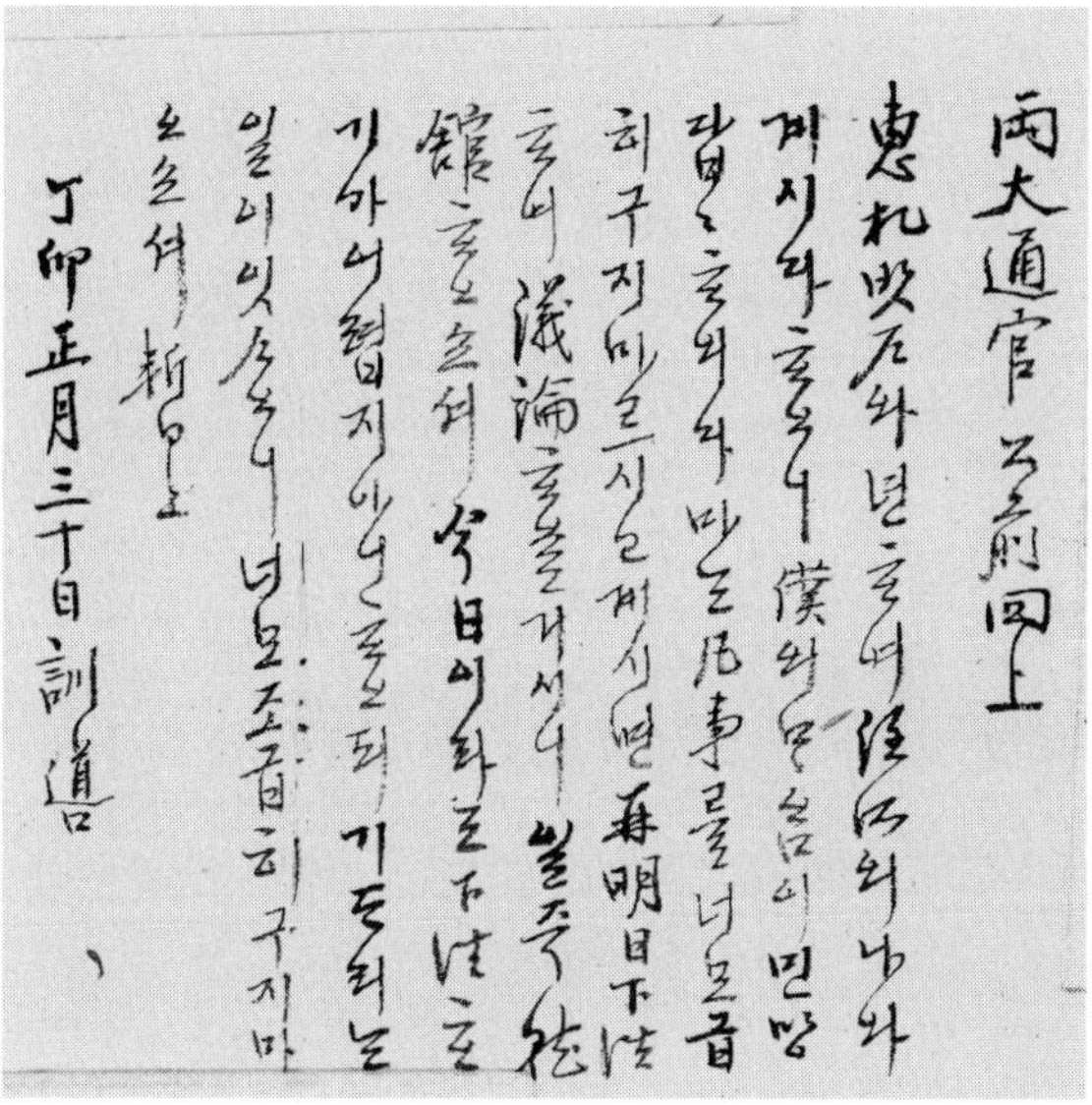

史料 84

【翻刻】

両 大通官 公 前 回上
恵札 밧ᄌᆞ와 년ᄒᆞ여 任所의 나와 /계시다 ᄒᆞ오니 僕
의 ᄆᆞ음이 민망/답〃ᄒᆞ외다마ᄂᆞᆫ 凡事를 너모 급/히
구지 마ᄅᆞ시고 계시면 再明日 下往/ᄒᆞ여 議論ᄒᆞ올 거
시니 일즉 就/館ᄒᆞ오쇼셔 今日이라도 下往ᄒᆞ/기가
어렵지 아니ᄒᆞ오되 기ᄃᆞ리ᄂᆞᆫ /일이 잇ᄉᆞ오니 너모 조
급히 구지 마/오쇼셔 暫上
丁卯 正月 三十日 訓導

【現代語訳】

両大通官（大通詞）様の御前へ拝復
お手紙拝受仕り、引き続き任所にお出ましになっておられるとのこと、私の気持ちは気遣わしくもどかしく存じますが、あらゆることをあまりお急ぎにならずにいらっしゃれば、明後日（倭館へ）下って行って相談いたしますので、早くに就館してください。今日にでも（倭館へ）下って行くことがむずかしくはないのですが、待っていることがありますので、あまりせっかちにならないでください。まずは
丁卯正月三十日　訓導（玄義洵（敬天））

【参考情報】「倭館館守日記」一八〇七（文化四）年一月三十日条に、「大通詞小田幾五郎・牛田善兵衛就御用坂ノ下え罷越候段相届」とあり、この書簡にあるように、このころ小田幾五郎と牛田善兵衛が任所（坂の下）に詰めて、玄義洵（敬天）らにさかんに督促をしていたと推定される。

史料 85

【史料概要】 講定官玄義洵（敬天）から両大通官宛の書簡。ソウルからの知らせが未着である。数日の内に到着するはずなので、すぐに倭館側へ通知をするという内容。

【写真】

史料 85

【翻刻】

両大通官　公　前　回上
數日間　／『擡』僉公　平安ᄒᆞ오심　아옵고　欣喜／不已오
며　京奇는　아직　어[*1]ᄉᆞ오나　／數日間은　丁寧이　잇ᄉᆞᆯ
듯ᄒᆞ옵／기로　苦待ᄒᆞ고　잇ᄉᆞ오니　잇거／든　아모　긔별
이라도　즉시　알게　／ᄒᆞ오리다　총〃　暫上
　丁卯　二月　初九日　講定官

＊1：업

【現代語訳】

両大通官（大通詞）様の御前へ拝復
数日間皆様方ご平安の段、存じ上げ、喜び慰みがやみません。ソウルからの便りはまだございませんが、数日の内には確かにあるようですので待ち焦がれておりますが、あればどんな便りであれ、直ちにお知らせいたします。怱々なるままにまずは
　丁卯二月初九日　　講定官（玄義洵（敬天））

【参考情報】「倭館館守日記」によれば、講定官兼訓導の玄義洵は、一八〇七（文化四）年二月五日に入館したのち、同年二月十二日まで入館していない。この書簡冒頭のあいさつ「数日間皆様方ご平安の段、存じ上げ、喜び慰みがやみません」は、

一八〇七（文化四）年二月五日の入館以後会っていないことを示すものであろう。

史料86

【史料概要】倭館側からの書簡を受け取った講定官玄義洵（敬天）から両大通官宛の返信。「心が静まらず、どうしたらよいかわかりません」とある箇所は、講定官玄義洵の当惑ぶりを推測させせよう。

【写真】

史料 86
（袋・こより）

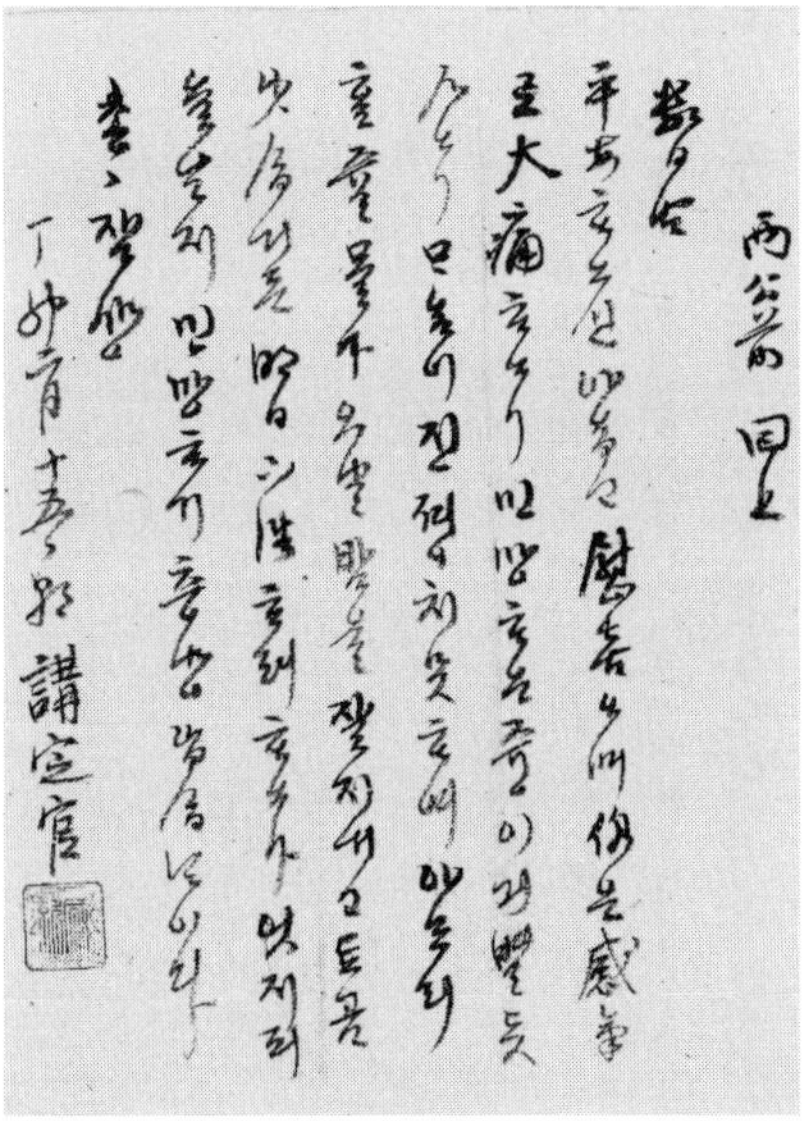

史料 86

【翻刻】

（袋裏面書き）諺文／書付入／小田幾五郎
（こより上書き）卯正月ら
兩公 前 回上
數日間 〔移〕／平安ᄒᆞ오심 아ᄋᆞᆸ고 慰喜오며 僕은 感
氣／로 大痛ᄒᆞ오니 민망ᄒᆞ온 즁 이 긔별 듯／ᄉᆞ오니
ᄆᆞ음이 진정치 못ᄒᆞ여 아모리 ／ᄒᆞᆯ 쥴 몰나 오날밤을
잘 지내고 됴곰 ／낫ᄉᆞᆸ거든 明日 下往ᄒᆞ려 ᄒᆞ오나 엇
지 되／올ᄂᆞᆫ지 민망ᄒᆞ기 층냥 업ᄉᆞᆸᄂᆞ이다 ／총〃 잠샹
　丁卯 二月 十五日 朝 講定官 〔印〕

【現代語訳】

ご両名様の御前へ拝復

数日間ご平安の段、存じ上げ、慰み喜びでございます。私は風邪でひどく患っており、困っておりますなか、この便りを承りまして、心が静まらず、どうしたらよいかわかりませんので、今晩養生して少し良くなれば、明日（倭館へ）下って行こうと思いますが、どうなるやら気遣わしきこと測り知れません。怱々なるままにまずは

丁卯二月十五日朝　　講定官（玄義洵（敬天））

【参考情報】

一八〇七（文化四／純祖七）年になると、倭館への倭学訓導たちの足が遠のきがちとなっている。それもそのはず、倭館側から、易地聘礼承認を明記した礼曹回答書契を強硬に要求しているのに、ソウルの廟堂からの通知が無いままに、講定官・倭学訳官・別差たちはなすすべもなく立ち往生しているからである。通信使請来大差使正官古川図書は、やむなく一八〇七（文化四）年二月十七日に都船主加納郷左衛門に命じて、一旦帰国、事態の重大なることを対馬藩に報告せしめた（加納は同年三月二十二日再び倭館に来着した）。

なお、**史料86**と**史料87**は同筆である。**史料87**の末尾に発信者講定官・玄義洵の自筆ではなく他人に書かせたことが記されているので、この**史料86**も他の人の手に成るものである。

史料87

【史料概要】　講定官（玄義洵（敬天））から両大通官宛の返信。「（倭館からの）便りを承って偽って（廟堂に）申し上げるふりをしましょうか。」とあるのは、倭館側からの通信使請来大差使返翰改撰要求を倭学訳官らが朝鮮の廟堂に取次いでいないのではないかという疑念を小田幾五郎らが抱いていることに対して反論したものである。講定官（玄義洵）自身は風邪に羅患しているので、倭館に出向けないので、すべての相談事は別差にしてほしいと依頼している。

【写真】

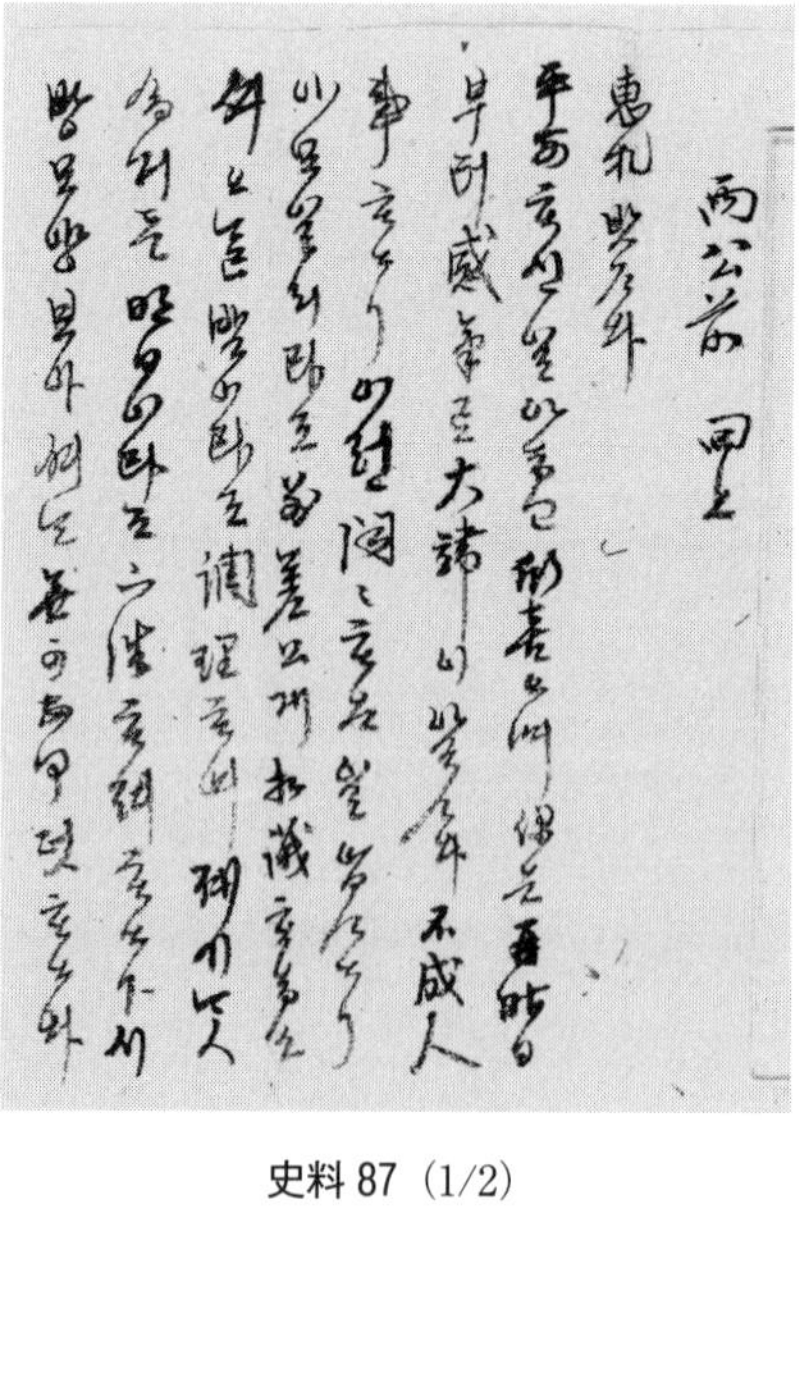

史料87（1/2）

史料 87（2/2）

【翻刻】

兩公 前 回上
惠札 밧ᄌᆞ와 〖移〗／平安ᄒᆞ신 일 아ᄋᆞᆸ고 欣喜오며
〖右〗僕은 再昨日／부터 感氣로 大端이 알ᄉᆞ와 不成
人／事ᄒᆞ오니 이런 悶〃ᄒᆞ온 일 업ᄉᆞ오니 ／아모 일리
라도 別差公게 相議ᄒᆞᄋᆞᆸ쇼／셔 오ᄂᆞᆯ밤이라도 調理ᄒᆞ여
졔기 ᄂᆞᆺ／ᄉᆞᆸ거든 明日이라도 下往ᄒᆞ려 ᄒᆞ오나 시／방
모양 보아셔ᄂᆞᆫ 無可奈何 덧ᄒᆞ오와 ／긔별 듯ᄉᆞ오니 밋
칠 덧 답〃ᄒᆞ외다 엇／지 긔별 듯고 거즛 알로라 ᄒᆞ오
잇가 마／ᄋᆞᆷ이 아모리 진졍ᄒᆞ올 쥴 몰나 더옥 ／죽을
덧ᄒᆞ오다 편지 슬 기 업ᄉᆞ와 남ᄒᆞ／여 써 보내ᄂᆞ이다
心撓 暫上
丁卯 二月 十五日 講定官 〖印〗

【現代語訳】

ご両名様の御前へ拝復

お手紙拝受仕りご平安の段、存じ上げ、喜びの至りです。私はおとといから風邪でひどく患っており、人事（礼節）を成しえませんので、このような悶々としたことはございませんが、どんなことでも別差様（崔昔（明遠））へご相談なさってください。今晩にでも養生して少し良くなれば、明日にでも（倭館へ）下って行こうと思いますが、ただいまの様子を見たところでは、どうしようもないようですので、お知らせを承りまして、気が狂うほどもどかしく存じます。どうして（倭館からの）便りを承って偽って（廟堂に）申し上げるふりをしましょうか。どうしても気持ちを静めることができなくて、ますます死にそうな状態です。手紙を書くことができないので、他人をして書かせて送ります。心乱るるままにまずは

丁卯二月十五日　講定官（玄義洵（敬天））（印）

【参考情報】史料86の参考情報を参照のこと。「倭館館守日記」によれば、この手紙の翌日の一八〇七（文化四）年二月十六日には訓導兼講定官玄義洵は倭館に入館せず、別差（崔昔（明遠））だけが入館している。訓導玄義洵が入館したのは、そのさらに翌日の二月十七日であった。この書簡では、風邪が治れば翌日の二月十六日に倭館へ行くことを約束しているが、

その約束は風邪が治らなかったためか、果たせなかったものと見える。

史料88

【史料概要】倭学訓導・別差が倭館の両大通官宛に送った書簡。対馬から飛船が到着したと聞いたが、対馬藩から倭館への連絡内容が気がかりなので、明日、倭館に出向くので、それを教えてほしいと願う主旨。

【写真】

史料88（端裏書き）

史料88（1/2）

史料88（2/2）

【翻刻】

（端裏書き）敬天 明遠

謝上

惠札 보오니 〔移〕／兩公 平安ᄒᆞ오시니 幸이／오며
飛船이 왓다 ᄒᆞ오／니 무슴 일이온지 念慮 ／노이지
못ᄒᆞ오며 僕等 日勢／가 늣ᄉᆞ와 官家 下直이 非便／ᄒᆞ
오니 明日 早朝의 下往ᄒᆞ／올 거시오ᄆᆡ 그ᄃᆡ로 ᄒᆞ여
두／오쇼셔 明早 만나기ᄉᆞᆸ기／로 이만 그치ᄋᆞᆸᄂᆡ다 暫
上

丁卯 五月 初 一日 訓別

【現代語訳】

（端裏書き）敬天・明遠

お返事申し上げます。
お手紙拝見いたし、ご両名様ご平安の段、幸いに存じます。飛船が来たとのこと、何事なのか、心配がやみません。私達は、時間が遅いので、官家（東萊府）で（別れの）挨拶をするのが便ならず明日早朝に（倭館へ）下って行くつもりですので、そのままにしておいてください。明日早朝にお会いしますのでこれにて終わります。まずは
　丁卯五月初一日　訓導（玄義洵（敬天））／別差（崔昔（明遠））

【参考情報】
この書簡の発信者は「訓別」すなわち訓導（玄義洵（敬天））と別差（崔昔（明遠））の連名になっているが、筆跡は書簡（史料90）と一致するので、実際には別差崔昔が書いたものであろう。
この書簡（史料88）と次の書簡（史料89）は同日に発信されたものであるが、**史料89**の文面に「先ほどお手紙を拝見し、お返事をお送りいたしましたところ、また、お手紙を拝見いたしまして」とあることから、**史料88**が先、**史料89**が後に発信されたものと見られる。

史料89

【史料概要】倭学訓導が倭館の両大通官宛に送った書簡。対馬から飛船が到着したためか、同一の日に二度にわたり書簡を拝受したので、すぐにでも倭館へ駆けつけるべきではあるが、今日東萊府で別れの挨拶をしてから、明日倭館へ出かける事を伝える内容。

【写真】

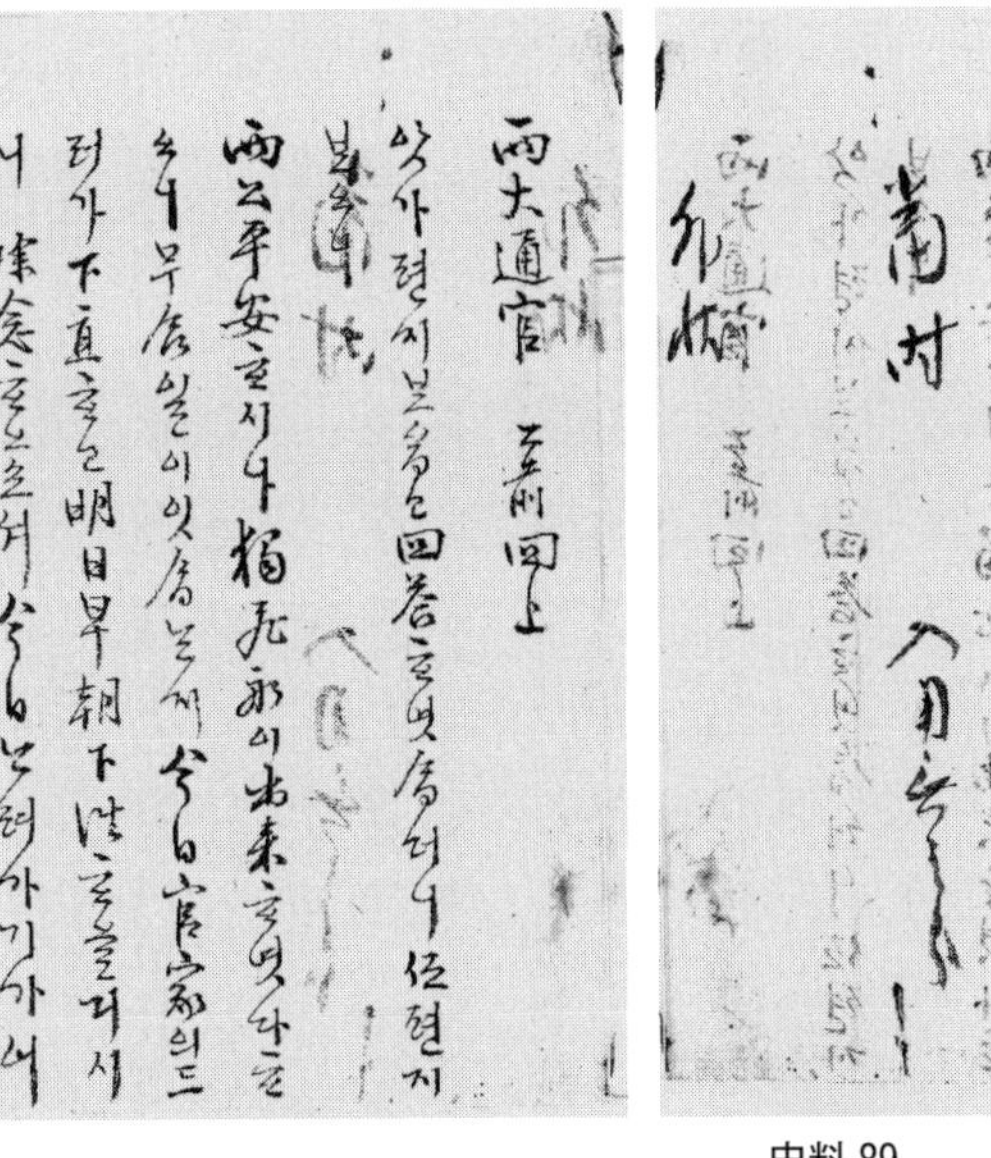

史料89
（端裏書き）

史料89（1/2）

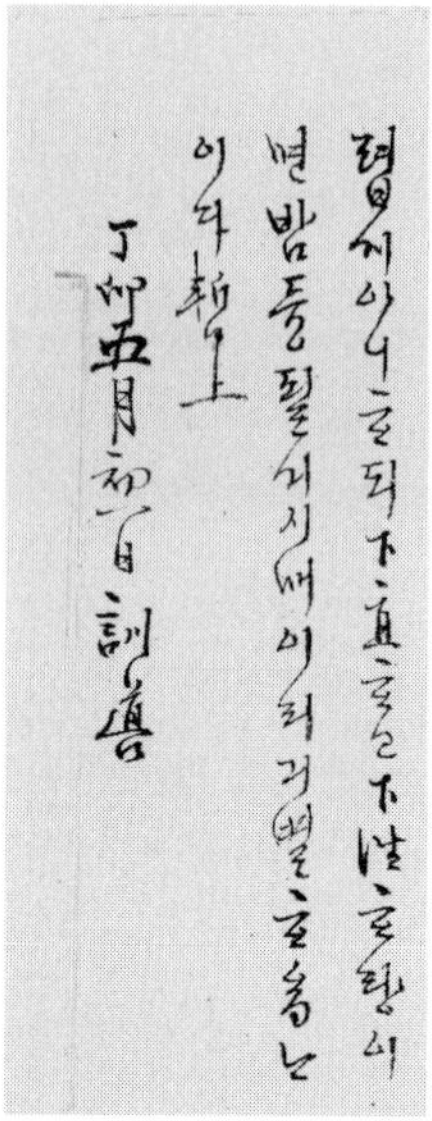

史料89（2/2）

【翻刻】

（端裏書き）当時 入用無之分 ／外状

兩大通官 公 前 回上

앗가 편지 보옵고 回答ᄒᆞ엿삽더니 또 편지 ／보오니

『移』／兩公 平安ᄒᆞ시나 獨飛船이 出來ᄒᆞ엿다 ᄒᆞ／오

니 무슴 일이 잇삽ᄂᆞᆫ지 今日 官家의 드／러가 下直ᄒᆞ

고 明日 早朝 下往ᄒᆞ올 거시／니 『隔』除念ᄒᆞ오쇼셔

今日 ᄂᆞ려가기가 어／렵지 아니ᄒᆞ되 下直ᄒᆞ고 下往ᄒᆞ

량이／면 밤듕 될 거시매 이리 긔별 ᄒᆞ옵ᄂᆞ／이다 暫

上

丁卯 五月 初一日 訓導

【現代語訳】

（端裏書き）外状。当時、必要のない分

両大通官様の御前へ拝復

先ほどお手紙を拝見し、お返事[1]をお送りいたしましたところ、また、お手紙を拝見いたしましてご両名様ご平安とのことですが、独飛船が出来したとのこと、何事があるのでしょうか。今日官家に入って（別れの）挨拶をしてから、明日早朝に（倭館へ）下って行くつもりですので、ご心配なさらないでください。今日（倭館へ）下って行くことがむずかしくはないのですが、（別れの）挨拶をしてから（倭館へ）下って行こうとすると、夜中になるでしょうから、このようにお便りいたします。まずは

丁卯五月初一日　訓導（玄義洵（敬天））

【語釈】

（1）史料88の書簡を指すものか？

【参考情報】

史料88の参考情報を参照のこと。

本書簡の背景には、通信使請来大差使への回答書契の授受をめぐって倭館と東莱間で紛糾しているときに、一八〇七（文化四）年四月二十七日江戸幕府より勘定徒歩目付等の役人が対馬に差遣されるという緊迫した新局面を迎え、対馬藩からどのような指示が届いたかを気遣う倭学訓導玄義洵（敬天）の思惑が見て取れる。

史料90

【史料概要】別差が「両公」（小田幾五郎・牛田善兵衛）に宛てた返信。倭館側が「催促」していることに関連して、二・三日の内に倭館へ出向くと伝える内容。

【写真】

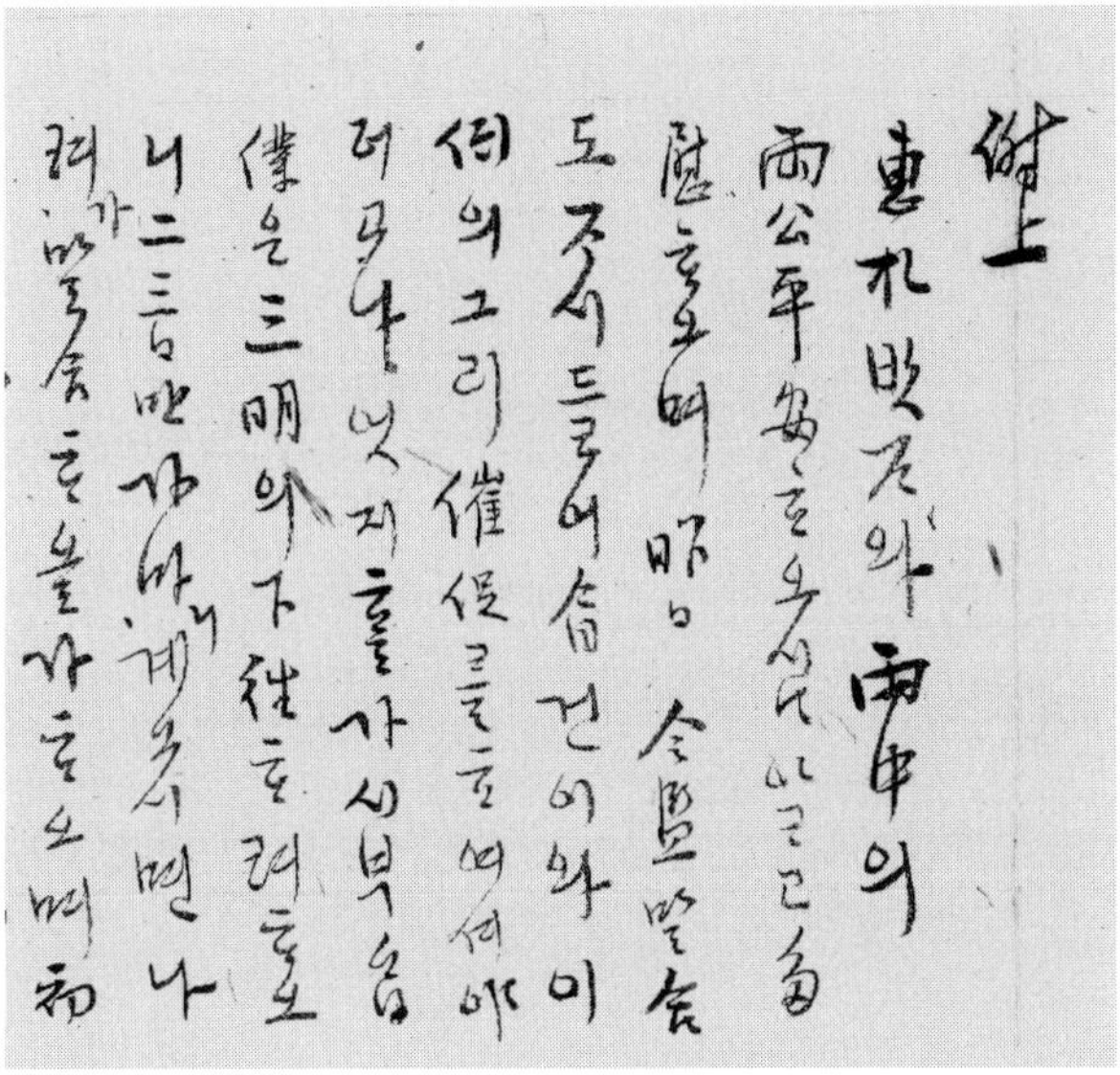

史料 90（1/2）

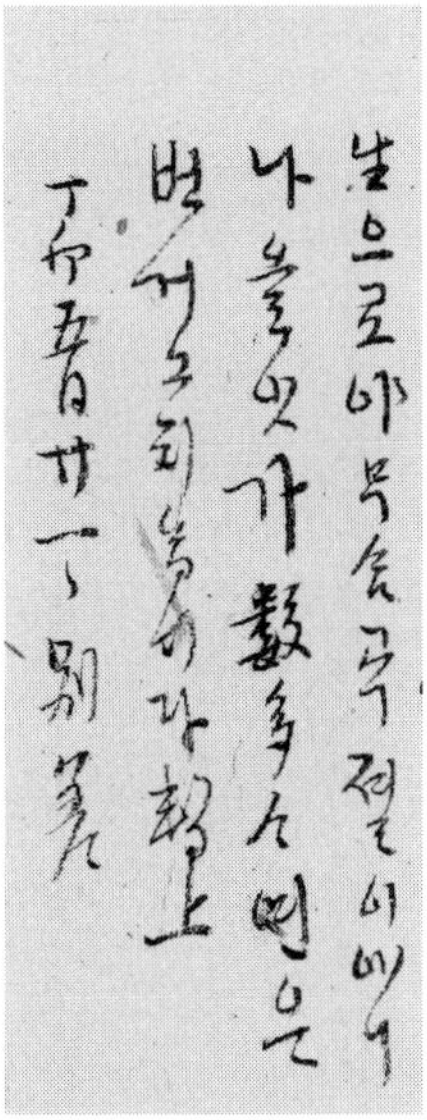

史料 90（2/2）

【翻刻】

謝上

惠札 밧ᄌᆞ와 雨中의 〘移〙／兩公 平安ᄒᆞ오심 알고 多

／慰ᄒᆞ오며 昨日 〘隔〙 令監 말ᄉᆞᆷ／도 ᄌᆞ시 들어ᄉᆞᆸ건

이와 이 ／씌의 그리 催促를 ᄒᆞ여셔야 ／더고나 엇지

ᄒᆞᆯ가 시부ᄋᆞᆸ ／僕은 三明의 下往ᄒᆞ려 ᄒᆞ오／니 二三日

만 가마●〈니〉 계오시면 나／려●〈가〉 말ᄉᆞᆷᄒᆞ올가

ᄒᆞ오며 初／生으로야 무ᄉᆞᆷ 곡졀이 아니 ／나올잇가 數

多 ᄉᆞ연은 ／번거 그치ᄋᆞᆸᄂᆞ다 暫上

丁卯 五月 卄一日 別差

【現代語訳】

お返事申し上げます

お手紙拝受仕り、雨中ご両名様ご平安の段、存じ上げ、多大の慰みに存じます。昨日令監（玄義洵（敬天））のお話も委細聞きましたけれども、この時にそのように催促をしたら却ってどうなると思いますか。明々後日に（倭館へ）下って行こうと思いますので、二・三日だけじっとしていてくだされば、下って行ってお話しようかと存じます。月初めには何かの動きがあるはずです。諸々の内容は煩多なので略します。まずは

丁卯五月二十一日　　別差（崔昔（明遠））

【参考情報】

「御用書物控（草案）」の一八〇七（文化四）年五月二十一日の条には、「別差方ゟ返事来、廿四五日ニハ罷下り可申、まだ内左右不相達、来月初ニ委しき左右可有之と内々申来ル」とあり、この手紙の内容に符合する記述を確認することができる。

本書簡でも見るとおり、交渉が頓挫している中で、両国の通詞らが懸命に打開策を探しているものの、その前途多難であると知ることができよう。

史料91

【史料概要】東萊府使と面会した倭学訓導が、ソウルの情報が届くのでそれまでじっと待ち続けるようにという府使の言葉を倭館の両公に知らせるために、明日か明後日に倭館に下っていくという趣旨の書簡。

【写真】

史料91（1/2）

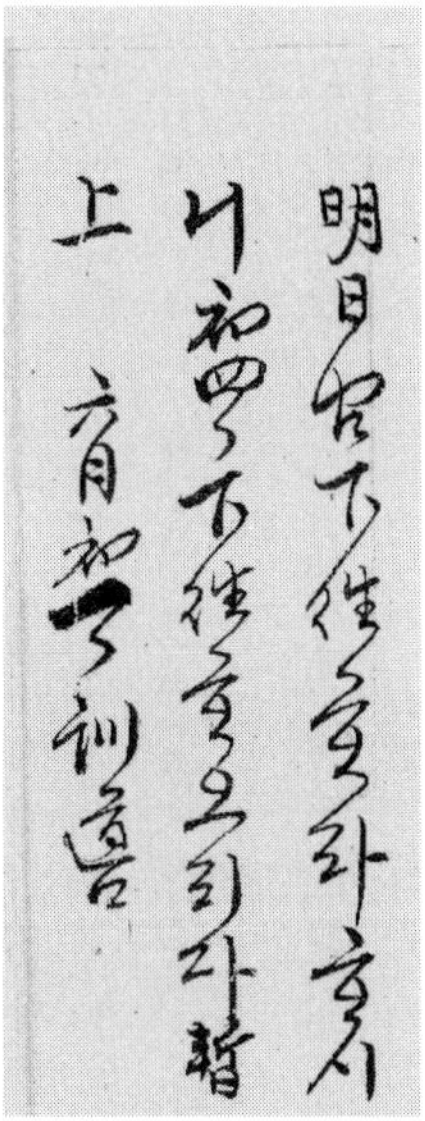

史料 91（2/2）

【翻刻】

兩公 前 入納

夜間 ／ 〔擡〕 平安ᄒᆞ오심 아ᄋᆞᆸ고져 ／ᄒᆞ오며 昨日 上

府ᄒᆞ여 ／相接 말ᄉᆞᆷᄒᆞ오니 京／奇가 오ᄅᆡ지 아니ᄒᆞ여

／올 거시니 그 ᄉᆞ이 잠간 ／기다리는 거시 올타 ᄒᆞ／

시고 아못조록 말을 잘 ／ᄒᆞ여 이 긔별만 오기을 ／기

다리게 ᄒᆞ라 ᄒᆞ시고 그 ／ᄉᆞ이 혹 긔별이 와도 再／明

日間 下往ᄒᆞ라 ᄒᆞ시／니 初四日 下往ᄒᆞ오리다 暫／上

六月 初一日 訓導

【現代語訳】

ご両名様の御前へ入納

夜間ご平安の段、お伺い申し上げます。昨日（東萊府へ）上府して（東萊府使に）相接のお話をいたしましたところ、（通信使請来大差使への返翰についての）ソウルからの便りが遠からず参るだろうから、その間しばらく待つのが良いとおっしゃって、何とかうまく話をしてただこの便りが参るのを待つようにしろとおっしゃって、その間にあるいは便りが参っても（参らなくても）明後日（ころ）に（倭館へ）下って行けとおっしゃいますので、（六月）初四日に（倭館へ）下って行きます。まずは

六月初一日　　訓導（玄義洵（敬天））

【参考情報】

筆跡が史料60などとよく似ているので、玄義洵（敬天）が書いたものと見られる。「倭館館守日記」によれば、玄義洵（敬天）が訓導を務めていたのは一八〇六（文化三）年十二月二十三日から一八〇九（文化六）年四月七日までであるので、この書簡が書かれたのは一八〇七（文化四）年もしくは一八〇八（文化五）年の六月一日である。

まず、一八〇八（文化五）年の可能性について検討すると、朝鮮暦の戊辰（一八〇八年）六月一日は、西暦一八〇八年七月二十三日、和暦の一八〇八（文化五）年閏六月一日に当たるが、「倭館館守日記」によれば、そのころ訓導玄義洵（敬天）は病気のため全く倭館に入館しておらず、前月の一八〇八（文化五）年六月五日には御用のため病気をおして入館するも乗輿のままというありさまであった。すなわち、一八〇八（文化五）年閏六月一日の状況はこの書簡の内容と合わないので、この書簡の発信日は一八〇八（文化五）年ではありえない。

つぎに、一八〇七（文化四）年の可能性について検討すると、朝鮮暦の丁卯（一八〇七年）六月一日は、西暦一八〇七年七月五日、和暦の文化四（一八〇七）年五月三十日に当たるが、「御用書物控（草案）」の当時の記事とこの書簡の内容は以下のごとく符合する。ちなみに、この時、玄義洵（敬天）は訓導と講定官を兼務していた。この書簡には「昨日（東莱府へ）上府して」とあり、玄義洵（敬天）がこの書簡の発信日の前日には倭館あるいは任所辺りにいたことを示しているが、「御用書物控（草案）」一八〇七（文化四）年五月二十九日の条を繙けば「講定官・別差入館」とあり、講定官兼訓導の玄義洵（敬天）が倭館に入館した事実を確認することができ、この書簡の内容と矛盾しない。また、この書簡には、東莱府使の指示により六月四日までは倭館に下来しないとの内容が見えるが、「御用書物控（草案）」には、一八〇七（文化四）年六月一日（朝鮮暦の丁卯六月二日）の条に「坂ノ下へ幾五郎・善兵衛罷越し別差へ対面、講定官明日者下来有之候様相談、早速小通詞別差登候事」と、また六月二日（朝鮮暦丁卯六月三日）条に「講定官方ゟ今日迄ハ下来方見合候様府使被申聞候故、明日可罷下段申来ル」と、さらに六月三日（朝鮮暦丁卯六月四日）条に「講定官・別差入館」」とあり、この書簡の内容に符合する記述を確認することができる。

以上のことから、この書簡の発信日は、朝鮮暦の丁卯六月一日、西暦一八〇七年七月五日、和暦の文化四年五月三十日と比定することができる。

なお、「御用書物控（草案）」一八〇七（文化四）年五月二十九日の条によれば、このころ倭館では（通信使請来）大差使への返翰がソウルから送られてくるのを待ち焦がれている状態にあり、日本側は東莱府使に直接会うことを要求していた。この書簡の文中にある「京奇」「相接」とはそのような内容を指すものであろう。

史料92

【史料概要】 別差崔昔（明遠）から「両公」に宛てた書簡。「忠助」が伝達した手紙を受け取ったことを告げ、暑さが弱まったならば、両公の内の一人が（任所まで）出て来てくれるよう依頼する内容である。なお、本書簡は長正統氏が「八、別差某書簡」として紹介したものである（長一九七八年）。

【写真】

史料92
（端裏書き）

史料 92

【翻刻】

（端裏書き）明遠

오ᄂᆞᆯ 오쟉 곤ᄒᆞ시올잇가 /주우조 편의 무러 계시오/
니 감ᄉᆞᄒᆞ오며 暑退 되ᄋᆞᆸ/거던 〖隔〗兩公中 ᄒᆞᆫ 분이
쟝 나/오실가 밋고 긔별ᄒᆞᄋᆞᆸᄂᆡ다 /暫上

卽 別差

【現代語訳】

（端裏書き）明遠

今日はさぞかしお疲れのことでございましょう。「チュウジョ」[1]の手紙便で（安否を）おたずねいただきありがとうございます。暑さが退きましたら、ご両名様のうち、おひとかた、しばしお出でになることをお願いしたく、お便りいたす次第でございます。まずは

即[2] 別差（崔昔（明遠））

【語釈】

（1）「この部分、原文では「주우조」と書かれているが、これは、人名「忠助」の音読みの発音「チュウジョ」をハングルで表記したもので、「八坂忠助」を指すものと見られる。「八坂忠助」については、**史料58**の語釈（2）を参照のこと。

（2）手紙を受け取りすぐにお返事いたします、の意。

【参考情報】

端裏書きから、発信者は崔昔（明遠）である。

「倭館館守日記」によれば、崔昔（明遠）が別差として在任していたのは、一八〇六（文化三）年十月十九日から一八〇八（文化五）年一月九日の間である。上の本書簡の文中に「暑さが退きましたら」とあるから、季節は夏である。よって、この書簡が発信されたのは、一八〇七（文化四）年の夏と考えられる。

史料93

【史料概要】 六月十六日付けの「御掛合」（口上書）。倭館側の主張を六ヶ条にまとめて、易地聘礼交渉の促進と全面的な

解決を朝鮮側に要求する口上書である。本口上書は、東萊府使への集団交渉時に朝鮮側訳官に渡す対馬側要求書の下書きであるだけに、いささか強い口調となっている。しかし、その和解に付された但し書きにより、実はこの口上書の作成には朝鮮側訳官（別差）も関与していた（「右之御口上趣、別差ゟ諺文を以我々相頼候ニ付」）ことが知られる。なお、この**史料93**を整理したものが、次の**史料94**である。

【写真】

史料93（端裏書き）

史料93（1/3）

史料93（2/3）

史料93（3/3）

【翻刻】

（端裏書き）六月十六日 ／御掛合

一 〈修聘回答書契 遅滞ᄒᆞ옵기로〉 이 말숨 아니 ᄒᆞ여도 馬[本]州 一刻이 危急ᄒᆞᆫ 事情／은 아오시련니와 當初의 弊州 太守는[로셔] 다시 東武／의 告達 못ᄒᆞᆯ[ᄒᆞ실] 줄노 ᄒᆞ 〈시〉는 거슬 丙辰年 渡海譯／官이 드러 와셔 兩國 除弊가 되니 아모죠록 弊／州로 ᄒᆞ게 ᄒᆞ여 달라 ᄒᆞ기는 朝鮮 사ᄅᆞᆷ이 아니／요 朝鮮셔 시기신 일이 아니오니잇가 그 일을 ／알고져 ᄒᆞ옵ᄂᆞ니이다

一 그 後의 連ᄒᆞ여 三度 書契를 ᄂᆡ여 아죠 停當／ᄒᆞ기은 朝鮮 사ᄅᆞᆷ의 글시로 朝鮮 ᄌᆞᆼ의예 朝／鮮 圖書가 아니요 朝鮮셔 시기신 일이 아니온잇가 一 그러면○[奸惡者는 혹 잇기 괴이치 아니ᄒᆞ오되[가 잇다ᄒᆞ옵시되]○] ᄒᆞᆫ 두 사ᄅᆞᆷ이 나라흘 소기〃는 괴치 아니／ᄒᆞ고니와 十餘年을 두고 네ᄃᆞ숫 사ᄅᆞᆷ이 나／리 니어 兩國을 소기며 朝廷의셔는 그런 못쁠 ／사ᄅᆞᆷ만 갈리어 邊情을 맛겨 남의 나라흘 ／亡게 ᄒᆞ기은 어인 닐이온고[니]잇가 그 말숨을 듯고／고져[*1]ᄒᆞ옵ᄂᆞ니이다

一 아이의 東武로셔 시기신 일을○ 〈마다 ᄒᆞ시매○〉本州 太守○ 〈겨오셔〉 개 못／된 줄로 告達ᄒᆞ엿다가 着實ᄒᆞᆫ 듯ᄉᆞ[ᄒᆞᆫ] 文跡 여라번 ／드려 보ᄂᆡᆫ 후의 弊州○ 〈로〉 ᄒᆞ려[령]으로 다시 定ᄒᆞ엿다／가 또 다시 못 된다 ᄒᆞ면 兩國間의 이셔 朝鮮 일 ᄒᆞ／는 太守개[겨오셔는] 無弊ᄒᆞᆯ 듯ᄒᆞ오니잇가

一 〈聘禮易地事는〉 時方은 朝鮮셔 아모리 許ᄒᆞ시기를 어려워 ᄒᆞ셔／도 欲破不能이요 六十六[餘]州를[候伯이] 다 기우려 信行 맛기／를 잘[ᄎᆞ]랏다가 變易ᄒᆞᆯ 길이 업고 또 東武 差／來가 弊州 出來ᄒᆞ엿지 오래기로 ᄇᆡ를 다 못 드／려 보ᄂᆡ고 處分을 기ᄃᆞᆯ이업더니 잇ᄶᆡ가지 處分／이 업ᄉᆞ오니 分明이○任官들이 이런[中路의셔 막어 朝廷의 이런○] 事情을 ／告達치 아니 ○ᄒᆞ고 使道끠셔 任意로 못ᄒᆞ신일이[ᄒᆞ는가 시브오니 卽今은]／오니 大差使겨오셔[正官이] 셔울로[노] 올라가 나라의[殿下摺 〈榻〉前의] 발／괄을 ᄒᆞ고 處分을 어들 줄노 ᄎᆞ로고 잇

ᄉᆞ오되 ／이ᄂᆞᆫ 闌出노 ᄒᆞᄂᆞᆫ 일이 아니오니[ᄋᆞᆸ고 兩國誠信으로 公幹을○○禀達ᄒᆞᄋᆞᆸ고져 ᄒᆞᄂᆞᆫ 일이오매△」△길의셔 사ᄅᆞᆷ이 ／막지 아니게 ᄒᆞ엿 쥬〈오〉시고 만일 나갈 ᄶᅧᆨ의 길의／셔 망ᄂᆞᆫ 혜[폐가] 잇셔／인명의[이] ᄉᆞᆯ희[히][人命의 係關ᄒᆞᆫ]ᄒᆞ면 이ᄂᆞᆫ交隣이 ᄭᅳᆫᄂᆞᆫ 일이업기／로 미리 나와 그 말솜 通ᄒᆞ되[오니] 막지 말마 ᄒᆞ／ᄂᆞᆫ 말ᄉᆞᆷ을 許諾ᄒᆞ오쇼셔

一　우리 馬[本]州를 몃 百年 고호ᄒᆞᄋᆞᆸ시다가 ／달은[다ᄅᆞᆫ] 나라로 말ᄆᆡ아[여]마 이리 급ᄒᆞᆫ 지경 ／되애[여]실지라도 出兵求援이라도 ᄒᆞ여[軍 근ᄉᆞ를 내여 求ᄒᆞ여 ／쥐[주]」실 터이온ᄃᆡ 하믈며 朝鮮으로／말ᄆᆡ아마 迫急이 되엿〈ᄉᆞᆸ〉ᄂᆞᆫᄃᆡ 求ᄒᆞ시ᄂᆞᆫ ／處分을 아니 나리오시니 셜ᄉᆞ오이다

＊1：고져 ↓ 져

【現代語訳】

（端裏書き）六月十六日御掛合

一　修聘回答書契が遅滞していることで、この言葉を言わなくとも、本州（対馬州）が一刻をあらそう危急の事情はご存知でしょうけれども、当初、弊州（対馬州）としてはあらためて東武に告達できない旨仰せられたのを、丙辰年(1)に渡海訳官が（対馬に）入来して、両国除弊になるから、なにとぞ弊州（対馬州）をしてさせるようにしてくれと言ったのは、朝鮮人ではありませんか。朝鮮からおさせになられたことではございませんか。そのことを確かめたく存じます。

一　その後に引き続いて三度書契を出して、すっかり整えたのは(2)、朝鮮人の字に、朝鮮の紙に、朝鮮のはんこではございませんか。朝鮮よりおさせになられたことではございませんか。

一　奸悪の者がいたとおっしゃいますが、一人二人が国をだますということは不思議ではございませんが、十余年にわたって四五人も引き続いて両国をだまし、朝廷においてはそのような悪い人ばかり交替させて辺情を任せ、他の国を亡びるようにするのはどういうことですか。そのお話をお聞きしたく存じます。

一　そもそも、東武よりお達しになったことを（朝鮮が）いやだとおっしゃるので、本州太守（対馬藩主）におかれてはだめだという旨を（江戸に）告達したのですが、確かなる文跡を何度も入送した後に、弊州をしてさせる（易地行聘する）ように再び定まったのに、また再びだめだと言ったら、両国間にあって朝鮮の事を（担当）している太守におかれては無事であろうとお思いでしょうか。

一　聘礼易地の事はただ今となっては朝鮮よりいくら許可なさることを難儀がられても欲破不能(3)であり、六十余州の候伯（藩主）が皆（総力を）傾けて、信行を迎えることを準備したので、変易することはできず、また、東武の使者が弊州に差し遣わされてから久しいので、船をすべて（対馬へ）帰し送ることができず、処分を待っていましたが、今まで処分がございませんので、明らかに途中で防塞して朝廷にこのような事情を告達していないように思いますので、只今は大差使正官がソウルへ上京して殿下の王座の前に事情を訴えて、処分を求めるように準備しておりますので、これは闌出(4)でおこなうことではございませず、両国誠信を以て御用のことを申しあげましょうとておこなうことですので、道で人が防塞なさらないようにしてください。万一、出ていくときに道で防塞するじゃまだてがあって人命に関わりますれば、これは交隣が途絶えることでございますので、あらかじめ出てきてそのお話を通知いたしますので、防塞しないというお言葉をご許諾ください。

一　我が本州を幾百年ご顧護なさいましたのに、他の国によってこのような危急の状況になったとしても軍を出してお救いくださるはずのところ、いわんや朝鮮によって迫急になりましたのに、お救いくださる処分をおくだしになりませんので、悲しゅうございます。

【語釈】

（1）一七九六（寛政八）年。
（2）原文は「停當ᄒᆞ기은」。史料3の語釈（3）を参照のこと。
（3）破ろうとしてもできないこと。
（4）史料67の語釈（1）を参照のこと。

【和解】

《宗家文庫史料一紙物815-1》

（端裏書き）卯六月十六日之和解

一

一　修聘回答及遅延、危急一刻迫り候事情者、御量察も可有之、此事先ニ東武御寛大之思召ニ而最前之通延聘ニ極り候得者、重而東武え被仰上候道無之段及御返答候処、去丙辰年訳官を以省弊易地被取行度段及御相談候ハ、貴国の人を以貴国ゟ被起候義ニ無之候哉

一　其後三度之書契連続被差渡候者、貴国之紙翰・墨蹟・図書を以被仰下候義ニハ無之候哉

一　奸僞之者壹人哉弐人者引続キ国を欺キ候事可有之候歟、纔十四年之間四五人奸僞而已を御撰被成、両国永好之役ニ御備被成、対州危頻ニ望候様相成候者、如何之御心入ニ候哉

一　最初東武ゟ被及御相談候節者、被及御断、延聘之侭被致度と之儀ニ而、其訳書付を以委細

東武え稟啓いたし有之、其後貴国ゟ被仰下候品を以、対州取扱及熟談、「我国」（抹消）我国六拾余州ニも達ニ相成候を、今更朝鮮及断候とて御臨交之役儀承り被居候
太守職分相立可申候哉

二

一　聘礼易地之義、対州ゟ東武え被仰上候品を以日本国中え約定ニ相成、大小之候伯公命を守り心を此事ニ傾ケ候へハ、今ニ至り変易可相成筋ニ候哉
東武之員官対州着有之、此地之時勢返報いたしかたく、船路を絶、順便之報を相待申居候処、尓今埒明不申候、朝廷へ事情貫通不致ものと相見へ、此上ハ
王京ニ罷登り、
殿下榻前ニ而委細稟啓いたし候ハヽ、御分明可被成、一時之事を以致瀾出候事ニ而無之、必竟両国御誠信之道理相貫候様ニと存し、此場ニ至候事故、路次無異義通行いたし候様、兼而御差図被下度、万一事之様子不勘弁之者有之、途中ニおゐて相打相当の義有之候而者、至而大切之義候間、通行少し之愚も無之処、御許諾被下様、御告知可被下候

三

一　対州数百年之御春待ニ御坐候へ共、国の界急ニ望候ハヽ、御助力も可被下処、却而貴国ゟ急迫之場ニ至り候様、御取計被下候段、不審之事ニ候

右之御口上趣、別差ゟ諺文を以我々相頼候ニ付、和解仕差上候処、少々之抜差を被成、真文ニ相成候ニ付、此通ニ相究ル、尤諺文別差ゟ出し候を写し、少々之抜差ハ朱書ニ仕り書入候事

この和解の末尾の但し書きによって、日本側が朝鮮側に要求をおこなうこの口上書草案の朝鮮語文（諺文）作成に当たっては、日本側の朝鮮語通詞だけではなく、朝鮮側の別差も関わっていたこと、また、この口上書草案の黒字の部分は別差が差し出した原案、朱筆の部分は日本側が添削を加えた部分であることがわかる。この口上書草案の言語資料的価値を判断するうえで、注目される記述である。

【参考情報】

この口上書草案およびその和解の端裏書きの日付の和暦の丁卯（文化四年）六月十六日は、西暦一八〇七年七月二十一日、朝鮮暦の丁卯（純祖七年）六月十七日に当たる。

田保橋潔は、

此間草梁倭館に於いては、通信使請来大差使正官古川図書・都船主加納郷左衛門の執拗な努力が続けられた。六月十七日東莱府使呉翰源・釜山僉使具絳が、新任倭館館守番盛之介（平時之）の下船宴を設行するがため倭館に赴くや、加納郷左衛門等三百余名が府使に会見を強要し

て、朝鮮国の同情ある処置を陳情したが、府使はこれを顧みない。（田保橋一九四〇年：七四六頁）

と述べるが、朝鮮暦の丁卯（純祖七年）六月十七日に加納郷左衛門等が行った陳情の口上書草案の下書きがまさにこの**史料93**である。

この一八〇七（純祖七）年の四月二十日に、左議政李時秀によって、

今若送人於馬島、以奸譯輩之従中作奸、馬島之見瞞於此輩、前後事實、詳言於彼、而本事萬萬無可施之路云云、則書僧聞此、必使江戸、知其實狀、馬島暴其本情。（「朝鮮王朝実録」純祖七年四月二十日条、「日省録」純祖七年四月二十日条、「承政院日記」嘉慶一二年四月二十日条）

となされた啓言を、廟堂一致して支持したので、純祖も裁可することとなった。だからこそ、倭館側は周章せざるを得なかった。対馬に常駐する以酊庵輪番僧に対して、朝鮮側は倭学訳官を直接に対馬に派遣して、倭館側の説明の「是僞非眞」を問うこととなったからである。

さて、本史料には、対馬側の主張の骨子が整理されている。

一、一七九六（寛政八／丙辰）年に、致賀兼問慰弔慰渡海訳官であった朴俊漢からの提案が「対馬での易地聘礼」であったので、対馬側の提案ではないこと

二、寛政十年戊午書契（東萊府使金達淳等名義）など三通の書契のすべてが、朝鮮人の筆跡であり、朝鮮紙であり、礼曹参議や東萊府使の正式な印鑑である以上、それは朝鮮側の公式文書に他ならないこと。

三、朝鮮政府は、わずか一〇年余りの間に、四・五名の「奸悪の者」を倭学訓導などに任命し、彼らに交渉に当たらせた責任転嫁を倭館側にしていること。

四、朝鮮側の易地聘礼拒否の礼曹参判・参議回答書契（寛政七年）を受理し、そして寛政七年六月に江戸幕府から朝鮮側への「下対馬州令謄文」も幹事裁判河内徳左衛門を倭館に派遣して直接に渡し、易地聘礼交渉の中断を両国で確認し合ったのにもかかわらず、それを同年十月に東萊府使尹長烈短簡で、朝鮮側から易地聘礼交渉の再開を求めてきた事実があるので、いまさら白紙に戻してほしいと言われても、それは不可能であること。

五、その朝鮮側からの再度の働きかけがあったからこそ、すでに日本全国で朝鮮通信使を歓迎する準備が完了しており、その取り消しとなると対馬藩は面目を失うこととなり、ソウルに於いて直接に国王に直訴したいので、倭館からソウルまでの途中における「防塞」（妨害工作など）をしないで頂きたいこと

なお、この時の掛け合いの顛末については、宗家文庫史料一紙物史料54-1-6に詳しい。

ところで、我々の関心で言えば、本口上書草案に見える「出

兵求援」の語句にも注目したい。軍事力の投入を語句に明示するほどに、倭館における切迫した雰囲気を感じ取るが、結局は、ソウルの朝鮮王への直接行動という名目の「闌出」に訴えることとなった。その日は、この口上書草案の日付の一月余り後の七月二十三日であった。通信使請来大差使古川図書は海路から、そして同大差使都船主加納郷左衛門は陸路から、倭館在住の日本人一一〇名を引き連れて闌出を試みたが、途中で阻止され、やむなく引き返すこととなった。易地聘礼を求める倭館側と、それを拒否する東萊側との対立と葛藤が、倭館側の実力行使で一気に爆発した。

「丁卯七月二十九日

一、今七月二十九日次對入侍時、左議政李 所啓、此東萊府使呉翰源狀啓也、以爲差倭等、因信使事之不許、稱以往訴悶迫之狀、多率館倭、攔出設門、至於草梁、因萊府及釜山鎭防守責諭、旋爲還入云、違越約條、若是跳踉、萬萬痛駭、東萊府使及釜山僉使、不能禁戢之罪、在所難免、而今此攔出之擧、專在於故爲生梗、以爲恐動之意、不可適中其計、邑倅鎭將論勘一款、姑爲安徐使之戴罪行公、任譯及門將通詞等、令該府使、分等嚴勘懲勵、攔出倭等、卽以違約攔出狀之詳細、通報于島主、以爲如法處斷之地、仍爲嚴辭責諭於差倭處、使之卽爲還歸朝市、係是本府按例施行之事、不當仰稟朝令、一体嚴飭分付何如、上曰依爲之。」(「典客司日記」一〇、第五四、純祖七年七月二十九日)

「一、東萊府使呉翰源去月二十四日成貼狀啓內、信使請來差倭平功載、率館中諸倭、攔出後旋卽還入緣由、已爲馳啓爲白有在果、二十四日子時到付釜山僉使具絳馳通內、卽接訓導玄義洵、別差崔昔等手本、則攔出倭人等、二十三日申時量、船隻幷以還入館所、而由陸倭人中五十八名、直入渠之處所、都船主封進倭等、與諸色倭五十二名、留住任所故、亦卽還其處所之意、嚴辭責諭、而終不回聽、設寢帳舖陳、仍爲留宿任所是如爲乎等以、各別責諭、斯速入送之意嚴飭是如爲臥乎所、今此訓別任所、在於設門禁標之內故、從前彼人、無常往來是白乎矣。都船主倭等、攔出回路、不與差倭、一齊直入其處所、尙留任所、經夜不歸者、究厥情狀、去益痛惡乙仍于、連加責諭、斯速入送之意、任譯等處、各別嚴飭爲白乎旀。緣由馳啓事。」(「典客司日記」一〇、第五四、純祖七年八月一日)。

事態の好転は、文化五年八月二十五日に倭館に到着した通信幹事裁判に任命された用人重松此面(藤功喬)の登場以降であり、その後両国の交渉は次第に協調ムードとなり、「易地聘礼受け入れ」へと諸環境が整っていった。

史料94

【史料概要】上の史料93を整理したものが、この史料94である。史料93を参照のこと。

【写真】

史料 94
（端裏書き）

史料 94（1/3）

史料 94（2/3）

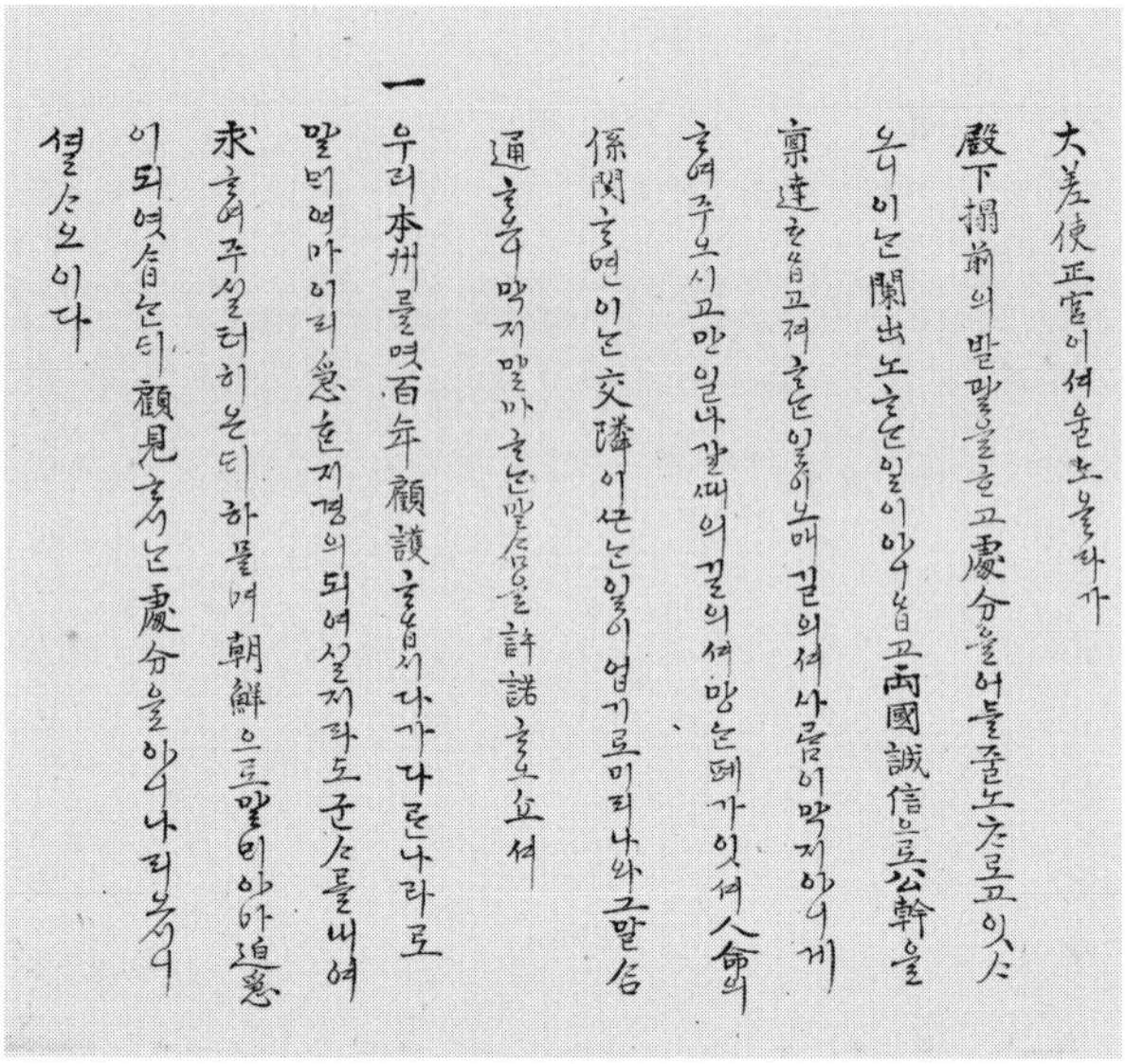

史料94（3/3）

【翻刻】

（端裏書き）御掛合之節　諺文ニて任官へ／為御見被成候筈之下書

一　修聘回答書契　遅滞ᄒᆞ옵기로　이　말숨　아니　ᄒᆞ여도　本州　一刻이　／危急ᄒᆞᆫ　事情은　아오시려니와　當初의　弊州로셔　다시　／東武의　告達　못　ᄒᆞ실　줄로　ᄒᆞ시ᄂᆞᆫ　거슬　丙辰年　渡海譯官이　／드려　와셔　兩國　除弊가　되니　아모죠록　弊州로　ᄒᆞ게　ᄒᆞ여　／달라　ᄒᆞ기ᄂᆞᆫ　朝鮮　사ᄅᆞᆷ이　아니요　朝鮮셔　시기신　일이　／아니오니잇가　그　일을　알고져　ᄒᆞ옵ᄂᆞ니이다

一　그　後의　連ᄒᆞ여　三度　書契를　내여　아조　停當ᄒᆞ기ᄂᆞᆫ　／朝鮮　사ᄅᆞᆷ의　글시로　朝鮮　죵의예　朝鮮　圖書가　아니요　／朝鮮셔　시기신　일이　아니오니잇가

一　奸惡者가　잇다　ᄒᆞ옵시되　ᄒᆞᆫ　두　사ᄅᆞᆷ이　나라흘　소기〃ᄂᆞᆫ　／괴이치　아니ᄒᆞ거니와　十餘年을　두고　네ᄃᆞᄉᆞᆺ　사ᄅᆞᆷ이　나리／니어　兩國을　소기며　〖移〗／朝廷의셔ᄂᆞᆫ　그런　못쓸　사ᄅᆞᆷ만　갈리어　邊情을　맛겨　／ᄂᆞᆷ의　나라흘　亡게　ᄒᆞ기ᄂᆞᆫ　어인　일이오니잇가　그　말숨을　／듯고져　ᄒᆞ옵ᄂᆞ니이다

一　아이의　〖移〗／東武로셔　시기신　일을　마다　ᄒᆞ시매　本州　〖隔〗太守겨오셔　못　된　／줄로　告達ᄒᆞ엿다가　着實ᄒᆞᆫ　文跡　여라번　두려　보닌　／후의　弊州로　ᄒᆞ령으로　다시　定ᄒᆞ엿다가　또　다시　못　된다　／ᄒᆞ면　兩國間의　이셔　朝鮮　일　ᄒᆞᄂᆞᆫ　〖隔〗太守겨오셔ᄂᆞᆫ　無弊／ᄒᆞᆯ　듯ᄒᆞ오니잇가

一　聘禮易地事ᄂᆞᆫ　時方　朝鮮셔　아모리　許ᄒᆞ시기를　어려워　／ᄒᆞ셔도　欲破不能이요　六十餘州　候伯이　다　기우려　信行　／맛기를　ᄎᆞ랏다가　變易ᄒᆞᆯ　길이　업고　또　〖移〗／東武　差來가　弊州　出來ᄒᆞ엿　지　오래기로

ᄇᆡ를 다 못 드려 /보내고 處分을 기ᄃᆞ리업더니 잇쌔가지 處分이 업ᄉᆞ오니 /分明이 中路의셔 막어〚移〛/朝廷의 이런 事情을 告達치 아니ᄒᆞᄂᆞᆫ가 시브오니 卽今은 /大差使 正官이 셔울노 올라가〚移〛/殿下榻前의 발괄을 ᄒᆞ고 處分을 어들 줄노 ᄎᆞ로고 잇ᄉᆞ/오니 이ᄂᆞᆫ 闌出노 ᄒᆞᄂᆞᆫ 일이 아니옵고 兩國誠信으로 公幹을 /稟達ᄒᆞ옵고져 ᄒᆞᄂᆞᆫ 일이오매 길의셔 사ᄅᆞᆷ이 막지 아니게 /ᄒᆞ여 주오시고 만일 나갈 쌔의 길의셔 망ᄂᆞᆫ 폐가 잇셔 人命의 /係關ᄒᆞ면 이ᄂᆞᆫ 交隣이 ᄭᅳᆫᄂᆞᆫ 일이업기로 미리 나와 그 말ᄉᆞᆷ /通ᄒᆞ오니 막지 말마 ᄒᆞᄂᆞᆫ 말ᄉᆞᆷ을 許諾ᄒᆞ오쇼셔

一 우리 本州를 몃 百年 顧護ᄒᆞ옵시다가 다ᄅᆞᆫ 나라로/말ᄆᆡ여마 이리 急ᄒᆞᆫ 지경의 되여실지라도 군ᄉᆞ를 내여 /求ᄒᆞ여 주실 터히온ᄃᆡ 하믈며 朝鮮으로 말ᄆᆡ아마 迫急/이 되엿ᄉᆞᆸᄂᆞᆫᄃᆡ 顧見ᄒᆞ시ᄂᆞᆫ 處分을 아니 나리오시니 /셜ᄉᆞ오이다

【現代語訳】

（端裏書き）御掛合の際に、諺文で任官（訓導・別差）へお見せになる筈の下書き

一　修聘回答書契が遅滞していることで、この言葉を言わなくとも、本州（対馬州）が一刻をあらそう危急の事情はご存知でしょうけれども、当初、弊州（対馬州）として はあらためて東武に告達できない旨仰せられたのを、丙辰年[1]に渡海訳官が（対馬に）入来して、両国除弊になるから、なにとぞ弊州（対馬州）をしてさせるようにしてくれと言ったのは、朝鮮人ではありませんか。朝鮮からおさせになられたことではございませんか。そのことを確かめたく存じます。

一　その後に引き続いて三度書契を出して、すっかり整えたのは[2]、朝鮮人の字に、朝鮮の紙に、朝鮮のはんこではございませんか。朝鮮よりおさせになられたことではございませんか。

一　奸悪の者がいたとおっしゃいますが、一人二人が国をだますということは不思議ではございませんが、十余年にわたって四五人も引き続いて両国をだまし、朝廷においてはそのような悪い人ばかり交替させて辺情を任せ、他の国を亡びるようにするのはどういうことですか。そのお話をお聞きしたく存じます。

一　そもそも、東武よりお達しになったことを（朝鮮が）いやだとおっしゃるので、本州太守（対馬藩主）におかれてはだめだという旨を（江戸に）告達したのですが、確かなる文跡を何度も入送した後に、弊州をしてさせる（易地行聘する）ように再び定まったのに、また再びだめだと言ったら、両国間にあって朝鮮の事を（担当）してい

る太守におかれては無事であろうとお思いでしょうか。

一　聘礼易地の事はただ今となっては朝鮮よりいくら許可なさることを難儀がられても欲破不能(3)であり、六十余州の候伯（藩主）が皆（総力を）傾けて、信行を迎えることを準備したので、変易することはできず、また、東武の使者が弊州に差し遣わされてから久しいので、船をすべて（対馬へ）帰し送ることができず、処分を待っていましたが、今まで処分がございませんので、明らかに途中で防塞して朝廷にこのような事情を告達していないように思いますので、只今は大差使正官がソウルへ上京して殿下の王座の前に事情を訴えて、処分を求めるように準備しておりますので、これは闌出(4)でおこなうことではござらず、両国誠信を以て御用のことを申しあげましょうとておこなうことですので、道で人が防塞なさらないようにしてください。万一、出ていくときに道で防塞するじゃまだてがあって人命に関わりますれば、これは交隣が途絶えることでございますので、あらかじめ出てきてそのお話を通知いたしますので、防塞しないというお言葉をご許諾ください。

一　我が本州を幾百年ご顧護なさいましたのに、他の国によってこのような危急の状況になったとしても軍を出してお救いくださるはずのところ、いわんや朝鮮によって迫急になりましたのに、お顧みなさる処分をおくだしになりませんので、悲しゅうございます。

【語釈】

（1）一七九六（寛政八）年。
（2）原文は「停當ᄒᆞ기은」。**史料3**の語釈（3）を参照のこと。
（3）破ろうとしてもできないこと。
（4）**史料67**の語釈（1）を参照のこと。

【参考情報】

史料93を参照のこと

史料95

【史料概要】訓導玄義洵（敬天）から久光市次郎宛の書簡。訓導玄義洵（敬天）に届いた小田幾五郎からの書簡の内容に驚き、久光に対して「救援」を求める内容。

【写真】

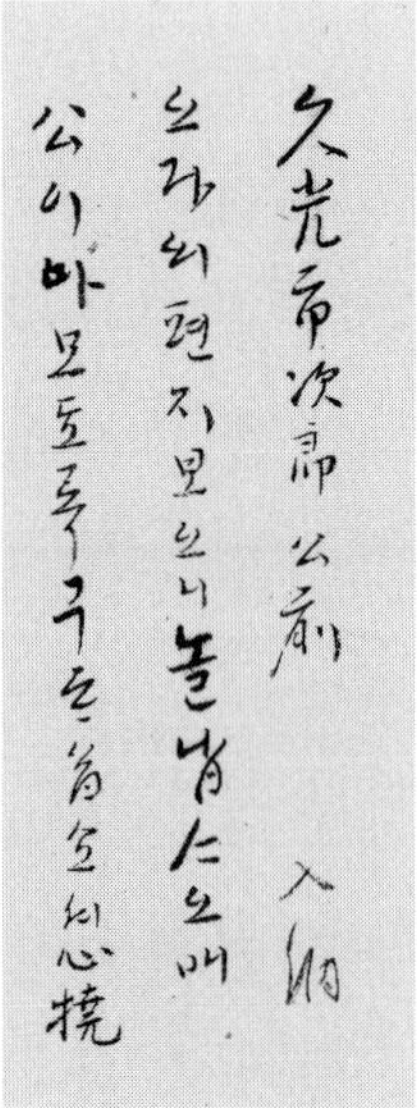

史料95（1/2）

であったが、同年九月十四日には大通詞に昇進している（前掲書）。

（2）　小田幾五郎に対し、何の敬称も用いていない点が不審であるが、参考情報に述べたように、本史料は小田幾五郎が作成した写しと見られ、小田幾五郎が原本を写した際に自身への敬称の部分を削除した可能性がある。

【参考情報】

宗家文庫史料一紙物812-19-1、812-19-3（**史料95**）、812-19-4（**史料96**）、812-19-5は一続きの文書と見られる。この**史料95**には年代が書かれていないが、宗家文庫史料一紙物812-19-1に「辰」、812-19-4（史料96）に「辰」、812-19-5に「戊辰」の年代記載があるので、この**史料95**も一八〇八（文化五／戊辰）年に書かれたものであろう。この書簡の発信者の「訓導」とは玄義洵（敬天）のことであるが、筆跡は玄義洵（敬天）のものではなく、小田幾五郎が作成した写しと見られる。**史料96**の【参考情報】を参照されたい。

史料96

【史料概要】　訓導（玄義洵（敬天））から小田幾五郎宛の返書。小田幾五郎からの二通の書簡の内容に「驚嘆」し、すぐにでも倭館へ出向きたいのだが、病気療養中のため倭館へ出かけられないこと、書付については作成して送ることを伝える内容。

史料95（2/2）

【翻刻】

久光市次郎 公 前　入納
오다의 편지 보오니 놀납ᄉᆞ오매／公이 아모됴록 구ᄒᆞ
읍쇼셔 心撓／暫上
二月 二十二日　訓導

【現代語訳】

久光市次郎[1]様の御前へ入納
小田[2]の手紙を見ると、驚くべきことですのでご貴殿がなにとぞお救いください。心乱れるままにまずは
二月二十二日　訓導（玄義洵（敬天））

【語釈】

（1）　朝鮮通信使易地行聘交渉の中心的役割を果たしてきた小田幾五郎が、交渉の不調の咎により（「勤方不埒之聞有之候付」）一八〇七（文化四）年十一月十一日倭館において禁足に処せられた（「通詞被召仕方・漂民迎送賄・町代官・御免札」）後、小田幾五郎に代わって易地行聘交渉の最前線で活躍した朝鮮語通詞。この書簡の一八〇八（文化八）年二月二十二日当時、久光市次郎は稽古通詞

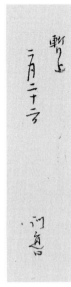

【写真】

史料96（1/2）

史料96
（端裏書き）

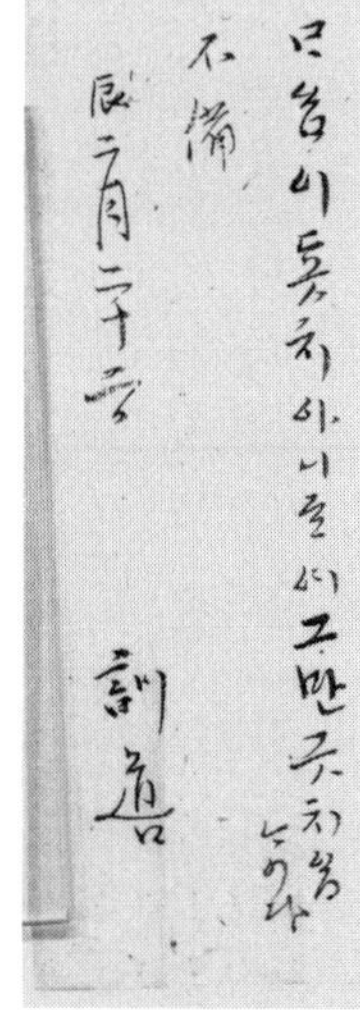
ᄆᆞ음이 됫치 아니ᄒᆞ여 그만 그치옵ᄂᆞ이다
不備
辰二月二十二日
訓導

史料96（2/2）

【翻刻】

（端裏書き）辰二月廿二日夕達候事

小田 前 回上

去番의 편지 보옵고 또 편지 보오니 /뵈온 듯 반갑고 든〃ᄒᆞ오나 오릐 보지 /못ᄒᆞ오매 ᄆᆞ음이 슬프고 됫치 아니/ᄒᆞ온 듕 이 편지 보오니 놀납고 가/기쓰계[히 업ᄉᆞ]오나 僕도 京奇를 듯ᄉᆞ오니 다시 /긔별 이슨 후는 념녀 업ᄉᆞ오니 公네도 /그리 아오시고 잠간 기ᄃᆞ릴 도리를 /ᄒᆞ개 ᄒᆞ오쇼셔 僕은 千萬 意外예 /病을 들어 죽을 번ᄒᆞ다가 요ᄉᆞ이 /져기 낫ᄉᆞ오나 今朔가지나 됴리ᄒᆞ여/야 出入ᄒᆞ올 거시니 답〃ᄒᆞ외다 가/기쓰계는 ᄒᆞ여 보내오니 아모됴록 /잘 周旋ᄒᆞ여 無事이 ᄒᆞ고 계옵쇼셔 /ᄆᆞ음이 됫치 아니ᄒᆞ여 그만 그치옵ᄂᆞ이다 /不備

辰 二月 二十二日 訓導

【現代語訳】

（端裏書き）辰二月二十二日の夕刻に到達した

小田[1]宛に拝復

この前のお手紙を拝見し、また、お手紙を拝見いたしましてお目にかかったように嬉しく心強く存じますが、久しくお目にかかっておりませんので、気持ちが悲しくよろしくないところに、このお手紙を拝見しましたので、驚嘆の至りでございますが、私もソウルからの便りを聞きますと、再び便りがあった後は心配ございませんので、ご貴殿方も左様お心得になり、しばらく待つ手だてを講じるようにしてください。私は千万思いよらず病にかかり死にそうになっておりましたところ、最近すこし良くなりましたけれども、今月中までなりとも養生しなければ出入できませんので、困ったことです。書付は作成して送りますので、何卒よろしくご周旋くださり、無事にしていらっしゃってください。気持ちがよろしくございませんので、これで終わります。不備

辰二月二十二日　訓導（玄義洵（敬天））

【語釈】

（1）**史料95**に同じく、小田幾五郎に対し、何の敬称も用いていない点が不審であるが、参考情報に述べたように、本史料は小田幾五郎が作成した写しと見られ、小田幾五郎が原本を写した際に自身への敬称の部分を削除した可能性がある。

【参考情報】

宗家文庫史料一紙物812-19-1、812-19-3（**史料95**）、812-19-4（**史料96**）、812-19-5は一続きの文書で、すべて一八〇八（文化五／戊辰）年二月二十二日に書かれたものと見られる。

この書簡の「辰」とは一八〇八（文化五／戊辰）年に該当する。「倭館館守日記」一八〇八（文化五）年二月二十日条に「訓導敬天玄同知」とあり、また、この一連の文書中の宗家文庫史料一紙物812-19-5にも「訓導敬天玄同知」とあることから、この書簡の「訓導」とは玄義洵（敬天）のことである。宗家文庫史料一紙物812-19-1は、小田幾五郎の口上書であるが、小田幾五郎から、前年秋頃に旧別差（崔昔（明遠））から任官から朝廷へ上申すべき文書（手本）の写しを預かったが、それにつき訓導（玄義洵（敬天））に飛脚にて書状を遣わしたところが、その返書が久光市次郎（この当時、稽古通詞で勤番通詞を担当していた。「倭館館守日記」一八〇八年一月二十五日条など参照）方に入来したことなどが書かれている。宗家文庫史料一紙物812-19-5は、この書簡（**史料96**）の文中に見える「書付」と見られ、以下のごとき文面である。

「覚　一　修聘公幹事小田幾五郎牛田善兵衛多年之間尽心無限其精神一時難説、雖然有時々之勢終速不能成事、僕等自然似欺故至極不安、両人之罪此時垂恕量則実不失信千万幸甚、戊辰二月　日、訓導敬天玄同知　印、別差明遠崔判官、大差使尊公」。

「通詞被召仕方・漂民迎送賄・町代官・御免札」一八〇七（文化四）年十一月十一日条によれば、小田幾五郎・牛田善兵衛・吉松右助の三名は、この当時、朝鮮通信使易地行聘交渉不調の咎により（「勤方不埒之聞有之候付」）倭館において禁足に処せられていたことが知られるが、この書付は易地行聘交渉不調の原因が小田幾五郎らの不働きに帰されるものではないことを弁明したものである。

この書簡（史料96）に言及されている、小田幾五郎が玄義洵（敬天）に送った手紙の内容や、玄義洵（敬天）が何に驚いているのかについては、よくわからないが、書付の作成を約束しており、それが上の宗家文庫史料一紙物812-19-5の文面と考えられることから、小田幾五郎が玄義洵（敬天）に、自分たちが易地行聘交渉の不調の責任を問われ処罰される状況にあることを伝える手紙を送ったのではないかと推測される。

なお、この書簡は、本文五行目の冒頭三文字にいったん一二行目の冒頭三文字「기쓰게」を誤って写したあと訂正した痕跡があるので、原本ではなく写しであることが明らかである。筆跡は小田幾五郎のものと見られる。

史料97

【史料概要】 倭学訓導から大通官宛の書簡。大通官からの書簡を受け取り、その話し合いのためにも倭館へ出向かなくてはならないが、頭痛がひどくて、今日ではなく、明日に出かけると伝える内容。

【写真】

史料97
（結び封にして墨書）

史料97

【翻刻】

（結び封にして墨書）大通官公
回上
아ᄎᆞᆷ 〔隔〕 惠札은 欣慰ᄒᆞ오며 ／今日 雨勢 이러ᄒᆞᆯ 쁜
아니라 ／終日 頭痛이 大段ᄒᆞ여 就舘／치 못ᄒᆞ엿ᄉᆞ오
니 쟉히 未安이 ／아오실잇가 日勢 已暮ᄒᆞ엿／시니 明
日 일즉이 드러 가올 ／거시오니 그리 아옵쇼셔
暫上 二月 十六日 訓導

【現代語訳】

（結び封にして墨書）大通官様
拝復
朝のお手紙は、嬉しく慰みのうちに拝受いたしました。今日は雨の勢いがこのようであるのみならず終日頭痛がひどく（倭館に）就館することができませんでしたので、さぞかし安からず思し召しでございましょう。日の勢いがすでに暮れましたので、明日早くに（倭館に）入るつもりですので、左様お心得ください。まずは
二月十六日　訓導（玄烒（陽元）か）

【参考情報】　筆跡は史料46などと同筆で、玄烒（陽元）の書いたものと推定される。「倭館館守日記」によれば、玄烒が訓導であったのは、一八〇三（享和三）年二月一日（朝鮮暦の閏二月一日）から一八〇六（文化三）年十二月二十三日までであり、その間に書かれたと想定しておく。後考を俟つ。

史料98

【史料概要】　朝鮮側訳官から倭館側に伝えられた中国情報。皇暦使からの情報によると、皇帝の特旨によって、「化外の国（教化の及ばない国）」との貿易禁止令が出たというので、倭館側に一報するという主旨。

【写真】

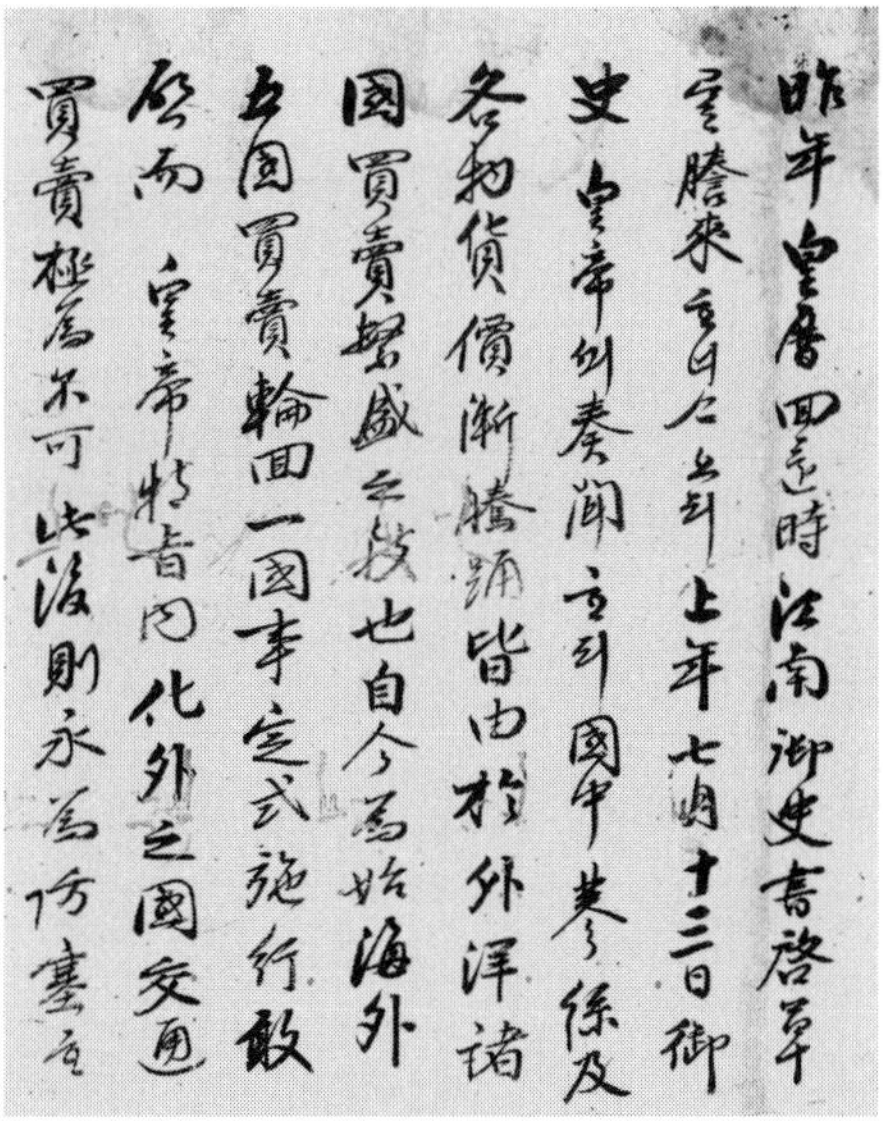

史料 98（1/2）

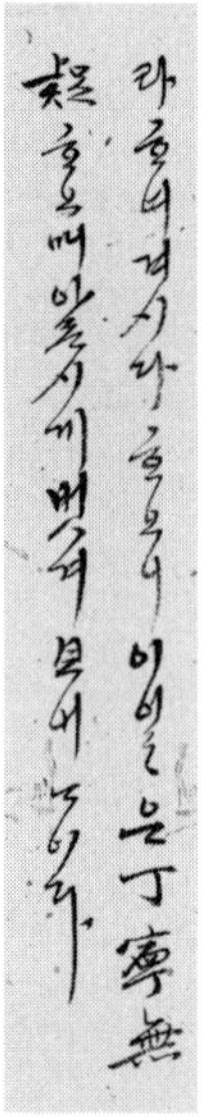

史料98
(2/2)

【翻刻】

昨年 皇暦 回還時 江南御史 書啓草／를 謄來ᄒᆞ여ᄉᆞ오
되 上年 七月十三日 御／史 〔隔〕 皇帝긔 奏聞ᄒᆞ되 國
中 蔘絲 及 ／各物貨價漸騰踊 皆由於外洋諸／國買賣繁
盛之致也 自今爲始海外／五國買賣輪回一國事定式施行
敢／啓而 〔隔〕 皇帝特旨内 化外之國交通／買賣極爲不
可 此後則永爲防塞ᄒᆞ／라 ᄒᆞ여 겨시다 ᄒᆞ오니 이 일은
丁寧 無／疑ᄒᆞ오매 아ᄅᆞ시게 벗겨 보내ᄂᆞ이다

【現代語訳】

昨年、皇暦使が(1)（北京から朝鮮に）回還した時に、中国の御史の書契の草本を写して来たのですが、昨年七月十三日に、御史が（清の）皇帝に奏聞するには、「国中の人蔘、白糸、及び各物貨の値段がだんだん高騰しておりますが、これはみな外洋の諸国との売買が極めて盛んになっていることによるものです。今からは海外の五国の買売は一国ずつ輪回する（順番に回る）事を定式として施行することを始めてはどうでしょうか。」と敢えて啓聞したところ、皇帝の特旨にて「化外の国(2)と交通・売買することは極めていけないことである。この後はすなわち永久に防塞せよ。」とおっしゃっておられたということであり、このことは確かで疑いないので、お知らせすべく、写してお送りいたします。

【語釈】

（1）中国へ皇暦を受け取りにいく使節。
（2）教化の及ばない国。

【参考情報】 本史料の含意は、皇暦使からの情報によると、中国皇帝の特旨によって、「化外の国（教化の及ばない国）」、つまり日本との貿易禁止令が出たという情報を伝えることで、中国産品は高値高騰状態にあると通告しているのではないだろうか。筆跡は**史料20**などと似ており、崔珃（伯玉）が書いたものか。なお、考究を要す。

史料99

【史料概要】 任所（坂の下）にいる別差からの返書。倭学訓導の下来を要望する倭館からの書簡は訓導に伝達しておくこと、訓導が下来しない理由は自分にも分からないことを述べたもの。

【写真】

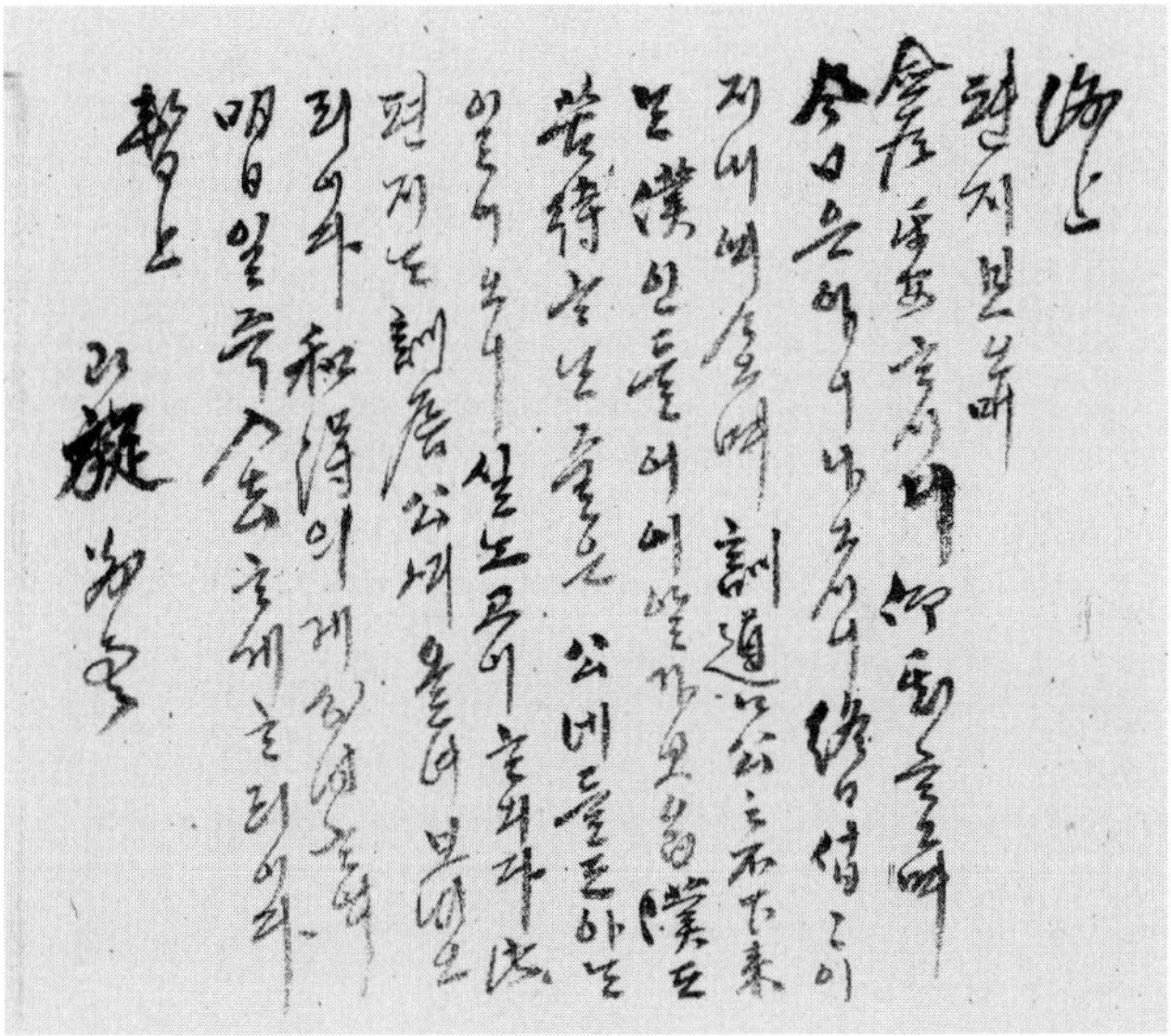

史料 99

【翻刻】

謝上

편지 보오매 ／『擡』僉侯 平安ᄒᆞ시니 仰慰ᄒᆞ오며 ／
今日은 아니 나오시니 終日 섭〃이 ／지내여ᄉᆞ오며 訓
導公之不下來／ᄂᆞᆫ 僕인들 어이 알가 보옵 僕도 ／苦待
ᄒᆞᄂᆞᆫ 줄은 〔隔〕公네들도 아ᄂᆞᆫ ／일이오니 실노 고이
ᄒᆞ외다 此 ／편지ᄂᆞᆫ 訓導公띄 올녀 보ᄂᆡ오／리이다 和
得의게 分付ᄒᆞ여 ／明日 일즉 入去ᄒᆞ게 ᄒᆞ리이다 ／暫
上
卽旋 別差

【現代語訳】

お返事申し上げます

お手紙拝見いたし皆様方ご平安の段、慰みに存じます。今日は、出ていらっしゃらないので、終日さびしく過ごしおりましたが、訓導様の下来なさらないのは、私だとてどうして知り得ましょうか。私も待ち焦がれていることはご貴殿方もご存知のことですので、実にいぶかしく存じます。このお手紙は訓導様へさし上げておきます。和得(1)に言いつけて明日早くに（倭館に）入るようにさせるつもりです。まずは

即旋(2)　別差

【語釈】

（1）「和得」とは、小通事の名前かと思われるが、未詳。

（2）手紙を持ってきた人が帰るときに直に返事を預け送ります、の意。

【参考情報】筆跡は、崔昔（明遠）か。後考を俟つ。

参考1

【史料概要】　一七六〇（宝暦十／庚辰）年四月十七日に倭学訓導崔僉正（崔寿仁（大来））・別差李僉正（李命和（聖欽））が裁判（吉村橘左衛門）に差し出した手形。同年二月十三日に裁判より訓導・別差に東莱府使に伝達するよう要請した四箇条の項目（①米品之儀、②公木之義、③礼単人蔘之儀、④貿蔘之義）が一事として解決を見ないため、裁判が上船宴の日取りの打合せを拒否し、夜明け方までの掛合に及んだ。そこで、訓導・別差が四箇条の項目の解決に努力するという内容の手形を提出し、状況の打開を図ったものである。なお、**参考1**・**参考2**は同一の内容であるが、筆跡が一致し、**参考1**に押印があり**参考2**に押印がないことから、**参考1**が正本、**参考2**が副本（写し）であると見られる。

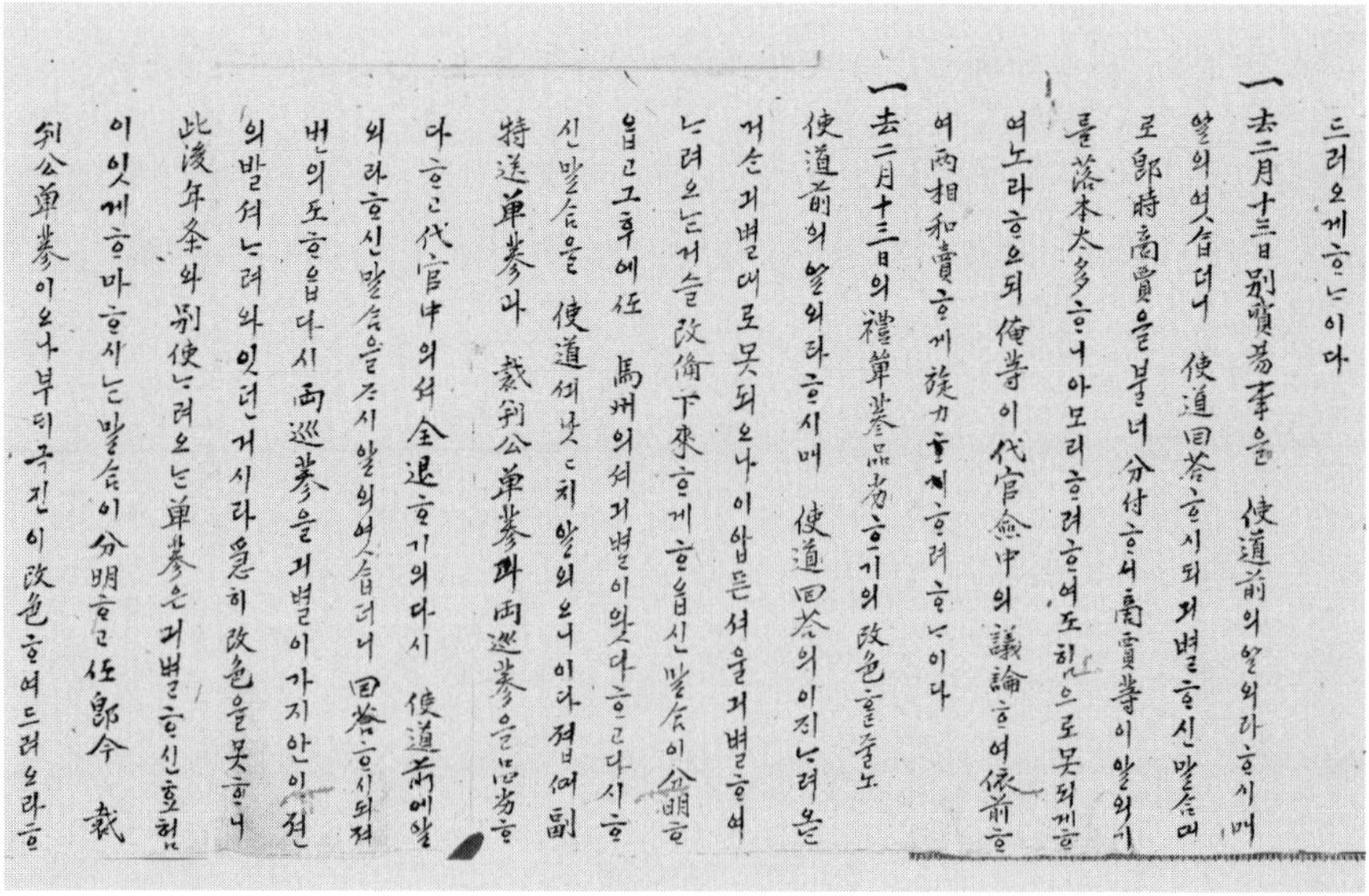

【写真】

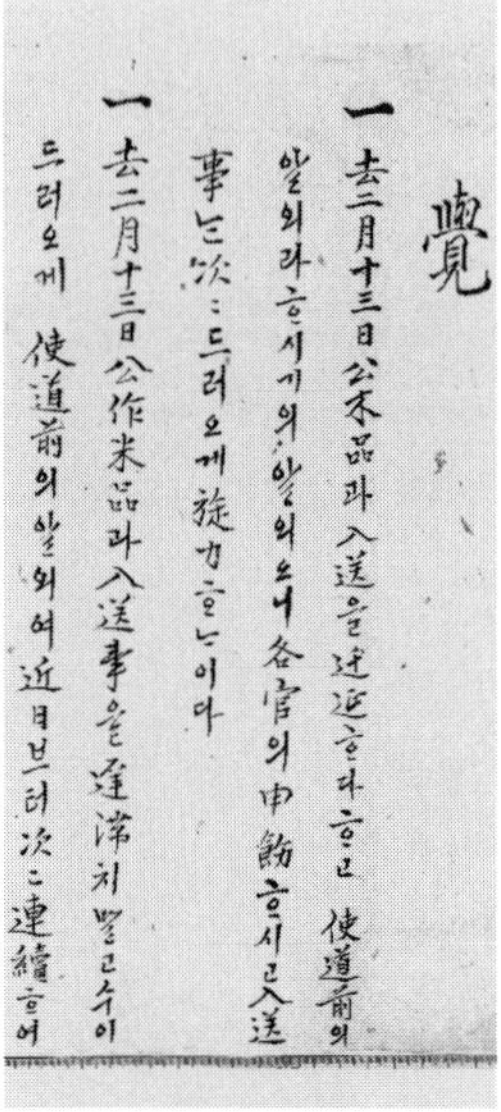

参考１（1/3）

参考１（2/3）

参考1 (3/3)

【翻刻】

覺

一 去二月 十三日 公木品과 入送을 迁延ᄒᆞ다 ᄒᆞ고 〖隔〗 使道前의 ／알외라 ᄒᆞ시기의 알외오니 各官의 申飭ᄒᆞ시고 入送／事ᄂᆞᆫ 次〃 드려오게 旋力ᄒᆞᄂᆞ이다

一 去二月 十三日 公作米品과 入送事을 遅滞치 말고 수이 ／드려오게 〖隔〗 使道前의 알외여 近日브터 次〃 連續ᄒᆞ여 ／드려오게 ᄒᆞᄂᆞ이다

一 去二月 十三日 別貿易事을 〖隔〗 使道前의 알외라 ᄒᆞ시매 ／알외엿ᄉᆞᆸ더니 〖隔〗 使道 回答ᄒᆞ시되 긔별ᄒᆞ신 말ᄉᆞᆷ대／로 卽時 商賈을 불너 分付ᄒᆞ니 商賈等이 알외기／를 落本太多ᄒᆞ니 아모리 ᄒᆞ려 ᄒᆞ여도 힘으로 못 되게 ᄒᆞ／여노라 ᄒᆞ오되 俺等이 代官僉中의 議論ᄒᆞ여 依前ᄒᆞ／여 兩相和賣ᄒᆞ게 旋力ᄒᆞ게ᄒᆞ려 ᄒᆞᄂᆞ이다

一 去二月 十三日의 禮單蔘 品劣ᄒᆞ기의 改色ᄒᆞᆯ 줄노 〖移〗 ／使道前의 알외라 ᄒᆞ시매 〖隔〗 使道 回答의 이ᄌᆞᆨ ᄂᆞ려 오ᄂᆞᆫ ／거ᄉᆞᆫ 긔별대로 못 되오나 이압픈 셔울 긔별ᄒᆞ여 ／ᄂᆞ려오ᄂᆞᆫ 거슬 改備下來ᄒᆞ게 ᄒᆞ옵신 말ᄉᆞᆷ이 分明ᄒᆞ／옵고 그 후에 또 〖隔〗 馬州의셔 긔별이 왓다 ᄒᆞ고 다시 ᄒᆞ／신 말ᄉᆞᆷ을 〖隔〗 使道끠 낫〃치 알외오니이다 졉때 副／特送單蔘과 〖隔〗 裁判公 單蔘과 兩巡蔘을 品劣ᄒᆞ／다 ᄒᆞ고 代官中의셔 全退ᄒᆞ기의 다시 〖隔〗 使道前에 알／외라 ᄒᆞ신 말ᄉᆞᆷ을 ᄌᆞ시 알외엿ᄉᆞᆸ더니 回答ᄒᆞ시되 져／번의도 ᄒᆞ옵다시 兩巡蔘을 긔별이 가지 안인 젼／의 발셔 ᄂᆞ려와 잇던 거시라 急히 改色을 못 ᄒᆞ니 ／此後 年條와 別使 ᄂᆞ려오ᄂᆞᆫ 單蔘은 긔별ᄒᆞ신 효험／이 잇게 ᄒᆞ마 ᄒᆞ시ᄂᆞᆫ 말ᄉᆞᆷ이 分明ᄒᆞ고

또 卽今 〖隔〗 裁/判公 單蔘이오나 부듸 극진이
改色ᄒᆞ여 드려오라 ᄒᆞ/시되 아모리 盡力ᄒᆞ여도 急
히 되지 못ᄒᆞ여 事勢/悶望ᄒᆞᄋᆸ기의 〖隔〗 使道前
의도 알외ᄋᆸ고 俺等도 各別/旋力ᄒᆞ여 自今日로 三
十日 爲限ᄒᆞ여 点退 아니 ᄒᆞ올 /單蔘을 入送ᄒᆞ게
ᄒᆞ리이다 만일 어근나ᄋᆸ거던 俺/等이 잘못ᄒᆞ온 ᄉᆞ
연을 〖隔〗 使道前ᄉᆞᆺ지라도 ᄒᆞ시게 /ᄒᆞᄋᆸ쇼셔 前
後 ᄉᆞ연을 〖隔〗 詳量ᄒᆞ오시고 〖隔〗 兩國間 /일
을 順便이 되게 ᄒᆞ오심 千萬幸甚幸甚
庚辰 四月 十七日 訓導 崔僉正 〖印〗 /別差 李
僉正 〖印〗
裁判 尊公

【現代語訳】

覚

一 去る二月十三日、「公木品と入送（支給）を引き延ばしている」と東萊府使へ申し上げよと仰せられましたので申し上げましたら、各官にお申しつけになり、入送の事は順次入ってくるように周旋尽力いたします。

一 去る二月十三日、公作米品と入送の事を遅滞なく順調に入ってくるように（と仰せられましたので）東萊府使へ申し上げまして、近日より順次連続して入ってくるようにいたします。

一 去る二月十三日、別貿易の事を東萊府使へ申し上げよと仰せられましたので申し上げましたところ、東萊府使の回答なさるには、お便りなさったお言葉どおり、直ちに商人を呼び言いつけたところ、商人らが申すには、損失が甚だ多いので如何にしても力にかないませんというのですが、私達が代官中に相談して以前の如くうまく売買の相談がまとまるように周旋尽力しようと存じます。

一 去る二月十三日に、礼単蔘が品劣であるので取り替えるように東萊府使へ申し上げよと仰せられましたので、（申し上げましたところ）東萊府使への回答に、今（ソウルから）送られてきているものはお手紙のとおりにはできないけれども、この先はソウルへ連絡して送られてくるものを全部取り替えて送ってもらうようになさるとのお言葉が確かでございますし、その後にまた対馬州より手紙が来たとてまた仰せられたお話を東萊府使へ一々申し上げました。あのとき副特送の単蔘と裁判様の単蔘との二回分の人蔘を品劣なりとて代官中より全退したため、また、東萊府使へ申し上げよと仰せられたお言葉は委細申し上げましたところ、回答なさるには、この前にも申したとおり、二回分の蔘は連絡が行く前にもう下ってきていたものなので、急に取り替えることはできないのだが、この後は、年条と別使に下ってくる単蔘はご連絡なさった効き目があるようにすると仰せられたお言葉が確かであり、また、只今の裁判様の単蔘ですが、何卒懇ろに取り替えて入送してくれと仰せられるのですが、どんなに尽力しても急にはできませんので、事の勢が困っているため、東萊府使へも申し上げ、私達も格別周旋尽力して、今日より三十日を期限として、点退しないような単蔘を入送するようにいたします。もしも違えたならば、私達が過失をおかしたということを東萊府使の御前までなりとも仰せになってください。前後の事情をご詳量のうえ、両国間の事を順調になるようになされますれば、千万幸いの至りにございます。

庚辰[1]四月十七日　訓導崔僉正[2]（印）／別差李僉正[3]（印）

裁判（吉村橘左衛門）様

【語釈】

（1）一七六〇（宝暦十）年

（2）崔寿仁（大来）。「訳科榜目」一七三五（雍正乙卯）年式年条に、「崔寿仁、字大来、己丑（一七〇九年）生、本清州、倭学教誨嘉善同樞、台斉子」とある。

（3）李命和（聖欽）。「訳科榜目」一七五四（乾隆甲戌）年増広試条に、「李命和、字聖欽、戊申（一七二八年）生、本金山、倭学教誨嘉善、樟子」とある。

【参考情報】

このハングル覚書に対応する記事を吉村橘左衛門の「裁判記録」に見ることができるが、該「裁判記録」は全五巻からなり、現在日本の国会図書館と韓国の国史編纂委員会に所蔵されている。まず、該「裁判記録」巻四の一七六〇（宝暦十）年四月十七日条には、次のようにある（国会図書館蔵による）。

〃両訳入来、伝語官住永伊左衛門・小田四郎治罷出候ニ付遂対面候処、訓導伊左衛門を以申聞者、昨日縷々申上候乗船宴御変通を以何卒日取之儀御極被成被下候へく、礼単参之儀者何分心遣仕候而も急ニ者入来候儀仕得不申候、何れ都表江申登御代官方（江）被相請候品位之礼単参無間違入送可仕候、御自分様ニ者品位御極被成候御役儀ニ而も無之候故、夫迄御帰国不被成候而者礼節如何敷奉存候、偏ニ御変通を深ク御思慮被下候様縷々申聞候ニ付、拙者及返答候者、昨日迄相達候通只今之通ニ而者上船宴日取難相達候、各ニ茂得と料簡可被致候、先達而両所を以府使江相達申候四ヶ条之用向一事として順便ニ無之、公木茂去年条百五拾束余相滞居候由、尤新年条公作米入送方及延引、別路之申組者■■不申、拙子礼単参者全体不相捌、右之侭ニ而何れ上船宴日取難致候、先右不埒之条々■■承度旨申達候処、訓導返答仕候者、被仰■■一々承知仕御尤ニ奉存候、私ゟ申上候迚御信用■■間敷候得共、何卒御聞被成可被下候、先月中■■使ゟ去年前鑞代銀之義相請取差出候■■付、則御代官方江及相談候処御渡不被下、

（尤）御代官方ゟ、公木入送方及延引候ニ付先月十（月）比ゟ泊り催促有之、依之府使ゟ者泊催促引（取）候様ニ取計り候得、弥被引取者先有合之公木入レ可被申段被申聞候故、則御代官方江相談仕候処、公木入送仕候者泊催促引取可申由、右之打渡りニ付段々及延引、何共気毒ニ奉存候、新年条公作米茂先達而五百俵入送仕、其後五百俵致入送候得共、米品不宜候由ニ而受取不被申差返し被申候、扨■別路之儀先月館守封進宴之節府使江被仰達、其砌早速商訳中呼出被申則委敷被申付候処、商訳中返答ニ唯今之直段ニ而者何分損失相成■由申出候、兎角直段双方宜様ニ御相談不被下候■果敢取申間敷と気毒ニ奉存候由申聞候ニ付、拙者又々及返答候者、何茂不埒ニ相聞候兎角順便ニ無之候而者不相済候間、何分周旋可被致旨厳相達、勝手ニ引入候処、乗船宴日取御極被成不被下候而者大ニ入組ニ相成可申旨申聞縷々致懇訴、此上者我■手形を相認差出可申由申聞ル、是共ニ取合不■夜明方迄相換段々及懇訴候得共不致出座、拙者勝手ニ而色々令料簡候得共、急ニ者礼単参入送無之、右ニ付長々及逗留候而者時体如何敷■■有之候故了簡相極、又々致出座申達候者、■■被申聞候趣承届候、然上者達而逗留共難■達、尤御国ゟ御差図之旨茂有之候得共、拙者一了（簡）を以手形ニ而可相済候間、乗船宴来十九日相■可申候間、其通可被致手本候、且又手形相認差出可被申候、拙者分者右ニ付蒙御叱候共、各左様被申聞候処難黙止候間可致様無之段申達候処、返答ニ申■候者、御自分様御一了簡を以手形ニ而乗船宴御整可被下段骨随ニ通り難有段申聞、則手形相認、尤真文者差備官同様ニ被罷出被相認候様ニ申渡候■、奉畏候段申聞、夜明方罷帰ル、尤吸物御酒出之

〃諺文ニ而手形之和解、朝鮮御用支配江差上候書状控（二）有之候故、爰ニ略ス、

この記録の末尾に、諺文すなわちハングルの手形の和解が「朝鮮御用支配江差上候書状控」に収められているとあるが、該「裁判記録」国史編纂委員会本の巻五には、本史料のハングル本文の写しとともに、以下の和解が収められている。なお、国会図書館本にはハングル本文の写しおよび和解の部分は見当たらない。

一　去二月十三日、公木品位入送方延引之義、府使江申達候様被仰聞候付、府使へ申達候処、各官江申飭有之、尤入送方之儀段々入来候様周旋仕申候

一　去二月十三日、公作米品入送方遅滞之事申達候様被仰聞、申達、近日ゟ段々致連続入送有之候様仕居申候

一　去二月十三日、別貿易之儀府使江申達候様ニ被仰聞候付、申達候処、府使返答ニ、被申伸候通早速商人被召呼、被申付候処、商訳中申入候者、損失不少候付何

程仕度存候而茂不及力旨申候得共、我々ニ茂代官中江相談仕、以前之通両相和売仕候様周旋仕居申候

一　去二月十三日、礼単人参品劣ニ付改色之義早速府使江被仰達、返答ニ、被申伸候通既下来居候人参者被仰聞候様難相成、以来下来候品位相直り下候様可仕と之事ニ御座候、其紛無御座候、其後茂御国元ゟ御差図有之候付、又々被仰聞、府使江一々申達候、然者、頃日副特送使単参・御自分様単参両巡之単参不宜候付、代官中ゟ全退有之候故、府使江被仰達、府使返答ニ、先達而茂申伸候通、両巡単参者不申登前敏下来居候品ニ候得者、急ニ改品と申事茂難相成候、以来、年条・不時下来候単参被仰聞候験有之候様可仕と之御事御座候、然処、先此節者、御自分様単参なりとも、何卒宜相改候様厳敷被仰聞候得共、何分致周旋候而茂急ニ難相整候付、事躰難義御座候付、府使江茂申達、我々も各別心力を尽、今日ゟ日数三拾日を限り、点退無之単参入送可仕候、万一間違候ハヽ、我々不埒之段府使エ被仰達候共可被成候、右の趣御詳量被成、両国間事順便被成被下候儀、千万幸甚

庚辰四月十七日　　訓導崔僉正　印

別差李僉正　印

裁判　尊公

また、該「裁判記録」には、以下のとおり、巻四の一七六○（宝暦十）年二月十三日の条にもこの覚書の内容に関連する記事があり、この日に裁判吉村橘左衛門が四箇条にわたる要求を東莱府使に伝達するよう訓導・別差に申し渡したことが確認される（国会図書館本に拠る）。

訓導大来崔僉正・別差聖欽李僉正、伝語官荒■平八・住永伊左衛門相附罷出候ニ付遂対面、両（訳）伊左衛門を以申達候者、拙者館着以来相達■■躰相考候筋茂有之、今日右之次第相達候間、府使へ宜被申達、御返答之趣可被申聞候

一米品之儀、裁判被差渡候度毎ニ被仰掛候得共、■■不相改候処、去ル寛延元戊辰年信使之節三使■■国元御覧之上、御帰国之上厳敷御申渡有之、米掛之役々不残被取替候由米品格別ニ相成候ニ付、奉行■■東莱迄以使謝書遣候程之義ニ候、夫ゟ十ヶ年余ニ相成候処、近頃入送之米ニハ籾砂等相交り、掛之役々へ御差図有之相改候様御申達可有之事

一公木之義甚相滞候と相聞候、其上品劣ニ候由、公木之義は公貿易第一之品ニ而候間、皆済ハ勿論品悪敷無之様ニ御差図可有之事

一礼単人参之儀、壬申年以裁判改品之義被仰掛候処、全改品とは難申候得共品位宜候処、近比入送之礼単段々品劣ニ相見江夫巳而ならす中ニ仕込ヲ致シ、仲間之奸策と相聞候間掛り之役々江以来右躰之品入送無之様御差図可被

下事

一貿蔘之義、去ル丙子年報情使三判以被仰掛候処、翌丁丑年七月東莱ゟ館守ニ当参路復古之聞文致到来候ニ付、報[*1]情使及帰国刻商路之役々被差越候処、四ヶ年ニ至候而茂商路申組之基ニ至らす■■別路申組約諾を黐し不届不埒之仕形ニ候、公用闕掛候上ゟは又々三判使可被差渡候得共、此節■■之裁判被差越候ニ付拙者蒙仰候

右之条々府使江宜敷可被申達旨申達候処、委細被仰聞候趣承知仕候、米品之義ニ付被仰聞候次第私儀先達而之打渡能存罷有候、此節尚亦被仰■■（次第）府使江可申達候、単蔘之義、是亦御代官方ゟ■■有之候、都表江茂申登置候故験之相見候様ニ随分相働候様可仕候、且公木之義致承知候、公貿易第一之品■（御）座候、頃日府使御自分様へ申上候様ニ被申付候、角看品之義は四月定月ニ御座候、銅看品は八月定月ニ御座候、然処近年段々及延引、依之公木茂夫ニ随ひ相滞候、何卒角看品せめて五月、銅看品は九月ニ無滞相済候様ニ御取計被下候様ニ被申付候、蔘路之義是亦私随分相働罷有候趣申聞ルニハ、新年条之義拙子帰国前千俵又は弐千俵入■之所相頼候処、返答申聞候は、新年条之儀ハ■ニ而無之候ては入送難被成事ニ御座候由申聞候ニ付、成程被申候通去甲子年裁判之節年限二月七日相済、三月廿六日入送有之候、被申聞候次第尤ニ存候、乍然何卒府使江茂被申達新年條と名付候而拙者帰国前ニ入送有之候様ニ偏ニ頼存候旨呉呉相頼候処、被仰聞候旨致承知候、随分府使江茂申達可相働段返答申聞、尤今日申達■御書付左ニ記、

御書付之写

覚

一米品之儀、年限裁判被差渡候度毎ニ相改り候様申掛候得共終ニ不相改候処、去寛延元戊辰年信■■節、三使衆於御国被致見分帰国之上厳敷申飭（有之）米掛之役人不残被相替候由、同己巳年年限裁判被差渡米品之儀申達候後、各別ニ相改り籾砂等決■■入雑り無之候ニ付、既我々中ゟ東莱迄御使を以謝書遣候程之事ニ候、夫ゟ纔拾ヶ年余ニ相成候処、近比入送之米ニ者籾砂等大分雑居候と相聞候、米掛之者江屹度被申渡相改り候様可被申達候事、

一公木之儀、入送方甚相滞候と相聞品劣之由ニ候、年條貿易第一之品故相滞可申様無之候、年々皆済者勿論品悪に無之様可被申達候事、

一礼単人蔘之儀、去壬申年裁判を以改品之儀被仰（掛）全改品と者難申候得共、最前ゟ者品位茂改候処、近比（至）候而者漸々品劣ニ相見候而已ならす、中ニ仕込をいたし甚粗悪ニ相成候、畢竟中間之奸策ニ起候事と相聞候間掛り之役々江屹度申渡有之、以来ケ様之品入送無之様可被申達候事、

一宝暦丙子年報情参判使を以、貿蔘之儀被仰掛候処、同丁

丑年七月東萊ゟ館守江当て参路■■古之関文致到来候故、帰国有之候様書付を以被申容報情使及帰国候、依之別貿易之役々被差渡■■候処、最早三ヶ年を越候得共、商路之基申■■ニ不至、其中別路等申組候而茂約束を飜し、彼是為間違不届不埒之仕形ニ候、商路復古と申候者各年ニ而■■同様之時躰ニ候、公用相欠候上ゟ者又々■■可被差渡候得共、折節加限之裁判被差越候ニ付、■■及演舌候、掛り之役々江屹度被申渡、参商順便ニ申組候様可被致差図旨明白ニ可被申達候事

右之條々意味合得と被致了簡、加限之御用第一ニ被相心得、無滞相済候様被申達、外御用向之条々茂有之候得共、時躰相考候筋茂有之候間、被差扣候と之趣被申達置、米品・公木・単蔘・貿蔘等之儀者館守并代官方被承合、彼地之時宜を被致勘弁、追而被申付■助ニ可被相心得候、猶又彼地之模様ニゟ追々了簡之趣茂被申越候者可令差図候、以上、

＊1：関

参考2

参考2は参考1と同じ筆跡・内容で、発信者である訓導・別差の押印がない。【現代語訳】は省略。

【写真】

参考2（1/3）

ᄒᆞᄂᆞ이다
一去二月十三日의禮單蔘品劣ᄒᆞ기의改色ᄒᆞᆯ
줄노 使道前의 알외라ᄒᆞ시매 使道回
荅의이져ᄂᆞ려오ᄂᆞᆫ거ᄉᆞᆫᄀᆞ별대로못되오
나이압픈셔울ᄀᆞ별ᄒᆞ여ᄂᆞ려오ᄂᆞᆫ거ᄉᆞᆯ改
備下來ᄒᆞ게ᄒᆞᆸ신말ᄉᆞᆷ이分明ᄒᆞᆸ고
그후에ᄯᅩ 馬州의셔ᄀᆞ별이왓다ᄒᆞ고
다시ᄒᆞ신말ᄉᆞᆷ을 使道겨낫낫치알외오
니이다졉대副特送單蔘과 裁判公
單蔘과兩送蔘을品劣ᄒᆞ다ᄒᆞ고代官
中의셔全退ᄒᆞ기의다시 使道前에알
외라ᄒᆞ신말ᄉᆞᆷ을ᄌᆞ시알외엿ᄉᆞᆸ더니
回荅ᄒᆞ시되져번의도ᄒᆞᆸ다시兩送蔘
을ᄀᆞ별이가지아년젼의발셔ᄂᆞ려와
잇던거시다急히改色을못ᄒᆞ니此後
年条와別使ᄂᆞ려오ᄂᆞᆫ單蔘은ᄀᆞ별ᄒᆞ

参考 2（2/3）

신효험이잇게ᄒᆞ마ᄒᆞ시ᄂᆞᆫ말ᄉᆞᆷ이分
明ᄒᆞ고ᄯᅩ郎令 裁判公單蔘이오나
부ᄃᆡ극진이改色ᄒᆞ여드려오라ᄒᆞ시되
아모리盡力ᄒᆞ여도急히되지못ᄒᆞ여
事勢悶望ᄒᆞᆸ기의 使道前의도알외
ᄉᆞᆸ고倭等도各別旋力ᄒᆞ여自今日로
三十日爲限ᄒᆞ여点退아니ᄒᆞ올單蔘
을入送ᄒᆞ게ᄒᆞ리이다말일어근나ᄉᆞᆸ거
던倭等이잘못ᄒᆞᆫ온ᄉᆞ연을 使道前
ᄭᆞ지라도ᄒᆞ시게ᄒᆞᆸ쇼셔前後ᄉᆞ연
을 詳量ᄒᆞ오시고 兩國間일을順
便이되게ᄒᆞ오심千萬幸甚幸甚
庚辰四月十七日 訓導崔僉正
別差 李僉正
裁判藤公

参考 2（3/3）

【翻刻】

覺

一 去二月十三日 公木品과 入送을 迂延ᄒᆞ다 ᄒᆞ고 /〖擡〗 使道前의 알외라 ᄒᆞ시기의 알외오니 各官의/申飭ᄒᆞ시고 入送事ᄂᆞᆫ 次〃 드러오게 旋力/ᄒᆞᄂᆞ이다

一 去二月十三日 公作米品과 入送事을 遲滯치 /말고 수이 드러오게 〖隔〗 使道前의 알외여 近/日브터 次〃 連續ᄒᆞ여 드러오게 ᄒᆞᄂᆞ이다一 去二月十三日 別貿易事을 〖隔〗 使道前의 알외/라 ᄒᆞ시매 알외엿습더니 〖隔〗 使道 回答ᄒᆞ시되 /긔별ᄒᆞ신 말숨대로 卽時 商賈을 불너 /分付ᄒᆞ니 商賈等이 알외기를 落本太*1ᄒᆞ/니 아모리 ᄒᆞ려 ᄒᆞ여도 힘으로 못 되게 ᄒᆞ/여노라 ᄒᆞ오되 俺等이 代官 僉中의 議論/ᄒᆞ여 依前ᄒᆞ여 兩相和賣ᄒᆞ게 旋力ᄒᆞ려 /ᄒᆞᄂᆞ이다

一 去二月十三日의 禮單蔘 品劣ᄒᆞ기의 改色홀 /줄노 〖隔〗 使道前의 알외라 ᄒᆞ시매 〖隔〗 使道 回/答의 이지 ᄂᆞ려 오ᄂᆞᆫ 거ᄉᆞᆫ 긔별대로 못 되오/나 이압프 셔울 긔별ᄒᆞ여 ᄂᆞ려오ᄂᆞᆫ 거슬 改/備下來ᄒᆞ게 ᄒᆞ옵신 말숨이 分明ᄒᆞ옵고 /그 후에 또 〖隔〗 馬州의셔 긔별이 왓다 ᄒᆞ고 /다시 ᄒᆞ신 말숨을 〖隔〗 使道의 낫〃치 알외오/니이다 졉때 副特送單蔘과 〖隔〗 裁判公 /單蔘과 兩巡蔘을 品劣ᄒᆞ다 ᄒᆞ고 代官/中의셔 全退ᄒᆞ기의 다시 〖隔〗 使道前에 알/외라 ᄒᆞ신 말숨을 ᄌᆞ시 알외엿습더니 /回答ᄒᆞ시되 져번의도 ᄒᆞ옵다시 兩巡蔘/을 긔별이 가지 아닌 젼의 발셔 ᄂᆞ려와 /잇던 거시라 急히 改色을 못 ᄒᆞ니 此後 /年條와 別使 ᄂᆞ려오ᄂᆞᆫ 單蔘은 긔별ᄒᆞ/신 효험이 잇게 ᄒᆞ마 ᄒᆞ시ᄂᆞᆫ 말숨이 分/明ᄒᆞ고 또 卽今 〖隔〗 裁判公 單蔘이오나 /부ᄃᆡ 극진이 改色ᄒᆞ여 드려 오라 ᄒᆞ시되 /아모리 盡力ᄒᆞ여도 急히 되지 못ᄒᆞ여 /事勢悶望ᄒᆞ옵기의 〖隔〗 使道前의도 알외/옵고 俺等도 各別 旋力ᄒᆞ여 自今日로 /三十日爲限ᄒᆞ여 点退 아니ᄒᆞ올 單蔘/을 入送ᄒᆞ게 ᄒᆞ리이다 만일 어근나옵거/던 俺等이 잘못ᄒᆞ온 ᄉᆞ연을 〖隔〗 使道前/ᄭᆡ지라도 ᄒᆞ시게 ᄒᆞ옵쇼셔 前後 ᄉᆞ연/을 〖隔〗 詳量ᄒᆞ오시고 〖隔〗 兩國間 일을 順/便이 되게 ᄒᆞ오심 千萬幸甚幸甚

庚辰 四月 十七日 訓導 崔僉正 印 /別差 李僉正 印

裁判 尊公

*1: 太多

参考3

【史料概要】 来儀崔判官から倭館在住の未知の「尊公」宛の書簡。延享度朝鮮通信使時に、「尊公」は裁判役として加わり、自分の「家兄」と友情を交わしたと聞いている。その「家兄」からの便りでは倭館で紛争が起こっているようだが、その紛擾を収拾してくださったならば、次回の宝暦度朝鮮通信使派遣時などで格別な配慮をするので、「家兄」が困っている問題を解決してほしいと要望する。

【写真】

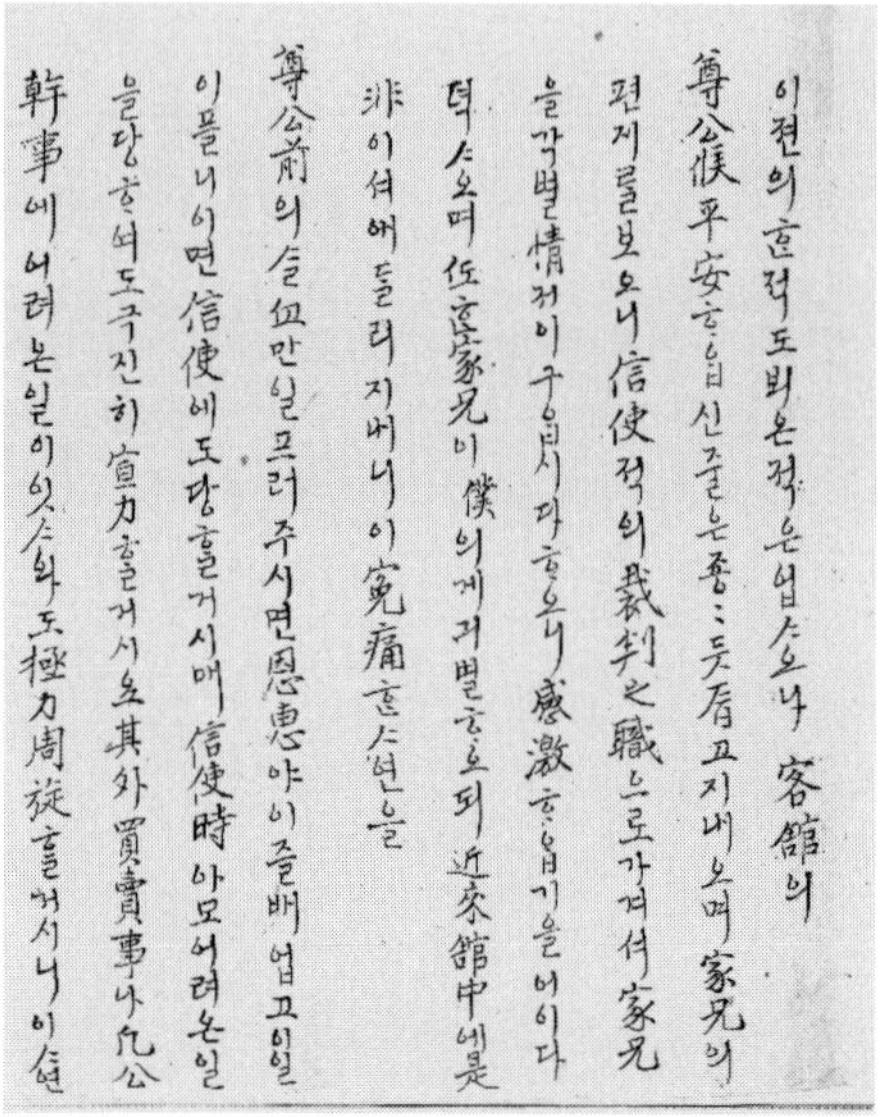

参考3（1/2）

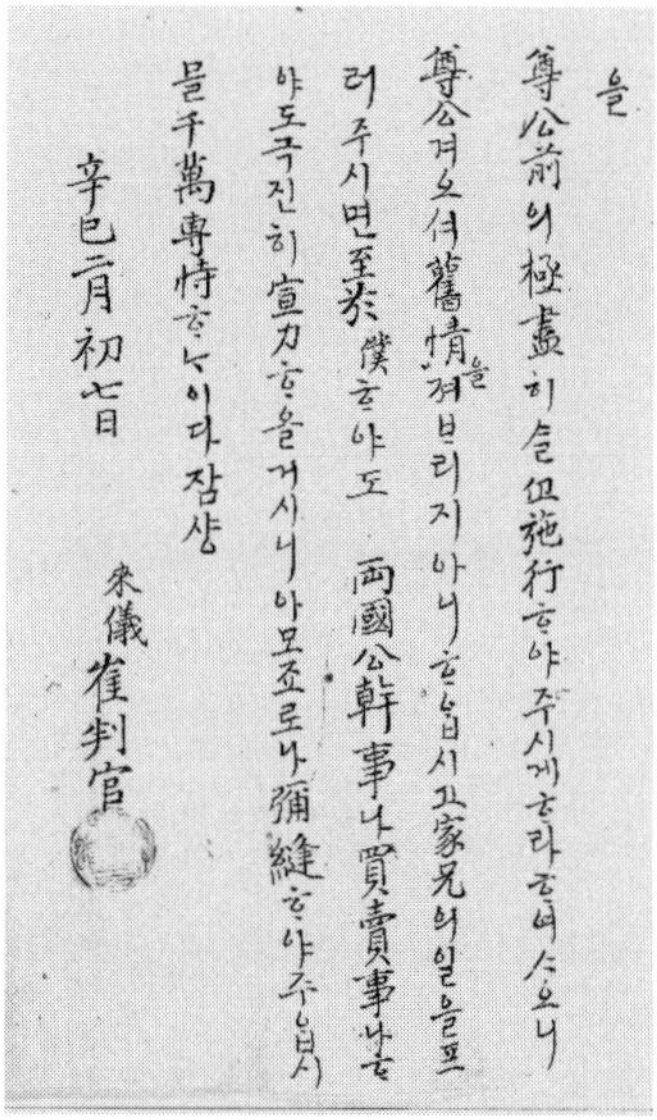

参考3（2/2）

【翻刻】

이젼의 ᄒᆞᆫ 적도 뵈온 적은 업ᄉᆞ오나 客館의 ／〖擡〗尊公 候 平安ᄒᆞ옵신 줄은 죵〃 듯ᄌᆞᆸ고 지내오며 家兄의 ／편지ᄅᆞᆯ 보오니 信使적의 裁判之職으로 가 겨셔 家兄／을 각별 情저이 구ᄋᆞᆸ시다 ᄒᆞ오니 感激ᄒᆞ옵기을 어이 다 ／덕ᄉᆞ오며 ᄯᅩᄒᆞᆫ 家兄이 〖右〗 僕의게 긔별ᄒᆞ오되 近來 舘中에 是／非 이셔 애ᄃᆞᆯ리 지내니 이 寃痛ᄒᆞᆫ ᄉᆞ연을 ／〖擡〗尊公 前의 ᄉᆞᆲ고 만일 프러 주시면 恩惠야 이즐 배 업고 이 일／이 플니이면 信使에도 당ᄒᆞᆯ 거시매 信使 時 아모 어려온 일／을 당ᄒᆞ여도 극진히 宣力ᄒᆞᆯ 거시요 其外 買賣事나 凡公／幹事에 어려온 일이 잇ᄉᆞ와도 極力 周旋ᄒᆞᆯ 거시니 이 ᄉᆞ연／을 ／〖擡〗尊公 前의 極盡히 ᄉᆞᆲ고 施行ᄒᆞ야 주시게 ᄒᆞ라

ᄒᆞ여ᄉᆞ오니 ／〖擡〗尊公겨오셔 舊情●〈을〉 져ᄇᆞ리
지 아니ᄒᆞᄋᆞᆸ시고 家兄의 일을 프／러 주시면 至於
〖右〗僕ᄒᆞ야도 〖隔〗兩國 公幹事나 買賣事나 ᄒᆞ／야
도 극진히 宣力ᄒᆞ올 거시니 아모죠로나 彌縫ᄒᆞ야 주ᄋᆞᆸ
시／믈 千萬 專恃ᄒᆞᄂᆞ이다 잠샹
辛巳 二月 初七日 〖右〗來儀 崔判官 〖印〗

【現代語訳】

以前、一度もお目にかかったことはございませんが、客館（倭館）にて尊公ごきげんうるわしき段、折々承りすごしております。家兄の手紙を見ますと、（この前の）信使の時に裁判役としてお行きになっておられて、家兄を格別ねんごろにしてくださったとのこと、忝いことはどうしてすべて書き尽くせましょうか。また家兄が私にたよりを送ってきたのですが、近来館中で言い争いがあって気をもんでいるが、この悔しく恨めしい事情を尊公に申し上げて、もしも解決してくださるならば、恩義は忘れることなく、このことが解決されれば、（この次の）信使（の役）にも当たるでしょうから、信使の時にどんな困難なことに当たっても心を尽くして尽力しましょうし、そのほか売買の事やすべての公務において困難なことがあっても、極力肝煎りましょうから、この事情を尊公に丁寧に申し上げてとりおこなってくださるようにせよとのことでございますので、尊公におかれましては、旧情をお捨てにならずに家兄のことを解決してくだされば、私に至りましても、両国の公務にしても売買の事にしても心を尽くして尽力しましょうから、なにとぞ取り繕ってくださいますよう千万お願い申し上げます。まずは

辛巳[(1)]二月七日　来儀崔判官（印）

【語釈】

（1）一七六一（宝暦十一）年

【参考情報】

発信者崔鳳齢（來儀）は、「捷解新語」の改修を手掛けた崔鶴齢（君声）の弟。崔鳳齢は崔国禎、金在恭、朴致倹らと共に、一七八八年十月十二日に司譯院譯官一九三人の一人として名が掲載されている（「日省録」一七八八年十月十二日条）。

この書簡の日付の一七六一（宝暦十一／辛巳）年二月七日当時はとくに何の役目にも当たっていなかったようであるが、吉村橘左衛門「裁判日記」一七六〇（宝暦十／庚辰）年一月八日条には「訓導大来崔僉正・仮別差来儀崔判官入館仕候由、為見廻小通詞来」と、「各司謄録」一七六〇年一月五日条には「仮訓導崔壽仁、仮別差崔鳳齢」とあり、また、「倭館館守日記」一七六〇（宝暦十）年五月十四日条には「訓導病気ニ付、来儀崔判官仮訓導被申付候段、小通詞を以相届」とあって、この手紙の前年の一七六〇（宝暦十）年には仮別差や仮

訓導を務めていたことが確認できる。また、「倭館館守日記」一七六〇（宝暦十）年十二月二十五日条に「来儀崔判官入館仕候段、小通詞を以相届ル」とあり、また、「倭館館守日記」一七六一（宝暦十一）年二月二十一日条にも「両訳并来儀崔判官入館仕候段、小通詞を以相届る」とあって、この書簡の前後に無役ながら倭館に入館したことが知られる。

この書簡の日付の一七六一（宝暦十一）年二月七日当時、訓導は、崔寿仁（大来）であった。「倭館館守日記」一七六一（宝暦十一）年二月四日条には、「訓導大来崔僉正（後略）」とある。崔大来は、「訳科榜目」雍正乙卯（一七三五年）式年条に、「崔寿仁、字大来、己丑（一七〇九年）生、本清州、倭学教誨嘉善同樞、台斉子」とあり、清州崔氏である。崔鳳齢（来儀）は、「訳科榜目」乾隆甲戌（一七五四年）増広条に、「崔鳳齢、字來儀、壬寅（一七二二年）生、本茂朱、倭学教誨崇祿知樞、鶴齢弟」とあり、茂朱崔氏である。本貫が異なるので、この書簡文中の「家兄」とは訓導の崔寿仁（大来）ではないと考えられる。

この書簡文中の「家兄」とは、崔鶴齢（君声）のことか。崔鶴齢がこの書簡の日付の一七六一（宝暦十一）年二月七日当時、何の役にあったのか、確認できないが、「承政院日記」の同年八月二日および「備辺司謄録」の同年八月六日には、京接慰官がつれてきた差備訳官の崔鶴齢について、一七五四（甲戌）年に規外の裁判が出来した時、鶴齢が別遣訳官として身を挺して責諭し、ついに追い返したことがあったため、日本人がそのことをうらみに思って接見しなかったことについての記述がある。あるいは、この書簡の文中にある「近来館中で言い争いがあって」とはそのことをさしているのか。

ちなみに、宝暦度（一六六四年）の朝鮮通信使には、崔鶴齢（君声）、崔鳳齢（来儀）、崔寿仁（大来）の三人とも随行している。

参考4

【史料概要】訓導（崔瑚）から大通官宛の書簡。ソウルにいる朴致倹（景和）の東萊府行きの出発日が九月二日となったというソウルからの書簡（八月二十六日付）を、訓導（崔瑚）が受け取っていながら、落馬したために動作が不自由であったので、すぐに倭館宛に一報できなかったことを詫びる内容。

【写真】

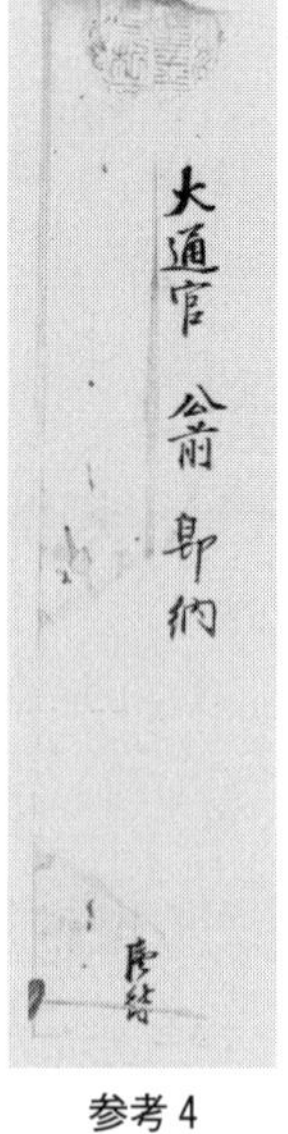

参考4
（封筒）

参考4

【翻刻】

（包紙上書き）大通官 公 前 卽納 ／〔印〕／謹封

數日 阻面悵懷曷言이오며 秋風漸高의 ／〔擡〕公 起居益休ᄒᆞ오심 馳溸不浅이오며 僕은 ／意外 落馬ᄒᆞ여 動作不仁ᄒᆞ오니 私悶이／오며 去月 二十六日 京書를 보오니 景和公／이 八月 晦日 發行ᄒᆞ려 ᄒᆞ다가 有名ᄒᆞᆫ卜者／가 이셔 晦日은 不吉ᄒᆞ니 今月 初二日이 大吉타／ᄒᆞ여 今初二日 發程ᄒᆞ게 擇定ᄒᆞ다 ᄒᆞ오／니 이 말솜〔隔〕舊館公씌 ᄌᆞ시 ᄒᆞ오쇼셔 ／華彦令監도 上府後苦痛ᄒᆞ고 僕／도 이리 苦痛ᄒᆞ오니 切悶〃ᄒᆞ외다 ／病昏不宣式 ／京奇를 卽時 긔별ᄒᆞ올ᄃᆡ 落傷／以後 精神을 收拾지 못ᄒᆞ여 이적야 ／긔별ᄒᆞ오니 짐작ᄒᆞ오쇼셔

壬戌 九月 初三日 訓導 〔印〕

【現代語訳】

（封紙上ワ書）大通官様の御前へ即時に納入いたします　（印）

謹封

数日お目にかからず寂しい気持ちはどうして言い尽くせましょうか。秋風の次第につのる季節にご貴殿ますますご清祥でございましょうか、慕心浅からず、私は思いがけず落馬しまして、動作が不自由ですので、困っております。先月二十六日のソウルからの便りを見ますと、朴致倹（景和）様が八月晦日に出発しようとしているときに、有名な占い師がいて、晦日は不吉だから今月初二日が大吉だと言うので、今月の初二日に出発するように日を選んで定めたということですので、このお話を旧館守様（戸田頼母）へ詳しくなさってください。崔国禎（華彦）様も（東萊府へ）上府後痛みまして、私もこのように痛みおりますので、憂慮の極みです。病気のため朦朧としておりますので、これまで。ソウルからの便りを直ちにお便りすべきところ、落馬負傷以後、気もそぞろで、今ようやくお便りいたしますので、ご明察ください。

壬戌[1]九月初三日　　訓導[2]（印）

【語釈】

（1）一八〇二（享和二）年。

（2）崔墹（伯玉）。

【参考情報】

この書簡は、享和三癸亥（一八〇三）年の「御内密御用書物」に挿入されていたが、書簡の日付から「壬戌」（一八〇二年、享和二年）のものである。「御内密書物控」一八〇二（享和二）年九月三日条には、「訓導方ゟ都便り有之、先月廿六日出之書状飛脚壱人残居候者到着、晦日ニ景和表向出立之手数ニ候得共、日柄悪、当月二日吉日ニ付出立之段申越候事」とあり、この書簡に符合する内容を確認することができる。

なお、一八〇二（享和二）年当時、純祖王が幼少であったので貞純王后（英祖継妃）の垂簾聴政が始まっており、領議政となり院相として政権を掌握したのは、老論僻派の領袖沈煥之であった。沈煥之が手がけたのは、老論僻派の優遇人事と、それに反対する勢力であった南人と老論時派の排撃であった。しかしながら同年十月に沈煥之の死去と共に、その老論僻派の天下も終わりを告げた。老論僻派から時派に政権が移る一八〇六（純祖六）年の「丙寅更化」以降も、朝鮮通信使派遣問題をめぐる廟堂内での意見対立が発生したことにも、留意をしておきたい。

参考5

【史料概要】倭学訓導玄烒から小田幾五郎宛の返書。体調が良くないので、すぐに倭館に駆け付けられないが、小田幾五郎の手紙の内容は両令監（朴致倹（景和）と崔国禎（華彦））に伝達し、両令監もその通りに決断なさったという内容。

【写真】

参考5（1/2）

参考5（2/2）

【翻刻】

小田幾五郎 公 前 回上
昨日 ᄒᆞ오신 〖隔〗手札 밧ᄌᆞ와 보오니 〖移〗／僉公
候 平安ᄒᆞ오신가 보오니 깃부오며 〖右〗僕은 連日ᄒᆞ
／여 알코*1 지ᄂᆡ오니 민망ᄒᆞ오며 긔별ᄒᆞ신 ᄉᆞ연은 ／
두 令監게 議論ᄒᆞ온즉 그ᄃᆡ로 결단ᄒᆞ시고 數日後 ／下
去들 ᄒᆞ려 ᄒᆞ오니 그리 아오쇼셔 心亂ᄒᆞᆫ 일 만ᄉᆞ와 ／
이만 긋치ᄂᆞ이다
癸亥四月初二日 訓導 〖印〗

*1：코

【現代語訳】

小田幾五郎様の御前に　拝復
昨日お送りくださったお手紙拝見いたし、皆様方ご平安の段珍重に存じます。私は連日痛みおり過ごしておりまして困っております。お便りなさった内容は両令監（朴致倹（景和）と崔国禎（華彦））に相談いたしましたところ、その通りにご決断なさり、数日後に（東莱から倭館へ）下って行こうと思いますので、左様お心得ください。心乱れることが多くてこれで終わります。
癸亥[1]四月初二日　　訓導（印）[2]

【語釈】

（1）一八〇三（享和三）年。
（2）玄烒（陽元）。

【参考情報】「通詞小田幾五郎倭館にて訳官と申談候記録」の一八〇三（享和三）年四月二日条に、「坂ノ下へ庄右衛門・幾五郎罷越ス、尤早朝書状訓導方え差越置候事、夕方返答来被相咄候通両人共ニ決断有之、両人数日内下来可致との趣申来ル」とあり、この書簡の内容に符合する。

参考6

【史料概要】小田幾五郎と朝鮮側訳官との交渉（掛け合い）を記録した史料。通信使節目交渉の中で「礼物」は誰と誰に準備すべきかを議論したはずの史料の断片。

【写真】

参考６

【翻刻】

官員 數人 下來란 말은 回答書契 持來ᄒᆞ신 官員과 또
〔隔〕上使의 ／副使 一員이실 듯ᄒᆞ옵고 또 江戶 大學
士가 ᄂᆞ려 오실 듯ᄒᆞ(옵)／고 또 江戶 大目付 ᄀᆞᄐᆞᆫ 員
이 ᄂᆞ려 오시ᄂᆞᆫ지 이런 분ᄂᆡ게 〔隔〕使臣／겨셔 禮物
有無事 或 江戶 醫員 一

【現代語訳】

官員が数人下来という話は、回答書契を持って来られる官員と、また、上使の副使一員でございますでしょうし、また江戸の大学士が下来なされるでしょうし、また、江戸の大目付のごとき官員が下来なさるやら、このような方々に使臣におかれて礼物が有るのか無いのかということ、あるいは江戸の医員一（後段欠）

【参考情報】　このハングル書付は、「小田幾五郎訳官との懸合一件」に挟み込まれた冊中の位置から、一八〇三（享和三／癸亥）年六月五日に、三伝語官、すなわち小田幾五郎、牛田善兵衛、吉松右助と講定官朴致倹（景和）との間でおこなわれた掛け合いの内容を記録したものと見られる。

参考７

【史料概要】　一八〇三（享和三／癸亥）年に、三伝語官（当時の通詞は小田幾五郎、牛田善兵衛、吉松右助）と講定官朴致倹（景和）との間でおこなわれた掛け合いの内容を記録し、日本側から朝鮮側へ渡した覚書である。

【写真】

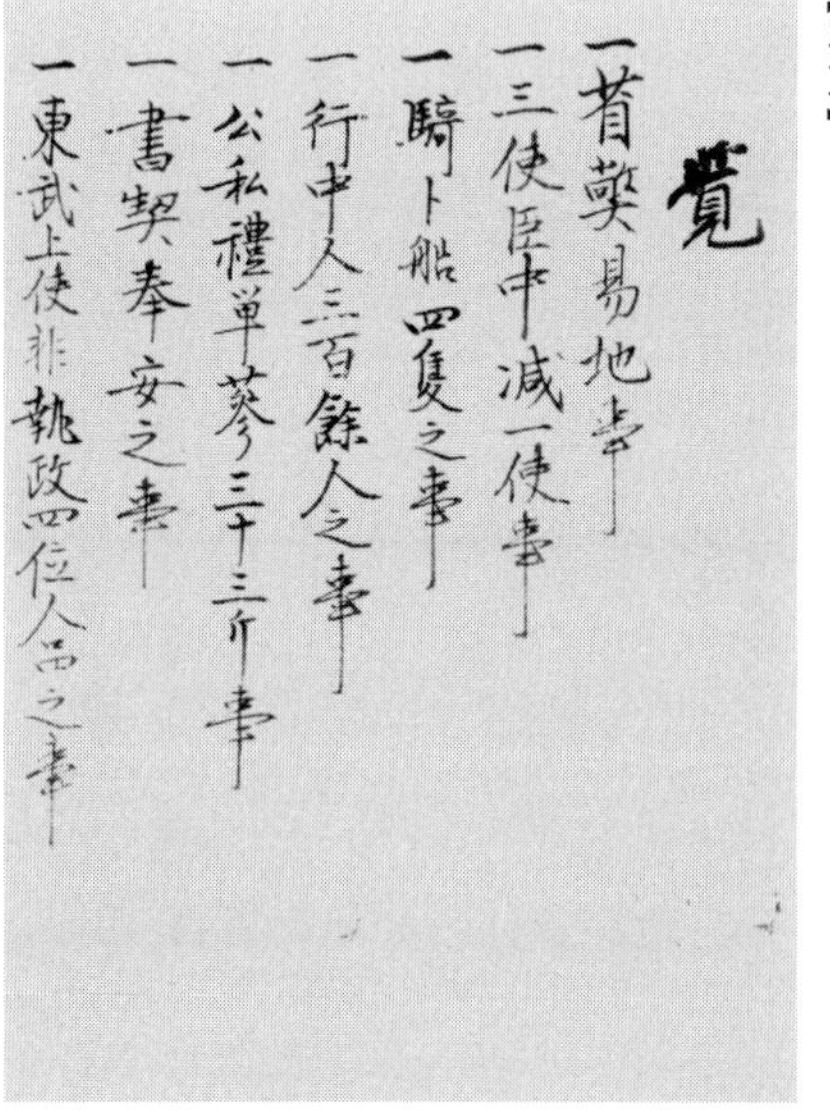

覚
一書契易地事
一三使臣中減一使事
一騎卜船四隻之事
一行中人三百餘人之事
一公私禮単蔘三十三斤事
一書契奉安之事
一東武上使非執政四位人品之事

参考７（1/2）

参考 7（2/2）

【翻刻】

覺

一　省弊易地事

一　三使臣中減一使事

一　騎卜船四隻之事

一　行中人三百餘人之事

一　公私禮單蔘三十三斤事

一　書契奉安之事

一　東武上使非執政四位人品之事

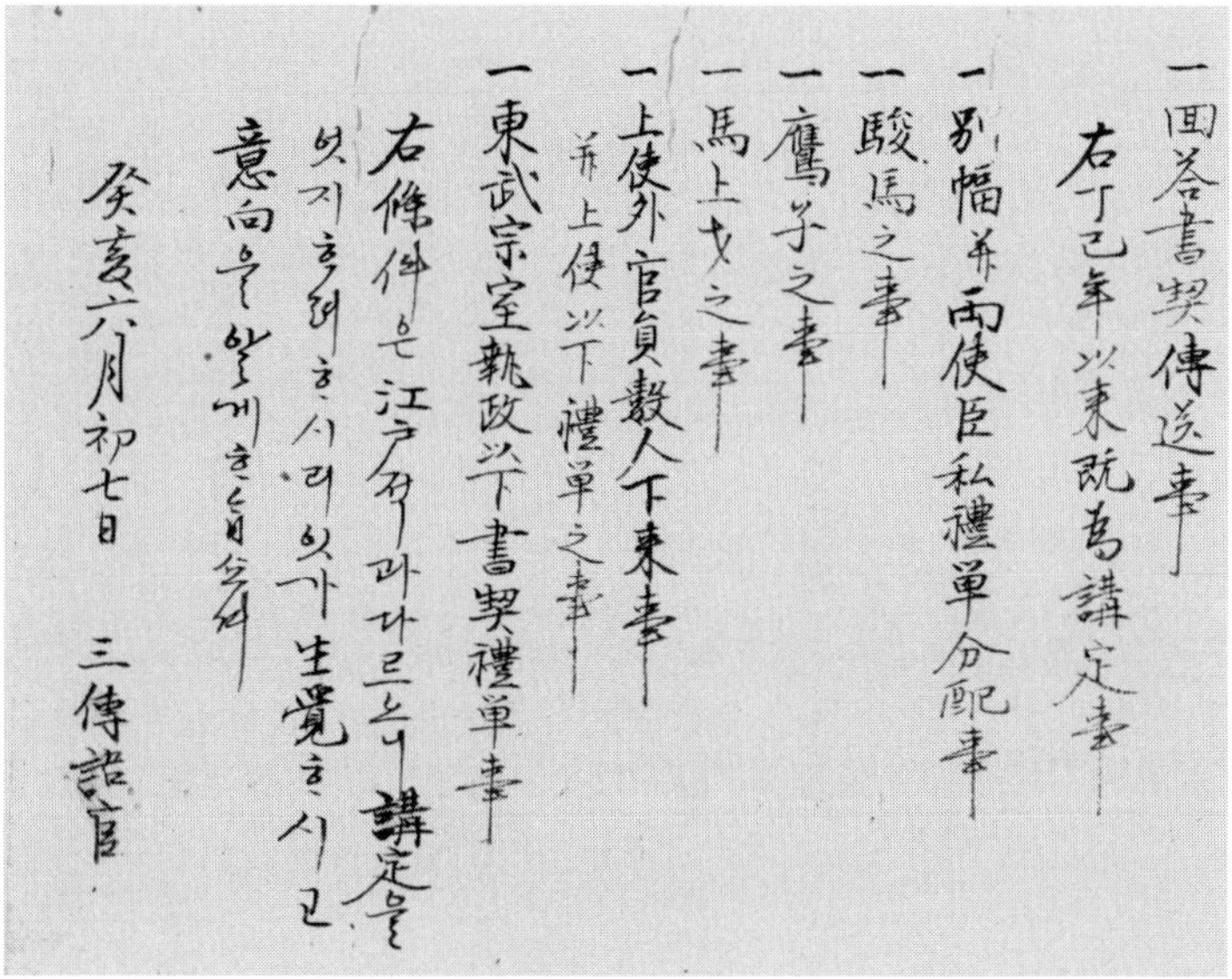

一　回答書契傳送事

　右丁巳年以來既爲講定事

一　別幅　并　兩使臣私禮單分配事

一　駿馬之事

一　鷹子之事

一　馬上才之事

一　上使外官員數人下來事　／并　上使以下禮單之事

一　東武宗室執政以下書契禮單事

右　條件은　江戶　적과　다르오니　講定을　／엇지　ᄒᆞ려　ᄒᆞ시리잇가　生覺ᄒᆞ시고　／意向을　알게　ᄒᆞ옵쇼셔

癸亥　六月　初七日　三傳語官

【現代語訳】

覚

一　省弊易地の事

一　三使臣中より一使を減ずる事

一 騎船とト船は四隻の事
一 行中人は三百餘人の事
一 公私礼単蔘は三十三斤の事
一 書契奉安の事
一 東武上使は執政四位でない人品の事
一 回答書契は伝送の事
右は、丁巳年(1)以来既に講定した事
一 別幅并に両使臣私礼単分配の事
一 駿馬の事
一 鷹子の事
一 馬上才の事
一 上使のほか官員数人下来の事并に上使以下礼単の事
一 東武宗室執政以下書契礼単の事
右の条件は、江戸のときと異なるので、講定をどのようにしようとなさるのか、お考えになりご意向をお知らせください。

癸亥(2)六月初七日　　三伝語官（小田幾五郎、牛田善兵衛、吉松右助）

【語釈】
（1）一七九七（寛政九）年。
（2）一八〇三（享和三）年。

【参考情報】 このハングル書付の日付は、「癸亥六月初七日」となっているが、「小田幾五郎訳官との懸合一件」の一八〇三（享和三／癸亥）年六月五日の条によれば、この日講定官朴致倹（景和）が倭館に入館し、掛け合いがおこなわれたが、その口写しを六月七日の日付で十六日に差し出したとあるから、実際には一八〇三（享和三／癸亥）年六月五日の講定官朴致倹（景和）との掛け合いの内容を記録したものと見られる。

参考8

【史料概要】 参考7を参照のこと

【写真】

参考8（1/2）

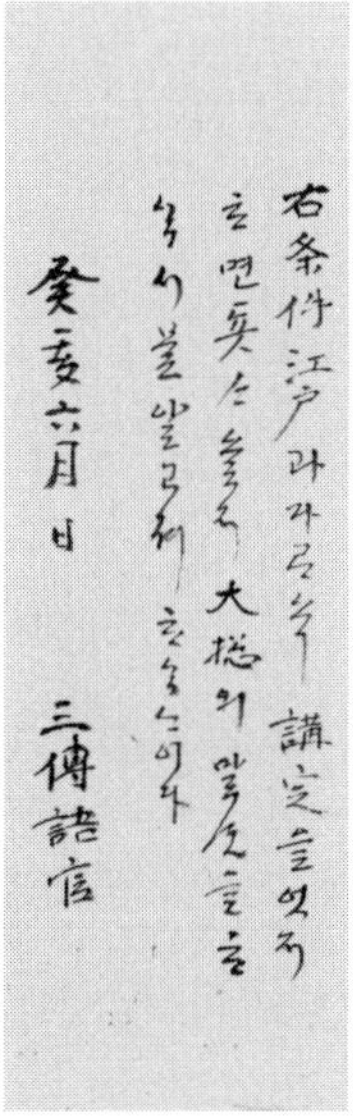

参考８（2/2）

【翻刻】

覺

一　別幅　并　兩使臣私禮單分配事

一　駿馬之事

一　鷹子之事

一　馬上才之事

一　上使外官員下來事　并　上使以下　〔隔〕兩使私禮單／之事

一　東武宗室執政書契　并　禮單事

右　條件　江戸과　다ᄅᆞ오니　講定을　엇지　／ᄒᆞ면　됴ᄉᆞ올지　大摠의　말ᄉᆞᆷ을　ᄒᆞ／옵시믈　알고져　ᄒᆞ옵ᄂᆞ이다

癸亥　六月　日　三傳語官

【現代語訳】

覚

一　別幅并に両使臣私礼単分配の事

一　駿馬の事

一　鷹子の事

一　馬上才の事

一　上使のほか官員数人下来の事　并に上使以下礼単の事

一　東武宗室執政以下書契　并に礼単の事

右の条件は、江戸と異なるので、講定をいかがいたせばよろしいでしょうか、あらましのお話をなさいますようお伺いいたしたく存じます。

癸亥[1]六月日　三伝語官（小田幾五郎・牛田善兵衛・吉松右助）

【語釈】

（1）一八〇三（享和三）年。

【参考情報】

この覚書は、「小田幾五郎訳官との懸合一件」に挟み込まれた冊中の位置から、一八〇三（享和三／癸亥）年六月五日に、三伝語官、すなわち小田幾五郎、牛田善兵衛、吉松右助と講定官朴致倹（景和）との間でおこなわれた掛け合いの内容を記録したものと見られる。一八〇三（享和三）年二月頃から開始された通信使節目講定交渉であるが、その四ヶ月経過した頃の交渉内容を知る珍しい手がかりとなる。

なお、こうしたメモ書きは、「四月廿八日（中略）兼而御談しも中候得とも、為念諺文ニ而其旨御談被下候様ニと申置」（「御用御書物」一八〇四（文化元）年四月二十八日条）とあるように、交渉の折々にハングルで記すことがあったようである。

参考9

【史料概要】易地聘礼交渉（掛け合い）のときの書付。

【写真】

参考9

【翻刻】

上使外 官員下來란 말ᄉᆞᆷ은 回答書契 持來員 上使의／副使 一員 又 江戸大學士 又 大目付 或 江戸醫員下／來ᄒᆞ기 괴이치 아니ᄒᆞ오매 미리 ᄒᆞᄂᆞᆫ 말이오니 ／爲先 江戸의셔 ᄂᆞ려온 人員數를 알게 ᄒᆞ시／거나 무ᄉᆞᆷ 말ᄉᆞᆷ ᄒᆞᄋᆸ쇼셔

【現代語訳】「上使のほか官員下来」というお話は、回答書契の持来員の上使に副使一員、また、江戸の大学士、また、大目付、あるいは、江戸の医員が下来しても不思議ではないので、あらかじめ申すことなのですが、まずは江戸から下ってくる人員数をお知らせなさるか、何かお話なさってください。

【参考情報】この書付は、発信者・受信者・年代などの記載がないが、「小田幾五郎訳官との懸合一件」に挟み込まれた冊中の位置が、**参考8**の直後であり、内容も関連するものであることから、一八〇三（享和三／癸亥）年六月五日に、三伝語官、すなわち小田幾五郎、牛田善兵衛、吉松右助と講定官朴致倹（景和）との間でおこなわれた掛け合いの内容を記録したものと見られる。

参考10

【史料概要】一八〇三（享和三）年に、三伝語官（当時の通詞は小田幾五郎、牛田善兵衛、吉松右助）と講定官朴致倹（景和）との間でおこなわれた掛け合いの時に差し出された書付である。

【写真】

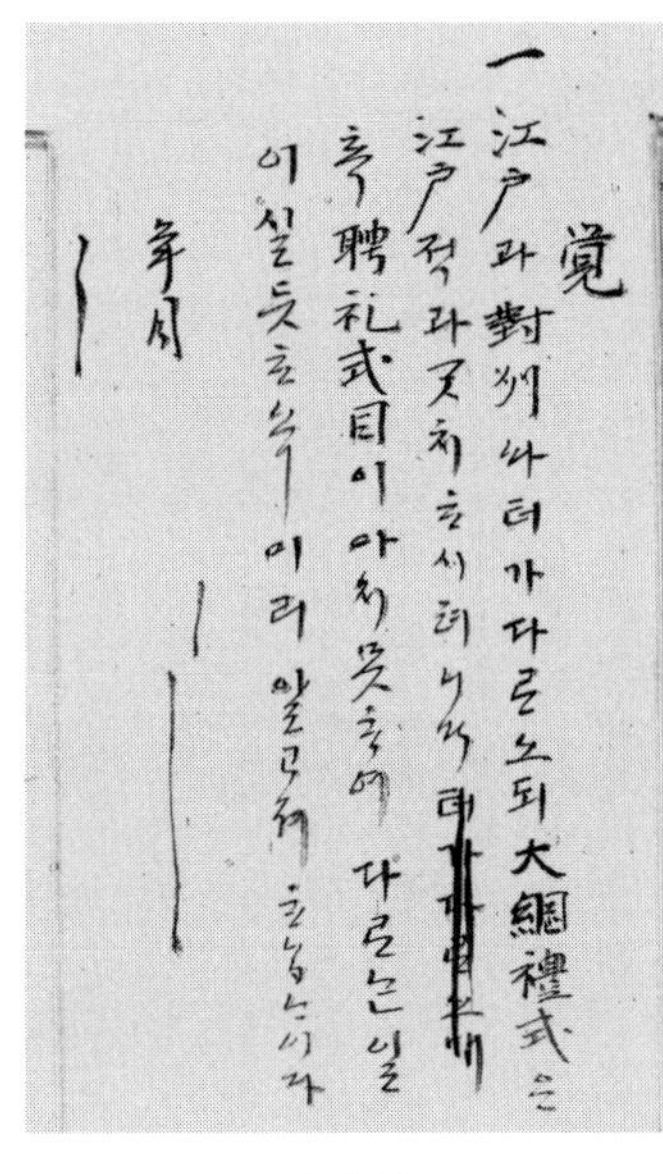

参考10

【翻刻】

覺

一　江戶과 對州와 터가 다ᄅᆞ오되 大綱 禮式은 ／江戶
적과 ᄀᆞᆺ치 ᄒᆞ시려니와 터가 다ᄅᆞ오매 ／혹 聘禮 式
目이 마지 못ᄒᆞ여 다ᄅᆞᄂᆞᆫ 일 ／이실 듯ᄒᆞ오니 미리
알고져 ᄒᆞᄋᆞᆸᄂᆞ이다

年月

【現代語訳】

覚

一　江戸と対州は場所が異なるのですが、大体の礼式は江戸のときと同じになさるでしょうけれども、場所が異なるのであるいは聘礼の式目がやむを得ず異なることがあるかと存じますので、あらかじめ知りたく存じます。

年月

【参考情報】このハングル書付は発信者・受信者・年代などの記載がないが、「小田幾五郎訳官との懸合一件」に挟み込まれた冊中の位置から、一八〇三（享和三）年七月二十四日に朴致倹（景和）と小田幾五郎らとの間でおこなわれた掛け合いの時に差し出された書付と見られる。「小田幾五郎訳官との懸合一件」には、一八〇三（享和三）年七月二十四日の条のあとに、このハングル書付に対する和解も挟み込まれており、「一、参府と境上と聘礼の式違候儀可有之、仍て、境上聘礼全体の式目預め承知いたし、猶御相談も仕度事、右一紙」とある。なお、このハングル書付は、**史料32**とほとんど同じ内容である。

参考11

【史料概要】一八一八（文政元）年五月十九日に対馬の客館において朝鮮語通詞広瀬与市より二堂上渡海訳官の玄義温（聖著）にわたされたハングル書付。書契に押された東莱府使・釜山僉使の印章にそれぞれ二つの種類が存在する理由を内密に問い合わせる内容である。

【写真】

参考11（1/2）

参考11（2/2）

【翻刻】

前年의 貴國 年事 連凶ᄒᆞ온 故로 禮曹의셔 書契를 드
려 보／(내)■■ 지난 乙亥年條 第四船붓타 至副特送
使 翌 丙子年條 各 送使ᄭᆞ지 ／(連)■여 一同停止事를
懇請ᄒᆞ시되 無前〇〈之〉例오라 容易히 領諾치 못／ᄒᆞᆯ
일이오나 患難相恤ᄒᆞ기ᄂᆞᆫ 交隣之常誼ㅣ요 ᄯᅩᄒᆞᆫ 禮曹의
懇請을 ／敢히 挙行을 아니아니시지 못ᄒᆞ여 請ᄒᆞ신 대
로 되엿ᄉᆞ오나 兩年 停止되기／ᄂᆞᆫ 가뵈야이 못 ᄒᆞᆯ 일
이매 禮曹 并 東釜의셔도 謝答ᄒᆞ실 줄을 任官／이 擔
當ᄒᆞᆫ 일인ᄃᆡ 次〃 遷(延)ᄒᆞ여 事躰 엇다ᄒᆞ기의 舘司의
셔 催促을 ／ᄒᆞ다가 계요 越年ᄒᆞ여 禮曹 并 東釜(本)
副之書 入送이 되온ᄃᆡ 東萊 書中／의 第四船붓타 아
모〃〃라 ᄒᆞᆯ 거ᄉᆞᆯ 以酊菴붓타 아모〃〃라 뎍어시니 事
躰 相／違ᄒᆞᆯ ᄲᅮᆫ더러 第一은 東萊 釜山 兩翰 印章이 입
ᄶᅢᄭᆞ지 ᄒᆞ여온 圖書와 ／다ᄅᆞ고 그 어인 曲折로 그라
ᄒᆞᆫ가 아랏더니 그 ᄡᅳ음 漂差使 謝答副書의ᄂᆞᆫ ／以前

印章을 치옵고 其中 丙子年 八巡漂差使 東萊副書 文意도 前／例의 어긋난 듸 이셔 改撰을 請ᄒᆞ여 곳쳐 드러왓ᄂᆞᆫ듸 印章이 停止謝答／副書同印이오라 一印이 兩躰되오와 果然 놀랍고 殊常ᄒᆞ기의 그 緣由를 深／問ᄒᆞ올듸 이란 줄을 公躰로 酬酢ᄒᆞᆯ 쟉시면 目前의 實否를 明白이 ／알련마ᄂᆞᆫ 그라ᄒᆞᆯ 제ᄂᆞᆫ 東釜職分의 躰面을 일어실 일이오라 彼此間 甚／히 不安ᄒᆞᆫ 일이매 深慮 中 맛초와 今番 各官渡海 臨時ᄒᆞ여시니 만나 ／穩密이 相議ᄒᆞ여 各官 所答之意를 아라 處置ᄒᆞ려 ᄒᆞ고 今日ᄭᆞ지기／ᄃᆞ리오며 大抵 印章을 가지고 信意를 밧기ᄂᆞᆫ 天下○〈之〉通義여든 一印으로 ／兩樣 疑心스러온 일을ᄒᆞ리잇가 必然 其間 曲折이 이실 듯ᄒᆞ오며 비록 ／緣由 이실지연졍 現在 東萊太守之章 釜営大將이라 ᄒᆞᆫ 兩使 官名을 ／사긴 圖書 兩樣이 이실 적은 兩國間 弊端의 係關ᄒᆞᆯ 섄 아냐 於國家之／典ᄒᆞ여 엇지 아ᄅᆞ시며舊印이 刓弊ᄒᆞ거든 新印을 定用ᄒᆞ시고 一邊의 ／붓치개 아니 ᄒᆞ오셔ᄂᆞᆫ 憑驗ᄒᆞᆫ (보)람이 업고 爲印之道의當치 아닌 줄／로 아오며 此事ᄂᆞᆫ 各官과 秘密히 相議ᄒᆞᆫ 일이옵고 公躰로 酬酢ᄒᆞᆫ 일／이 아니오니 各官의意向을 픔치 마ᄅᆞ시고 아ᄅᆞ시개 ᄒᆞ시면 아모려나 處／置ᄒᆞ개 ᄒᆞ리이다

【現代語訳】

先年、貴国の農作物の状況が引き続き凶作だったので、礼曹より書契を入送され、■■去る乙亥年条[1]の第四船から副特送使までと翌丙子年条[2]の送使まで■■して一同に停止する事を懇請なさいましたが、前例が無いので容易に許諾できないことですが、互いに災禍を助け合うのは交隣の常の誼みであり、礼曹の懇請を敢えてとりおこなわないことはできないので、お求めの通りになりましたが、両年停止になるのは、軽々しくできないことですので、礼曹ならびに東萊府使・釜山僉使よりも謝答なさるべき旨を、任官が引き受けたわけですけれども、だんだん遅延して、事体がいかがかと存じますので、(倭館)館守より催促をいたしまして、ようやく年を越して礼曹ならびに東萊府使・釜山僉使の本副の書が入送になりましたが、東萊府使の書中に「第四船より何々」とあるべきところを「以酊菴より何々」と記してありますので、事体が相違するのみならず、第一は、東萊府使・釜山僉使両返翰の印章がこれまでの図書[3]と異なり、その如何なる曲折によるものなのか調べましたところ、その頃の漂差使の謝答副書には以前の印章を押してあり、そのうち丙子年の[4]八巡漂差使への東萊副書の文意も前例と違ったところがあって改撰を請うて改めて入来したのですが、印章が停止謝答副書と同印なので、一つの印が両様[5]をしているので、まことに驚き入り、いぶかしいので、そのわけをよく尋ねてみるべきところですが、斯様のことを公然とやりとりしたりすれば、目の当たりに実否⑥を明白に知ることができるでしょうが、そうしたときには東萊府使・釜山僉使の職分にあって体面を失うことになりますので、双方の間に極めて安からざることですので、深く考えましたところ、ちょうどこの度、各々方の渡海の時に臨みましたので、会って密かに相談して、各々方のお答えの意を知って処置しようと存じ、今日まで待っておりました。そもそも印章を以て信意を受けるのは天下の通義ですので、一印を以て両様という疑わしいことをするでしょうか。きっとその間にはわけがあるようです。たとえわけがあるとしても、現在「東萊太守之章」「釜営大将」という両使道⑦の官名を彫った図書に両様があるときには、両国間の弊害に関わるのみならず、国家の典において如何思し召されますか。旧印が磨滅したのであれば新印を定めて用いられ、片方になさらなかったら、証明のしるしにならず、印たる道理に当たらないと存じます。この事は、各々方と秘密に相談することであり、公然とやりとりすることではありませんので、各々方のご意向を包み隠さずお知らせくだされば、何とでもして処置するようにいたします。

【語釈】

（1）一八一五（文化十二）年。
（2）一八一六（文化十三）年。
（3）はんこ。
（4）一八一六（文化十三）年。
（5）二つの形。
（6）本当のことそうでないこと。
（7）東萊府使と釜山僉使。

【和解】

「分類紀事大綱」第六輯第七冊「戊寅訳官之一件」

和解

前年貴国凶作打続候訳を以礼曹ゟ書契被差越、乙亥條第四船ゟ副特送使ニ至、翌丙子年條各送使迄、一同ニ停止之儀懇請有之、無前之例容易ニ領諾有之間敷候処、患難相恤ヒ候者交隣之常誼と申、殊更礼曹之懇望難被黙止、其意ニ被任候趣回答ニ被及候、停止両年ニ跨り候者軽易ならさる次第故、礼曹及東釜ゟ謝答可有之段任官請ケ持居候処、段々時月及延引事躰如何敷、舘守ゟ追々催促を加候得共、漸年を越候而礼曹及東釜ゟ之本副之書入送有之候処、東萊之書内第四船ゟ何々と可有之を、以酊菴ゟ何々と書載有之事体令相違候而已ならす、第一東釜之両翰共ニ印章是迄被用ヒ来候印形と違、いかなる訳哉と存居候処、其砌漂差答謝之副書ニ者やはり以前ゟ之印章を被用、其内丙子年八巡漂差使東萊之副書書式前例ニ違ヒ候故、兼而改撰を請ヒ置候一書入送有之、是ニは又々停止謝答之副書ニ被用候同印ニ而爰ニ至候而一印両様ニ有之段不審千万驚入たる事共故、其子細尋問ニ可及之処、此趣打出し掛合候上者其内実明白致候者目前と存候得共、左様有之候而ハ東釜之職分ニ被取候而も躰面を被失候事と申、双方之間甚以不安事情ニ而何と計ヒ可申哉と思ひあくみ居候折柄、各官渡来ニ差臨候間いつれ面談之上穏密之相談を遂候上、被答方之向キを以処置いたし可申と存今日迄相控申候、抑印章を以信を取り候者天下之通義、いかんぞ一印両様之疑敷次第可被取計と存可申哉、此間ニ者必定訳ケ品有之而之事ニ可有之、仮令訳品有之事ニ致し候共、現在東莱太守之章釜営大将と申ス両使之官名を鏤ミたる印形両様有之と申候而者両国間之弊端ニ関ル而已ならす、国家之礼典ニおゐて何と被心得事ニ可有之哉、旧印刓敝シ改刻有之たる事ニ候ハヽ、新印を定して被用度いつれ一ツ方ニ付キたる計ヒ無之候而者、憑考といたし候詮無之、印之印たる訳ニ叶不申事と存候、此段ハ誠ニ各官と内密相談ニ及ひ候事ニ而、聊打出し御掛合申儀ニ無之候間、何卒内存不被包為御知被下候ハヽ、其意ニ応しいつれ之道ニも処置を加可申候

【参考情報】

文中に言及している乙亥年から丙子年にかけての送使停止とは、一八一五（文化十二／乙亥）年から一八一六（文化十三／丙子）年にかけての八送使停止を指すものと考えられる。

当時の歴史記録類を調べると、果たして、「分類紀事大綱」第六輯第七冊「戊寅訳官之一件」の文中に、以下のごとく、このハングル文書に対応する記事を発見することができ、このハングル文書が、一八一八（文政元）年五月十九日に対馬の客館において朝鮮語通詞広瀬与市より二堂上渡海訳官の玄義温（聖著）にわたされたものであることがわかる。

「分類紀事大綱」第六輯第七冊「戊寅訳官之一件」

五月十九日朝鮮方改役亀川登蔵・樋口直右衛門・真文役関昇蔵客館え罷越候様兼而相達置、巳之刻下り掛候処、通詞広瀬与市馬場筋迄参り掛り、申聞候者、聖著ゟ今日偽印之御掛合有之様相聞候処、此儀三訳一同ニ承知仕候得者、是非啓聞不致候而難叶、何卒相止メ呉候様と之儀深く相頼候段申聞、内情を令尋問候処、直哉[*1]を恐候由相聞へ、聖著・徳官[*2]ゟいか様ニも御改之真文可差出段申聞候付、乍途中評議之上、三訳一同ニ相掛合候儀者相見合、与市え偽印一段之諺文ハ密ニ聖著へ相渡為致返答候様相達、直ニ致入館、当話相済、登蔵ゟ与市を以御交易筋之儀一ト通口上ニ而相達、真文相渡候処、一堂上ゟ返答いたし候ハ、仰之通御交易筋之儀朝廷ニも以前ニ相替候儀も無御座、任官ニも大様可相心得様無之儀なから、御聞及之通凶年ニ而自然と入送物も滞り候様相成、気毒奉存候、帰朝の上朝廷ニも猶又申出、同官中申談、御為宜様相尽し可申段申聞候付、いか様凶飢之年向も有之候と相

聞候得共、其後者常年ニ復し候得者、斯之通未収相嵩候而者、此方勝手向令迷惑候事ニ付、何分深く御心得可被下、尤御返答之趣、真文を以可被申聞旨相達候処、委細承知仕候段申聞、右掛合一ト通相済候付、直右衛門ゟ与市を以　来翰粗略之一件、口上を以相達、真文相渡候処、書翰面之儀ニ付而者、頃日も裁判公へ書付差出候通、以来大様之心得不仕ハ勿論、改撰之儀被成御達候節者、急度夫々改撰仕候覚悟候得者、猶又御達之趣能々承知仕候間、御気遣被下間敷段申聞候付、又々相達候者、此儀御役目ニ取大切之筋ニ有之、委細書面ニ有之通之儀ニ候得者、各ニも一ト通ニ御心得被下候而者、決而不相済儀ニ候得者、別而真実ニ御心得不被下候而難相済、尤又々改撰ニ相成候様之書翰被差出候而者、不相済訳之儀ニ付、以来者決而削字等無之様、諸事被入御念被下度、萬一誤而改撰ニ至候儀も有之候節ハ、尖ニ改撰可被取計、委細真文を以返答可被申聞候段相達候処、委細畏候段致返答、右相済而彼方ゟ膳部差出三献加へ候後、此方ゟ持越の杉重酒出之、尤諺文壱通酒宴中内談と申ス向ニ而差出相達候、兼而之積りニ候処、前条之次第ニ付、与市え相渡、聖著呼立房内ニ而相渡候事

右始終即刻右三人ゟ申出ル

（この後に戊寅（文政元年＝一八一八年）五月の日付の漢文書付二通およびそれぞれの和解二通、本ハングル書付の写し（ただし漢字の部分のみを写しハングルの部分は空白である）および和解があるが、以下省略）

＊1：一堂上渡海訳官の秦東益（直哉）のこと。

＊2：堂下渡海訳官の李橚（徳寛、徳官）のこと。

なお、本ハングル書付に対応する記事は、朝鮮方「御内用御書物（一）」にも確認される。そこにも本ハングル書付の写しが収録されているが、「分類紀事大綱」ではハングル部分は省略され漢字部分だけが写されているのに対し、「御内用御書物（一）」ではハングル部分も含めた全文が写されている。

なお、受信者の玄義温（聖著）については、**史料75**の【語釈】（1）を参照。

また、本ハングル書簡を渡した広瀬与市は、文化・文政期に活躍した対馬藩の朝鮮語通詞であるが、「通詞被召仕方・漂民迎送賄・町代官・御免札」の一八一七（文化十四）年十一月十日条には、「稽古通詞広瀬与一、右者最前稽古通詞相勤居候内、不埒之行状追々聞込之品有之、稽古通詞被召放候処、其以来先罪を悔諸事相慎候段相聞候付、新ニ稽古通詞ニ差加、幼年之者指南役をも申付置候処、猶以身行相改、卒忽之振合等無之様諸事心を用指南方各別懇ニ相携候趣無相違相聞候、尤最前稽古通詞（気）口之者と相聞候付、各別之御沙汰を以住野喜兵衛代通詞ニ繰上指南役をも被仰付候」とあり、このとき稽古通詞から昇進を果たし、本書簡の一八一八（文

政元）年五月十九日当時は本通詞を務めていたことが確認できる。

参考12

【史料概要】本書簡をおさめる包紙（宗家文庫史料一紙物844-9-1）に「漂民死軀居棺ニ而送来付於長崎漂民ゟ断書差出　和解共」とあるように、一八二三（文政六／癸未）年に対馬藩長崎聞役に対して提出された薩摩国中之島漂着の朝鮮人の申立書。幕府の命に従って、朝鮮人漂流民の死体を薩摩国中之島から鹿児島坊津・長崎経由で、対馬・倭館まで運搬しなければならず、日本式に棺桶に入れて長崎まで運搬してきた。しかし、ここで改めて朝鮮式に改棺せよという命令を受けても、夏の暑さですでに腐敗も進み、しかも二度の殮襲は葬送儀礼に合致しないので、それはできない。もしも後日（お上から）朝鮮式殮襲を督促されることがあったならば、当事者が不可だという証明書として、本申立書を活用してほしいという趣旨。

【写真】

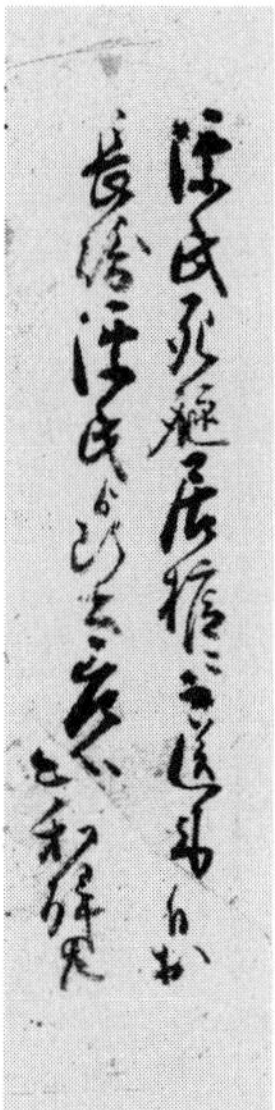

参考12（包紙）

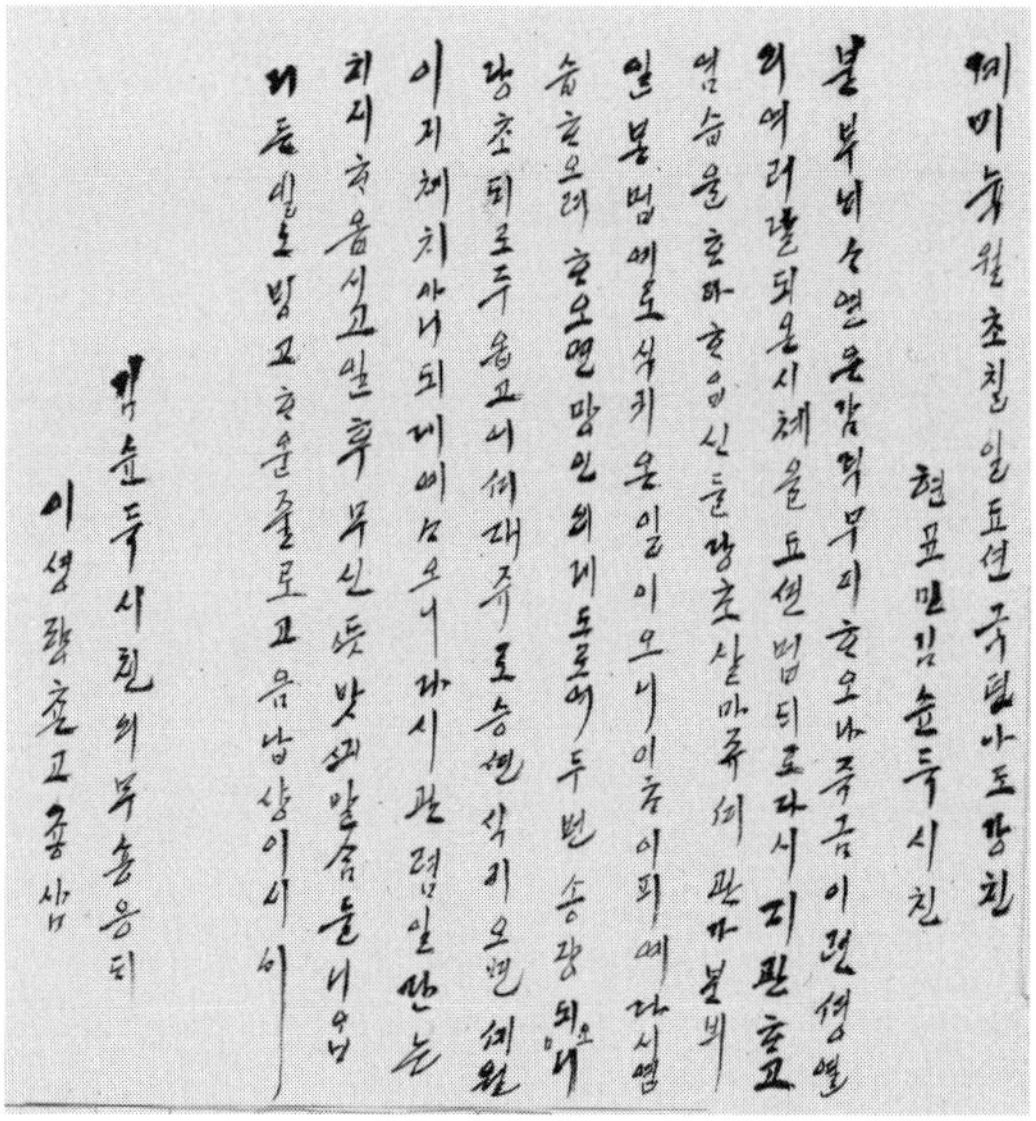

参考12

【翻刻】

（包紙上書き）漂民死軀居棺ニ而送来付　於／長崎漂民ゟ断書差出　和解共

계미 뉵월 초칠일 됴션국 뎐나도 강진/현 표민 김슌
득 시친
분부ᄂᆡ ᄉᆞ연은 감격 무디ᄒᆞ오나 즉금 이런 셩열/의
여러 달 되온 시쳬을 됴션 법ᄃᆡ로 다시 ᄀᆞ관ᄒᆞ고 /염
습을 ᄒᆞ라 ᄒᆞ옵신들 당초 살마쥬셔 〔隔〕 관가 분븨
/일본 법 예로 식킈온 일이오니 이ᄎᆞ이피예 다시 염
/습ᄒᆞ오려 ᄒᆞ오면 망인의게 도로여 두 번 송장 되○
〈오〉니 /당초ᄃᆡ로 두옵고 어셔 대쥬로 승션식키오
면 세월/이 지체치 아니 되게예ᄉᆞ오니 다시 관렴일단
는 /치지ᄒᆞ옵시고 일후 무신 뜻 밧ᄭᅴ 말슴 들니옵/
거든 일노 빙고ᄒᆞ올 줄로 고음납샹이시ᄂᆡ

김슌득 시친 의부 숑 응ᄃᆡ /이셩량촌 고 죵삼

【現代語訳】

(包紙上書き) 漂民の死体を棺に入れて送ってきたので、長崎において漂民より断り書きを差し出す。和解ともに。

癸未[1]六月初七日　朝鮮国全羅道康津/県漂民金順得の屍親[2]

御達しの内容はたいへんありがたく存じますが、只今このような炎暑にて何か月にもなった死体を朝鮮の法通りに再び改棺し殮襲[3]をせよと仰せられましても、当初薩摩州にて官家の御達しというのが、日本の法で仰せつけられたものでございますので、どちらにせよ、再び殮襲しようといたしますと、亡人に対して却って二度葬ることになりますので当初の通りにしておき、早々対州への上船を仰せ付けられますれば、歳月も遅滞しませんので、またぞろ改棺殮襲のことはお捨て置きくださり、向後何か想定外のお話を承りましたら、これを以て証拠としてくださるよう、請け書をお納め申し上げます。

金順得の屍親　義父　宋ウンデ/異姓　またいとこ

高ジョンサム

【語釈】

(1) 一八二三 (文政六) 年。
(2) 死人の親族。
(3) 死体を洗って衣服を着せ、その上を布団で覆うこと。

【和解】

《宗家文庫史料一紙物844-9-2》

諺文書之和解

癸未六月初七日　朝鮮国全羅道　江津懸漂民　金順得屍親

御達之御旨無限難在奉存候得共、即今此炎暑ニ数月ニ相成候死躯を、朝鮮之法ニ重而改棺斂襲仕候様被仰付候得共、最初於薩州　官家之御達ニ而日本之法ニ御取計被下候儀ニ御座候を、彼是を以重而改殮仕候而者、却而亡人を再葬仕候ニ相当り候間、最初之通ニシテ被召置、早々対州江之上船被仰付被下候得者、歳月も遅滞不仕候付、又候改棺之儀者御打捨可被成下候、向後右之意ニ相違仕候儀も御座候ハヽ、右之趣を以

御引合被成下候様奉仰候、

金シユンドキ死親継父　宗(ママ)ウグタイ

異性再従弟　高ソグサム

右之通ニ相見申候、以上、

【参考情報】

池内敏作成の「近世朝鮮人の日本漂着年表」によると、一八二二（文政五）年二月上旬、全羅道江津（済州）居民一一人が貢納物を載せて出船し、漂流。十二月十四日に薩摩中之嶋へ漂着（一人溺死、一人病死）。一八二三（文政六）年八月二日対馬廻着、護送使・源政優とある（池内一九九八年：「近世朝鮮人の日本漂着年表」NO.30）。

中之島の郡司であった日高太郎右衛門の警固御在番甑八右衛門への報告によると、

一、朝鮮人漂流民たちは、文政五年十二月十四日に漂着・破船し、文政六年三月二十二日まで、中之島に滞留したこと。

二、漂着朝鮮人の内、一人が溺死したこと。生存者数は未記載。

三、その一人の死者には、水汲桶を棺桶に代用して、「塩詰め桶に召し仕り申し候」として、屍体保存処理をしていたこと。

四、「朝鮮人囲い木屋」を急遽作り、そこに朝鮮人漂流民を収容し、日本人との接触を禁じたこと。

五、中之島のみならず近隣の屋久島などから調達した米・味噌・煙草などを朝鮮人漂流者に提供し、丁重に接遇した。

六、朝鮮人漂流民の為の施設建設、番所への通報、生活用品を調達するためなど、延べ二五三二人が動員されたこと。

七、文政六年三月十四日に朝鮮人漂流民は中之島を出発して、坊津に向かい、その時の護衛は郡司延べ六九人が当たったこと。

（郡司日高太郎右衛門「中之島江朝鮮人漂着ニ付取払勘定帳」（十島村教育委員会一九八〇年：一－一三頁））

などが記載されている。彼ら朝鮮人漂流民一一名の内一名が薩摩逗留中に病死したようである（両国往復書謄）。したがって、対馬藩長崎聞役の下に到着したとき、朝鮮人漂流民生存者九名、病死者一名、溺死者一名であった。

「辺例集要」には、

「癸未十二月　府使李奎鉉府（ママ、「時」か）、済州漂民領来差倭、持書契出来、依例接待、漂民屍身、題給布木、使之瘞埋事、啓」（巻三、漂差倭）

とあり、日本漂着時に「出身地詐称」の可能性が有り、本資料中の「全羅道江津民」とあるのは、「済州島人」であったと考えられる（六反田二〇〇二年）。

朝鮮人漂流民の日本から朝鮮への送還体制は、一六四〇年代から日本列島に漂着した朝鮮人の長崎廻送がスタートし、「長崎で対馬藩が漂流民を引継ぎ、費用は幕府負担で対馬府中まで護送した。対馬藩による事情聴取と以酊庵での臨検を経て、漂差使（朝鮮側では漂差倭と呼ぶ）と呼ばれる特別の使者をたてて倭館まで護送した」（池内一九九八年：三九頁）。

なお本上申書は、この漂流民らが収容されていた対馬藩長崎蔵屋敷滞在中に長崎聞役に対して提出されたと想定される。

参考13

【史料概要】朝鮮人漂流民からの申出書。船が破船していない場合は漂流民をその船に乗せて朝鮮へ送還する慣例であるが、自分たちの船は小さくて渡海が覚束ないので、それを分解して朝鮮へ運搬してほしいと依頼する内容。

【写真】

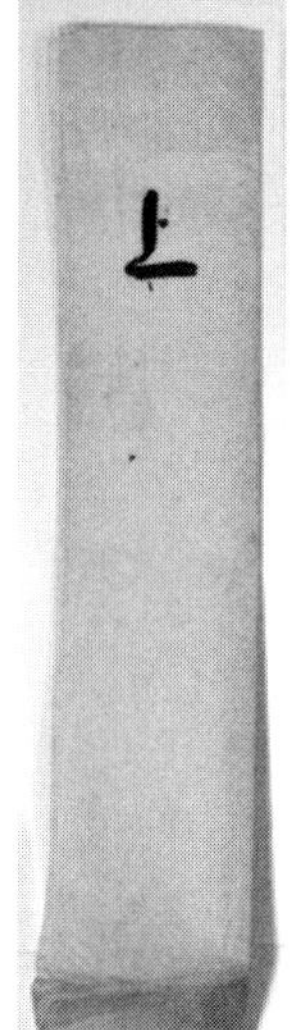

参考13
（包紙上書き）

参考13
（和解）

参考13

【翻刻】

（包紙上書き）上

우리 ᄇᆡᄂᆞᆫ 젹삽고 위히*1ᄒᆞ오며 ／아모켜나 우리 ᄇᆡ 듯고 일본 ᄇᆡ예 ／시료개 거ᄒᆞ여 쥬시믈 ᄇᆞᄅᆞᄋᆞᆸᄂᆞᆫ이다

辛卯 五月 日 〈朝鮮國〉 全羅道 海南 六名

傳語官 尊公

＊1：위티

【現代語訳】

（包紙上書き）上

私たちの船は小さくて危険です。なにとぞ私たちの船を分解して日本の船に載せるように執り計らってくださいますよう、お願いいたします。

辛卯[1]五月日　朝鮮国 全羅道海南六名

伝語官（通詞）様

【語釈】

（1）一八三一（天保二）年。

【和解】

《宗家文庫史料一紙物989-48-2》

我々船之儀、小船ニ而渡海無覚束御座候間、何卒解船ニ被仰付日本船へ御積入御送被成下候様奉願候、以上、

辛卯／五月日　　朝鮮國全羅道／海南漁民六人

【参考情報】

池内敏によると、一八三一（天保二）年三月二十日に全羅道海南漁民六人乗一艘が出漁して漂流、三月二十七日に対馬上槻浦へ漂着した。四月一日に対馬府中へ廻着したとある（池内一九九八年：「近世朝鮮人の日本漂着年表」NO.34）。

朝鮮人漂着地が対馬であった場合、漂着地から対馬府中「漂民屋」までは浦方の負担で護送され、府中で漂流民調書が作成された。一七五〇年代に定式化された漂民調書（①口上書（出身地・職業・漂流に至る経緯など）、②宗教、③戸牌、④名前と年齢、⑤荷物と船道具一覧リストなど）であった。この上申書は、この漂流民らが対馬府中にいたときに書かれたものであろう。

この上申書は、漂流民の駕船が小さくて渡海に堪えがたいため解体して日本の船に載せてくれるよう嘆願するものであるが、「両国往復書謄」および「漂民被仰上」に収められた、この時の漂流民送還に関する対馬州太守から朝鮮国礼曹に当てた一八三一（天保二）年六月の書契には、

「而其駕船極小、難堪巨涉、従願便解折之、人・船併載我船、即玆送還」

とあり、この上申書に符合した内容を確認することができる。

参考文献・史料

【日本語文献】

池内敏（一九九八年）『近世日本と朝鮮漂流民』、臨川書店

長正統（一九六八年）「日鮮関係における記録の時代」『東洋学報』五〇‐四、四五六‐五一〇頁、東洋文庫

長正統（一九七八年）「倭学訳官書簡よりみた易地行聘交渉」『史淵』一一五、九五－一三二、九州大学文学部

田代和生（一九八一年）『近世日朝通交貿易史の研究』、創文社

田代和生（一九九九年）『江戸時代朝鮮薬材調査の研究』、慶應義塾大学出版会

田代和生（二〇〇七年）『日朝交易と対馬藩』、創文社

田代和生（二〇一一年）『新・倭館――鎖国時代の日本人町』、ゆまに書房

立花氏清撰・鈴木棠三（一九七五年）『宗氏家譜略』、村田書店

田保橋潔（一九四〇年）『近代日鮮関係の研究』下巻、朝鮮総督府中枢院

対馬歴史民俗資料館編（二〇〇九年）『対馬宗家文庫史料一紙物目録』（1）～（3）、長崎県教育委員会

対馬歴史民俗資料館編（二〇一二年）『対馬宗家文庫史料絵図類等目録』、長崎県教育委員会

対馬歴史民俗資料館編（二〇一五年）『対馬宗家文書史料　朝鮮訳官発給ハングル書簡調査報告書』、長崎県教育委員会

朝鮮総督府編（一九二〇年）『朝鮮語辞典』、朝鮮総督府

十島村教育委員会編（一九八〇年）『十島村文化財調査報告書』（第二集）、十島村教育委員会

信原修（二〇〇八年）『雨森芳洲と玄徳潤』、明石書店

六反田豊（二〇〇二年）「朝鮮後期済州島漂流民の出身地詐称」『朝鮮史研究会論文集』四〇、九七－一二三頁、朝鮮史研究会

【韓国語文献】

김성진（一九九八年）「朝鮮後期 金海의 生活相에 미친 日本文物」『人文論叢』五二、二九一－三一二頁、釜山大學校人文學研究所

金東哲（一九九三年）「一七・一八世紀 對日公貿易에서의 公作米 문제」『港都釜山』一〇、九九－一四六頁、부산직할시사편찬위원회

金東哲（二〇〇〇年）「柔遠閣先生埋案感古碑와 부산의 譯官건물」『港都釜山』一六、三四七－三八四頁、부산직할시사편찬위원회

金東哲（二〇〇五年）「一七～一九세기 東萊府 小通事의 編制와 對日活動」『지역과 역사』一七、二〇九－二三一頁、부경역사연구소

金東哲（二〇一二年）「一七～一九세기 부산 왜관의 開市와 朝市」『한일관계사연구』四一、二二三－二六二頁、한일관계사학회

梁興淑（二〇〇〇年）「조선후기 對日 接慰官의 파견과 역할」『釜大史學』二四、七一－一〇一頁、부산대사학회

梁興淑（二〇〇九年）「조선후기 東萊 지역과 지역민 동향―

倭館 교류를 중심으로」釜山大學校博士學位論文

鄭成一（一九九三年）「一九세기 초 조선산 栽培蔘의 대일수출 교섭 ─禮單蔘을 중심으로─」『国史館論叢』四三、一六九－二〇六頁

韓国精神文化研究院歴史研究室編（一九九〇年）『朝鮮時代雜科合格者總覽』、韓国精神文化研究院

洪善杓（二〇〇五年）「에도（江戸）시대의 조선화 열기─일본 통신사행을 중심으로」『한국문화연구』八、一二三－一五一頁、이화여자대학교 한국문화연구원

【中国語文献】

吉林大学漢日辞典編集部（一九八二年）『漢日辞典』、吉林人民出版社

【日本史料】

対馬宗家文書

（小田幾五郎等作成の「御用書物控」類およびその草案）（長崎県立対馬歴史民俗資料館）

「御用書物扣覚」一七九五（寛政七）年（記録類Ⅱ／朝鮮関係／H3）

「御用書物扣覚」一七九六（寛政八）年（記録類Ⅱ／朝鮮関係／H5）

「御用書物扣覚」一七九七（寛政九）年（記録類Ⅲ／朝鮮関係／A①‐11）

「御用書物扣覚」一七九八（寛政十）年（記録類Ⅲ／朝鮮関係／A①‐12）

「御内密書物控」一八〇〇（寛政十二）年（記録類Ⅲ／朝鮮関係／B17）

「御内密書物扣」一八〇一（享和元）年（記録類Ⅲ／朝鮮関係／B14）

「御内密書物控」一八〇二（享和二）年（同右、一八〇一（享和元）年と同綴）

「御内密御用書物」一八〇三（享和三）年（記録類Ⅲ／朝鮮関係／B16）

「御用御書物」一八〇四（文化元）年＊（記録類Ⅱ／朝鮮関係／H6）表紙に文化三年とあるが、記載内容は文化元年である。

「御用書物控（草案）」一八〇四（文化元）年二月〜十二月（宗家文庫史料一紙物54-1-5)

「御用書物控（草案）」一八〇五（文化二）年一月〜三月（宗家文庫史料一紙物54-11)

「御用書物控（草案）」一八〇五（文化二）年四月〜十一月（宗家文庫史料一紙物54-10)

「御用書物控（草案）」一八〇六（文化三）年一月〜五月（宗家文庫史料一紙物895-2)

「御用書物控（草案）」一八〇六（文化三）年十月〜十二月（宗

家文庫史料一紙物895-1
「御用書物控（草案）」一八〇七（文化四）年五月～七月（宗家文庫史料一紙物54-1-2)
「小田幾五郎訳官との懸合一件」（記録類Ⅲ／朝鮮関係／Ｂ－７）（長崎県立対馬歴史民俗資料館）
「通詞小田幾五郎倭館にて訳官と申談候記録」（記録類Ⅲ／朝鮮関係／Ｂ－５５）（長崎県立対馬歴史民俗資料館）
寛政七年ゟ「御用真文控」（記録類Ⅱ／朝鮮関係／Ｈ－２）（長崎県立対馬歴史民俗資料館）
「奉公帳」（長崎県立対馬歴史民俗資料館）
朝鮮方「御内用御書物（一）」（記録類Ⅱ／朝鮮方／Ｃ－１１）（長崎県立対馬歴史民俗資料館）
「文化信使記録」（御国書留、慶應義塾三田メディアセンター）
「文化信使記録」（江戸書留、慶應義塾三田メディアセンター）
「訳官記録　九（訳官迎送記録　黒木勝美）」（ＷＡ１－６－３５）（国会図書館）
「惣目録」（国会図書館）
「倭館館守日記」（国会図書館）
吉村橘左衛門「裁判記録」（ＷＡ１－６－１４）（国会図書館）
「浄元院公実録」（韓国・国史編纂委員会）
戸田頼母「贅言試集」（韓国・国史編纂委員会）
「文化信使記録」（韓国・国史編纂委員会）
「古館守日記」（記録類５４８８）（韓国・国史編纂委員会）
「通詞被召仕方・漂民迎送賄・町代官・御免札」（韓国・国史編纂委員会）
「上船帰国誓旨面謁」（韓国・国史編纂委員会）
「朝鮮渡御免」（韓国・国史編纂委員会）
「分類紀事大綱」第六輯第七冊（記録類４５７０）（韓国・国史編纂委員会）
吉村橘左衛門「裁判記録」（記録類１８７８～１８８２）（韓国・国史編纂委員会）

その他史料
「朝鮮語訳」（早稲田大学服部文庫）
雨森芳洲「和交覚書」「享保五庚子年より段々書継　朝鮮詞稽古札御免帳」『続芳洲外交関係資料集』（雨森芳洲全書四）関西大学出版部、一九八四年
林韑『通航一覧』（一九一三年、国書刊行会活字復刻出版）

【韓国史料】
「春官志」、「承政院日記」、「増正交隣志」、「大典会通」、「朝鮮王朝実録」、「典客司日記」、「東医宝鑑」、「東莱府誌」、

「日省録」、「万機要覧」、「備辺司謄録」、「辺例集要」
「通信使草謄録」（서울대학교 규장각）
朝鮮司訳院倭学書「捷解新語」改修本（一七四八年）
朝鮮司訳院倭学書「倭語類解」

研究編

第一二回朝鮮通信使招聘に、なぜ長期間を要したか

―対馬府中に文化度朝鮮通信使パレードがやってきた―

松原孝俊

はじめに

本論の目的は、なぜ、一七八七（天明七）年第一一代将軍徳川家斉就任後、一八一一年第一二回朝鮮通信使来朝までに長期間も要したかを、長崎県立対馬歴史民俗資料館所蔵の新出ハングル書簡資料などで再検討することにある。そもそも日朝両国において朝鮮通信使に対するイメージが「同床異夢」であったとしても、例えば一七一一（正徳元）年第八回から一七六三（宝暦十三）年第一一回までを通覧しただけでも、新将軍就任からほぼ三年近くで朝鮮通信使は日朝間を往来した。最終回となった第一二回は、それだけに「先例主義が遵守される外交」（日本側は「二百年約条堅如金石」であり、朝鮮側は「聘好交誼自有旧章、両国之誠信相孚、一价之遅速何論、惟願約条之謹守」）において、異例とも言える二十数年の交渉期間を要した。

加えて江戸時代においても、早くも、

「易地聘礼の事、是より先、義功よりかの国の掛合の始末等詳にせず、御書付によれは、かの国にてこの頃すてに、その事の承諾ありしことく見ゆれとも、文化三年かの礼曹等より、義功に贈る回書に符号せず、然れは下に出す式留書に、かの訳官中間にありて、奸曲ありしにより誅せられし事見えたり、これ彼此事の齟齬せしゆへなるへし、また巳年聘礼仰出されも、これらの事により整はす、終に延引せしものなり」（『通航一覧』巻三三、四〇八頁）

などの、その不自然さ（「これ彼此事の齟齬せしゆへなるへし」）が表明されていた。

朝鮮通信使往来に関する全般的整理は、紙幅の関係上、三宅英利の高著（一九八六年）に譲り、今ここでは再論を避け

るが、第一二回朝鮮通信使の目的は江戸幕府側にとって「将軍襲職祝賀」であり、朝鮮側にとって「国書交換」であったと考えて良いだろう。

一　先行研究の紹介

文化度朝鮮通信使とは、一七八六（天明六）年九月八日将軍徳川家治薨去および同年四月十四日徳川家斉第一一代将軍襲職から始まり、一八一一（文化八）年三月二十九日に通信正使金履喬・副使李勉求ら人員三二八名が対馬府中に到着し、同年五月二十一日の国書交換式を挙行した後、同年六月二十五日同地を出発し、無事に朝鮮国に帰還するまでの一連の外交行事である。文化度朝鮮通信使研究と言えば、京城帝国大学教授であった田保橋潔の雄編、「朝鮮国通信使易地行聘考」（『近代日鮮関係の研究』下、朝鮮総督府中枢院、一九四〇年、六三九―八九四頁）に、その顚末の委細が尽くされている。なるほど『東莱府啓録』など朝鮮側関連資料の散逸を惜しむものの、それ以外の、当時存在した日朝の関係資料をほぼ網羅しており、今日でもそれを越える研究はなく、空前絶後と言って良い。田保橋による先行研究を踏まえて、その後、三宅英利は朝鮮側の政治的・経済的・社会的状況の把握に努め、「朝鮮においても、正祖朝には農村社会の分解、ひいては両班社会の崩壊、飢民の増加が現象化していた」事などに注目し、易地聘礼に関しては、「日本では寛政の改革・定信の引退・対馬藩内の対立があり、朝鮮では累積する国内問題の処理・正祖の薨去・訳官疑獄事件・対馬藩への不信等から、易地聘礼をもって、幕府の要請であることへの確認に慎重を期したものと思える。かくの如き曲折の経緯をへて、その本来の目的たる国書の交換のみは堅持しつつ、異例ではあったが、日朝両国の現実的状況から考えて妥当と思われる易地聘礼を成立させ、実施するに至ったのである」（三宅英利、一九八六年、六〇八頁）と、適切に要言している。本論の出発点は、ここにある。

二　第一二回朝鮮通信使来聘は、二十数年を要して実現

幕府が成立して間もない時期にあって、一六〇七年にスタートした朝鮮通信使が果たした役割は、徳川幕府による「東アジア諸国・地域（明・朝鮮・琉球・蝦夷）との国際関係の修復ないし整備」の目的があったとしても、幕府の威光を誇示するためには、朝鮮人大パレードが必要であった（ロナルド・トビ、二〇〇八年など参照）。一六〇七年二月二十九日に釜山を出発した一行は、五月二十四日に江戸に到着後、七月二日に釜山に帰着するまで、朝鮮通信使約四百名は「日本国内を実見した」にしても、多くの日本人に「観察され」つづけた。

朝鮮側にとって、「戦争（文禄慶長の役）の記憶」と敵情視察も目的の一つであったとしても、その一方で通信使派遣に容易に承諾しない朝鮮側に対する徳川幕府による「不調再征」論も大きく作用したに違いない。それとともに、戦争によって日本に拉致された被害者送還、半島北部の女真族牽制も急務であったために、朝鮮国は「重い腰を上げて」第一回通信使派遣に同意した。

その後、日本は「元禄時代」と呼ばれるバブル経済を享受した繁栄期を迎えたのに対して、清国樹立に伴い、朝鮮側は「援明抗清」の政治的スローガンを下ろし、清国との安全保障体制（宗藩体制）確認と日本との二国間外交関係（国書の交換）の再検証が求められ、第七回の天和度（一六八二年）の通信使派遣の意味は大きかった。しかしながら、日本におけるバブル経済崩壊に伴い、日本全体が音もなく不況に襲われ、しかも幕府財政が破綻するに至り、当然ながら朝鮮通信使迎接の経費節減、儀礼簡素化などは急務であった。第八回の正徳度（一七一一年）朝鮮通信使は、そうした両国の事情を背景にしても、両国の外交では前例主義・国家の体面主義の考え方が主流を占めた。

しかしながら十八世紀末から十九世紀に入ると、日本経済は朝鮮・中国の流通マーケットからの脱出を考えて、それまで全面的に輸入に依存してきた産品である木綿や陶磁器・朝鮮人参・生糸・砂糖などを、技術革新と創意工夫で国内生産化していったので、市場メカニズムは大きく変化した。それに加えて、一七九二年のロシア使節ラクスマンの通商要求、一八〇四年のロシア使節レザノフの通商要求、一八〇八年のフェートン事件をめぐる長崎でのオランダとイギリスの争いなど、徳川幕府は「外圧」（欧米諸国の通商要求）と「海防」に翻弄されて、従来の東アジアにおける伝統的国家ネットワークを維持する余裕がなくなりつつあった。

ましてや天明大飢饉（一七八二－一七八八年）と呼ばれる東アジア全体を襲った異常気象で、幕府の財政的な逼迫は深刻さを増し、

「卯年以来、凶事打続、下々困窮、宿駅致衰微、諸大名共も不如意之輩多き事に候間、此節来聘等有之候者、彼是可為難儀候、通聘之儀も不軽儀に候得共、下々難儀困窮に可及儀、尤以重き事に有之候間、追々下民旧時に復し候儀も遠かるましき事候間、暫来聘延引之儀、懸合候様に可致旨被仰出候、凶年打続候儀、外国へ相聞へ候而儀不相顕、彼是取かざり候様に而者、誠信之道にも相背候、且又人々難儀に及候儀有之候而者、朝鮮においても、同様に可厭事に可有之候、此節専御救荒之事而已に而、御仁恵之余り、通聘延引之儀被仰出候而者、朝鮮にをいても、同様に可存事に可有之候間」（『通航一覧』巻三三、四〇五頁）

とあるごとくである。それは松平定信の回想にも、

「これまで御代替之度には、朝鮮より聘使をさし出す事なり。それによて日本之国費大かたらず侍りて、東海道の村々よりは百石に付、三両之御用金を奉り、萬石巳上鞍馬を出すなんどいふ計りもなきなり。しかるに予未の年に老職たるけれども、聘使はいつ来るともいふしらべもなく、同列などへ聞けれども、御祐筆の組頭などしりて侍らん。これらは対州より伺ひ来るべしなど心にもかけざるさま也けり。これによってその御入費はいかにして給すべき。村々も衰、萬石巳上の人々も、いまにては皆困窮すれば、このときその大体を可被催はいかがあらんといへり。これによて猶おもき御人々へも言上せしに、もとこの聘使此国へ来るは、かって美観とするにはたらず。あるいは日本之腐儒どもみな出て、鶏林人と唱和して本意なる事にもおもひ、又は道すがらの盛衰見られても益ある事にもあらず。いつも盛い、いつも窮せざらんやうにはありがたければ、時として饑饉うちつづくまじともいひがたし。さればこの聘使てふは美観とするにはたらず。況や巡視清道の旗をたて、上々官などいふは通辞のいやしきものなり。三使などいふも貴きものにはあらざるを、御三家がたの御相伴あるなんどは禮のととのひしとはいひがたし。さればいまその禮を制せられんには、させる事にあらずして力をも労し、又又正徳御新令の如くにか成らん。しかればこの聘使は対州にて迎接してすむべけれ。この迎接の事、議せんにも同列にはいまだその人あらず。ことに朝鮮より聘使の義伺はんも程ちかれば、まづ延聘之義をなしてこそと一決し、その旨言上し、五山相国寺之長老など呼びてみづから談じ、延聘之義とり行ひしが、ことによくととのひて彼方にも尤も聞うけり。その延聘のことばとせしは、ちか比饑饉つづき侍れば、その大費に給する事なし。……（引用者中略）……いま延聘一件書状事情の事、くはしく冊子にして御用部屋へ納めをけり。かくて延聘は行はれけり」（松平定信、一九四二年、一三五－一三六頁）

と、這般の事情を的確に説明している。

　我々の観点からすれば、第一二回朝鮮通信使来聘の延期の理由が定信の言につくされているとしても、それらに加えて、浅間山の大噴火（一七八三（天明三）年）、江戸打ち壊しなど各地の民衆蜂起（一八八七（天明七）年五月）、一八八八（天明八）年の京都大火、そして田沼意次グループと松平定信グループとの政治的対立、さらには一七八八（天明八）年の幕府三カ所金蔵の有金備金高が八一万両余りであり幕府財政が破産寸前であったことなど、日本を取り巻く現実は多事多難であった。それがゆえに、もはや対馬から江戸までの往復するに、国内の四〇藩余り（第一一回朝鮮通信使事例）も動員する大パレードが不可欠なのかという疑問を呈し、再検討す

べきだという幕閣が登場するのも当然であると考えたい。

さらには対朝鮮貿易による輸出入ルートの確保という経済的利益（最盛期の十七世紀後半には二〇万両以上の利潤）で支えられてきた日朝協力関係維持の点からしても、倭館における私貿易断絶（幕府拝領金一万二千両を獲得するための対馬藩の苦肉の策か）の幕府公認（一七七六（安永五）年）の建前が定着すれば、幕閣内における朝鮮国に対する優先順位の低下はやむを得ないだろう。

要するに、田保橋・三宅らによる先行研究を踏まえて、我々の見解を付け加えるとすれば、確かに老中松平定信の主導で実施された寛政の改革による緊縮財政（第一一回朝鮮通信使の総経費が八七万両余り、第一二回朝鮮通信使の総経費が二三万両余り。井上光貞ほか、一九八八年、八八二頁など参照）が主な理由であったとしても、十八世紀後半から十九世紀初に至り、日朝間の伝統的外交儀礼を重んじて実施してきた朝鮮人大パレードによる幕府権力の誇示よりも、徳川幕府が欧米からの「外圧」と「海防」に翻弄され、その対外政策に忙殺されたこと、公儀権威の再建政策も、その遠因の一つであると考えても無理はないだろう。財政負担軽減に直結する対馬での「易地聘礼」は、相互の国益に利すると提案する徳川幕府に対して、なぜか、朝鮮側は自らの財政負担軽減のメリットを知りつつも「旧例に基づく江戸での国書交換」に固守したために、両国間の交渉は難航し、長い間、意見が激しく対立した。

三　ハングル書簡と『御用書物控』、『御内密書物控』

対馬藩万松院「御文庫」旧蔵ハングル書簡八通を解読した長正統の高論（一九七八年、九五－一三二頁）が公表されて、文化度朝鮮通信使研究は面目を新たにした。長が紹介した新史料は近世朝鮮語で、しかも草書体で書かれているために万人は容易に接近できないが、朝鮮語に通じた長によって、両国通詞（訳官）同士の交渉過程の一端が具体的に解明され、

「一枚の紙面に倭館の日本人にたいするかれ（引用者註：崔珦）の思いがにじみ出ており、読みかえすにつれて息づかいまで傳わってくるような気がする」（長正統、一七九八年、一二四頁）

とある一級の一次資料が発掘されたのは幸いであった。

本書で紹介する一一二通の書簡（長が紹介した八通を含む）が発掘された意義の大きさは、その一方で『御用書物控』（長崎県対馬歴史民俗資料館蔵。寛政七年、寛政八年、寛政九年、寛政十年、寛政十一年、文化三年の六年分、六冊）や『御内密書物控』（長崎県対馬歴史民俗資料館蔵。寛政十二年、享和元年、享和三年の三年分）の重要性を確認することとなった。書名の通り、『御用書物控』や『御内密書物控』は倭館に到着したハングル書簡の日本語訳にとどまらず、易地聘礼の案件に関する毎日の報告を収載する。その史料の性格上、これまで

『御用書物控』や『御内密書物控』に注目が集まることはなかったが、本ハングル書簡群の出現によって、その資料的価値が見直されることとなった。とはいえ『御用書物控』などに記述されているハングル書簡のすべては残存していないゆえに、それらの実物の発掘を期待したい。

なるほど、易地聘礼関連のハングル史料九九通（史料1〜史料99）の発給年代は一七九五（寛政七／正祖十九）年から一八〇八（文化五／純祖八）年である。一七九五（寛政七）年と言えば、朝鮮国から「易地聘礼拒否」の書契正本が幕府に届き、同年五月に老中首座松平伊豆守（信明：在任一七八八年から一八〇三年）は通信使来聘の当分延期を決定する年である。そして一八〇八（文化五）年といえば、通信幹事裁判に任命された用人重松此面（藤功喬）の登場によって、両国の交渉は次第に協調ムードとなり、しかも朝鮮国が「易地聘礼受諾」へと諸環境が整いつつあった時期である。次の資料は、そのために旧来型の外交交渉スタイルの転換を宣言している。

（一八〇七（文化四）年十二月）

卯十二月四日加納郷左衛門（引用者註：通信使請来大差使都船主）江、千田八郎（引用者註：御普請役代）より文通之返書、

（省略）

一、戸田頼母押込に相成候哉之趣、右一体之人物は如何之気性に候哉、且咎之時節之事御尋被成下、左に申上候、

頼母儀、此御用を承身命をはめ出精仕居候事に考申候、如何なる故を以、右之沙汰に候哉考知不申候、時節は十一月初歟と覚申候、

一、御書添に朝鮮在勤軽き面々に至、不首尾之儀御尋被成下、左に申上候、

右之頼母を始、最初より掛り之面々に而、頼母、早川恕助、通詞小田幾五郎、牛田善兵衛、吉松右助に有之候、

一、通詞小田常四郎、吉松右助、吉松善右衛門、右三人先達而朝鮮え被遣候処、右之もの共は御用には嫌ひに候者共に候由、黒岩氏より申上候由、左に申上候、

常四郎は議聘使罷居候時分は専為相勤者に候、然共意味悪敷心より歟、異様之体共相見申候、右助儀は頼母手に専相勤候ものに有之候、是又意味悪敷離れ候歟と相考申候、善右衛門儀は阿房に而、専人に被遣候と可申人物に候、

但、右之外東田庄右衛門と申ものも被遣候由彼仰下候、左に申上候、

庄右衛門儀は、堅固なる人物にて、是は善悪之無差別相勤候振に考申候、余堅過変之用に通兼可申候哉、（『通航一覧』巻一三二、四二四―四二五頁）

とあるように、「戸田頼母押込（引用者註：「謹慎・幽閉させる

措置」）に相成候」を契機として（一八〇八（文化五）年）、倭館における対馬藩側の代表者と朝鮮語通詞のメンバーが一新された。四度の倭館館守を歴任した戸田頼母や朝鮮語大通詞であった小田幾五郎など、多くの人的ネットワークを持ち、老練な手腕と豊かな朝鮮情報を有するメンバーによる従来型の朝鮮外交交渉が終焉した。そのために、倭館において第一線で活躍した小田幾五郎らの手で作成された資料の行方が気がかりだが、田代和生によって紹介された小田幾五郎著『通訳酬酢』に、

「この記録、御用繁の中別冊にして委しく認め置き候らえども、幾五郎御叱りこれあり、大御目付三浦大蔵殿その外御用書物残らず小箱入りの分御取り上げなされ、何方にこれあり候や。後鑑に相なさずしても、この形朝鮮方に残らざる事、爾今気掛かりこれあり」（田代和生、二〇一七年、二九四―二九五頁）

とあり、大御目付三浦大蔵によって没収されたと知る。

四　易地聘礼交渉の転回点

一七八八（天明八）年四月十六日の松平定信の下教によって、通信使來聘延期が決定された。すぐさま同年十月に対馬藩は延聘参判使（通信使請退大差使）を派遣した。しかしながら外交の前例主義を踏襲しない徳川幕府側の一方的な申し入れに対して、一七八九（寛政元）年二月十五日の正祖の命により「規外差倭斥退」の方針が伝わったが、結局、両国において、一七八九（寛政元）年三月七日に、両国は通信使來聘の延期に同意した。しかるに前記したように、「寛政の改革」を邁進させていた徳川定信の主導の下、一七九一（寛政三）年五月に六閣老の連名で、徳川幕府は「議朝鮮聘使邀諸対馬竣礼事状」を発給して、対馬藩に伝達した。一七九一（寛政三）年十一月十三日、対馬から派遣された大差先問使（先文持来頭倭）が先着したものの、それさえも外交の前例主義に背反する事例であったために、左議政蔡済恭の決定によって、「還送」の方針が対馬藩に伝えられた。対馬藩から派遣された議聘参判使（通信使議定大差使）正使平田隼人が、一七九一（寛政三）年十二月に易地聘礼を朝鮮側に正式に通告したいと願ったが、その参判使の滞在期限をはるかに越えて倭館にて待機することとなった。両国間の膠着状態を打破するために、大森繁右衛門自ら告慶大差使正官として倭館に渡り、交渉に着手したが、結果的に一七九四（寛政六）年八月二十七日に礼曹名の易地聘礼拒否の文書が倭館に伝えられ、その試みは失敗に終わった。

ところで、第一二回朝鮮通信使來聘にあたり第一の節目は、**史料1**に見るとおり、一七九五（寛政七）年三月に、対馬藩は朝鮮国側の「易地聘礼拒否」の書契正本を幕府に届ける一方で、それとは逆に、同時期に朝鮮側の新任訓導である朴俊

漢が倭館に着任したことによって、倭館では、易地聘礼（「御内蜜之咄」『御用書物控』寛政七年七月二十四日条など）が密かに検討され始めた。しかも、朝鮮側「朝廷の大臣」が具体的な「省弊之事」を提案したり（「今番、省弊の事を言い出しますのは」）、信憑性は今後の課題としても、「今番、士正朴正の下来時に、朝廷の大臣が秘密に付託なさったこと」とか、「東萊府使にこの意を密かに申し上げたところ、朝廷の意向もそのようであるので、私に両国省弊の便宜をはかれと」とあるように、朝鮮側の廟堂からの秘密の指示とも取れる文言さえ、史料群に見えることに注目しておきたい。

そのソウルの朝廷において、正祖による蕩平策による諸党派共存（対立解消ではない）の動きがあったにせよ、上記の一七九五年七月頃の朝廷は、きわめて頻繁な人事交代によって不確かな点も多いものの、

左議政 兪彦鎬、右議政 蔡濟恭、領敦寧府事 金履素、左參贊 趙璵、右參贊 李聖圭、吏曹判書 尹蓍東、兵曹判書 沈煥之、刑曹判書 李得臣、漢城判尹 李在學、吏曹參判 黃昇源、戶曹參判 曺允亨、禮曹參判 申光履、兵曹參判 宋銕、刑曹參判 徐有臣、工曹參判 李奭祚」（『日省録』正祖十九年六月十八日条）

などで構成されていた。このリストを見ると、主要なポストは、正祖の蕩平策によって近畿南人派の領袖蔡済恭、金鐘秀に引き続き領袖となった老論僻派沈煥之、そして尹蓍東らの老論時派の三派連合体（三朋党体制）で構成されていた（James Palai、一九七六年）。それだけに南人・時派グループと老論僻派という互いに本質的に相容れない政治的アクショングループが絶えず激烈に衝突しがちな廟堂において繰り広げられた議論を聴取しながら、正祖が各種政策を決定していたに違いない（陳徳奎、二〇一一年、二七七－三一〇頁など参照）。ちなみに領議政兪彦鎬（一七三〇－一七九六年）は一七八九年の趙徳隣事件に連座して済州島に流配された後、再び政局のトップに返り咲いたばかりであった。

それだけに、「近来議聘の事で往復書契」（史料3）とあるように、対馬藩通詞小田幾五郎と朝鮮国訓導朴俊漢は綿密な打合せをしたと推測される（例えば史料2、史料6など）。朝鮮側としては、易地聘礼（「議聘公幹」「両国公幹」など）を積極的に推進するために、その具体的な「省弊之事」を取り扱う対馬藩側の窓口は、倭館館守として外交交渉能力に優れ、老練な戸田頼母（旧館守）が「修聘使」として、担当してほしいと提案している（史料7）。それを踏まえて、一七九五（寛政七）年九月二十四日に朝鮮国訓導から対馬藩通詞小田幾五郎宛に三通の書簡が送られ、合意に達した「省弊之大概書」（基本的な枠組み）八箇条は漢文で成文化され、朝鮮側訳官二名の押印もある（史料6）。「この意を倭館館守様とあなた様にだけ言いますので、どうか他人には知られないようにしてください」と朝鮮国倭学訓導は秘密漏洩を極度に恐れる。

そうした交渉過程と朝鮮側の倭学訓導朴俊漢（士正）からの各種情報を踏まえて、

① 易地聘礼は対馬側の提案とすること。
② 内密に朝廷から易地聘礼応諾の暗示を得たこと。
③ 禮弊物人蔘は百斤から三十斤とすること。
④ 清国嘉慶帝即位にあたり朝鮮国勅使派遣に多額の費用を要するので、易地聘礼交渉の絶好の時期であること。

などが協議された。

それと同時に、繰り返し我々が注目するように、「朝廷の大臣方におかれて秘密に仰せ付けられたこと」であり、「議聘使が帰国した時に、（通信使来聘の）延期の意を以て回答はするのだけれども、君の任期中にもしかして信使の話があったら省弊の道を周旋してみろ」という部分である（史料5）。後年に、大きな政治問題化する倭学訓導の「欺瞞工作」（長正統）だと考えるべきなのか、それとも廟堂の下命を受けた外交交渉であったのかを考えるときの重要な資料の一つだからである。後者の立場から、一つの仮説を提示したのが、金徳鎮であった。彼によれば、朴俊漢らは「尹蓍東と尹長烈」と密接な関係を維持していたとする（金徳鎮、二〇一六年、主に一五三頁）。一七九五（寛政五）年十月に、東莱府使尹長烈名義の「省弊之大概書」八箇条を含む答書が届き、易地聘礼主義の受け入れの可能性が明白となった。ただし、我々の立場からすれば、金の推論が状況証拠に基づくにすぎず、決定的な根拠の上に提示されていないことは残念であるものの、その一方で必ずしも無視するのではなく、魅力的な仮説として積極的な検討を進めるべきだと考える。尹蓍東と尹長烈は老論僻派の主役であった。

一七九六（寛政八）年二月六日に、その短簡が江戸に到着した後、俄然として両国間の緊張状態が解消された。一七九七（寛政九）年九月九日、易地聘礼受諾を記した東莱府使鄭尚愚名義の書契と別陣とは交付され、同年十二月十三日の幕閣に提出された。この書契を踏まえて、一七九八（寛政十）年五月、幕閣は易地聘礼交渉の再開を対馬藩に命じたので、同年八月から釜山倭館にて両国の間で直接の交渉が重ねられ、ついに倭学訓導朴致倹から倭館館守戸田頼母に対して、同年十一月付け礼曹参議尹行元（在任正祖二十二年十一月十七日から正祖二十三年一月二十五日）、東莱府使金達淳（在任正祖二十二年五月二十七日から正祖二十三年四月三日）の書契や別陣が、一七九八（寛政十）年十二月十九日に渡された後、対馬を経て一八九九（寛政十一）年二月五日に幕閣に提出された。なお、尹行元も金達淳の二人ともに、老論僻派に属する顕官である。

ちなみに、易地聘礼の地として、対馬だけではなく、博多も候補地として朝鮮側が提案していたことは興味深い（「信使接待の地は対馬州または筑前州でかまわない事」）。筑前国で易地聘礼が実施されることは、対馬藩にとって、何としても阻止しなければならないのは言うまでもない。財政が危機的状況下にあった対馬藩だからこそ、日朝外交交渉権専有の継続はいうまでもなく、朝鮮通信使迎接を名目とする江戸幕府からの下賜金獲得、換言すれば破綻状態にあった藩財政のカンフル剤として、その窮余の一策であったからである。

易地聘礼をめぐる交渉における第二の節目は、一七九六（寛政八）年八月に、堂上訳官朴俊漢が弔慰（世子逝去）・致賀（立儲）・問慰（島主還島）を兼ねる渡海訳官として対馬に渡海したことは、その大きな転機を予期させる舞台となったことにまちがいない。その朴俊漢は対馬滞在中に家老大森繁右衛門らと易地聘礼をめぐって協議を重ねたからである（「朴僉知渡海、呈書於多田左膳、大森繁右衛門曰、今日相議之事、専在省弊易地、而省弊之道」『浄元院実録』巻上）。対馬藩は銅鉄二千斤、各種の贈答品を朴俊漢に与え、朝鮮国朝廷における局面打開を要望した（長正統、一九七八年、一〇七頁）という。

上記したように、帰国後、朴俊漢は朝鮮国廟堂との意見調節に努めた後、一七九七（寛政九）年春に講定訳官として東萊府に着任するやいなや、老練な館守であった戸田頼母との易地聘礼交渉に取り組んだ。結果的に同年九月に東萊府使鄭尚愚（在任期間一七九六年十二月─一七九八年五月）名義の書契が対馬藩に伝達され、

① 通信使一行は対馬で聘礼を挙行すること、
② 通信使の三員（正使・副使・従事官）の内で、副使・従事官のいずれかを一名にすること、
③ 通信使礼単参を減額すること

などの合意を記した文書であった。これを江戸に送付するや、一七九八（寛政十）年五月、幕府は対馬藩に対して正式に易地聘礼交渉に着手せよと下命した。その命を受けて、一七九八（寛政十）年八月に倭館館守戸田頼母は東萊府使に対する回答書契などを講定訳官朴俊漢に提示し、朝鮮側の回答を待つこととなった。

結果的に、倭館側と歩調を合わせて易地聘礼を順調に進めるために、朝鮮側倭学訓導派閥争いは熾烈であった。促進派である朴致倹・崔国楨・崔珦のラインを維持するために、崔珦は次の訓導に倭学訳官金徽重に任命されそうであるという漢城における人事情報（「京中　議論」）を耳にするやいなや、彼の任命を阻止（「도메〔トメ〕」）にする政治工作に着手するほどであった（史料20）。

だからこそ、一八〇〇（寛政十二）年に崔珦・崔国禎に対して倭館入給公木から二九一同三七尺の金銭が渡ったりする（「公木代錢二萬三千餘兩、通聘事用情周旋次、兩譯、同爲手標貸出、其中七千兩、國禎取用、一萬六千餘兩、崔珦取用」）など、易地聘礼に好意的な朴俊漢グループに巨額な金銭が渡ったという朝鮮側の主張を取り上げなくてはなるまい（『辺例集要』巻一四、乙丑嘉慶十年八月条など参照）。

しかしながら、我々にとって奇妙なのは、その当時、対馬

藩の財政は火の車状態にあって、一七九〇（寛政二）年には、江戸の借金高だけでも二〇万六、四〇〇両余りに達していた（森山恒雄、一九七三年、一〇五〇頁）。幕府からの下賜金一二、〇〇〇両（一七九〇（寛政二）年）があったとしても、二九一同三七尺もの巨額の金銭（公木）を朝鮮の訳官らに渡すことが可能であったか、である。なるほど、それほどの無理な金銭を渡してでも、朝鮮通信使来聘を実現しなくてはならなかったと当然に反論できるにちがいないだろう。

ここで論点を整理すれば、この礼曹参議尹行元と東莱府使金達淳の書契や別陳が偽造かどうか、である。確かに一七九七（寛政九）年十月頃には、対馬内の流言として「彼因而作書、事秘無伝」（『浄元院（宗義功）実録』）ともあり、主に大森派に対立する杉村派から強く信憑性が疑われていたに違いない。つまり、後年に重ねて問題視されたのが、対馬藩の重臣大森繁右衛門・平田隼人・多田左膳・志賀守膳らが、朝鮮側の倭学訓導朴俊漢・朴致倹らと結託し、ソウルの廟堂に無断で偽造書契を作成し、対馬藩に渡したという主張である。それに妥当性があるか、それとも荒唐無稽な悪意の噂なのか、である。

次の資料は一八〇一（享和元）年の「御内密書物控」（小田幾五郎）に記載されている内容だが、対馬藩への報告によると、倭学訓導朴俊漢らは積極的に朝鮮廟堂に働きかけていた。

「　三月三日
伯玉崔僉正下来入館仕、当話相済我々両人へ相咄申聞候者、近頃朝廷方心入も有之候ニ付、華彦与申談御用向筋々江委細申入候処、何方茂順便ニ有之致大慶居候、御左右ハ如何ニ哉と申聞候ニ付、我々ヨリ相答申候者、最早近々御便り可有御座候、都表御大臣之出入御座候由ニ相聞候処、御用機益順便ニ相聞御同慶ニ御座候、就夫先領議政御退職之由ニ相聞、御用向諸初発ヨリ御聞被成候御方故、如何哉与奉存候と申見候処、伯玉ヨリ申聞候者、先領議政退職ニ相成、此程領議政新ニ被申付候得共、七拾歳余之人ニ而も難相勤段及断居候、領議政ハ当分之事ニ而も改之手数有之、四・五月ニ至り候ハヽ、先領議政復職ニ相成候筈ニ御座候と申聞候、
右之通伯玉崔僉正相咄申候ニ付、奉□御内談、已上、」

とあり、老論僻派の領袖、院相の沈煥之（「領議政新ニ被申付候得共、七拾歳余之人」）であった前任者の領議政李秉模（一八〇〇（正祖二十四）年正月一日就任、老論時派）に対して、伯玉崔僉正らは熱心に朝鮮通信使来聘の必要性（「御用向諸初発ヨリ御聞被成候御方故」）を訴え続けていたらしい。しかしながら、老論僻派の政治的勢力が強くなるや、模様眺めもしているのか、それらのグループの中心人物への働きかけは未だできなかったらしい。ソウルの人事抗争（「都表御大臣之出入」）を把握しながら、倭学訓導伯玉崔僉正と小田幾

五郎らが熱心に権力構造の推移を見守っていたと推測できる。

それだけに、本書で紹介する

（1）史料5

「先般の議聘の一事は、ソウルの官衙の仔細に／ご存知のことなので、このたび私が訓導に当たって（ソウルから）下来の時に／朝廷の大臣方におかれて秘密に仰せ付けられたことには、／議聘使が帰国した時に、（通信使来聘の）延期の意を以て回答は／するのだけれども、君の任期中にもしかして信使の話があったら／省弊の道を周旋してみろ。」

にあるように、「朝廷の大臣方におかれて秘密に仰せ付けられたことには」とあり、

（2）史料11

「帰郷した後、くわしく／あまねく（朝廷に）申し上げましたところ、はなはだ重く、かつ大いなる／礼節のことを易地する／というのは一体全体いかなることか／とおっしゃられ、朝廷の議論が決着しない／のをようやくようやくよしなに告達／したのですが、除弊の一節が双方／相議した斤数から一二／斤たりとも増えれば本事（易地）にも／だめになるのみならず、私のことが／とんでもないところに帰すことになれば、罪／責になるやも知れません。そのほか／また困ったことがある／のは、信行請来大差の出来／後、易地しようという文跡があらねば／ならないはずだとおっしゃり、私の伝える／一言では信用できない／とおっしゃいます。その言い付けがまことに／ごもっともです。」

とあり、「くわしく／あまねく（朝廷に）申し上げましたところ、はなはだ重く、かつ大いなる／礼節のことを易地する／というのは一体全体いかなることか／とおっしゃられ」とあるように、ソウルの廟堂との深い関係を想定させる。次の事例も、同様である。

（3）史料40

丁巳（一七九七（寛政九）年）春に

「問慰官還渡後に信使請来大差使が出来するようにしたところ、士正（朴俊漢）公が別遣として（東萊へ）下ってきて言うことには、／『朝廷の申しつけが、信行を十年停退してくれれば丁卯（一八〇七（文化四）年）年には信行が対馬州まで入往するように省弊して／やろうというので、十年退定の周旋をやりとげよ』と言うので、江戸に多年、往復してようやくようやくその通りに周旋し、戊午（一七九八（寛政十）年）に士正（朴俊漢）公に書付してやったのだが、日本の君臣上下はさよう心得ておるので、最早対馬州に国書を奉／安する宮殿と使臣の居処たる館舎まで作ったのだから、ただいまにては講定はさようするほか仕方がない」と言って、座っていらっしゃれば／何の心配もございませんので、ご貴殿らのお考え

はいかがでしょうか。外向き（朝鮮側）の事情をご存知なく心配ばかりなさっているようなので、このように密かにお知らせいたしますので、ご明察ください。」

とあるように、「朝廷の申しつけが、信行を十年停退してくれれば丁卯（一八〇七（文化四）年）年には信行が対馬州まで入往するように省弊して／やろうというので、十年退定の周旋をやりとげよ」という文面から確実にいえることは、すべての指示が廟堂から出されていることである。既往の研究によって、ほぼ定説化している「対馬藩の贈賄によって発生した、倭学訳官朴俊漢偽造書契事件」を鵜呑みにすれば、上記の史料も再検討の俎上に登らないが、仮に再検証すべきだという立場から考察するならば、いかに定説を崩すかという機会ともなろう。なぜならば、上記した三史料はすべて、釜山において最前線の朝鮮側訳官が「ソウルとの頻繁な報告・連絡・相談」を仰いだ上で、ソウルの廟堂の確かな指示・命令を受けて、日本側と外交折衝を行ったことを暗示するからである。

我々の念頭には、『御内密書物控』一八〇〇（寛政十二）年八月五日条の、

「館守様へ

訓導入館仕申聞候者、新古府使ヨリ館司公へ罷出御懇ニ御挨拶申伸候様ニ与被申付、古府使（註：金観柱。在任：一七九九年五月から一八〇〇年七月十六日、老論僻派）ヨリ被申付候者、御用之儀者素り館中内外相拘候事、各別願御心添拙者ニも火急之代ニ至候得共、邊情之職事無別条模様ニ而致受印、忝次第ニ存候段、謝意深々申伸候様との事ニ候、新府使（引用者註：鄭致応。在任：一八〇〇年七月十六日－一八〇二年六月）ヨリ拙者到任之挨拶向、使を以表向申遣候得共、古府使ヨリ御用申継も有之、旁ニ付其方を以得御意候趣、早々御挨拶申述、次ニ者前々府使ニ不替諸向共ニ御心添被下候様、懇切ニ被申聞候、尚亦拙者ヨリ御用之儀委申入置候間、此等之趣御使へも宜被仰置可被下候、且先般華彦（註：崔僉知）上京砌持登細物等之儀、各別御扱被下大ニ致安心候事共罷出御礼をも申度、此間被致密話候事、公際も相満候付、領議政（引用者註：沈煥之、老論僻派）当月中北京ヨリ還りも可有之候間、近日見合華彦方へも申越候様可致、彼是相束御新申度儀も候得共、拙者請飛中ニ御座候間、其内罷出可申様被仰置可被下候と申聞候、」

がある。この記事で明白なのは、「此間被致密話候事、公際も相満候付、領議政（引用者註：沈煥之、老論僻派）当月中北京ヨリ還りも可有之候間、近日見合華彦方へも申越候様可致、」と明記するように、華彦崔国禎と領議政沈煥之との密接な関係をうかがい知ることである。そうであれば、朴俊漢―朴致倹―崔国禎―崔珦に連なる朝鮮通信使来聘積極派が沈煥之らの老論僻派ラインからの庇護の下にあり、彼らの政策運営と

連動していたことである。加えて崔国偵らとの関係に於いて

「御使へ訓導罷出今日別録　館守公へ府使より被差越候間、尚亦宜御心添可被下候、右ニ□□□ヨリ御心附之旨御示談被下、別而忝御座候、則右之通ニ為成致安心候との一礼申述節御返答有之、尤兼而御含有之、右之通掛合飛脚等尖ニ至り候事、

覚　　十月二日入来

一人員三百餘人

一騎船　二隻

一卜船　二隻

右珝總如斯而来頭講定時完定事、

庚申九月二十九日　東萊府使　韓致應」（『御内密書物控』寛政十月十二日条）

とあり、「右ニ□□□ヨリ御心附之旨御示談被下、別而忝御座候、」の空欄三文字が惜しまれる。

そして第三の節目は、**史料38・39・40**などで判明するように、それと無関係であった玄義洵（敬天）・玄烒（陽元）らが倭学訓導として朝鮮側の交渉相手となったことで、易地聘礼交渉の流れが、一気に停滞の道をたどったことである。一八〇五年に、その罪状認否は別としても、

「朴俊漢・朴致儉・崔珝・崔國禎・金亨禹等五譯、自乙卯至乙丑十一年之間、馬島通聘事、書給手標、禮曹・東萊・釜山書契、僞造書給情節、一一綻露自服、同僞造書契、書給本府居朴潤漢、僞造圖書、刻給商賈金漢謨、使喚通事金武彦等罪狀、亦爲査覈、並與前後文蹟、謄書別單馳啓」（『邊例集要』巻一四、三六〇頁）

の事件が勃発したという。また、一八〇七（文化四／純祖七）年四月二十日に、左議政李時秀によって、

「今若送人於馬島、以奸譯輩之從中作奸、馬島之見瞞於此輩、前後事實、詳言於彼、而本事萬萬無可施之路云云、則書僧聞此、必使江戸、知其實狀、馬島暴其本情」（純祖七年四月二十日条、『日省録』純祖七年四月二十日条、『承政院日記』嘉慶十二年四月二十日条）

となされた純祖王への啓言を、廟堂一致して支持し、純祖王も裁可することとなったために、倭館側に激震が走った。朝鮮側としても朴俊漢ら倭学訓導らを厳罰に処した以上、もはや対馬側の主張や要求などが江戸幕府の本意かどうかを疑う姿勢を取り始めたのは、無理ではない。対馬に常駐する以酊庵輪番僧に対して、朝鮮側は倭学訳官を直接に対馬に派遣して、倭館側の説明の「是僞非眞」を問うこととなったからである。

日朝間がこうしたギクシャクした関係に至った以上、**史料93**に見るとおり、倭館側も自らの主張を六ケ条にまとめて、易地聘礼交渉の促進と全面的な解決を朝鮮側に要求する「御掛合」を要求し、東萊府使への集団交渉時に朝鮮側通訳に渡す対馬側要求書の下書きを作ったことが分かる。

掛け合いだけに、対馬側の主張の骨子が整理されて提示されているのは、幸いである。

1　一七九六（丙辰／寛政八）年二月に、致賀兼問慰弔慰渡海訳官であった朴俊漢からの提案が「対馬での易地聘礼」であったものの、それは対馬側の提案ではないこと

2　寛政十年戊午書契（東莱府使鄭尚愚名義）ほか三通の書契のすべてが、朝鮮人の筆跡であり、朝鮮紙であり、禮曹参判や東莱府使・倭学訓導らの正式な印鑑である以上、それは朝鮮側の公式文書に他ならないこと。

3　朝鮮王は、一〇年以上にわたって、四～五名の「奸悪の者」を倭学訓導などに任命し、彼らに交渉に当たらせた責任転嫁を倭館側にしていること。

4　朝鮮側の易地弊礼拒否の禮曹参判回答書契を一七九六（寛政七）年正月に受理し、そして同年六月に江戸幕府から朝鮮側への「下対馬州令謄文」も幹事裁判河内徳左衛門を倭館に派遣して直接に渡し、易地聘礼交渉の中断を両国で確認し合ったのにもかかわらず、それを同年十月に東莱府使尹長烈短簡で、朝鮮側から易地聘礼交渉の再開を求めてきた事実があるので、いまさら白紙に戻して欲しいと言われても、それは不可能であること。

5　その朝鮮側からの再度の働きかけがあったからこそ、すでに日本全国で朝鮮通信使を歓迎する準備が完了しており、その取り消しとなると対馬藩は面目を失うこととなり、漢城に於いて直接に国王に直訴したいので、倭館から漢城までの途中のおける「防塞」（妨害工作など）をしないで頂きたいこと

　ちなみに「馬島必亡之説」こそが、倭館側の主張であっただけに必死であった（史料67・68など）。その険悪な雰囲気の中で、一触即発状態にあったのは一八〇八（文化五）年七月二十三日「申時」であった。通信使請来大差使古川図書は海路から日本人五二名、そして同大差使都船主加納郷左衛門は倭館在住の五八名の日本人を引き連れて、陸路で東萊に向かったからである。いわゆる「闌出」である。結果的には、途中の草梁鎮で多数の朝鮮人に取り囲まれて身動きできず、やむなく再び倭館に立ち返ることとなったものの、互いの対立と葛藤・抗争は頂点に達した。

　とはいえ、こうした倭館側の「日本側は朝鮮との交渉にさいして、力でもって押付ければ直接の交渉相手の訳官たちが身にふりかかる難儀をおそれ、たとえ筋の通らない要求でも実現するように中央政府へのとりなしに奔走した。したがって日本側では「強狼を以て勝を取るのを朝鮮を制御する上策とこころえていた」（長正統、一九六八年、一一九頁）のは、中世からの常套手段であった。

　大きな転回点は、前記したとおり一八〇八（文化五）年八

月二十五日に倭館に到着した通信幹事裁判に任命された用人重松此面（藤功喬）が外交交渉を担当したことである。十九世紀になってなお、戸田頼母らの旧態依然の交渉術が通用しなくなったのも当然である。倭館とも朝鮮通交とも無縁な役務を担当してきた重松此面が外交交渉を担当することによって、それまでの両国間での事態打開の鍵が明確となり、

①　易地聘礼交渉をめぐる対馬藩側の強硬路線に対する朝鮮側の不満

②　倭館と東萊府との間の一触即発の雰囲気に対する朝鮮側の警戒

③　易地聘礼の方針決定者が幕府であるか対馬藩か、に対する朝鮮側の不安

の三点が交渉のデッドロックを乗り越えるために不可欠な課題であると互いが了解した。むろん妥結に至るまでに双方の駆け引きが活発に行われたのは言うまでもない。朝鮮側による、江戸城内か対馬府中のいずれかに出て、易地聘礼は誰の意思なのかを「白黒つけよう」という交渉ごとなどは、その一例である。対馬府中で直接に目付遠山左衛門（景晋）を通して幕府の意思を朝鮮側渡海訳官に確認させると重松此面が確約したことで、朝鮮側の「易地聘礼受け入れ」環境が整った。そもそも「除弊」（経費削減策）に基本的に同意していた朝鮮側にとって、これ以上、妥結を遅らせる理由はなかった。両国で大筋合意の道筋が見えたと言って良い。

ただし、朝鮮側もしたたかであり、単に「除弊」のみで易地聘礼を受諾したり、対馬側の外交交渉術に従ったわけではなく、その逆に江戸時代初期からの数々の取り決めや慣習を一新して、結果的に日朝両国間の通交関係に改革（負担削減）を求める外交戦略に成功した。いわば、朝鮮側にとって粘り腰外交による「一挙両得」でもあった。卑見によれば、単発的な政治的パレードの経費削減よりも毎年の朝鮮王朝の経費削減に寄与する方にメリットが大きいわけであり、それに軸足を置いて交渉が続けられたとさえ想定している。

『館守日記』（国立国会図書館所蔵本）、一八一一（文化八）年八月十一日には、

「一中絶五船永罷
一送還差使只以書契歳遺船使順附、而太守承裂後初次還島則只送一番差品川
一公記一匹以公作米十斗磨錬
一監董年限、以四十年為限
一監董物力、以分数磨錬
一左右沿漂船給料、以て口木施行
一和館西方築垣設門

とあるが、『朝鮮王朝実録』純祖九年十一月十五日条には、

「對馬島釐弊約條。……中略……右七條、今般爲信使面譚、譯官出来、請承太守分付、委実懇扣、而若是約條、其来也尚矣。雖有一時難。改之情、所以特副来請者、實出於

誠信難負之誼也。而監董物力、豫難約定、後日看詳分数約束焉。三譯官還國之日、宜以斯意、達之朝廷而已。

一、各送使進上及公貿易丹木、例以百觔爲一稱、而一稱結束、藁索之爲五觔者、有違稱量之法、所見又是瞠駭、此後則解去藁索

一、各送使單蔘稱量時、謂以品劣、專事點退、雖云蔘品之稍劣、是豈禮單本意乎。其自今日、無得如前點退、俾完誠信。

一、柴炭支待、既有元定之数、其無敢数外勒捧、各其家食者輩、無得闌出炭幕惹鬧。

一、和館既有物貨、不可無買賣。潜貨與路浮税之闖此售奸、果非誠信這道理、須悉此意、依約嚴禁。

一、和館守門外、毎日朝市時、不遵法意、亂雜買賣、横奪魚菜者、一切洞禁。

一、和館人之無甚事故、任意出入者、一依約條、申加嚴飭。

一、和人之在館者、不識交隣之意、近多作拏之弊、自今後惟意致敬、無失和気。

一、和館之陳皮、青皮、黄連、是日用之物、更不可如是都買。

己巳九月日奉行。」

とも約定した。

この約束は、長野暹らが指摘しているように、

「御買米価増中絶船之一事ハ一信使後右よりと申御許諾之事故、来年（一八一二年）より御約定之通可被計段可被申談候、当年（引用者註：一八一一年）之儀者最早年半ニ相成候事故、何分来年より之取計ニ至候様旋力可被致候」（長野暹・鄭成一、一九九〇年より引用）

とあり、厳密に履行されたものの、対馬藩にとっては、「中絶五船の廃止によって、六十文銭十二貫八百四十七匁四分六厘七毛あたりの品物を朝鮮へ渡さない代わりに、朝鮮からも六十文銭八十四貫匁相当の公木を受け取ることができなくなっていたわけであるので、結局六十文銭七十一貫百五十二匁五分三厘三毛の損銀」は発生し、さらには、「換米率の引き上げによる公作米の減少分が六十文銭百六十公作米の減少分が六十文銭一六一貫七百七十七匁七分七厘七毛」であった（長野暹・鄭成一、一九九〇年、九九—一五二頁）と分析するように、対馬藩にとって甚大な財政収入の激減であった。もっともその損失は江戸幕府からの補塡（約二万石）を対馬藩が期待できたからこそ、泣く泣く承諾したにちがいない。

五　文化度朝鮮通信使をめぐる朝鮮廟堂内の動き

本書所収の一連の書簡の背景には、一八〇〇（正祖二十四）年六月に正祖が逝去し、純祖が即位するも、幼すぎたために、貞純王后（英祖継妃）の垂簾聴政が始まったこと、それと共

に一八〇〇（正祖二十四）年九月二十三日に領議政となり院相として政権を掌握したのが老論僻派の中心人物沈煥之であったことも、今後は念頭に置いても良いかも知れない。沈煥之が手がけたのは、老論僻派の優遇人事と、それに反対する勢力であった南人と老論時派の排撃であった。一八〇二（純祖二）年十月十八日に領議政沈煥之が死去したために、次には金観柱や金龍柱らの慶州金氏を中軸とする老論僻派が政権の主導権を掌握した。

それゆえに一八〇五（純祖五）年二月十一日に貞純王后が死去すると同時に、垂簾聴政が幕を下ろした。たしかに、純祖の特旨（一八〇五（純祖五）年十二月七日条）によって、「徐邁修が領議政に、韓用亀が左議政に、金達淳が右議政」に任命されたりした。しかしながらこの廟堂そのものが「同床異夢」であったので、当然ながら老論僻派に属する安東金氏の金達淳はすかさず老論時派を弾圧しようと行動に移る。金達淳の政治的野心は、同じ安東金氏で国舅であった金祖淳中心の老論時派を排除するためであった。そのために純祖と金祖淳らの反発を買い、一八〇六（純祖六）年四月七日に、「陰謀秘計」の罪状で、金達淳は賜死、金観柱は竄配、しかも沈煥之は追奪を受け、完全に老論僻派は零落し、その天下も終焉を迎えた（政権掌握の「名分」の褪色）。それゆえに、一八〇六年に至ると、純祖の王妃（純元王后）の父である金祖淳（一七六五年－一八三二年）が政権を掌握し、安東金氏の一族に権力が集中する政治形態である、俗に言う「勢道政治」が開始した。

そのころには、純祖も十七歳になっており、君主として政治に参与したいと願い、都目政事に親臨して都定を行った（一八〇六年（純祖六）十二月二十日）ことも忘れてはならないが、一八〇三（純祖三／享和三）年閏二月から一八〇五（文化二）年五月に至る期間に、朝鮮通信使講定作業は終了し、

一、朝鮮国王から公礼単および私礼単の減額
一、徳川将軍から回礼単の減額
一、馬上才の廃止　など

の実現を待つだけであった。この期間は、朝鮮の廟堂は老論僻派が主導していた。

しかし一八〇五（文化二）年春ごろから、突如として、風向きは対馬藩に不利となる。すなわち、廟堂は老論僻派から政治的に対立する安東金氏の勢道政治（老論時派を含む）へと移行した時期に相当する。当然ながら、第一二回朝鮮通信使正使金履喬（一五六一年―一六三七年）は安東金氏の一族であった。我々の仮説は想像豊かな域を脱し得ないものの、廟堂内における老論僻派と老論時派・近畿南人・安東金氏らの対立抗争が第一二回朝鮮通信使易地聘礼をめぐる政策決定にも強く影響したために、その下で倭学訳官たちは息を潜めて派閥対立の攻防戦を見守ったに違いない。

ところで第一二回朝鮮通信使聘礼では、間違いなくいえる

ことは、朝鮮国側にのみ多大な利益（省弊および対馬への支援金削減、旅程の短縮など）があったことであり、その逆に対馬藩には多大な損失があった。もっとも大きな損失は対馬藩内の杉村派・大森派による内部抗争と人間関係の感情のもつれが深刻化し、その後の藩政に大きな禍根を残したことであった。

なお、一七九三（寛政五）年七月の松平定信の老中解任後にも、江戸幕府が首尾一貫して「易地聘礼」を国是とし続け、一八一一年の第一二回朝鮮通信使来聘実現に至った理由にも、付言しておいても良いだろう。定信の後任が、松平信明（在任：一七八八年－一八〇三年、一八〇六年－一八一七年）、本多忠籌（在任：一七九〇年－一八〇三年）、戸田氏教（在任：一七九〇年－一八〇六年）らの「寛政の遺老」であり、かれらが幕閣において、寛政の改革路線を継承したために、「易地聘礼」は不動の政策であった。いずれも定信をリーダーとする反田沼意次グループに属する譜代大名であった。

参考文献

荒野泰典『近世日本と東アジア』東京大学出版会、一九八八年
井上光貞ほか『日本歴史大系』第三巻、一九八八年
大島明秀『「鎖国」という言説―ケンペル著・志筑忠雄訳『鎖国論』の受容史―』ミネルヴァ書房、二〇〇九年、五二四頁
長正統「日鮮関係における記録の時代」（『東洋学報』五〇―四、一九六八年、東洋文庫、七〇－一二四頁）
長正統「倭学訳官書簡よりみた易地行聘交渉」『史淵』一一五輯、一九七八年、九五－一三一頁
田保橋潔「朝鮮国通信使易地行聘考」『近代日鮮関係の研究』下、朝鮮総督府中枢院、一九四〇年、六三九－八九四頁
田代和生『通訳酬酢』ゆまに書房、二〇一七年
長野暹・鄭成一「一九世紀初期朝日貿易における開市と貿易船の動向―『館守日記』を中心に―」『佐賀大学経済論集』一九九〇年、九九－一五二頁
松原孝俊（編）『グローバル時代の朝鮮通信使研究―海峡あれど国境なし』花書院、二〇一〇年
三宅英利『近世日朝関係史の研究』文献出版、一九八六年
森山恒雄「対馬藩」『長崎県史』藩政編、長崎県、一九七三年、八〇六－一一八五頁
ロナルド・トビ『「鎖国」という外交』、全集『日本の歴史』第九巻、小学館、二〇〇八年

＊

林復斎『通航一覧』巻一―巻四、国書刊行会、一九一二（明治四十五）年－一九一三（大正二）年
松平定信『宇下人言・修行録』、岩波書店、一九四二年

＊

金徳鎮「朝鮮訳官の「書契偽造事件と一八一一年通信使」『韓国民族文化』第六〇号、二〇一六年、一四五－一八〇頁
陳徳奎「朝鮮王朝後期支配勢力の世襲的流動性に対する研究」『学術院論文集』第五〇集一号、二〇一一年、二七七－三一〇頁など参照

＊

James Palai, Political Leadership in the Yi Dynasty, University of Washington Press, Seattle and London, 1976

対馬宗家文庫所蔵ハングル書簡の性格と特徴（1）

金周弼・岸田文隆

はじめに

本章においては、「対馬宗家文庫で新たに発見されたハングル書簡類」（以下「本資料」と略称）の社会的性格を明らかにし、「本資料」に現れる言語使用状態の検討を通じて、資料の性格による言語使用の様相と特徴を考察することとする。

「本資料」は、主に一七九五年から一八〇八年の間に朝鮮と日本の訳官・通詞らがハングルで作成した書簡、覚書、口上書や口陳書の草案、都合一一二通である（岸田文隆二〇一一年、二〇一二年）。「本資料」は、すべて対話体の口語的な特性をもつ書簡様式の文であるが、発信者と受信者の特性、文の形式や内容、言語・文字の使用様相など、さまざまな側面において一般のハングル書簡とは違いがある。発信者と受信者は朝鮮と日本の男性訳官・通詞であり、複数名のものもある。発信者は、「姓」に職位を付けて社会的身分を表示し、複数名の場合、職位順に記載してある。内容は、朝鮮通信使の易地通信に関するもので訳官の業務に関するものが大部分である。また、「本資料」は、国漢混用体の文章から成っており、ハングルのみで書かれた一般のハングル書簡とは大きな違いがある。このような特徴は、「本資料」が訳官・通詞らが外交関連の業務を遂行するときに作成した実務的な文書であることを推定せしめるものである。

「本資料」が訳官・通詞らの実務的な文書であるとするならば、朝日訳官・通詞らが使用した韓国語格式体の特徴を示すものと期待される。訳官・通詞というものは、最高位職の外交官ではなかったとはいえ、自国を代表する公職者として両国の訳官・通詞の間では一定の格式を備えた言語で疏通した可能性が高いからである。実際に、「本資料」には、相手を待遇する非言語的な待遇装置を多く活用しているのみならず、恭遜法の先語末語尾〈-이-〉や謙譲法先語末語尾〈-ᅀᆞ、-ᄫᆞ-〉の継承形を相当規則的に使用している。もちろん、「本

資料」が文語の限界を脱することは困難であろうが、聴者を念頭に置いた対話体の口語的な特性を示す書簡形式の文であるという点で（金周弼二〇一一年）、訳官・通詞らが使用した韓国語の特徴を示すものと期待されるのである。

　よって、本章では、これらハングル書簡の形式と内容を通じて、その社会的性格を検討し、「本資料」に使用された近代韓国語の使用様相と特徴を論議することとする。このために、まず、「本資料」の社会的性格を検討し、これを土台として、韓国語の使用様相と特徴を検討することでもって、「本資料」の社会的性格と言語使用の相互関係について論議を試みることとする。

一　宗家文庫所蔵ハングル書簡の性格

1　概観

「本資料」は、朝鮮通信使易地行聘に関するものが九九通（史料1〜史料99）であり、それと関連するもの、あるいはその他のもの一三通（参考1〜参考13）である。資料の種類から見れば、書簡形式が八九通、覚書・書付形式が一四通、その他口上書や口陳書の形式が九通である。朝鮮の訳官が作成したものが九四通であり、日本の通詞が作成したものが一四通、その他漂流民等が作成したものが三通、不明一通である。時期としては、一七六〇年から一八三二年にわたっているが、大部分の資料が十八・十九世紀の交替期、もう少し正確に言えば、一七九六年から一八〇六年の間に集中している。

　朝鮮の訳官が作成した九四通を発信者別に見れば、朴俊漢が一七九五年〜一七九八年の間に書簡一〇通、覚書六通、朴致倹は一七九八年〜一八〇三年の間に書簡四通、崔国禎は一七九八年〜一八〇五年の間に書簡六通、崔珦は一八〇〇年〜一八〇五年の間に書簡七通、玄烒は一八〇二年〜一八〇六年の間に書簡一五通、玄義洵は一八〇四年〜一八〇八年の間に書簡四〇通、崔寿仁・李命和が一七六〇年に覚書二通（参考1、参考2）、崔鳳齢が一七六二年に書簡一通（参考3）、崔昔は一八〇七年に書簡二通を作成した。[2] 日本の通詞のものは、作成者が記載されていないけれども、その内容から見て、作成者は小田幾五郎と推定される。

　朝鮮の訳官が作成した書簡と覚書・書付の受信者は、朝鮮語大通詞の小田幾五郎（一七五四年〜一八三二年、以下「小田」と略称）、あるいは、小田を含む二・三名の朝鮮語通詞であった。日本の通詞が作成した覚書、口上書、口陳書等の相手方は記載されていないが、内容から推測すれば、朝鮮の倭学訳官や場合によっては東莱府使等の上級機関（またはその機関の長）であったと推定される。

　訳官の個人別に見れば、玄義洵が作成したものが四〇通で最も多く、朴俊漢と玄烒がそれぞれ一六通、一五通でその次であった。玄義洵は、一八〇五年以降通信使対馬易地行聘の交渉を担当した講定官で、当時訓導であった玄烒と共に小田幾五郎に送った書簡が多い。朴俊漢も、一七九六年八月二十九日から十一月九日まで弔慰（世子逝去）・致賀（立儲）・問慰（島主還島）を兼ねる渡海訳官として対馬へ行く前に作成した覚書が少なくない。そのほか、崔珦が七通、崔国禎が六通、朴致倹が四通であり、残りは一・二通程度である。朴致倹、崔珦、崔国禎等は、易地行聘が主要懸案として台頭していた一八〇〇年前後に訓導や別差として在任していた。この時期の日本の朝鮮語通詞は小田であったが、牛田善兵衛や吉松右助が小田を補佐していた。「本資料」には、日本人の朝鮮語通詞が作成した覚書形式の伸言、口陳の類一四通が含まれている。

　発信者中、出生が最も早い人物は、一七〇九年生の崔寿仁である。その次に、崔鳳齢が一七二二年生、李命和が一七二八年生、朴俊漢が一七三〇年生、朴致倹が一七五二年生、崔国禎が一七五五年生、崔珦が一七六〇年生、玄烒が一七六二年生、玄義洵が一七六五年生、崔昔が一七六八年生である。一七五四年に出生した小田と比較すれば、崔寿仁は四十五歳、崔鳳齢は三十二歳、李命和は二十六歳、朴俊漢は二十四歳、朴致倹は二歳上であり、崔国禎は一歳、崔珦は六歳、玄烒は八歳、玄義洵は十一歳下であった。

　朝鮮の訳官らは、科挙試験の内の雑科の増広試や式年試を通じて訳官生活を開始した。崔寿仁は一七三五年式年試、崔鳳齢は一七五四年増広試、李命和は一七五四年増広試、朴俊漢は一七六二年式年試に合格した。したがって、朴俊漢は、一七七六年に五人通詞となり専門の通詞身分である「通詞中」の仲間入りを果たした小田よりも十年ほど経歴が長かった。朴致倹は一七七七年増広試、崔国禎は一七七七年式年試に合格したので、小田と似通った経歴であった。この二人は経歴や年齢が受信者の小田と同等であった。しかし、玄烒（一七八六年、式年試）は一〇年、崔珦（一七九五年、式年試）は二〇年、玄義洵（一八〇一年、式年試）は二五年、崔昔（一八〇四年、式年試）は二八年程度、小田よりも経歴が短かった。

　小田は、一七五四年、朝鮮語通詞を多く輩出した対馬の特権商人「六十人」の家門に生まれた。十二・三歳のときには草梁倭館で朝鮮詞稽古に励み、一七七四年（二十歳）には対馬藩から発給される朝鮮語稽古札（御免札）を受けた。一七七六年（二十二歳）に五人通詞の一員として通詞職を開始し、一七七九年（二十五歳）に稽古通詞、一七八九年（三十五歳）に本通詞、一七九五年（四十一歳）に通詞の最高位職の大通詞になった。彼が作成した『通訳酬酢』（十二巻三冊）には、一七七六年に朝鮮の倭館に渡り五十年余りの間通詞として活動しつつ、李命和、朴俊漢、玄義洵等と「如唇歯交る事久し」と述懐している（田川孝三 一九四〇年）。李命和は小田が朝鮮語通詞として業務を開始した時期の倭学訳官であり、朴俊漢と玄義洵は対馬易地行聘の交渉の時期の倭学訳官であった。

２　形式と内容

（一）ハングル書簡

ハングル書簡の形式と内容を検討するために、まず「本資料」の書簡の一例を見てみることとする。

（１）ハングル書簡（［史料50］）

①小田幾五郎／牛田善兵衛　兩公 前 回上

②兩度　〖隔〗惠札 밧ᄌᆞ와　〖移〗／僉公 平安ᄒᆞ오심 아ᄋᆞᆸ고 欣慰不已오며　〖右〗僕은 無／事ᄒᆞ오나 訓導公 쾌히 낫지 못ᄒᆞ오니 민망ᄒᆞ／외다 ③京奇가 잇ᄉᆞ오면 一刻인들 엇지 遅滞ᄒᆞ／올잇가 ᄒᆞ 답〃ᄒᆞᄋᆞᆸ기로 再昨日 步行을 또 ／보내엿ᄂᆞ이다 긔별ᄒᆞ신 柴炭價ᄂᆞᆫ 朴別將과 ／李別將이 統營 가와 再明의 入來ᄒᆞᄋᆞᆸ기의 十／七日 炭價 錢을 下送ᄒᆞᆯ 양으로 定ᄒᆞᄋᆞᆸ고 米／事ᄂᆞᆫ 訓導公과 議論ᄒᆞ여 되도록 ᄒᆞ려 ᄒᆞᄋᆞᆸ／기의 公作米와 舘司料米를 아직 運所의 奇／別ᄒᆞ여 머물으게 ᄒᆞ고 周旋ᄒᆞ오니 깁히 念慮 ／마오시고 玉色紙와 扇子別香等物도 朴李 兩／人이 入來ᄒᆞ여야 어들 거시오니 十七日에　〖右〗僕이 下往／ᄒᆞ올 거시오니 기ᄃᆞ리게 ᄒᆞ오쇼셔 京奇가 今明／이라 잇거든 卽時 긔별ᄒᆞ올 거시오니 過히 걱／정 말고　〖隔〗平安이 지내게 ᄒᆞ오쇼셔　〖右〗僕은 晝夜　〖移〗／兩公을 잇지 못ᄒᆞᄋᆞᆸᄂᆞ이다 訓導公도 十七日은 ／負病ᄒᆞ고 ᄂᆞ려갈 양으로 ᄒᆞᄋᆞᆸᄂᆞ이다 朴李 兩人／도 錢事로 統營 갓ᄉᆞᆸᄂᆞ이다 ④暫上

⑤丙寅 三月 十四日 ⑥　〖右〗敬天 玄同知 ／陽元 玄判官

【和訳】

①小田幾五郎・牛田善兵衛ご両名様の御前へ拝復

②両度のお手紙拝受仕り、皆様ご平安の段存じ上げ、欣慰已みません。私は無事ですが、訓導様（玄烒（陽元））はすっきりと治らないので心苦しく存じます。③ソウルからの便りがあれば一刻とてどうして遅滞することがありましょうか。あまりにももどかしいのでおとつい飛脚をまた送りました。ご連絡くださった柴炭価は朴別将と李別将が統営に行って明後日に入来しますので、十七日に炭価銭を下送するように定め、米の事は訓導公（玄烒（陽元））と相談して成るようにしようと思いますので公作米と館守の料米をとりあえず運米所に連絡して留まるようにして周旋しますので、深く心配なさらないでください。玉色紙と扇子・別香等の物も朴李両人が入来しなければ入手できませんので、十七日に私が（倭館へ）下って行くつもりですので、待つようにしてください。ソウルからの便りが今日明日にでもあれば、即時ご連絡しますので、あまりご心配なさらず、ご平安にお過ごしください。私は昼

夜両公を忘れることができません。訓導様（玄烒（陽元））も十七日は病をおして（倭館へ）下って行くように申しております。朴李両人も銭の事で統営へ行きました。④まずは
⑤丙寅三月十四日　⑥敬天玄同知／陽元玄判官

（1）は、一八〇六（丙寅）年三月十四日に朝鮮の倭学訳官である⑥の敬天玄同知、陽元玄判官が日本の朝鮮語通詞である①の小田幾五郎と牛田善兵衛に送った返書で、発信者が受信者を念頭に置いて書いた対話体の書簡である。①〜⑥は書簡の構成要素で、①は「受信者」、②は「あいさつ」、③は「本文」、④は「結末」、⑤は「作成日」、⑥は「発信者」である。①〜⑥の展開は、一般的な書簡と大同小異である。しかし、その具体的な内容は、一般的な書簡とは違いがある。

①の「受信者」には、「小田幾五郎／牛田善兵衛　兩公前回上」とある。受信者は、「小田幾五郎、牛田善兵衛」の二人、すなわち複数である。「本資料」には、受信者が三人のものもある。この書簡当時、「小田幾五郎」は、対馬藩の朝鮮語通詞の最高位職である大通詞であった。一方、「牛田善兵衛」は、まだ本通詞であった。したがって、「小田幾五郎、牛田善兵衛」の順序は、職位順であると言える。「両公」は、二人の受信者を指すもので、「公」という語で待遇した。「回上」は、「回（返事を送る）」という語を「上（差し上げる）」という語で待遇したものである。

⑥の「発信者」は、「敬天玄同知、陽元玄判官」の二人である。敬天玄同知の「敬天」は「玄義洵」の「字」であり、「玄同知」の「玄」は玄義洵の「姓」であり、「同知」は玄義洵の官職で従二品であった。この書簡を作成した一八〇六年当時、玄義洵は講定官であった。「陽元玄判官」の「陽元」は、東莱府所属の訓導で、官職は従五品職の「判官」であった。したがって、「敬天玄同知、陽元玄判官」は、発信者の「字」（「敬天」、「陽元」）、「姓＋職位」（「玄同知」、「玄判官」）を書いたもので、社会的身分を表示している。発信人二人は、「同知」・「判官」の順に記載したので、これは、官職の品階の順にしたがったものと言える。

この書簡には捺印がないが、「本資料」には、発信者の署名の後に捺印がなされたものもある（［史料8］など）。印は、ふつう公文書や外交文書に責任と信頼を表示するために使用される。朝鮮時代、一般の書簡では発信者欄に署名を提示したが、必要な場合に手決（花押）を書くことはあったが、印を押したものは見出しがたい。印は、古今において公的な業務を遂行した人の責任や信頼を保証する社会的約束ないし徴標である。[3]このような諸般の特徴は、「本資料」が日朝間の外交業務を遂行するときに作成した実務的な文書の性格を有していることを示すものと推定される。

このような推定は、「本資料」に頻繁に使用された非言語的待遇装置によっても裏付けられる。例えば、（1）の「〖隔〗

惠札 밧ᄌᆞ와『移』／僉公 平安 ᄒᆞ오심 아ᄋᆞᆸ고」において、「惠札」の前に「『隔』」と表示された位置で隔間法（闕字）を使用し、「僉公」の前の「『移』」と表示された部分では移行法（平出）を適用した。このような非言語的待遇は、受信者のほかに「朝廷、講定使、江戸、修聘使、館司尊公、国、対馬州」等にも施されるが、これらは公文書や外交文書において待遇を表示する人物、機関、団体等である。このような点から、「本資料」のハングル書簡は、形式的側面において、文書の性格を相当に示していると言える。

（1）に見られるごとく、書簡の内容は、訳官らの業務やその関連事項に関するものであるが、場合によっては、私的な内容が付加された。（1）の本文の内容は、次のように整理することができる。

（2）（1）の内容

① ソウルからの便りがないので、一昨日飛脚を送った。
② 十七日に炭価銭を送るつもりである。
③ 運所に連絡して公作米と館守の料米の問題を周旋するつもりである。
④ 玉色紙と扇子・別香等の物の問題で、十七日に（倭館へ）下って行くつもりである。
⑤ ソウルからの便りがあれば、ただちに連絡するつもりである。
⑥ 訓導様も十七日に（倭館へ）下って行く予定である（朴別将と李別将は銭の事で統営に行っている）。

（2）のように、（1）の内容は、「①ソウルからの便りの問題、②炭価銭を送る問題、③公作米と館守の料米の問題、④玉色紙と扇子・別香等の物の問題、⑤ソウルからの便りの問題、⑥僕（私）、訓導、朴別将と李別将の日程」等、訳官の業務に関するものである。①は遂行した業務を伝達しようとしたものであり、②~⑥はこれから遂行することを伝達したものである。発信者は講定官と訓導の二人であるが、発信者が複数であるのは、（2）の内容がこの者らが遂行しなければならない業務ないしそれと関連したことであり、二人がその担当者であるためとみなされる。（1）の発信者が講定官と訓導の二人となっているが、内容を見ると、（1）の作成者は講定官の玄義洵と見られる。⑥に「訓導公도 十七日은 負病ᄒᆞ고 ᄂᆞ려갈 양으로 ᄒᆞᄋᆞᆸᄂᆞ이다（訓導様も十七日は病をおして（倭館へ）下って行くように申しております）」とあるので、一人称の話者の「僕（私）」は講定官の玄義洵であることが明らかであるためである。[4]

このような特性を総合すれば、（1）は講定官が業務を遂行するときに作成した訳官の実務的な文書の性格を持っており、（1）の発信者らは当該業務の責任者および担当者であると言うことができる。事実、「本資料」、その中でも「史料

1」～［史料99］は、すべて朝鮮通信使の易地通信に関する内容で、訳官らが業務を遂行するときに相手国の通詞に業務の一種として伝達すべき内容を書簡形式で作成して伝達したものだと言うことができる。

もちろん、「本資料」の中にも私的な内容が含まれた書簡もある。倭館で起こった事件によって困難に瀕している家兄の問題を頼む崔鳳齢の［参考3］、易地行聘を順調に推し進めるため自分が訓導を担当することができるように裏面工作を依頼する崔珦の［史料20］、突然の訓導交代でソウルに呼び出されるに際し許しを乞う玄烒の［史料78］等は、公的な性格を持つ書簡とは言いがたい。だからといってこれらの書簡が純全たる私的書簡とも言えないのであるが、それは、書簡の内容が公的な業務と密接に関連しているからである。もちろん、「本資料」には、私的な傾向を帯びる書簡がなくはないが、全般的に訳官らの公的な業務と関連している内容の書簡が多い。

（二）ハングル覚書

「本資料」の中には、「覚」と表記されたものもある。「覚」は、「覚書」の意であるが、「本資料」の中から一例を選んで、その形式と内容を見てみることとする。

（3）覚書［史料1］

覺
③一 省弊之一款은 彼此 國意로 못ᄒᆞᆯ 일이오매／此
時의 當ᄒᆞ여ᄂᆞᆫ 『隔』 對馬州의셔 『隔』 兩國省弊／之
道를 盡力周旋 ᄒᆞ옵시게 ᄇᆞ라오니 이 事緣을／館
司公게 懇切히 ᄒᆞ시고 『隔』 對馬州의 奇別／를
〈ᄒᆞ옵셔〉 브ᄃᆡ 省弊之計를 極力圖謀ᄒᆞ옵시면
『隔』／兩國間의 生光이 되오니 이런 줄을 細〃히
奇／別ᄒᆞ옵시믈 千萬伏望
［…中略…］
一 東萊 『隔』 使道씌 此意를 蜜*1稟ᄒᆞ옵더니 『隔』
朝廷／ 意向도 그러ᄒᆞ매 僕ᄃᆞ려 『隔』 兩國省弊를
便宜로／ ᄒᆞ라 ᄒᆞ신 일도 잇ᄉᆞᆸ고 또ᄂᆞᆫ 요ᄉᆞ이
『隔』 議聘事로／ 江戸일도 順便이 되여시니 『隔』 兩
國和好之意ᄂᆞᆫ／ 가지록 盛ᄒᆞ매 此時의 周旋을 極盡
히 ᄒᆞ라／ ᄒᆞ시매 『隔』 館司尊公게 細〃告達ᄒᆞ시고
④歸順／便之地千萬幸甚
⑤九月 日 ⑥訓導 『右』 士正 朴正 ／ 『右』 景和
朴主簿
①小田幾五郎 ／吉松右助 兩公

【和訳】

覚

③一　省弊の一件は、双方とも国の意で（勝手に）できないことなのでこの時に当たっては、対馬から両国省弊の道を尽力周旋なさるよう、願い奉り、このわけを倭館館守様に懇ろにおっしゃって、対馬に手紙をお送りになって、なにとぞ省弊の計を極力おはかりくだされば、両国間の見目になりますので、このようなことを仔細におたよりなさることをなにとぞ伏してお願い申し上げます。

［…中略…］

一　東萊府使にこの意を密かに申し上げたところ、朝廷の意向もそのようであるので、私に両国省弊の便宜をはかれとおっしゃったこともあり、また、近頃議聘の事で江戸のことも順調になったので、両国和好の意は幾久しく盛んにして、この時の周旋を肝煎れと仰せになるので、（倭館）館守様に仔細に告達なさり、④順調に成立に帰すれば、まことに幸甚に存じます。

⑤九月　日　⑥訓導　士正朴正・景和朴主簿

①小田幾五郎・吉松右助　ご両名様

（３）の形式は、（１）の書簡の形式と大同小異である。（１）と同じく、国漢混用体のハングル文章で作成されており、移行法（平出）、隔間法（闕字）など相手を待遇する非言語的装置も使用している。（１）のハングル書簡の形式①～⑥をこの覚書に適用すると、①の「受信者」を⑥の「発信者」の後の位置へ移し、受信者を発信者よりも高い位置に配置している。書簡②の「あいさつ」はすべて省略されている。③の「本文」は伝達しようとする内容を話題ごとに分けて「一」の後に箇条書きで作成している。④の「結末」は短く本文の末尾に書かれている。⑤の「作成日」も書簡と同様に提示されている。⑥の「発信者」も書簡と同様であるが「字」の前に「訓導」と職責を書き足してある。①の「受信者」は発信者の後の位置へ移され、発信者の左側に書くが、発信者よりも高い位置に書くことでもって受信者を待遇している。覚書も書簡に同じく発信者と受信者が二・三人のものもある。

覚書の本文は、朝鮮通信使に関連する事項の説明、計画、予想、要求、付託等で、訳官らが遂行すべき業務に関するものである。類似した内容の草案が数通伝わっているものもあるが、これが内容の重要性を考慮して修正を行ったものなのか、状況の変化にしたがって内容を改正したものなのか、明らかではない。

覚書の細部の内容は、大体、秘密を維持すべきものが多い。外交の第一線で業務を遂行する訳官の特性上、国家の重大事を秘密裏に周旋することが多いためではないかと思われる。（３）は、朝鮮の朝廷や東萊府使の意思を伝達する内容で、朴俊漢が訓導として在任中に小田に伝えたものである。朝鮮側では、この覚書を通じて対馬易地行聘についての朝鮮の朝廷や東莱府使の指示内容を秘密裏に伝達して、これを根拠として日本との協商を推進しようとしたものと見られる。このような点から、覚書は業務の遂行に必要な内容を記録した実務文書と言うことができる。李薫（二〇一一：一八一頁）では、漢文で作成された覚書を「東莱府所属の訳官らが自身の名義で作成した実務文書」と規定しているが、ハングルの覚書は、このような実務的な文書が朝日の訳官・通詞の便宜によりハングルでも作成されたものだと言うことができる。[5]

(三) ハングル口上書

「本資料」には、日本の通詞が作成したと見られるハングルの口上書もある。口上書の形式と内容を見るために、その一例を以下に提示することとする。

(4) ハングル 口上書（[史料94]）

一 修聘回答書契 遲滯ᄒᆞᄋᆞᆸ기로 이 말ᄉᆞᆷ 아니 ᄒᆞ여도 本州 一刻이 /危急ᄒᆞᆫ 事情은 아오시려니와 當初의 弊州로셔 다시 /東武의 告達 못 ᄒᆞ실 줄로 ᄒᆞ시ᄂᆞᆫ 거ᄉᆞᆯ 丙辰年 渡海譯官이 /드려 와셔 兩國 除弊가 되니 아모죠록 弊州로 ᄒᆞ게 ᄒᆞ여 /달라 ᄒᆞ기ᄂᆞᆫ 朝鮮 사ᄅᆞᆷ이 아니요 朝鮮셔 시기신 일이 /아니오니잇가 그 일을 알고져 ᄒᆞᄋᆞᆸᄂᆞ니이다

一 그 後의 連ᄒᆞ여 三度 書契를 내여 아조 停當ᄒᆞ기ᄂᆞᆫ /朝鮮 사ᄅᆞᆷ의 글시로 朝鮮 죵의예 朝鮮 圖書가 아니요 /朝鮮셔 시기신 일이 아니오니잇가

［…中略…］

一 우리 本州를 몃 百年 顧護ᄒᆞᄋᆞᆸ시다가 다ᄅᆞᆫ 나라로 /말ᄆᆡ여마 이리 急ᄒᆞᆫ 지경의 되여실지라도 군ᄉᆞ를 내여 /求ᄒᆞ여 주실 터히온ᄃᆡ 하믈며 朝鮮으로 말ᄆᆡ아마 迫急/이 되엿ᄉᆞᆸᄂᆞᆫᄃᆡ 顧見ᄒᆞ시ᄂᆞᆫ 處分을 아니 나리오시니 /셜ᄉᆞ오이다

【和訳】

一 修聘回答書契が遅滞していることで、この言葉を言わなくとも、本州（対馬州）が一刻をあらそう危急の事情はご存知でしょうけれども、当初、弊州（対馬州）としてはあらためて東武に告達できない旨仰せられたのを、丙辰年に渡海訳官が（対馬に）入来して、両国除弊になるから、なにとぞ弊州（対馬州）をしてさせるようにしてくれと言ったのは、朝鮮人ではありませんか。朝鮮からおさせになられたことではございませんか。そのことを確かめたく存じます。

一 その後に引き続いて三度書契を出して、すっかり整えたのは、朝鮮人の字に、朝鮮の紙に、朝鮮のはんこではございませんか。朝鮮よりおさせになられたことではございませんか。

一　我が本州を幾百年ご顧護なさいましたのに、他の国によってこのような危急の状況になったとしても軍を出しておＥ救いくださるはずのところ、いわんや朝鮮によって迫急になりましたのに、お顧みなさる処分をおくだしになりませんので、悲しゅうございます。

［…中略…］

（4）は、作成年代や発信者・受信者が記載されていないが、その内容から、［史料93］を修正・整理したものと見られ、［史料93］の和解に当たる《宗家文庫史料一紙物815-1》の端裏書きに「六月十六日御掛合」とあり、［史料93］の端裏書きにも「卯六月十六日之和解」とあることから、和暦の丁卯（文化四年）六月十六日、すなわち、西暦一八〇七年七月二十一日、朝鮮暦の丁卯（純祖七年）六月十七日に都船主加納郷左衛門等が新任倭館館守番盛之介（平時之）の下船宴を設行するがため倭館に赴いた東莱府使呉翰源に対し易地行聘交渉に関する陳情を行った時の口上書草案であることが明らかである。この口上書草案は日本側が朝鮮側に要求を行う内容であるが、［史料93］の和解の《宗家文庫史料一紙物815-1》の但し書きには、「右之御口上趣、別差ゟ諺文を以我々相頼候ニ付、和解仕差上候処、少々之抜差を被成、真文ニ相成候ニ付、此通ニ相究ル、尤諺文別差ゟ出し候を写し、少々之抜差ハ朱書ニ仕り書入候事」とあって、その作成に当たっては、日本側の朝鮮語通詞だけではなく、朝鮮側の別差も関わっていたことが確認できる。

「口上書」の形式は、覚書と大同小異である。朝鮮側の東莱府使や任官に直接会って陳情しようとしたものなので、発信者と受信者が省略されたものと推定される。本文は、覚書と同じく、中心内容を幾つかの話題に分けて、話題別に一つ書きの箇条書きで作成した。類似した内容の口上書が何通か見られるが、上掲の［史料93］の和解の《宗家文庫史料一紙物815-1》の但し書きに、①別差がハングルで下書きを作成し、②それを日本の朝鮮語通詞が日本語に翻訳して加納郷左衛門等の上役に提出し、③それを上役が添削修正し、④日本の朝鮮語通詞がその修正内容をハングル版に反映させる、という修正過程を経たことが明記されていることから、草案の内容を矯正した痕跡を示しているものと見られる。

この口上書は、もともと朝鮮側の別差が作成したものではあるが、日本の朝鮮語通詞の手が加わっているからであろう、日本語の干渉と見られる現象がある点は注目される。

二　言語使用の様相と特徴

宗家文庫のハングル書簡と覚書は、国漢混用の表記であるが、書簡ごとに漢字語や漢字を用いる程度が異なる。したがって、語彙百個以上が使用された書簡を発信者別に選定して、

(5) ハングル書簡の語彙使用の様相[6]

	史料番号	語彙	固有語（%）	漢字語（%）	漢字語表記	
					漢字（%）	ハングル（%）
①崔鳳齢	［参考 3］	109	54（49.54）	55（50.56）	42（76.36）	13（23.64）
②朴俊漢	［史料11］	196	88（44.90）	106（54.08）	100（94.34）	6　（5.66）
③朴致倹	［史料26］	108	49（45.37）	59（54.63）	53（89.83）	6（10.17）
④崔　珊	［史料20］	242	107（44.22）	131（54.13）	107（81.68）	24（18.32）
⑤崔国禎	［史料21］	143	73（51.49）	70（48.95）	57（81.43）	13（18.57）
⑥玄　烒	［史料78］	130	65（50.00）	65（50.50）	61（93.85）	4　（6.15）
⑦玄義洵	［史料50］	103	35（33.98）	68（66.01）	62（92.18）	6　（8.82）
平均　個		147.29	67.29	79.14	68.86	10.29
平均　%			(45.64)	(54.52)	(87.10)	(13.05)

その使用様相を調査してみた。まず、ハングル書簡の場合を提示すれば、(5)のごとくである。

(5)で検討したハングル書簡において、漢字語の使用比率は平均五四・五二%であった。漢字語の使用比率は、七通の中で⑦が六六・〇一%で最も高く、⑤が四八・九五%で最も低かった。⑦は、易地通信を相議する公的な内容であり、⑤は訓導になれるよう工作を依頼する多少私的な内容である。①、④、⑥も多少私的な内容であるが、これらの書簡においては漢字語の使用比率が相対的に低かった。公的な内容からなる②と③は、漢字語の使用比率が相対的に高かった。したがって、おおむね内容が公的であるほど漢字語の使用比率が高く、私的であるほど漢字語の使用比率が低い傾向を示している。

(5)において、漢字語を漢字で表記した単語は八七・一〇%であり、漢字語をハングルで表記したものは一三・〇五%であった。これらの書簡においては、漢字語を五〇%以上使用するとともに、漢字語は原則的に漢字で表記したのである。文書と言えばすべて漢文もしくは吏読文で作成し、ハングルで作成されたものは法的に認定されなかった当時に、公的な文書の性格を持つ書簡や覚書をハングルで作成したということ自体が興味深いことと言わねばならないのである。[7]

覚書[8]は、ハングル書簡よりも公的な内容を示す。覚書の語

⑥　覚書の語彙使用の様相

	史料番号	語彙	固有語（%）	漢字語（%）	漢字語の表記	
					漢字（%）	ハングル（%）
①朴俊漢	［史料3］	138	9（ 6.52）	129（93.48）	128（99.23）	1（0.77）
②玄　烒	［MF692］	314	102（32.48）	212（67.52）	204（96.23）	8（3.77）
③小　田	［史料69］	853	386（45.25）	467（54.75）	457（97.86）	10（2.14）
平均　個		435.00	132.67	269.33	263.00	6.33
平均　%			28.08	71.92	97.77	2.23

彙使用の様相をハングル書簡と対比してみるために、百個以上の語彙を使用した覚書を選んで語彙使用の様相を検討してみた。その結果を提示すれば、（6）のごとくである。[9]

（6）を通じてわかるごとく、覚書の語彙使用の様相とその表記の状態は、書簡とは明らかに区別される。（6）において、漢字語の使用比率は、それぞれ九三・四八％、六七・五二％、五四・七五％であり、漢字語の漢字表記の比率もそれぞれ九九・二三％、九六・二三％、九七・八六％で、漢字語の使用比率が高いだけでなく、各漢字語の漢字表記の比率も高いからである。ところで、（6）においては、日本の朝鮮語通詞が作成した③小田（口上書草案）の漢字語使用比率と漢字語の漢字表記比率が相対的に低かった。③小田では、漢字語使用比率が五四・七五％で、①と②の九三・四八％、六七・五二％よりも低く、反対に固有語使用比率は四五・二五％で相対的に高かった。

覚書においては、漢字語の漢字表記比率は九七・七七％で、ほぼ一〇〇％に肉薄する。一言で言えば、漢字語はほとんどすべて漢字で書いてあるということである。これは、相対的に漢字語のハングル表記の比率が低いことを意味する。漢字語をハングルで表記した単語は、当時の朝鮮で日常においてほとんど固有語のように使用されていた語と言うことができる。「민망（迷惑）、긔별（便り）、후（後）、ᄉᆞ연（内容）、젼（前）、죵죵（時々）、편지（手紙）、각별（格別）、만일（もしも）、당ᄒᆞ-（被る）、극진히（丁寧に）、잠샹（まずは）、근심（心配）、ᄉᆡᆼ각（考え）」等のごとく、現代韓国語でも使用される漢字語で、当時すでに固有語のように自立的に使用されていた単語である。また、「밤듕（夜中）、情저이（親しく）」等のごとく、固有語と漢字語が結合した複合語や派生語が少なからず使用されており、「ᄌᆞ시（詳しく）」のごとく、漢字語が変化した語も使用されていた。

ならば、「本資料」において、漢字語を五〇％以上使用し、そのそれぞれの漢字語を大部分漢字で表記した理由はどこにあるのであろうか。ここで注目されるのは、「本資料」に現れる以下の用例である。

（7）餘萬非書可既 姑此不宣（申し上げるべきことはその他いろいろございますけれども書きつくせませんので、これにて終わります。まずは）［史料11］

莫重且大之禮節間事를 易地ᄒᆞᆫ 거시 終是如何ᄒᆞᆫ일이라（はなはだ重く、かつ大いなる礼節のことを易地するというのは一体全体いかなることか）［史料11］

必無尺短之慮오며（きっと尺短の慮は無いでしょう）［国史編纂委員会所蔵『朝鮮関係覚書綴』所収［MF692］］

悤悤 暫上（怱々なるままにまずは）［史料17］

餘在面敍 姑不宣式（その他のことはお目にかかって話しますので、これで終わります）［史料22］

暫上不備（まずは不備）［史料55］

「本資料」には、（7）のごとく、漢文や吏読文に近いほどに、漢文の句節や成語が少なからず現れる。「漢文套」と言うことができるこのような例は、漢文書簡や漢文から成る文書に使用される句節である。もちろん、「本資料」に使用された漢字語は、朝鮮で使用される漢字語の単語である。漢字語の単語が使用されるということは、正統の古典漢文よりもむしろ朝鮮式漢文や吏読文と関連がある可能性がある。その理由は、まさにこれらハングルから成る覚書や書簡が実務的な文書であるためであり、朝鮮時代はかかる文書は伝統的に朝鮮式漢文や吏読文で作成してきたためである。

ところで、次の覚書は、「本資料」が朝鮮式漢文や吏読文と密接に関連しているということを示している。紙面の関係上、［史料1］の十一箇条の内、⑤条、⑥条、⑨条を提示すれば以下のごとくである。

（8）⑤一 江戸 奇別 出来則 士正 朴正이 雖任中이라도 ／上京ᄒᆞ고 成事 周旋 事
江戸 意向 成不成間의 幾五郎 出来ᄒᆞ고 ／事情을 通ᄒᆞ게 ᄒᆞᆸ
⑥一 修聘使 出来後〖右〗僕等 差備로 當ᄒᆞ여 為搆定事
今番 修聘使 暫間 滞留事
⑨一 明年北京即位我〖隔〗國〖隔〗世子冊封ᄒᆞ시니 國中 ／民弊 不軽ᄒᆞ오매 此時 失期를 말고 省弊之事 ［史料1］

【和訳】

⑤一 江戸の手紙が出来すれば、士正朴正が在任中と雖も上京し、成事周旋の事
江戸の意向の成不成に関わらず、幾五郎が出来し、事情を通じせしめる事
⑥一 修聘使の出来の後、私たちが差備に当たって

講定をなす事
今番の修聘使はしばらく滞留の事
⑨ 一 明年、北京即位にて、我国の世子が冊封なさるので、国中の民弊軽からざるにより、この時期を失わず、省弊の事

（8）においては、漢字語が多数使用され、助詞や語尾、派生接尾辞「-ᄒᆞ-」等の一部の語をハングルで表記した以外はすべて漢字語から成り、漢文覚書と言えるほどである。ところで、（8）は、文章を構成する実詞の部分に、漢字語が多数使用されている。このような状態から見て、「史料1」の漢文は、正統の古典漢文ではなく、吏読文に近い朝鮮式漢文であることがわかる。このような（8）の文章につき、句節をさらに細分して単語の水準に分けたあと、その後にハングルで助詞や語尾を付すと、（9）のようになる。

（9）⑤ 一 江戸[의] 奇別[이] 出来[ᄒᆞᆫ] 則 士正 朴正이 雖任 中이라도 ／上京ᄒᆞ고 成事[를] 周旋[ᄒᆞᆯ] 事
江戸[의] 意向[이] 成不成間의 幾五郎[이] 出来ᄒᆞ고 ／事情을 通ᄒᆞ게 ᄒᆞ옵
⑥ 一 修聘使[이] 出来[ᄒᆞᆫ] 後 僕等[이] 差備로 當ᄒᆞ여 為搆定[ᄒᆞᆯ] 事
今番 修聘使[이] 暫間 滞留[ᄒᆞᆯ] 事
⑨ 一 明年 北京[의] 即位로 我國[의] 世子[를] 冊封ᄒᆞ시니 國中[의] ／民弊[이] 不輕ᄒᆞ오매 此時[에] 失期를 말고 省弊之事

（9）は、（8）の文章に実詞を単語水準で分け、その後に韓国語の助詞や語尾をハングルで付したものであるが、（9）の文章は、「本資料」の国漢混用体と大同小異である。言うなれば、「本資料」の国漢混用体は、朝鮮時代の文書作成時に使用された朝鮮式漢文や吏読文を単語水準で分けて韓国語の助詞や語尾をハングルで付して成ったものだと言うことができる。

次の（10）の例は、「本資料」の国漢混用体が吏読文と関連しているという本章の主張を裏付けるものである。

（10）① 分付을「史料16」、迷子을「史料16」、日字을「史料30、史料31」、首通事을「史料46」、말ᄉᆞᆷᄒᆞ시기을「史料33」、ᄋᆡ을 써「史料38」
② 此外의은「史料33」、편지은「史料38、史料47」、京奇은「史料47」、上道은「史料47」、京奇은「史料48」、答書은「史料48」、大口魚은「史料58」、生栗 二斗은「史料58」
③ 明日 觀氣과「史料30」、江戸과「史料32」、書

契 文意과［史料68］

①は対格助詞「ᄅᆞᆯ/를」の代わりに「ᄋᆞᆯ」、②は補助詞「ᄂᆞᆫ/는」の代わりに「ᄋᆞᆫ」、③は共同格助詞「와」の代わりに「과」を使用した例である。これらの例は、すべて母音の後に来るべき助詞の異形態の代わりに子音の後に来る異形態を使用したものである。これらの例は、吏読の使用と関連している可能性が高い。例えば、「追 莫重大事乙 ᄌᆞ시 아라（追伸、この上なく重大な事をくわしく調べようと）［史料41］」に使用された吏読の「乙」は明らかに吏読として使用されたものである。吏読では、（10）の助詞「ᄋᆞᆯ、ᄋᆞᆫ、과」の異形態はいかなる環境でも「乙、隠、果」をもって使用するために、（10）において「ᄅᆞᆯ/를」の代わりに「ᄋᆞᆯ」を用いたのは吏読の対格助詞「乙」、補助詞「ᄂᆞᆫ/는」の代わりに「ᄋᆞᆫ」を使用したのは吏読の「隠」、共同格助詞「와」の代わりに「과」を使用したのは吏読の「果」をハングルで表記したものだと言うことができる。

「本資料」において、漢字語は主に名詞であり、固有語は動詞である。もちろん、漢字語の語根に「ᄒᆞ다」が結合した用言も相当数（全用言の三分の一程度）使用されているが、ハングル書簡・覚書に使用された動詞の大半は固有語である。このとき固有語の動詞は包括的で日常的な動作や行為を表現し、｛漢字語語根＋ᄒᆞ다｝の動詞はより具体的で細分化された動作を叙述するのに使用されていた。

文章は、連結語尾を多用し、終結語尾をあまり用いない特徴があるが、具体的に資料を見ると、必ずしもそうではない。一例として、崔国禎の書簡五通を検討した結果を見れば、（11）のごとくである。

（11）に提示した崔国禎の書簡五通を見れば、①は一個の叙述語当たり二九個の語節、②は三三個の語節、③は二四・三三個の語節、④は二七個の語節、⑤は一一・二個の語節で、平均的に長いほうである。叙述語順に見れば、最初の文章が平均四六・四個の語節から成っており、後になるほど文章当たりの語節数が減少する。最初の文章は、相手に対するあいさつから本文の一部の内容までを一つの文章で連結しているので長くなり、その後の文章から漸次短くなる傾向を示す。

文章の終結語尾は、全般的に命令形が多く使用されている。その次に請誘形と説明形が多いが、命令形が多い理由は、上部や上位者の指示事項を伝達する内容や業務を円滑に遂行するための要求事項が多かったためと見られる。（11）の叙述語を見ればわかるように、格式体の文章を使用している。主に自身の動作に関連する動詞の語幹の後に謙譲法の先語末語尾｛-오-｝を使用して自身を低め、「ᄒᆞ쇼셔」体を使用して相手を待遇することでもって、相手を最大限に待遇する言語形式を取っている。

発信者と受信者の関係において、「年齢、職位、経歴、親

⑪　文章当たりの語節数

史料番号	語節数	文章数	第１文章	第２文章	第３文章	第４文章	第５文章
①史料17	45	5[⑩]	91	32	9	5	8
②史料21	99	3[⑪]	26	69	4		
③史料35	73	3[⑫]	43	27	3		
④史料36	54	2[⑬]	50	4			
⑤史料37	56	5[⑭]	24	9	8	5	10

疎関係」等に関係なく、謙譲法の先語末語尾を使用するとともに、格式体の「ᄒᆞ쇼셔」体、またはそれより多少低い等級の言語を使用したものと見られる。年齢や経歴が多い朴俊漢が小田に送った書簡も、年齢や経歴が少ない玄義洵が小田に送った書簡も、すべて「ᄒᆞ쇼셔」体を使用しているからである。東莱府使等を相手とすると見られる小田の口上書草案では、極尊待を表す「-ᄋᆞᆸ시-」、「-ᄉᆞᆸ시-」も広く使用している。そして、これと共に十六世紀頃に消滅したとされる聞き手尊待の先語末語尾「-이-」も叙述語の語幹の後に活発に使用されていることも、「本資料」が朝鮮と日本の外交現場で訳官・通詞らが格式を備えて意思疎通するために作成した実務文書の性格を持つが故に呈する格式体の言語使用様相ではないかと推される。

⑫　①　平安ᄒᆞ오시니잇가［史料11、史料49］、當付ᄒᆞᄂᆞ이다［史料7］、업ᄂᆞ이다［史料9］、엇지ᄒᆞ리잇가［史料9］、念이로소이다［史料53］、갓ᄉᆞᆸᄂᆞ이다［史料50］、몯ᄒᆞᄋᆞᆸᄂᆞ이다［史料50］、보내엿ᄂᆞ이다［史料50］、업ᄂᆞ이다［史料22］、각별ᄒᆞᄋᆞᆸᄂᆞ이다［史料89］、잇ᄉᆞ오리잇가［史料42］、시부니잇가［史料42］、ᄇᆞ라나이다［史料42］

②　平安ᄒᆞ오신잇가［史料37］、下送ᄒᆞ올이다［史料56］、ᄒᆞ오리다［史料60］、遲滯ᄒᆞ올잇가［史料50］、平安ᄒᆞ오신잇가［史料42］、보오신잇가［史料52］、니슬 ᄃᆞᆺᄒᆞ외다［史料51］、모로고 시브외다［史料49］、민망ᄒᆞ외다［史料56］

①の例において、「-이-」が使用される様相は十五世紀と異ならない。ただ、「-이-」の音節初頭子音 ㆁ［ŋ］が脱落して母音「ㅣ」だけが実現するという差異があるだけで、この形態素の機能は同一である。しかし、「-이-」の音節初頭子音が脱落することでもって、②のような現象が起こり、形態の変化を経つつある過程にあることを示している。「平安ᄒᆞ오시니잇가、下送ᄒᆞ오리이다、ᄒᆞ오리이다」などにおいて、「-이-」が先行する「-니-」や「-리-」の「ㅣ」に続くことでもって、「ㅣ」が重複し、「ㅣ」母音の一つが脱落したのである。このような現象自体は自然なものではあるが、よく

形態の変化は機能の変化をもたらすことがあるという点で、②の例は、発信者と受信者の関係を中心として精密に分析してみる必要がある。事実、②の形態は、過渡期的な状態にあることを意図的な分綴表記を通じて示しているものと推定される。

これと関連して、「ᄒᆞ쇼셔」体の命令形も精密に検討してみる必要がある。「本資料」に使用された「ᄒᆞ쇼셔」体の形態は多様である。「ᄒᆞᄋᆞᆸ쇼셔、ᄒᆞᄋᆞᆸ소셔、ᄒᆞ오쇼셔、ᄒᆞ쇼셔、ᄒᆞ소셔、ᄒᆞ오셔、ᄒᆞᄋᆞᆸ、ᄒᆞ시ᄋᆞᆸ」等、待遇表現と関連した多様な敬語法の形態素が統合して様々な形で現れる。この中で「ᄒᆞᄋᆞᆸ쇼셔」は相手を最高に待遇していた十五世紀の「-ᄉᆞᆸ시～ᄉᆞᆸ시-」の継承形で、日本の通詞の文に特に多く現れる。これらの形態において、「-ᄋᆞᆸ-」と「-오-」の交替状態や「쇼셔」の形態変化や脱落等は、細部的に発信者と受信者の間の多様な待遇関係を表現したものなのか、多様な形態への分化を示すものなのか、明らかではない。変化による新しい形態が、格式体内の待遇等級の差異をもたらしているのか、非格式の状況を追加しているのか、今後検討してみる必要がある。

「本資料」に使用された韓国語は、全般的に中央語の音韻論的特性を示す。ㄷ口蓋音化は、崔鳳齢の書簡（一七六一年）にㄷ口蓋音化が拡散した状態で現れるが、「뎍ᄉᆞ오며」は口蓋音化していない形態で現れている。このような程度は、中央語の口蓋音化の拡散の程度と軌を一にする。しかし、朴俊漢、崔珦、崔国禎、玄烒、玄義洵など、大部分の書簡においてはㄷ口蓋音化が適用された状態で現れる。[16] 南部方言ではこの時期にすでに広く拡散していたㄱ口蓋音化、ㅎ口蓋音化、口蓋性半母音の添加現象、「ㄴ」脱落と添加の現象等は、特別な場合を除外すれば、見られない。

「本資料」に使用された言語が中央語を念頭において使用されたものであることは、玄義洵の書簡である［史料87］を通しても知ることができる。この書簡は、玄義洵が体調がすぐれないので別人に代筆させた書簡であるが、この書簡には、当時慶尚道方言で一般化していた口蓋性半母音の添加現象（적이→제기）、「ㅡ→ㅓ」交替現象（밋칠 덧、죽을 덧ᄒᆞ오이다）、口蓋音の後のy添加現象（진졍ᄒᆞ올 줄）、「ㅆ→ㅅ」現象（슬기）、「것이」の「기」への縮約現象（슬 기 업ᄉᆞ와）等の例が見られる。このような現象を見れば、当時の訳官らが書いた書簡や覚書に反映された言語には、慶尚道方言的要素を排除し、中央語らしい言葉を使おうとした痕跡がうかがえると言うことができる。[17]

両唇子音の後での「ㅡ＞ㅜ」円唇母音化は、拡散する過程にあったことを示している。おおむね、一音節あるいは語幹の語頭音節では、円唇母音化が適用された例と適用されていない例が共存している。形態素内部では、円唇母音化された例が多いが、形態素境界では円唇母音化されていない例も現

れる（奇別ᄒᆞ옵시믈［史料1］、告達ᄒᆞ시믈［史料1］等）。しかし、全般的に当時の中央語で見られる状態よりは相当拡散した姿を示している。もちろん、この時期の南部方言では一般化していたと言える程度に円唇母音化現象が拡散した状態であったという点から、「本資料」に現れる円唇母音化の現象の拡散程度は、中央語と軌を一にしていると言うことができる。

（13）① 무ᄉᆞᆷ［史料10、史料42］、붓그러온［史料42］、부ᄃᆡ［史料48］、시부옵［史料8］、시보오니가［史料60］、시부되［史料60］、깃부오며［史料14］、머믈으게［史料50］、깃보오며［史料59］、깃부와［史料29］、작야붓터［史料27］

② ᄆᆞᄉᆞᆷ［史料16］、시브외다［史料49］、시브오되［史料49］、시브오며［史料47］、極力ᄒᆞ시믈［史料8］、告達ᄒᆞ시믈［史料1］

「本資料」において注目すべき音韻論的実現は、「・」である。「・」はこの時期の中央語において語頭音節で「・>ㅏ」の変化が拡散する初期段階にあった。御製類の文献では正祖代の倫音でも「・」の変化はほとんど現れず、『重刊老乞大諺解』で「・」が「ㅏ」に変わった例が多少拡散した状態にある程度であった。一七六一年に作成された崔鳳齢の書簡では、「・」は中央語資料の十八世紀中期の状態を示している。「・」の変化が語頭音節では見られず、非語頭音節で［-grave］の子音の後で起こる「ㅡ>・」の変化とそれ以外の環境で起こる「・>ㅡ」の変化が共に現れる。

朴俊漢の書簡や覚書に、「・>ㅏ」の変化の例と「ㅏ>・」の変化の例が共に現れ始める。語頭音節における「ㅏ>・」の変化の例は当時の他の文献にも見られるが、非語頭音節における「ㅏ>・」や「・>ㅏ」の変化の現象はこの時期の他の文献では見出しにくいものである（ᄇᆞᄅᆞᄂᆞ이다［史料12］、자ᄂᆡ［史料5］等）。それ以後の朴致倹および崔国禎の書簡ではこのような例が多少拡散した状態にあったことを示すが、玄烒、玄義洵の書簡に至ると語頭音節・非語頭音節を問わず「・>ㅏ」の変化が広く拡散した状態を示す。

（14）①오ᄅᆡ（<오래）［史料21］、보ᄂᆡ오니（<보내-）［史料21］、뵈올 ᄂᆞᆯ이［史料26］、밋ᄎᆞ［史料18］、지ᄂᆡᄂᆞᆫ［史料26］、안ᄌᆞᄉᆞ오니［史料26］、ᄎᆞᄌᆞ［史料42］、보ᄂᆞᆯ지라도［史料48］、사ᄅᆞᆷ［史料20］、이ᄃᆡ지［史料58］、지ᄂᆡ오니［史料24］、보ᄂᆡ엿ᄉᆞ오나［史料30］、ᄉᆡ벽［史料38］

②참ᄋᆞ시게［史料57］、밧자와［史料21］、나려가올［史料31］、기달여［史料51］、오ᄂᆞᆯ이라도［史料49］、ᄉᆞ람의［史料47］、아라시게［史料55］、기

다리게［史料55］、나려가셔［史料59］、나려 가오리이다［史料59］、奇別ᄒᆞ나이다［史料29］、기다리고［史料33］、다람 일이［史料42］、다람이［史料42］、오날밤［史料86］

（14）のごとく、非語頭音節においても「・」が「ㅏ」に変化したという事実は、この時期でも非語頭音節の「・」が「ㅡ」に変化せずにそのまま存在していたということを物語る。もしも「・」が「ㅡ」に変化した状態であったとするならば、「・」が「ㅏ」に変化する可能性がないからである。非語頭音節における「・」が主に［-grave］の中子音の後で残っていたために非語頭音節で「・>ㅏ」の変化を示すのだという説明が自然であるからである。さらに、このような変化を示す例が「오날」の「날」、「ᄉᆞ람、다람」の「람」、「긔별ᄒᆞᄋᆞᆸ나이다、긋치나이다」の「나」、「기다리고」の「다」等のごとく、大部分［-grave］の資質を持つ中子音の後の位置であるという点から、中央語で起こった「ㅡ>・」の変化に続く継起的現象であると言える。

語頭音節における「・>ㅏ」の変化現象は十八世紀後期にも現れるので、「本資料」にこの現象が現れること自体は奇とするに値しないが、非語頭音節に位置する「ㄴ、ㄹ、ㄷ」等の中子音の後で「・>ㅏ」の変化を示す現象が広範囲に現れる事実は特異であると言わねばならない。文献において語頭音節で起こった「・>ㅏ」の変化が漸次非語頭音節にまで拡散するのに相当な時間がかかるという点から、口語で起こった変化が「本資料」にほぼそのまま反映されたものだとしても、時期的に早すぎるように思われる。現段階としては、慶尚道方言の影響があったとするほかないが、これについては今後より具体的に研究がなされなければならないであろう[18]。

このほかにも、「本資料」には当時の他の文献でもよく現れる様々な音韻現象が見られる。硬音化や激音化の現象はもちろん、歯擦音の後におけるy脱落現象（마ᄋᆞᆸ소셔（<-쇼셔）［史料72］、ᄒᆞᄋᆞᆸ소셔（<-쇼셔）［史料72］）等である。

かかる音韻論的特徴に基づけば、「本資料」に中央語が反映されており、音韻変化の拡散の程度が当時の中央語文献よりも早いと言うことができる。このように、音韻変化の出現が早いのみならず、その変化が広く拡散して現れる事実は、「本資料」の格式性が多少低いことを示している可能性がある。もちろん、当時訳官らがこのような音韻現象をさしたる拒否感なしに受け入れたということは、それが自身らの言語使用の状態と異ならなかったためであろうが、「・」の変化をはじめとした一部の言語変化が「本資料」に広く拡散して現れるという事実は、訳官らが言語使用の格式性よりも日常言語使用の便宜性を優先したものではないかと考えられる。

おわりに

以上、本章においては、対馬宗家文庫に所蔵されるハングル書簡の社会的性格を考察し、これら資料に使用された韓国語の状態を検討することでもって資料の性格による言語使用の特徴を考察した。論議の内容を整理すれば、以下のとおりである。

「本資料」は、十八・十九世紀交替期に活動していた朝鮮と日本の訳官・通詞らが作成したものが大半を占める、書簡八九通、覚書一四通、その他口上書草案等九通の総一一二通である。「本資料」の発信者と受信者は、朝鮮と日本の訳官・通詞で、二・三人の複数のものもある。発信者は名前の代わりに職位を記し、複数の場合は職位順に記載した。また、その末尾に印を押したものもある。かかる特徴は、「本資料」が社会的身分や秩序を重視する文書としての特性を帯びることを示すものと見られる。

「本資料」の形式は、種類ごとに違いがある。ハングル書簡は、①受信者、②あいさつ、③本文、④結句、⑤作成日、⑥発信者の順序になっており、一般の書簡形式と異ならない。しかし、覚書は、①を⑥の後に移し、⑥よりも高い位置に書いて待遇し、②と④は省略した。また、本文③を話題別に分けて一つ書きの後に箇条書きで作成し、文書としての性格がより明らかに現れている。口上書や口陳書の本文は、覚書の形式にしたがっているが、相手に見せたり口述するためのものなので、発信者と受信者を記載していない。「本資料」の内容は、朝鮮通信使の易地通信に関するものが大半を占め、一部訳官・通詞らが業務を遂行するときに作成したものが含まれる（［史料1］～［史料99］、［参考1］～［参考13］）。

「本資料」は、特異なことに国漢混用体で作成されている。漢字語を五〇％以上使用しており、その漢字語を九〇％以上漢字で表記したのである。もちろん、「本資料」にも漢字成語や漢文句節も現れるが、自立的な二音節の漢字語が大量に使用されているという事実は特記すべきである。また、内容が公的であればあるほど、漢字語の使用比率が高く、漢字語の漢字表記の比率が高かった。このような特徴は、「本資料」の国漢混用体が朝鮮式漢文や吏読文で作成された公文書と類似性を有することを示している。

「本資料」には、漢文の吏読式表記も散見され、助詞の吏読式表記も少なからず現れる。このような事実は、「本資料」の国漢混用体が朝鮮式漢文や吏読文から作られた可能性を強く示唆する。実際、「本資料」の［史料1］は、朝鮮式漢文から作られた国漢混用体の実例を示す。すなわち、［史料1］の一部の文章は、朝鮮式漢文の実詞を一定の単位に分け、その後に助詞や語尾をハングルで付したもので、国漢混用体というよりも朝鮮式漢文に一部の助詞や語尾をハングルで付したものというべきものだからである。これらを通じて、本章においては、最終的に国漢混用体で作成された「本資料」が朝鮮式漢文や吏読文で作成していた公文書を土台として作成されたものと把握した。

このような観点から、「本資料」に相手を待遇する様々な装置が現れる理由も理解することができた。「本資料」では、隔間法（闕字）・擡頭法（擡頭）・移行法（平出）等、非言語的装置も頻繁に使用しており、言語的にも極めて多様な待遇形態を使用している。特に十六世紀頃に消失したとされる恭遜法の先語末語尾「-ᅌᅵ-」の規則的な使用と聴者尊待機能に転換していた謙譲法の先語末語尾「-ᄉᆞᆸ-~-ᄋᆞᆸ-」、-ᄉᆞ오-~-ᄋᆞ오-~-오-」の頻繁な使用は特記すべき特徴である。また、相手を高めたり（「公」、「回上」等）、話者が自身を低めたり（「僕」等）する敬語関連の語彙形態も多く使用している。かかる言語的特徴は、全般的に保守的な中央語的特性を示すものと見られるが、音韻変化においては、そうではないという点から、今後これについての研究が必要である。「本資料」では、口蓋音を軸とした様々な変化の現象が中央語と類似した特徴を示すが、「・>ㅏ」の変化のごとき一部の現象は、中央語と全く異なる変化の状態を示すためである。このような変化の差異が、言語使用の格式性と日常言語使用の便宜性についての訳官らの態度を反映したものなのか、韓国語の音韻変化についての新たなパターンを反映したものなのか、今後これに対する深度ある研究が必要である。

注

（1）本章は、二〇一二年大韓民国政府（教育科学技術部）の財源により韓国研究財団の支援を受けて遂行された研究である。（NRF-2012-013-2012S1A2A1A01031508）

（2）一通（[史料99]）については、作成者不明。

（3）このような特性は、発信者か受信者のうちの少なくとも一人は女性であり、親交関係を中心に結ばれた発信者と受信者が私的な内容をやりとりした、一般的なハングル書簡とは大きな違いを示している。

（4）この書簡にも私的な感情を表す表現が全くないわけではない。内容を強調するための「ᄒᆞ（あまりにも）」、発信者が自身の心的状態を表現した「僕은 晝夜 兩公을 잇지 못ᄒᆞᄋᆞᆸᄂᆞ이다（私は昼夜両公を忘れることができません）」等が公的文書の表現ではないのである。書簡には、このような個人の感情を表出する内容や表現が現れる。私的な感情の表現は、主に書簡の②のあいさつの部分と末尾の結末の部分に現れる。しかし、「本文」は主に業務関連の内容で、私的な内容を伝達した朝鮮時代の一般的なハングル書簡と違いがある。

（5）宗家文庫には、漢文で作成された「覚書」も多数保管され、伝わっている。漢文の覚書は、ハングルの覚書よりも時期から見て早くから現れ、その量も少なくないことが知られている（이훈 二〇一一年）。このような点から、ハングルの覚書は、必要によって、漢文の覚書の形式に合わせてハングルで作成したものではないかと推定される。「覚書」の発信者は、両訳、すなわち、訓導と別差である場合が多く、受信者は大部分、倭館の館守や日本の朝鮮語通詞である。

（6）①まだ面識のない「尊公」に家兄の問題を依頼した私的な書簡、②渡海訳官として対馬から帰国した後にソウルから送った易地通信問題を相議する公的な書簡、③講定官になってほどなく東莱へ下来するという内容の多少私的な書簡、④易地通信を順調に推し進めるために訓導になれるよう工作を依頼する多少私的な書簡、⑤崔珣が訓導になれるように工作を依頼する多少私的な書簡、⑥訓導を辞めソウルへ呼び戻されるに際して送った多少私的な書簡、⑦ソウルからの便り、柴炭価、公作米等の問題について説明した公的な書簡。

（7）「本資料」、特に覚書の中には、用例（7）のごとく、朝鮮式の漢文や吏読文式の表現が頻繁に現れる。

（8）以下の分析においては、口上書草案も覚書に含めて考察した。

（9）「本資料」中、覚書は、計一四通に過ぎず、百個以上の語彙を使用した覚書がほとんどない。よって、国史編纂委員会所蔵資料の『朝鮮関係覚書綴』にも当時の覚書が一通収録されているので、対比のため利用することとした。（6）の②の史料番号欄の［MF692］は、国史編纂委員会所蔵資料『朝鮮関係覚書綴』のマイクロフィルム番号である。

（10）文章終結の叙述語：「施行ᄒᆞ오쇼셔、深諒ᄒᆞ오쇼셔、셥셥ᄒᆞ외다、주오쇼셔、셥셥ᄒᆞ외다」

（11）文章終結の叙述語：「아오실잇가、주ᄋᆞᆸ쇼셔、보ᄋᆞᆸᄉᆞ이다」

（12）文章終結の叙述語：「마ᄋᆞᆸ쇼셔、주오쇼셔、ᄒᆞᄋᆞᆸᄉᆞ이다」

（13）文章終結の叙述語：「주오쇼셔、口伸이ᄆᆡ」

（14）文章終結の叙述語：「시부온잇가、ᄒᆞᄋᆞᆸᄉᆞ이다、ᄒᆞᄋᆞᆸ쇼셔、시부온잇가、마ᄅᆞ쇼셔」

（15）この時期の「ᄒᆞ오이다」形は、「ᄒᆞ외다」形に縮約される傾向があるが、「ᄒᆞᄂᆞ이다」が「ᄒᆞᄂᆡ다」になった例はほとんど見られない。例えば、「민망ᄒᆞ오이다」は「민망ᄒᆞ외다」に縮約され、「ᄒᆞᄂᆞ이다、ᄒᆞᄋᆞᆸᄂᆞ이다」も「ᄒᆞᄋᆞᆸᄂᆡ다」に縮約された例が見られるが、「ᄒᆞᄂᆡ다」は見られないのである。これが、形態変化が同じパラダイムにおいても異なる進行の仕方をするということを示しているのか、使用する状況にしたがって異なる現れ方をするということを示しているのか、現在判断することは困難である。

（16）例外的に玄烒と玄義洵の書簡に、ㄷ口蓋音化が適用されていない少数の例が現れる。これについては、多様な解釈の可能性があり得る（「듕」［史料78］、「밤듕이라도」［史料42］等）。

（17）中央語の使用についてのこのような認識は、小田の場合にも同じであっただろうと推定される。小田が一八九四年に編纂した『象胥紀聞』に、関東八景の一つである「鏡蒲臺」を「定包臺」と紹介した。「鏡［경］」を「定［졍］」と書いて、「ㄱ口蓋音化」が起こった形態を使用したのである。しかし、「本資料」中には「ㄱ口蓋音化」の例が現れない。

（18）「・」の変化と関連して、小田の口上書草案には「ᄀᆞ만이＞그만의」のごとく、語頭音節で「・」が「一」に変化した例も見える。副詞「너무」または「너므」を「넘어」とした例も見え、「十朔 넘토록」のごとく、平音を激音で表記した例も見える。日本語の干渉による結果と推定される。

参考文献

구리다 에이지（粟田英二）訳註（二〇〇五年）『象胥紀聞』（대구대 인문과학총서一六）、이회문화사

김주필（二〇〇七年）「一九세기 말 국한문의 성격과 의미」『진단학보』一〇三、一九三～二一八頁、진단학회

김주필（二〇一一年）「조선시대 한글편지의 문어성과 구어성」『한국학논총』三五、二二三～二五七頁、국민대학교 한국학연구소

김주필（二〇一五年 a）「대마도 종가문고 소장 한글 편지류에 대한 기초적 연구」『한국학논총』四二、一二七～一六〇頁、국민대학교 한국학연구소

김주필（二〇一五年 b）「一八・九세기 조선과 일본 역관의 한글 서간류에 나타나는 언어・문자의 교섭과 문체」『언어학』七二、一一三～一三八頁、사단법인 한국언어학회

남풍현（一九九三年）「언어와 문자」『조선시대생활사』（한국고문서학회 편）、一九～三四頁、역사비평사

송　민（一九八六年）『전기 근대한국어 음운론 연구』、탑출판사

오바다 미치히로（二〇〇二年）「조선 통사 小田幾五郎의 조선문화 인식—통역수초를 중심으로—」『사회과학연구』六、一七五～一九〇頁、평택대 사회과학연구소
이 훈（二〇一一年）『외교문서로 본 조선과 일본의 의사소통』、경인문화사
황문환（二〇〇四年）「한글 간찰에 대한 기초 연구」『사회언어학』一三-二、二五七～二七七頁、사회언어학회
岸田文隆（一九九八年）「Aston 旧蔵の『交隣須知』関係資料について」『朝鮮学報』一六七、一～三九頁、朝鮮学会
岸田文隆（二〇一一年）「対馬宗家文庫朝鮮語ハングル書簡類について」（ユーラシア言語研究コンソーシアム年次総会（六科研合同研究会）発表資料）羽田記念館
岸田文隆（二〇一二年）「対馬宗家文庫のハングル書簡類について」（近世日本と倭館・朝鮮—研究の現在と展望—ワークショップ発表資料）大阪大学大学教育実践センター
田代和生（二〇〇二年）『倭館 鎖国時代の日本人町』、文藝春秋（정성일訳（二〇〇五年）『왜관—朝鮮은 왜 日本 사람들을 가두었을까?』、논형）
田川孝三（一九四〇年）『対馬通詞小田幾五郎と其の著書』（書物同好会冊子一一）、書物同好会
長正統（一九七八年）「倭学訳官書簡よりみた易地行聘交渉」『史淵』一一五、九五～一三一頁、九州大学文学部
対馬歴史民俗資料館編（二〇〇九年）『対馬宗家文庫史料一紙物目録』（1）～（3）、長崎県教育委員会
Labov, W. (1972), *Sociolinguistic Pattern*. University of Pennsylvania Press Inc..
Wang, W. S.-Y. (1969), "Competing Change as a cause of residue." *Language* 45. 9-25.
Vachek, J. (1973), *Written language : General problems and problems of English*, (Janua linguarum, ser. critica, v. 14), Mouton.

対馬易地通信と訳官、その「儀礼的」関係と「密かな」交流の間隙

梁興淑・金東哲・趙塀熙・金京美

序

一八一一年閏三月十二日、朝鮮時代最後の通信使が釜山を出発し、対馬へ向かった。この通信使が派遣されるに先だって、両国が合意した講定節目の最初の条項は、「易地通信今始為之 要有約条永遵無違事」（通信使の軍官・柳相弼執筆の『東槎録』「両国講定」条）であり、この通信使の位置づけと性格を明記する。一八一一年の通信使が「易地」を断行した以上、それ以後も易地通信を厳守すると約している。国家間の大礼である通信使の最終目的地を変えることも大問題であったが、その他の外交的手続きや参加人員、礼法などの節目なども講定しなくてはならなかったために、十八世紀後半の朝日間の最大の外交的イシューとなった。

したがって、既存の研究では、それ以前の通信使と区別しつつ、一八一一年度の通信使は交隣の衰退期、動揺期、瓦解期に起因したとみなす傾向にあった。しかしながら、最近では、朝日両国において実質的で、政策的な効果をもたらすものが一八一一年の通信使であったとして、否定的な視角に基づいた時期区分は止揚されなければならないとする研究成果も発表されている（岩方久彦二〇一四年、二－六頁）。

通信使が日本へ派遣される最も重要な理由は、幕府将軍の承襲祝賀であった。前関白（将軍）が死亡すれば、日本からは関白告訃差倭を送り、また、関白が退休すれば、関白退休告知差倭を送った。その後、日本からは、新しい関白が即位した後、三年以内に通信使請来差倭を朝鮮に送った。朝鮮では、関白告訃差倭が来たとき、すでに通信使派遣を予定しつつ、派遣準備を始めた。ところで、一八一一年度の通信使は、

日本から関白の告訃を知らせる差倭が一七八七（正祖十一）年三月に朝鮮に到着した後、二四年後に日本に向かった。とはいえ正式の告訃大差使が来る前の一七八六年十月六日、訓導鄭思鈺の報告により、関白徳川家治死亡の報が朝鮮の朝廷に伝達されていた（『正祖実録』一七八六（正祖十）年十月六日『日省録』当該条）。

一八一一年度通信使の派遣が二五年もの時間を要した理由は、日本側から凶年の問題によって通信使派遣の延期要請が届いたためである。一七八八年三月二十日、徳川幕府は通信使派遣要請を正式決定し、十月に通信使請退差倭を送った。朝鮮は日本の財政的状況を理解して、この派遣要請を受諾した。ところが一七九一年十二月、日本から通信使議定差倭が到来して、前例にない易地通信を申し入れてきた。既存の制度と方式を固守しようとする朝鮮に対して、日本の意図は伝統的国際関係を脱皮し、新たな関係を樹立することにあった。ところが、急変した外交方式に朝鮮は容易に同意できなかった。当然ながら日朝間で政治外交的に多くの見解の違いが発生し、これらを克服するには時間と外交努力が求められた。その後、朝鮮もやはり凶年という悪材料に見舞われた状態で、通信使を派遣すれば、信蔘の準備等、莫大な経済的負担に対する打開策を要した。また、両国が難渋している経済的問題のみならず、政治、外交、社会的問題も大いに影響を及ぼした。

ところで、国家間の問題と見られてきた通信使派遣は、外交交渉に直接的に関与した訳官に大きな影響を及ぼした。易地通信を推進した訳官、そして彼らの子息たちに死刑または流刑という厳罰が下されたのである。朝鮮の国内事情と日本情勢に精通していた朝鮮の訳官らは「変化が不可避の通信使」を認知していたにちがいない。朝鮮国内の事情がどんな困難に直面していても、通信使は両国外交の重要な部分を占めていただけに、国家の体面、名分を考慮しなければならなかった。

朝鮮と日本が易地通信について外交的合意に到るまでに、相当な時間が必要であった。賛否両論であった易地通信問題が朝廷で決着するまで、朝鮮と日本の中間にあった訳官らは、対馬や倭館の日本人との関係の維持、秘密の維持など、相互の密接な関係を維持しなければならなかった。

今まで一八一一年の通信使と訳官らの活動と活動以後処罰された事件に関しては数人の訳官らの個人的な談合行為あるいは贈収賄行為、日本と親密な関係の中から起きた行為等の極めて私的な事件として論議されることが多かった。これは官撰史料を中心に易地通信を研究したことと関連があるが、訳官らが書いたハングル書簡を分析した研究からもこのような傾向は大差がなかった。

易地通信が公式的に提起された後の訳官の活動と内面を知ることができる資料が、現在対馬歴史民俗資料館に残っているハングル書簡である。書簡の大部分は朝鮮側訳官が日本側通詞に送ったもので、ほとんどハングルで書かれていた。また、秘密を維持しようとする意志がよくあらわれている。これは、易地通信推進の困難さをそのまま露出させる部分である。対馬歴史民俗資料館に所蔵されているハングル書簡(1)に対する既存の多くの研究成果(2)で資料の内容と意味を紹介している。本稿では既存の研究成果を参考しながら官撰史料では見出せない訳官の「自己叙述」を見付けようとした。すなわち、国家によって一方的に下された評価以外の一面を考察する点に意味を置こうとした。さらに、このような評価がいかに強制的であったかを反証しようとする。これらを念頭に置きながら本稿では、

第一に、ハングル書簡が日常的、親密的に生産されえた空間的背景について考察する。

第二に、易地通信推進を十年以上秘密に維持しながら続けえた構造を考察する。

第三に、易地通信を推進するときに、賄賂の授受、書契偽造等によって処罰を受けた訳官を再考する。

易地通信は国家史的なことでありながら、これを推進させるため使用された書簡は個人と個人の間で取り交わしたものであった。従って、訳官が書いたハングル書簡には、公と私が併存し、公的・私的の境界を行き来しなければならなかった訳官の処世と彼らの明暗が込められている。

一　朝鮮の倭学訳官と任所

1　任官の場所：任所

倭館の内外で活躍する朝鮮の訳官は大部分、任官と通称される人々であった。任官は、業務を担当した官吏という意味で、一般的に使用される単語である。対日外交資料集である『増正交隣志』には、任官の条項があり、対日関係、倭館関連の業務をおこなう倭学訳官と紹介している。

任官の条項には、釜山の訓導、別差、監董官、別遣堂上官、問情官等がある。これらは、すべてソウルの司訳院所属の倭学訳官で、身分的には中人［中間階級］である。仕事を担当した訳官という意味で、任訳ともいう。任官のほかにも、問慰行（訳官使、渡海訳官）、講定訳官等が業務で東莱府に滞在することができた。

東莱府に来る任官の中で最も重要な訳官は訓導であり、その次は別差であった。訓導や別差の職は、業務上ポストの空白を避けるために、交替時期には、仮訓導、仮別差という臨時職の訳官も配された。訓導と別差は、独自の任務を持っていたが、訓別、両訳、両任という単語がよく使用されるほど、緊密に連結されていた。訓導は、辺情を専担する訳官で、辺情は、日本の情勢、倭館の情報等、辺方の東莱府で起こる日

本関連の業務を通称するものであった。ハングル書簡の発信者を見れば訓導と別差、訓導と講定官等の連名もあるが、訓導が単独に書いたものも多い。

以上の任官がいる場所が任所であった。任所は、現在の釜山市中区瀛州洞蓬莱初等学校の正門前の、山の稜線が始まる傾斜した空間に位置していた。一六七八年、草梁倭館が造成されると同時に作られた草梁客舎の北側の坂の付近に該当する空間であった。草梁客舎と任所がある所は、元は、草梁村と呼ばれていた。任所や草梁村があるこの一帯を日本人たちは、坂の下に位置するという意味で、「坂ノ下」と呼んだ（金東哲二〇一〇年、二四頁）。

任所は、東萊の邑治（東萊府の中心地で、東萊府使の執務所をはじめとした重要な官庁がある所）がある所から二七里離れていた（訳者註：朝鮮時代の里程一〇里は日本の一里）。『東萊府誌』には、倭館は邑治から三〇里離れているとある。すなわち、任所と倭館は、三里程度の距離にあり、今日の距離で約一・二〜一・三キロメートルほどである。任所と倭館の間には、伏兵山という低い山があり、海岸の側にも営繕山があり、海岸へつながる道があった。倭館から任所へ、任所から倭館へ行くとき、海岸の道でないときには、坂を一度越えなければ到着することができなかったが、その距離が近いので、交流するに困難ではなかった。

小田幾五郎の『草梁話集』には、倭館から任所へ越えて行く道が詳しく説明されている。

「任所へ越シ候坂ヨリ右ノ方へ昔ノ古道有之　浜辺ニハ古キ石碑有之　移館ノ砌ハ此坂辺ニテ開市ニ持来候品々ノ地税ヲ取タル由　其後守門ニテ取立候ユヘ　今此辺ヲ税庁ト申候由　此道自設門ヲ見卸シ左リに下リ候ヘハ任所ノ道有之」（津江本）

とある。

任所には訓導の執務所である誠信堂、別差の執務所である賓日軒、出使訳官の執務所である柔遠館、小通事の執務所である通事庁があった。任官の中で訓導と別差は任所に留まりながら、日本人と直・間接的に接触することができた。日本人らは、何か問題が発生すれば、任所へ来て訓別と論議したり、訓別が仕事を速く処理することができるように催促することも多かった。

したがって、任所を空けたり、出かけるとき、または、任所に到着したときに、朝鮮の訳官らはその事情や理由等を倭館に知らせた。任所を空けるときは、東萊府使に報告すべきことがあるか、処罰や問責等の理由であった。東萊の官庁と任所は、業務を終え、日帰りで往復するには遠い距離であった。ほとんどの場合、訳官らは、東萊に行ったときは東萊に泊まり、仕事を終えてから再び任所へ帰ってきた。任所を空けることになれば、倭館の日本人が不審に思う場合が多く、急に東萊に行くことになったときには、通事や小童を送ったり、手紙で知らせた。ハングル書簡にも訳官の任所の出入りについての記録が多数ある。

史料91は、一八〇七年六月一日、訓導玄義洵が倭館にいる日本人の通詞らに送った手紙である。当時、対馬から「易地通信」を要請する通信使請来差倭を倭館へ送ったが、これを許諾する朝鮮の回答書契が来ないので、日本人は東莱府使に直接会うことを要求した。玄義洵は、これと関連して「昨日、上府して相接のお話をいたしましたところ、ソウルからの便りが遠からず参るだろうから、その間しばらく待つのが良いとおっしゃって、何とかうまく話をしてただこの便りが参るのを待つようにしろとおっしゃって、その間にあるいは便りが参っても、明後日に下って行けとおっしゃいますので」東莱に上り、東莱府使と論議するということと、三日後に倭館に行くつもりであることを知らせた。そのほか、訳官が任期を終えて交替したり、公的・私的な理由により、ソウルに行くことがあるときも任所を空けた。

一方、任所は多様な訳官らの執務所が集まっているところであったために、任所を空けた訳官に代わって、残っている訳官が代わりに業務を担当することもあった。**史料35**（一八〇四年七月三日）では、監董訳官の崔国禎が、ソウルにいる妻が病気であるという連絡を受けて急いで出発したが、「館中に別れの挨拶もできず行くので、ぜひ分かるように」としながら、急に出発すれば倭館の日本人らが訝しく思うことを心配して、手紙を送った。また、自分が倭館にわたさなければならない三〇〇銭の金があったが、その金は、ソウルから送ってくるはずのところ、まだ来ていないので、崔国禎が倭館にわたすことができないでいた。崔国禎は、自身がソウルへ出発した後、金が到着すれば任所へ差し送り、金が到着しなかったとしたら、自分がソウルに到着してすぐに送るので疑わないようにと連絡しながら、自分が任所を空けても任所を通じて解決することができると知らせていた。

任所には任官を手伝う小通事らが三〇～四〇名ほどいた。訓導と別差の業務が緊要で膨大であったため、彼らを補佐する人力として掌務通事、訓導別差陪通事など、担当した任務によって一七個ほどの名称で職務が区分されていた。業務補佐をする契機で任官と緊密な関係を形成することもできた。後述するが、一八〇五年易地通信推進の件で処罰された者の中には訳官以外に小通事も含まれていた。朝鮮と日本通詞の間で賄賂を授受して伝達したのが処罰の理由であった。従って、任所は倭館附近にありながら、東莱府と釜山鎮官庁の監督をある程度避けることが可能で、また任官と小通事らまで集まっていた場所だったため日本人との疎通を集約することができた空間でもあった。

2　疎通および情報伝達の空間

任所、草梁村と倭館間の距離が近いので、朝鮮人と日本人の出入りは頻繁であった。そこで東萊府使権以鎮は、一七〇九年、草梁村にあった民家を全部撤去した。しかしながら、地理的に倭館が近く、小通事らがおり、また、彼らを媒介にすれば日本人との商取引も可能であるため、一七〇九年以後も一般民衆、商人が集まってくる兆候があった。朝廷では、一七一二年、草梁村についての論議を再開した。東萊府使を歴任したことがある參贊官金德基は、

「草梁則倭館隔一麓、而訓別及小通事輩所居也。倭人、有欲言之事、則登其後麓、招小通事而言之。草梁村舍、不可全然毀出矣」

すなわち、草梁村は、日本人と業務上疎通する空間であるので、そのままにしておくべきだとの主張であった。同知事尹趾仁は、

「倭館近處、民人多有居生者、倭人、尋常往來於民家、全無防限。權以鎭爲府使時、毀出民家、至今訓導·別差留住矣。曾經萊府之臣、或以爲盡出民人、只留訓別、則訓別、與倭人接應之時、無所顧忌、是爲不便云。諸議或以爲、商賈輩、與倭人混雜、往來無常、是極可慮、毀出爲宜云。臣之淺見、則權以鎭之毀出人家、使我民、與倭人隔絶、斯爲得宜、更爲申禁、爲宜矣。」

とあり、民家だけを撤去する案を出した。侍讀官吳命恒は、

「命恒（引用註：侍讀官吳命恒）曰、訓導·別差、爲語言則非所禁防、而其外居生者、皆是商譯輩、自京敗家流寓之類也。率多貪於貨財、私相潛通、事極可慮。訓別之外、毋得居生事、嚴立科條、似好矣。」

として、条目制定を主張した。徳進官金演は、

「訓導·別差輩、居留中間、故牟利之徒、聚會相雜、不無潛賣禁物之患。訓導·別差等、移置萊府、一月幾次定其與倭人相接之日數、俾無混雜潛通之弊、似好矣。」

という案を主張した。結局、訓導、別差、小通事、接応者のほかには、草梁村に居住しないようにした（『備辺司謄錄』一七一二（粛宗三八）年四月二十二日条）。すなわち、任所は、倭館の日本人が必要な事項を言うときごとに、直ちに朝鮮側へ伝達させる空間、倭館の日本人との通訳のための訳官の空間、港を出入りする日本の船舶の動態監察の空間であることを再確認し、一般民家の設置を禁止した。

任所は、任所―倭館を連結するだけでなく、ソウル―東萊―任所―倭館を連結する連結網の中の空間であった。これは、ハングル書簡でもよくあらわれる。一八〇五（純祖五）年十一月以後に作成されたハングル書簡を見ると、易地通信を要請する通信使請来差倭の応接、双方の交渉が交錯する状況を見出すことができる。一八〇五年十一月に倭館に来た通信使請来差倭は、易地通信の内容と一八〇九年（己巳）通信使派遣の内容が盛られた書契をもたらし、東萊府使鄭晩錫は、これについての状啓を上せた。ところで、すでに易地通信を秘密裡に推進したことで、五名の関連訳官が処罰された状況で

あり、さらに通信使請来の件は、すべて処罰を受けた訳官らが文書を偽造した状況から生まれたものであるので、朝廷では初めから差倭に対する応接も許諾しなかった。一八〇六年三月には、通信使請来差倭が倭館に来てから四ヶ月も過ぎたために、朝鮮の朝廷の論議の事項を待つ内容がハングル書簡に多い。書簡にはソウルの朝廷の便りを「京奇」といい、「京奇」の到着の如何を倭館側で苛立ちながら待っているので、これについて朝鮮の訳官らが知らせる内容が多い。

「京奇が今日までないので、このようにもどかしくてたまらないことはない。京奇があれば、夜中でもお知らせする」、
「京奇は今日までありませんが」、
「京奇はまだなく」、
「京奇は今日にでもあるでしょうか」、
「京奇があれば、一刻とて遅滞いたしましょうか」、
「京奇が今日明日にでもあれば、直ちにお便りいたしますので」

等である（史料42、史料43、史料47、史料48、史料50）。このような内容は、差倭の応接が許諾された後にも続いた。

差倭の応接を担当する京接慰官の東萊府到着が遅れると、これについての倭館側の問い合わせが、また続いた。倭館側の依頼によって任所の訳官らは別途の歩行（飛脚）をソウルへ送って便りを求めようとした。一八〇六年三月差倭応接に対する朝廷の決定が伝達されなかったため、任所ではソウルに遣わす人を雇用した。三月五日講定訳官玄義洵と訓導玄烒が小田幾五郎と牛田善兵衛に送った書簡には、歩行の賃金を倭館が素早く支給するように要請した内容（史料48）で、通事に伝達してくれるようにという内容であった。三月十四日には「京奇があれば一刻も遅滞しません。もどかしくて一昨日また歩行を派遣しました」という内容からソウルに送った歩行が帰ってこないと、講定訳官や訓導が再びソウルへ歩行を送った（史料50）。

このような事例は常にあったようだ。一八〇三年二月、通信使節目講定訳官に任命された朴致倹が来なかったため、

「景和朴僉知下来方　不審及遅滞候ニ付態々賃銀を呉れ
別飛脚内々遣し　都合返書相達候事」

として倭館では内密に人を送って朴致倹と直接連絡をとった（史料26）。倭館の日本人が朝鮮人を経由してソウルと直ちに連絡網を作ったという意味である。

以上の内容から見ると、東萊府を経由した公式の情報体系ではない私的情報体系が、任所を中心とする発着体系がソウル―任所―倭館の間で運用されていたことを示している。状啓、手本（しゅぽん）等の公式文書からは見いだせない連結網があり、任所が連結網の中心にあった。

3　交渉の空間

朝鮮の訳官がいる任所は、通訳の空間、情報を伝達する疎

通の空間であったが、直接日本人が任所にやってきて交渉する空間になることもあった。朝鮮の訳官らが倭館に行って、代官、裁判等と交渉をしていたのと同じ様相である。対馬側が重要と考えていた朝鮮の米、物品支給等の経済的問題、通信使等の外交問題が大きくなったとき、任所へ直接やってくる日本人が多かった。和暦一七一七年五月、倭館側が受け取るべき公作米の未収分と年条分がきちんと施行されないので、倭館の代官らが毎日任所へ行って二人の訳官（訓別）に向かって激しく督促したのが、良い事例[3]である。

史料58と**史料59**は、一八〇六年四月一日に講定訳官と訓導が倭館に送った書簡であるが、その内容を見ると、一日に倭館から二度、その返事として朝鮮の訳官が二度の手紙を送ったことがわかる。四通の手紙をやりとりするほど、空間的に近かったことを知ることができるが、それほどに緊急の状況を伝達するのもハングル書簡の役割であった。これも都合が悪ければ、日本人は直接任所を訪れた。易地通信推進の件で多くの訳官らが処罰された後、一八〇五年十一月に通信使請来大差倭が来ていたが、朝鮮朝廷は最初こそ拒否していたものの、一八〇六年三月に使節の応接を許諾した[4]。一八〇六年四月一日の手紙には朝鮮朝廷では差倭応接を許諾したものの京接慰官が来なかったため、倭館側はこれを調べるため任所に来るという内容となっていた。小田幾五郎が焦燥の気持ちで「毎日賓日軒にやってきて」別差に話をしたので、これを伝え聞いた講定訳官と訓導が返信した内容である。

一八〇六年、通信使請来大差倭に対する応接が許諾されたけれども、易地通信の決定の如何が解決していなかった。易地通信を許諾する内容が盛られた回答書契が差倭に伝達されない以上、差倭は帰ることができなかった。幕府に易地通信の件が報告されて、これが承認された以上、対馬と倭館の日本人らも易地通信を成し遂げるため、それ以上遅滞させる状況ではなかった。このような時期に日本人らは交渉、抵抗の空間として任所を選ぶこともあった。講定訳官玄義洵が小田幾五郎と牛田善兵衛に「お待ちくださり、無為に誠信堂に出て来ないようにしてください」と述べているものとか、「（倭館へ）下って行ってお目にかかってお話するはずのものをわざわざ任所に出て来ていらっしゃるとのこと」、「引き続き任所にお出ましになっておられるとのこと」（**史料72**、**史料82**、**史料84**[5]）等の手紙において、日本人らは自分たちの要求を積極的に主張し、伝えてくれという交渉の場所として任所を考えていた。

倭館側は、易地通信の事がうまく運ばないので、一八〇七年七月に闌出を試みた。通信使請来差倭の都船主藤格が一一〇名の日本人を率いて倭館を出、海からも飛船五隻に分乗して示威をおこなうことで、海と陸地両側から闌出した。釜山鎮と東莱府から将校と軍人を送って草梁の前の道で塞ぎ、朝鮮の訳官らは日本人らが倭館へ帰るように説得した。多くの日本人が倭館へ帰ったが、都船主とその他日本人五二名は任所に陣取って帰らなかった。倭館にいた日本人七二名がまた任所へやってきて、夜通し騒ぎ立てた。四日後に順次倭館へ帰った[6]。これは、朝鮮訳官が東莱と倭館の中間できちんと伝達しなかったことに対する不満があったためである。闌出した日本人らが任所を選択したのは、倭館と近く、平素親交のある訳官がいるためであった。釜山鎮まで進出できなくとも、朝鮮側に自分たちの意志を端的に示すためには、朝鮮の官庁を占拠するのが有効だと考えた。

二　「密かな」交流の結実、易地通信

1　易地通信使の継承、方法としての訓導職

ハングル書簡が日常的、親密に生産され、疎通と交流が可能な空間（任所）が確保されたとしても、易地通信を推進する主体がなければ、易地通信を成し遂げることはできなかった。易地通信を持続的に推進させるため、訳官たちが選択した方法は訓導職の継承であった。易地通信を主導的に推進している途中で死亡した訳官五名中四名は、すべて訓導を歴任したという共通点がある。四名は朴俊漢、朴致倹、崔国禎、崔珦で、朴俊漢－朴致倹（仮訓導）－崔国禎－朴致倹－崔珦の順に訓導を担当した[7]。

彼らは訓導と別差、別遣訳官と訓導等、共に釜山に滞在した経験がある互いによく知っている間柄であった。また、通信使派遣と関連して節目制定等を交渉する講定訳官の場合も、朴致倹－崔国禎が連続して任命された。特定職務によく知っている訳官が相次いで任命されたことは朴俊漢が推進した易地通信が持続可能であったことを意味する。さらに、このことを継続していくための訳官の努力と倭館側の支援も重要に作用していた。

易地通信と関連した訳官として最初に訓導として下来した者は、朴俊漢であった。朴俊漢は、一七九五年三月二十一日に東莱に来た。一七九五年九月に作成されたハングル書簡は、大部分朴俊漢と朴致倹がいっしょに書いたもので、朴致倹は当時訓導や別差の職にある者ではなかったが、東莱に滞留しつつ易地通信に関与していた。訓導であった朴俊漢が一七九六年八月に対馬に問慰行として派遣されると、朴致倹は仮訓導として活動したし、崔国禎が訓導に任命されて下来した後は、監董訳官になって東莱府にいた。さらに、崔国禎の任期の末期には再び別差になり、崔国禎が任期を終えた後には、再び訓導になった。朴致倹は、訓導の任期中に別差の崔珦とともに業務をおこなった。一八〇〇年九月に書いた訓導朴致倹の手紙に「旧別差様（崔珦）も今ではその御用に関わる人ですので、館中の話が外向き（朝鮮側）に出るか、心配しましたが大丈夫でした」（**史料19**）と書かれていることから、

訓導と別差の着任

訓導	別差	出　典	備　考
朴俊漢	崔国桓	『倭館館守日記』（日本　国会図書館）	1795.3.21　朴俊漢　東莱　赴任
朴俊漢	趙完澤	『典客司日記』1796.6.19	1796.8　渡海歴官（問慰行）朴俊漢 1798　倭館公幹竣事として朴俊漢　東莱府　派遣
朴致倹（仮訓導）		『典客司日記』1796.6.21	『辺例集要』巻11 館宇、丁巳、1796.11～1797.5の間、倭館修理、朴致倹は監董訳官
崔国禎	趙完澤	『典客司日記』1796.8.30	
崔国禎	朴致倹	『典客司日記』1797.6.3	
朴致倹		ハングル書簡［54-5-2］1798.11.30	朴致倹　東莱　赴任 「報告書」、518-519頁⑧
朴致倹	崔珣	『典客司日記』1799.9.3	
朴致倹	洪達洛	『典客司日記』1799.9.9	
朴致倹	洪達洛	『典客司日記』1801.2.30	
崔珣	金麗河（仮別差）	『典客司日記』1801.5.3	
崔珣	玄烒	『典客司日記』1801.8.27	
崔珣	閔鼎運	『典客司日記』1802.12	
玄烒	閔鼎運	『典客司日記』1803.1.23	『典客司日記』1803.1月　朴致倹は通信使節目講定訳官となる
玄烒		『倭館館守日記』（日本　国会図書館）1803.2.1	『典客司日記』1805.1.11 通信使節目講定訳官　朴致倹が死亡（死亡日は1804.12.21）すると、崔国禎が講定訳官となる 崔国禎は1805.5配流される。後任の講定訳官は玄義洵

利害関係が一致する訳官同士で秘密を共有していたことを知ることができ、これは、倭館内部の日本人も同様であった。

朴致倹に続いて崔珦が訓導に任命されるとき、双方が訓導職にどれほど関心を払ったかが、ハングル書簡を通じてもわかる。一八〇〇年十月頃、司訳院では、朴致倹の後任として猷性（猷聖）金徽重の名前が噂となっていたようである。崔珦は小田幾五郎に手紙を送って、自分が朴致倹の後任に就くようにと支援を要請した。手紙のあらましは、

①　訓導と別差、差備訳官をみな館守家に呼んで、金徽重が訓導になってはならないということを司訳院に知らせてほしいと依頼してほしいという点、

②　日本人が金徽重に対面しないでこそ両国間の大事が順調に成功することを日本側が深慮してほしいという点、

③　金徽重が訓導にならなければ、崔珦自身が訓導になるだろうから、周旋を着実にしてほしいという点、

④　この手紙を前訓導の崔国禎といっしょに作成しているのだが、自分が訓導にならなければ国事の計策を立てがたいという点、

⑤　現訓導の朴致倹は、金徽重が次期訓導に就任しないようにという運動を中止にしたいと言い出しているが、いまさらこの事はやめるわけにはいかないという内容を小田幾五郎から朴致倹に伝えてほしいという点、

⑥　このような内容は、すべて秘密にし、手紙も火にくべて燃やしてほしいという点、

⑦　朝鮮から倭館にわたさなければならない物品（単物）中の未支給分を金に代えてわたすという点

等であった。

この手紙は、崔珦が直接書き、訓導になりたい個人的な欲望をあらわにした。また、この手紙は、秘密維持のために火にくべて燃やしてくれと頼むことも忘れない、極めて私的なものであった。しかし、崔珦が訓導にならなければならない名分として国事を取り上げることでもって倭館側から支持してくれるよう希望した。倭館側から朝鮮の訳官を通じて司訳院へ意思表明をすれば、司訳院では外交関係を考慮して日本側の要請を無視することはできなかったであろう。崔珦が、自分が訓導にならなければ両国間には大事が降りかかるであろうと、手紙の中で何度も反復している点は、おそらく易地通信と関連が深いと考えられる。崔珦は、このような努力の末に朴致倹の後任の訓導になった。

2　「密かな」交流の諸様相

易地通信が公式的に朝鮮側に提起されたのは、一七九一年十二月にやってきた通信使議定差倭平暢常が持ってきた書契であった。日本の内部では、すでに十八世紀前半の新井白石から易地の必要性が提起されたことがあったが、朝鮮へ通知されていなかった（岩方久彦二〇一四年、四八頁）。

朝鮮の朝廷の内部では、易地通信に関しては反対が多かったが、省弊の次元から通信使の問題を再考することについては賛成の見解があった。十八世紀後半から朝日関係の中で省弊は通信使派遣においてのみ取り上げられたわけではなかった。積弊を整理して、一八〇九年、問慰行が対馬で提出した「省弊節目」を見れば、省弊は朝鮮と朝鮮の民の負担を減らすことと、既存の約条に違反する弊害的行為を減らすことを共に含んでいた。山蔘の枯渇と礼単蔘の不足、礼単蔘の品質低下による点退、公木の点退による経済的負担を減らすことと、朝市での乱雑行為、密貿易の盛行、倭館の無断出入り等を減らすことであった。前者は、儀礼維持のための経済的負担を減らす実用的要請であり、後者は、国家の視線から見れば、不法、脱法であるが、それほど両国の関係が多様で多層的に進行しているという点を物語る。すなわち、約条として規定された中世的秩序を揺り動かす十九世紀朝日関係の様相を示している。

易地通信推進に加担した者たちは、省弊という良い趣旨をもって易地通信を推進するのではあるが、朝廷の公論が定まっていない状態で、公式に推し進めることはできなかった。これは、訳官の報告を受けた東莱府使、ソウルの朝廷の大臣も同様であった。したがって、ハングル書簡に所々に見えるように、「密かに」手紙をやりとりしながら、倭館の通詞と疎通をおこなっていった。ハングル書簡で、「密かな」痕跡を調査すれば、次項のごとくである。

ハングル書簡には、表に示されたもののほかにも、極めて私的な表現が多いが、手紙をやりとりする当事者たち同士で秘密を共有しようという表現が多い。秘密を維持しようという手紙の内容にもかかわらず、都合が悪ければ詳しいことは会って話そうというなど、秘密の交流をおこなった。

3　発覚した「密かな」交流

任所と倭館の間で、秘密の内容を含んだハングル書簡が往復するにつれて、易地通信は静かに推進されていくように見えた。朴俊漢が一七九六年十二月、問慰行に行って帰って来た後、作成した別単の最後の条項は、対馬の奉行らが「通信使を延期したのが、すでに一〇年になったため、直ちに通信使を要請するだろう」と言ったことを伝達するものであった。[9]

このことがあった後、一八〇二年十二月、東莱府使徐有錬は、一八〇七年に予定された通信使派遣のために対馬側から講定使として旧館守を任命したという内容の状啓を送った。朝廷では、通信使節目の講定のことは通信使派遣の一〜二年前におこなうのが慣例であるのに早すぎると言いながらも、対馬側の要求を承諾し、講定訳官を東莱府に派遣することに決定した。[10] 徐有錬は、また、新・旧館守から当時までの礼単蔘の点退と未支給分の話を聞き、これを朝廷へ報告した。朝廷では、このことによって礼単蔘の準備を担当していた倭学

宗家文書一紙物中ハングル書簡に見える私的内容

史料番号	管理番号	手紙の作成日	手紙の内容
1	815-6-6	1795.9.28	この度、士正朴正が（東莱に）下来する時に朝廷の大臣が秘密に付託なさったことがあるので
			江戸から手紙が来れば、すべての事を速やかに挙行し、また、この事の周旋は、他人を衆議に加えないのが良い
			真文官の輩が来ても、秘密に相議をなす事
			東萊府使にこの意を密かに申し上げたところ
4	815-6-13	1795.9	史料1［815-6-6］とほぼ同一
5	1123-157	1795.9	私が訓導に当たって下来の時に、朝廷の大臣方におかれて秘密に仰せ付けられたことには（中略）この意を倭館館守様とご貴殿にだけ言いますので、どうか他人には知られないようにしてください
6	1692	1795.9	史料5［1123-157］と同一
7	41-6	1795.10.18	ご覧になってすぐに消去してください
11	41-1	1797.4.11	このように便りをすることを館中、館外になにとぞなにとぞ他言なさいませぬように
19	1046-11-5 2-2-1/2	1800.9.10	そのようなお話が出ない（もれない）ようにご用心なされませ
			この後は出ていく（任を離れる）人にでも話が出ない（もれない）ように注意してください
20	1123-161	1800.10.24	この手紙へのお返事はなさらないでください。もしかして漏れるのではないかと心配です
22	41-12-1/2	1801.3.7	館中の話が外向き（朝鮮側）に（もれ）出ることが多いように思いますので、どうかどうか、しかと言いつけられて、言葉を慎ませてください。世の中万事、患いは疎忽より生ずると言いますので、どうかどうか、万事に注意なさり、問題が起こらないようにしてください。その他のことはお目にかかって話します
23	821-3	1802.11.23	あまりに細かいことを言うのは体面においてよろしくないので、やりとりの際に詳しく言うことにし、口伸は、概略のみ述べよう
40	61	1805.6.22	このように密かにお知らせいたしますので、ご明察ください。／乙丑六月二十二日　無名氏頓／人心はわからないので、これともかく手紙だから（手紙で連絡しているから）話はしていないので、又得に告げないでください
63	48-11	1806.4.14	茶礼の話はどうか別差様や他の人におっしゃらずに

訳官らを罪に問うた。この時、杖罪を受け配流された訳官が前任の訓導の崔珦と別差の閔鼎運であった。崔珦は、易地通信と関連した本格的な調査がおこなわれる前に、すでに配流地の全羅道長興にいる状況であった[11]。

一方、通信使派遣のため一八〇三年一月、講定訳官が東莱府へ行っても事態が進捗しないことを、朝廷において疑い始めた。一八〇三年－一八〇五年、通信使節目講定訳官であった朴致儉と崔国禎が、それに該当した。その時までも、朝廷で決定された状況は、江戸へ行く通信使であって、朴致儉と崔国禎は易地通信へと朝廷の公論が変更される時までは、講定を完了することができない状況であった。それで、彼らの通信使講定が遅延している責任を問うて、講定訳官を処罰するに至った。一八〇五年五月、朴致儉はすでに死亡した状態であった。五月二十九日、義禁府では、東莱にいる崔国禎を咸鏡道明川府の定配所へ押送することを要請し、王の許諾が下った[12]。

崔国禎のあとを継いで、六月三日、講定訳官に任命されたのが、玄義洵であった。玄義洵は旧館守から書契が偽造されて推し進められた易地通信というものがあるということを知り、これを知らせた[13]。東莱府へ按覈使尹命烈が派遣されるにおよび[14]、「密かな」交流が明るみに出た。

按覈使尹命烈は、一八〇五年七月七日、ソウルを出発した[15]。備辺司で事前の情報を聞いた尹命烈は、まず全羅道長興に配流されていた崔珦と咸鏡道明川に配流されていた崔国禎を捕えて、取り調べをおこなった[16]。

一八〇五年八月、尹命烈が朝廷に報告した内容は、以下のごとくである。

①　易地通信、すなわち、議聘の時の費用が必要になることがあるという要請のために、庚申条（一八〇〇年）の公木代銭二万三千余両を手形で貸出を受け、その内、七千両は崔国禎が、一万六千余両は崔珦が受け取った。

②　朴俊漢、朴致儉、崔珦、崔国禎、金亨禹の五名の訳官が一七九五－一八〇五年の一一年間、易地通信の事で、礼曹・東莱府・釜山鎮の書契を偽造した。

③　偽造書契を書いた者は東莱府に住む朴潤漢であり、偽造書契に押した図書（はんこ）を作った者は商賈の金漢謨で、使喚通事の金武彦も関わった[17]。

彼の報告には訳官と東莱府の人ばかりで、訳官らに易地通信の推進を指示した朝廷の大臣は一言も言及しなかった。訳官の一部が賄賂欲しさという私利私欲から易地通信を推進したもので、ここに一部東莱府の人が同調した事件として扱った。

按覈使尹命烈の報告に対して、朝廷では報告で言及された者たちの処罰だけにとどめた。ところが、すでに死亡した訳官に対してはその息子らに罪を問い、生存している者たちは極刑で処罰した。朝廷で決定した内容は、以下のごとくである。

①　まず最初に主導した首悪の朴俊漢・朴致倹と、連名で加わった金亨禹は、国法を加える前に、鬼誅に至ったので、実に腹立たしく、口惜しい。

②　朴俊漢と朴致倹の諸子には、発配（散配）の罰典を施行する。

③　書契を偽造した崔珦と崔国禎、書契を書写した朴潤漢、図書を刻した金漢謨は、按覈使をして、東萊府使とともに、軍威（軍隊の威厳）を大いに備えて、倭人が見ている倭館門外で梟首せしめる。

④　直接賄賂を仲介した金武彦は、厳刑の後、減死して絶島に定配する。

⑤　崔珦等が賄賂として受け取った公木は、直ちに徴収して日本人に返す。

⑥　按覈使は、罪人に対し法を執行した後、報告すること。[18]

『承政院日記』には、朝廷の処罰決定以後、刑の執行についての状況も詳細に記録されている。

①　一八〇五年九月六日午時に、崔珦、崔国禎、朴潤漢、金漢謨の四名は、草梁の前の道で梟首された。

②　使喚通事の金武彦は、厳刑一度の後、全羅道康津県古今島に減死定配した。[19]

③　朴俊漢の息子の朴思勉は平安道熙川郡、朴致倹の息子の朴命淳は全羅道羅州牧をそれぞれ定配所として、直ちに押送せしめた。[20]

④　漢城府の帳籍を調査すると、朴俊漢には三名の息子（朴思勉・思勖・思勤）がソウルにおり、また、一人の息子の朴思協が東萊府に住んでいる。朴思勖はすでに死んでおり、朴思勉は只今配流地へ送ったところであるが、朴思勤は全羅道霊巌郡、朴思協は咸鏡道文川郡の定配所へ送らしめた。

⑤　朴致倹の息子の朴命淳はすでに配流地へ送り、戸籍に載っていない息子の朴完孫がいるが、年が十歳未満なので、（定配せず）暫時そのままにしておいた。[21]

最後の刑の執行は、このようになされた。按覈使尹命烈が九月十一日、国を欺いた罪人崔国禎と崔珦、書契を偽造した罪人朴潤漢、図書を偽造した罪人金漢謨を梟首したと報告すると同時に、[22]按覈使派遣二ヶ月にして、訳官らが推し進めていた易地通信の事が終わった。

4　訳官の解明

一八〇五年九月、大々的に易地通信に関連した訳官らが処罰されたが、これを経験した崔珦は、すこし異なった立場を表明している。一八〇五年六月二十二日に書いた崔珦の手紙からは、差し迫った当時の状況を知ることができる。崔珦の手紙の内容は、次のごとくである（**史料40**）。

①朴俊漢と朴致倹は御用を主掌し、崔国禎と自分はそのあと関係した。

②朴俊漢が別遣訳官として（倭館に）来て、朝廷の申し付けとして、通信使行を一〇年延期してくれたら、一八〇七年に通信使行を対馬まで行くようにしてやると約束した。

③朴致倹と崔国禎は、当時（一七九七年－一七九八年）任官であったため、朴俊漢が日本側に言った話を大体知っており、朴俊漢が御用を主管していたため、両名は反対できなかった。

④崔珦は一七九九年に倭館に来たため、この事には参与しなかった。

⑤一八〇〇年条の公木を受け取ったのは、贈物ではなく、日本の江戸から要請した生蔘五～六斤の代金として受け取ったのである。

⑥朴俊漢の話を表立つようにしてこそ、御用が順調に成し遂げられるだろう。

この手紙は、崔珦が一八〇三年の礼単蔘の未支給の件で配流された後、易地通信に対する調査が始まったことを聞いて小田幾五郎に送ったものである。再び処罰されるかも知れないという恐れの気持ちから、自身は易地通信と関係がないということを積極的に表明している部分が多い。この手紙は、配流地から日本人の通詞に、それも過去にとりおこなわれた易地通信の状況はもちろん、自身が無罪であることを、朝鮮側の講定訳官に述べてくれというものであったので、手紙の内容の中にも「内外に弟同然の間柄でも（手紙の内容を）お知らせにならずに、この手紙はすぐに火にくべてください」と述べるほどに、とくに私的で秘密のものであった。さらに、手紙の内容が発覚しないように、一二片に分けて書き、一二片を順序通りにきちんと配置しなければ、意味が完成しないようにした。手紙は、崔珦が死を予感するほどの心情から生まれたものであった。極めて主観的な内容である可能性はあるが、彼が経験した易地通信は、官纂の記録と比較すれば、大きな違いがある。

朴俊漢が別遣訳官として易地通信を推進していたとき、朴致倹と崔国禎は訓導と別差、すなわち任官であったため、事情をよく知っていたであろうが、上役の朴俊漢が推し進める事に反対することができなかったという立場を示したのである。すなわち、朴俊漢が易地通信を主導したと見る点は、官纂記録も崔珦の手紙も同じである。朴俊漢は、どうして易地通信を主導しつつ、その危険を甘受したのであろうか。賄賂のためであったのだろうか。

朴俊漢は、一七九五年三月、倭館の訓導として東莱府に来た。以後、一七九六年八月、問慰行になり対馬に行った。賄賂として受け取った銅鉄二千斤はこの時受け取ったものであった。[23]ところが、朴俊漢の話は異なっている。彼が訓導としている時に小通事にわたさなければならない捄弊銭千両を病中にすべて使ってしまって、困難な状況におかれることになった。それで朝鮮の訳官に頼んで、倭館へ支給する公木銭をまず自分に貸してくれと言ったが、断られて倭館にいる小田幾五郎に依頼をした。倭館館守によろしく伝えて代官が管理している銅鉄を自分に貸してくれたら、今差し迫った問題を解決することができ、借りたものは問慰行に行って来た後に返すようにするというのである。朴俊漢が問慰行に行って来た後に返すといったのは、対馬へ行った時に生じる貿易の利益であるのか、問慰行が行けば対馬から通常支給していた謝礼であるのか、仕事を頼むための対馬側の賄賂であったのか、明確に知ることはできない。易地通信のために受け取った賄賂であるとすれば、問慰行として行った時に受け取った銅鉄二千斤は返す必要のないものであった。また、彼が易地通信を主管しているときに、書契を偽造したことについては、彼は如何なる名分と責任によって偽造が可能であったのかについて疑問をいだく。

日本の易地通信の意図が朝鮮に伝えられた後、朝廷の一角では、以前の通信使とは異なり、江戸ではない他の所へ派遣することがありうるという論議が交わされた。省弊は民の負担を減らそうとするもので、両国共に懸案と位置付けられていたためである。したがって、倭館をはじめとした朝日関係の現場を知っていた訳官らは、省弊の問題は、両国共に必要な措置であったことはよく知っていたであろうし、省弊の件を成就させれば通信使の問題も解決されるだろうと考えていた。だからといって、訳官らだけが論議して易地通信が押し進められたわけではなかった。

崔瑀の手紙には、朴俊漢が「朝廷の申し付け」によって易地通信を推し進めたと述べている。朴俊漢と朴致倹が連名で書いた手紙にも、

「両国省弊の道を尽力周旋なさるよう願い奉り」、

「朝廷の大臣が秘密に付託なさったことがありますので」

という言葉を伝えている。また、

「東莱府使にこの意を密かに申し上げたところ、朝廷の意向もそのようであるので、私に両国省弊の便宜をはかれとおっしゃったこともあり、また、近頃議聘の事で江戸のとも順調になったので、両国和好の意は幾久しく盛んにして、この時の周旋を肝煎れと仰せになるので、（倭館）館守様に細々と告達なさり、順調に成立に帰すれば、まことに幸甚に存じます」（史料１）

と、朴俊漢と朴致倹が倭館側に伝えたということは、東莱府使（尹長烈）と朝廷の官吏も承知している省弊および易地通信関連の状況を訳官が推し進めたということがわかる。

さらに、朴俊漢の問慰行帰国報告以後、易地通信は、朝廷で本格的に論議された。右議政尹蓍東は、「通信使請来差倭が直ぐに来るだろう」という訳官の報告に言及しながら、信

蔘の準備を心配し、正祖は、対馬から通信使を要請するというのはうわさなのか、明確なものなのかを質した。尹蓍東は、通信使派遣のためには大差倭が来るはずで、差倭が来れば、また礼単蔘が必要だろうと述べた。この時、戸曹判書李時秀は、通信使が対馬に来るものと限定すると言ったのは、対馬島主の狡猾の言であろうと述べた。正祖は、「通信使が江戸に行くのは約条である」と言った。正祖は、省弊のために易地通信の必要性は理解するが、約条に合わないという理由で、通信使派遣を四～五年延期することを指示した。(24) 右議政尹蓍東の場合は、訳官らの言う易地通信を朝廷で公論化し、これを擁護する発言もおこなった。このような朝廷の雰囲気と正祖の反応等は、訳官らに伝えられ、直ちに倭館へ伝えられた。

しばらくしてのち、「東萊公幹竣事」の事で、別遣訳官が派遣されたが、この時、別遣訳官に任命されたのが朴俊漢であった。(25) 朴俊漢は、別遣訳官として東萊府に滞留しているときに健康が悪化して、一七九九年一月六日に釜山で病死した。朴致倹は、訓導に任命されて一七九八年十一月三十日に東萊府に下来し、一八〇一年二月頃までいた。(26) そして、一八〇三年一月に通信使節目講定訳官になって、再び東萊府にやってきた。(27) 朴致倹もまた、易地通信を成し遂げえず、和暦一八〇四年十二月二十一日、東萊府において死亡した。(28) 朴俊漢と朴致倹に続いて、訓導を歴任した崔国禎と崔珚は、同じく賄賂の罪と書契偽造の罪に処せられた。すでに礼単蔘の問題で、一八〇三年に配流刑を受けた崔珚は、首謀者は朴俊漢であり、それも朝廷の命に従ったものであることを、日本側から朝鮮側に積極的に伝えてくれと言った。また、自分が公木銭を賄賂として受け取ったことについては、日本から依頼された生蔘の代金として受け取ったものだと言ってくれと言った。何よりも上役である朴俊漢が朝廷との関係の中で推し進めた易地通信を、後任者の朴致倹、崔国禎、崔珚がどうして反対することなどできたであろうかと、披瀝してもいる。

結局、一八〇五年九月、易地通信推進に参与していたすべての人々に厳刑が下され、易地通信の事は再び後任の訳官の玄烒、玄義洵、崔昔によって推進された。玄烒は一八〇二年十二月に訓導になり、玄義洵は一八〇五年六月に講定訳官に、崔昔は一八〇六年十一月に別差になった。(29) 一八〇九年、問慰行に玄義洵、崔昔が派遣され、一八一一年、易地通信使として玄烒、玄義洵、崔昔が派遣されることでもって、一八〇五年前後に倭館で活動していた任官らが易地通信を完成させた。

結語

一八一一年、通信使は二五年の紆余曲折を経て成し遂げられた。名分よりは「易地」という実利をより考慮した朝日外交の始まりであった。このような変化は、両国の政治的、経済的、社会的状況から招来されたのであるが、このような変化を可能にしたのは、ボーダーにおいて両国をつなぐ訳官らであった。

訳官が残したハングル書簡は、十八世紀後半から十九世紀初半までの変化の諸相をそのまま反映している。

発信者の大部分は朝鮮側の訳官で、受信者の大部分は小田幾五郎と倭館の通詞らであった。ハングル書簡は、単に安否を問うものから、正式の公文書を生産するための中間過程の確認文書、公文書の草案が盛られた文書、事を成し遂げるための談合的性格の文書、公的・私的な内容をすべて含んだ曖昧模糊とした性格の文書まで、その類型と内容が多様である。

国家の大礼を変更する問題であるので、公式化する前には、誰一人表立って推進することのできなかった易地通信であった。ハングル書簡には、易地通信の賛否の如何が朝廷で確定する前に、両国の訳官・通詞らが秘密を維持しつつ推進した諸事が残っている。このような訳官・通詞らの密かな交流が可能であったのは、倭館近くに位置した朝鮮の訳官の空間である任所があったためである。任所には訳官だけが居住することができたために、彼らの間のネットワークを構成しやすく、秘密の共有も可能であった。さらに、任所は、倭館を統制し監督していた東莱府や釜山鎮の官衙と一〇里~三〇里の距離にあって、両国の訳官・通詞の間の疎通をある程度隠蔽することもできた。したがって、一日に何度も書簡が行き来し、日本人が倭館の塀を越えて任所へ出かけ、対面して交渉をすることもできた。

任所において最も高い地位を持ち、倭館側との外交交渉において一番先頭の位置をしめたのは訓導であった。易地通信が朝鮮の朝廷に公式に伝達された後、訓導は省弊のための易地通信についての意味を把握し、朝廷の論議が展開される方向を考慮した。しかし、易地通信が確定する前には、朝日間の誰も公開的に関連の事を推し進めることはできなかった。したがって、朴俊漢、朴致倹、崔国禎、崔珦は、訓導職をリレーするように易地通信の事を継承し、秘密を維持した。対馬からも、易地通信は島の死活にかかる問題であったために、易地通信に関連した支援を惜しまなかった。倭館を通じて、訓導を支援し、時には訓導になる者を朝鮮側から推薦することもあった。

だからといって、訳官内部においてだけ事を推し進めたわけではなかった。国王正祖もまた省弊のためであれば易地が必要であるという可能性を鑑みた状況であって、朝廷の一角からは易地通信のための指示を訳官らに下した。朝廷の申し付けという名分も備え、倭館の支持もある状況において、易地通信は一〇年以上推し進められた。

密かに推し進められていた易地通信は、後任の訳官によって発覚した。一八〇五年、訳官五名等八名に下された死刑、配流等の処罰は、易地通信を推進した訳官を賄賂授受と書契偽造の犯人に仕立て上げた。彼らは個人的欲望にとらわれて、日本の手管に乗せられた訳官と見做された。彼らが作成したハングル書簡には、易地通信を推進した公的立場、易地通信を確定するために私的で密かな交流をしなければならなかった理由が盛られている。一八〇五年九月、訳官に下された過酷な処罰は、一八一一年の易地通信を成就せしめた、紆余曲折の一様相であった。

本稿は多くの訳官犠牲者を出したことに注目したあまり、一八〇五年九月以後から一八一一年まで易地通信が実際的に推進された状況は考察できなかった。また、本稿は犠牲になった訳官の視線から記述したため、易地通信の要求に対応する朝鮮朝廷の論議を後日に委ねた。今後、一八〇五年九月以後に展開された朝鮮朝廷次元の外交的な対応を具体的に論証できるならば、易地通信と関連する朝鮮の主体的な努力が考察できると予想している。

（日本語翻訳は岸田文隆・池赫・松原孝俊が担当した）

注

（1）本論文で史料＋数字で表記したものは本書に収録されるハングル書簡の史料番号を意味する。

（2）長正統（一九七八年）、김주필・岸田文隆（二〇一二年）、정승혜（二〇一二年）他、多数の論文。

（3）御米入方之儀、未収年條共ニ随分催促仕候得共（中略）御代官中幷権右衛門儀毎日坂下江差越　尤兩譯茂召寄　嚴敷催促仕事ニ御座候（「享保二丁酉　五月十八日之書状」、『分類紀事大綱　十』（國史編纂委員會、『分類紀事大綱　Ⅱ』、二二三－二二四頁）

（4）『純祖実録』純祖六年三月十日

（5）大通詞小田幾五郎牛田善兵衛就御用坂の下え罷越候段相届（『倭館館守日記』文化四（一八〇七）年一月三十日

（6）『辺例集要』巻一三、闌出、一八〇七年七月

（7）易地通信を推進した訳官が倭館で活動した時期に限って表を作成した。

（8）長崎県教育委員会（二〇一五年）

（9）『典客司日記』正祖二十一年一月（回辺渡海訳官折衝将軍行龍驤衛副護軍臣崔昌謙　折衝将軍行龍驤衛副護軍臣朴俊漢　展力副尉行忠武衛副司猛臣林瑞茂別単。〝臣等留馬島時　奉公等来言曰　関白承襲之初例当邀請信使　而以民力之不敷　尚未挙行　今至十年之久　則不可一向延拖　又有江戸之令故　明春島主　入往江戸而還島後　即為請信行　予為通告云云為白斉〟）

（10）『備辺司謄録』純祖二（一八〇二）年十二月二十七日、『典客司日記』純祖三（一八〇三）年一月十日

（11）『承政院日記』純祖三（一八〇三）年二月九日

（12）『承政院日記』純祖五（一八〇五）年五月二十九日

（13）『辺例集要』巻一四、雑犯、乙丑（一八〇五年、純祖五年）、六月。旧館守源暢明が玄義洵に言うことには、朴俊漢が一七九六年問慰行（渡海訳官）として対馬に来た時、対馬にて通信使を応接することを必ず成就せしめると言い、銅鉄二〇〇〇斤と各種の物貨、対馬側の文書を受け取って行き、その後の事は、朴致倹を通じてすべて成し遂げられたと述べた。その後、崔国禎と崔珦が易地通信を推進するという名目で、また、庚申条（一八〇〇年）の公木代銭を受け取って行ったと述べ、彼ら四名の訳官の口伸手書がすべて一貫しており、また、根拠になると述べた。

（14）『典客司日記』純祖五（一八〇五）年、『純祖実録』純祖五（一八〇五）年七月六日

（15）『純祖実録』純祖五（一八〇五）年七月六日、『承政院日記』純祖五（一八〇五）年七月七日

（16）『承政院日記』純祖五（一八〇五）年七月二十四日・八月十四日。

崔珦は伝教に従って七月十三日、東莱府へ押送され、崔国禎は八月二日、押送された。

(17)『辺例集要』巻一四、雜犯、乙丑（一八〇五年、純祖五年）、八月

(18)『辺例集要』巻一四、雜犯、乙丑（一八〇五年、純祖五年）、八月：『純祖実録』純祖五年八月二十八日：『備辺司謄録』同日：『承政院日記』同日：『典客司日記』同日。訳官の処罰内容は、鄭丞惠の論文（二〇一二年）にも一部紹介されている。

(19)『辺例集要』巻14、雜犯、乙丑（一八〇五年、純祖五年）、九月：『純祖実録』純祖五年九月十一日：『典客司日記』同日。『承政院日記』には、金武彦が全羅道珍島郡南桃浦に減死定配されたとある（『承政院日記』純祖五（一八〇五）年九月一日）。

(20)『承政院日記』純祖五（一八〇五）年九月一日

(21)『承政院日記』純祖五（一八〇五）年九月三日

(22)『純祖実録』純祖五（一八〇五）年九月十一日

(23)『辺例集要』巻一四、雜犯、乙丑（一八〇五年、純祖五年）

(24)『日省録』正祖二十一（一七九七）年二月十日

(25)『典客司日記』正祖二十二（一七九八）年。別遣訳官についての礼単支給については、十月十二日に論議されているので、別遣訳官は一七九八年十月十二日以後に派遣されたことを知ることができる（『典客司日記』正祖二十二（一七九八）年十月十二日）。

(26)『典客司日記』純祖一（一八〇一）年二月三十日

(27)『典客司日記』純祖三（一八〇三）年一月

(28)一紙物［史料番号54-1-5］文化一年甲子（一八〇四年）十二月二十一日（対馬歴史民俗資料館所蔵）

(29)崔昔が別差として活動するのは、『典客司日記』純祖六（一八〇六）年十一月以後の記録である。十月までの別差は丁楽升であった。

参考文献

『朝鮮王朝実録』、『備辺司謄録』、『承政院日記』、『日省録』、『典客司日記』『辺例集要』、『同文彙考』、『増正交隣志』、『東莱府誌』、『倭館館守日記』（日本・国立国会図書館）

『分類紀事大綱』（国史編纂委員会）、『東槎録』（柳相弼）、『草梁話集』（小田幾五郎）、『交隣提醒』（雨森芳洲）

著書及び博士学位論文

三宅英利 著、손승철 訳『近世 韓日關係史 研究』、이론과 실천、一九九一年

岩方久彦『一九 세기 朝鮮의 對日 易地通信 研究』、高麗大学博士学位論文、二〇一四年

양흥숙『조선후기 東萊 지역과 지역민 동향-倭館 교류를 중심으로』、釜山大学博士学位論文、二〇〇九年

田保橋潔『近代日鮮關係の研究』下、朝鮮総督府中樞院、一九四〇年

論文

김동철「一七～一九세기 東萊府 小通事의 編制와 對日活動」、『지역과 역사』一七、二〇〇五年

김동철「조선후기 통제와 교류의 장소、부산 왜관」、『한일관계사연구』三七、二〇一〇年

김주필・岸田文隆「對馬島 宗家文庫 所藏 한글書簡類의 性格과 特徵」、朝鮮学会発表資料、二〇一二年

岸田文隆「対馬宗家文書朝鮮語ハングル書簡類の解読作業について」、『국어사연구』一八、二〇一四年

岩方久彦「一八一一年 對馬島 易地通信研究：기미책을 중심으로」、『한일관계사연구』二三、二〇〇五年

윤유숙「〝省弊節目〟을 통해 본 一九세기 朝日통교와 왜관」、『동아시아 속의 한일관계사』、제이앤씨、二〇一〇年

이승민「조선후기 대일무역상의 폐해와 己巳約條（一八〇九）의 체결」、『한일관계사연구』二二、二〇〇五年

長正統「倭学訳官書簡よりみた易地行聘交渉」、『史淵』一一五、一九七八年

정성일「易地聘禮 실시전후 對日貿易의 동향」、『經濟史學』一五、一九九一年

정승혜「朝鮮通事가 남긴 對馬島의 한글편지에 대하여」、『어문논집』六五、二〇一二年

정승혜「한글 簡札을 통해 본 近世 譯官의 對日外交에 대하여」、『대동한문학』三七、二〇一二年

정장식「一八一一년 易地通信과 通信使」、『日本文化學報』二六、二〇〇五年

허지은「근세 왜관 館守의 역할과 도다 다노모（戸田頼母）」、『한일관계사연구』四八、二〇一四年

＊本論文は『韓日関係史研究』五〇輯（韓日関係史学会、二〇一五年）に掲載された「対馬島易地通信と訳官、その〝儀礼的〟関係と〝密かな〟交流の間隙」を修正したものである。

近世後期対馬藩の朝鮮通詞

酒井雅代

はじめに

近世日本は、限られた場所で外交・貿易をおこなうことで対外関係を管理していた。その中で、唯一、外交関係を結んだ国家が朝鮮である[1]。日朝間の日常的な外交折衝は、朝鮮釜山におかれた対馬藩の出先機関、倭館[2]でおこなわれた。その際、外交の事前折衝をおこなったのが、朝鮮通詞（以下、通詞[3]と表記）である。

対馬藩の通詞は、単なる通訳官にとどまらない。倭館を統括する対馬藩上級藩士（館守）が記した『倭館館守日記』[4]をひもとくと、通詞が、朝鮮の日本語通訳官である倭学訳官[5]（以下、訳官と表記）と、館守の同席なく話し合ったり、倭館外にある訳官の宿所を訪れたりしていることがわかる。通詞は、対馬藩や倭館館守の指示を受けながらも、「中間ニ而宜ク取扱[6]」うことを期待されていた。つまり通詞は、日朝間の問題を解決に導く、いわば下級外交官ともいうべき存在であり、館守・裁判[7]・一代官[8]など朝鮮業務にかかわる藩士と並んで、町人身分でありながらも「隣交之義ニ付、通詞より切要成役人ハ無之[9]」ものと見なされていた。

このように通詞は重要視されていたが、もともとは、朝鮮貿易にかかわることで語学力をつけた町人層を、藩が御用に応じて利用したものであった。藩儒雨森芳洲の建議を経て、藩が自ら通詞の養成をおこなうようになったのは、一七二七（享保十二）年のことである。

それまでの経緯や通詞養成の内容については、すでに田代和生[10]や米谷均[11]が詳細に明らかにしている。また、その養成が近代初期の朝鮮語教育につながる点は、松原孝俊・趙眞璟が論じている[12]。明治初年の朝鮮語教育については、大曲美太郎や小倉進平など戦前からの成果がある[13]。

通詞の具体的な活動については、米谷均[14]が十八世紀末の朝鮮信使の易地聘礼交渉期[15]を対象に、木村直也[16]が近世後期や幕末の事例を素材に、それぞれ通詞の情報収集について述べている。両論稿で取り上げられた小田幾五郎という通詞は多くの史料を残したが、鶴田啓がその史料の一部を紹介している[17]。そのうち、訳官から通詞へ送られたハングル書簡については長正統[18]が検討している。一方で、通詞の残した著作については、近年、大韓民国で多くの研究が発表されており、たとえば箕輪吉次や小幡倫裕などの研究[19]が挙げられる。しかし、その関心は、通詞の朝鮮・朝鮮文化認識に集中している。

つまり、これまでの研究は、近世中期の藩による通詞養成に焦点があてられており、その後については、小田幾五郎という通詞個人の活動や朝鮮文化認識といった、特定の問題に関心が収斂されている。しかしながら、日朝関係は、幕府が実務を対馬藩に任せ、対馬藩が倭館館守などの上級藩士を通じて、通詞に交渉をさせるという構造のもとで成り立っている。その中で、藩が、朝鮮語学習を町人の手にゆだねるのではなく、通詞となる者を自ら養成し、通詞を藩政機構の中に位置づけようとしたことは、藩政にとっての大きな転換である。

この点に鑑みると、一七二七（享保十二）年における通詞養成制度の成立から十九世紀にかけて、そうした制度を介して通詞機構がどのように運用されてきたのか、その実態分析が欠けている現況は克服すべきであろう。

そこで、まず、先行研究でこれまで度々言及されてきた小田幾五郎を取り上げ、彼が通詞として送った一生を概観しながら[20]、対馬藩における通詞の職務分掌、階層構成、昇進の様子などを例示する。その上で、対馬藩政に位置づけられた通詞を、実態をふまえながら制度的に追究することにしたい。

小田幾五郎は、幼名を五郎八といい、一七五四（宝暦四）年、対馬藩の特権商人「六十人[21]」の家に生まれた。一七六七（明和四）年には倭館で朝鮮詞稽古に励み、安永三（一七七四）年、詞稽古御免札を認められ、藩公認語学生となった。御免札を認められると、藩から稽古料を得ながら語学学習をすることができた。

一七七六（安永五）年には五人通詞（後述）となり[22]、専門の通詞身分である「通詞中」の仲間入りを果たした。五人通詞のうち二〜三人は、倭館に滞在して職務をおこなった。幾五郎も、一七七八（安永七）年、倭館で裁判御用（後述）の通詞をつとめた。一七七九（安永八）年には稽古通詞に昇進した。

稽古通詞以上になると、朝鮮勤番とよばれる倭館詰めの職務が回ってくる。幾五郎は、一七八一（天明元）年、勤番を命じられた。この年は、倭館の対馬藩士たちによる闌出（倭館外への示威）、交奸（日本人による朝鮮人女性の買春）、殺人など事件が次々起こり、朝鮮側との折衝で多忙を極めた。一七八七（天明七）年からは長崎勤番[23]をつとめた。通常一年で交代のところ、「御算用」などにも携わり、結局六年滞在した。この間、一七八九（寛政元）年には本通詞に昇進した。

一七九二（寛政四）年、長崎から帰国した冬にすぐ、朝鮮勤番を命じられた。勤番を終えた後も、朝鮮信使来聘交渉のため倭館に勤務しつづけ、「御用」通詞（後述）の中心となって活躍した。その功績が認められ、一七九五（寛政七）年には最高位の大通詞にまで昇進し、一八〇三（享和三）年には帯刀を許された。一八〇六（文化三）年には、自身は町人身分にもかかわらず、子供一人を中級藩士である大小姓の養子にすることが認められた。

そうした昇進の一方で、来聘交渉が頓挫すると、幾五郎は「勤方不埒」として倭館で禁足を命じられた。親しく付き合っていた訳官らがひそかに幾五郎のもとを訪れた際、「長髪」で口髭まで真っ白な幾五郎の様子に、心を痛めるほどであった。[24]一八一一（文化八）年にようやく赦され、文化度の朝鮮信使来聘にかかわった。

その後も一八一七（文化十四）年に朝鮮勤番をつとめた。勤務のかたわら、朝鮮詞指南方として、通詞から幼少の者までの朝鮮語指導に力を注ぎ、一八二三（文政六）年に大通詞を退いた後は、詞稽古指南役頭として後進の指導をおこなった。

一　朝鮮通詞の人事

1　通詞の人数・昇進

近世後期の代表的な通詞の生き方を確認したところで、「通詞中」とよばれる通詞機構全体を見ていこう。

通詞の任免を記した『通詞被召仕方・漂民迎送賄・町代官・御免札』[25]にもとづいて、一七六七（明和四）年から一八二四（文政七）年までの通詞中の成員を表したものが【表二】（四二九頁）である。通詞は、御免札の中から五人通詞に任じられることにはじまり、その後、稽古通詞、本通詞、大通詞と昇進していくが、【表二】から、近世後期においては、基本的には大通詞二人、本通詞三人、稽古通詞三〜五人で推移していることがわかる。

五人通詞は、時期により増減がある。宝暦度信使の前には「八人通詞」にまで増員されていたが、一七七三（安永二）年に減員され、[26]次の信使来聘交渉が進みつつある一八〇三（享和三）年頃から再び増員され、一時は九人にまで至った。信使来聘の際には、臨時の「御雇」を含めて多くの通詞を必要とするが、来聘時に雇用するだけではなく、来聘の数年前から正規の通詞とすることで、経験を積ませ、信使来聘に対処しようとしている。

信使来聘は一八一一（文化八）年に実現したが、一八一四（文化十一）年、藩の「御倹約」にともなって、五人通詞の定数は再び削減され、一八一六（文化十三）年段階では七人となっている。[27]通詞を「自餘之役々と違、屹度御仕立不被置候而難叶」ものと認識する一方で、信使来聘のない「平常時」に雇用しつづける財政負担が障壁となり、通詞の人数は増減しているといえよう。この後、実現には至らなかったものの、次の信使来聘交渉が進められた弘化・嘉永年間には再び増員され、少なくとも九人の五人通詞が確認できる。[28]

【表二】の成員をそれぞれ見ていこう。本通詞・稽古通詞が、転任・病気・死去などにより欠けると、それぞれ下位の職階の稽古通詞・五人通詞から「繰上」で昇進していることがわかる。明治初期に記されたと思われる『韓語稽古規則』[29]では、本通詞は順次あるいは人選により任命され、稽古通詞は『隣語大方』を学習し終える程度の能力が必要とされているが、【表二】によると、原則としていずれも在職年数順に選ばれている。

たとえば、一七八〇（安永九）年、通詞安武平右衛門の転任により、本通詞が一人減った。その際、稽古通詞であった三人を見てみると、白水格右衛門が稽古通詞在職二年五ヶ月（五人通詞から数えると六年九ヶ月）、同じく稽古通詞であった中村芳之助が在職二年二ヶ月（同六年一ヶ月）、小田幾五郎が一年二ヶ月（同五年）である。結果、在職期間が一番長い白水格右衛門が本通詞に昇進している。その他の場合も同様である。

わずかながら例外がある。御免札から稽古通詞に取り立てられた中嶋十郎治と、五人通詞から本通詞となった白水四郎治の事例である。

中嶋十郎治が御免札を得た時期は不明だが、一七六八（明和五）年段階で、すでに御免札を認められていた。一七七五（安永四）年、通詞東田太四郎の別代官（私貿易担当官）転任にともなって稽古通詞が「繰上」となった時、十郎治は五人通詞を経ずに稽古通詞に取り立てられた。これまで「町家之子共へ詞指南」をしており、「朝鮮詞達者」であったからだという。

もうひとり、白水四郎治の場合は、また別の理由があった。

【史料一】[30]

右者、寛政八丙辰年五人通詞ニ召抱、是迄繰上等之御沙汰ニ不及、多年来神妙似合之勤筋令精勤候、元来朝鮮詞茂達者ニ而、年齢ニ随、諸向勘弁も厚、先祖代々之通詞勤ニ而自然と判事中馴染も深く、近年追々御内用向任官掛合等差含候処、毎事御注文通令熟談御用便を成し、夫ニ付、四郎治一ト先者御用向一時之様子、通詞方懈怠之時節有之候内、来聘之時分ニ差向、同前相仕立候後輩之ものハ皆々御扶持通詞ニ被召置候処、右不順順之所ニ茂不相拘、是迄五人通詞ニ罷在、実体勤筋令精勤寄特之段、此節及御沙汰、本通詞ニ差加候、（後略）

白水四郎治は、右にあるように、一七九六（寛政八）年に五人通詞に取り立てられたが、一八〇四（文化元）年、「通詞方懈怠之時節」があったため、通詞職を解かれていた。一八一一（文化八）年、朝鮮信使来聘にともない、朝鮮語のできる四郎治は五人通詞に復帰することが許された。【表二】で一八〇四（文化元）年の五人通詞を見ると、白水四郎治（当時は庄蔵）より年数の少ない五人通詞として、久光市次郎や天野吉五郎の名前が確認できるが、四郎治が復帰した頃にはすでに四郎治より昇進していた。

先ほど確認したように、本通詞までは、在職年数順の「繰上」が通例であった。後輩であった者に先に昇進されるという「不順順」な状況にもかかわらず、復帰後の四郎治は精勤し、円滑に交渉を進めたことから、稽古通詞を経ず本通詞に取り立てられた。

さて、通詞の最上席である大通詞は、本通詞・稽古通詞と異なり、単なる「繰上」によってその職位を得ることはなく、経験や交渉能力の評価をふまえてはじめて任命された。

一七九五（寛政七）年には、本通詞としては年数が上の朝野最蔵を越えて、小田幾五郎が大通詞となり、一八〇八（文化五）年には、本通詞梯感兵衛ではなく、吉松善右衛門と久光市次郎が大通詞に任命されている。これらはいずれも、信使来聘交渉で中心的役割を果たした通詞である。特に久光市次郎は、この時、稽古通詞から大通詞へと一つ飛びで昇進しており、難しい交渉を順調になしとげた点が高く評価され、大通詞に抜擢された。

通詞の中には、朝鮮語の能力や経験を生かして、貿易業務にかかわる別代官や町代官[31]に途中で転任する者もいた。反対に、一八二二（文政五）年に大通詞になった住永恵介の場合は、長年の町代官勤務の中で貿易にかかわる交渉や朝鮮詞指南役をつとめた能力が買われて、大通詞となっている。

2　通詞の宛行（俸禄・手当）

次に、通詞の宛行について見ていきたい。一七二九（享保十四）年の史料では、大通詞の基本給は六人扶持、本通詞・稽古通詞は五人扶持とされ、加えて、朝鮮勤番の際には、「客料[32]」として月に二人扶持や、合力銀とよばれる臨時手当が支給されたという[33]。

ところが、財政的な理由からか、宝暦年の勤番の規定では、大通詞へは上下三人扶持に「客料」二人扶持・合力銀、本通詞へは二人扶持に「客料」二人扶持・合力銀となり、大幅に減額されている[34]。それが、一七七九（安永八）年の「通詞一統御宛行増」でいずれも上下三人扶持となった上、「客料」も月に白米一俵となり、合力銀も増額された。また大通詞に対しては、別手当として白米五俵が支給された。

【史料二[35]】

①為勤番朝鮮へ被差渡候通詞、彼地御宛行壱ヶ月白米二〆

三俵ト三斗八升余と相見候、然処通詞方之儀者、②大庁を被絡置判事、入館之度毎令出会候付而者、衣服取繕者素り、入館毎ニ相応之饗応候事ニも相聞候処、時体につれ諸品も高直ニ相成、取賄方等可令難儀、（中略）別段之評議を以、③月々御合力銀五匁充御増被下候、（中略）④五人通詞之儀、朝鮮ニ於而壱ヶ月白米壱俵弐斗六升余、外ニ為筆墨料壱ヶ月に銀参匁被下候事と相見候、然処、⑤五人通詞勤方之儀、勤番通詞ニ相並、判事中令出会候へハ勤之節々衣服等も可取繕儀、以来、⑥月々銀五匁三分三厘三毛充、此節御増被下候、（後略）

右の史料によれば、勤番通詞の宛行は月に白米三俵三斗八升余りで（傍線部①）、倭館で職務を果たす五人通詞に対しては、月に白米一俵二斗六升余りおよび筆墨料が支給されていたことがわかる（傍線部④）。倭館滞在中は、訳官が倭館を訪れるたびにそれなりの接待をしなければならず、衣服も取り繕わなければならないため費用がかさんだ（傍線部②・⑤）。その補塡のため、一八〇四（文化元）年十二月には、合力銀が増額された（傍線部③・⑥）。

【史料三】(36)

勤番大通詞小田幾五郎①中帰国之間、御宛行半減御渡被下候段、御代官方より達有之、右ニ付難義之事情、幾五郎より願出候付、（中略）小田幾五郎願書披見仕候、（中略）右延享四年被仰出置候通、②此節幾五郎御扶持・御合力半減相渡、且壱ヶ年白米五俵被成下分共ニ半減之差引ニ〆相渡様差図有之候付、夫々差引仕候義ニ御座候、

倭館に勤務する通詞は、外交交渉の経過を藩に報告し、対応を仰ぐため、館守の指示で「中帰国」、すなわち国元へ一時帰国することがあった。右によれば、その場合の宛行は、一七四七（延享四）年の仰出にしたがい、半分と定められていた（傍線部①）。結果、大通詞小田幾五郎の場合は、「中帰国」により扶持・合力銀および年に五俵の支給米が半減となった（傍線部②）。一七二九（享保十四）年の規定と比較すると、大通詞の別手当を加えても宛行は減っており、倭館に滞在していない間はさらに少なかったことがわかる。

このように、通詞の宛行は恵まれているわけではなかったが、一方で、藩は「通詞中」の範疇には含まれない御免札の者に対しても手当を支給していた。

【史料四】(37)

私儀、先般朝鮮表へ稽古渡之儀奉願上候処、①居合通詞中人少ニ付御用支ニ可被為至依而、先ツ稽古渡見合候様被為仰達奉畏罷有候、然処、私儀元来困窮之身分なから、幼稚之比より詞稽古相励只一筋ニ、夫而已ニ打傾キ罷在候身分ニ御座候得者、外ニ手職筋無御座、多人数之家内撫育不得仕候付、②稽古渡ニ而茂仕候得者、於彼地稽古料外ニ世帯料として月々白米壱俵充被成下候故、其内を以様々倹約仕、乍鎖細袋米ニ而も差送、家内撫育罷在候処、③御国へ罷在

候得者、為稽古料二ヶ月振りに白米一俵充頂戴仕候斗ニ御座候故、何程倹約仕候而茂御奉公者素り、家内撫育方手届キ不申、当惑至極之躰ニ罷在候、（後略）

御免札の陶山弥七郎が記した右の願書によると、在国中御免札の者へは、稽古料として二ヶ月で白米一俵が支給された（傍線部③）。一方、倭館での詞稽古の際には、稽古料の他に世帯料として月々白米一俵が支給された（傍線部②）が、これは、国元とは別に倭館で暮らしを立てるための手当である。願書を出した弥七郎は、これをやりくりして、わずかでも国元の家族に送っていたという。御免札での渡海は、単に町人身分で渡海するより朝鮮人とのやりとりに苦労しない規定であるといい[38]、かつ先述のように在国中より収入も多かったから、御免札での渡海は利得があったのだろう。しかし、国元に滞在している通詞の人数との兼ね合いで渡海が許可された（傍線部①）ため、倭館に滞在できない期間が続くと、上述の願書のように収入面でも苦労することとなった。

二　朝鮮通詞の職務

1　勤番通詞の職務

ここでは、通詞がどのような職務を果たしていたのか、具体的に検討したい。

通詞中のうち、大通詞・本通詞・稽古通詞は、順に朝鮮・長崎での勤番についた。それぞれ、朝鮮勤番が二人、長崎勤番が一人（一八一三（文化十）年より二人）[39]選ばれた。近世中期には、朝鮮勤番は二年とされ、毎年一人ずつ交替することとされていたが[40]、近世後期には一年勤務が通例となり、同時に二人交替することも少なくない。

まず、倭館館守の執務日記である『倭館館守日記』から、勤番通詞の職務を見ていこう[41]。

①季節の行事

一月四日に、訓導・別差が館守のもとに年礼の挨拶に来た際、勤番通詞二人が同席する。訳官から「上江之御祝詞」が述べられた後、通詞も含めた全体より館守へ挨拶がなされ、雑煮や酒などをともにした。一月八日（一月九日）には私貿易の「初市」がおこなわれるが[42]、その際、勤番通詞・五人通詞各一人が立ち会った。春に、倭館で訳官らと花見をおこなう時には、勤番通詞二人や在館中の「御用」通詞が参加している。年末には、歳暮が館守に届けられたが、定例の挨拶はなかった。

②使船来航にともなう業務

倭館には、年例送使とよばれる使船が年八回派遣され、朝鮮に対する定例の外交儀礼がおこなわれた。使船が入港して出船するまでには、訳官との対面、茶礼、封進宴、中宴席、返翰請取、出船宴がおこなわれるが、すべてに通詞が立ち会っている。

まず、使船入港の知らせを受け、訳官が倭館を訪れると、勤番通詞・五人通詞各一人の立ち会いのもと、東向寺[43]書役が外交書翰の写しをとった。後日、送使と訳官が対面する際にも、勤番通詞・五人通詞各一人が同席した。茶礼では、送使から東萊府使・釜山僉使へ挨拶がなされた後、朝鮮の礼曹参議への外交書翰が渡された。後日の封進宴では、朝鮮国王の象徴である「殿牌」へ拝礼する粛拝式をし、献上品が朝鮮側に差し出された後、酒宴がおこなわれた。草梁客舎・宴大庁でおこなわれるこれらの儀式には、朝鮮側から東萊府使、釜山僉使や訳官らが、対馬藩側からは送使一行のほか、伴人として、横目・持筒・駕籠[44]といった下級藩士や足軽、町代官らが参加し、さらに勤番通詞・五人通詞各一人が加わった。

送使に対する返翰が朝鮮側からもたらされると、五人通詞同席のもと、まず東向寺で内容や字句などの「下タ見」がなされた上で、正式な返翰請取の儀式がおこなわれた。請取の儀礼の日には、朝鮮側から差備官とよばれる応接役人が派遣され、訳官同席のもと、町代官や東向寺僧、勤番通詞・五人通詞各一人が宴大庁に参席して、送使が受領した。出船の日取が決まると出船宴がおこなわれた。その後、訳官が館守のもとを訪れ、勤番通詞・五人通詞各一人に加え、東向寺が出て、返翰に上封した。

定例の使船以外にも、外交・貿易に関する個別の問題で派遣される裁判や、将軍の新立報告や信使の派遣要請などをおこなう臨時使節が派遣されたが、その時も、年例送使の時と同様に、勤番通詞・五人通詞各一人が同席しており、外交に関する手続きすべてに、勤番の通詞がかかわっていることがわかる。

ところで、使船の倭館到着から出船までの間、一連の業務を同じ通詞が担当するのではなかった。一七九六（寛政八）年の副特送使船を例にとると、外交書翰の写しの際は勤番稽古通詞吉松右助・五人通詞陶山弥七郎が出たが、対面の際は勤番通詞仮役小田松次郎・五人通詞陶山弥七郎が、封進宴には勤番大通詞小田幾五郎・五人通詞川本稲之介が、返翰請取は勤番稽古通詞吉松右助・五人通詞川本稲之介が出る、というように、勤番通詞・五人通詞各一人の任意のひと組が働いている。

③朝鮮人漂流民の送還にかかわる業務

日本に漂流した朝鮮人は、長崎・対馬を経て倭館に送られる。倭館への到着の知らせを受けて、横目頭[45]と一代官[46]に連絡がなされ、一代官のもとで再度漂流の経緯が聴き取られた。その際、勤番通詞と五人通詞が出向き、通弁をした。聴取が終わると漂流民は訳官に引き渡された。

後日、訳官は漂流民をともなって倭館館守のもとを訪れ、日本滞在中の馳走の御礼を述べた。漂流民らは館守家の庭に通され、「三拝」して御礼を述べたが、その際、通詞は建物の縁に下り、口上取次をおこなった。最後に再び「三拝」して御礼が済むと、訳官が通され、送還使者である漂差使のもたらした外交書翰が渡された。これらは、釜山僉使・東萊府使の手を経て、朝鮮朝廷に送られた。

④日朝間の騒動・事件の解決

倭館は、日常的に日本人と朝鮮人が接触する環境にあるので、時に相手に対する不満や衝突・犯罪などが起こったが、勤番通詞はその解決にあたらなければならなかった。朝鮮人の窃盗事件を例に、その対処を見てみよう。

一七九八（寛政十）年一月十八日、横目頭勤務を終え帰国準備中であった嶋尾久米右衛門宅で、銅火掻がなくなった。朝鮮人の「気掛之者」を調べたところ、盗んだことを白状した。館守の指示を受け、新任の横目頭が取り調べをしたが、通弁として小田松次郎をはじめ五人通詞三人が派遣された。

坂の下のマントラという朝鮮人は、一月十七日に銅火掻一つを盗み、炭俵の中に隠して持ち出し、釜山のマグナマに三十文で売り払ったと述べたので、翌日、勤番通詞を通じて訳官が呼ばれた。館守は、事件について東萊府使へ報告するよう求め、護送役人が着き次第マントラを引き渡すこととしたが、夜も遅かったので、訳官の求めに応じてマントラを引き渡した。

一月二十四日、旧冬から盗難が相次ぎ物騒なので、倭館内の人別改をしていた夜半、西館の副官家[47]の裏手で人の声がした。裏を見ると、物が詰めこまれた俵や朝鮮人の笠覆などがあった。逃亡した者は見つからなかったが、宴席門脇の番所で包みを見つけた。中身は前日盗まれたものであった。これは倭館内に止宿して連日盗みを働いている、と考え、空き家を調べ回ったところ、参判使役人宅[48]にたばこを吸ったあとがあり、朝鮮人がいた形跡があった。

そこで、翌二十六日、再び通詞を通じて訳官を呼び出し、厳重に申し入れをした。勤番通詞・五人通詞同席のもと、館守が心配したのは、盗人は空き家で火を扱っているので、「貴国（朝鮮）より被設置候客舎」にもかかわらず、朝鮮人の付け火によって燃やされてしまう可能性があるということ、日本では盗人を捕らえ損じて「打捨」にすることもあるが、闇夜で朝鮮人とわからず同じようにしてしまうかもしれないという危険性があった。

一月二十七日、釜山のメグジウという者を捕らえ問いつめたところ、盗みを白状した。他に釜山のチエグナミら二人の仲間がいるというので、倭館内にいたチエグナミも捕らえ、翌日、五人通詞の通弁で、横目頭による詮議がおこなわれた。倭館内での朝鮮人の吟味の際は、訳官の立ち会いが必要だが、「私罷出候も同様」として朝鮮側からは小通事が遣わされた。結果、釜山のシチユリに誘われ、三回の盗みをおこなったことがわかった。倭館へは、見張りの番人を八〇〜二〇〇文で買収し、宴席門脇から塀を越えて入ったという。火の取扱いについても、シチユリが副官家に火をつけ、その騒動にまぎれて盗みをしようと言ったという。一月二十九日、今回の事件は、倭館への侵入、盗み、放火の三つを犯した「重罪」であるとして、館守立ち会いのもとで、勤番通詞・五人通詞から訳官に、再度厳重の処罰を申し入れた。

その後、何の対応も見られないので、二月五日、堂上訳官の士正（朴俊漢[49]）を呼んだところ、訳官も「大ニ狼狽」して同行してきたので、勤番通詞・五人通詞を通して、倭館の近所を朝鮮の村船が通航する際には、賊船と区別するため「櫓声[50]」をあげるようにし、また、陸路からの侵入を防ぐために倭館周辺の石垣を造りかえるよう求めた。二月二十四日には、石垣検分のための官吏が釜山から派遣され、四月、石垣全部を築きかえることとなった。

以上見てきたように、吟味の通弁は五人通詞がおこなうが、朝鮮側に要求・交渉する際には、館守の指示のもとで、勤番通詞・五人通詞が働いた。事件によっては、朝鮮朝廷から外交文書の発給がなされたが、その修正要求など中央がかかわるものについては、館守のもと、勤番通詞二人が出仕している。

2　勤番通詞以外の任務

勤番通詞の職務を見ていくと、ほとんどの場合に五人通詞が勤番通詞に同行しているのがわかる。勤番通詞は稽古通詞以上から選ばれるため、五人通詞が勤番になることは助勤の場合をのぞいてほぼないが、倭館において五人通詞が果たす役割は小さくない。

『通詞被召仕方・漂民迎送賄・町代官・御免札』をもとに、一八一八（文政元）年から一八二四（文政七）年までの間、倭館と対馬を往復した通詞の名と渡海理由をまとめた【表二】（四三九頁）を見ると、一八一八（文政元）年の五人通詞中野五兵衛が「在館之五人通詞人少、病人等有之、御用差支」として倭館に派遣されている。倭館には、常時数人の五人通詞が滞在しながら、勤番通詞に付き従って職務を経験していた。

五人通詞は、勤番通詞付の仕事だけではなく、単独での職務もこなしている。倭館の石垣修築や倭館内の中川を浚える作業には朝鮮人人夫が派遣されたが、その際に通弁をつとめるのは五人通詞であり[51]、先述のように、朝鮮人による倭館内の事件で朝鮮人の聴取をおこなうのも、五人通詞の仕事であった。

再び【表二】を見ると、勤番通詞以外に、臨時に倭館に渡海する通詞が多いことに気づく。中でも多いのは朝鮮人漂流民の送還のために派遣される通詞である。長崎・対馬を経て朝鮮に帰される漂流民には、「漂民送賄通詞」が随行して道中の面倒を見たが、そのほとんどは御免札の者から選ばれた[52]。中には、送り届けた後、そのまま倭館での詞稽古に励む者もいた。

倭館での業務は、このような御免札の者をも組みこむ形で動いていた。春秋の彼岸に、旧倭館（古倭館）への墓参りのため倭館外に出る時には、詞稽古御免札の通詞が同行し、「於先方入用之節通弁」を担った[53]。

五人通詞や御免札だけでなく、稽古通詞より上位の人びとも、勤番以外で倭館に渡ることがあった。それが「御用」とよばれる特別な職務につけられる通詞で、勤番通詞とは別に立てられ、外交や貿易にかかわる個別事由についての折衝をおこなった。

たとえば、寛政～文化期におこなわれていた朝鮮信使来聘の「御用」は、それまでの江戸聘礼をやめ、対馬で聘礼をおこなおうとする難しい交渉であったため、「御用」の通詞も複数立てられ、綿密な事前折衝がおこなわれた。貿易に関する「御用」では、人参・牛皮爪・朝鮮煎海鼠といった藩の輸入品について、その質や量の改善を要求するものが多かった。このような制度の改変にもかかわる交渉には、主に大通詞が命じられた。

「裁判御用」による渡海も多い。個別の問題で派遣される裁判という外交官には、専任の通詞が附けられた。たとえば公作米年限裁判は、公貿易での輸入品の公木（木綿）を米に換える年限を延長してもらう役目を担い、定期的に派遣されたものであるが[54]、このような定例の裁判には、五人通詞・稽古通詞が附けられた。

三　通詞への賞罰と御免札の育成

1　通詞の評価

ここまで見てきたように、通詞はさまざまな業務にあたった。それに対し藩は、働きに応じて白米・銀・公木（木綿）などの褒賞を与え、とくに功績をあげた場合には身分的特権を認めることがあった。【表三】（四四一頁）は、『通詞被召仕方・漂民迎送賄・町代官・御免札』を中心に、通詞に身分的特権を認めた事例を集めたものである。

【表三】を見ていくと、藩が評価する一つは長年の「精勤」で、これにより六十人格や帯刀を認めた。御免札は、十八世紀前半には「六十人」の子弟にのみ与えられたが、十八世紀後半以降は、語学力により「六十人」以外にも認められるようになっていた[55]。そのため、「御大用之節者、御目通江罷出候儀ニも有之」にもかかわらず、通詞のうち「六十人」出身でない者は、職務上必要であっても藩主への御目通りがかなわない状況であったから、一七八二（天明二）年の稽古通詞牛田善太郎の場合には、「年数実体相勤御用立候者、六拾人ニ被仰付候」として、六十人格を認めた[56]。

もう一つは、難しい「御用」の通弁をこなした際の勤労が評価され、通詞やその子供に身分的特権を認めたものである。

【史料五[57]】

右者、来聘易地之御用向、誠ニ御重大之御事、（中略）夫ニ付、市次郎儀、此面且再講使之掛合等専通弁相勤、朝鮮向臨機応変之塩梅、能々相心得居候者素より、御用向之大切至極成所を茂今体認、①御順成方ニ身命を抛チ候而、万場気を配出精相励、其弥切相勝候気象、任官中江茂通徹いたし候所より、自然与御用調之便りと相成候義不少、格段之志操旁抜群之勤振ニ候、尤斯ル御重用筋踏はまり遂出精其功を成候人者、猶又宜御沙汰ニ可被及、此場之上御家之儀、②朝鮮御手長之御役ニ被為在候而、以前より士官江通弁家御所持無之実ハ不御本意儀、自今者、於御国被修聘礼御新例之御事ニも候得者、通弁方ニ士官之人無之候而者御手支等之御振可有之茂難量、旁ニ付、市次郎儀、此節被称勤労、通弁家業ニ而忰代迄弐人扶持弐石之御徒士ニ被召出重立候、通弁是迄之通相勤候様被仰付候、（後略）

上の史料は、朝鮮信使来聘交渉で中心的役割を果たした大通詞久光市次郎に対して、一八〇九（文化六）年に出されたものである。市次郎は、交渉をうまくすすめるべく尽力し、そのしっかりした志が訳官へも知られていたため、「御用」が順調にまとまったとして評価された（傍線部①）。

そして、対馬藩が朝鮮関係の役儀を担っていながら、通詞に士官の身分の者がいないことを憂慮し、藩は、朝鮮信使の対馬での聘礼という「御新例」を機に、士官の通詞を設けることとした（傍線部②）。大通詞の吉松善右衛門・円嶋茂兵衛もまた、来聘御用の功績により「侍通弁」として認められた。これは、これまで町人身分から成る通詞中にとっては大きな変化である。

「士官」の通詞は、この後もわずかだが続いたようである。一八四六（弘化三）年には、大通詞広瀬豊吉が、下級藩士である御徒士となった[58]。来聘は実現しなかったが、一八四〇（天保十一）年以降、朝鮮信使来聘御用の通詞を度々つとめていたことが評価されたのだろう。一八五二（嘉永五）年には、大通詞高木恕一が「多年精勤ニ付」御徒士に召し出されている[59]。

一方、通詞にふさわしくないふるまいをすると、通詞職を解かれたり、「六十人」の特権身分を取り上げられたりした。

小田常四郎という通詞は、一七六七（明和四）年、父の不調法が理由で、稽古通詞を解雇された。ところが、一七六八（明和五）年には御雇通詞として復帰し、朝鮮勤番をも任じられた。一七六九（明和六）年には、「功者之通詞」が少ない中で、常四郎は「言葉人柄相応」である上、処罰から二〜三年が経過しているとして、本通詞となることができた。その後、常四郎は大通詞にまでのぼり、朝鮮詞指南役もつとめた。

本通詞朝野最蔵の場合は、「日本国内可令秘密條々」が書かれているため輸出禁止とされた『和漢三才図会』を持ち出し、朝鮮側に売り渡したとして処罰された。

【史料六】[60]

今般訳使より買戻願出候書物之内、和漢三才図会之義、日本国内可令秘密條々を白地ニ書顕シ候書物故、売込被差留候、（中略）送状ニハ唐版三才図会之様ニ令書載、両御関所改人之目を瞑シ、其上外向江取散置候段、重々深キ巧有之仕形ニ相見、通詞役之義ハ御隣交之緊要ニ預ケ、重御用向之通弁をも相勤候事故、詞之精粗・人柄・善悪前後之勘弁切要之事ニ候、（後略）

最蔵に対する上の判決の中で、通詞は、朝鮮との隣交という大切な職務を担い、重要事項の通弁をつとめる存在であるとされ、語学力だけでなく、人柄や倫理観についても重要視されていることがわかる。したがって、書名を偽ってまで禁制の本を持ち出し朝鮮側に売り払った最蔵は、通詞としての資格にも欠けるとして、一七八四（天明四）年、六十人格・通詞ともに返上となり、朝鮮渡海も許されなくなった。ところが、一七八七（天明七）年には御雇通詞となり、翌年、本通詞として復帰し、最終的には大通詞まで至った。

これは史料一で取り上げた白水四郎治の場合も同様であるが、処罰した通詞を、まずは「御雇」として再び採用し、通詞中に空席が出ると復帰させ、朝鮮御用に利用している。語学力だけでなく、人柄・倫理観にもすぐれ、交渉で成果をあげるという「功者之通詞」を育成するには、年数がかかる。だから藩は、能力のある通詞を捨て置くことができず、藩の処罰よりも、通詞の持つ能力を優先させたのである。

2　御免札の育成

藩による通詞養成が、近代までどのように受け継がれていったのかは、断片的にしか知ることができない。一七二七（享保十二）年、対馬府中（厳原）にある使節宿舎の使者屋に養成所が設けられ、毎朝午前中の稽古および月一回の「考日」とよばれる口答試問がおこなわれた。その後、稽古場は府中各所を移転し、一七三二（享保十七）年には詞師匠の吉松清右衛門宅が稽古場に使われた。一七七四（安永三）年には、毎月二・七の日に使者屋で「詞考」という試験が実施され、一七八九（寛政元）年には、藩校の小学校の使用が願い出されている。[61]

その後も、大通詞を中心として国元・倭館での詞稽古が積極的におこなわれ、一七九二（寛政四）年には、稽古での成績（「入丸」）を提出するよう達が出され、倭館でも勤番通詞が試験を実施して成績を提出することとなった。[62]

十九世紀に入ると、藩は新たな養成策を打ち出した。朝鮮詞稽古をしている子供に対し、褒賞や稽古料を支給することで、これから御免札を得る朝鮮語学習者を育てようとしたのである。これは「近年内信使来聘も可被仰付」情勢を受けた政策であった。一八〇四（文化元）年には、詞稽古をしている者のうち十人に対し、稽古料として月々一人扶持を支給し[63]、一八〇七（文化四）年から一八一〇（文化七）年にかけては、御免札の者のうち八人に、同じく月々一人扶持を支給し、学習を奨励した[64]。

あわせて、一八〇五（文化二）年には、藩校の小学校近くに稽古場を設けた。大通詞小田常四郎を指南役として、在国中の大通詞・通詞中が助勤をすることとし、月九回、三・六・九の日の四つ時から七つ時まで、詞稽古がおこなわれた。第一節で見たように、信使来聘に備えて藩は五人通詞を増員していたから、五人通詞をはじめ、御免札・稽古料を支給されている学習者を育成することが、藩にとっての急務であった。半紙・筆・墨などの備品も毎年支給され、月々の「入丸」が藩に報告された[65]。

ところが、固定した稽古場を持たなかったのか、一八一一（文化八）年には指南役の通詞吉松与左衛門宅が稽古場となっており、その後、再び転々とした。一八一五（文化十二）年には大通詞小田幾五郎宅が稽古場となり、その後吉松与左衛門宅が、一八一七（文化十四）年、与左衛門の死去にともなって長寿院が、一八二〇（文政三）年には使者屋が使われた。

【史料七】[66]

通詞之儀、朝鮮御掛合筋ニ付而者追々御仕立不被成候而不相済儀ニ候処、近年功者茂相減、只今之体ニ而者朝鮮詞相心掛候仕立之者茂至而稀ニ有之と相聞、不安次第ニ候、就夫朝鮮詞稽古筋仕立之儀ニ付、大通詞小田幾五郎より心付之儀申出候品有之、右ニ付其方達より茂了簡被申出尤之儀ニ付、此節稽古仕立方仰付候間、左之通可被相心得候、（後略）

稽古場は変わったが、藩からの稽古料の支給は、一八一一（文化八）年の信使終了後も継続された。対朝鮮関係を担う対馬藩にとって、通詞を次々と育成することは不可欠であったが、一八一五（文化十二）年の右の達を見ると、近年は「功者」も減り、朝鮮語を学習する者もわずかになってしまったことを藩は心配している。そして、大通詞小田幾五郎の提案にしたがって、詞稽古に力を入れるようになった。

提案の詳細を知ることはできないが、大通詞小田幾五郎・本通詞吉松与左衛門を指南役として、国元にいる大通詞・本通詞・稽古通詞が助勤をし、五人通詞・御免札を月九回指導することとした。これは、一八〇五（文化二）年と同様の指導形式・回数であるので、朝鮮信使来聘を終えても、来聘前と同じような詞稽古をおこなうこととしたのだろう。その甲斐あってか、翌年の一八一六（文化十三）年には、稽古生みなが出てくるようになった。

ところが、一八二〇（文政三）年には、「出人も人少有之」として通詞中に達が出された[67]。通詞が「御宛行軽キ身分ニ付、経営方ニ行足不申」状況として、稽古場に出仕しないこともあったのだろう。第一節で見たように、十八世紀前半と比べると、通詞の宛行は少なかった。文化度の朝鮮信使来聘後、藩は倹約令を出して通詞の人数を減らすほどであったから、宛行を増やすなどの措置は講じられず、通詞は「其業ニ食ミ候身分」である以上、出てくるよう求められた。一八二一（文政四）年には、詞稽古の子供が増え稽古本に支障が生じたとして、筆墨紙が支給されるほどにはなり、[68]指南役も通詞中に順に受け継がれ、詞稽古は続けられた。

おわりに

　日朝貿易にたずさわることで朝鮮語の能力をそなえていた町人たちが、藩によって家業から切り離され、専門の通詞として活動する、その実態を見てきた。藩自らが、通詞となるべき朝鮮語学習者を養成し、通詞機構のもとで通詞に外交の一端を担わせていた。藩にとって望ましい通詞とは、朝鮮語が達者なのはもちろんのこと、人柄や倫理観にもすぐれ、下級外交官として交渉を順調に進められる者であった。それに見合う「功者之通詞」には、褒賞や身分的特権を与えることで評価した。十九世紀に入ると、基本的には町人から成る通詞のうち、とくに優れた者を士分に取り立てることさえした。

　これらは一定の成果を上げたが、限界もあった。財政面での負担から、通詞の人数は最小限に抑えられ、宛行は十八世紀後半以降少なくなった。その中で、通詞はさまざまな職務を果たしたが、詞稽古や語学生の教育もその一つであった。一方で、朝鮮語を学習しようとする者が十九世紀頃には少なくなったから、通詞の不足を外交の死活問題と考えた藩は、稽古料を支給してまでも学習者の育成につとめた。しかし現役通詞の待遇が改善されないまま後進を育成しなければならない状況下で、詞稽古は再三立て直しを余儀なくされた。

　そのような制度的な限界をかかえながらも、藩による通詞養成は近代初期まで続き、通詞機構は存続した。それは、個々の通詞の能力に拠るところも大きかっただろう。一八一六（文化十三）年、指南役の大通詞小田幾五郎・本通詞吉松与左衛門に出された達に次のように書かれている。

【史料八】[69]

右者、朝鮮詞指南方之儀相達置候以来、両人令合体、幼年之者共ニ候を、自然と相進候道深く心得、導方懇切成所より、時体向茂違、詞稽古之者共者素、幼少之子供ニ至、会日ニ者無不参罷出候様相聞候、右両人共多年勤番等茂満、困窮之中、右之通指南方ニ打傾候段、尤至極之心得方ニ候、

（後略）

稽古生みなが会日に出てくるようになったのは、指南役の大通詞小田幾五郎と本通詞吉松与左衛門が、経済的に困窮するにもかかわらず、これから通詞になるべき者を懇切に指導したためで、長年通詞職にある経験や能力、人柄が稽古を促進しているといえよう。それだけに、指南役が交代となると詞稽古は一旦衰勢に向かったが、藩は、「詞達者」で「堅固」

な六十人住永恵介を次の指南役に命じることで、再度立て直しを図った。

「功者」の尽力・牽引で通詞は養成され、また次の「功者」が後進を育てた。この継続によってこそ、通詞機構は維持された。このように養成された通詞たちが、近代に至るまで日朝外交で重要な役割を果たしたのである。

注

（1）近世日本が、いわゆる「四つの口」とよばれる限られた場所で、異国・異域とつながっていたことは、荒野（一九七八年）以降よく知られている。そのうち、日本と独立国家同士の外交関係を結んだのは朝鮮のみである。①琉球は王国として存続し、幕府に対して謝恩使・慶賀使を派遣して「国交」を結んだが、実質的には薩摩藩の支配下に置かれていた。②長崎の出島や唐人屋敷では、それぞれオランダ・中国と貿易のみがおこなわれた。オランダ商館長は江戸に参府するが、日本（幕府）とオランダ国王とは国書を交わしていない。③北方では、松前藩とアイヌとの間で交易がおこなわれ、幕府巡見使や藩主に対する御目見え儀礼もおこなわれたが、それぞれに地域集団を形成しているアイヌは「国」をつくっておらず、外交関係は結ばれていない。

（2）日本側では「倭」の字を使うことを嫌い「和館」と表記しているが、本論では「倭館」に統一して記述する。

（3）対馬藩の朝鮮語通訳官は、通常「朝鮮通詞」「通詞」と記される。萩藩・薩摩藩・琉球王国にも、朝鮮語を扱う通詞がいたことが明らかにされている（木部（一九九三年）／小川（一九九四年）／木部（二〇〇八年）／徳永（一九九二年）／松原（一九九七年）など）。また、近世の通訳官には、長崎のオランダ通詞や唐通事、琉球王国の唐通事、松前藩の蝦夷通詞などが存在する（片桐（一九八五年）／木村（二〇一二年）／林（二〇〇〇年）／佐々木（二〇一三年）など）。これらの通詞・通事との比較検討は別稿に譲り、本稿では対馬藩の朝鮮通詞のみを扱い、便宜上、本文中は「通詞」と省略する。

（4）対馬宗家文書『倭館館守日記』一七九七（寛政九）年一月十八日条。『倭館館守日記』は、倭館での最上席者である倭館館守の執務記録である。船や人の行き来から、朝鮮側との話し合いの概略などまで、倭館での出来事が記されている。

（5）朝鮮の日本語通訳官を倭学訳官といい、訳官と呼びならわす。対馬藩の史料では「任官」「判事」「両訳」とも記される。中央官庁の司訳院での試験に合格し、倭館に派遣される。とりわけ、訓導・別差と呼ばれる者が倭館との日常的にやりとりをおこなう重要な役割を果たし、東萊府（倭館を管轄する朝鮮の地方行政機関）と倭館とを結んだ。金（一九九三年）によると、訓導の任期は二年半、別差は一年であり、倭館で特別な事件が起こると、別に堂上訳官（注（49）など）が派遣されたという。訓導・別差の下に、小通事と呼ばれる下級通事が三十人ほどいた。

（6）雨森芳洲『交隣提醒』、第十二項目。藩儒雨森芳洲が記した具申書で、一七二八（享保十三）年に完成し、藩主宗義誠に提出された。『交隣提醒』が提出される前年の一七二七（享保十二）年には、雨森芳洲の計画にしたがって藩による通詞養成所が設置されており、『交隣提醒』にも通詞を重要視する記述が見られる。

（7）長（一九六八年）、田代（一九八一年）によると、裁判は、通信使迎送・訳官使迎送・公作米年限延長（注（54）で後述）・その他特別の交渉事項の四つの名目で派遣される外交官で、上級藩士から任命されるが、町人が任じられる場合は、上級藩士並の格式・知行が与えられたという。

（8）長（一九六八年）、田代（一九八一年）（前掲注（7））によると、一代官は、貿易の売買交渉・決裁など経済面を担当した代官の頭役で、馬廻格（上級藩士）から任命された。

（9）『交隣提醒』（前掲注（6））、第十一項目。雨森芳洲に限ったことではなく、通詞が「切要之役人」であるという記述は、藩からの達に繰り返し出てくる。

(10) 田代（一九九一年）。

(11) 米谷（一九九一年）。

(12) 松原・趙（一九九七年a）、同（一九九七年b）、同（一九九七年c）。

(13) 大曲（一九三三年）、小倉（一九三四年）。同時期の対馬での朝鮮語教育については、日野（一九八四年）がある。

(14) 米谷（一九九四年）。

(15) 徳川家斉の襲職祝賀のための信使来聘は、一七八八（天明八）年、日本側から朝鮮側へ一旦延期が求められ、その上で、一七九一（寛政三）年以降、易地聘礼での実施が交渉された。易地聘礼は、それまで江戸でおこなっていた朝鮮信使の聘礼を、対馬の厳原での実施に変更するものである。従来の朝鮮信使の形式と異なるため、交渉は非常に難航し、信使来聘は一八一一（文化八）年にようやく実現した。文化度の朝鮮信使については、田保橋（一九三七～一九三八年）、同（一九四〇年）や三宅（一九七八年）に詳しい。

(16) 木村（一九九四年）。

(17) 鶴田（二〇〇一年）。

(18) 長（一九七八年）。

(19) 河ほか（一九九七年、原文韓国語）、田中（一九九九年）、栗田（一九九九年、原文韓国語）、同（二〇〇三年、原文韓国語）、箕輪（二〇〇九年）、箕輪（二〇一三年）、小幡（二〇〇二年、原文韓国語）、許（二〇一一年、原文韓国語）、箕輪（二〇一一年）、いずれも大韓民国での刊行である。日本では、田代（二〇〇七年）、同（二〇一二年）、川端（二〇一三年）、許（二〇一四年）などの論稿がある。

(20) 小田幾五郎の経歴については、田川（一九四〇年）、小田（一九七九年）、対馬宗家文書『朝鮮方御役人衆より内々御尋ニ付申出』、対馬宗家文書『通詞被召仕方・漂民迎送賄・町代官・御免札』をもとに記した。

(21) 田代（一九八一年）によると、「六十人」は、もともと宗氏の家臣団で、所領の代わりに商業上の特権が与えられた商人をいう。十五世紀中ごろの創設当初、六十人であったことからその名がつけられた。戦乱などで三十人ほどに減少したため、三十人を「古六十人」として継承させながら、十七世紀初頭以降「新六十人」を加え、「六十人」の人数を増やしていった。「六十人」は御目見以上の商人層で、貿易役人として倭館に派遣されたり、輸出入の調達・輸送・販売などを請け負うなどした。

(22) 『朝鮮方御役人衆より内々御尋ニ付申出』（前掲注（20））は、一八一九（文政二）年以降に小田幾五郎から藩に提出されたものであるが、その中では一七七五（安永四）年に五人通詞となったとしている。

(23) 長崎での勤番は、朝鮮人漂流民の訊問・対応が主であった。日本に朝鮮人が漂流すると、まず長崎に送られて漂流の経緯が聴き取られた後、対馬を経由して倭館に護送された。その送還については、荒野（一九八三年）、池内（一九九八年）、李（二〇〇八年）に詳しい。

(24) この逸話は、対馬宗家文書『通訳酬酢』による。『通訳酬酢』は、大通詞小田幾五郎の著作で、一八三一（天保二）年に藩に献上された。通詞と訳官の対話形式で、十二のテーマについて記されている。

(25) 『通詞被召仕方・漂民迎送賄・町代官・御免札』（前掲注（20））。

(26) 田代（一九九二年）（前掲注（10））、対馬宗家文書『分類事考』六、一七七三（安永二）年十月二十九日条。対馬宗家文書『御加扶持所・御宛行・朝鮮人江被成下物・外向贈物被成下』の一七七三（安永二）年閏三月二十八日条に、「三ヶ年之間厳御倹約被仰出置」状況下で困窮する「八人通詞中」の宛行を増額する記述がある。当時七人いた「八人通詞」のうち二人が「繰上」となった場合、代わりを入れず、もとの五人にすることが検討されていた。

(27) 『通詞被召仕方・漂民迎送賄・町代官・御免札』（前掲注（20））、一八一六（文化十三）年八月十四日条、藩の勘定奉行所宛で、「五人通詞人数之儀、被申出候通、去戌年壱人減被置候得共、通詞之

儀者、自餘之役々と違、屹度御仕立不被置候而難叶事故、追而移代等有之節者、相達方も可有之、当時ハ先只今之人数七人ニ可被心置候」とある。つまり時代が移り、朝鮮信使来聘がおこなわれる状況になれば、再び人数を増やそうとしたのだろう。

(28)『分類事考』六（前掲注（26））。

(29)対馬宗家文書『韓語稽古規則』。田代（一九九一年）（前掲注（10））や米谷（一九九一年）（前掲注（11））で全文が紹介されている。

(30)『通詞被召仕方・漂民迎送賄・町代官・御免札』（前掲注（20））、一八一四（文化十一）年九月十八日条。白水四郎治への達。

(31)長（一九三四年）、田代（一九八一年）（前掲注（7））によると、代官は貿易の売買交渉・決裁など経済面を担当した。その中で別代官は、勘定方役人の兼務で私貿易を担当し、一七七七（安永六）年以降は参定代官と呼ばれた。町別代官（町参定官）と呼ばれる町人身分の者もいた。町代官は、代官配下の町人身分の者で、貿易業務や会計を取り扱った。

(32)倭館は、もともと日本人応接のための「客館」である。対馬藩でも倭館のことを「客館」ともいったので、倭館勤務の際の手当を「客料」とよびならわしたのだろう。

(33)対馬宗家文書『通詞中在館御宛行加増被仰付候覚書』。

(34)『通詞被召仕方・漂民迎送賄・町代官・御免札』（前掲注（20））、一八〇四（文化元）年七月二十三日条に、宝暦年以降についての言及がある。一七七九（安永八）年の宛行増については、『御加扶持所・御宛行・朝鮮人江被成下物・外向贈物被成下』（前掲注（26））一七七九（安永八）年一月二十七日条。

(35)『通詞被召仕方・漂民迎送賄・町代官・御免札』（前掲注（20））、一八〇四（文化元）年十二月十二日条。

(36)『倭館館守日記』（前掲注（4））、一七九七（寛政九）年一月十八日条。

(37)『通詞被召仕方・漂民迎送賄・町代官・御免札』（前掲注（20））、一八〇二（享和二）年六月二十一日条に記されている「乍恐口上覚」、御免札陶山弥七郎から朝岡要・早川長左衛門（朝鮮御用支配）宛。

(38)『通詞被召仕方・漂民迎送賄・町代官・御免札』（前掲注（20））、一七七九（安永八）年六月十日条によると、六十人小林好之助は、昨年まで倭館の町参定官（私貿易担当代官）をしていたが、その渡航・滞在規則では「朝鮮人見分之前も難義存候」として、次は「通詞中稽古渡之格」で渡海したいと、藩に願い出ている。

(39)『通詞被召仕方・漂民迎送賄・町代官・御免札』（前掲注（20））、一八一三（文化十）年閏十一月十五日条によると、長崎勤番通詞は、貿易にかかわる「御除役」をも兼勤していたことがわかる。「御除役」がどのような職務なのか詳しく知ることはできないが、筆算が可能な「六十人」のうち一人が「御除役」として別に派遣されていたから、梶（一九九七年）で挙げられた長崎蔵屋敷の役割のひとつ、国産販売・金員調達などの経済的側面にかかわる役であったと考えられる。「御除役」の者は朝鮮語が上手であるとは限らないので、漂流民への対応などの「御用」の際には、勤番通詞がすべての通訳業務をこなさなければならなかった。そのため、文化十年以降は長崎勤番通詞を二人に増やし、そのうちの一人が「御除役」を兼ねた。

(40)米谷（一九九四年）（前掲注（11））。

(41)本章は、とくに断りのない限り、『倭館館守日記』（前掲注（4））の事例から論じた。

(42)月六回、開市とよばれる私貿易がおこなわれた。通詞小田幾五郎が著した『草梁話集』では、朝鮮側の商人や訳官が開市大庁を訪れ、代官に対面し、日本側の役人や商人と取り引きする様子が描かれる。その年初めの開市を「初市」といい、一月八日におこなわれてきたが、『倭館館守日記』（前掲注（4））、一八〇〇（寛政十二）年一月九日条の記述から、「祝式等も有之、公私之御日柄心済不致」として、寛政十二年からは一月九日の実施となったとわかる。

(43)倭館にある臨済宗寺院で、対馬から禅僧が輪番で派遣され、外交文書の記録・審査・勘案をおこなった。歴代の東向寺輪番については、池内（二〇一二年）に詳しい。

(44) 横目・目付は、倭館の治安維持や監察をおこなう下役人である。岡本（二〇〇二年）によると、横目・徒士目付は下級藩士の徒士格から、足軽である鉄砲・旗・道具・厩・草履取・駕籠から組横目・下目付が任命され、倭館でも同様であったという。外交儀礼における治安維持のために持筒・駕籠が同席していたと考えてよいだろう。

(45) 横目頭は、倭館の治安維持・監察をおこなう横目の頭役で、岡本（二〇〇二年）（前掲注（44））によると、横目頭は馬廻格（上級藩士）から任命されたという。

(46) 朝鮮人漂流民が護送されると、朝鮮側から対馬藩使者の応接がおこなわれたから、貿易担当官の一代官が漂流民の訊問をも統轄したと考えられる。

(47) 年例送使の一つである副特送使のための客館のことを、副官家と呼んだ（田代（二〇〇七年）（前掲注（19））。館守屋敷の置かれた龍頭山の西側（西館）は、このように使者として派遣された者が短期で滞在する建物が多かった。

(48) 参判使は、将軍の死去・新立、対馬藩主の隠居・新立、通信使関係で派遣される臨時使節である。参判使のための客館（参判屋）も龍頭山の西側（西館）にあり、副官家（前掲注（47））の近くにあった。

(49) 朴俊漢は、一七九六（寛政八）年の訳官使として対馬に来島した訓導で、朝鮮信使来聘交渉では、対馬藩に協力する姿勢を示した。堂上訳官という、正三品通政大夫以上の品階を授けられた訳官で、朝鮮朝廷に対して周旋を働きかけることができる地位にあった。訓導を終えた後も、通詞や館守と度々接触している。

(50)『日本国語大辞典』（第二版）によると、「櫓声」は「ろせい」「ろごえ」と読み、「櫓をこぐ音」とされているが、この申し入れ以降、実際に音あるいは声を出すことで、村船通航を知らせていたようである。

(51)『倭館館守日記』（前掲注（4））をめくると、たとえば一七九五（寛政七）年二月十八日に、中川浚の人夫が入来したため、五人通詞の陶山弥七郎・川本稲之介が通弁に出ている。これらの業務に対しては、五人通詞としての「定例」の宛行とは別に手当がつき、国元への帰国時にまとめて支給されている。

(52) 漂民送賄通詞は、御免札の者から選ばれるのが通例であった。朝鮮との通交にかかわる諸事を扱う朝鮮方の頭役が、人柄なども含めて人選をおこなっていたが、一七七五（安永四）年九月二十七日以降、町奉行の管轄となった。勤番通詞や五人通詞が渡海する際に、漂民送賄通詞を兼任することもあった。

(53) 一六七八（延宝六）年に、倭館は現在の草梁に移された。古倭館（豆毛浦倭館）にはそれまでの死没者の墓があったため、春・秋の彼岸七日には、倭館外に墓参りに出ることが認められていた。事前に出かける者は申告し、五～七人ほどの大勢で移動し、朝早く出て日が暮れる前には戻ることとした。道中、朝鮮人と喧嘩・争論しないよう命じられていたが、向こうから理不尽に手を出してきた場合は、同行の横目（前掲注（44））の指図にしたがうこととし、場合によっては訳官に「懸合」して決着をつける、あるいは御免札の者に通弁させるなどした。

(54) 長（一九六八年）（前掲注（7））。公貿易における決裁で、朝鮮側からは公木（木綿）が渡されたが、一六五一（慶安四）年、対馬藩は公木を米に換えるよう求め、五年の期限付きで認められた。これを「換米の制」という。対馬藩は、この「換米の制」の期限が近付くと、年限更新のため裁判を派遣した。

(55) 田代（一九九一年）（前掲注（10））によると、一七六〇（宝暦十）年十月、語学力が一定レベルに達していれば、詞稽古御免札を広く出すように、との指示が出されたという。

(56)【表三】を見ると、功績を称えて六十人とする場合、「一生六十人」と「永々六十人」がある。「一生」はその一代限り、つまり通詞本人のみに許すもので、「永々」はその家に受け継がれることを意味する。したがって、「永々六十人」のほうがより高い評価を受けているといえる。

(57) 対馬宗家文書『朝鮮通信使記録』、一八〇九（文化六）年八月十一日条、大通詞久光市次郎への達。

(58)『分類事考』六（前掲注（26））、一八四六（弘化三）年一月十七日条。

(59)『分類事考』六（前掲注（26））、一八五二（嘉永五）年三月二十二日条。

(60)対馬宗家文書『訳使江和漢三才図会を売込候一件』、一七八四（天明四）年閏正月二日付。

(61)一七九一（寛政三）年までの稽古場については、田代（一九九一年）（前掲注（10））でもふれられている。

(62)『通詞被召仕方・漂民迎送賄・町代官・御免札』（前掲注（20））、一七九二（寛政四）年四月三日条。

(63)『通詞被召仕方・漂民迎送賄・町代官・御免札』（前掲注（16））、一八〇四（文化元）年十二月十二日条によると、殿村周蔵・阿比留浅治・津吉善之允・高雄吉五郎・中村格治・川上文蔵・住野宇三郎・住永恵吉・諸岡吉蔵・牛田虎之介の十人に「近年内信使来聘も可被仰付」情勢につき、稽古料が支給された。

(64)『通詞被召仕方・漂民迎送賄・町代官・御免札』（前掲注（20））。一八〇七（文化四）年七月七日の朝野藤兵衛に、一八〇八（文化五）年十月八日に御免札を認めた上で中尾徳治・山田利吉に、一八一〇（文化七）年八月二十九日に御免札の朝野左右作・朝野東作に、同年十月晦日に御免札荒川小三郎・江口福次郎・高木八十郎に、それぞれ月々一人扶持を支給した。

(65)『通詞被召仕方・漂民迎送賄・町代官・御免札』（前掲注（20））、一八〇五（文化二）年二月十五日条。

(66)『通詞被召仕方・漂民迎送賄・町代官・御免札』（前掲注（20））、一八一五（文化十二）年九月四日条。

(67)『通詞被召仕方・漂民迎送賄・町代官・御免札』（前掲注（20））、一八二〇（文政三）年二月十五日条。稽古場を使者屋に設け、六十人住永恵介を指南方とするので、大通詞・通詞は助勤をすること、稽古通詞は「何成難事」であっても通弁が滞らないよう「成熟」を目標として参加すること、五人通詞は「専ラ仕立之身分」なので出てきて「修行」すること、幼若の者の「詞考」はそれぞれに応じ実施し、五人通詞が会日ごとにまとめて提出すること、が通達された。

(68)『通詞被召仕方・漂民迎送賄・町代官・御免札』（前掲注（20））、一八二一（文政四）年二月二十七日条。

(69)『通詞被召仕方・漂民迎送賄・町代官・御免札』（前掲注（20））、一八一六（文化十三）年七月九日条。

(付記)執筆にあたり、長崎県立対馬歴史民俗資料館・国立国会図書館・韓国国史編纂委員会の各機関に大変お世話になりました。また、日本史研究会例会（二〇一四年九月）・名古屋歴史科学研究会例会（二〇一五年二月）・鍵屋歴史館セミナー（二〇一五年三月）において本稿の一部を口頭発表した際、数々の貴重なご教示・ご助言を賜わりました。記して厚く御礼申し上げます。

(付記)本稿は、「近世後期対馬藩の朝鮮通詞」（『日韓相互認識』六号、二〇一五年）の誤字や不備等を修正し、再録したものである。再録をご許可くださった日韓相互認識研究会に感謝申し上げます。

参考文献

安彦勘吾（一九九九年）「草梁話集」『帝塚山短期大学紀要　人文・社会科学編』二六

荒野泰典（一九七八年）「幕藩制国家と外交—対馬藩を素材として」『歴史学研究』別冊

荒野泰典（一九八三年）「近世日本の漂流民送還体制と東アジア」『歴史評論』四〇〇

池内敏（一九九八年）『近世日本と朝鮮漂流民』臨川書店

池内敏（二〇一二年）「以酊庵輪番制と東向寺輪番制」『九州史学』一六三

大曲美太郎（一九三三年）「釜山港日本居留地における朝鮮語教育」『青丘学叢』一四

岡本健一郎（二〇〇二年）「対馬藩の往来船管理と各浦の役割」『九州

史学』一三〇
小川亜弥子（一九九四年）「長州藩の朝鮮通詞と中島治平」『歴史手帖』二二-四
小倉進平（一九三四年）「釜山における日本の語学所」『歴史地理』六三-二
長正統（一九六八年）「日鮮関係における記録の時代」『東洋学報』五〇-四
長正統（一九七八年）「倭学訳官書簡よりみた易地行聘交渉」『史淵』一一五
小幡倫裕（二〇〇二年）「対馬通詞小田幾五郎の朝鮮文化認識―『通訳酬酢』を中心に―」『社会科学研究』六、原文韓国語
梶輝行（一九九七年）「長崎聞役と情報」岩下哲典・真栄平房昭編『近世日本の海外情報』岩田書院
片桐一男（一九八五年）『阿蘭陀通詞の研究』吉川弘文館
川端千恵（二〇一三年）「対馬藩朝鮮語通詞の朝鮮認識―大通詞小田幾五郎を中心に」『文化交渉　関西大学東アジア文化研究科院生論集』一
木部和昭（一九九三年）「朝鮮漂流民の救助・送還にみる日朝両国の接触―朝鮮通詞の問題と漂流民の騒擾事件を中心として―」『史境』二六
木部和昭（二〇〇八年）「萩藩における朝鮮語通詞と朝鮮情報」『史境』五七
木村直樹（二〇一二年）『〈通訳〉たちの幕末維新』吉川弘文館
木村直也（一九九四年）「朝鮮通詞と情報」『歴史手帖』二二-四
許芝銀（二〇一一年）「対馬朝鮮語通詞小田幾五郎の生涯と対外認識―『通訳酬酢』を中心に―」『東北亜歴史論叢』三〇、原文韓国語
許芝銀（二〇一四年）「境界面としての倭館―『通訳酬酌』の「風儀之部」・「酒禮之部」・「飲食之部」を中心に―」『JunCture』五
金義煥（一九九三年）「釜山倭館の職官構成とその機能について―李朝の対日政策の一理解のために―」『朝鮮学報』一〇八
栗田英二（一九九九年）「対馬島通事が見た十八世紀韓半島文化」『人文芸術論叢』二〇、原文韓国語
栗田英二（二〇〇三年）「対馬島通事が見た十八世紀韓半島文化二」『人文科学研究』二五、原文韓国語
河宇鳳ほか（一九九七年）「史料紹介『御尋朝鮮覚書』―異本『朝鮮風俗記』」『全北史学』一九・二〇、原文韓国語
佐々木利和（二〇一三年）「蝦夷通詞について」『アイヌ史の時代へ―余瀝抄』北海道大学出版会
田川孝三（一九四〇年）「対馬通詞小田幾五郎と其の著書」（『書物同好会冊子』一一、『書物同好会会報附冊子』復刻版、龍渓書舎、一九七八年）
田代和生（一九八一年）『近世日朝通交貿易史の研究』創文社
田代和生（一九九一年）「対馬藩の朝鮮語通詞」『史学』六〇-四
田代和生（二〇〇七年）『倭館』文芸春秋社
田代和生（二〇一二年）『新・倭館』ゆまに書房
田中隆二（一九九九年）「十八世紀対馬の朝鮮通詞松原新右衛門の朝鮮観とその継承」『亜細亜文化研究』三
田保橋潔（一九三七〜一九三八年）「朝鮮国通信使易地行聘考」『東洋学報』二三-三・四、二四-二・三
田保橋潔（一九四〇年）『近代日鮮関係の研究』下巻、朝鮮総督府中枢院
鶴田啓（二〇〇一年）「日韓双方の史料からみる接触の場」『東京大学史料編纂所研究紀要』一一
徳永和喜（一九九二年）「薩摩藩の朝鮮通事について（一）」『青山史学』一三
林陸朗（二〇〇〇年）『長崎唐通事』吉川弘文館
日野義彦（一九八四年）「対馬に於ける隣国語学習について」『対馬風土記』二〇
松原孝俊（一九九七年）「琉球の朝鮮語通詞と朝鮮の琉球語通詞」『歴代宝案研究』八
松原孝俊・趙眞璟（一九九七年a）「雨森芳洲と対馬藩「韓語司」での教育評価について」『言語科学』三二

松原孝俊・趙眞璟（一九九七年b）「厳原語学所と釜山草梁語学所の沿革をめぐって：明治初期の朝鮮語教育を中心として」『言語文化論究』八
松原孝俊・趙眞璟（一九九七年c）「雨森芳洲と対馬藩「韓語司」における学校運営をめぐって」『比較社会文化（九州大学大学院比較社会文化研究科紀要）』三
箕輪吉次（二〇〇九年）「小田幾五郎『草梁話集』について」『日語日文学研究』七一-二
箕輪吉次（二〇一二年）「小田幾五郎『通訳酬酢』小考─朝鮮贔屓と日本贔屓─」『日語日文学研究』七四
箕輪吉次（二〇一三年）「小倉文庫本『北京路程記』について」『日語日文学研究』七五
三宅英利（一九七八年）「文化朝鮮信使考」『北九州大学文学部紀要B系列』一一
米谷均（一九九一年）「対馬藩の朝鮮通詞と雨森芳洲」『海事史研究』四八
米谷均（一九九四年）「対馬藩の朝鮮通詞と情報」『歴史手帖』二二-四
李薫（二〇〇八年）『朝鮮後期漂流民と日朝関係』池内敏訳、法政大学出版局
『日本国語大辞典』第二版、小学館、二〇〇二年
雨森芳洲『交隣提醒』田代和生校注、平凡社、二〇一四年
小田幾五郎『草梁話集』（安彦勘吾「草梁話集」『帝塚山短期大学紀要人文・社会科学編』二六、一九九九年の史料紹介による）
小田幾五郎『象胥紀聞』鈴木棠三編・解題、村田書店、一九七九年
対馬宗家文書『朝鮮通信使記録』（慶應義塾大学所蔵、ゆまに書房マイクロフィルム）
対馬宗家文書『通訳酬酢』（大韓民国国史編纂委員会所蔵）
対馬宗家文書『分類事考』六（国立国会図書館所蔵）
対馬宗家文書『倭館館守日記』国立国会図書館所蔵、ゆまに書房マイクロフィルム
対馬宗家文書『朝鮮方御役人衆より内々御尋ニ付申出』（大韓民国国史編纂委員会所蔵、韓国での目録表題は『通詞ニ付御書付寫』）
対馬宗家文書『韓語稽古規則』（対馬歴史民俗資料館所蔵）
対馬宗家文書『通詞中在館御宛行加増被仰付候覚書』（大韓民国国史編纂委員会所蔵）
対馬宗家文書『通詞被召仕方・漂民迎送賄・町代官・御免札』（大韓民国国史編纂委員会所蔵）
対馬宗家文書『御加扶持所・御宛行・朝鮮人江被成下物・外向贈物被成下』（対馬歴史民俗資料館所蔵）
対馬宗家文書『訳使江和漢三才図会を売込候一件』（大韓民国国史編纂委員会所蔵）

【表一】通詞の人数・昇進

	明和4(1767)	明和5(1768)	明和6(1769)	明和7(1770)	明和8(1771)	安永1(1772)
大通詞	阿比留俊三郎(大通詞格) 渡島次郎三郎*	渡島次郎三郎(～4/13) 俵要助(4/13～)	俵要助	俵要助	俵要助(最兵衛)	俵最兵衛
本通詞	俵要助 春田治介*	俵要助(～4/13) 河村助五郎* 春田治介 荒川恕吉郎(4/13～)	河村助五郎(～1/16) 春田治介 荒川恕吉郎 小田常四郎(1/16～)	春田治介 荒川恕吉郎 小田常四郎	春田治介(～10/21病死) 荒川恕吉郎 小田常四郎 安武平右衛門(10/21～)	荒川恕吉郎 小田常四郎 安武平右衛門
稽古通詞	江口寿吉(～9/12 ？) 小田常四郎(～10/4 ？) 安武平右衛門(9/12～)	荒川恕吉郎(～4/13) 安武平右衛門 吉松清右衛門(4/13～) 小田常四郎(2/9～御雇)	安武平右衛門 吉松清右衛門 小田常四郎(～1/16) 矢木茂吉(1/19～)	安武平右衛門 吉松清右衛門 矢木茂吉	安武平右衛門(～10/21) 吉松清右衛門 矢木茂吉 東田多四郎(10/21～)	吉松清右衛門 矢木茂吉 東田多四郎
五人通詞	扇善吉(～1/21) 安武平右衛門(～9/12) 山分庄次郎(～12/11) 矢木茂吉 東田太四郎 青柳伊吉 円嶋新蔵 阿比留佐吉(9/14～) 今津儀之助(12/11～) 田中伝八郎	吉松清右衛門(～4/13) 矢木茂吉 東田太四郎 青柳伊吉 円嶋新蔵 阿比留佐吉 今津儀之助 田中伝八郎 津和崎又太郎(4/13～)	矢木茂吉(～1/19) 東田太四郎 青柳伊吉 円嶋新蔵 阿比留佐吉 今津儀之助 田中伝八郎 津和崎又太郎 住永甚蔵(1/19～)	東田太四郎 青柳伊吉 円嶋新蔵 阿比留佐吉 今津儀之助 田中伝八郎 津和崎又太郎 住永甚蔵	東田太四郎(～10/21) 青柳伊吉 円嶋新蔵 阿比留佐吉 今津儀之助 津和崎又太郎 住永甚蔵	青柳伊吉 円嶋新蔵 阿比留佐吉 今津儀之助 津和崎又太郎 住永甚蔵

	安永2(1773)	安永3(1774)	安永4(1775)	安永5(1776)	安永6(1777)	安永7(1778)
大通詞	俵最兵衛	俵最兵衛(～2/28) 荒川恕吉郎(2/28～) 小田常四郎(2/28～)	荒川恕吉郎 小田常四郎	荒川恕吉郎 小田常四郎	荒川恕吉郎 小田常四郎	荒川恕吉郎 小田常四郎 吉松清右衛門(仮大通詞)
本通詞	荒川恕吉郎 小田常四郎 安武平右衛門	荒川恕吉郎(～2/28) 小田常四郎(～2/28) 安武平右衛門 矢木茂吉(2/晦～11/3) 吉松清右衛門(2/晦～) 東田太四郎(11/3～)	安武平右衛門 吉松清右衛門 東田太四郎(～2/15) 円嶋新蔵(信蔵)(2/15～)	安武平右衛門 吉松清右衛門 円嶋信蔵(～9/24) 今津儀之介(9/26～)	安武平右衛門 吉松清右衛門 今津儀之介	安武平右衛門 吉松清右衛門(～12/24) 今津儀之介(差除か) 中嶋十郎治(閏7/10～) 朝野最蔵(10/29～)
稽古通詞	吉松清右衛門 矢木茂吉 東田多四郎	吉松清右衛門(～2/晦) 矢木茂吉(～2/晦) 東田太四郎(～11/3) 円嶋新蔵(2/晦～) 阿比留佐吉(2/晦～) 今津儀之助(11/3～)	円嶋新蔵(～2/15) 阿比留佐吉 今津儀之助 中嶋十郎治(2/15～)	阿比留佐吉(～1/9) 今津儀之助(～9/26) 中嶋十郎治 住永甚蔵(1/9～) 朝野最蔵(9/26～)	中嶋十郎治 住永甚蔵 朝野最蔵	中嶋十郎治(～閏7/10) 住永甚蔵(～2/19) 朝野最蔵(～10/29) 福山弥五郎(2/29～) 白水文治(閏7/10～) 中村芳之助(10/29～)
五人通詞	青柳伊吉(～8/14) 円嶋新蔵 阿比留佐吉 今津儀之助 津和崎又太郎(～8/14) 住永甚蔵	円嶋新蔵(～2/晦) 阿比留佐吉(～2/晦) 今津儀之助(～11/3) 住永甚蔵 朝野最蔵 福山弥五郎(3/2～) 白水文治(3/2～) 中村芳之助(11/3～)	住永甚蔵 朝野最蔵 福山弥五郎 白水文治 中村芳之助 沢田治右衛門 (五人通詞次席、12/1～)	住永甚蔵(～1/9) 朝野最蔵(～9/26) 福山弥五郎 白水文治 中村芳之助 小田五郎八(1/9～) 牛田善太郎(9/26～) 沢田治右衛門 (五人通詞次席)	福山弥五郎 白水文治 中村芳之助 小田五郎八 牛田善太郎 沢田治右衛門 (五人通詞次席)	福山弥五郎(～2/29) 白水文治(～閏7/10) 中村芳之助(～10/29) 小田五郎八 牛田善太郎 梯重五郎(2/29～) 小田弥太郎(閏7/10～) 小田常之允(10/29～) 沢田治右衛門 (五人通詞次席)

	安永8(1779)	安永9(1780)	天明1(1781)	天明2(1782)	天明3(1783)	天明4(1784)
大通詞	荒川恕吉郎(病死か) 小田常四郎 吉松清右衛門(10/12〜)	小田常四郎 吉松清右衛門	小田常四郎 吉松清右衛門	小田常四郎 吉松清右衛門	小田常四郎 吉松清右衛門	小田常四郎 吉松清右衛門
本通詞	安武平右衛門 中嶋十郎治 朝野最蔵 福山弥五郎(10/12〜)	安武平右衛門(〜12/13) 中嶋十郎治 朝野最蔵 福山弥五郎 白水格右衛門(12/25〜)	朝野最蔵 福山弥五郎(伝左衛門) 白水格右衛門	朝野最蔵 福山伝左衛門 白水格右衛門	朝野最蔵 福山伝左衛門 白水格右衛門	朝野最蔵(〜閏1/9) 福山伝左衛門 白水格右衛門 東田太四郎(閏1/9〜)
稽古通詞	福山弥五郎(〜10/12) 白水文治(格右衛門) 中村芳之助 小田五郎八(幾五郎)(10/12〜)	白水格右衛門(〜12/25) 中村芳之助 小田幾五郎 牛田善太郎(12/25〜)	中村芳之助 小田幾五郎 牛田善太郎	中村芳之助 小田幾五郎 牛田善太郎	中村芳之助 小田幾五郎 牛田善太郎	中村芳之助 小田幾五郎 牛田善太郎
五人通詞	小田五郎八(幾五郎)(〜10/12) 牛田善太郎 梯重五郎 小田弥太郎 小田常之允 荒川栄助(10/12〜) 沢田治右衛門(五人通詞次席)	牛田善太郎(〜12/25) 梯重五郎 小田弥太郎 小田常之允 荒川栄助 吉松善右衛門(12/25〜) 沢田治右衛門(五人通詞次席)	梯重五郎(治助) 小田弥太郎(四郎兵衛) 小田常之允(登介) 荒川栄助 吉松善右衛門 沢田治右衛門(五人通詞次席)→病死	梯治助 小田四郎兵衛 小田登介 荒川栄助 吉松善右衛門	梯治助 小田四郎兵衛 小田登介 荒川栄助 吉松善右衛門	梯治助 小田登介 荒川栄助 吉松善右衛門 安武徳次郎(閏1/16〜)

	天明5(1785)	天明6(1786)	天明7(1787)	天明8(1788)	寛政1(1789)	寛政2(1790)	寛政3(1791)
大通詞	小田常四郎 吉松清右衛門	小田常四郎 吉松清右衛門	小田常四郎 吉松清右衛門	小田常四郎 吉松清右衛門	小田常四郎 吉松清右衛門	小田常四郎 吉松清右衛門	小田常四郎 吉松清右衛門
本通詞	福山伝左衛門 白水格右衛門(～2/2) 東田太四郎 中村芳之介(2/2～)	福山伝左衛門 東田太四郎 中村芳之介	福山伝左衛門 東田太四郎 中村芳之介	福山伝左衛門 東田太四郎(～2/19) 中村芳之介 朝野最蔵(2/19～)	福山伝左衛門(～9/4) 中村芳之介 朝野最蔵 小田幾五郎(9/4～)	中村芳之介 朝野最蔵 小田幾五郎	中村芳之介 朝野最蔵 小田幾五郎
稽古通詞	中村芳之助(～2/2) 小田幾五郎 牛田善太郎 小田登介(2/2～)	小田幾五郎 牛田善太郎 小田登介	小田幾五郎 牛田善太郎 小田登介	小田幾五郎 牛田善太郎 小田登介	小田幾五郎(～9/4) 牛田善太郎 小田登介 梯感兵衛(9/4～)	牛田善太郎 小田登介 梯感兵衛	牛田善太郎 小田登介 梯感兵衛
五人通詞	梯治助 小田登介(～2/2) 荒川栄助 吉松善右衛門 安武徳次郎 奥村栄治(2/2～)	梯治助 荒川栄助 吉松善右衛門 安武徳次郎 奥村栄治	梯治助 荒川栄助 吉松善右衛門 安武徳次郎 奥村栄治	梯治助 荒川栄助 吉松善右衛門 安武徳次郎 奥村栄治	梯治助(感兵衛)(～9/4) 荒川栄助 吉松善右衛門 安武徳次郎 奥村栄治(～9/4) 小田松次郎(9/4～) 吉松忠五郎(9/4～)	荒川栄助 吉松善右衛門 安武徳次郎 小田松次郎 吉松忠五郎	荒川栄助 吉松善右衛門 安武徳次郎 小田松次郎 吉松忠五郎

	寛政4(1792)	寛政5(1793)	寛政6(1794)	寛政7(1795)	寛政8(1796)	寛政9(1797)	寛政10(1798)
大通詞	小田常四郎 吉松清右衛門	小田常四郎 吉松清右衛門	小田常四郎 吉松清右衛門	小田常四郎 吉松清右衛門 小田幾五郎(12/14～)	小田常四郎 吉松清右衛門 小田幾五郎	小田常四郎 吉松清右衛門 小田幾五郎	小田常四郎 吉松清右衛門 小田幾五郎
本通詞	中村芳之介 朝野最蔵 小田幾五郎	中村芳之介 朝野最蔵 小田幾五郎	中村芳之介(～3/22) 朝野最蔵 小田幾五郎 牛田善太郎(3/26～)	朝野最蔵 小田幾五郎(～12/14) 牛田善太郎	朝野最蔵 牛田善太郎 小田登介(3/12～)	朝野最蔵 牛田善太郎 小田登介	朝野最蔵 牛田善太郎 小田登介
稽古通詞	牛田善太郎 小田登介 梯感兵衛	牛田善太郎 小田登介 梯感兵衛	牛田善太郎(～3/26) 小田登介 梯感兵衛 吉松善右衛門(2/24～)	小田登介 梯感兵衛 吉松善右衛門	小田登介(～3/12) 梯感兵衛 吉松善右衛門 吉松右助(3/12～)	梯感兵衛 吉松善右衛門 吉松右助	梯感兵衛 吉松善右衛門 吉松右助
五人通詞	荒川栄助 吉松善右衛門 安武徳次郎 小田松次郎 吉松忠五郎	荒川栄助 吉松善右衛門 安武徳次郎 小田松次郎 吉松忠五郎	荒川栄助 吉松善右衛門(～2/24) 安武徳次郎(町代官仮役に、五人通詞差免) 小田松次郎 吉松忠五郎(右助) 川本稲之介(2/24～) 陶山弥七郎(2/24～)	荒川栄助 小田松次郎 吉松右助 川本稲之介 陶山弥七郎	荒川栄助 小田松次郎 吉松右助(～3/12) 川本稲之介 陶山弥七郎 白水文七(3/12～)	荒川栄助 小田松次郎 川本稲之介 陶山弥七郎 白水文七 久光市次郎(12/24～)	荒川栄助 小田松次郎 川本稲之介 陶山弥七郎 白水文七(庄蔵) 久光市次郎

	寛政11(1799)	寛政12(1800)	享和1(1801)	享和2(1802)	享和3(1803)	文化1(1804)	文化2(1805)
大通詞	小田常四郎 吉松清右衛門 小田幾五郎	小田常四郎 吉松清右衛門 小田幾五郎	小田常四郎 吉松清右衛門 小田幾五郎	小田常四郎 吉松清右衛門 小田幾五郎	小田常四郎 吉松清右衛門 小田幾五郎	小田常四郎 吉松清右衛門(～11/23) 小田幾五郎	小田常四郎 小田幾五郎
本通詞	朝野最蔵 牛田善太郎 小田登介	朝野最蔵 牛田善太郎 小田登介	朝野最蔵 牛田善太郎 小田登介	朝野最蔵 牛田善太郎 小田登介	朝野最蔵 牛田善太郎 小田登介(～8/25) 梯感兵衛(5/1～)	朝野最蔵 牛田善太郎 梯感兵衛	朝野最蔵 牛田善太郎(善兵衛) 梯感兵衛
稽古通詞	梯感兵衛 吉松善右衛門 吉松右助 荒川栄助(3/8～)	梯感兵衛 吉松善右衛門 吉松右助 荒川栄助	梯感兵衛 吉松善右衛門 吉松右助 荒川栄助	梯感兵衛 吉松善右衛門 吉松右助 荒川栄助	梯感兵衛(～5/1) 吉松善右衛門 吉松右助 荒川栄助 小田松次郎(5/1～)	吉松善右衛門 吉松右助 荒川栄助(～3/20) 小田松次郎 川本稲之介(3/20～)	吉松善右衛門 吉松右助 小田松次郎 川本稲之介
五人通詞	荒川栄助(～3/8) 小田松次郎 川本稲之介 陶山弥七郎 白水庄蔵 久光市次郎	小田松次郎 川本稲之介 陶山弥七郎 白水庄蔵 久光市次郎	小田松次郎 川本稲之介 陶山弥七郎 白水庄蔵 久光市次郎	小田松次郎 川本稲之介 陶山弥七郎 白水庄蔵 久光市次郎	小田松次郎(～5/1) 川本稲之介 陶山弥七郎* 白水庄蔵 久光市次郎 天本吉五郎(10/3～) 住野喜助(10/3～) 小田勝吉(10/3～)	川本稲之介(～3/20) 陶山弥七郎* 白水庄蔵(10/10差除) 久光市次郎 天野吉五郎 住野喜助 小田勝吉 飯島長治(5/12～) 広瀬与市(5/12～) 円嶋庄吉(11/1～)	久光市次郎(～9/2) 天本吉五郎 住野喜助 小田勝吉 飯島長治 広瀬与市 円嶋庄吉 殿村周蔵(9/6～)

	文化3(1806)	文化4(1807)	文化5(1808)	文化6(1809)	文化7(1810)	文化8(1811)
大通詞	小田常四郎 小田幾五郎 朝野最蔵(11/20～) 牛田善兵衛(11/20～)	小田常四郎 小田幾五郎(禁足) 朝野最蔵(～4/26) 牛田善兵衛(禁足) 束田庄右衛門	小田常四郎(～6/28) 小田幾五郎(禁足) 牛田善兵衛(禁足→牢居) 吉松善右衛門(9/14～) 久光市次郎(9/14～)	小田幾五郎(禁足) 吉松善右衛門 久光市次郎 梯感兵衛(6/13～) 円嶋茂兵衛(9/21～)	小田幾五郎(禁足) 吉松善右衛門 久光市次郎 梯感兵衛 円嶋茂兵衛	小田幾五郎 吉松善右衛門 久光市次郎 梯感兵衛 円嶋茂兵衛
本通詞	朝野最蔵(～11/20) 牛田善兵衛(～11/20) 梯感兵衛 吉松善右衛門(11/20～) 吉松右助(11/20～)	梯感兵衛 吉松善右衛門 吉松右助(禁足)	梯感兵衛 吉松善右衛門(～9/14) 吉松右助(禁足)	梯感兵衛(～6/13) 吉松右助(禁足)	吉松右助(禁足) 小田松次郎(10/13～) 川本信七(10/13～)	吉松右助(与左衛門) 小田松次郎 川本信七 天本吉五郎(2/28～)
稽古通詞	吉松善右衛門(～11/20) 吉松右助(～11/20) 小田松次郎 川本稲之介 天本吉五郎(11/20～) 久光市次郎(11/20～)	小田松次郎 川本稲之介 天本吉五郎 久光市次郎 住野喜助(12/21～) 円嶋正右衛門(12/21～)	小田松次郎 川本稲之介 天本吉五郎 久光市次郎(～9/14) 円嶋正右衛門(茂兵衛)	小田松次郎 川本稲之介 天本吉五郎 円嶋茂兵衛(～9/21)	小田松次郎(～10/13) 川本稲之介(信七) (～10/13) 天本吉五郎 広瀬与市(10/13～) 殿村周蔵(10/13～) 福山伝兵衛(10/13～)	天本吉五郎(～2/28) 住野喜兵衛(喜助) (7/7～) 広瀬与市 殿村周蔵 福山伝兵衛 小田勝吉(2/28～) 斉藤利右衛門(7/9～) 朝野又右衛門(7/9～)
五人通詞	天本吉五郎(～11/20) 住野喜助 小田勝吉 飯島長治 広瀬与市 円嶋庄吉(正右衛門) 殿村周蔵	住野喜助(～12/21) 小田勝吉 飯島長治 広瀬与市 円嶋正右衛門(～12/21) 殿村周蔵 福山福次郎(1/8～)	小田勝吉 飯島長治 広瀬与市 殿村周蔵 福山福次郎 中尾吉五郎(1/12～) 中村格治(1/12～)	小田勝吉 飯島長治 広瀬与市 殿村周蔵 福山福次郎 中尾吉五郎 中村格治	小田勝吉 飯島長治 広瀬与市(～10/13) 殿村周蔵(～10/13) 福山福次郎(伝兵衛) (～10/13) 中尾吉五郎(弁吉) 中村格治 小田平次郎(5/19～) 高木勘右衛門(5/19～) 住永恵吉(10/13～) 中村卯兵衛(10/13～) 朝野左右作(10/13～)	小田勝吉(～2/28) 飯島長治 中尾弁吉 中村格治 小田平次郎 高木勘右衛門 住永恵吉(*) 中村卯兵衛 朝野左右作 江口福次郎(2/28～) 白水庄蔵(7/7～)

	文化9(1812)	文化10(1813)	文化11(1814)	文化12(1815)	文化13(1816)
大通詞	小田幾五郎 梯感兵衛	小田幾五郎 梯感兵衛	小田幾五郎 梯感兵衛	小田幾五郎 梯感兵衛 白水四郎治(忠右衛門) (大通詞仮役)	小田幾五郎 梯感兵衛 白水忠右衛門(次郎三郎) (～12/18)
本通詞	吉松与左衛門 小田松次郎* 川本信七 天本吉五郎	吉松与左衛門 小田松次郎* 川本信七 天本吉五郎	吉松与左衛門 小田松次郎(差免か) 川本信七 天本吉五郎 白水四郎治(9/18～)	吉松与左衛門 川本信七 天本吉五郎 住野喜兵衛(6/17～)	吉松与左衛門 川本信七 天本吉五郎 住野喜兵衛
稽古通詞	住野喜兵衛 広瀬与市 殿村周蔵 福山伝兵衛 小田勝吉 斉藤利右衛門(稽古通詞格) 朝野又右衛門(稽古通詞格)	住野喜兵衛 広瀬与市 殿村周蔵 福山伝兵衛 小田勝吉 斉藤利右衛門(稽古通詞格) 朝野又右衛門(稽古通詞格)	住野喜兵衛 広瀬与市 殿村周蔵 福山伝兵衛 小田勝吉(伍作) 斉藤利右衛門(稽古通詞格) 朝野又右衛門(稽古通詞格)	住野喜兵衛(～6/17) 広瀬与市 殿村周蔵 福山伝兵衛 小田伍作 斉藤利右衛門(稽古通詞格) 朝野又右衛門(～4/19)	広瀬与市(～7/23、召放) 殿村周蔵 福山伝兵衛 小田伍作 飯島長治(翁介)(7/26～) 斉藤利右衛門(稽古通詞格)
五人通詞	飯島長治 中尾弁吉 中村格治 小田平次郎 高木勘右衛門 中村卯兵衛 朝野左右作 江口福次郎 白水庄蔵	飯島長治 中尾弁吉 中村格治 小田平次郎 高木勘右衛門 中村卯兵衛 朝野左右作 江口福次郎 白水庄蔵(四郎治)	飯島長治 中尾弁吉 中村格治 小田平次郎 高木勘右衛門(一期切町代官に) 中村卯兵衛 朝野左右作 江口福次郎 白水四郎治(～9/18)	飯島長治 中尾弁吉 中村格治 小田平次郎 中村卯兵衛 朝野左右作 江口福次郎(御倹約により 人数削減、五人通詞御雇)	飯島長治(翁介)(～7/26) 中尾弁吉 中村格治 小田平次郎 高木勘右衛門 中村卯兵衛 朝野左右作 江口福次郎(幸作)(7/26～) 白水嘉蔵(12/18～)

	文化14(1817)	文政1(1818)	文政2(1819)	文政3(1820)	文政4(1821)
大通詞	小田幾五郎 梯感兵衛(定右衛門) 住永治右衛門(大通詞格町代官) 住野喜兵衛(大通詞格)	小田幾五郎 梯定右衛門 住永治右衛門(大通詞格町代官) 住野喜兵衛(大通詞格)	小田幾五郎 梯定右衛門 住野喜兵衛(大通詞格)	小田幾五郎 梯定右衛門 住野喜兵衛(大通詞格)	小田幾五郎 梯定右衛門 住野喜兵衛(大通詞格)
本通詞	吉松与左衛門(~5/3) 川本信七 天本吉五郎(~11/10) 住野喜兵衛(~11/8) 殿村周蔵(11/10~) 広瀬与市(11/10~)	川本信七 殿村周蔵(~10/23) 広瀬与市 小田伍作(11/9~)	川本信七 広瀬与市 小田伍作	川本信七 広瀬与市 小田伍作	川本信七 広瀬与市 小田伍作
稽古通詞	広瀬与市(復帰~11/10) 殿村周蔵(~11/10) 福山伝兵衛(~8/16) 小田伍作 飯島翁介 中尾弁吉(11/10~) 中村格治(11/10~) 斉藤利右衛門(稽古通詞格) 住野平九郎(12/28~)	小田伍作(~11/9) 飯島翁介(~10/24) 中尾弁吉 中村格治 中村卯兵衛(11/9~) 朝野雄作(11/9~) 小田平次郎(12/24~) 斉藤利右衛門(稽古通詞格) 住野平九郎(稽古通詞格)	中尾弁吉 中村格治 中村卯兵衛 朝野雄作 小田平次郎 斉藤利右衛門(稽古通詞格) 住野平九郎(稽古通詞格)	中尾弁吉 中村格治 中村卯兵衛 朝野雄作 小田平次郎 斉藤利右衛門(稽古通詞格) 住野平九郎(稽古通詞格)	中尾弁吉 中村格治 中村卯兵衛 朝野雄作 小田平次郎 斉藤利右衛門(稽古通詞格) 住野平九郎(稽古通詞格)
五人通詞	中尾弁吉(~11/10) 中村格治(~11/10) 小田平次郎 高木勘右衛門 中村卯兵衛 朝野左右作 江口幸作 白水嘉蔵 中野五兵衛(11/10~)	小田平次郎(~11/9) 高木勘右衛門(~3/25) 住永恵吉 中村卯兵衛(~11/9) 朝野左右作(雄作)(~11/9) 江口幸作 白水嘉蔵 中野五兵衛 津和崎又四郎(3/25~) 上野善治(11/9~) 住永弁治(正兵衛)(11/9~) 津吉与一郎(11/9~) 吉松荒治(右助)(11/9~)	住永恵吉 江口幸作 白水嘉蔵 中野五兵衛 上野善治 住永正兵衛 津吉与一郎 吉松右助	住永恵吉 江口幸作 白水嘉蔵 中野五兵衛 上野善治 住永正兵衛 津吉与一郎 吉松右助	住永恵吉 江口幸作 白水嘉蔵(~7/12) 中野五兵衛 上野善治 住永正兵衛 津吉与一郎 吉松右助 山田市平(7/12~)

	文政5(1822)	文政6(1823)	文政7(1824)
大通詞	小田幾五郎(～閏1/10) 梯定右衛門 住永恵介(閏1/10～) 住野喜兵衛(大通詞格) 川本信七(大通詞席)	梯定右衛門 住永恵介 住野喜兵衛(大通詞格) 川本信七(大通詞席)	梯定右衛門 住永恵介 住野喜兵衛(大通詞格) 川本信七(大通詞席)
本通詞	川本信七(～閏1/10) 広瀬与市 小田伍作	広瀬与市 小田伍作(管作)	広瀬与市 小田管作
稽古通詞	中尾弁吉 中村格治 中村卯兵衛 朝野雄作 小田平次郎 斉藤利右衛門(稽古通詞格) 住野平九郎(稽古通詞格)	中尾弁吉 中村格治 中村卯兵衛 朝野雄作 小田平次郎 斉藤利右衛門(稽古通詞格) 住野平九郎(稽古通詞格)	中尾弁吉 中村格治 中村卯兵衛 朝野雄作 小田平次郎 斉藤利右衛門(稽古通詞格) 住野平九郎(稽古通詞格)
五人通詞	住永恵吉 江口幸作 中野五兵衛 上野善治 住永正兵衛 津吉与一郎(～10/3) 吉松右助 山田市平 小田熊作(10/22～)	住永恵吉 江口幸作 中野五兵衛 上野善治 住永正兵衛 吉松右助 山田市平 小田熊作	住永恵吉 江口幸作 中野五兵衛 上野善治 住永正兵衛 吉松右助 山田市平 小田熊作

凡例：『通詞被召仕方・漂民迎送賄・町代官・御免札』(大韓民国国史編纂委員会所蔵)をもとに、日付・人名を記した。日付は、朝鮮御用支配の発令日を記した。人名にブレがあるものは、便宜上一つに統一した。改名や仮大通詞などの職位はカッコ内に記した。*は、典拠史料には記載がないが、その職位にいたと思われる場合記した。

【表二】勤番通詞と通詞の移動

	文政1(1818)	文政2(1819)	文政3(1820)	文政4(1821)	文政5(1822)	文政6(1823)	文政7(1824)
朝鮮勤番	大通詞・小田幾五郎 →2/27～7/9(館)大通詞・梯定右衛門(小田幾五郎中帰国で) →7/9(館)稽古通詞・中村格治	稽古通詞・中村格治	稽古通詞・中村格治 →5/18大通詞・梯定右衛門	大通詞・梯定右衛門 →4/29稽古通詞・朝野雄作	稽古通詞・朝野雄作 →6/12(館)大通詞・梯定右衛門 →10/4大通詞・住永恵介	大通詞・住永恵介*	大通詞・住永恵介(詰越)
	通詞・川本信七 →4/8(館)稽古通詞・中尾弁吉 →12/10(館)中尾弁吉、病気につき交代通詞なしで帰国 →12/10(館)稽古通詞・朝野雄作(勤番助勤)	稽古通詞・朝野雄作(助勤)	稽古通詞・朝野雄作 →5/19稽古通詞・中尾弁吉	稽古通詞・中尾弁吉 →4/6本通詞・広瀬与市	本通詞・広瀬与市 →5/28稽古通詞・中尾弁吉	稽古通詞・中尾弁吉 →4/23稽古通詞・朝野雄作	稽古通詞・朝野雄作 →5/16稽古通詞・中尾弁吉
		8/15(館)広瀬与市(勤番助勤)	本通詞・小田伍作(勤番助勤)	本通詞・小田伍作(勤番助勤)(～6/19) 4/16江口幸作(勤番助勤)			2/1広瀬与市(勤番助勤)

	文政1(1818)	文政2(1819)	文政3(1820)	文政4(1821)	文政5(1822)	文政6(1823)	文政7(1824)
朝鮮御用	1/29小田幾五郎 (勤番 / 訳官御用で中帰国) 1/29住永治右衛門・住野喜兵衛 (訳官御用) 1/29梯定右衛門・住永恵介(別御用) 2/晦 中野五兵衛 (五人通詞人少につき) 4/12津吉与市郎 (漂民) 5/29白水嘉蔵 (漂民) 5/29上野善治 (漂民) 8/16朝野雄作 (不明) 9/3町代官・住永恵介 (未収物取入) 11/24津吉伊右衛門 (稽古)	4/28津吉与市郎 (漂民) 7/8江口幸作 (漂民) 7/8小田平次郎 (年限裁判御用) 9/1小田伍作 (年限裁判御用) 9/19中野五兵衛 (稽古) 10/1住永正兵衛 (稽古) 10/28白水嘉蔵 (稽古)	1/15梯定右衛門 (御用) 5/7橋辺伊左衛門 (漂民) 5/7斉藤利吉 (漂民) 5/18小田幾五郎 (御用) 7/4江口幸作 (漂民) 7/4白水嘉蔵 (漂民) 12/17小田伍作 (勤番/代官方御用)	6/19小田伍作 (代官方御用) 6/19小田熊作 (稽古) 7/29梯定右衛門 (御用) 8/14朝野東作 (漂民) 8/14笹山善右衛門 (漂民) 10/25山田市平 (漂民) 10/25上野善治 (漂民) 12/19川本信七 (訳官迎送裁判御用)	1/晦 斉藤利吉 (漂民) 閏1/10高木熊太郎 (稽古) 5/28中尾弁吉 (勤番 / 漂民兼任) 5/28朝野東作 (漂民) 5/28吉松右助 (漂民) 7/29川本市右衛門 (漂民) 8/23服部伝右衛門 (漂民) 8/23中村卯兵衛 (漂民) 8/23橋辺伊左衛門 (漂民) 10/24小田熊作 (稽古) 12/5江口幸作 (牛皮取入)	2/17楠本広治 (稽古) 3/25江口幸作 (牛皮取入方、薬種方御用) 6/22吉松右助 (稽古 / 漂民兼任) 8/22朝野東作 (漂民) 8/22川上市右衛門 (漂民) 9/17江口幸作・中野五兵衛 (参判家上行廊改建)	1/28六十人・木寺武七(漂民) 2/10～2/27 朝野雄作 (御用中帰国) 2/27川上市右衛門 (漂民) 5/6阿比留茂吉郎 (稽古) 5/16住永正兵衛 (漂民) 5/16服部伝右衛門 (漂民)

凡例：『通詞被召仕方・漂民迎送賄・町代官・御免札』（韓国国史編纂委員会所蔵）をもとに、日付(朝鮮御用支配の発令日)・人名を記載した。人名についてブレがあるものは、便宜上一つに統一した。日付の後ろに(館)とあるものは、『倭館館守日記』（国立国会図書館所蔵）による。
朝鮮御用の項は、カッコ内で渡海理由を記した。「漂民」は漂民送賄通詞としての渡海、「稽古」は詞稽古のための渡海である。「御用」の内容がわかるものは内容を、不明なものは「御用」とのみ記載した。

【表三】褒賞として身分的特権を認める事例

年月日		内　　容
明和5 (1768)	5/16	五人通詞になって以降16ヶ年精勤につき、通詞春田治助ら、永々六十人に
安永1 (1772)	4/13	専ら御用立精勤につき、通詞小田常四郎、一生六十人格に
安永2 (1773)	9/16	換米・銅参引換御用の勤功により、大通詞俵最兵衛、忰も三人扶持三石大小姓に
安永4 (1775)	7/11	「通詞之義者重勤柄」につき、大通詞小田常四郎ら、永々六十人に
天明2 (1782)	12/29	訳官御大用の際は藩主御目通りもあり、実体に勤めている者を六十人にした先例もあるので、稽古通詞牛田善太郎、一生六十人格に
天明8 (1788)	5/27	大通詞小田常四郎、帯刀御免
寛政12 (1800)	3/20	五人通詞になって以降40ヶ年精勤につき、大通詞吉松清右衛門、帯刀御免
	8/2	これまで44ヶ年の勤労を称え、大通詞小田常四郎、次男の大小姓までの侍養子御免
文化3 (1806)	11月	(来聘御用通弁により)大通詞小田幾五郎、子供一人の大小姓養子御免
文化5 (1808)	12/16	来聘御用通弁勤により、大通詞吉松善右衛門ら、帯刀御免
文化6 (1809)	6/13	33ヶ年精勤につき、通詞梯感兵衛、帯刀御免・大通詞役に
	8月	(来聘御用通弁の)勤労を称え、吉松善右衛門ら、二人扶持ニ石の一生御徒士に
文化7 (1810)	3月	久光市次郎・吉松善右衛門、永々御徒士に
	5/29	(来聘御用通弁により)大通詞円嶋茂兵衛、御徒士格大通詞に
	12月	久光市次郎、三人扶持三石に
文化8 (1811)	5月	久光市次郎、永々俵取に、通詞家業も御免
弘化1 (1844)	2/10	大通詞仮役広瀬豊吉、本役(大通詞)・帯刀御免
弘化2 (1845)	12/16	一ト立町代官高木恕一、大通詞格・帯刀御免
弘化3 (1846)	1/17	大通詞広瀬豊吉、御徒士に召出、重立候御用掛合通弁はこれまで通り
嘉永5 (1852)	3/22	多年精勤により、大通詞高木恕一、一生御徒士に召出

典拠：『通詞被召仕方・漂民迎送賄・町代官・御免札』(大韓民国国史編纂委員会所蔵)
　　　『文化信使記録』(慶應義塾大学所蔵、ゆまに書房マイクロフィルム)
　　　『分類事考』六(国立国会図書館所蔵)

印譜

士正　朴俊漢（方印、1.6cm ×1.6cm）

史料 8

史料 9

史料 10

史料 11

史料 12

史料 13

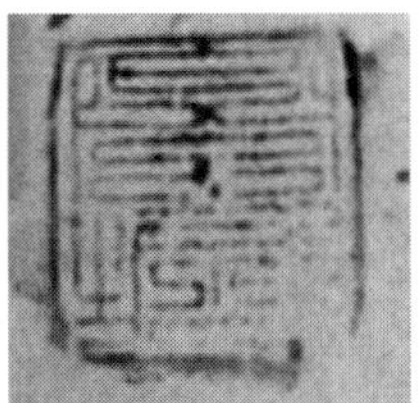

史料 14

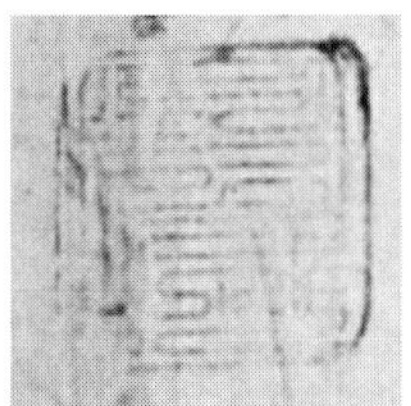

史料 15

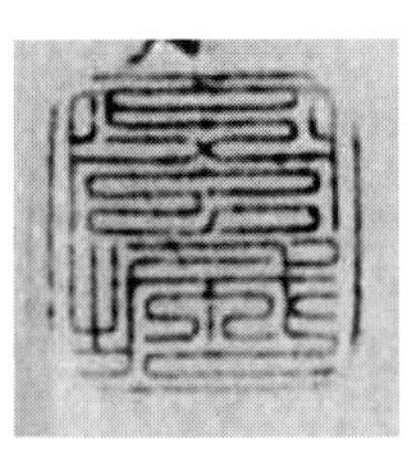

史料 16

景和　朴致儉　(方印、2.2cm ×2.2cm)

史料 18

史料 26

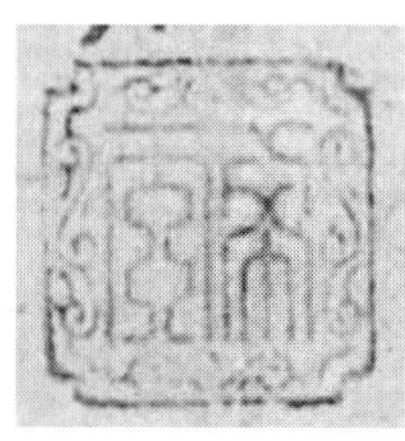
史料 31

華彦　崔国禎　(方印、1.6cm ×1.6cm)

史料 17

史料 21

史料 35

史料 36

史料 37

史料 39

陽元　玄烒　（方印、1.6cm ×1.6cm）

史料 24

史料 33

史料 27

史料 42

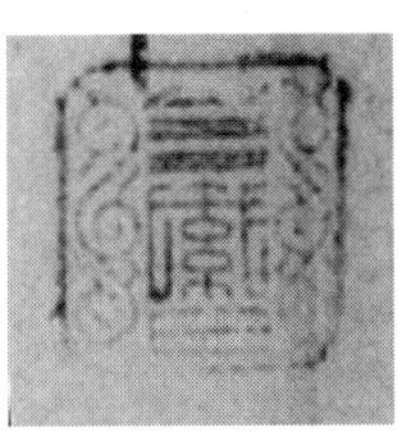
史料 29

史料 78

史料 30

参考 5

伯玉　崔珦　（方印、1.6cm ×1.6cm）

史料 20

史料 21
封筒上部の封印

史料 21
封筒下部の封印

封印1（長方印、0.9cm ×1.2cm）

史料 22

参考 4

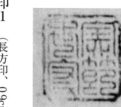

史料 22
包紙上部の封印、
崔瑚のものか

封印2（円印、径4.0cm）

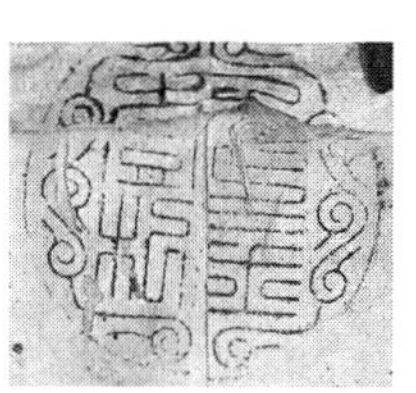

参考 4
包紙上部の封印、
崔瑚のものか

敬天　玄義洵　その1（円印、径1.5cm）

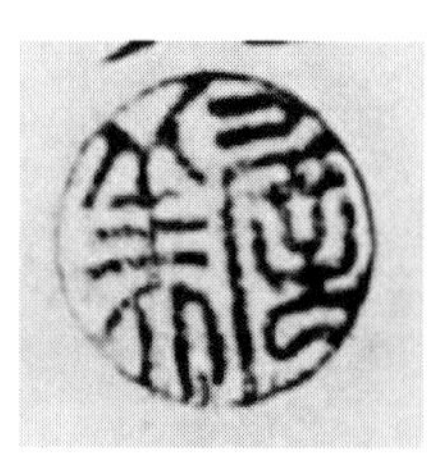

史料 34

敬天　玄義洵　その2（方印、1.8cm ×1.8cm）

史料44

史料86

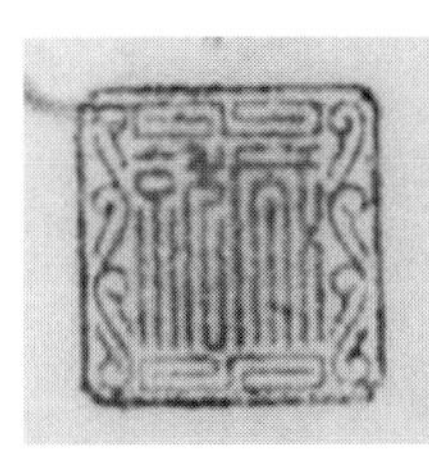
史料87

賑恤廳別将朴聖奎（楕円印、縦径2.6cm　横径2.4cm）

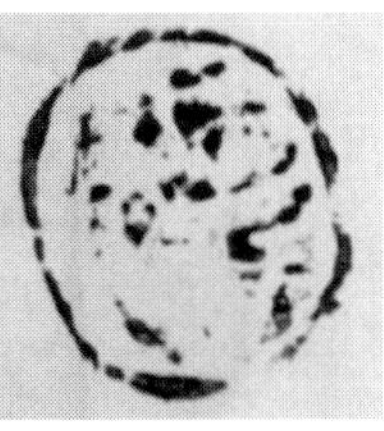
史料41

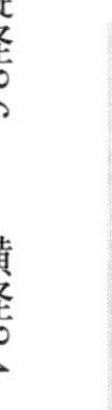
史料41
袖部分の印章

聖欽　李命和（方印、1.7cm ×1.7cm）

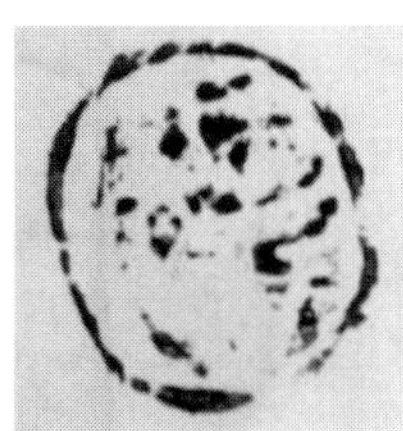
参考1

大来　崔寿仁　（方印、1.8cm ×1.8cm）

参考 1

来儀　崔風齢　（円印、径2.1cm）

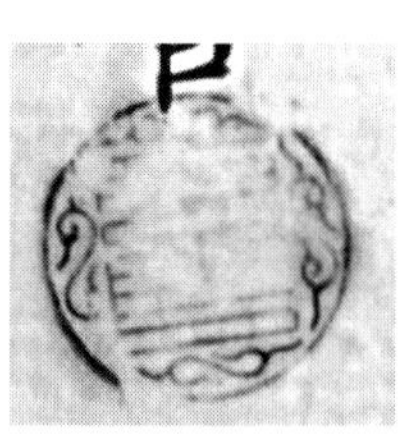

参考 3

あとがき

江戸期日朝間に往復した朝鮮語ハングル書簡は、従来長正統氏によって紹介された八通のみが学界に知られていたが、二〇〇九年および二〇一二年に対馬宗家文庫の一紙物目録および追録が上梓されるにおよび、百通余りの新たな書簡類の存在が明らかとなった。本書は朝鮮通信使易地行聘交渉の舞台裏を伝えるこの新資料に対するその間の執筆者一同による共同研究の成果をまとめたものであるが、資料発見から現在までの研究の経緯を記し、あとがきにかえたい。

二〇〇九年の一紙物目録の刊行によりハングル書簡の存在を知った私は、資料の収集・分析に着手した。また、朝鮮語学の立場から日本と韓国の研究者による共同研究を立ち上げたが、幸いに二〇一二年度より科学研究費の採択を受けた。そのメンバーは、本書の執筆者のうちの金周弼、黄文煥、鄭丞恵、金徳珍、権洙用、朴真完、横山恭子、小西敏夫、酒井裕美、許秀美の諸氏であるが、ハングル書簡（諺簡）の研究に造詣の深い金周弼、黄文煥の両氏によって本資料の第一次翻刻がなされ、極めて有利な条件のもとで研究を開始することができたことは幸運であった。さらに、二〇一三年度からは長崎県立対馬歴史民俗資料館の主管する「宗家文書朝鮮書簡調査事業」（松原孝俊（調査委員長）、中野等、山口華代、金東哲、趙堈熙、梁興淑、金京美）が開始され、私たちもそのメンバーに加わることとなり、資料収集・調査の徹底を図ることが可能となった。「宗家文書朝鮮書簡調査事業」の二年間の研究成果は、二〇一五年三月刊『対馬宗家文書史料　朝鮮訳官発給ハングル書簡調査報告書』に結実し、この貴重なる新資料が広く研究者一般に知られる契機を提供した。日朝交流史等の分野では早くもこの新資料を利用した研究が現れはじめている。しかし、該報告書は時間的に切迫した編集作業であったため、記述の誤謬が散見され、改訂が喫緊の課題であった。報告書刊行後三年間の改訂作業を経て、改めて世に問うのがまさに本書である。私たちは知力を尽くして解読に挑み誤謬なきを期したが、もしも、本書が日本史学・朝鮮史学・朝鮮語学などの研究に些かなりとも裨益するところありとするならば、八年余の執筆者一同の労苦は永く心地よい追憶となるであろう。

二〇一八年三月　大阪にて

岸田文隆

【謝辞】 本研究はJSPS科研費JP24320078, JP17K02725の助成を受けたものです。

Korean Study Book Series

Kyushu University's Research Center for Korean Studies (RCKS) is one of the world's premier institutes for research and program development related to Korea, a region comprised of the nations of North Korea and South Korea, as well as Korean migrants throughout the world. We work with faculty members, graduate students, members of the community, private institutions, and non-profit organizations to strengthen the study of the region and inspire new generations of Korean scholars. In pursuit of these goals, RCKS actively supports the teaching of faculty and graduate students, initiates and administers research projects, organizes and hosts lectures and conferences, develops financial resources, encourages interdisciplinary and comparative studies, creates outreach programs in coordination with local schools, furnishes grants and fellowships for language study, publishes language textbooks and monographs, and assists in the organization of cultural and community activities. RCKS supports a wide variety of research in the social sciences, the humanities, and relevant professional fields.

The programs and activities of the Center share a common purpose and aim toward one or more goals, all serving to stimulate discussion and examination of the core issues and to connect individuals and institutions whose work contributes to the Korean studies. Central to RCKS's goals is to link academia to Korean Studies throughout the world.

"A book that is shut is but a block."

Takatoshi Matsubara

Director,
Research Center for Korean Studies Kyushu University

執筆者一覧

（敬称略、所属は 2018 年 4 月 1 日現在）

編著者

松原孝俊（九州大学　名誉教授）rcks-matsu-cafs@kyudai.jp

岸田文隆（大阪大学　教授）

共著者（50音順）

北川英一（元県立長崎図書館長）

許秀美（龍谷大学　講師）

金京美（釜山大学校　非常勤講師）

金周弼（国民大学校　教授）

金徳珍（光州教育大学校　教授）

金東哲（釜山大学校　教授）

権洙用（韓国学湖南振興院　責任研究員）

黄文煥（韓国学中央研究院　教授）

小西敏夫（大阪大学　准教授）

酒井裕美（大阪大学　准教授）

酒井雅代（名古屋大学　博士研究員）

趙堈熙（釜山大学校　教授）

鄭丞惠（水原女子大学校　副教授）

中野等（九州大学　教授）

藤川貴仁（対馬市立鶏知中学校　教諭）

古川祐貴（長崎県立対馬歴史民俗資料館　学芸員）

朴真完（京都産業大学　教授）

山口華代（長崎県教育庁学芸文化課　主任学芸員）

横山恭子（富山高等専門学校　助教）

四辻義仁（長崎県立松浦高等学校　副主幹事務長）

梁興淑（釜山大学校韓国民族文化研究所　ＨＫ教授）

〈九州大学韓国研究センター叢書 3〉

朝鮮通信使易地聘礼交渉の舞台裏

―― 対馬宗家文庫ハングル書簡から読み解く ――

2018 年 7 月 31 日　初版発行

編著者　松　原　孝　俊
　　　　岸　田　文　隆

発行者　五十川　直　行

発行所　一般財団法人 九州大学出版会

〒 814-0001　福岡市早良区百道浜 3-8-34
九州大学産学官連携イノベーションプラザ 305
電話　092-833-9150
URL　https://kup.or.jp
印刷／城島印刷㈱　製本／篠原製本㈱

ISBN 978-4-7985-0231-1